刑事程序论

刑事程序论

龙宗智 著

法律出版社
LAW PRESS · CHINA

龙宗智

教授，1954 年生于四川成都，1978 年考入西南政法学院法律专业本科，是“西南七八级”的一员。后返母校先后攻读法学硕士、博士学位。曾任西南政法大学校长，早年曾任大军区检察院大校副检察长。现任四川大学教授、博士生导师，法学研究所所长。兼西南政法大学、西南财经大学教授、博士生导师，教育部司法文明协同创新中心研究员。

龙宗智教授被认为是中国刑事诉讼法学的代表性学者之一。

序　言

研究刑事诉讼程序，我始终关注中国刑事诉讼的形构及其正当性，因此较早将构造论和价值论引入刑事诉讼程序研究。我于 1991 年提出刑事诉讼的“两重结构论”，重点研究刑事庭审制度并于 2010 年论证“建立一审庭审为中心的事实认定机制”，以及多年来对其他刑事诉讼制度的研究，对学术和实践均有一定的影响。我对主要学术成果进行了分类梳理。

一、提出“两重结构论”，检讨“配合制约论”

基于对诉讼结构理论的关注以及对中国刑事诉讼的观察，我于 1991 年在《现代法学》发表《刑事诉讼的两重结构辨析》一文。任何诉讼的基本结构都是一种双方当事人与裁判方三方组合形成的三角结构，我进而提出维系这种结构的所谓“三角结构三原理”，即诉辩分离，控辩对抗，以及司法至上及审判中心论。每一原理中又包括一些具体的原则，从而构筑了诉讼，包括刑事诉讼的基本制度框架和运作机理。而线形结构，则是对中国宪法所确立的公、检、法三机关关系的一种描述，即在分工负责的基础上，互相配合、互相制约，是三个车间、三道工序、一个流水作业的关系。线形结构，在中国有着坚实的制度基础，鲜明的实践线条。我将线形结构的原理概括为：其一，在同质性与统一性基础上的司法一体化；其二，具有由权力互动而形成的国家权力的活跃性特征；其三，同位阶关系掩抑司法至上并由此带来一定程度的侦查决定论。可以说，其中最根本的是“一体化”（我在后来的解说中，称政法委员会制度是中国刑事司法一体化中的黏合剂及保障，而“严打”活动则是一体化的典型表现）。两重结构论，可以作为把握中国刑事诉讼构造和机理的基本方法。在原理分析的基础上，我对两重结构不同的功能意义及这种结构理论作为诉讼观和方法论的应用作了分析。

“两重结构论”的提出引起了反响。时任《法学季刊》（西南政法学院学报）主编的徐静村教授后来证称，文章发表后接到不少读者的来信，该论文被认为“是近数年来刑事诉讼理论研究的一个新的突破”，“是从一个新的角度把刑事诉讼理论研究推上了一个新的高度”。

当时的来信中，有一篇属于商榷性的，编辑部随即将其发表，即马贵翔所写的《刑事诉讼的“两重结构论”质疑》，他的主要批评是这个理论把线形结构普遍化了，而两种结构存在矛盾。我当时作了回应，进而提出线形结构本身的双重性，即主体的线形结构与客体的线形结构。前者是指侦、检、审机关作为刑事司法主体之间的权力互动，后者是刑事案件的流转承继关系。我认为两种线形结构均有一定的普遍性。现在看来，我起初对线形结构功能本身的分析比较中肯和有价值，但对其功能的评判却不无缺陷。后来我在《返回刑事诉讼理论研究的始点——刑事诉讼两重结构理论重述》（《刑事法评论》1998 年第 2 卷）一文中作了反思。文章认为应区分技术性结构与刑事程序基本结构，如果作为一种对刑事案件运行过程的表述以及对刑事程序中权力衔接承继关系的抽象，技术性线形结构可以说具有一定普遍性。然而，一旦它成为刑事司法的基本运行方式并决定其结果时，就必然冲击三角结构，并使诉讼过程成为一种行政过程，由“三方组合”变成一种两面关系，刑事程序的公正性将受到损害。我们对这种结构的消极性必须充分警惕。

我于 1991 年写作发表的《论配合制约原则的某些“负效应”及其防止》，正是对线形构造消极性的一种检讨。20 世纪 80 年代至 90 年代初，宪法所确立的三机关分工负责、互相配合、互相制约原则的积极作用被学界充分肯定。相对于“前面三个门，后面一家人”的状态，这一原则显然是一个重要进步。因此，即使三机关相互关系的问题不少，但当时人们都认为是执行上的偏差，或“配合”不够，或“制约”不足，总之，问题在“和尚”而不在“经”。

我这篇文章则直接指出，该原则本身存在重要缺陷并对刑事司法活动带来了消极影响。其主要弊端在于：(1) 可能扭曲诉讼结构。即扬国家权力而抑公民权利，以线形关系代替三角结构，损害诉讼的公正性。(2) 可能模糊诉讼关系。因制约是公、检、法组织与职能区分的根本，它与配合是不同层次、不同性质的问题。而且警、检属于具有职能一体性的控方，而检、法则实系当事人与裁判者的不同角色，三机关配合制约论则模糊了应然的诉讼关系。(3)可能抑制检察、审判职能的发挥并导致相互扯皮。该原则在制约上不分主次，平分秋色，以“相互制约”代替“递进制约”，势必抑制后继程序的监督制约效能，并产生“扯皮效应”。

文章同时肯定了该原则在我国目前特定的司法背景和司法条件下可能具有的某些积极作用，并在此基础上，提出了从诉讼结构、诉讼关系、诉讼程序方面实施必要改革以防止这一原则产生负面效应的意见与建议。

文章寄给《中外法学》编辑部后，时任诉讼法编辑（副主编）徐友军来信称“这是一篇独特的文章”，并很快作了发表。现在看来，这篇文章的批判还是比较温和的。要求法官与控方配合，同时无须配合辩方，以及由此产生的“各管一段”的诉讼阶段论，完全违反了“以审判为中心”及审判独立性、控辩平等诉讼基本原理，可以认为是中国刑事诉讼结构与程序正当化的最大制度障碍。顺便一提，当时北京大学年轻刑事诉讼法学者徐友军编辑《中外法学》的刑事诉讼文章，使《中外法学》成为刑事诉讼方面新思想展开的一个重要阵地。我当时有几篇文章在该刊先后发表，其间我多次与徐友军书信交流。他写信高度肯定我的研究能力，鼓励我离开实务专事法学研究。我后来确实走上此路，但他却较早离开了学界，使人不免惋惜他的思想与才华。

二、探讨诉讼价值模式与司法人权保障

“文化大革命”结束后，1979 年颁布的几部重要法律，构筑了中国法律的基本框架。而“七九”《刑事诉讼法》颁布施行后的中国刑事诉讼法学，在一个时期内，基本属于较浅层次的注释法学。受 20 世纪 80 年代学术界关注价值与文化问题的启发，我开始研究刑事诉讼的目的与价值，通过利益与价值分析对刑事诉讼制度作总体把握和具体分析，从而获取新的理论生长点。

这方面的第一篇文章是发表在中国政法大学《比较法研究》1988 年第 1 期上的《中美两国刑事司法价值观和手段体系比较研究》。现在看来，文章的某些观点和结论还未能完全摆脱传统思想的影响，但这种研究方式在当时的刑事诉讼法学界甚至法理学界还是有一定的创新意义。时任该刊编辑的贺卫方先生收稿后很快回信，称这篇文章是在理论法学学者探讨法文化已有“山穷水尽”之感的情况下，由部门法角度开辟法文化研究新路径的很有价值的论文。他与负责刑事方面的编辑黄风都对稿件评价甚高，不过对

文章肯定现行法过多的问题也提出了中肯的意见。

刑事诉讼中利益机制调整，必然涉及辩护权问题。刑事诉讼的历史就是辩护权不断强化的历史，这一判断对中国刑事诉讼进程亦适用。辩护律师能否向当事人核实人证，其间是否会出现翻供、串供的风险，是实务中突出的有争议问题。我于2015年在《法学》发表《辩护律师有权向当事人核实人证》一文，表明了支持辩护的观点和理由。文章认为，辩护律师向犯罪嫌疑人、被告人"核实有关证据"，是指核实与指控的犯罪的定罪量刑有关的各种证据。实务界关于不允许人证信息告知、核实的主张，违背立法原意，并且如以解释性规定减缩宪法与法律赋予公民的权利，有悖法制原则和宪法精神。该主张脱离司法实际，与控方法庭举证方式相矛盾，妨碍诉讼效率；该主张违背被告人有权辩护以及辩护有效性原则，有悖于刑事司法人权保障的制度和机理，且就刑事司法整体效益而言得不偿失；该主张将妨碍庭审实质化，有悖于"以审判为中心"诉讼制度改革的要求；该主张缺乏可操作性，而且可能对辩护方形成不适当的威胁，损害刑事诉讼的防错机能；该主张背离了刑事司法的国际准则和普遍的刑事辩护实践，不利于我国刑事司法的国际形象。然而，由于律师承担维护司法公正并维护其他合法权益的责任，因此，律师不得通过核实证据引导犯罪嫌疑人、被告人违背事实改变供述或串供；如果犯罪嫌疑人、被告人可能骚扰、威胁或加害被害人、证人，辩护律师不得告诉相关被害人、证人的身份、住址等个人信息。

三、推动"以审判为中心"与"庭审实质化"

2010年左右，由于某些偏差，司法行政化倾向可谓愈演愈烈，对刑事诉讼程序也带来严重的负面影响。观察司法现状颇感忧虑，于是我写作《论建立以一审庭审为中心的事实认定机制》一文，在《中国法学》2010年第2期发表。论文指出：刑事诉讼的事实认定，应以一审庭审为中心，即以审判为中心、庭审为中心、一审为中心；而不应当以庭前程序为中心、庭下活动为中心、上级审为中心。然而，上述反诉讼规律的做法，在某种程度上正是中国刑事案件事实认定机制的现实。如果不解决刑事案件事实认定结构与机制的问题，就不能提高刑事案件的办案质量。建立这一机制，需要适度阻断侦审联结，限制庭前活动的"预审"与代审功能，实现庭审的实质化、有效性和中心作用；需要通过加强审判法官与合议庭的责任，限制审判委员会与院、庭长在案件事实认定上的权力,限制庭下阅卷的作用等措施,发挥庭审对事实认定的决定作用;需要规范请示汇报制度,调整诉讼资源配置,规范发回重审制度,同时全面加强基础基层建设,增强一审法院司法能力,保证事实审理以一审为中心。

文章的基本观点,与2014年10月召开的党的十八届四中全会提出的推进"以审判为中心"的诉讼制度改革以及四级法院功能定位的要求相一致。该文于2016年获钱端升法学研究成果奖二等奖。

推动"以审判为中心"的诉讼制度改革,是刑事诉讼法学者的使命,为此,我撰写《"以审判为中心"的改革及其限度》一文,于2015年在《中外法学》发表。论文提出,"以审判为中心",要求侦查、起诉活动面向审判、服从审判,同时发挥审判在认定事实、适用法律上的决定性作用。此项要求体现了司法规律,有利于克服固有弊端,实现司法公正。但其受到三机关配合制约原则、检察监督制度,以及政治性领导、监督和协调制度约束,从而形塑为"技术型审判中心论"。目前可操作性的改革,包括控诉、审判和诉讼程序"三个面向",即控方证明责任的有效履行、法院审判的严格把关,以及庭审实质化。"以审判为中心"的逻辑延伸,含法律适用和程序监控的审判中心,要求确立法院司法解释的权威性与独立性,以及强制侦查的司法审查和司法救济。落实"以审判为中心",须采取必要工作措施,实现"三个面向"要求;逐步推进法律适用和程序监控的审判中心;推进司法体制和司法权运行机制改革;以务实的态度和适当的方式,向刑事司法的"线形结构"发起冲击。论文根据约束条件所提出的"技术型审判中心论",有一定的学术影响。就其逻辑延伸和改革深化提出的任务,又展现了理想图景,这种将现实与理想结合起来述说的进路,可谓本人多年来学术研究的基本进路。

我于2015年在《法学研究》发表《庭审实质化的路径和方法》一文,是推动"以审判为中心"的诉讼制度改革在操作层面的一项学术努力。论文指出,"以庭审为中心",是司法权行使的必然要求,也是"以审判为中心"的逻辑推演。推动庭审实质化,是刑事审判方式的重大变革,与刑事司法的体制、机制、制度、理念的变革紧密相关。实现庭审实质化,须适度阻断侦审联结,直接、有效地审查证据。包括完善证人出庭作证制度及完善非法证据排除程序。须充实庭审调查,改善举证、质证与认证。须完善庭审调查规则,调整审判节奏,加强释明权运用,改革裁判方式。须充实二审庭审,明确检察官在二审法庭的职能定位，发挥其诉讼功能。合议庭应当运用职权，推动二审审理的精细化和庭审实质化。为适应庭审实质化要求，应改善庭审准备、加强辩护权保障、推动案件繁简分流，并建立司法责任制。

国家监察制度改革，是国家政治法律制度的重大变革，与“以审判为中心”的诉讼制度也有一定的关联性。由于职务犯罪侦查转隶且形成独立于《刑事诉讼法》的法规范体系，监察与司法衔接协调的问题较为突出，为此我撰写《监察与司法协调衔接的法规范分析》一文，于2018年在《政治与法律》发表。该文认为，监察委员会与司法机关协调衔接的实质，是与国家刑事诉讼程序制度的协调和衔接。职能管辖应当清晰，级别管辖应设基础规范，并案管辖应符合规律，地域管辖宜作出规定并反映案件特点。在监察立案的基础上应建立刑事立案制度，以避免纪、法界限模糊，并由此设立部分高强度强制侦查措施启动节点，同时便于同司法程序对接。职务犯罪调查措施的具体实施，应准用《刑事诉讼法》的相关规范，以落实“与刑事审判关于证据的要求和标准相一致”的要求。“通缉”应限于犯罪嫌疑人。留置措施，应限于涉嫌犯罪的被调查人，以便适用于非国家工作人员，并实现“双规”改留置的制度进步；检察机关对移送人员应当进行逮捕审查。今后应按照“任何人不能充当自己案件法官”原理对职务犯罪强制措施制度作进一步改革。全程录音录像应扩大适用范围，随案移送或留存可查；应规定调查人员出庭作证。立法应确认“尊重和保护人权”原则，职务犯罪调查应准许律师进入，同时可参照《刑事诉讼法》作适当限制。案件移送后，应依法全面实施审查起诉，同时应确认检察机关对犯罪调查活动的法律监督，包括立案监督。在纪、法严格区分的二元法律体制中，《监察法》应按照纪法适度分离及其递进关系作出程序规定，同时内部机构宜适当分离。可将刑事部门设为相对独立的执法主体包括案件移送主体，通过“降低身段”，促进与司法机关的协调衔接。

四、从“坦白从宽”到“认罪认罚从宽”

“坦白从宽，牢底坐穿；抗拒从严，回家过年”的“司法悖论”，我在作为检察官的工作实践中对其深有体会。于是我作了专题研究，于1998年年初在《法学研究》发表《论坦白从宽》一文。这篇论文第一部分指出并分析上述司法悖论严重损害刑事司法的公正性，妨碍对罪犯的改造，并且造成司法人员的一种道德困境等突出的现实危害，以说明切实贯彻坦白从宽政策的现实意义，进而从我国规定犯罪嫌疑人、被告人的供述义务，从自首从宽的逻辑延伸等现行制度的角度分析贯彻“坦白从宽”的制度意义。第二部分由各国刑事司法的比较研究，尤其是美国以及其他一些国家的辩诉交易，看坦白从宽政策适用的普遍性意义。在此基础上，文章针对理论界的某些不同看法，具体分析了“坦白从宽”与罪刑法定原则的关系，分析其是否应当成为一项明确而重要的刑法规范，并就与“坦白从宽”相关的“抗拒从严”的扬弃问题，介绍英国限制沉默权的最新立法，提出了以“坦白从宽”为基本政策取向，而辅之以特定与特殊情况下的“抗拒从严”，即在因情势而产生犯罪嫌疑人作出供述的“加强的合理性”时，犯罪嫌疑人拒绝供述可能成为对其作不利处理的根据。文章第三部分分析了贯彻坦白从宽的方式选择和制度设置。在现行制度框架内确立和切实贯彻“坦白从宽”政策，在制度设计方面要注意通过立法与司法解释确认而使其制度化；由刑罚从宽、执行从宽（缓刑）以及指控从宽三个方面构成从宽内容；在执行中应当掌握限度区别情况——注意罪刑法定原则最低限度的要求，注意宽缓程度就个案而言应具有的实实在在的政策感召力，注意从宽幅度掌握时应考虑坦白对案件确证作用的大小等。

2002 年，牡丹江铁路运输检察院和法院试行辩诉交易处理“孟广虎故意伤害案”，即所谓中国辩诉交易第一案，引发对我国刑事诉讼引入辩诉协商（交易）制度的讨论。法学界和实务界有不同看法。我当时已到西南政法大学工作，和同在西南政法大学的孙长永教授观点相异。我们因此在学校做了一个讲座，他是反对方，我是赞成方，这种针锋相对的学术讲座反响很好。他的观点形成文章：《“正义”无价，如何“上市”——关于我国刑事诉讼引入“辩诉交易”的思考》（载陈光中主编：《辩诉交易在中国》，中国检察出版社 2003 年版），我则作文：《正义是有代价的——论我国刑事司法中的辩诉交易兼论一种新的诉讼观》，发表于《政法论坛》2002 年第 6 期。

文章指出，正义的不可交易性与公共管理的非交易性受到实践的巨大挑战。这是道德原则与社会实践、理想与现实、应然与实然的冲突和矛盾。辩诉交易在各国普遍存在，即使在我国刑事诉讼中，也实际存在某种形式的辩诉交易，包括执行“坦白从宽、抗拒从严”政策时与被告方交涉并形成合意，以及在共同犯罪中“舍卒保车”，与从犯进行交易。但因欠缺制度化要素,导致这种交易的条件、内容、程序与后果模糊与不确定,突出体现在"坦白从宽"政策不兑现。文章继而探讨确立新的诉讼观念,以容纳辩诉交易及类似制度。一是交换是一种基本社会机制,同时也是一种诉讼机制的观念;二是诉讼是一种"风险博弈",为规避风险降低成本可以实行和解与妥协的观念;三是通过诉讼实现正义的有限性,即"有限正义"的观念;四是正义实现须付出代价(妥协与利益让渡),即"正义有价"的观念。因此,辩诉交易在一个有限的范围内是必要的,对其进行制度性确认,避免因其无据而导致无序,是中国刑事司法在制度建构上的重要课题。不过,辩诉交易在设计上应当更为谨慎,尤其是考虑到我国刑事司法制度本质上的职权主义构造以及司法从业人员整体素质尚有待提高等现实国情。例如,限制适用案件的范围;限制交易内容,包括限制量刑折扣的幅度,禁止罪质交易;规范交易形式,如以书面形式确定协商认可的内容,避免其后来失效。同时,还应强调对这种活动加强司法审查,并健全救济机制等。此外,为防止或减少负面效应,可以采取分步推进的制度建构方式,并注意与相应配套条件的培植结合起来。

2018 年《刑事诉讼法》修改,借鉴辩诉协商制度,其确立了认罪认罚从宽制度。我经过一段时间的观察、体验,认为此项制度运行存在两个基本矛盾,即控辩不平衡与检法不协调。后来在 2020 年 8 月最高人民检察院召开的"国家治理现代化与认罪认罚从宽制度研讨会"上我对此作了专题发言(整理后以《认罪认罚从宽制度实施所面临的两重矛盾及其应对》为名,发表于《中国法律评论》9 月 7 日微信公众号)。但前者是结构问题,具有根本性;后者主要是工作问题,可能协调解决。我分别写了一篇文章回应矛盾。

一篇是应《环球法律评论》编辑部之约,写作并于 2020 年在该刊发表的法理分析文章:《完善认罪认罚从宽制度的关键是控辩平衡》。文章认为,协商性司法存在"信息不对称""资源不对等"的情况并形成"结构性风险",侦控方具有压制被追诉人克服诉讼障碍的动因。美国辩诉交易制度及德国量刑协商制度均存在协商性司法异变问题。在我国,由于缺乏有效辩护,被追诉人缺乏知情权,认罪认罚在辩护未介入时过早开启且鼓励早认,特有的侦讯制度与羁押制度,以及诉审"配合"等因素,使控辩失衡更为突出,并产生一系列负面后果。目前应针对制度弊端调整、完善,尽力推动综合配套改革,其关键是诉讼资源配置的控辩平衡,配套措施须重点改革侦查审讯制度及审前羁押制度,完善刑事辩护制度。该程序本身的完善,须实现有效辩护,改善值班律师制度的运行;须强化当事人知情权,改善协商程序;须适当把握证据标准,实现质量与效率的统一;须实施有效的司法审查和司法救济,同时对共同犯罪案件适用作出一定限制。

另一篇文章是个案分析文章,即在《中国法律评论》2020 年第 3 期发表的《余金平交通肇事案法理重述》。余金平酒后交通肇事致一人死亡,认罪认罚,赔偿被害人亲属 160 万元,检察院量刑建议"判四缓四",一审法院认为量刑建议不当,改判两年实刑,余金平不服上诉,检察院支持上诉而提起抗诉,二审法院则以原认定的自首不成立等理由改判三年半实刑。判决一出,引起业界和社会强烈反响。不少刑事诉讼学者、刑法学者参与案例讨论,我亦作《评余金平交通肇事案终审判决》网文(载"中国法律评论"2020 年 4 月 17 日微信公众号),参加讨论。文章认为,二审判决在缺乏攻击防御的情况下,以"突袭裁判"方式否定自首,损害当事人救济权;肯定认罪认罚却否定自首,判决自相矛盾;利用规范缺口加重刑罚,打破"被告不利益变更禁止"原则;忽略认罪认罚应获得的程序利益,以及实际代行控诉职能,可能混淆诉讼角色。这篇网文影响较大,点击量 10 万 +,而且后面有大量评论。有意思的是一个被大量读者点赞的评论,认为"龙教授明显是检察院立场"。我认为这个评论可能不太准确,因为文章也指出检察机关应当注意的问题,实际上比较支持一审法院立场。这篇急就章在正式发表于《中国法律评论》2020 年第 3 期之前作了修改,调整了部分观点,对自首问题作了证据分析,对相关问题作了进一步论证,分析了此案对完善认罪认罚从宽制度的启示,更注意观点的合理性与文章的说理性,同时文字增加了 2/3。

五、侦查程序的改革完善

我在 1996 年《刑事诉讼法》修改后,以对话方式在《现代法学》发表过关于侦查程序改革的观点(当时我与左卫民教授作了系列对话在《现代法学》发表),2001 年发表于《中外法学》的《侦查程序中的人权保障——〈侦查程序与人权读后〉》一文,则以书评的方式表达了意见。文章系针对孙长永教授所著《侦查程序与人权》一书所作的议论。文章指出,侦查程序是在常态社会条件下最深刻地影响公民权利的国家权力运作程序,我国刑事侦查程序中存在五个方面的问题亟待解决:一是审前羁押常态化;二是嫌疑人自我防御能力不足；三是羁押前后缺乏司法审查和司法救济；四是侦查行为不可诉；五是律师辩护还受到较大限制。文章高度评价了长永教授专著的学术价值和实践意义。文章结尾一段是："在政府(部分)以持续性严厉手段对付刑事犯罪的情况下，谈论侦查程序中的人权问题，似乎显得书生意气。然而，也许唯其如此，才更加可贵。在依法治国已成为任何有识之士谈论中国问题的基本话语之时，如果在论及政府于刑事程序中应当如何对待公民时全社会只有一种声音，那将是法治的悲哀。为理性与公正的刑事程序提供思想和技术，这正是中国刑事程序法学者的责任。"

我认为，中国侦查程序改革的关键是对强制侦查的规制，因此，在《中国法学》编辑部就《刑事诉讼法》修改约稿时，我写了《强制侦查司法审查制度的完善》论文，发表于《中国法学》2011 年第 6 期。文章认为：对强制侦查的司法审查，是刑事程序法治的一项国际准则，也是我国刑事诉讼程序最薄弱的环节。制度阙如已对刑事诉讼中的人权保障带来显著不良影响，且与现行法律体系的规范逻辑明显不协调，与我国司法运行与司法改革的指导思想不一致。建立司法审查制度，要逐步推进，区分强制侦查的强度分别处理，同时注意"司法二元体制"的制约，采取检察机关的"准司法审查"与法院的司法审查相结合的模式。具体内容包括缩短拘留时间、改变检察机关"自侦自捕"、允许对不服批捕决定有限制地申请法院救济、对特殊形式的监视居住实施外部监督。同时，应对一部分高强度的对物的强制侦查行为实行外部审批，对电子监听严格法律程序并实施检察监督，以及对物的强制侦查措施设置司法救济等。

我曾结合著名个案写侦查程序中犯罪嫌疑人确定制度改革的文章，即《念斌被再度确定为犯罪嫌疑人问题法理研判》，发表于《法制与社会发展》2015 年第 1 期。文章认为：我国刑事侦查实行"程序性侦查发动配合强制侦查的授权原则"，刑事立案意义重大，但立案后确定犯罪嫌疑人程序不完善。只有在发现能够证明原判"确有错误"，从而"影响定罪量刑"的新证据时，侦查机关才能将受无罪宣告者再次确定为犯罪嫌疑人。从现有情况判断，念斌被再度确定为犯罪嫌疑人，缺乏达到法律要求的新证据。因此对其再度立案缺乏法律依据，且损害当事人合法权利，冲击裁判既判力和审判权威。由此案反思，我国应当完善刑事诉讼中的立案及确定犯罪嫌疑人程序；完善既判力法则，有条件地确认"禁止双重危险"原则，还应当完善司法监督和司法救济制度。

六、公诉制度及其改革完善

2010 年我应邀为最高人民检察院公诉系统全员培训作视频讲课，讲“公诉制度及其改革完善”，后修改讲课稿为文章在《人民检察》发表。文章第一部分分析了公诉的意义，指出实践中有的法院超越公诉范围作出裁判违背诉的原理。第二部分概括了我国公诉制度的六个特点，以及公诉权配置具有主导性、强势性、一定程度的灵活性、延续性较强而且偏于行政化等特征，并有针对性地提出操作改善和制度完善应注意的问题。第三部分结合实践具体论述公诉工作如何履行客观公正义务。第四部分则论述公诉制度的改革完善。

公诉变更，是公诉制度中研究不足且实践中分歧较大的问题。2012 年《刑事诉讼法》修改后，我写了《论新〈刑事诉讼法〉实施后的公诉变更问题》，2014 年发表于《当代法学》。文章认为，公诉变更，以公诉的客观性和效率性为正当性依据。现行公诉变更制度存在法律基础欠缺，“两高”司法解释不够协调，以及相关规定不完善等问题。其运行弊端表现为几种变更形式混淆、撤回起诉过于随意、变更公诉行为不规范、在决定时和决定后忽略被告人程序与实体权益保障等。公诉变更制度完善首先需要完善立法，确认公诉变更形式，设置变更权行使时间，规定撤回起诉决定的效力，同时赋予相关方以救济权。立法完善前，最高人民检察院应当确认法院对撤回起诉的司法审查，检察机关和法院应当对滥用变更权及变更公诉不规范的行为进行规范。最高人民法院亦应明确对检察机关要求撤诉进行审查的时间和标准，同时尊重被告方的异议权。

我还曾就公诉撤回问题，结合典型个案写过一篇《生效判决犹在　公诉焉能撤回——评“天价逃费案”之公诉撤回》，2011 年发表于《法学》杂志。河南农民时建锋被控通行高速逃费 300 余万元，平顶山市中级人民法院以诈骗罪判处其无期徒刑，引起舆论关注和质疑，判决生效后案情发生逆转，发现被告“顶包”。在生效裁判撤销前，经法院建议，检察机关撤回公诉，法院准许。文章认为：同级法院裁判已经宣告，在该裁判尚未撤销的情况下，检察机关不能撤回公诉。平顶山市法、检两院的做法违反程序规范，违背诉讼法理，同时带来已启动的再审程序难以推进并难以作出裁判的实践难题。

反思该案处理，需要坚持“两个效果相统一”，严格依法办事；需要完善《刑事诉讼法》关于撤诉的规定；需要建立适合再审特点并适应冤案再审需要的独立的再审审理与裁判程序。

最近关于公诉变更的分析，涉及二审程序中的公诉变更问题。我于2020年在《法学杂志》发表《新〈人民检察院刑事诉讼规则〉若干问题评析》一文，其中第三个问题谈二审检察机关对一审检察机关的抗诉进行变更的问题。2019年《人民检察院刑事诉讼规则》规定，二审检察机关审查一审检察机关的抗诉意见，允许变更、补充。我认为此种变更权规定过于宽泛，应当作出适当限制，即抗诉理由的改变不包括抗诉请求及抗诉对象的变更。为维护审级制度和法律救济原则，不得在法律适用上超出公诉范围对被抗诉人作不利变更，但就事实证据问题，因可发回重审，可提出与公诉不同的抗诉理由。但应注意抗诉理由表达方式，同时可以斟酌设置“显而易见、无争辩余地”的量刑情节例外。

七、审判程序的改革完善

审判程序尤其是庭审程序，是我的一个重点研究方向。博士论文《刑事庭审制度研究》曾获全国百篇优秀博士论文奖。《刑事诉讼法》经1996年修改，对审判制度作了重大改革，实行证据复印件移送法院及所谓“控辩式庭审”等诉讼制度。当时我发表了一系列文章包括对话，对相关问题进行分析评述。其中一篇是《政法论坛》1998年第1、2期连载的《刑事诉讼中的证据开示制度研究》。论文针对实行“复印件主义”所产生的辩方知悉权障碍问题，论证证据开示制度的建立。论文第一部分是国外制度介绍，使用了较大量的国外主要是英美的资料，介绍评析证据开示制度的基本内容及其运作。第二部分论述我国的证据开示制度建立问题，指出其必要性，提出了基本的制度构建设想。但我因考虑中国的现实情况而建议实行“证据的双向开示”，这一建议在理论界有不同的看法。此文在1999年获中国法学会全国中青年诉讼法学优秀科研成果奖一等奖。

案件移送方式、开庭条件与审判方式改革，导致法院庭前审查程序的改变，我于1999年发表于《法学研究》的《刑事诉讼庭前审查程序研究》一文，对此作了研究。文章指出目前的庭前审查程序即预审程序，具有四个特点。一是预审的简易性。庭前审查是附属庭审的一项准备性工作，不是相对独立的诉讼环节。二是功能的单一性。只有庭审准备功能,没有审查公诉、抑制不当公诉的人权保障功能。三是审判程序的易发性。除特殊情况外,公诉具有必然发动审判的效力。四是程序的折中性。庭前审查未贯彻排除预断原则,是以程序审为主,不排除实体审查的一种特殊审查方式。由此可见,《刑事诉讼法》的修改带来一定的进步,同时又兼顾了司法的现实,但产生一定的负面效应。文章在分析借鉴各国(地区)不同的庭前审查模式的基础上,根据我国司法现实提出完善建议,主张渐进推进改革。目前的改革,一是更全面地移送主要证据,尤其是有利辩护的证据应移送,以防止法官片面地先入为主。二是借鉴其他国家和地区的做法,实行庭前会议(审前讨论会)制度,以解决庭审准备、证据开示等问题。进一步的改革,是减少材料移送内容,基本实行程序审,同时完善控方向辩方开示证据的制度。如确立法官独立及进一步的繁简分离,还可考虑实行预审法官与庭审法官相分离的制度。

刑事审判方式改革,是20世纪90年代以来中国刑事诉讼最重要的变革之一。我于1998年发表于《中国法学》的《论我国刑事庭审方式》一文,探讨了中国特色的刑事庭审方式。论文采用规范、法理与实际三者结合的分析方式,第一部分分析了新庭审方式在庭前程序、庭审程序、诉讼主体的权利义务以及审决机制四个方面的七大特点,并对新制度作了定性和评估,指出我国目前的庭审方式是一种具有中国特色的混合式庭审方式。它是中国传统和固有的制度因素(可称为超职权主义)、现代职权主义以及当事人主义三大要素的糅合。目前,制度改革的走向是较多地吸收和借鉴了当事人主义,但同时保留了对实体真实的顽强追求,职权主义甚至超职权主义的因素仍然起着重要的作用。论文第二部分着重分析了我国庭审制度的运行条件和背景,指出我国借鉴当事人主义的庭审制度改革,将受到本土资源的顽强抵抗、限制和改造,其中包括文化、政策、制度和实际资源的四大限制,从而造成一种"有限理性"并呈现出四个特征,即不彻底的实质化、不充分的对抗性、不完全的平等制以及不够规范的操作方式。运行中的最大矛盾则是控辩式程序与追求实质真实的冲突。论文第三部分提出了改革完善庭审制度的政策思想,即改革的目标模式为具有中国特色的灰色模型,改善的主要路径是"三合",即"磨合"、"调合"与"整合"。磨合是指刑事程序的各主体在操作互动中的相互逐步适应,调合是通过协调达成一定的共识并形成一定的执行文件,整合可分为局部性和全局性的,即在条件具备时进行局部乃至整体的规范与机制的重新梳理。

2000 年发表于《中国法学》的《论我国刑事审判中的交叉询问制度》一文,是探讨中国刑事庭审制度特色的又一篇论文。在介绍交叉询问的一般法理并分析其适用前提、配套制度和实践利弊的基础上,论文指出我国刑事庭审制度的"控辩式"改革,已使我国刑事庭审中对直接人证的基本调查方式已经可以在广义上纳入交叉询问类型,但由于特殊的制度背景和运行条件以及不同的诉讼方式传统,它与典型的、以英美为代表的交叉询问制度有重要区别,呈现出明显的自身特色,包括:直接人证调查的有限性,缩小了交叉询问的范围;交叉询问制与审问制的并存,限制了交叉询问的适用效力;被害人的当事人化及作为调查主体介入,使交叉询问可能具有多极化特点;交叉询问的"和合性"较强,抗辩性较弱(出庭人证控辩属性不明的"合而不分"以及质证时抗辩性较弱的"和而不争");交叉询问系"技术方法型",而非"权利技术型";询问中采用简略而易于掌握的技术与规则。因此,其技术性明显不足。在此分析基础上,为健全交叉询问制度,我提出了设置运行条件、把握对抗限度、采用适当方法、维系合理格局以及创制遵循必要规则等改革完善措施。文章发表后不久,我又按照编辑部的要求,译成英语辑入《中国法学》英文版选编对国外发行。

较之学术研究的长篇大论,我的一篇较短的、谈刑事审判中证人出庭作证的问题可能更有影响,即 2001 年年初载于《中国律师》杂志的《中国作证制度之三大怪现状评析》。所谓三大怪现状:一是证人向警官和检察官作证而不向法官作证;二是证人不出庭的情况下对书面证言的使用没有任何限制;三是按惯例警察不出庭作证。在具体分析这三大问题的基础上,文章指出中国作证制度上的三大怪现状,反映了中国司法制度在观念和制度上的重大缺失。首先是观念的缺失,包括审判公正观念的缺失,人权保护观念的缺失,以及法治权威观念的缺失,同时反映了我国司法制度乃至社会治理结构上存在的严重缺陷。例如,三机关分工负责、互相配合、互相制约的线形结构,使诉讼成为一种不同于国家机关之间的接力赛和流水作业,法院作为客观中立的裁判机关保障司法公正的功能被遮蔽了,"审判中心"难以确立,法院对审前阶段缺乏控制能力,对侦查行为缺乏约束能力。文章最后指出,今天,在走向法治已成为政治动员的口号并逐步成为实际趋向的时候,法治建设中的类似"怪现状"以及司法界和整个社会对此"见怪不怪"的状况，显然是法治的悲哀。当务之急，是充分意识到这类问题的悖谬并谋求其解决。这使司法改革成为必须，而更在其先的，是司法人员乃至整个社会观念的变革。文章刊出后，被《人民法院报》《人大报刊复印资料》等刊物转载。

最高人民法院收回死刑复核权意义重大，但收回后面临一定困难。参加时任最高人民法院院长肖扬主持的武汉"党内专家讨论会"后，我写作《收回死刑复核权面临的难题及其破解》一文，发表于《中国法学》2006 年第 1 期。文章指出：死刑复核权由最高人民法院收回，可能存在政治风险、职能难题、整体性问题和程序性障碍。应对难题的原则与对策：一是系统思维综合治理。尤其强调观念的转变、审判独立性的保障以及死刑替代措施的跟进。二是逐步推进有利有节。三是技术处理区别对待。四是分级负责，责任下沉、责任明确。为此，文章提出必须完善死刑复核程序，包括准确界定最高人民法院复核责任，确定适当的复核审审理方式，限定复核时间，允许辩护律师与检察官参加复核程序；必须完善死刑案件二审程序，包括实行开庭审理及有重点的全面审理方式，同时应当适当调整二审审理期限。还必须改革完善直接影响死刑案件质量的相关制度，包括从多方面完善证据规则，改革审判委员会制度以及禁止再审改判死刑等。

刑事诉讼中的管辖，是关系审判程序公正和实体公正的重要制度。因制度不完善，指定管辖随意性较大，问题突出。我针对实践问题，写了《刑事诉讼指定管辖制度之完善》一文，2012 年在《法学研究》发表。论文指出：指定而改变管辖，是因案件特殊性而采取个案调整的方式人为影响案件管辖秩序的行为，其目的是保障司法公正。其也在实践中发挥了积极作用，但其也有一定弊端，如适用随意性较大，指定侦查管辖于法无据，公、检、法在指定管辖上不能有效衔接，以及公民的管辖异议权与指定管辖申请权不受尊重等。制度不完善，导致司法审查功能减弱，同时妨碍公民权益，损害法制原则，且增加诉讼成本，妨碍诉讼效率。指定管辖存在的问题与我国特有的分工负责、互相配合、互相制约的制度结构，以及司法权集体行使的特殊形式有关。而"超职权主义"的诉讼构造导致国家权力与公民权利的关系失衡，使指定管辖具有"权力导向"、"行政化"和"打击偏好"的特点。改革完善该制度，在模式设定上，仍应以审判为基点，同时明确审前即侦查阶段的指定管辖并允许检察机关监督。审判中的指定管辖应由检察机关提出，由人民法院审查决定。在指导思想上,坚持程序法定原则,慎重适用指定管辖;坚持管辖便利原则,指定地点应当方便办案。在制度完善方面,需要明确指定管辖的适用范围;明确指定管辖的相关主体、考量因素及决定程序;合理设置指定管辖的具体程序,确认公民的管辖异议权与管辖申请权并予以保障。

目录

第一编　基础理论

第二编　程序制度

第三编 审前程序

第四编 审判程序

第一编

基础理论

刑事诉讼的两重结构辨析*

刑事诉讼法的功能是为国家的刑事诉讼活动设立框架。在这个意义上,诉讼程序法即为诉讼结构法。结构决定功能,诉讼结构是整个刑事诉讼活动的基础,它决定刑事诉讼的特质、特征与类型,蕴含了刑事诉讼的基本原则和主要程序制度。然而,诉讼结构问题在我们的理论研究中却长期被忽视,而且即使论及,也往往循着国外诉讼法学的思路,将其简单地归结为当事人主义与职权主义等既定结构模式,缺乏更基本更深入且具创新意义的思考。为深化刑事诉讼法学研究,尤其是在刑事诉讼基本理论方面寻找新的理论生长点,本文试提出刑事诉讼的两重结构理论,以作为引玉之砖。

在现代刑事诉讼中,控诉、辩护与审判为三种最基本的诉讼要素和诉讼功能,并成为刑事诉讼结构的基本支点。所谓"诉讼",即法学家们所称的"三方组合"。在这一组合中,原告和被告形成一定的诉讼对抗,法官则是居于其间、踞于其上的仲裁者,由此而形成一个正三角结构。这种"三角结构",正是"诉讼"结构区别于"命令—服从"这种行政管理结构的特质与特征。作为"三方组合","诉讼"这一结构本身蕴含着一些基本的诉讼原则,包括:

1. 诉、审分离原则。审判官不应同时兼任控诉人,因为这种兼任所造成的心理冲突与角色冲突妨碍公正审判。诉、审分离,是诉讼文化发展与诉讼制度进步的表现。在诉、审分离的条件下,起诉是审判的前提并限定审判的内容,审判是起诉的继续但最终决定案件的命运。由此而产生两项诉讼原则:一是不告不理,刑事诉讼须经公诉人或自诉人提起,法官不得自任原告

---

* 原载《现代法学》1991 年第 3 期。收入本书时略有改动,后文不再逐一说明。

或不告而审。这就体现为公诉权和审判权分别由检察院和法院行使的职权原则。这里顺便提及,实践中,审判官在案件未起诉的情况下“提前介入”控诉方的侦查、起诉活动,与诉讼原理不合。二是起诉与审判对象的同一性原则。由于诉审职能分离,起诉为审判的前提,法院审判的范围即应受起诉的制约,应保持审判与起诉对象同一。例如,检察院仅起诉 A 被告的伤害犯罪,法院不应对与被诉罪无关的盗窃犯罪进行审判,更不应对未被起诉的 B 被告进行审判(即使 B 是 A 的共同作案人)不过,诉审分离系一般原则,为保障诉讼的效率,避免结构僵化,诉审分离结构也认可一定范围的“便宜行事”。例如,公诉方在追诉过程中,具有“有罪否定”和“刑罚否定”的审定权(可视为“消极裁判权”),据以作出不起诉或免予起诉的决定。而审判方审理和判决的对象在遵守和公诉对象同一的前提下,其内容可在一定范围内扩张,如就某一犯罪的牵连罪行、连续实施的同一罪行、结果加重罪行等,即使其中一部分未予起诉,法官亦可审判。至于检察院作出免予起诉的有罪决定,究竟是违反诉审分离原则的不当措施,还是系如前所述的基于一定司法需要的便宜行事,即诉审分离原则相对性和灵活性的体现,还有探讨的必要。

2. 辩、诉对抗原则。“诉讼”的前提是原被告双方存在的“讼争”,在刑事诉讼中则表现为“辩诉对抗”。辩诉对抗,首先,要求承认被告人在刑事诉讼法律关系中的主体地位。因为被告人如仅为侦讯客体就无从谈诉讼对抗。被告主体地位的主要表现在具有为自己无罪或罪轻进行辩护的权利,法律应当提供条件保障被告人辩护权的实现,以及被告的人身权利、财产权利应受到尊重,不允许将体罚、侮辱等法外惩罚加之于被告。其次,要求肯定辩护人在诉讼中的能动作用。由于被告所处的特定地位和特定条件的限制,他在心理上和实际能力上均难以同国家的犯罪追诉机关匹敌,故设立辩护人制度,以通过具有法律知识、诉讼权能且地位相对独立的辩护人开展辩护活动,保障被告辩护权利的实现。最后,辩诉双方至少在形式上是平等的。尤其在审判阶段——因三方共同参与而处于完整的“诉讼”结构中,肯定“两造”具有平等的法律地位以及相互对应的诉讼权利,是必然的要求。当然,国家侦控机关担负追究犯罪的使命,以强大的国家力量为控诉提供保障;被告则始终处于自我防卫相对被动的地位,他虽可得到律师援助,但在实际力量上不可能、也不应当与控诉方对等。不过,在“诉讼”展开的审判阶段,肯定诉辩双方至少在形式上的平等,对于维护诉讼结构的平衡,保障公正审判,避免诉讼过程仅为检察官立证是完全必要的。

3.“司法至上”及“审判中心”论。这里所谓的“司法至上”,仅指在诉、辩、审三角结构中,审判方超越诉、辩方面居于结构顶端,它因享有裁判职能而对诉讼过程具有权威性作用和决定性影响。这种“至上性”,不仅体现在审判最终决定起诉与辩护的命运,而且体现于法官在审判过程中的主持和控制作用,以及审判官对整个诉讼进程的影响包括评判侦控方和辩护方的诉讼活动从而规范双方的行为。另外,由于“对簿公堂”的审判活动,是诉讼形态最完整的体现,起诉前的调查和审查在严格意义上还不属于诉讼活动而只是诉讼的准备,以审判为诉讼活动的中心和重心,即为三方组合诉讼结构的题中应有之义。

按照系统相对性的原理,从另一角度观察,同一过程又呈现出另一结构形态。刑事诉讼活动主要是国家为维护其统治秩序而发动的追究惩罚犯罪整肃社会越轨行为的活动,国家设置警、检、法机关分别承担一定职能,刑事案件则按特定程序由侦查、起诉到审判递传。在三机关之间实际存在一种“工序关系”,即线形关系。线形结构,是刑事诉讼构造区别于民事诉讼、行政诉讼构造的特征。公、检、法三机关在刑事诉讼中,“分工负责、互相配合、互相制约”,就是我国刑诉法制对这种线形关系的一种注释。由此而言,将承担追究犯罪职能的国家专门机关与在案件中有直接利害关系的当事人适当区分也是有一定根据的。

对“线形结构”内在精神的把握,应注意两点:一是该结构强调三机关维护法律秩序的作用,主张“职能不同,目标一致”,因而具有一体化趋势。单纯的线形结构与“司法至上”相排斥。二是该结构中起主体能动作用的主要是国家公安司法机关,“配合”“制约”均在这些机关之间发生,而被告人则主要作为侦讯客体存在。因此,侦控机关可以对被告人采取强制处分,如羁押、搜查、扣押等,不致因此产生与结构法理不协调的问题。

三角结构与线形结构由于基本构造的不同而产生结构矛盾与功能冲突,然而,以两种结构各自的非极端化为条件,对其作有机组合,形成一种复合的统一的刑事诉讼结构形态,不仅是可能的,而且是必要的。因为两种结构不同的功能目标——公正与效率,均为现代刑事司法所必需。取消三角结构,刑事司法活动就失去“诉讼”的本质及均衡的构架,无从谈公正审判;否定线形结构,就否定了刑事诉讼的特质及有效运作机制,难以实现刑事司法的任务。

随着人类社会的发展和诉讼制度的进步，现代各国均兼采三角、线形两种结构。不过，由于历史传统、社会结构形式和现时政治文化不同等原因，各国对上述一般结构的具体采纳方式不同，从而形成实际刑事诉讼结构的不同类型。通说认为，实际诉讼结构类型可大致分为职权主义即审问制，当事人主义即辩论制以及不同程度兼采二者的“混血型”。以两重结构原理分析，可以说职权主义主要体现在线形结构中，当事人主义主要体现在三角结构中，“混血型”则属相对均衡（所谓“相对”，是指两种结构仍有首位与次位之分，不过不那样比例悬殊）。简析之，职权主义诉讼的特征是强调司法机关行使职权，警察、检察官和法官依职权对嫌疑人进行审问甚至采取羁押、搜查等强制处分措施。这一结构中，警、检、法被视为国家的犯罪控制机关，配合与制约关系主要在这些机关之间发生。这无疑是一种“线形”占优位的结构。而当事人主义则强调诉讼两造为平等当事人，通过诉讼对抗由法官裁决争讼。这一结构在侦查阶段的表现是所谓“弹劾制侦查”，即控诉方的追诉调查和辩护性调查同时展开，被告作为诉讼之一方当事人有权保持沉默，有权获得保释，侦讯机关无权强制取得被告口供。侦查中搜查逮捕等强制处分须由法官批准（侦查阶段就已存在一个“诉讼”即三角的结构）。审判时控辩双方均作为能动主体，积极举证，交叉询问，法官（有时还有陪审团）听证进而裁决。同时，在诉讼中贯彻“司法至上”，法官对诉讼过程影响很大，对于控诉和辩护方具有较大权威。可见，当事人主义是以三角结构为主体。不过，现代职权主义诉讼仍承认被告人的主体地位，肯定其辩护权，有时还原则肯定其沉默权。尤其在审判阶段，在一定程度上承认控、辩方的地位平等和权利对等，显现出一些三角结构特征。另外，当事人主义的刑事诉讼也不是像民事诉讼那样——国家侦控机关的权力和能力绝非辩方可比，而是在某种程度上肯定国家侦、控、审机关在社会控制目标上的一致性。可见，职权主义诉讼和当事人主义诉讼并非纯粹的线形或三角结构。

两重结构理论除分析上述结构模式，还可用于分析刑事诉讼的价值模式。现今两种较为典型的价值模式——强调维护法律秩序的犯罪控制模式与注重保护当事人权利的所谓“正当程序模式”，分别与线形结构和三角结构联系较为紧密。犯罪控制模式由效率第一而强调国家犯罪控制机关的“流水作业”，基本上是一个线形模式；正当程序模式则注重嫌疑人的主体地位和自我保护实行诉讼对抗的权利,因而主要是一个三角结构模式。

再就我们的情况而论,我国刑诉法学曾比较强调公、检、法三机关在控制犯罪目标上的一致性,强调司法机关的职权作用以及国家专门机关之间的配合与制约,讲究互相配合,互相制约,不承认"司法至上"。可见,它实际比较着重的是"线形结构"。这种倚重无疑具有积极意义。因为警、检、审机关作为行使国家权力的机关,在刑事诉讼中实际上起着支配的作用,三机关之间的有效配合与制约,无论对揭露打击犯罪,还是保护无辜公民不受法律追诉,都具有重要意义。然而,对线形结构的过分倚重又将带来弊端——忽视刑事诉讼中三方组合互动的诉讼本质,轻视被告人的主体地位及辩护人的诉讼作用,忽视审判活动中控诉方与辩护方的平等关系,由要求审判方与控诉方"配合"而影响审判的公正性,由强调配合制约的相互性而忽视了审判的权威性以及它在诉讼过程中的决定性作用。近年来,这一缺陷已较明显,因此又有"律师配合制约论"产生。这一学说意在补缺,却甚为牵强。因为"配合、制约"作为我国刑事诉讼法的专门概念,特指发生、变更、终止刑事诉讼法律关系的活动,属权力行为。在诉讼中仅起咨询、建议、代言作用的律师显然无此功能。而与控诉方讲配合,又否定了刑事诉讼中表现为诉讼对抗的辩证矛盾,且与辩护职能不合,其社会影响也不佳。为保证准确执行法律,有效实现诉讼目的,这种过分倚重线形构造的倾向应当纠正。

不过,我们也不主张走向另一极端。西方少数国家(如美国)的一种带倾向性的诉讼观,是只注意刑事诉讼的三方组合结构,而不承认或相当贬低线形诉讼构造,将当事人主义的诉讼结构和所谓"正当程序"的价值模式推向极端,抹杀国家追究犯罪的专门机关与诉讼当事人的实际区别,忽视刑事诉讼的有效运作机制。这种有碍于实现刑事司法控制犯罪基本职能的司法模式,按我们的社会需求和价值标准,显然亦不可取。

综上所述,笔者所主张的两重结构理论,不仅是一种诉讼法学中的理论分析手段,而且是一种诉讼观,即诉讼结构的组合观与均衡论。笔者这一探索尚不成熟,但仍希望能有助于刑事诉讼观念的更新和理论的深化。

再论“两重结构”*

——答马贵翔同志质疑

笔者的《刑事诉讼的两重结构辨析》一文在《现代法学》发表后，受到一些同志的关注。《现代法学》1991 年第 6 期发表了马贵翔同志的文章，对“两重结构论”提出质疑，他认为刑事诉讼仅存在三角结构，而且是“诉辩双方与审判官距离相等的‘等腰三角’结构”，至于现代许多国家刑事司法中存在的警、检、法之间的工序关系（流程关系），则只是一种“刑事程序”，即诉讼外的行政性程序。而且这种线形程序和结构在英美法系国家不一定存在，用两重结构理论分析当事人主义与职权主义的区别也不妥当。对此，笔者不敢苟同，现作简要答辩并进一步阐述和补充两重结构论，尤其是其中的“线形结构”问题。

一、线形结构是刑事诉讼的客观事实

现代各国的刑事诉讼虽然具有不同的结构模式，但均以司法权的分立与制约为基础。这种分离包括起诉与审判的分离以及侦查与起诉的分开。即警察站在控制犯罪的第一线，承担刑事案件的侦查或案发后的先期调查，然后由检察官介入，承担起诉或者进行侦查而后起诉的职能（虽然从法律上讲，某些国家的检察官是主要的侦查官员，但实际上各国刑事侦查总是主要由警察完成，检察官的工作重点在于对侦查结果的审查和案件的起诉），然后将案件移交法院予以审判。这是刑事诉讼的一般模式。因此，无论是就刑事案件的工序性流转，还是就不同执法机关工作及权利行使的相继性而

* 原载《现代法学》1992 年第 4 期。

言，在客观上形成一种线形结构（前者属客体的线形结构，后者属主体的线形结构）。不仅我国以及那些以职权主义为特征的各国刑事诉讼如此，即使在英美法系国家刑事诉讼中也实行侦、诉、审的分工与工作接续，因此同样存在这样一种结构。这里需要说明三点：(1)三机关工作职能区分及其相继性，是就其主要职责、工作重心及其关系而论，“线形”也是就总体而言，这并不排斥在一定诉讼阶段的某些非线形结构，如检察官与警方共同侦查而形成并行关系。(2)实行当事人主义的国家以庭审为中心，有的为防止法官预断，检察院起诉时不附案卷材料，但此时仍存在案件的流转和工作的相继性。因此，是否递交案卷材料既不影响客体的线形关系存在，也不影响主体的线形关系成立。(3)少数案件，可能由警察直接起诉，或由检察官包揽侦查、起诉，这种情况下，办案过程只存在警—法或检—法关系，但由于此时仍然存在国家权力促动的案件流转，因而仍不能否定线形结构的成立——两点亦成一线。

二、刑事司法系统的同质性、统一性是线形结构存在的重要依据

刑事司法活动的警、检、法机关具有不同的工作职能，这种职能区分与互涉正是现代刑事诉讼结构的法理基础。但从根本上看，维护现存的统治秩序，是这些机关的共同职能与共同本质。即使是充当裁判、显得中立与公正的法官亦不例外。警、检机关作为侦查和检控社会越轨行为的国家机关，当然更是如此。而且作为刑事司法系统运行的必要前提，警、检、法机关必须遵循统一、协调的实体法规范和程序规范（无论是制定法还是非制定法的）。在英、美国家，侦、检、审虽然具有较大的酌处权（discretion），对法律规则的适用比较灵活，但也毫不例外地受到统一的法律原则以及制定法规范和判例法规则的约束，不得自行其是。否则，刑事诉讼就不可能有效进行。刑事司法系统的同质性和统一性，必然使该系统在不同程度上带有“一体化”倾向，即具有相似的价值取向，共同认可特定的行为方式，因此而能对案件作有效的工序性处理而不致发生太多障碍。这种“一体化”在实行职权主义的大陆法系国家比较明显，在实行当事人主义的英美国家亦可察见，如美国，约90%的案件按有罪认否程序，法官不开庭审判就按检察官的要求（通常以辩诉交易为前提）作了处理，这在一定意义上，就可以看作一种警、检、法相对协调统一的“工序性处理”。“一体化”趋势是线形结构的一个重要特征，可见，刑事司法系统的同质性和统一性是线形结构存在的重要依据。

三、线形结构也是一种刑事诉讼结构

其一,线形结构反映了刑事诉讼的特质与特征。诉讼两造与裁判者的三方组合即三角结构,反映了诉讼这种社会冲突解决形式的基本构成以及不同类型诉讼的共同本质。而由于诉讼职能与诉讼条件的差异,各种具体的诉讼类型又具有各自的特质与特征。刑事诉讼并非实质平等的当事人之间的权利争执,而是由国家发动的,为整肃社会越轨,实现社会控制的国家活动。为有效实现对社会的犯罪控制,需要建立专门的侦查、检控机关并赋予相应的国家权力,不同执法机关在刑事司法中的权力分工与权利互涉,经过法律程序化处理,就在三方组合之外形成一种以权力互动为特点的线形结构。否认这一结构,实际上是抹杀了刑事诉讼的特质与特征。

其二,在线形结构中,各主体的行为对刑事诉讼程序及诉讼法律关系的产生、发展、终结以及整个诉讼的结局足以产生重要的,甚至决定性的影响。这一点是线形结构作为诉讼结构实质的依据。例如,侦查机关的立案和确定刑事被告人(嫌疑人),意味着刑事侦查程序的开启以及将被告人投入刑事诉讼程序;检察机关决定起诉并提出起诉指控,即将刑事案件"系属"于法院,被告将直接面临审判。这些在线形结构中行使国家权力的行为,构成诉讼主体(或所谓"诉讼法律关系主体")根据其诉讼权力(权利)实施的诉讼行为,或者有重要诉讼意义的行为。因此,将由此而形成的结构称为刑事诉讼结构显然并无不当。

其三,无论是在广义刑事诉讼概念还是在狭义刑事诉讼概念范围内都存在线形结构。根据诉讼法规范和我们在理论和实践中的约定俗成,所谓刑事诉讼,包括立案(成立刑事案件)到判决定案的整个过程,其中侦查、起诉、审判的法律程序均为诉讼程序。据此,将该过程中以权利行使为特征的程序结构称为刑事诉讼结构并无概念错误。不过,刑事诉讼也还有一种狭义的概念,即我国台湾地区学者刁荣华所称诉讼"仅法院、原告及被告三者之所为行为也,他如检察官在提起公诉前对于犯罪嫌疑人侦查犯罪或诉讼程序终结后,对于受判决人执行裁判,其程序均不属刑事诉讼之范围。盖前者原告之身份,尚未发生,而后者原告之身份,业已消灭,故均不得称之为刑事诉讼"。马贵翔同志文章中刑事诉讼的概念,应该是这种狭义的概念,因此,将起诉前的侦查程序视为非诉讼的行政程序。然而,应当看到,即使在狭义刑事诉讼范围内，也存在一种权力互动的线形关系。例如，检察机关对刑事被告人起诉，固然是行使一种作为原告的诉讼权利，但同样也是基于其法定职责而行使一种国家权力，是行使国家刑事追诉权力与行使当事人诉讼权力的统一，后者属于三角结构中的行为，前者则系线形结构上的动作，这说明狭义的刑事诉讼中仍存在线形结构，如果把刑事诉讼仅仅视为诉辩双方与审判官距离相等的三角结构，未免歪曲刑事诉讼的真实形态。只有既肯定三角结构，又承认一定意义上、一定范围内的线形结构，才是客观和科学的态度。

四、结构成分比例不同是当事人主义与职权主义的重要区别

马贵翔同志否定两重结构理论对职权主义与当事人主义诉讼结构的分析。他认为当事人主义与职权主义的区别均体现在三角结构以内，“前者在控辩对抗和法官主持两方面进行比较，重心放在控辩对抗，后者把两方面进行比较，重心放在发挥法官的作用”。这里，马文实际上变换了原文中当事人主义与职权主义的概念，从而导致了反驳理由不对路。笔者的原文中说明职权主义主要体现在线形结构中，当事人主义主要体现在三角结构中，上下文意思很清楚，是把职权主义与当事人主义当作体现在刑事诉讼全过程，两种不同的诉讼模式和司法价值观，而不是仅仅看作一种庭审形式。职权主义比较倾向于“犯罪控制”，强调警、检、法机关行使职权，赋予其较大的权力而约束较少，办案过程存在较为明显的工作流程关系，线形结构比较清晰。当事人主义则比较强调“正当程序”，重视刑事诉讼的诉讼本质，注意对侦控机关的程序约束，确立检察官的当事人地位，并强调当事人权利平等，因此而重视对被告方力量的补充和救济，由“弹劾制侦查观”到“辩论式”审判，三角结构尤为突出。马文却将当事人主义、职权主义局限于法庭审判中两方关系这样一个技术性问题，在庭审这一个“点”上，似乎难以建立“线”的结构，但这种变换原文分析对象的驳论未必说明问题。

两重结构理论是我在深化刑诉法学研究方面的一个尝试，意在提供一个具有一定实际意义的理论框架。这里仍需强调，虽然三角结构与线形结构是刑事诉讼中的两种基本结构，但并不排除在刑事司法过程中还存在其他一些结构（如纵向的审级结构）。尤其在我国刑事诉讼中，法律规定检察机关实施法律监督的制度，还创造了一种结构，或可称为监督结构。在监督

结构中,检察机关是唯一的行为主体,侦查和审判活动是检察监督的客体,这种监督行为是单向性的,以被监督行为的违法性为实施监督行为的条件。严格地说,这一结构不是刑事诉讼结构。但是鉴于它与诉讼程序的密切关系(如检察员在法庭上既是公诉人,又是法律监督者),而且这一结构的功能效应对诉讼的正确进行有一定的影响,可以将这种监督结构视为我国刑事诉讼的一重附加结构。不过,这一结构,尚有待于在制度上和实践中予以完善。

配合制约原则的某些“负效应”及其防止*

分工负责、互相配合、互相制约(以下简称配合制约)原则对我国刑事司法工作所起的积极作用已被法学界充分肯定,但在所发表的诸多文章及论著中,尚无直接论其消极影响即“负效应”的。虽然在实践中公、检、法三机关的相互关系不时出现问题,但人们总是将其归结为执行贯彻上出现了偏差,认为问题在“和尚”而不在“经”。

笔者认为,在我国特定的司法背景中,配合制约原则在刑事司法活动中的贯彻,对于查清案件事实,正确适用法律,准确地揭露和惩罚犯罪,确有重要作用。然而,由于该原则自身存在某些不科学的成分,因此它不可避免地对刑事司法活动产生了一定的消极影响,并妨碍了我国刑事诉讼制度的完善。

一、可能扭曲诉讼结构

所谓诉讼,即原、被告的争议由居于其间、踞于其上的审判者予以裁决。因此,由原、被告和审判者三方组合而成的一个三角式构造,即为任何诉讼的一个基本结构,刑事诉讼当然也并不例外。诉、审分离,辩、诉对抗以及以审判为中心,是刑事诉讼结构成立和正常运作的必要前提和条件。为实现诉讼的程序公正及裁决的实体公正,就应当使诉讼双方在诉讼中地位平等和权利对等。在刑事诉讼中,就不能不承认被告人的主体地位和辩护人的能动作用。

然而,三机关配合制约原则所体现的刑事司法关系,却不是上述以控、

---

* 原载《中外法学》1991 年第 3 期。

辩、审三方组合为特征和基本构架的诉讼关系，而是一种国家权力运作的线形关系。习惯的说法是一种“工序关系”。三机关是一条生产流水线上的不同车间，案件由原材料形态到不同工序的加工制作，最后被加工成为质量合格的制成品。刑事诉讼制度对配合制约原则的强调和倚重，系扬“线形结构”而抑“三角结构”，这种扬抑，将导致刑事诉讼合理构架的破坏。因为，其一，配合制约原则强调的是国家机关的作用，在此结构中起主体能动作用的是国家公安机关司法机关，“配合”“制约”均在这些机关之间发生，而被告人则主要作为侦讯客体存在，其主体地位难以保障；其二，线形结构强调国家机关的权力互动，个人权利在这一结构中缺乏地位，代表个人权利的诉讼辩护人，其积极的诉讼作用难以确立。尤其在审判阶段，讲检、法两家互相配合互相制约得多，谈控、辩双方平等对抗、法官居中公断得少，势必造成了结构失衡并因此而影响了诉讼的公正。这种偏倚对司法实践已产生明显影响，如法官判案往往倾向于公诉意见而不太注重辩护意见，即使后者有道理也是如此。配合制约原则的这种“负效应”已被人们察觉，因为近年来有些同志提出要修改配合制约原则，主张将律师与公、检、法机关分工负责、互相配合、互相制约的内容加进这一原则之中。然而，刑事诉讼法中“分工负责”的实质是国家司法权分别由不同机关行使，“配合制约”，特指发生、变更、终止刑事诉讼法律关系的活动，属权力行为。律师作为辩护人，只能依法提出对被告有利的材料和意见，它不行使国家权力，不具有程序制约功能。再说律师与公、检、法机关讲配合，也与辩护人的诉讼地位和职责不相符。可见，持论者欲发挥辩护功能、平衡诉讼结构、保证公正审判的愿望虽然可以理解，但此论未必妥当，因为律师活动的性质使其难以插进执法与司法机关之间互涉互动而形成的线形结构之中。

二、可能模糊诉讼关系

一方面，通过诉讼关系作纵向观察就会发现，制约与配合是两个不同层次的概念，相提并论不尽适当。国家在设置警察机关从事犯罪侦查的同时，将刑事案件起诉和监督权赋予检察院，将审判权赋予法院，这种司法结构的意义，就是分权制约，否则完全可以一家代三家，一长代三长。可见，制约关系是公、检、法三家最根本的职能关系。而这种制约，正是刑事司法科学化、民主化的要求。当然，在制约中亦肯定一种相互依赖的关系，在一定情况下一定限度内要求彼此配合亦无不可。然而，将作为三机关之间根本职能关系的权力“制约”，与工作过程中应当注意的“配合”要求相提并论，等而视之，就可能模糊诉讼关系，弱化制约机制的效果。

另一方面，通过对诉讼关系作横向的分段研究就会发现，公、检与检、法的关系具有不同性质。在控、辩、审三方支撑的刑事诉讼“大构造”中，公安与检察同属代表国家承担刑事追诉任务的控诉方，彼此关系可视为控方内部关系，其“大职能”一致，其具体诉讼职能也未严格分开，如检察官可以采取指挥、监督或直接实施等方式参与侦查；而警察也承担协助公诉（在某些国家可以直接实施公诉）的任务，就公、检两家而言，制约当然必要，配合亦不可少，因为有效的配合协同，是完成国家刑事追诉任务的保证。

然而，三家关系中的另一段——检、法关系，则与前一种关系有根本不同。法官应当是不偏不倚的审判者，其职责是公正裁判控、辩双方的分歧。要求法检配合，就是要求审判者与控诉人配合，而且是仅仅与控诉方配合，这未免与法官的诉讼地位和职责向冲突，损害法官的公正形象，影响被告人及其辩护人对法官及其裁决的信任和信服。

三、可能抑制检察、审判职能的发挥并导致相互扯皮

三机关配合制约原则在制约关系上具有不分主次、平分秋色的特点，因而势必抑制后继程序的监督制约效能，并产生“扯皮效应”。

为防止专断擅权，三机关的关系上可以有一种相互制约性，即双向制约性。然而，按照唯物辩证法的观点，分析矛盾，既要看到相互作用的矛盾方面，又要把握起支配作用的矛盾主要方面，三机关的制约关系也应有明显的主次之分。就公、检而言，公安承担一般刑事案件侦查，是执行机关，检察掌握批捕、起诉和侦查活动监督权，是侦查监督机关。因此，相对于公安侦查机关来说，检察机关的主要诉讼角色是监督制约者。再就检、法而论，由于提起公诉实际是向审判机关提出诉讼请求，审判将最终决定起诉的命运，因此可以说，法院在检、法诉讼制约关系居于主导地位。由此可见，如果说，执行刑事诉讼职能的不同国家机关之间在权力互涉的意义上存在一种制约关系，那么，这种制约也主要是一种“递进制约”关系，它们之间的职能关系，不应当是平行的，而应当是起伏的——侦查者在侦查过程中发挥重大职能作用之时及之后，相对于检察监督来说呈伏势，此时，检察监督呈起势。但继

后作为公诉提起人,检察相对于决定起诉命运的审判又呈伏势。当然这是相对而言,伏中有起,起中亦有伏,即不排除制约的双向性。

互相制约原则肯定了制约的双向性,却忽略了制约的递进性,明显具有“平分秋色”的意味。这种在制约关系上的平分秋色一方面是直接抑制了检察监督职能。我国检察监督的疲弱就与这种在制约关系上的平分秋色有直接关系。根据法律,检察院作为法律监督机关,有权对侦查机关的违法行为进行监督。然而,法律却不赋予检察院任何实际权力以行使这一职能,因此,这种监督势必成为“无意义的空气振动”,并在实践中名存实亡。如根据《刑事诉讼法》第 51 条和第 94 条的规定对检察院批捕的案件,公安机关发现不应逮捕的,应立即释放被告,而且无须请示批捕机关,这种体现“互相制约”的做法,无疑会损害检察院批捕决定的严肃性并妨碍其监督作用,正是由于看到了此种互相制约对检察监督的抑制作用,有的同志指出,《刑事诉讼法》第 5 条规定的配合制约原则,“没有从法律监督体系和监督体制中,特别是没有从法律的角度来规定检察机关的法律监督地位”[1]。

另一方面,这种“平分秋色”对审判职能也有明显的抑制作用。在审判阶段,由于辩、诉、审三方的共同参与,“三头对案”,而形成完整的诉讼势态,而且审判活动将最终决定刑事诉讼的命运,因此,审判环节无疑是一个中心环节,是一个起决定性作用的环节。为保证案件的正确处理,审判机关应当对刑事诉讼中的一切程序性活动,包括侦查、起诉阶段的活动,予以审查。但在三机关配合制约原则和结构之下,这种审查难以进行。因为该原则的平分秋色精神,实际体现为侦、诉、审各管一段的“铁路警察”式诉讼惯例方式——法院只管已侦查起诉案件的审理和判决,对侦查、检察过程中的活动法院则无权干涉。这将会影响诉讼活动的统一,妨碍审判机关对侦查、检察活动的审判监督。例如,法律规定最高人民检察院、最高人民法院均享有司法解释权,但分别对检察和审判活动行使。而实际上,检察活动中的问题与审判活动中的问题在很大程度上具有同一性(如对某一犯罪应如何认定,如何处罚),两个平行机关都可以作出有拘束力的解释,难免“政出多门”之弊。

制度建构中的“平分秋色”,隐伏了互不买账、互相扯皮的契机,而当配合制约原则作为司法活动中的行为准则适当时,更可能直接引发“扯皮效应”,如被监督制约的机关不服监督制约时,就常常使用它作为反击武器——“不要动不动讲监督制约,别忘了,我们是互相制约”。尤其在退回补充侦查和批捕、起诉、判决等环节上有分歧意见时,更容易产生互不买账、抵消力量、妨碍刑事诉讼正常进行的“扯皮”现象。为避免弄僵关系,实施制约的机关有时不得不妥协迁就;即使要坚持原则,也不得不在方式上十分谨慎,一般不使用决定不捕、决定不起诉、无罪判决或抗诉等程序制约的法律措施,而使用商量撤案、劝说撤诉、自查纠正等“软方法”,这使“协商制约”成了我们制约机制的一个特点。然而,制约措施如缺乏刚性,在被制约方不服时,制约就发生困难。可见,互相制约论的平分秋色,不仅妨碍三机关的协调配合,而且妨碍监督制约。

配合制约原则可能产生上述“负效应”,但笔者认为也不能以偏概全,轻易否定这项原则。应当看到,在我国特定的司法背景和司法条件下,该原则对我国刑事司法活动产生了并仍然可能产生一定的积极影响,其积极效应至少有以下两点:

1. 公、检、法配合制约的原则、结构和诉讼运作方式,对于全面实现刑事司法的任务,尤其是有效打击和遏制犯罪,有一定的意义。应当看到,刑事诉构活动不同于民事诉讼,它并非个别公民或组织之间的争议,而主要是国家为维护其统治秩序而发动的追究惩罚犯罪整肃社会越轨的活动。在这种活动中,警、检、法机关作为行使国家权力的机关,起着支配的、关键性的作用,其职能的适当行使,对案件的正确处理具有决定性的影响。因此,适当肯定公、检、法之间配合制约的线形结构,在一定程度上反映了目前我国刑事诉构的客观现实和特殊要求。而在线形结构中,如果没有三机关依法制约的诉讼关系,就不能保证刑事司法的科学性和准确性;另外,在刑事犯罪仍然威胁着社会安全和社会稳定,在某些时间、某些地区甚至相当严重的情况下,国家必须有效地发挥其司法职能,确保正常的社会秩序以及公民人身、财产的安全。而随着社会的发展,刑事犯罪呈现出更强的智能化趋势,犯罪作案手段日益狡猾,反侦查反追究的意识和能力增强,这种情况下,如果忽视不同职能机关之间在打击犯罪保障人权这一根本职能上的统一性,以及忽视司法运作上的协调性,社会也会难以有效完成其控制犯罪的使命。因此,在一定意义上和一定程度上肯定这一原则,对于目前实现刑事司法遏制犯罪的任务是有意义的。

2. 在我国刑事司法的体系和背景中,配合制约原则的积极作用不容忽视。对任何思想原则和行为模式的价值评价,都不能脱离一定的背景包括历史环境。我国古代刑事司法在总体上缺乏分权制约的传统。在革命战争年代,由于特定的战争环境,决定了刑事司法多数情况下只能采取战时军事司法的简捷方式。中华人民共和国成立后,在人民民主政权内,公、检、法分工负责、配合制约,共同完成打击犯罪、保护人民的任务,新的刑事司法结构已开始形成。新时期制定的《宪法》和《刑事诉讼法》肯定了三机关配合制约的原则和制度,这在我国司法制度史上无疑是一个巨大的进步。它所肯定的分权制约的司法结构,为我国刑事诉讼制度的进一步民主化和科学化奠定了基础。它所张扬的分工制约意识,对纠正刑事司法领域顽固存在的独断观念和那种以行政管理的审判方式解决全部司法诉讼问题的习惯做法具有重要作用。事实证明,这一原则的宣传和贯彻,对于有力打击犯罪同时保证案件质量确实发挥了重要的历史作用。而在现在乃至今后一段时间,仍可能发挥重要的积极作用。

因此,笔者认为,鉴于我国刑事司法的历史和现实,在一定阶段内,这一原则在作一定限制的情况下还可以保留。但为尽可能防止其"负效应",有必要采取一些配套和修正措施,包括:

1. 适当改革审判制度,肯定被告人的主体地位并适当强调辩护人的能动作用,维护诉讼结构的均衡。法官"兼听"双方的意见是正确判决的前提。要实现"兼听"而不是偏倚,就必须肯定和保障辩诉双方至少在法律地位上平等和在诉讼权利上对等,肯定和保障辩诉双方进行诉讼对抗的权利和能力。目前情况下,应注意实现被告人有权获得辩护的原则。只有适当强化辩、诉、审三角结构,将其与公、检、法线形结构有机组合,才能弥补后者的不足,有效实现刑事司法的公正和效率。

2. 强化检察机关的法律监督职能,加强审判职权,保障审判在刑事诉讼中的中心地位。鉴于配合制约可能抑制检、审职能,以及目前这两种职能相对较弱,当前应注意强化检、审职能。应通过宪法和法律加强检察监督(主要是对侦查的监督)在刑事司法体系中的地位,强化监督职能,赋予监督措施以较强的约束力,为此可以将检察监督原则确立为刑事诉讼的一项基本原则,以此来补充和限定配合制约原则。同时,应肯定审判在刑事诉讼中的中心地位,保障法院审判的有效行使。法院不仅对实体问题有裁决权,对于诉讼中的程序问题,包括侦查、起诉阶段的问题,只要对案件正确裁决有影响,就应有一定决定权,以及防止各机关自行其是、互相扯皮等影响诉讼正常进行、妨碍正确判决的情况的发生。

3. 对体现平分秋色、容易导致摩擦、扯皮的制度程序作适当修正。例如,健全公安机关释放被捕人犯等程序,保障检察院的监督权;将司法解释权赋予最高审判机关统一行使,最高人民检察院享有对司法解释的监督权——对于违反宪法和法律的司法解释,有权提出抗诉,要求其纠正或提交最高权力机关审议纠正等。这样做既符合检察机关的职能性质,又保证了司法解释权的统一行使。

注释

1 李森:《谈谈强化法律监督职能的几个问题》,载《政法论坛》1990 年第 5 期。

中美两国刑事司法价值观和手段体系比较研究*

现在东西方都承认对两种不同意识形态的法律制度进行客观的比较是可能的。著名的社会主义比较法学家萨博指出，应区分法律制度的基于根本意识形态价值的一般目的和司法层次上的当前直接目的，后者的相同性使比较成为可能。我们正是拟就中美两国反映“司法层次上当前直接目的”的观念和制度作一比较，以图通过比较，实现对自己的真正认同，或者还可以在“司法层次上”吸取一些有益的东西。然而，毕竟两国刑事司法的观念和制度具有重大差异，甚至存在“两极特征”，而正确把握评价尺度也有相当困难，稍不慎，就可能从学术上的困境走进政治上的困境，因此只能试为之，且观之，错则改之。

从法律工程学的意义上讲，刑事诉讼制度是一套“操作规程”，它为“司法工匠”设定技术规范，指示他们如何对刑事案件这一特殊工件进行加工制作。然而，与纯技术工程不同，刑事司法作为一项社会工程，每一程序设计都具有深刻的社会原因——历史积淀、社会文化背景影响以及设计者的价值判断和价值取向。正是价值观，在刑事司法活动中发挥着“深层的功能”。

价值观基本上就是利益观，是主体对于作为客体的各类利益所作的评价和选择。在一个社会中，利益总是多元的，主体受社会物质生活条件乃至精神生活条件的制约，对可供选择的各类利益作权衡取舍，使他们在自己的主观上遵循一定的等级程序排列，这就形成了特定的价值体系。在多元性需求的支配下，个人或团体总是同时追求几个目标，受既定的价值体系规定

---

* 原载《比较法研究》1988 年第 1 期，与张曦合著。

和制约，在这些目标中须确定优先顺序，因而产生特定的目标体系。根据特定的价值体系以及由价值体系决定的目标体系，又产生出相应的手段体系（为实现目标而选择的一系列方法和策略），这种关系即为：价值体系——目标体系——手段体系。前者决定后者，后者反映并制约前者。

现代刑事司法制度的使命是遏制犯罪，保卫社会，同时它又必须顾及对有关人员基本权利的保护，防止无罪的人受到刑事追究。前者属于争取性目标，即“积极目标”，后者系防范性目标，姑且称为“消极目标”。两个目标反映了维护现代社会生存的一般条件，因而在不同社会之间具有“通约性”。这种“通约性”在手段体系上的体现，就是一方面各国都设立警察法庭和监狱，以对付那些具有特定危害性的行为；另一方面，现代司法又都具有诉、审分离、实行维护制和公开审判等民主司法的结构和特征，以实现其“消极目的”。当然，由于社会形态的不同，执法的实际内容和实际得益的阶级集团和个人是有区别的，这大概属于“不可通约”的内容。

刑事司法两个目标的关系如何？当然也可以一言以蔽之：辩证的统一。“统一”似乎不难道出，如相辅相成、互为条件、一致性。用我们的话来说——只要依法从重从快，就既能有力打击犯罪，又能保障个人权利，并使无罪的人不受刑事追究等。但“对立”关系过去则往往被忽略，后者说对之“讳莫如深”，西方人似乎更爱谈这个问题，如美国学者佩克（Paker）就提出“两个模式理论”。他认为刑事司法一个是犯罪控制模式（crime control model），以保障社会安宁和社会福利为中心，主张采取严厉的司法手段以图最大限度地控制犯罪，因此强调司法效率；另一个是正当程序模式（.due process model），系强调个人权利至上的个人主义模式，重视司法手段的适当性，要求投鼠须忌器，重视司法民主。熊掌和鱼不可兼得，采用了一个模式，另一个模式的目标就受到掩抑。[1]

我们已经肯定，在每个社会中都存在多元利益，社会利益和个人利益既相互统一又存在一定矛盾。仅仅从逻辑上推导，也可以得出打击犯罪保卫社会利益与保障公民个人权利之间存在一定矛盾的结论。如果深入实践，就可以进一步确认，在两类利益及两种目标之间，存在一种此消彼长的二律背反：强调效率和最大限度地控制犯罪难免增加错案；如果偏重于准确无误又会使国家司法部门在诉讼历程中因步履过于维艰而难以完成其保卫社会的使命。在这种情况下，主体必然会自觉或不自觉地做价值选择，并确立

"价值优位"。我们认为,刑事司法价值体系中"价值优位"的差异,是中美刑事司法制度存在差异的一个重要原因。

在美国,虽然也有"犯罪控制模式"及其理论,而且近年来尤其是随着1984年美国《犯罪综合控制法》(Comprehensive Crime Control Act)的颁布,进一步加强了司法手段的严厉性,然而,用我们的眼光看,美国刑事诉讼,基本属于强调个人权利至上的个人主义模式,或者"目标折中"模式。

公认美国刑事诉讼中最具"美国特色"的,是它的"证据排除规则"——执法官违反联邦宪法的有关规定进行搜查,所取得的物证在审判时必须排除。在库利奇诉新罕布什尔州案中(见《美国最高法院判例汇编》1971年第403卷第433号),一名14岁女孩在失踪8天后被人发现——咽喉已被切开,而且头部中了一弹。警官同嫌疑犯库利奇的妻子进行接触,她把丈夫的枪支交给了警官。经过检验,证明其有一支枪支发射了那颗致命的子弹。州司法部部长行使其法定权力,签发了逮捕库利奇并扣留其作案汽车的逮捕证。库利奇被判处有罪。但是最高法院推翻了定罪判决,理由是:逮捕证有缺陷,对汽车的搜查不合理,用真空吸尘器收集的汽车里的尘土(与被害者衣服上的尘土相符)不能作为证据。为什么?因为签署逮捕证的司法部部长亲自领导了侦查,因为他不是一个"不偏不倚的公正的地方长官"。[2]

仅仅因为一个技术上、程序上的疏忽就放纵一名罪犯,甚至是"罪大恶极"的罪犯,这样做合理吗?何以安慰被害小姑娘的在天之灵?对被害人的家属,对受到犯罪威胁的社会公众又该作何解释?让一名手段残忍的杀人犯卸掉手铐大摇大摆走出法庭,又何以体现西方叨叨在口的"社会公正"——即使对此理解不同,是"赏罚善恶"恐怕是任何最基本的伦理原则。难怪"排除规则"在美国一直被争论不休,即使他们的"近亲"——英国法院,也不敢恭维美国同行的这种做法。这些年,确实也出现修改这一规则的倾向——允许以某些"正当理由",如"警官的善意"等规避"排除规则"的应用。然而,这一规则仍然是美国刑事诉讼的一块基石。实行"排除规则",美国法官自有他们的理论——"毒树之果"(the fruits of poisoned tree),有毒的树上结出的果实不能食用。具体理由有三:(1)威慑作用——法院排除非法获得的证据,就会警戒警察使其不敢再进行不合法的搜查。这是主要的理由。(2)维护公民的私生活秘密权。(3)法院公正无私——使用非法收集的证据将使法院名声受到损害。

然而,人们不禁要问,罪犯的犯罪行为和警察的执法不当毕竟是两回事,怎么能“泼脏水把小孩(真实客观的证据)也倒了出去”呢?难道不可以在惩罚犯罪的同时,分别惩罚警察的行为吗?如提起民事诉讼或者给予纪律惩戒——像英国和其他国家做的那样。但美国法官却认为,在美国除了排除规则,任何其他手段对于“保护人权”都是没有意义的,因此只能“两害相权取其轻”。孰轻孰重,体现了美国法官们独特的价值选择。

在美国的刑事被告人被赋予不得迫使其“自证其罪”的权利。警方对嫌疑人进行讯问之前,必须告知其下列事项:“(1)你有权保持缄默;(2)你所说的任何事物都可以并将在法庭上作为对你不利的依据;(3)你有权同律师进行谈话,并有权要求在你被讯问时,有律师在场;(4)如果你需要律师又无力聘请的话,将在讯问前为你指定律师。”[3]被告人放弃这些权利,必须出于自愿并有明白的表示;否则,其陈述不得作为定案依据。这就是美国刑事诉讼手段体系中的又一基本规则——米兰达规则。1966 年 23 岁的米兰达在菲尼克斯附近劫持并强奸了一名 18 岁的女青年。10 天后,米兰达被捕了,在警察的连续审问下,他供认了所犯罪行。审讯期间,警察未通知他有权拒绝回答,有权延请律师为自己辩护,因此最高法院推翻了下级法院作出的有罪判决,理由是,《宪法修正案》第 5 条明确规定的“程序保护措施”以及关于保护被告,使其“不得自证其罪”的内容已经受到侵犯。[4]

美国刑事诉讼的基本特征是对抗制,在审判中辩诉双方举证并作交叉询问,法官和陪审团基本上属于“消极的仲裁者”。这已为大家所知,但就对抗制在侦查中的表现,即“弹劾式侦查观”却往往被我们忽略。美国律师是在案件的最初阶段介入,律师可以亲临警察讯问处监督讯问,但律师与被告的秘密通信权警察不得侵犯。律师可以与警方同时进行调查,他有自己的侦查人员(或雇用),他们努力去搜集对被告有利的证据,这就是“弹劾式侦查”。

美国律师充当刑事辩护人的责任,说直接一点,就是为被告人开脱罪责。因此,只要不故意毁灭证据和教唆伪证,明知有罪作无罪辩护,如明知被告人杀了人,却辩称被告人不在作案现场,一般说来,不算违法或违反律师道德。理由是,确定被告是否有罪,属于国家的责任,如果律师不为被告人说话,不在刑事诉讼中形成“对抗”,那被告人的权利就更没有保证了。

“无罪推定”,在美国刑事诉讼中占有重要位置。被告在被法院审判有罪前，被推定无罪。举证责任由检察官承担，如无充分证据证明有罪指控，对被告人应作无罪处置。1981 年美国 26 岁的青年欣克利枪击里根总统，因控告方不能证实其神志正常，被无罪释放。

由于美国法官不主动调查事实真相，而强调遵循所谓“正当程序”，同时证据可采性也受到特定限制，法官的使命就不是追求“实体的真实”，而往往满足于“形式的真实”，即“法院的真实”。他们认为，过分重视“真相的阐明”，就会导致违反“正当程序”，尤其是在侦查阶段，容易发生硬干过火的现象，侵犯有关人员的权利。

最后，美国刑事上诉程序也完全属于“有利被告”的程序——被告方可以上诉，但公诉方不得上诉（抗诉），上诉审均不得以任何理由“恶化”被告已承受的处理。

上述美国诉讼模式，有两个法文化渊源：一是英国法的传统，“审判先于真实”，历来是英国法的指导原则。英国大法官基尔穆尔子爵说过：“必须遵守关于审判工作的规定，即使——在一些场合——有损于事实真相，也在所不惜。”[5]二是自然法的思想，即认为人类拥有某些基本权利，如果统治者侵犯了此等权利，人民将不信任并撤回授予统治者的权力。为了防止权力的滥用，必须确认政府的权力是有限制的。实际上就是说个人的一切可以超出于社会和国家之上。由政府权力有限论，导出美国刑事审判制度的基本构想：政府侦讯和拘押犯罪嫌疑人的权力是有限制的。[6]

我国的刑事司法价值观和手段体系与美国有相当差别，由于大家比较熟悉，这里只作提示性介绍。

我国刑事诉讼手段是以寻求客观真实，即实体真实为使命。就一般情况而论，证据搜集在手续上出现瑕疵并不影响事实本身。如果侦查人员做法不当，应受到内部批评和惩戒。检察院也可以提出纠正意见。

我国《刑事诉讼法》严格禁止刑讯逼供和采用威胁引诱、欺骗以及其他非法的方法收集证据。如果出现这种情况，应当追究有关人员的责任。但对于具有诱供、逼供情节的证据，我们在实践中的做法是区别对待，如果影响到证据的可靠性，则应予排除；倘若虽有逼、诱情节，但被告仍属据实供述——其他证据可以印证，那仍不排斥其应用。

根据我国《刑事诉讼法》第 110 条的规定，人民法院决定开庭审判后，应将检察院起诉书副本在开庭 7 日前送达被告人，并且告知被告人可以委托辩护人，或者在必要时为被告人指定辩护人。可见，我国律师只能在庭审前介入诉讼。当前不少同志提出律师介入过晚，有碍于辩护权的行使，多数意见是在起诉阶段介入。但弹劾侦查观难以纳入我国刑事司法手段体系。

《刑事诉讼法》第 64 条规定："被告人对侦查人员的提问，应当如实回答。但是对与本案无关的问题，有拒绝回答的权利。"据此，我国《刑事诉讼法》否认被告人有"一般沉默权"。

我国的律师辩护必须"以事实为根据，以法律为准绳"，不能歪曲事实，故意将有罪辩为无罪。律师只应保护被告的"合法利益"而歪曲事实则是不合法的。然而，如果侦查所获证据不充分，律师则应依法据理申辩，反驳有罪指控，以防止被告人受到不当处置。

我们主张保护被告人在诉讼中的合法权利，以诉讼法为根据进行诉讼活动，但通说不采"无罪推定"。

我国刑事上诉程序，一方面体现对被告人合法利益的保护，另一方面也反映对社会和被害人利益的维护——被告人有权上诉，"上诉不加刑"；同时检察院也可以提出抗诉。此外，在审判监督即再审程序中，没有不加刑的规定。

在两国的刑事司法中有一个相似的术语，"迅速审判"，也就是我们常说的"从快"。在美国诉讼制度中，应用这个概念侧重于被告人的权利，因为《宪法修正案》第 5 条把"迅速审判"明确规定为被告人的权利，其意图是防止当事人长期处于"被告"状态而对其不利，而在我国刑事司法政策上，"迅速审判"主要被视为犯罪人应及时承担刑事责任，以速达一般预防和特殊预防的效果。

以实证说明理念，我国刑事司法的结构、功能及其实际运作状态明显体现出我国司法价值观具有这样一个特征：社会本位。

对反映不同价值观的手段体系作优劣比较是相对困难的，首先是难以设定评判的标准，因为基于不同的价值观会得出截然不同的结论。而价值体系的比较更为复杂，因为牵涉诸般政治、经济、社会、历史以及民族文化的因素。然而，如果要问我国刑事司法的取向，我们不揣冒昧，也愿意略献浅见。

我国刑事司法的价值体系、目标体系和手段体系，应当具有"社会本位"的基点，也就是说，我国刑事司法必须以打击犯罪、保卫社会利益为重心。这不仅是社会主义意识形态和价值观的必然要求，也是刑事司法根本使命之所在。如果仁慈意味着放纵,那么我们可以说,对罪犯的仁慈就是对人民的犯罪。因为被放纵的罪犯将继续危害社会。而且这种放纵使社会的警戒线松弛,势必鼓励犯罪行为的泛滥。美国模式的“社会效果”是“犯罪一直无情的增加”,1985 年,全美主要犯罪的数量高达 1350 万件;全国每 24 秒就发生一件暴力犯罪案件,罪犯甚至可以在全国性杂志上刊登提供杀人服务的广告。[7]据介绍,美国平均有 2/3 的人一生中要受到一次以上的犯罪袭击。社会保护系统对大部分损害社会基本生存条件的行为无能为力,社会利益和被害人利益得不到有效保护,在这种情况下,何以实现基本的“社会公正”,又何以提供社会发展和公民生活所必不可少的“安全感”?

从社会本位观念出发,我们就有必要肯定我国现行刑事司法制度的基本模式,有必要肯定依法从重从快的刑事司法方针。同时,反对那种只考虑保护被告利益,而不注意保护社会以及被害人利益的“有利被告论”,反对那种偏重于保护被告而给刑事司法设置过多以致难以逾越的障碍的做法。例如,我们承认被告对与案情无关的问题可以拒绝回答,但否认被告人的“一般沉默权”。因为按照我们的司法理念,公民个人为查清与自己相关的事实,应当和国家作出共同努力,虽然他并不承担证明自己无罪的责任。肯定沉默权,对于防止逼供、诱供也许并不无意义,然而它却势必造成相当一部分本来可以突破的案件无法突破(从实践看,对被告人的“预审”在确定犯罪事实方面意义极大),它意味着给被告一面盾,同时夺去司法者手中一柄很锋锐的剑。基于“社会本位”的观点来评价这种做法所得小,所失大,因而不足取。

然而,我们主张的“社会本位”却又不是传统意义上的那种有社会而无个人的社会本位,而是一种新的司法价值观——充分尊重个人权利的社会本位观,这其实是一种以社会为重心的多元价值观。中国的传统意识是倚重某种公共权力,归属感强,同时缺乏个人权利观念。传统的司法模式则否认当事者个人在司法哲学中的生存点,使其彻底的客体化。由于各方面的原因,封建的司法价值观在我国近几十年的司法活动中并未完全消除。如刑事司法重“狠”不重“准”;对当事人诉讼权利重视不够;对其人身权利保护不足;甚至缺乏被告人也是诉讼活动主体的基本观念。在实践中,则往往把控制犯罪率作为衡量司法功能和实际运作优劣的唯一标准,而忽视可能伴随的大量错案。历史已使我们意识到,否认个体价值的社会本位观同样会带来严重的危害。因为公共权力如果随意侵犯公民权利,将会产生与那些

"孤立的个人"的侵害相同甚至更严重的后果("文化大革命"就是例证)。如果只讲目的(保卫社会),而不注意手段,那么实现目的的利益也许会被手段造成的损害抵消。而从更广的意义上看,过分扩张公共权力并容忍其滥用,还将威胁国家整个民主制度和法律制度的生存。就这个意义上讲,西方那种"正当程序论"以及作为其精神根基的"政府权力有限论"和"公民权利观念"并非没有可借鉴之处。因为,把建设高度民主、高度文明的社会主义社会作为我们的目标,就必然要求我们进一步加强对人的尊严、自由和权利的尊重。社会的发展,已使这种要求具有了直接的实践意义。随着1987年中欧第一批治安行政案件的出现,一些中国人似乎仅存于"潜意识"中的公民权利观念被唤醒了。一个普通百姓也可以直呼那曾经是何等至高无上的"专政机关"为被告,而在法庭上与其公开理论,平等地接受法律的仲裁。这是何等重大的一个变化——在社会的价值天平上,"威信""秩序"似乎不再是唯一具有重量的物体。那么,作为刑事司法的设计者和操作者,又应当做些什么?

按照新的、以社会为重心的多元价值观来设计我们的司法手段体系,需要我们进一步加强对个人权利的保护。例如,律师介入诉讼时间提前到起诉阶段;排除产生于诱供、逼供的证据;杜绝超期羁押,实行"疑罪从无"而不是像过去那样"疑罪从轻"、"疑罪从挂"(挂起来久拖不决);坚持并贯彻"上诉不加刑"原则;严格遵守诉讼法规定的程序和原则,切实保障被告人的法定权利以及从制度上加强人民检察院对侦查人员的监督和约束,等等。

作者附记:此稿寄出一月,接编辑部刊用通知。感谢之余,复感文中某些观点尚待进一步探讨。例如,文中所坚持的"社会本位"司法价值观能否摆脱有社会无个人的传统窠臼,如概括为"以社会为重心,充分保护个人权利的多元价值观"是否更为准确、更为适当?等等。文已成,难再一一修改,唯待今后进一步研究,尚祈方家多多教正。

注释

1 《美国刑事诉讼中二个模式理论概说》,载《刑事法杂志》第30卷第5期。

2 《批判美国刑事诉讼中非法取得的证据不得采证的规则》，载《法学译丛》1980 年第 3 期。

3 上海社科院法研所编译：《刑事侦查与司法鉴定》，知识出版社 1982 年版，第 102 页。

4 《美国社会中个人与社会之间的和谐与冲突》，载《现代外国哲学社会科学文摘》1987 年第 6 期。

5 《当代主要法律体系》，上海译文出版社 1984 年版，第 337 页。

6 《美国刑事案件中被告人的权利》，载《法学译丛》1980 年第 1 期。

7 柯宾：《美国的犯罪趋势和对策》，载《青少年犯罪问题》1987 年第 5 期。

刑事诉讼价值模式论析*

刑事司法作为一项社会控制工程,其制度设定需达到两项基本标准:一是技术(手段)合理性;二是价值(目的)合理性。这两点即哲学上的所谓"工具理性"与"价值理性"问题。笔者曾提出"两重结构"理论(参见《现代法学》1990年第3期),侧重于"工具理性"的结构、功能分析,本文则着重就刑事司法涉及的利益结构,利益关系以及价值模式及其调整原则问题进行探讨,拟循"价值合理性",开辟刑事诉讼研究的另一条新路。

一

我国刑事司法活动的实质是特定利益关系的损益。它所保障的利益是多方面的,其中主要的,受司法行为直接影响的利益有以下三种:

1. 以维护社会安全和法律秩序为内容的一般社会利益。国家刑事司法活动所追求的基本目标是惩治犯罪行为,恢复被破坏的法律秩序,防止社会进一步受到犯罪的侵扰,从而维护社会安全。由于受益主体的普遍性和利益内容的广泛性,这种利益具有巨大的价值分量。

2. 刑事被告人的合法利益。由于刑事司法活动以限制和剥夺被告人的一定权益为其条件和目的,防止对被告人利益的不当侵害即司法侵权行为,尤其是防止无辜公民受到损害,保护被告人的正当权益,成为刑事司法活动必须实现的另一目标。

被告人的正当权益包括政治、经济以及人身方面的权利与利益,它在刑事司法过程中的主要体现在两个方面:一是承受公正的诉讼裁决,不受缺乏

---

* 原载《现代法学》1993年第2期。

法律或事实根据的刑事裁决;二是承受公正的诉讼待遇,不受司法机关和其他团体与个人的非法侵害。

3. 刑事被害人的利益。刑事犯罪破坏法律秩序,使多数人乃至整个社会的利益受到了损害(这种损害大都是无形的),而被害人则是损害行为的直接承受者,是受到最严重损害的个体。由于社会与被害人同属于犯罪行为的受害对象,而被害人的首要要求就是惩罚犯罪伸张正义,因而其利益与控制犯罪、维护社会秩序和安全的社会利益在根本上是一致的。因此,在诉讼过程中,作为公共利益代表的公诉人也可以在相当程度上代表被害人。然而,不容忽略,被害人也具有某些带个体特征能由个人处分的具体利益:一是受到精神和物质补偿;二是承受公正的司法待遇,不受粗暴的司法活动的损害。

上述三项利益在实际司法活动中不是孤立存在,而是互相交织形成特定的对立统一关系,既相互区别、相互矛盾,又相互作用。这种对立统一体现在利益保护过程中就呈现出两种基本关系形态,即枯荣与共的同向损益和二律背反的逆向损益。

同向损益是指不同利益受特定司法活动影响的同消共长现象。科学的诉讼功能系统,加上精心细致的诉讼操作,可以准确及时地查明犯罪,惩治罪犯,伸张正义,保护社会,也能使被害人为之宽慰,受到补偿,而且能避免无辜者蒙冤并防止因依赖口供而逼取口供侵犯人权。反之,违背诉讼规律,制度设计不科学、不合理,或执法人员违法蛮干,则可造成一损俱损——非但法网疏漏、罪犯逍遥、社会受害、被害人恨难消,而且还可能滥伤无辜损害当事人合法权益。举“迅速审判”这种政策性司法措施为例,如果我们在遵守法定程序保证案件质量的前提下实现迅速审判,就既能迅速恢复被破坏的法律秩序,实现一般预防和个别预防,补偿被害人所受损害,又能防止被告人久押不决,长期处于“被告人”的“准犯罪”状态而使其权利遭受不必要的损害。反之,审判迟滞,案件久拖不决,被告人久押不放,则于各方皆无益。可见,这里存在一种同向损益关系。

一损皆损、一荣俱荣,其根本原因在于上述三种利益具有内在统一性。换言之,惩治犯罪、维护法律与秩序,与维护被告人的正当权益以及维护被害人的利益,从根本上讲是协调一致的。

然而,由于多方面条件的限制,国家的刑事司法能力总是有限的,在利益保护方面,必然具有一定程度的不充分性,而要加强对某一利益的保护,有时就不得不以降低对另一利益的保护程度为代价。因此,不同利益在动态的实现过程中,不仅相互协调、相互统一,而且相互摩擦、相互碰撞——具有矛盾性。其中突出表现在被告人利益与社会安全及被害人保护的矛盾。由于被告人应由法律予以维护的利益与其应由法律予以剥夺的权益(如承受刑事责任的财产及人身自由)直接统一于被告人这一利益主体,保护被告人合法利益的措施,也会被其用来抵御法律追究。这样,强调效率和最大限度地控制犯罪容易增加错案伤及无辜;如果偏重于准确无误,又会使国家司法部门在诉讼历程中因步履过于艰难而难以完成其保卫社会的使命。这种二律背反明显反映于许多具体诉讼问题上。例如收容审查措施,对一些有罪嫌而不够拘捕条件的人员,不收审可能丧失侦讯条件甚至纵虎为患,而一收审,又有动辄使用人身强制、限制公民自由侵犯人权之嫌。又如侦查制约问题,为了迅速反应,有效侦捕,获得充分证据,保证侦查效能,侦查人员应具有充分权力,程序制约和诉讼关卡应尽量减少,即使莽撞出事,也应从轻发落,以免挫伤士气;然而,权力很大又缺乏制约,又极可能被滥用而害及无辜(如滥用搜捕)同时还会养痈遗患,造成执法腐败。再如上诉不加刑,被告人上诉即使重罪轻罚也不加刑,不利于打击犯罪;而上诉加刑,又会使被告人视上诉为畏途,妨碍对其权益的救济——熊掌和鱼难以兼得,何取何舍?我国《刑事诉讼法》与多数国家一样,选择了保障上诉权优先,但这又不可避免地限制了相对利益的实现,因此理论上有废除上诉不加刑之说,实践中有“变相加刑”“曲线加刑”之举(因价值观念异同)。

可见,“一方面,社会希望减少刑事罪;另一方面,又希望维持社会公民的最大限度的法律安全,这两者是矛盾的。目的在于保护无辜者的规章必然会被犯罪者滥用。因此,人们必须在有效地减少犯罪行为和广泛保护个人之间作出选择。不管人们是选择前者还是选择后者,有一个结论是不可避免的,那就是这种选择要求付出不愉快的代价”(参见 1988 年 9 月北京中外诉讼法研讨会上丹麦伊娃·史密娃教授的发言《如何保证在诉讼中增加公平处理的机会》)。

二

司法利益的逆向损益,迫使司法主体作价值权衡和政策选择。即权衡不同利益的轻重缓急，并在此基础上确立政策目标，择定政策手段，构筑司法模式，以保障主体所珍视的利益充分实现。对诉讼制度作历史观察，可以抽象出三种较为典型的价值模式。

（一）补偿模式

这一诉讼模式的侧重点在于对被害人的补偿。在盛行血亲复仇、同态复仇的早期古代社会包括欧洲某些国家的封建前期，这种模式表现得较为典型。

在这种模式中，诉讼主要被当作当事人双方的私事。主要起诉形式是自诉，实行被害人不告不理，被害人行使原告权力并承担举证责任。由于强调对被害人的补偿，程序进行或终止以及惩罚形式都主要是根据被害人及其亲属的意愿并考虑被害人的受害程度。罪案解决采取两种基本形式，复仇和赔偿——均以补偿被害人为归宿。

补偿模式是“私诉讼观”的制度反映，作为完整的诉讼形态，它只适用于社会矛盾不突出、阶级斗争尚未激化、制度文明的发展程度也不高的社会形态。

（二）犯罪控制模式

该模式强调控制犯罪保障社会安全维护法律程序，是所谓“团体主义”模式。东西方封建时期诉审不分、刑讯逼供、有罪推定的纠问式诉讼属于较为极端的类型，近现代的犯罪控制模式则通常要缓和得多。

该模式以最大限度地控制犯罪作为根本目标和主导观念，由此而注重三点：其一，以效率即高度的司法效能为直接目的和诉讼标准。要求简化诉讼程序，降低被告人防御能力，迅速完成侦、审。其二，以相信有罪为贯彻整个诉讼过程的基本观念。证据不够充分的疑案尽量不作无罪处理。其三，以信任侦查官员，减少对他们的限制为保障条件。主张赋予担负侦查职能的检察官与司法警察以广泛的侦捕权力。

（三）“正当程序”模式

该模式并不否认控制犯罪的意义，但同时珍视个人的法律安全以及免受国家权力干预的利益，因此强调限制政府警察权的运用，避免司法活动的最大效率，因“最大效率意味着最多的司法失当”。

为此，正当程序模式为刑事诉讼设置了诸多程序关卡，如排除非法取得的证据，制约警察侦查行为，设置搜捕的严格条件和程序等。该模式以两造平等对抗为诉讼结构的设计思想，强调无罪推定，肯定被告的沉默权，尤其注重实现被告人的辩护权，使其自始至终能获得律师协助。

上述三种价值模式中，补偿模式就整体而言是一种古代模式，但后两种模式的现代形态仍不失为当今刑事司法中典型的价值模式。由于各国政治、经济、文化、历史传统以及社会价值观念的差异，其司法价值取向亦不相同。即使是资本主义国家，也存在明显区别。然而，存在差异并不排斥某种整合趋势。为兼顾刑事司法中的多元利益而调整司法政策，以有效维护统治秩序，从而导致价值模式的非极端化，这应当说是当今刑事司法的一种趋势。美、英等主张个人价值至上、强调"正当程序"的国家，由于面临刑事犯罪日益加剧的威胁，加强了控制犯罪的司法措施。而一些历来重视维护法律秩序和社会安全的国家则增加了对被告人利益的保护。同时，早期古代社会刑事诉讼的补偿模式所贯彻的价值理念在某些程度上得到重新肯定。重视被害人权益，提高被害人诉讼地位已成为一种普遍趋向。

分析价值模式的当代取向，我们还应看到，随着一个国家政治、经济形势以及其他社会条件尤其是治安形势的变化，其刑事司法的价值取向必然发生变化，而这种变化往往呈现出"钟摆式"特征。即某一时期注意某一方面，当发展到一个限度时，价值取向又产生"回荡"，反映出"否定之否定"规律。如"二战"后一些国家吸取法西斯主义猖獗的教训，大力推进以个人权益保护为趋向的刑事司法改革，而在近一二十年，日益猖獗的刑事犯罪使越来越多的人感到控制犯罪的重要性，一种维护"法律与秩序"反对过分强调个体权利的运动又开始发展，司法手段随之而调整。此外，在一些国家，过一段时间进行一次全面的"扫除"和严厉的打击，似乎也是"钟摆"特征的一种表现。

三

刑事司法既要重视打击犯罪，又不能忽略保护有关公民的权利，这反映了马克思主义经典作家关于刑事司法的思想。马克思说，国家依照法的原则行使刑罚权是它对公民责无旁贷的义务，"国家放弃自己的义务将不仅仅是一种放任行为，而且是一种罪行"[《马克思恩格斯全集》(第 1 卷)，人出出版社 1956 年版，第 169 页]。同时他又指出："国家对于被告有特定的权利。因为国家对于这个人是以国家的身份出现的。因此，国家就有责任正式以国家的身份和根据国家的精神来对待罪犯。国家不但有把事情办得符合于自己的理性、自己的普遍性和自己的尊严的手段，而且也有把事情办得适合于被告公民的权利、生活条件和所有权的手段——国家义不容辞的职责就是拥有这些手段并加以利用。”[《马克思恩格斯全集》（第1卷），人民出版社1956年版，第154页]

社会的安全和法律秩序，是社会存在与发展的一个根本条件，刑事司法必须发挥有效的保障功能。从我国情况看，由于各方面的影响，刑事犯罪（包括经济犯罪）在一个较长时期内很难出现稳定的下降趋势，控制犯罪始终是一个重要的社会问题。而随着社会的发展，刑事犯罪已呈现出更强的智能化趋势，罪犯作案手段日益狡猾，反侦查反追究的意识和能力增强。这种情况下，如果以保护被告人的程序措施为追究犯罪设置过多关卡，司法机关将更难完成其保卫社会的使命。因此，我们绝不能照搬所谓“自由主义”“正当程序”模式，而应当根据我国国情坚持我们目前在控制犯罪方面的一些行之有效的做法。例如，在刑事犯罪较为猖獗的时间或地区坚持贯彻“从重从快”方针，通过严厉打击而有效遏止犯罪势头。

我们同时也应看到，被告人与被害人的个体利益在本质上也是一种社会利益，是一种以个体形式表现的社会普遍利益。国家保护被告人的合法权益，绝不是限于某一特定的个人，而是针对已进入或将进入刑事诉讼过程的任何个人，即一般公民包括国家工作人员。它的实质和意义在于保护每一个公民不受公共权力的不当侵害，这是一种由宪法所确立的重要社会权益。国家在这方面对公民的保护和另一方面的保护——保护他们不受“孤立的个人”的侵害即一般犯罪侵害具有同等意义，因而不能厚此薄彼，无条件的在两类利益之间论大小、分高低（特定时空条件下确定政策重点是另一回事）。

既要控制犯罪保障社会安全，又要维护公民权益防止国家权力的滥用，刑事司法制度的建构者与操作者面临极为艰难的任务。那么如何进行政策与诉讼模式的选择，以便充分实现刑事司法的效益呢？

刑事司法制度维护的具体利益是多方面的，一个最佳的诉讼模式，必然是在特定条件下尽可能充分全面地保护了多种利益的模式。因此，我们应当尽可能避免用损害一种正当利益的方式保障另一种利益。这样，根据上述三种利益在根本上的一致性和在法制中的统一性，利用它们之间的同向损益关系改善刑事司法系统，就成为我们提高刑事司法效益的基本途径。循此思路，我们应加强司法队伍建设，采取实际措施提高在侦查、检察、审判人员的素质与能力；健全责任机制，加强司法人员的政治责任感，使之尽职尽责；改革诉讼程序，使之更加科学合理，保证准确及时地揭露犯罪和打击犯罪；改善执法条件，提供必要的技术装备，适当增加经费以保障办案需要，等等。

然而，由于主客观条件的限制，利用同向损益关系增强司法能力在特定时间内总是有限的，而且利益冲突也是刑事司法的规律之一。因此，我们必须调整改善刑事诉讼的价值模式，以求以目前有限的力量投入获得更大的、更符合社会需要适应社会发展的司法效益。如何确立这一诉讼模式呢？笔者认为，在基本构架上应遵循以下几项原则：

1. 建立“灰色模型”。在指导思想上，应力求建立综合的、均衡的利益机制，既维护个体权益，又保障社会安全。因利益冲突两项目标难以同时充分实现，就要两方面都要有所抑制——为实现公共利益，有必要根据法定程序和正当理由限制公民的某些权利。同时，为维护公民权益，国家权力的行使也应有限制和制约。这种由不同利益的合理协调而建立的诉讼模式，就不是极端的、单一的黑色、白色，而是由多色调合而形成的“灰色模型”。可以说，综合利益机制的外部表现就是“灰色模型”。要采用它，首先要求我们具有从实际出发的科学态度，抛弃长期形成的那种在政策、模式的思考上追求“尽善尽美”，而在实际选择时又往往走向某一极端而不注意均衡、兼顾的思维——行为定式。“灰色模型”也许算不上一种理想模式，但基于“均衡论价值观”，根据刑事司法的实际条件和现实可能性，为了避免前述三种价值模式都存在的利益机制失衡及其实践效应中更大的利益损失，这种模型应当成为我们的目标模式。

2. 求是与合法相结合以及合法性优先。这是一项适应于“均衡机制”，具体应用于司法过程的“操作”（行为）原则。追求实质真实，查明事件真相是我国刑事诉讼的直接任务，也是全面保障司法利益的基本前提。为防止司法侵权而放弃对实体真实的追求，是一种“因噎废食”之举，当然不可取。然而，实质真实主义必须受一定限制，也就是说，事实调查的有效性应与其妥当性即合法性相结合。采取某种查明真相的措施必须具有法定的理由并按照法律规定的程序和要求实施。当调查的有效性与合法性发生冲突时，应坚持合法性优先，不能以侦查需要违反法律，如非法搜查、刑讯逼供、以拘代侦、超期羁押等。合法性优先的实质根据是国家对某些基本的社会价值，如公民的人身自由和个人尊严的尊重；其形式根据是国家的法治原则——任何执法行为必须“以法律为根据”，而《刑事诉讼法》也对此作了具体规定，如“严禁刑讯逼供和以威胁、引诱、欺骗以及其他非法的方法收集证据”。

3. 手段节制原则。手段节制原则与“诉讼经济原则”和“比例原则”相通，它主要不是程序妥当性方面的主张，而是对执法行为内在必要性的要求。强调限制公民权利的手段与事件本身的重要性不得不成比例，要求在实现特定诉讼目的可供选择的诸手段中，应当采取给有关当事人造成最小损害的手段。例如，对被告人如无“逮捕必要”不得逮捕；扣押、搜查以及查封、冻结当事人财产不是确实必要不得实施。手段节制，对被害人和证人也适用，如对被害人的询问，要力争一次完成，避免因准备不充分而三番五次纠缠不休。

贯彻节制原则，要求法律对实施诉讼手段作出一些实质性的，较为具体的规定，如对搜查、扣押、冻结财产、限制人身自由的条件和程序作更严密的限制。目前这方面的规定过于笼统，侦查人员酌处权过大，容易滥用侦查和强制措施，造成不良的社会影响。由于手段节制在很大程度上是一个可操作性问题，因此在执法人员中强化“节制”意识更为重要。当然，必要的诉讼手段不能因之而省去，不允许以“手段节制”为侦查过程中反应迟钝、动作迟缓、无所作为以致坐失良机辩护。

4. 动态均衡原则。本文主张的利益机制均衡，不是脱离实际情况，不顾实际需要的守恒和僵化，而是一种因时、因势注意政策调整和转换的战略均衡和动态均衡。刑事司法应随时变化而确定政策重心。例如，在滥用权力的现象较为突出，或各方面秩序较为稳定，社会和人民较为安全的时期，应比较注重保护刑事司法过程中的个体权益。反之，在刑事犯罪猖獗，法律秩序与社会安全受到严重威胁的时间和地区，则应强化司法手段，贯彻从重从快。而在非常时期，或对某些需要坚决遏止的犯罪，可以缩短某些诉讼期限，简化诉讼程序和手续，适当放宽对某些诉讼手段的限制。对于个别危害严重而又难以查证的犯罪，甚至可以责令被告人承担举证责任（如说明巨额财产的来源）。不过，应特别注意维护法制和公民权益，防止司法“短期行为”，以保证长治久安。

侦查程序中的人权保障*

——《侦查程序与人权》**读后

侦查，系运用国家权力尤其是国家强制权力查明案件并缉捕嫌疑人以有效实现国家刑罚权的行为。侦查权，实系限制公民权利之国家权力。[1]而侦查程序中的人权，则是法律程序中十分值得重视但长期以来又被我们重视不够的问题。[2]正是由于对这一问题的关注，笔者收到孙长永教授所著《侦查程序与人权》一书时，带着浓厚的兴趣抽时间尽快浏览一遍，并开始对某些章节重点研读。

一、侦查程序中人权保障的意义

笔者认为，这本书首要的意义，是作者以他的人文关怀和学术敏感提出并展开一个重要的课题，以使学界与实务界能关注侦查程序中的人权问题。

为什么侦查程序中的人权问题在当前值得我们关注，笔者认为大致有以下几点原因：

1. 侦查程序是在常态社会条件下最深刻地影响公民权利的国家权力运作程序。刑事诉讼是国家机关行使国家刑罚权的活动。国家的刑罚权，产生于抑制社会越轨行为、维护正常统治秩序的国家基本职能。刑事诉讼，不是单纯寻求个体权益的救济，而是为了公正的惩罚和有效的矫正，从而维护社会的正常秩序。这一使命决定了刑事诉讼与民事诉讼、行政诉讼在诉讼形式和手段上的重大区别。其突出表现是：刑事程序中，尤其是在侦查程序

---

* 原载《中外法学》2001 年第 4 期。

** 孙长永：《侦查程序与人权》，中国方正出版社 2000 年版。

中，国家权力的运用具有主动性、普遍性和深刻性的特点。

所谓主动性，是指虽然刑事程序的发动是对犯罪行为的回应，但它并不取决于个别公民包括受害公民的意愿（涉及轻微犯罪的自诉案件除外），而是要求负有侦查责任的国家机关（警察或检察机关）依职权积极动作，甚至可以对正在进行及即将发生的犯罪采用“监控型侦查”“诱导型侦查”等“主动型”侦查方式。[3]所谓普遍性，是指刑事程序的每一阶段，都涉及国家权力的运用。尤其是侦查阶段，国家权力被覆整个侦查过程。而在中国的侦查程序中，由于禁止辩护方在侦查阶段实施调查，侦查程序成为国家侦查权力的单一性运作程序。所谓深刻性，是指国家权力的行使不是停留在诉讼的表面，而是深入其间，尤其表现在国家强制力量的使用，包括对人的强制——传讯、监视居住、拘留、逮捕等；对物的强制——搜查、扣押、冻结、强制性检查，等等。因此可以说，国家权力尤其是国家强制力量的充分运用，是刑事侦查程序最重要的特征。虽然这种权力运用是诉讼的特殊性质和任务的要求，但是在这一过程中，必须注意合理确定执法机关权力行使的边界，否则势必导致权力的滥用并损害公民权利，损害诉讼的公正性。

2. 侦查程序中的人权问题系重大的宪法和宪制问题，并被近现代社会演变进程所充分关注。侦查程序中国家权力的运用深刻而广泛地影响公民的基本权利。例如，逮捕拘留、传讯等，严重影响相对人的人身自由权；搜查、扣押、冻结等，严重影响公民住宅权、财产权等权利；采用技术性侦查手段进行秘密录音、秘密摄像，严重影响公民的隐私权、言论自由权、通信自由权。正是由于刑事程序尤其是侦查程序中国家权力运用的广泛性，以及对公民宪法权利的深刻影响，现代宪制对侦查程序中的人权予以高度关注。[4]一方面，宪法对国家权力的运用作出限制；另一方面，对刑事程序尤其是侦查程序中的公民权利予以法律保障。将不受非法逮捕、有权获得司法救济、有权获得辩护、不得被强迫自证其罪、无罪推定等，确定为宪法所保障的公民权利。

应当看到，刑事程序尤其是侦查程序中人权保障制度发展，是近现代社会演进包括社会革命一个重要内容和成果。现代资产阶级革命的“两翼”——激进型的法国大革命和渐进型的英国“光荣革命”，都是以对刑事程序的改革为其重要内容之一。法国大革命的标志和起始点是巴黎市民攻打巴士底狱。这既是当时时势的要求（巴士底狱成为反动势力退守并准备反扑的堡垒），又是因为它所代表的野蛮专横的刑事司法制度为民众所痛恨，在实现人民自由的斗争中必须将其革除。英国的“光荣革命”，针对缺乏制约的警察权力建立了一项重要制度，即“人身保护令状”制度——任何被逮捕的公民都可以要求司法审查并请求法院发布“人身保护令状”，这一制度的建立，被视为英国宪政制度发展的一个重要成果。而刑事程序在美国宪法中更具有重要地位。美国宪法专门以五项修正案赋予公民包括免受非法搜查、扣押，沉默权，一事不再理，律师辩护，陪审团审理，对质权，保释金不得过重，程序正当等13项刑事程序权利，用亨利·弗兰德利法官的话说，美国《宪法修正案》，即“权利法案”，“可以被视为一部刑事程序法典”。刑事程序的宪法化（Constitutionalization of Criminal Procedure），是美国刑事程序法的一个基本特点。[5]

与宪法化相适应，同时也是刑事程序中权利保障制度的进一步发展，是这一制度的国际化趋向。其标志是通过联合国制定的法律文件和文书，确立刑事司法最低国际标准。《公民权利和政治权利国际公约》《禁止酷刑和其他残忍、不人道或有辱人格的待遇或处罚公约》等国际法律文件，以及联合国预防犯罪和罪犯待遇大会制定的《执法人员行为守则》《关于检察官作用的准则》《关于律师作用的基本原则》《关于司法机关独立的基本原则》等国际法律文书，体现了刑事程序中人权保障制度的国际共识并在此基础上建立了各国（签约国）必须遵守的最低限度司法标准。对此，我国通过签署和加入这些法律文件及文书实际上已明确无误地表示了认可。

由上文可见，刑事程序尤其是侦查程序中的人权保障，应当放在人类的文明发展和社会进步的大视野下予以观照，从具有实效性的宪制入手，对有关的问题予以重视并切实解决。

3. 我国侦查程序中的人权保障制度需要进一步完善。提出侦查程序中人权问题的现实意义在于我国侦查程序中的人权保障制度尚存在缺陷，需要进一步完善。侦查程序的问题表现在两个方面。

一方面是国家侦查权力的运用制约不足而具有某种随意性。笔者曾经将我国侦查程序的特点表述为一种“侦查任意主义”倾向。[6]现代侦查程序的法治原则中最重要的一项，是强制侦查法定原则即“令状主义”。[7]即（1）要求强制侦查（逮捕、搜查、扣押、强制检查等）须经司法审批，通常不得由侦查机关直接发动；（2）对这些侦查措施规定严格的条件和程序，以防止侦查权滥用。“侦查任意主义”，主要是指强制侦查无须司法审查，由侦查机关直接决定并实施。此外,对侦查行为在法律上未规定严格的执行条件和程序,也是侦查任意主义的一种表现。在我国目前的侦查程序中,除逮捕这种最严厉的措施须经过一个"准司法审批"[8],其他一切对人与物的强制性侦查行为均由侦查机关自行决定并实施。例如,根据《刑事诉讼法》第69条关于拘留时限的规定,一个涉嫌"流窜作案、多次作案、结伙作案"的公民在被羁押后由侦查机关控制而不交司法审查(实系检察机关的"准司法审查")的时间可以长达37天(公安机关手中30天,检察院审查批捕7天)。1996年立法机关修改《刑事诉讼法》时就延长拘留期限作出的这一规定,虽然是为了适应当时取消收容审查后对强制措施的要求,但大大突破了国际一般标准,难以有效保障公民权利。由于程序不严格,突破"三种对象"限制,普遍使用37天规定的情况比较严重。[9]

另一方面是对公民在侦查程序中的权利保障尚不充分。它既表现在制度保障本身不充分,又表现在已规定的保障性制度难以切实有效地实施。例如,其一,审前羁押常态化。即通过拘留逮捕使得对嫌疑人审前羁押成为刑事程序中的常态,而不是作为例外。取保候审取决于案件的情况与侦查的需要,而不被视为公民获得"保释"的权利。其二,嫌疑人自我防御能力不足,有供述义务而无沉默权利,实践中违法取供并非罕见。其三,羁押前后缺乏司法审查,救济措施不足。其四,刑事侦查行为不具有可诉性,公民不能因侦查活动中对其财产权与人身权的损害提起诉讼,而通过非讼性国家赔偿程序解决这一问题的途径受限,救济较难。其五,律师辩护还受到较大限制。侦讯活动律师不能在场而律师侦查阶段会见侦查人员可以在场,这有悖于《关于律师作用的基本原则》[10]。律师会见难、调查难、阅卷难,即所谓"三难"现象还比较普遍地存在于刑事辩护领域。法律援助制度还有待建立完善,等等。

正是由于以上原因,孙长永教授在该书中对侦查程序法治原则的介绍分析,以及通篇贯彻的一种主张刑事侦查应由任意性走向程序化的法治思想,对中国侦查程序的法治化具有重要意义。

所谓侦查程序的法治化,最根本点在于国家侦查权力的有效制约。就此,孙长永教授有一段话很有意义:"为了保障每个社会成员的基本权利,为了实现社会秩序的持续稳定,必须对于可能严重侵犯个人人身自由、人格权、财产权和隐私权等基本人权的国家侦查权力进行严格的限制,贯彻程序法定原则,比例原则和司法审查原则,并且充分保障犯罪嫌疑人的程序权利,使其在能够以法律手段防止受到无根据的或非法的追究或者不人道的待遇。一个政府怎样对待它的嫌疑人,就必然会怎样对待其他国民,也可以说,侦查机关与犯罪嫌疑人之间的关系,实际上不过是政府与个人之间法律上与现实中的关系在刑事程序中的延伸和具体表现。对于政府强制侦查权力的适当行使,绝不能寄希望于一个个具体侦查官员的'善意'或者道德操守,而必须'依法限权,以权制权'! 在这方面,法治国家已经积累了丰富的经验,值得我国认真研究、借鉴。"(《侦查程序与人权》,第7~8页)

作者在这里说明了侦查机关与犯罪嫌疑人之间关系的实质,即它实际上是政府与个人之间法律上与现实中的关系在刑事程序中的延伸和具体表现。[11]作者不仅提出和系统分析了侦查程序中的五项法治原则,而且在具体的侦查制度的分析评介中,更是贯彻了这种程序法治精神,尤其对于强制侦查的法定原则和令状主义,作了具体的介绍分析。这些内容,对于在我国调整侦查权与个人基本人权之间的关系,应当说具有直接的针对性。

二、如何对待和解决我国侦查程序中的人权保障问题

《侦查程序与人权》主要通过比较研究,指出了我国进一步完善侦查程序中人权保障制度的必要性。然而,同样可贵的是,作者在肯定人权保障的公理性要求的同时,并未陷入一种乌托邦式的学术操作模式。他没有把多条件介入、多要素影响的中国侦查制度简单化,也未将中国刑事程序的发展方略设计过于理想化,而是实际分析了目前面临的实际困难和障碍,在此基础上探讨侦查法治的完善。作者的这一学术态度与方法,在该著作分析沉默权问题时表现得尤为明显。

作者首先确认并深入论证了在中国建立被追诉者有权保持沉默这一制度的必要性,同时也对在此问题上的一些认识误区进行了分析。而就沉默权制度在中国的建立,作者在总体上采取了一种现实主义的态度,一方面,分析了沉默权制度在我国建立面临的技术与价值上的障碍,以及更为重要的体制或者说宏观条件问题,强调沉默权制度的建立需要注意相关制度的建设和程序规则的完善;另一方面,又认为建立沉默权制度应考虑我国刑事司法的实际条件和制度背景,应当在沉默权制度的立法模式上解决技术问题,实现利益与价值的平衡,以便在维持刑事程序的真实发现功能的同时,

充分发挥沉默权制度的人权保障机能。

对前一方面的问题,作者分析比较细致。例如,作者指出,就中国目前的社会现实条件而言,建立沉默权制度从技术上主要存在三大障碍,包括:(1)有限的侦查资源与居高不下的犯罪率之间的矛盾;(2)对抗制审判程序与证人不出庭的矛盾;(3)律师辩护的萎缩与行使沉默权之间的矛盾。而且问题还不限于这三个方面,还必须相应地完善侦查阶段讯问犯罪嫌疑人的程序、审查起诉程序和法庭审理中的人证调查程序与规则,明确确认无罪推定原则和证明标准、确立自白排除规则等,所有这些问题都需要在充分研究的基础上在立法上作出协调、配套的规定,以期沉默权真正成为一项有实质意义的法律权利,而不只是空洞的权利宣言。而后,作者进一步指出:

如果把视野再扩大一点,从整个中国法治和社会发展的宏观背景看,中国建立沉默权制度的艰巨性远远超越技术设计或价值判断的范围,技术上的难题相对而言比较容易解决,价值判断毕竟也只是个认识问题,尽管在中国这两点也都不是太容易的事情。但是,更加难以解决的问题,仍然是体制问题或者说宏观条件问题,其中与沉默权制度直接相关的,至少有两个:其一,法院何时能够成为公正而又能制约政府权力并且保障人权的真正司法机关……中国的法院体制改革已经呼吁了多年,但法院在整个集中体制之下始终只是一个执行机关,尚未发育到独立的程度,在这种背景下,法律上确立的沉默权一旦受到侵犯,如何使利害关系人得到及时有效的救济?其二,侦查机关对于嫌疑人的羁押时间能否缩短到保障沉默权所容许的限度内,并且何时才能把羁押管理从侦查机关独立出来……而在当前盛行的重刑主义政策以及高度集中的体制之下,能否为保障嫌疑人的沉默权而进一步缩短侦查羁押期限?又能否让侦查机关放弃对看守所羁押人犯的控制权?显然,要切实解决这两个问题,需要中国政治体制改革的真正启动和中国整个社会的根本性变革。由此可见,沉默权虽然主要是一种诉讼制度,但由于它与以个人主义为基础的民主宪制、司法体制、正当程序、无罪推定等的关系密切,要在中国得到真正确立,需要有识之士长期的努力、争取和持续的研究。(《侦查程序与人权》,第382~383页)

而就后一方面问题,即沉默权的建立模式(笔者的一篇文章的说法是“沉默的方式”),作者注意到利益与价值平衡以及我国目前条件下的可行性,承认沉默权对刑事司法可能发生的消极性影响,因此而认为对沉默权可确定"必要的限制",如借鉴英国限制沉默权的不利推论规则等。而在作者最近完成的博士论文《沉默权制度研究》中,其对我国的沉默权制度的设计提出三套方案,并分别分析和相互比较其合理性与可行性。其中第一套方案在赋予被告沉默权的同时,肯定了现行法中讯问被告时律师不能在场的规定;要求在法律许可的范围内,犯罪嫌疑人有消极忍受讯问的道德义务(借鉴日本法的规定);明确规定在一些特殊案件中,被调查人如实回答义务,排除沉默权适用;承认辩护方对不在犯罪现场、无责任能力或正当防卫等"积极抗辩",须向控方展示证据;对被告人拒绝回答提问,合议庭在最后评议时可以把这一事实考虑进去。这是与现行法最为接近的一套方案,对真实发现较为有利,其可行性也较大。

将法理合理性与现实合理性结合起来,这也许是探索中国程序法制改革完善所需要的路径与方法。

三、以扎实细致的研究为完善侦查法制提供资源

在中国,具有现代意义的程序法制并非本土资源之上自然生长的结果,而在总体上属于一种移植与借鉴。[12]就刑事程序而言,我们起初借鉴日本、德国等大陆法系的职权主义制度,中华人民共和国成立后又借鉴苏联(如检察机关为法律监督机关),现在为适当加强人权保障,有一种向当事人主义靠拢的趋势。然而,这种借鉴有时多少有一点囫囵吞枣。"比着葫芦画瓢",虽然"形似",却不见其"神似"。国外正在有效运作的制度到底是一种怎样的机制,它背后的支撑条件,它周围的相关制度,它具体的运作方式,包括它在现代社会的适应性变革等,我们往往缺乏详尽而准确的考察。简单地制度比较,缺乏技术性的分析,只能形成一种粗略而缺乏精密性的法学乃至法制。

孙长永教授从比较法的视角来观察侦查程序及其人权问题,他以大量的第一手资料,尤其是最新资料,说明了侦查程序中的一些基本问题,厘清了一些传统的观点,由法制和操作两个层面对国外具有典型意义的侦查程序作了介绍和分析。笔者主张"由技术到制度"的中国法治发展方式[13],而通过扎实细致的研究为完善我国的侦查法制提供资源(思想与技术),这正是一个明智而有责任感的学者的当行之道。

笔者感到，该书在研究方法与内容上对笔者启发较大的有以下四点：

1. 作者对不同类型侦查制度的具体内容所作的技术性分析研究，对于准确地把握现代侦查制度法理与技术十分有益。

刑事司法程序的比较研究，目前正在由初级性的一般介绍走向技术化的深入分析，《侦查程序与人权》可以说是这方面的代表作。通过它所进行的比较研究，可能使我们对刑事侦查程序的一些基本问题产生新的认识。

如对讯问嫌疑人，作者首先区分了讯问嫌疑人分别由警察、检察官、大陪审团以及预审法官四种主体实施的不同形式、不同法律条件以及讯问结果的不同效力。其次，就讯问嫌疑人的基本立场、基本要求、讯问方法、讯问的时间、地点和条件以及讯问结果的固定等问题作出具体介绍分析。其中有的问题看来十分技术化，甚至显得琐碎，但其意义不可小视。例如，讯问结果的固定，作者具体分析了法国、英国、日本的口供记录方法及其区别，如英国1995年生效的《警察与刑事证据法》的《实施细则之三》，对讯问笔录的内容与制作方法以及嫌疑人书面陈述的亲笔书写或代写作出了非常详尽的规定。而日本法的类似规定则相对宽松，如不要求每次讯问都必须写入笔录，可以进行概括式的记录等。这反映了日本传统的“口供中心主义”（以口供作为定案的关键，强调口供作为证据的有用性）对侦查的影响。

口供笔录一类问题看似琐细，但从实务角度看，嫌疑人笔录可能成为定案基本证据，记录程序的严格与记录内容的准确，包括记述的角度、方法、具体的言语等，对于证据内容及以证据定案可能发生重要的影响。尤其我国侦查实践中嫌疑人笔录的形成缺乏严格要求，在一定程度上也成为被告翻供情况较普遍的一个原因，那么，充分注意这些“琐碎的”技术问题正是程序法治的要求。

而就讯问方法，作者在分析各国的具体规定和做法后指出：“如果撇开具体国家的特殊性不论，严格禁止物理强制和精神强制，[14]有条件地允许利诱、适当地限制欺骗，可以说是关于讯问方法方面比较一致的规则。”（《侦查程序与人权》，第168页）而我国《刑事诉讼法》和司法解释的规定是严禁“威胁、引诱、欺骗”等违法方法取证，但在实践中却不可避免地使用精神施压、利益引诱以及欺骗性审讯方法，这种法律与实践的脱节，实际反映了立法和司法解释的不精密、不准确。[15]孙长永教授对国外审讯方法的灵活性及其限度的评介可以供我们借鉴。

2. 作者对侦查构造所作的具体研究，不仅有助于把握国外具有典型意义的基本侦查模式，而且校正了某些传统的误解。

研究侦查程序，不能不涉及侦查的基本构造和模式，不能不对英美法系和大陆法系两大体制进行关注。《侦查程序与人权》从侦查程序的性质入手，提出了侦查程序双重性的观点，进而指出与这一性质有关的侦查权独立行使与司法审查问题。接着对两种侦查构造的不同理念、构造形式与特征以及演变趋势作了分析。该书分析了大陆法系侦查构造作为“预备裁判型”侦查所具有的职权主义特征，也分析了英美法系适应“以审判为中心”而形成的“审判准备型”侦查模式及其要点。如果说这一部分不算特别新颖的话，作者对两大法系的侦查制度目前状况及改革走向的具体分析，则对于我们校正、厘清某些传统性误解有所助益。

例如，作者在论述大陆法系侦查制度的现代转变中，对德国的侦查制度进行研究，指出它对嫌疑人的沉默权严格加以保障，侦查机关对逮捕、羁押手段的适用率比美国低，对侦查中强制措施有较多的限制。特别重要的是，根据德国《刑事诉讼法》第 147 条的规定，辩护律师在侦查期间有权不受限制地查阅嫌疑人的陈述笔录、鉴定意见以及律师有权到场的法官调查行为的笔录，其他侦查案件的证据至迟也必须在侦查终结时向辩护律师公开。这是连英美也望尘莫及的。

作者在分析英美法系侦查构造时指出，英美法系的侦查构造从程序上看并没有像审判程序那样完全观察“平等武装”的原则，警察或其他侦查机关总是处于优势地位，嫌疑人除沉默权、律师帮助权和保释权外，并没有实质性的“对抗”权利，而且也不像大陆法系嫌疑人那样享有要求检察官或预审法官采取某些侦查行为而保全证据的权利，辩护律师在案件起诉以前也没有权利像大陆法系辩护律师那样广泛地查阅控方的案卷。即使是在英国限制沉默权和美国限制保释权以前，嫌疑人也只是有权对控方的侦查活动不予配合，不予支持，而不可能进行“平等对抗”。国内有人提出，英美法系侦查构造的特点之一是“在侦查程序中当事人双方的地位完全平等，并拥有相同的手段，可以充分地陈述己见或进行反驳”，甚至把无罪推定原则、嫌疑人的沉默权、律师帮助权等也作为英美法系侦查构造特有的内容看待，显然是一种误解。

3. 作者对国外最新资料的大量应用，使其研究具有一种“新鲜性”，便于把握国际侦查法治发展的新的走势。

作为同专业学者，笔者对孙长永教授熟练运用英、日两种语言的能力历来佩服，而其关键，在于他利用自己的语言优势下大量功夫进行资料搜集和分析研究，因此对一些重要的学术资料，以及一些典型国家的具体制度规定，娓娓道来，如数家珍。在这一点上，据笔者所知，国内刑事诉讼法学界无人能及。

例如，对审判前羁押的目的，作者指出，现代国家基于无罪推定原则，普遍认为审判前的羁押只是一种例外的程序上的预防性措施。两大法系都认可羁押用于保证嫌疑人到庭的人身保全目的。而大陆法系还主张可以通过羁押获取口供、同时防止串供以及隐匿、毁灭证据。但就羁押的预防再犯这一目的，两大法系则一般持否定态度。但作者通过对德国、美国、日本等近年来在“预防性羁押”上的立法和实践的变化，说明“预防再犯”，已成为现代羁押制度的理由，而且具有一定的合理性。

又如，对目前国内正在关注的诱惑侦查、电子监听等特殊侦查手段，作者对各国的应用情况及发展也作了充分介绍。在监听问题上，作者通过分析各国刑事诉讼就监听制度的规定，指出监听所涉及的法律问题，突出反映了侦查必要性与保障个人安全、秘密的私生活权益之间的冲突，而将严重干涉个人隐私权的监听手段法制化，是侦查法治的重要内容，也是现代各国的普遍做法。作者在分析美、法、德、意等国监听法制后，对日本 1999 年监听法作了重点介绍。应当说，日本监听法吸取了各国监听法制的建设经验，注意兼顾打击与保护两方面的需求，技术上比较完善。我国也面临监听等“技术性侦察手段”的法制化问题。[16]借鉴国外做法，建立我国的监听法律制度，是我国健全侦查法制的当务之急。

4. 作者采用总体性的研究方法（系统方法），增强了比较研究的准确性和可使用性。

比较研究，不能只作制度本身的比较，而应当注意制度后面的社会支撑条件，注意该制度左右起相互制约作用的相关制度，即应在一种总体性的场景中对具体制度进行观照。近年来，我国刑事程序的比较研究已开始具有这种视野与方法，《侦查程序与人权》在这方面亦称上乘，如前面所述对沉默权制度的支撑性观念、条件和制度的分析。而作者对各国司法实际状况的比较，也不是简单比对，而是注意其形成原因和条件。例如，英美法系与大陆法系国家相比，逮捕适用更为广泛，但在“逮捕前置主义”之下，逮捕后持续羁押的情况较少，而保释较多。过去人们往往从当事人主义诉讼构造来解释这一问题，强调在控辩平等的原则之下，不准许将羁押作为获得口供的手段。但《侦查程序与人权》进一步从技术上分析，指出这也是因为英美法系刑事诉讼中起诉时的证据标准不及大陆法系要求高，即使在起诉后仍然可以继续侦查，收集证据，因此，出于保全证据的目的而羁押嫌疑人的必要性，在英美法系刑事诉讼中没有大陆法系那样明显。这一是英美法系强调定罪前的人身自由权利，并为此而广泛适用保释的重要原因（《侦查程序与人权》，第 194 页）。

对《侦查程序与人权》一书，笔者的读后感用一句老话表述也许十分适当：“开卷有益。”不过，主要是出于个人化的需求，笔者还希望作者对某些问题的研究更加细化、技术化。例如，我国最高人民法院法复〔1995〕2 号司法解释规定，未经对方当事人同意私自录制其谈话内容，是不合法行为，由此获得的证据不能作为证据使用。笔者个人认为这一规定虽意旨可嘉，但有悖于法理，同时对实践十分有害。翻阅《侦查程序与人权》，希望能看到作者对这一问题各国的立法与实践的介绍，但稍感遗憾：未见系统评介。此外，作者的某些说法还有欠准确，如指出并论证我国应建立沉默权的原因之一是履行国际承诺即国际法上的义务，并以我国政府签署《公民权利和政治权利国际公约》为例。但据笔者所知，签署并不发生法律义务，因为须全国人大批准才能称加入公约。

在政府（部分）以持续性严厉手段对付刑事犯罪的情况下，谈论侦查程序中的人权问题，似乎显得书生意气。然而，也许唯其如此，才更加可贵。在依法治国已成为任何有识之士谈论中国问题的基本话语之时，如果在论及政府于刑事程序中应当如何对待公民时全社会只有一种声音，那将是法治的悲哀。为理性与公正的刑事程序提供思想和技术，这正是中国刑事程序法学者的责任。

注释

1　此系借用日本学者松井茂给警察下的定义：“警察乃限制人民自由之国家权力。”

2 刑事诉讼法学者往往关注已形成三方组合诉讼关系的审判程序,关注司法机关的改革,而对具有行政性的侦查程序却关注不够。而且有人认为,侦查中主要追求效益与效率,在审判中再着重去追求公正。这种观念也许就是1996年《刑事诉讼法》修改时对审判程序作了重大改革而侦查模式基本未变的原因。

3 几种侦查方式参见孙长永:《侦查程序与人权》,中国方正出版社2009年版,第38页。

4 对侦查程序中人权的涉宪性问题,我们历来对此重视不足,通常仅仅将其作为一个部门法问题来考虑。

5 Jerold H. Israel and Wayne R. lafave: *Criminal Procedure in a Nutshell*, 1993 West Group, pp. i - ii, pp. 1 - 10.

6 龙宗智:《论刑事司法中个人权利与国家权力的冲突与协调》,载《中国律师》1998年第4、5期。

7 《侦查程序与人权》中"侦查程序的基础理论"一章,对侦查程序的法治原则有深入的分析论证,参见该书第23~44页。

8 检察机关兼有行政与司法双重属性,而且系控诉机关而非中立的裁判机关,因此检察官的审批只能定性为一种准司法审批。

9 陈光中主编:《刑事诉讼法实施问题研究》,中国法制出版社2000年版,关于强制措施一节。

10 《关于律师作用的基本原则》第8条规定:"遭逮捕、拘留或监禁的所有的人应有充分机会、时间和便利条件,毫无迟延地、在不被窃听、不经检查和完全保密情况下接受律师来访和与律师联系协商。这种协商可在执法人员能看得见但听不见的范围内进行。"

11 笔者也表达过相同观点:对公民在刑事程序中基本权利的认否,"在一定程度上显示国家政策的趋向,显示在当今中国社会中公民的法律地位,人们关注这一问题,也是在更广泛的意义上关心自己的立足点和生存条件"。用一句形象化的语言:"莫问钟为谁鸣,它就为你而鸣。"(龙宗智:《钟为谁而鸣》,载《上帝怎样审判》,中国法制出版社2000年版,第1~4页)。

12 清末五大臣留洋及法律编修开始了这一进程。法律修订大臣沈家本于1911年1月,将仿日本1890年《刑事诉讼法》而编成的《大清刑事诉讼律》奏呈朝廷,称修订大旨:一曰诉讼用告劾程式;二曰检察提起公诉;三曰摘发真实;四曰原被待遇同等;五曰审判公开;六曰当事人无处分权;七曰干涉主义;八曰三审制度。"以上数端均系各国通例,足以补我之所未备,敬谨甄择,分别名章。"

13 龙宗智:《论司法改革中的相对合理主义》,载《中国社会科学》1999年第2期。

14 到何种限度即视为"精神强制",仍然是一个值得研究的问题。因为一定程度的精神压力,是审讯对抗性之必然。

15 龙宗智:《威胁、欺骗、引诱的审讯是否违法》,载《法学》2000年第3期。

16 我国《刑事诉讼法》中对监听只字未提(视听资料证据中是否包括监听获得的资料规定不明)。《人民警察法》第16条规定,"公安机关因侦查犯罪的需要,根据国家有关规定,经过严格的批准手续,可以采取技术侦察措施"。但技术侦察手段所包含的内容、如何实施,目前缺乏法律规定。可见监听手段显然尚未法制化,而对此历来有一种神秘化的倾向。

建立以一审庭审为中心的事实认定机制*

刑事诉讼是一个动态过程，这一过程，在学理上可以划分为三条相互关联的延伸线，即公诉、程序的展开以及心证的形成。[1]公诉是前提，刑事程序的推展是条件，在围绕公诉进行诉辩对抗以及程序推进过程中逐步形成裁决者对案件事实的认定（心证），即为诉讼的落脚点和目的。由于诉讼是围绕法官建立心证，而法官建立心证的主要空间是法庭，因此以审判为中心，以庭审为重点，是诉讼的“题中应有之义”。不过，因错漏难免，心证形成不应当是一次决定不可变更的，因此而有上级审，包括二审、复核审、再审等，以纠偏救济。但就心证形成、事实确认而言，上级审的功能相对于一审是有限的。由此可知，合理的诉讼事实确认机制，应当以一审庭审为中心。

以一审庭审为中心，是一个关系性命题，它包含三个方面的主要论点：其一，在侦查、起诉、审判的事实认定行为链中，应当以审判为事实认定的决定性环节；其二，在审理、裁判的多种行为中，应当以庭审即法庭审判为中心和决定性环节；其三，在一审与二审、复核审和再审的审级体制中，应当以一审为重心和事实判定最为重要的审级。而这三点具有不可分割的内在联系。

前述本文中心思想即所包含的具体内容，应当说体现了诉讼的规律。亦即刑事诉讼的事实认定，本应以审判为中心、庭审为中心、一审为中心；而不应当以庭前程序为中心、庭下活动为中心、上级审为中心。然而，上述反诉讼规律的做法，在某种程度上正是中国刑事案件事实认定机制的现实，而且目前随着司法行政化趋势的加强，呈更为强化的态势。如果不解决刑事

---

* 原载《中国法学》2010 年第 2 期。

案件事实认定结构与机制的问题,就不能提高刑事案件的办案质量,不能有效地防止冤假错案的发生。

一、事实认定为何应以一审庭审为中心

(一)审判是事实认定的中心环节

诉讼产生于当事人不同的事实叙述和诉讼主张,因此,确定案件事实并在此基础上适用法律,是诉讼的基本任务。在民事程序中,诉讼即为审判,当事人的一切诉讼活动围绕法官的心证和法律适用的意见进行,因此,以审判为中心,是不言而喻的。但刑事诉讼则有所不同。刑事诉讼的目的,是国家刑罚权的实现,为此,国家侦查与控诉的机关担当调查证据查明案件事实并在此基础上提出控诉的职责。因此,在审前阶段,就形成一个较长时期的搜集证据查明案件事实的过程,包括刑事侦查(调查)搜集证据和审查起诉确定事实的过程,而后才进入审判。而审判,则是中立的法院,对审前程序获得的证据以及控诉方主张的事实进行审查,以权威性地确认案件事实并适用法律对案件作出实体处理。这就使刑事诉讼的事实认定形成两个不同的阶段,即审前阶段和审判阶段。

从形式上看,审判是在侦查—起诉—审判的事实认定行为链中的最后一个环节,是所谓"三道工序"的最后一道工序,审判是确定案件事实的权威性活动,因此势必成为事实认定的中心环节。然而,诉讼的实际运行则可能出现另一场景——对于由侦查搜集、起诉补充的证据,法院照单全收,尤其是法院不再对原始证据进行直接的审查,而只须审查由侦查方已经搜集在案的各种证据形式,而且对控诉方确认的案件事实不予质疑或基本不予质疑,审判成为具有相当形式化的作业,审判的实质审查和独立判定(事实)的功能难以有效发挥。这种情况下,刑事诉讼是侦查中心主义而非审判中心主义。

侦查中心主义的主要价值是治罪效率。首先,它是有效率的。因为它直接和充分地利用了侦查的成果,避免了审判阶段进行实质性证据调查的复杂甚至缺乏效率的活动。其次,它是治罪(致罪)性的。因为刑事案件发生,法益已经受到损害,如不确定行为人并予以定罪,侦查活动就会因劳而无功而受到否定。

侦查中心主义的主要问题在于,其单面构造使刑事程序丧失了诉讼的

结构与机制。

诉讼是原被告和裁决者三方组合形成的一种结构,原被告之间的诉讼对抗,由中立和独立的第三方进行裁决,因此,对抗和判定,是诉讼的基本法则。如果刑事诉讼仍然是一种诉讼,则须仍然保持这种三方组合的关系并实行对抗与判定的法则。而侦查中心主义则将刑事诉讼处理为一种由侦查到起诉再到审判的工序性作业,以线形关系代替"三角构造","诉讼"实已不再成立。

刑事程序中侦查中心主义的成立,必须有三个方面的支持条件。一是对侦查的高度信任。认为侦查警官和检察官在专业素质、道德修养上是值得高度信任的,因此,其工作成果应当充分肯定。二是对辩护功能的贬低甚至否定。认为嫌疑人、被告人总是狡辩的,辩护人则往往是因其雇佣关系而从事对案件处理无积极意义的活动,甚至常常是颠倒黑白的。因此,侦查中心主义只承认在必要时听取辩方意见,而不承认诉讼的平等对抗性质。三是对定罪效率的强调以及对可能出现错误的容忍。由于治罪的热情不可能不影响对事实的冷静而理智的判定,高效率的定罪,必然要承受一定的代价。治罪程序代替诉讼,即以单面证据奠定案件基础、将单面主张确认为事实结论,而诉讼的兼听、辩论与质疑精神不再存在,其直接后果,是较大地增加了事实误判的可能性。因此,侦查中心主义属于控制犯罪的程序模式而非正当程序或人权保障型程序模式,这种逻辑关系,应当说是毋庸置疑的。

而以审判为中心,则呈现出不同的程序质素与图景。首先,它警惕庭前程序的可错性。为防范侦查的偏向与取证人员在品质和专业能力上的弱点,它对侦查内容及侦查结论采实质的审查原则。为此,需要控诉方重演取证过程,以便法院能够对证据和事实进行实质性审查。其次,审判中心尊重三方组合的诉讼构造,认为控辩方出于不同角度的叙事及论证,是发现事实真相的有效方式。而就诉讼价值,审判中心并不否定效率的重要,但也同样强调程序的防错意义,因为权利保障同样是诉讼的重要价值。

侦查中心主义与审判中心各有其价值意义,但如果承认刑事司法应当尊重和保障人权,确认现代刑事司法既要打击犯罪又要保障人权的价值取向,那么,结论就是必须承认刑事诉讼应当采审判中心主义模式而非侦查中心主义模式。这是因为,其一,审判中心主义并不否定侦查取证的意义,它尊重侦查的专业性而绝不希望能够越俎代庖。其二,审判中心主义认为审判程序是确认争议事实并在此基础上作出案件处理的最适当的程序。因为就刑事案件的事实认定,审判环节具有两方面基本要素,使审判能够最有效地发现真相。

一方面是主体要素。审判主体是中立的,他既不属于控方也不属于辩方,这种对控辩双方的超越性使他获得客观的观察并认识案件事实的条件;审判主体是专业的,他也许不是搜集证据的高手,但他应当是善于判断事实的,因为他受到的训练和他从事的工作都培养他这种能力;审判主体也应当是智慧而高明的,因为判断事实、解决争议的主体应当比争议双方更有智慧,更有权威,因为我们不应当将自己的纠纷交给一个我们所不信任,既无智慧也无威信的主体。不过这一点较之前两点带有较大的或然性,它取决于司法的制度安排。

另一方面是机制要素。审判是在控辩双方在场的情况下通过诉讼程序确定事实解决纠纷,具有能够更为准确判定事实的机制性要素。其一,审判的三方组合及其互动,保证了"兼听则明",可以防止"偏听偏信";其二,审判的公开性,使其能够受到有限监督,避免"暗箱操作";其三,回避、指定管辖等审判制度,可以防止任何主体"成为自己案件的法官";其四,审判的程序运行制度,是实现准确与公正必要的制度设置,也是个案纠纷判断与处置上人类智慧的体现。

因此,在确认权利价值、关注利益平衡的现代社会,诉讼,包括刑事诉讼,就事实认定乃至案件处置,应当以审判为中心。

(二)庭审是审判活动的重心和决定性环节

审判中心,是相对于侦查(控诉)中心而言的,但审判本身是一个复杂的过程,其活动也是多样化的——法庭审判是一种形式,此外还有各种庭下的审判活动,如庭前与庭后的阅卷(把握证据确定事实)、院、庭长对审理和裁判的指导、审判委员会研究和确定案情,以及法院外部施加的影响并成为具有实质意义的审判行为等。本文的主张是:在各种审判活动中,庭审无疑应当成为中心环节。主要理由是:

1. 以庭审为中心,是审判中心的逻辑推演。对于事实认定,审判中心相对于侦查中心的优越性,主要是通过庭审体现的,因此,确认"审判中心",必然在逻辑上推导出"庭审中心"。因为,只有庭审,才能通过听证与辩论有效实现对不同主张和根据的"兼听"。而庭下审判则完全可能是选择性的,甚至是片面的。只有庭审,才能保证诉讼的公开性,从而防止“暗箱操作”。因为公开审判,就是指的公开庭审,而院、庭长的指导(指示)、审判委员会的研究,外部力量的影响,通常是不可能公开的。只有庭审,才能贯彻回避制度,防止利益冲突。而其他审判活动,如审判委员会研究案情,即使有的成员并不熟悉该项业务而在专业上不合格,有的成员人在场而心不在场,有的甚至对该案存有偏见等,当事人都无权要求其回避,因为在这种情况下,以实现主体公正性为目的的回避制度丧失效用。同样也只有庭审,能通过集中的、严格的程序安排,保证诉讼的公正与效率。而庭下活动则因缺乏严格程序约束,具有较大的随意性,难以保障公正与效率。

2. 以庭审为中心,是审判特性的必然要求。就事实认定而言,审判最重要的特性是亲历性,即事实判定者直接接触和审查证据,直接听取控辩意见及其依据并作出判断。对证据与事实的亲历性即直接感知,能够使事实判断者掌握丰富与生动的信息内容,而这些信息内容是形成合理心证最重要的保证。而此种亲历性,是其他审判活动难以具备的。例如,庭下阅卷活动,法官接触的是案卷材料,而这些材料的主要内容,是各种笔录,如口供笔录、被害人陈述笔录和证人证言笔录等。而笔录,是侦查取证人员对直接人证提供情况的一种转述,它不可避免地经历了一个过滤甚至加工,不仅一部分陈述的内容被直接过滤掉,而且陈述时的语调、表情等丰富的信息(情态证据)也无以存在。而且,对笔录这类“死的信息”无法进行质证。而不质证作出证据判断,已经违反了证明的规律。当然也不能否认,目前情况下,庭下阅卷对于防止在法庭上证据信息的遗漏和扭曲,对于检验、校正和加强法官的心证,有其积极的意义,不过,其作用应当只是辅助的,而不应起决定的作用,否则,审判程序就失去意义,法官心证形成的合理渠道因此而被虚置。

审判委员会研究案情也是这样。审判委员会对案件事实听取汇报并作出决定,其事实判定实际上是建立在“传闻”之上。因为审判委员会,至少是其中多数成员,既没有听审,也没有看卷,他们对案件事实的判断,基本上是基于案件承办法官的汇报。这种汇报,不是第一手的材料,甚至不是如笔录这样的“二手材料”,而是法官根据一手材料和二手材料所确认并讲述的“故事”。而且这种汇报也不能实现证据与事实的质证,因为原始人证不在场,而且控辩双方也不在场。可见,由于这些条件限制,审判委员会会议不是判定案件事实最适合的空间。认定案件事实,如果不以庭审为中心,而以审判委员会活动为中心,不符合事实认定的规律。

(三)一审是事实审最重要的审级

对一、二审两个审级的意义,在学理上有不同认识,即"一审集中(中心)主义"与"二审集中(中心)主义"。"注重第一审之审判,而第一审之审判为全部刑事审判程序之最重要者,则称为第一审集中主义;反之,注重第二审之审判者,则称为第二审集中主义。"[2]

在制度与学理上有重视二审的主张,是因为二审有一些一审所不具备的有利条件。普遍认可的是:二审法官作为高审级法官,资历更长,素质更高,经验更为丰富,而且身处上级审,视野更为开阔,因此能够更为准确地把握案件的事实和法律问题。此外,不同的国家还有一些其他的有利条件,如在有的国家,一审审理采独任制,而二审采合议制,二审审判组织形式更有利于防止审判错误。在有的司法制度中,由于司法不独立,一审处于案发当地,审判更容易受当地各种社会因素的影响,而上级审则可消除或降低这种影响,因此公正审判的条件优于一审。

不过,就事实审审理,通说认为:"事实审理于第一审为中心。"[3]

从比较法的角度看,"有权利就有救济",因此二审程序是对一审程序的必要救济。然而,救济内容与范围却因法律和事实问题的不同而有区别。二审对一审法律问题的救济系全面救济,体现出普遍性和深刻性;而在事实审方面则是有限救济,体现出重视和尊重一审审理的一般理念。事实审理上二审救济的基本原理,是考虑一审程序的正当性程度,一审程序的正当性程度越高,二审的事实审救济范围就越小。因此无论是英美法系还是大陆法系,凡是严格遵循正当程序的重罪案件审判,如美国的陪审团审判的一审案件、英国的刑事法院审理的一审案件、德国州法院和州高等法院审理的一审案件,其二审审理都不再进行事实审。[4]在法国,对重罪法庭判处的案件和部分违警罪案件不能上诉,因为重罪法庭是由3名法官和9名陪审员共同审判的,是人民的审判,且该判决不需要说明理由。[5]而在较低级的法院,采用正当性不高的程序所审理的案件,才允许进行重复的事实审理。如在英国,治安法院作出的一审判决,上级法院可以根据上诉进行事实重审;在德国,地方法院作出的一审判决,州法院要根据上诉进行事实重审。

正是由于普通程序中二审救济在事实审方面的有限性,事实审以一审为中心,是由普遍的立法例所体现的一般原则。而且,历来重视上诉审功能,司法制度具有“科层制”特征的大陆法系国家,在司法改革中也将强化一审,限制二审的事实审功能,作为改革的方向。例如,德国在2002年,一改将“上诉权”作为公民基本权利和二审作重复的事实审理的传统,将上诉程序重构为一种救济机制,即错误控制与纠正机制,实现了上诉程序的功能转化,审级制度的内部机理也发生了改变。[6]

以一审为事实审的中心和重心,理由主要有二:

第一,不同审级的不同启动条件和功能决定了一审的重要性。因为对起诉案件,一审是必审,二审是可审。未经一审,就不能进入二审,因此一审是基础。而二审是由任意性上诉权启动,“案件未经当事人上诉时,只有第一审之审判,并无第二审之审判,此所以应特别重视第一审之审判”[7]。

而且从功能上看,一审是回应全部公诉与辩护的主张的全面审理和充分审理,而二审及以上审级是纠错审,救济审,虽然不可或缺,对部分案件能够发挥重要的防错纠错功能,但毕竟属于救济性审理,难以实现其保障案件质量的基础性作用。而只要有坚实可靠的一审审理,案件质量即可保障。

第二,在事实审方面,一审(主要是指一审庭审)具有最好的审判条件。这是在事实审方面强调一审重要性的实质性理由。证据裁判主义要求依靠证据认定案件事实,而一审提供的证据信息相对之后的审级具有可靠性、干净性和内容全面性的特点。

证据信息的可靠性,主要是指一审审理时间离案件发生时间比较近,案件信息较为可靠。“证据,易因时间之经过失其真实性。”[8]其一,就涉及人证的主观印象痕迹,离发案时间越近,印象越清晰,而随时间推移将会增加模糊性;其二,就物证与其他证据,时间较近也有利于发现、固定与提取,否则,将增加毁损灭失及模糊化(如各种印痕随时间推移日益模糊)的可能。

证据信息的干净性,是指首次审判的基本要求是证据尤其是人证的不干扰,因此比较“单纯和干净”。例如,对于证人,在出庭作证时应当隔离于法庭,被告、被害人如果提供陈述,也应当尽量让他们首先独立陈述,再让他们作为诉讼当事人和参加人接触其他证据。共同被告,则应首先独立供述,然后再相互对质并参加其他证据和举证和质证。因此,一审的证据信息,更多来源于证据源而较少受到其他证据信息的影响。反之,二审后的审判,被告人、被害人、证人、鉴定人及勘验检查人员等,因直接或间接地经历了一审,了解了一审的相关信息,再次作证更容易受到其他证据信息的影响,尤其是被告人、被害人这类与案件有利害关系的作证主体。

信息内容的全面性,则意味着一审系全面审理,需要充分调集各方面的证据,全面地分析案件的证据和事实。而一审以后的审理无论是否采用全面审理原则,但由于一审的基础性作用,实际上均为重点审理,重点围绕上诉(抗诉)理由,对有争议问题进行重点审理,而对无争议问题则往往仅作一般审查、形式审查。可见其审查的问题和调查的证据是有重点的,也是较为有限的。信息内容的有限性,也使二审及其他后续审在事实审理上的作用受到限制。

二、重塑诉讼中心具有重要的现实意义

本文前言已提及实践中的问题及本论题的意义,但对此需要论证,否则缺乏说服力。本文所强调的重视审判、重视庭审和重视一审的思想,既是理论推导的结果,更是改善中国刑事案件事实认定机制的需要。因为这一问题不仅历来没有很好解决,而且目前在司法活动的行政化趋势加强的情况下,存在的问题日益突出,需要及时矫正。这些问题笔者归纳为以下三个方面:

1. 侦查决定论的特征未改且有加强趋势。我国刑事诉讼的基本结构具有典型的双重结构的特征。一重是控辩审三方组合形成的三角结构,也就是对抗与判定的基本诉讼构造;另一重是侦、诉、审互动关系形成的线形构造,即公、检、法三机关在刑事诉讼中分工负责、互相配合、互相制约的结构。这种线形构造,具有"司法一体化"特征;因该构造中的主体是国家刑事司法机关,配合制约均在三机关之间发生,就使嫌疑人被告人的地位相对客体化。而且,因为三机关地位平行而不承认司法至上与审判中心,使侦查的地位得到强调。从职能功用看,线形结构认可侦查和起诉在诉讼结构中的独立地位和保障审判质量的重要作用,由于审理对象是侦查的结果,因此实际上有侦查中心论的倾向。这里可以在某种意义上采用所谓的"工序论"的观点,即审判工序的质量取决于侦查起诉工序提供的合格工件,因此在刑事诉讼中,须强调庭前准备尤其是侦查的意义和作用。在有高质量的侦查和精密的起诉审查的情况下,审判实际上是结合辩护性意见对侦查结果的一种再审查,而且这种工序性关系不可避免地使第一道工序即侦查所获证据成为法庭审判的基础(当然法庭也可以否定这些证据或其中部分内容)。

中国刑事诉讼的两重构造既有互补作用,又有明显的矛盾。例如,在控辩式形成的三角结构中,法院"居于其间、踞于其上",因此而呈现"司法至上"与"审判中心"。而在线形结构中,审判的功能是检验侦查的结果,由于"司法一体化"的作用,由于诉讼配合的要求以及"制约"功能的相互性,其审查检验的实质性不足,作用十分有限。这种矛盾性,使两重结构呈现此消彼长的"逆向损益"关系。

中国刑事诉讼两重构造的冲突及其协调结果,在总体上显出线形结构较为强势。其根本原因在于,政治一体化基础上的司法一体化,是中国刑事司法制度和程序构造的基础。而且,线形构造也比较适合传统的重视犯罪控制的刑事司法价值观与政策要求。

近年来,线形构造仍有强化,因此,侦查决定论的趋势未改且更为明显。这与司法政治方面的一体化增强有关,也是因为公安机关具有强势地位而且侦查权十分强大。加之司法改革以"加强监督"为重心,作为控诉机关(且为职务犯罪侦查机关)的检察院对法院的监督权增强,而法院的中立受到进一步的限制,其公信力与权威性削弱。在这些因素的作用下,审判的中心地位以及在事实认定机制中的决定性作用受到进一步挑战,更加难以确立。

然而,忽略刑事司法的三面关系及诉讼构造,忽视法院对侦查的实质性审查功能,会使刑事程序因线形构造过于强大而变成单面的治罪过程,而使刑事司法程序的防错与人权保障功能受到掩抑,使刑事司法的公正性受到质疑。这一点已经为实践所证明。前些年发现并披露的一些重大冤错案件,如杜培武案、佘祥林案等,固然有一些偶然性的因素,但究其根本在于,审判未能有效发挥其实质性的审查与决定功能,而使有问题的侦查证据成为定案根据,使根据不足的侦查结论成为判决意见。总结经验与教训,检讨诉讼构造,在"国家确认与保障人权"的宪法要求与社会呼声之下,需要强化审判的功能,从而更为准确地认定案件事实。

2. 法院审判活动,呈现庭上功能弱化,庭下功能增强的趋向。司法活动包括心证独立和裁决独立。前者意味着法官独立地对案件事实作出判断。然而,我国法律规定了法院独立的原则,同时,作为制度跟进,设立了审判委员会讨论决定个案处理的制度,以及院长、庭长审核裁判文书,主持讨论疑难案件等具有行政指导意义的制度。这些制度,在相当程度上限制了法官对案件事实的独立心证。

而从近年来的情况看,上述强化行政指导作用的制度没有削弱,反有加强。这种状况的产生,与在“政法工作”中加强“党的领导”,注重“服务大局”有关,也直接受到司法体制中强化“司法一体化”趋向的影响。因为领导关系的强化也必然是法院内部行政指导作用的增强。而“服务大局”的方针,裁判应当体现政治、社会与法律三个效果的要求,也使中国司法权力配置体系中处于较高层级的领导者对个案处理的行政指导加强。因为在国家机关的信息传递链上,领导者能够更充分地掌握案外社会与政治信息,同时因为他们与在一个地区或一个方面把握大局的党政领导有较为直接的联系,一般来说,更能理解“大局”的要求,也具有优于其他法官的评估个案处理“三个效果”的条件。由于这些原因,从总的情况来看,法官的个案判断与处置权有所削弱,而审判委员会与院、庭长影响事实认定及案件处理的能力增强。因此使庭审功能削弱庭下功能增强。

庭审功能的削弱,也同我国审判方式改革不彻底有关。1996 年《刑事诉讼法》的修改,为了强化庭审功能,解决“庭前实体审,庭审走过场”的问题,调整了案件移送方式,废止了庭前全卷移送并由审判法庭作实体审查,以决定是否具备“案件事实清楚,证据确实充分”的开庭条件的制度,实行公诉机关向法院移送“证人名单、证据目录、主要证据复印件或者照片”的做法,从而形成虽不排除法院在庭前的实体审查,但仍可基本实现庭前审查以程序审为主,由此保障庭审实质化的目的。但在《刑事诉讼法》没有明确规定的情况下,最高人民法院、最高人民检察院等六部委于 1998 年下发的《关于刑事诉讼法实施中若干问题的规定》第 42 条规定,检察机关对于在法庭上出示、宣读、播放的证据材料,应当当庭移交法院,或者在休庭 3 日内移交。对于在法庭上出示、宣读、播放未到庭证人的证言的,如果该证人提供过不同的证言,检察机关应当在休庭 3 日内,将“该证人的全部证言”移交法院。根据这一规定,闭庭后,检察机关会将全部侦查卷宗以及侦查、公诉机关补充的证据材料移送法院,这将形成了庭后移送卷宗以及法官庭下阅卷的实际做法。

庭后阅卷,形成所谓“庭后默读审判”的审判方式,造成两个方面的问题。一是冲击了庭审实质化的审判方式改革目标。陈瑞华教授称:“检察官庭后移送卷宗材料的做法,则无疑会促使法官不再重视那种简单、草率的法庭审理过程,而专注于法庭审理结束后的‘阅卷’。这不禁令人担心,1996 年改革所设定的发挥庭审作用、促使法庭通过庭审过程来形成裁判结论的立法初衷,在这种庭后移送卷宗制度的冲击下,还能在多大程度上实现?”[9]应当承认,庭后阅卷对法官形成心证的作用,因不同的案件,不同的法官而有所不同,但总的说来,它必然降低庭审对法官心证形成的作用。二是将未经法庭调查的证据移送法院,对法官心证发挥作用,违背了司法的规律。任何证据,未经法庭质证和辩论,不能作为定案的根据,这是认证的基本要求。诉讼卷宗中相当一部分证据材料未经法庭举证和质证,因此而不具备可采性。但卷宗移送和庭后阅卷制度使这些证据材料可能发挥对法官心证的影响,这就在实质上违背了认证的要求。而且由控方汇集的这些证据材料,通常是控诉性材料,具有单面性而非控辩两面性的特点,可能产生片面强化法官有罪心证的作用。

不过,笔者并不赞成过分贬低庭后移送和阅卷制度,而认为它也具有某种相对的合理性。[10]因为控方在法庭上的举证是选择性的,而案卷的内容可能更为全面,信息更为丰富;在庭上的时间是有限的,庭后的阅卷能延伸时间,辅助和检验法官的判断。而对于准备作为定案根据而在庭审时又未调查的证据,还可以根据最高人民法院《关于执行〈中华人民共和国刑事诉讼法〉若干问题的解释》第152条的规定,“决定恢复法庭调查”,交付法庭质证。因此可见,庭后移送和审阅案卷,是一种利弊互见的做法。不过,如何保证庭审的实质化,防止和减弱庭后阅卷的消极影响,是我们需要进一步思考和解决的问题。

3. 审级体制中,伴随行政性关系强化,存在对一审重视不足,信任不够的问题。在审级体制中,各级法院均为独立的审判实体,上下级法院之间只是审判上的监督关系,而非行政性的上命下从。然而,受统揽型的国家权力机构的影响,我国上下级法院之间总是存在一定程度的行政关系,而请示报告,内部决定与批复等制度体现了上下级法院的这种关系。

由于行政关系是一种上命下从的纵向关系,其预设的前提是上级机关更为重要,上级机关更为高明和正确,相应地,决定权集中于上级,而下级则是上级指示的执行机构。正是由于法院上下级关系的行政化,在某种程度上,形成了过分看重上级法院的作用而忽略下级法院的情况。同时也在一定程度上形成了下级法院对上级法院的依赖。如重大疑难案件不敢自行审判,总要向上级法院请示汇报,有了上级法院的“尚方宝剑”,下级法院才放心。

也是由于以行政性的上下级关系处理审级问题,导致一种对下级法院不太信任的倾向,使得改变一审法院的事实认定,或以事实不清为由发回重审的情况在有些地方较为普遍。而在指导思想上,似有过分强调二审、再审以及复核审的救济功能的倾向。例如,最高人民法院在死刑案件审理中,就提出"一审是基础,二审是关键"的指导思想,而且这一指导思想有时也被一般地适用于其他案件的审理,无论是事实认定,还是法律适用,尤其强调二审对保障审判质量的关键作用。

近年来,由于法院系统总体上加强了请示汇报制度等行政性制度,[11]上级法院的功能包括在事实认定机制中的作用进一步增强,更多的案件主要不是通过庭审确定事实,而是通过请示、汇报,内部研究的活动解决问题,下级法院对上级法院的依赖性增强。

上述三个方面的情况,其症结在于司法行政化,以行政属性代替司法属性,以行政程序遮盖司法程序,从而成为一种较为典型的所谓"科层式"的司法程序模式。达马什卡教授称:"这种科层式程序的独特之处在于其结构被设计为一系列前后相继的步骤,这些程序步骤渐次在镶嵌于上下级链条中的官员们面前展开。初审判决并不是一个焦点,其重要性不足以使先前和此后的决策黯然失色。案件的卷宗是整个程序的神经中枢,整合着各个层次的决策。如果在一个案件从一个步骤向下一个步骤的过程中发生了信息阻隔或丢失的情况,导致主持后一个步骤的官员无法读取前一步骤留下的书面记录,整个科层式程序就会失去方向。将程序行动等同于处在官方直接监控下的行动也是科层式司法程序的一项特征。将任何程序措施委托给外部人士去执行都是不妥当的,甚至是引起反感的。私人程序活动在科层式权力组织中的辞典中是一个自相矛盾的词组。"[12]

然而,将司法程序行政化的做法违背了诉讼的规律,从而导致了不利的司法效果:

其一,人权保障价值未能彰显,"无罪推定"难以贯彻。在"一体化"趋势加强,侦查决定论延续且有所强化的情况下,法院审判尤其是庭审对于控诉事实的审查过滤功能减弱,其必然后果是抑制刑事审判的人权保障功能,导致"无罪推定"难以贯彻。以致我国刑事审判中无罪判决率极低。[13]有的法院几年来未作出一起无罪判决(个别案件告知公诉机关撤回起诉)。尤其对重大、敏感案件,即使定罪证据不足,法院也很难作出事实不清、证据不足的判定。

过低的无罪判决,是不符合刑事诉讼规律的。因为刑事诉讼是一个动态的过程,是一个三方互动的作用,在审判阶段出现新的、辩护性证据,冲击甚至打破原有的控诉证据体系,是正常的诉讼现象。而且,中立的法院,客观地审查证据,过滤证据材料,重构事实,不可避免地会在某些案件上会有不同于控方的事实认定。因此,在维持一个较高的定罪率的情况下,对部分案件否定控诉意见也应当是诉讼的常态,它体现了一种符合规律的诉讼生态。但“侦查中心论”使审判的实质性作用降低甚至缺失,也必然损害刑事诉讼价值目标的实现。

其二,违背诉讼规律,损害事实认定机制。不是以庭审为中心,而是以庭后阅卷、内部讨论、请示汇报等庭下活动为重点,至少在事实认定机制上,违背了规律。因为案件事实认定,应当建立在对程序的亲历,对证据的直接审查,对控辩质证辩论意见的充分听取的基础上,庭下的活动,只能对事实认定发挥某种辅助性作用,而不应也不能决定案件事实。如果轻重倒置,势必妨碍对事实的正确认定,难以真正实现“案件事实清楚、证据确实充分”的判决要求。

实践中还有一种错误认识,似乎程序越多,把关越多,事实认定就越准确,案件质量就越能保证。因此,一些案件在不同层级由检、审机构的不同主体反复看卷,似乎要从案卷中看出问题。然而,脱离庭审,在案卷上下功夫、做文章,不仅有悖事实认定规律,还可能强化侦查决定论,不能客观全面地认定事实。

其三,避开规则控制,妨碍程序公正。庭审活动,在程序上具有公开与公正的价值。一方面,它通过举证、质证、辩论以及法官的认证、评判等诉讼活动,将审判置于社会监督之下,既能防止腐败,也可促进法官心证形成的合理性与正当化。另一方面,法庭审判通过严格的程序控制,保障程序公正,并以此促进实体公正。例如,回避制度防止任何人“做自己案件的法官”,证据和质证规则可以防止举证和质证的无序及误导,辩论安排使裁判方能够充分听取不同的意见。而庭下审判活动,缺乏公开性,也在相当程度上避开了程序控制。如审判委员会讨论决定案件,成为集体法官(可以说院长是主审),但当事人不能要求回避,甚至不知道自己的案件经哪些人、被如何确定的。而案件在内部的请示汇报,更是对相关情况秘而不宣。这些做法显然有悖审判程序的公开、公正的要求。应当说,这些年来,法院公信力不高,人民群众对判决常有疑虑,与审判活动的公开性与公正性不足有较大关系。

其四,浪费司法资源,降低诉讼效率。对庭审重视不够,就要在庭后下功夫,而请示、汇报等活动也会降低效率。尤其是对一审重视不足,信任不够,势必加大二审乃至再审与复核审的事实审责任,案件被反复审判,浪费司法资源,降低诉讼效率。而且由于不符合诉讼规律,即使加大了资源投入,也难以取得较好的司法效果。例如,对死刑案件,由于强调二审是关键,因此最高人民法院要求二审必须开庭,而且有争议的重要证人和被害人应当出庭。开庭是必要的,但证人出庭则是可研究的。因为一审没有作出证人必须出庭的要求,仍然依据《刑事诉讼法》第 157 条的规定,大量使用书面证言;对二审程序,却规定有争议的、对定罪量刑有重大影响的证人和被害人应当出庭,这种反差,似有轻重倒置之嫌。因为首先应当规定一审庭审中有争议的重要证人、被害人必须出庭,而不能采用宣读书面陈述的方式代替,以保证一审庭审对重要证据的有效质证,[14]实现事实审理者对证据的直接感知。证人在一审出庭陈述并经质证后,原则上可以采用法庭记录代替其二审出庭。由于一审庭审是公正、有效的法空间,而且开庭时间距离发案时间较近,且因隔离原则而避免了信息干扰,因此,有争议的案件的重要证人应当出庭,出庭后的法庭记录,可以作为二审审理依据。由于二审不具备一审的有利条件,因此,证人、被害人出庭必要性降低。可见,在一、二审程序设计上的轻重倒置,可能损害审判的公正与效率。

三、尊重现实,区别案件类型与司法任务,确立不同的司法应对方式

本文所强调的审判中心、庭审中心、一审中心的思想,应当说在学理上论证其正当与合理性并非特别困难,有些观点已长期被学界主张,但司法实践并无明显改进,究其原因,是现行对程序设置和运行具有决定作用的司法体制存在局限性。既有"司法一体化",又有公安的强势,还有控诉机关兼法律监督的制度,最后是无所不在的行政关系对法院运行机制的高度渗透,这些根本性的因素,势必在较大程度上限制一审庭审的功能。然而,司法制度与任何社会制度的构建一样,需要追求合理性与有效性。个案的处置、冲突

的解决,必须"以事实为根据",而在兼顾其他社会价值的基础上能够有效发现事实真相的制度与机制,应当成为司法制度的选择。一审庭审为中心的制度与机制,正是有利于发现真相同时兼顾人权保障等法益的合理制度,因此即使有实施的困难,也需要努力建立和完善。不过,考虑到与司法体制存在的某些内在冲突,需要注意协调性,注意现实可行性,采取一种"相对合理"的办法,推进这一机制。为此,需要注意以下三点:

1. 注意目标明确的前提下区别情况,分步推进。一审庭审为中心的思想及其所含三点具体内容,虽然属于事实发现的技术性问题,但与司法的构造紧密关联,司法制度的现代化,是从根本上调整事实认定机制的前提。而司法制度的现代化程度,又同步于国家依法治国的进程。而在我国这样一个缺乏法治传统的国家实现法治,确实任重道远。因此,一审庭审为中心的改革,只能分步推进;否则,在缺乏制度环境与条件支持的情况下,"欲速而不达"。

分步推进,可以采取先易后难的办法;不过,审时度势,也不妨先从难处下手。这取决于决策者的判断和决心。一般来说,在条件比较欠缺的情况下,先易后难是现实选择。相比之下,在法院系统内部重视和加强一审是最便于操作的一步。因为一审一般是在基层人民法院,少数在中级人民法院,加强一审法院建设和重视并加强一审,是法院建设的基础性工作,容易获得共识。因为加强基层基础,历来是我国政权建设的指导思想,所谓"基础不牢,地动山摇"。另外,在审判活动中充分重视庭审,这要困难一些,因为目前的状况,加强对审判法官的监督,加强审判的集中性和行政指导是趋势,重视与加强庭审,与这一趋势有冲突。但毕竟在法院内部操作,为遵循司法规律,防止冤假错案,加强庭审有一定的可行性。最难的一步是破除侦查决定论,确立审判中心。因为这涉及司法结构与司法权力资源配置关系的变化,也可能影响主政者社会控制目标的实现程度,可以说牵一发而动全身,因此最为困难。但是如不改革,必然妨碍司法制度的有效性以及人权保障功能的实现,而出现事实认定上错误,甚至出现冤假错案,与执政目标不符,是谁也不愿见到的。因此在考虑一些缓冲措施的情况下推进这种改革,也并非全无可能性。

2. 区别司法任务性质,强调一审庭审功能,主要是强调其事实发现的功能。考虑中国现实,在法律适用、政策把握方面,尤其是所谓"法律效果与社会效果相统一”问题上，则应注意不要过分强调一审庭审的作用。

司法任务可分为认定事实和适用法律两个方面，即所谓“以事实为根据，以法律为准绳”。两方面的任务不能截然分开，但确实有所区别。认定事实，强调亲历性、直接性，以获得丰富的证据信息，同时通过诉讼双方的质辩使“事实越辩越明”，因此，庭审是最合理、最有效的事实发现空间。但法律适用则不同，庭审的意义在于对法律适用可以展开辩论而使法官能够“兼听则明”，但并不强调“直接”与“亲历”，因为法律适用意见的口头表达与书面表达并无实质区别。而书面表达还可以避免“急不择言”等言辞表述的弊端而使表达更为准确。因此，对法律适用、案件处理问题，在有措施防止表达意见不准确的情况下，以庭后讨论的方式解决并不背离司法规律。

同时，也要考虑中国的司法现实。其中有两点尤其值得注意。其一，中国目前的刑事司法受刑事政策影响较大，受政治影响较大，受社会影响较大，对于需要充分考虑法律适用社会效果乃至政治效果的案件，合议庭视野可能有局限性。因为法院的院、庭长由于其所处位置及获得相关信息的渠道不同，可能对司法的外部性问题的判断，具有某些有利的条件。有鉴于此，在中国现实环境与条件的限制下，将事实认定机制与法律适用机制作适当区别，是具有相对的现实合理性的做法。其二，在上、下审级的关系上，也有必要区别司法任务性质。事实问题，主要在一审解决，一审以上的审级要十分慎重地对待一审的事实判定，防止轻率否定一审确认的事实。但在法律适用和案件处理上，则可以更为强调上级审的把关功能。因为上级审视野更为宽广，在法律的统一适用标准把握上具有有利的条件。同时，上级审较为超脱，可以在一定程度上避免地方因素对案件处理的影响。而在中国目前司法的人、财、物为地方制约的情况下，地方因素对案件处理的影响还是比较普遍的。

3. 区别案件的争议性与严重性，以不同的司法方式对待不同的案件。日本田口守一教授在列举不同的刑事案件形态后指出：“对应上述多种多样的刑事案件特点，必须建立多样化的刑事司法体系。”[15]他将刑事程序多样化作为刑事诉讼的基本观点之一。这对我们很有启发意义。可以说，1996 年《刑事诉讼法》修改以来中国刑事程序的一项主要进步，就是根据案件的多样性实行程序分流，从而兼顾诉讼的公正与效率。在建立审判中心的问题上，注意案件的不同样态，采取不同方式对待十分必要。即在案件总量中对占大多数的事实清楚，无争议或基本无争议的案件，以及比较轻微的刑事案件，仍然采用侦查中心的诉讼方式，以信任侦查取证和控诉意见为基础，用简化审理的方式解决，其中部分具备条件的案件还可以进行刑事和解。另外，则只对较为严重的，而且是有争议的案件按照程序正当化要求，采用审判程序进行较为彻底的实质审理，对这类案件基本实现审判中心主义的要求。实际上，这一思路已有初步的效果。随着最高人民法院收回死刑复核权，死刑程序的正当化包括法院审理实质性已经加强。下一步，可以进一步发展这种改革成果，通过严格程序以及贯彻证据规则，进一步实现对有争议、较严重的刑事案件审判的实质化。进一步实现刑事程序中心和重心由侦查到审判的移转。

四、加强审判作用，限制庭前活动的"预审"与代审功能

对有争议、较严重的刑事案件审判的实质化，需要作出相应的制度安排，集中到一点，是适度阻断侦审连接，以保证审判的有效性。

所谓"侦审连接"，是指由侦查形成的证据能够直入审判并取得定案依据资格。如侦查机关对被告人供述、被害人陈述，以及证人证言制作的笔录在审判中具有证据能力；侦查人员的现场勘验、侦查实验、人员或物品辨认以及搜查等侦查活动的笔录具有证据能力；侦查机关派员或聘请专家所作的鉴定结论在审判中也当然具备证据能力等。由于侦查中形成的证据材料在审判中具备作为定案依据的资格即证据能力，侦查中的搜集和审查证据实际上具有"预审"和"代审"的功能。这是指侦查机关在证据搜集过程中的审查实际上被看作审判机关的先期审查即预先审判，而且在相当程度上代替了审判者对证据的直接审查。因为只有侦查机关，才直接面对原始人证、物证和现场，而审判机关只能审查以各种笔录为代表的"二手证据"。侦审连接之下的审判逻辑，建立在信任侦查机关的直接审查及其"预审"和"代审"功能之上。

要使庭审真正成为查明事实的空间，使审判能够发挥实质性的作用，就必须在相当程度上阻断侦审连接，使侦查由"预审"和"代审"回归"控诉的准备"。这就要求侦查活动的成果主要是为公诉所利用，而在法庭上，控诉方原则上必须提供原始性证据，以便能够有效质证，并使法庭能够进行实质性的审查，从而使庭审成为有实效性的法空间。

实现上述要求的主要办法，是在诉讼法和证据法上建立并切实贯彻“直接、言词原则”以及“传闻排除规则”。“直接、言词原则”是大陆法的要求，而“传闻排除”是英美法的规则，前者具有原则指导意义，后者更具可操作性。而在制度融合的潮流之下，学理上已经可以在同一程序体系中，将前者作为指导原则，将后者作为证据规则来处理，这样做也比较符合目前包括我国在内的许多国家和有的地区的诉讼制度所显出的融合性特征。

“传闻排除”，是“直接、言词原则”的具体体现。所谓“传闻”，是不能对陈述者进行有效质证的陈述性证明材料。包括侦查人员所作的各种笔录，以及由某人转述的话。排除传闻，就是要求对案件相关事实作出陈述者到法庭陈述并接受质询。这一要求，是阻断侦审连接最重要的措施，也是实现审判实质化及庭审实效性最重要的保障。

不过，对侦审连接的阻断须得适度，传闻规则的适用也必须限制在一定范围内，否则会损害诉讼的效率。在中国这种一体化程度很高，侦查十分强势的司法体制中，更不具备可行性。因此，即如笔者已经提出的，法律只是要求在有争议案件中，对定罪（死刑案件也包括量刑）有重大影响的证人出庭作证并接受质询。同时对诉讼对方同意其不出庭或对不出庭无异议的，也可以用笔录代替出庭。[16]但这种出庭要求必须严格，如不出庭，禁止宣读侦查询问笔录作为证据。

侦审连接的阻断，还涉及包括勘验笔录、侦查实验笔录在内的各种侦查笔录在审判中的运用以及侦查机关提供的鉴定结论在审判中的使用问题。这些笔录和结论，均属于“人的陈述”，因此均适用“传闻排除规则”。从法理上讲，勘验等直接审查证据的活动应当由法官直接实施，只是因为勘验可能涉及专业性知识，法官有必要聘请具有这种知识与能力的专家进行，这种授权并不排除必要且可能时法官对现场的直接勘验。[17]不过，各种侦查笔录系对侦查活动的客观记载，一般情况下具有可信度，可参照“特信文书”适用传闻规则的例外规定，在无争议的情况下，直接用作法庭证据。如有争议，则应要求侦查人员出庭作证和接受质证。必要时应重新进行该项活动并制作笔录。至于侦查机关提出的鉴定结论，则可进行形式审查，如果鉴定程序与主体合法，辩方对鉴定意见与结论没有异议，可以直接采纳为定案依据。如有异议且有一定根据，法院则应选择中立的鉴定机构重新作出鉴定。

侦审连接的阻断，不仅依靠证据规则，而且需要调整控审关系，以此保障证据规则的应用及审判功能的发挥。为此,需要改变刑事程序中公、检、法流水作业的线形结构,强化控、辩、审三方组合即三角结构,从而使审判成为诉讼的中心环节。为实现这一要求,需要将检察机关的监督与公诉功能适度分离,遵循诉讼规律,控诉方应尊重审判权威,维系控辩平等,从而保证公正合理的审判空间的形成。[18]

五、发挥庭审对事实认定的决定作用

以庭审为审判活动的中心,也需要作出相应的制度安排与调整。除了以上关于保障庭审实质化的措施以外,在审判制度与机制方面,需要解决以下几个问题:

1. 坚持和完善主审法官制,加强合议庭责任。庭审功能的强化与合议庭及主审法官责任的强化是相辅相成的关系。应当进一步明确合议庭作为基本审判单位的功能、权力与责任,当前合议庭的功能只能强化,不能削弱。最高人民法院印发的《人民法院第二个五年改革纲要(2004—2008)》(法发〔2005〕18 号)第 26 条要求:"建立法官依法独立判案责任制,强化合议庭和独任法官的审判职责。院长、副院长、庭长、副庭长应当参加合议庭审理案件。逐步实现合议庭、独任法官负责制。"也许是尊重现实,最高人民法院印发的《人民法院第三个五年改革纲要(2009—2013)》(法发〔2009〕14 号)不再提"法官依法独立判案责任制"与"合议庭、独任法官负责制",但在第 5 条中仍然要求:"完善合议庭制度,加强合议庭和主审法官的职责。"为遵循司法规律,强化合议庭与主审法官职责、权力与责任的改革措施应当继续推进。同时,必须提高审判法官的地位和权力。没有法官权威,就没有审判的实质化,刑事审判就难以避免成为对侦查结果照单全收的过程。有些人以为,只要加强监督,不怕法官审判不公。如果强化了监督,案件判错了可以纠正,出现司法腐败也可以揭露惩治。这一观点从理论上似乎可以成立,但由于司法是一种个体化的作业,司法的特征是亲历性,由程序亲历而获得必要的案件信息,缺乏这一亲历性的监督主体常常难以有效掌握相关信息。而且在司法活动中,司法主体有相当的自由裁量权,在裁量权范围内,很难判断权力是否滥用。因此,防止司法腐败,保证案件质量,最重要的是加强司法队伍建设和制度建设,使司法人员不愿贪和不能贪,而不能过分地依赖监督与惩戒机制使其"不敢贪"。我国司法改革要取得成效,要建立公正、高效、权威的司法体制,就必须加强审判环节,必须提高审判法官的素质、权力和地位。因为审判是司法程序链的最后环节,它处置纠纷、解决冲突,如果没有这一环节功能的加强、运作的改善,没有审判法官素质、权力与地位的提高,就不可能产生公正、高效、权威的司法。

2. 建立、完善“听审”制度,同时限制审判委员会与院、庭长在案件事实认定上的权力。此处所谓“听审”,是指审判委员会成员以及院长、庭长旁听审判。《人民法院第二个五年改革纲要(2004—2008)》第23条,就审判委员会制度改革提出:“改革审判委员会审理案件的程序和方式,将审判委员会的活动由会议制改为审理制。”第24条还要求:“审判委员会委员可以自行组成或者与其他法官组成合议庭,审理重大、疑难、复杂或者具有普遍法律适用意义的案件。”从操作分析,审判委员会虽系审判组织,但并非直接审理案件的审判主体,因此除了其委员参加合议庭审理案件外,审判委员会对案件的审理只能是一种“听审”,即集体旁听合议庭的审判。审判委员会活动由会议制改为审理制,使审判委员会活动比较符合诉讼规律,有利于克服合议庭与审判委员会两种审判组织并存的情况下“审而不判,判而不审”这一审判委员会制度的固有弊端。

然而,审判委员会听审的要求操作起来比较困难,因为审判委员会成员多为院长、庭长,他们的审判管理和其他行政事务繁忙,难以抽出时间全程参与拟研究案件的庭审,而且需要在事实上把关的案件往往比较复杂,审理时间也比较长。因此,从可行性考虑,应将审判委员会听审的案件限于认定案件事实有疑难的少数重大案件,而且,除个别需要全体审判委员会成员听审的案件外,原则上可以采取分管院长、庭长听审的做法。如果组成专业性审判委员会,应当尽量安排专业审判委员会成员对事实审有疑难的案件听审。

鉴于审判委员会活动采审理制而不采会议制在操作上的困难,也是为了尊重合议庭的判断,确立庭审中心,需要限制审判委员会和院、庭长在事实认定上的权力。应当明确规定并保障事实判断出自庭审的审判原则,除非审判委员会全体或其委托的成员旁听了庭审,原则上不得改变合议庭对事实的认定。从而实行事实认定由合议庭负责,而法律适用及案件处理由审判委员会把关的制度。这一原则也适用于处理合议庭与院、庭长的关系。不过由于院长、庭长并非审判组织,因此,其行政性监督与指导作用更需防止越位而侵夺合议庭的审判权力。

3. 坚持庭审质证原则,限制庭下阅卷的作用。如前所述,法官庭下阅卷,对于全面掌握相关信息,防范庭审举证的片面与局限,以及延伸对案件的审查思考空间,还有积极的作用,因此不能因其有弊端而予否定。但是,要防止其弊端,维系庭审对于心证形成的关键性作用,还须完善制度,这里主要涉及两个问题。一是恢复法庭调查的问题。庭下阅卷,遇到两种情况必须恢复法庭调查,而不能直接由合议庭作出处理。一种情况是拟将阅卷发现的某些未经庭审的证据材料作为定案依据,按照质证原则,合议庭必须恢复法庭调查,对该证据进行质证。另一种情况是庭下阅卷发现某些证据有问题,某些事实不清楚,需要进一步调查核实,也必须再次开庭。不过具体处置方式根据情况而有所不同。有的需要告知控辩一方或双方,重新对特定问题举证质证;有的符合《刑事诉讼法》第158条的规定,需要法庭采用法定手段进行庭外调查的,则应在庭外调查后再开庭并由控辩双方对新证据进行质证。二是防范未举证质证的案卷材料影响法官心证。与前述开庭重新质证的"有形化"情况不同,部分未质证案卷材料仍然可能发挥对法官心证"无形的"影响。亦即法官虽然在判决中并不列举未质证材料,但其心证的形成,受到了这些未质证材料的影响。在实践中,这种影响很难避免,因为庭后阅卷是普遍的、必要的实践,而阅读众多的与案件有关的材料,法官对案件的判断很难不受一定程度的影响。而且由于其影响于"无形",在案卷设置和移送制度不能废除的情况下,这种影响的防止较为困难。但为尽量防止负面效应,一方面需要依靠法官的素质和经验,来防止这种单面的,又未质证的证据材料发挥不适当的心证影响作用。另一方面则应贯彻一项制度性要求,即刑事裁判尤其是有争议案件的刑事裁判必须展开心证形成的过程,即以经验法则和逻辑法则对个别证据、证据组及整体的证据进行必要的分析,进而说明事实认定的依据。这种心证展开的过程,可以促使法官自我审视心证的内容、根据及其合理性并作适当调校。同时,也使控辩双方、上级法院、诉讼当事人以及公众能够对法官心证进行检查和监督。

4. 认真制作庭审笔录,并将其作为最重要的证据材料。这是实现审判中心主义十分重要的技术性工作之一。如果不以庭审记录中反映的证据材料为主要依据,而是以庭前形成的案卷材料为判案依据,就仍然是侦查中心而非审判中心。而且庭审的意义就不重要了。同时,一审的意义也在一定程度丧失。因为上级审法院又以侦查案卷为依据进行审判,并不关心一审庭审的举证质证。因此,实现建立一审庭审为中心的事实认定机制,需要认真对待一审庭审笔录,以庭审笔录作为一审裁判的主要依据,以一审庭审笔录作为二审审判的重要基础。由于我国历来缺乏审判中心主义的理论与实践,因此审判记录的重要性,无论在学理上(包括各种诉讼法教科书中)还是在实践中均未引起必要的重视。而审判记录的重要性,尤其对于上诉的意义,为国外较发达的诉讼制度所肯定。华尔兹教授称:"每一个经验丰富的公诉人和辩护律师在开始其刑事诉讼之时便认识到其可能在审判中败诉……在着手参与案件审判时就必须同时完成两项不同的任务。首先,他必须竭尽全力在审判阶段胜诉。从本质上说,这意味着他必须在证据和辩论的帮助下说服事实认定者相信其诉讼意见的正确性。其次,由于任何律师都不能绝对肯定自己会在审判阶段胜诉,所以他们必须尽一切可能制作出能向复审法院表明下级法院未主持正义的审判记录。"[19]因此,强调一审庭审的中心作用,需要借助完整可靠的审判笔录。不过,审判笔录的重要性是以庭审的实质化为条件,如果一审仍以案卷笔录为中心进行审理,庭审简单地成为宣读各种笔录的场所,审判笔录大量记载的是"参见侦查案卷第某卷第某页至某页"。那么,审判笔录的意义也就明显降低。[20]

六、重视一审作用、加强一审功能

重视一审作用,加强一审功能,主要是针对事实审而言。为此可以考虑采取以下措施:

1. 规范请示汇报制度,禁止下级法院就证据和事实问题向上级法院作请示汇报,禁止上级法院干涉下级法院对案件事实的认定。内部请示汇报制度不规范,导致上下级法院关系不正常,是中国法院制度中长期存在的弊端,一直受到学界乃至实务界的批评。[21]最高人民法院也曾作出一定努力解决这一问题。如《人民法院第二个五年改革纲要(2004—2008)》第12条要求:"改革下级人民法院就法律适用疑难问题向上级人民法院请示的做法。对于具有普遍法律适用意义的案件,下级人民法院可以根据当事人的申请或者依职权报请上级人民法院审理。上级人民法院经审查认为符合条件的,可以直接审理。"然而,由于近年来审级的独立性缺乏保障以及内部关系上行政性有所强化,司法机关内部请示汇报的情况仍然较为普遍,而且不限于法律适用问题。由于目前案件争议最突出的是证据与事实问题,因此,一部分案件的证据与事实问题也作为内部请示汇报的内容。下级法院希望上级法院表态,以防止二审被改判。针对存在的问题,《人民法院第三个五年改革纲要(2009—2013)》第7条就"改革和完善上下级人民法院之间的关系"提出了要求,其中包括"规范下级人民法院向上级人民法院请示报告制度"。[22]

在目前中国司法活动的行政化问题由于环境与条件限制不可能作出根本性调整的情况下,对内部请示汇报问题亦应区分情况予以解决。在严格限制法律问题请示汇报的同时,应当重申并严格执行禁止就事实和证据问题向上级法院请示汇报的制度,禁止上级法院干涉下级法院的事实认定。如果下级法院证据采信和事实认定有问题,应通过二审审理程序解决,而不应当在一审期间以非程序的方式处理。这里需要注意事实和法律相交叉的问题。一方面,事实的确定对法律上疑难问题的解决有时具有重要作用;另一方面,相关法律规定对案件事实具有塑造的作用。这是因为规范与事实之间并没有不可逾越的界限,而法院确认的案件事实,系"要件事实",即法律规范与自然事实相结合,并以法律上的构成要件"剪裁"自然事实后形成的事实。[23]因此,案件的事实因素与法律因素存在一种必然的联系,不能截然分开。例如,一起侵财案件,以盗窃定罪或以侵占定罪,所吸纳的事实要素是不相同的。但是,这种交叉性并不影响证据事实问题不请示的原则。因为即使将事实与法律相关问题一并向上级法院汇报,上级法院可以从法律相关性上提出事实认定意见,但不应当对证据运用与心证形成作出指示。也就是说,上级法院只需关注案件事实的法律相关性,而不需关注案件事实的证据相关性。

不过,有原则就有例外——设置例外是为应对特殊情况。笔者认为,对事实认定问题在某些特殊的情况下允许向上级法院请示。这主要是指案件受到当地干扰,法院难以下判,[24]请示汇报意在"为了打鬼,借助钟馗"。遇这种情况,下级法院必须对事实问题有明确的意见,请示汇报只是为了通过上级法院检验并确认这种判断的正确性,以抵御地方的影响。这是目前司法环境之下不得已的做法。今后随司法环境的改善,这一做法亦应废止。

2. 适当调整资源配置,将事实审重心放在一审。鉴于事实审重心在一审,在加强一审责任的同时,也需适当调整资源配置,使一审审理具有更好的审理条件,如对证人以及鉴定人出庭问题,应当建立和落实有争议案件的重要证人或关键证人在一审必须出庭的制度。如果证人在一审已经出庭作证、质证,二审可以不出庭,而以一审记录作为证据。只有在一审应出庭证人未出庭的情况下,才需要在二审要求其必须出庭。同时,对鉴定、勘验、检查等取证行为,也应当对一审提出明确、严格的要求,一旦一审已经完成这些取证行为,如无法定理由和合理根据,二审不必重复进行。总的来说,一审普通程序需要强调其正当性与严格性,而二审程序则总的体现"程序救济"的性质。

3. 慎重对待一审法院的事实判断,慎用发回重审和二审改判。事实审以一审为重心,要求上级法院慎重对待一审法院的事实判断。在司法实践中,因事实问题发回重审的情况不少,因为发回重审既可以体现上级法院的严格把关,又可以转移改判可能产生的矛盾,还可以规避上级法院的审判责任,因此实践中有一部分发回重审存在随意性。如对案件虽有审判瑕疵,但不需要发回重审的案件发回重审,甚至对二审法院已经开庭作实体审理的案件发回重审,等等。针对存在的问题,《人民法院第三个五年改革纲要(2009—2013)》第7条提出,"规范发回重审制度,明确发回重审的条件,建立发回重审案件的沟通协调机制"。人民法院应当切实推进这一改革,克服或减少发回重审的随意性。[25]目前某些案件的二审或再审改判也存在一定的随意性,也应当采取措施予以克服。

4. 全面加强基层基础建设,增强一审法院司法能力。重视一审,尤其是在案件事实问题上强化一审责任,这一观点容易获得认同,然而,在实践操作上却往往出现问题。有的法院领导认为,我们知道一审的重要性,但是现在的问题是一审法院受到诸多限制,一审质量参差不齐,因此我们不能不强调上级法院的监督指导作用,以保证案件的质量。[26]也许正是由于这一考虑,《人民法院第三个五年改革纲要(2009—2013)》第7条明确提出:"加强和完善上级人民法院对下级人民法院的监督指导工作机制,明确上级人民法院对下级人民法院进行司法业务管理、司法人事管理和司法行政管理方面的范围与程序,构建科学的审级关系。"应当说,法院领导的顾虑是有根据的,加强上级法院的监督指导作用无疑有积极的作用。然而,我们也应当注意,如果一审质量不能保障,通过二审来调整和救济,其作用是有限的,这不仅是考虑诉讼的效率,而首先是考虑一审对事实审有最好的审理条件,要保证案件的事实审质量,不能不将重心放在一审。因此,解决审判质量尤其是事实审质量的问题,不能过多地寄希望于二审,而应当主要通过全面加强基层基础工作,提高一审法院的司法能力以及优化其审理条件来解决。为此,法院的改革,最基本的一项内容,仍然是加强基层和基础工作,以保障一审质量。

加强基层和基础,是一项系统性的工作。要求法院改革应以担负主要审判任务尤其是一审审判职能的基层法院和中级为重心,从各个方面全面加强法院建设。包括优化职权配置,加强经费保障,同时要特别注重基层人民法院和中级人民法院的法官队伍建设。提高法官队伍进入门槛,努力提高在职法官素质,改善待遇,培养法官的责任感与荣誉感。要加强审判组织建设,健全合议庭制度,强化法官尤其是主审法官责任。按照中央部署,最高人民法院拟制的第三个五年改革纲要对这些问题已经有全面部署,关键是抓好落实,尤其是基层落实。

注释

1 刑事诉讼中的动态理论,参见[日]松尾浩也:《日本刑事诉讼法》(上卷),丁相顺译,中国人民大学出版社 2005 年版,第 3 页。

2 蔡墩铭:《刑事审判程序》,台北,五南图书出版公司 1992 年版,第 166 页。

3 蔡墩铭:《两岸比较刑事诉讼法》,台北,五南图书出版公司 1996 年版,第 368 页。

4 由于美国司法制度中复杂的遴选陪审员制度、集中"开庭日"审判和以言辞辩论为特征的证据制度,决定了美国的审判活动高度集中在一审。美国《宪法修正案》第 7 条规定:"任何业经陪审团审判之事实,除依照习惯法之规定外,不得在合众国任何法院中重审。"

5 宋建潮、耿景仪、熊选国:《德国、法国司法制度之比较》,载《人民司法》2000 年第 3 期。

6 齐树洁:《德国民事司法改革及其借鉴意义》,载《中国法学》2002 年第 3 期。

7 蔡墩铭:《刑事审判程序》,台北,五南图书出版公司 1992 年版,第 166 页。

8 陈朴生:《刑事证据法》,台北,三民书局 1979 年版,第 62 页。

9 陈瑞华:《刑事诉讼的中国模式》,法律出版社 2008 年版,第 117 页。

10 对这一问题的分析详见龙宗智:《刑事庭审制度研究》第六章第五节"关于证据移送和庭后'默读审判'及相关问题"(法律出版社 2001 年版,第 236 ~ 239 页)。

11 如在最高人民法院印发的《人民法院第三个五年改革纲要(2009—2013)》中,就明确提出要求,“加强和完善上级人民法院对下级人民法院的监督指导工作机制”(第7条),同时提出对下级人民法院实施“司法业务管理”等具体的做法。

12 [美]米尔伊安·R.达玛什卡:《司法和国家权力的多种面孔》,郑戈译,中国政法大学出版社2004年版,第85~86页。

13 根据最高人民法院院长肖扬(时任)2006年11月在第五次全国刑事审判工作会议上的报告,自1997年9月第四次全国刑事审判工作会议以来,全国法院9年间共判决宣告41 038人无罪,占生效判决人数的0.66%。

14 只有对原始人证才能有效质证,而对书面陈述这类“死的证据”即使可以发表控辩双方意见,但不能通过交叉询问等方式揭穿不实,事实裁判者也无法在作证和质证时对证人察言观色,辨别真伪。

15 [日]田口守一:《刑事诉讼法》,刘迪等译,法律出版社2000年版,第1页。

16 龙宗智:《书面证言及其运用》,载《中国法学》2008年第4期。

17 由于法官应当直接审查证据,因此,一些国家的刑事诉讼法明确规定勘验等证据调查活动的主体是法官,不过由于法官能力、时间的局限,操作上通常委托警方实施。对扣押、搜查、勘验等证据调查与保全行为决定与实施权在法院的问题,可参见日本《刑事诉讼法》第99、100、125、129条等规定。

18 这一问题的具体论述可参见龙宗智:《中国法语境中的检察官客观义务论》,载《法学研究》2009年第4期。

19 [美]乔恩·R.华尔兹:《刑事证据大全》,何家弘等译,中国人民公安大学出版社1993年版,第32~33页。

20 陈瑞华教授在调研中,就四川省某中级人民法院审理的一起涉嫌故意杀人、寻衅滋事案阅卷时发现:“一审法院所做的审判笔录只是简单地记录了公诉方所宣读的侦查案卷的卷册、页码,而丝毫没有记载相关的案卷笔录内容。无论是多达近二十人的证言笔录,还是六名同案被告人的庭前供述笔录,甚至公安机关所做的其他笔录类证据材料,其内容都没有在法院审理笔录中有任何记载。”(参见陈瑞华:《刑事诉讼的中国模式》,法律出版社2008年版,第163页)。这种庭审笔录实际上反映了侦查中心的司法现实,既难作检验一审裁判的依据,又难成为上诉审的审理依据。因为依据本是侦查卷宗。

21 这种请示汇报制度损害了不同审级法院的独立性,而且导致两审变一审,审级制度虚置,还强化了下级法院的依赖思想。参见陈光中主编:《刑事诉讼法实施问题研究》,法律出版社2000年版,第4页。

22 《人民法院第3个五年改革纲要(2004—2008)》将请示报告限于法律适用,同时立足于改革与替代,而《人民法院第三个五年改革纲要(2009—2013)》则只是要求“规范”请示报告制度,采取了对请示报告制度比较宽容的立场。不过如何“规范”,亦有文章可作。

23 如日本学者小野清一郎指出的,“构成要件,是一种将社会生活中出现的事实加以类型化的观念形象,并且进而将其抽象为法律上的概念,如此一来,它就不是具体的事实。”参见

[日]小野清一郎:《犯罪构成要件理论》,王泰译,中国人民公安大学出版社 2004 年版,第 11 页。

24 由于目前法院接受地方领导,人、财、物还受制于当地,因此如有当地强力干扰,案件实难判决。

25 实践中也存在因发回重审或改判会影响下级法院及承办法官的业绩评价,因此上级审照顾情绪,有错不纠的情况,因此,在这方面也要注意坚持原则,通过发回或改判依法纠正一审的错误。

26 这一观点,笔者在调研中有所听闻。而且在一次研讨会上,当笔者就事实审强调一审的作用时,直接听到一位法院的高层领导谈他对这一问题的看法,表达了上述意见。

“以审判为中心”的改革及其限度*

“以审判为中心”，是目前司法改革与诉讼法研究的一个热词，已有不少意见发表，在这一背景下，再谈这一问题有一定难度。而且笔者在几年前已写过一篇与此相关的文章，对审判中心主义的意义及其实践问题作了探讨，[1]如今，“以审判为中心”已从学者的高论成为最高层确定的司法改革实践主题之一，如何结合现实，在官方话语、业界言说和自己前期研究的基础上，做一篇有深度、有新意，且有实践价值的文章，颇费思考。也许，受自身习惯性思维方式影响，在充分肯定其意义并积极推动其实施的主流话语外，注意其受到的约束，探讨其可能运行的限度，关注其隐含的问题，从而以一种务实的精神助推当前改革，而且清醒地意识到现实改革与长远目标的关系，正是学者的责任，似乎也可以成为本文研究“以审判为中心”主题的基本意旨。

一、“技术型”审判中心论

为使论题明晰，首先需要界定“以审判为中心”的含义。为此，需要明确两点：其一，“以审判为中心”，是一个刑事诉讼命题。因为在民事、行政诉讼中，审判的中心地位不言而喻。所谓诉讼，就是原告与被告的争讼交付法院，通过审判予以解决，因此没有审判就没有诉讼。但刑事诉讼却有不同，作为国家实现其刑罚权的活动，其运行过程包括审前诉讼准备和审判两个阶段，又可能划分为侦查、审查起诉与审判三个基本环节（如中国刑事诉讼的结构）。如果侦查决定审判，审判被架空和形式化——难以撼动侦查的意向及其支撑体系，这种司法就不是审判中心而是侦查中心。其二，“以审判

* 原载《中外法学》2015 年第 4 期。

为中心",是一个诉讼关系命题。即"审判中心"是相对于刑事司法其他权力功能而言,由此确定侦查、起诉与审判三种诉讼职能,在刑事诉讼中的基本关系,应当"以审判为中心",从而要求侦查、起诉必须按照审判的要求进行。因此,"以审判为中心"的基本含义是:侦查、起诉活动应当面向审判、服从审判要求,同时发挥审判在认定事实、适用法律上的决定性作用。

党的十八届四中全会提出"推进以审判为中心的诉讼制度改革",意义何在?笔者认为,此系中国司法制度和诉讼制度建构思想上的一种理性回归。因为"以审判为中心",虽然是近现代诉讼制度发展不言而喻的命题,但长期以来,由于侦查功能对于达成刑事司法的任务,实现国家刑罚权发挥着关键性作用,[2]侦查意志的强大和侦查结论构成体系的坚固,使审判本应发挥的实质性审查判断和裁决功能被掩抑了。而且基本的刑事诉讼诉讼构造,为公、检、法三机关分工负责、互相配合、互相制约的"线形结构",由此形成了国家权力活跃,程序自控,即"各管一段",同时继受配合的多中心式诉讼作业方式,也对"审判中心"形成强势冲击。加之刑事司法理念,仍然是以打击犯罪和"维稳"为压倒一切的任务,由此产生"侦查中心主义"的需求,[3]在此背景下,司法体系也能长期接受或忍受这种诉讼的异化状态。

实现刑事诉讼"以审判为中心",最重要的意义是保障案件质量,防止冤假错案,实现司法公正。诉讼是原被告和裁决者三方组合形成的一种结构,原被告之间的诉讼对抗,由中立和独立的第三方进行裁决,因此,对抗和判定,是诉讼的基本法则。侦查中心主义则将刑事诉讼处理为一种由侦查到起诉再到审判的工序性作业,以线形关系代替"三角构造","诉讼"实已不再成立。就审判中心的意义,即如王敏远教授指出的,审判程序对实现司法公正这个目标,具有的特殊功能。这种特殊功能不仅基于司法权的特殊性,而且基于司法程序自身的特殊性。就刑事诉讼的侦查、起诉和审判这三个程序来看,对实现司法公正虽然各有独特的贡献,但相对于侦查和起诉,审判程序的公正要求更加突出。这主要表现在审判程序的三个方面,即审判是在诉讼参与人的共同参与下解决案件事实、证据和法律适用等问题;审判阶段被追诉者享有最充分的辩护权;由居中裁判的、行使审判权的法官主持公正的司法程序并作出判决。这三个方面的特征使审判能够发挥其保障司法公正的特殊功能。正是审判程序的这种特殊功能,有助于解决我国当前刑事诉讼中实质上的"侦查中心主义"的刑事程序结构所产生的种种问题。[4]

推进以审判为中心的诉讼制度改革,已成为既定决策,因此,相应的制度调整与实践举措必然跟进。最高人民法院甚至已经给出一个初步时间表:"到2016年年底,推动建立以审判为中心的诉讼制度,促使侦查、审查起诉活动始终围绕审判程序进行。"[5]然而,以审判为中心的诉讼机制的建立,法院在认定事实、适用法律上决定性作用的发挥,需有司法基本结构和运行机制的调整为基础和前提;否则,这一改革难以有效推进,即使勉力前推,改革也难以走远。但在这一问题上,我们不无遗憾地看到,诸项体制、机制性制约因素,将使此项改革步履艰难。

对"以审判为中心"的体制、机制约束,首先体现在公、检、法三机关分工负责、互相配合、互相制约的原则和机制对审判中心的影响。"以审判为中心"与"分工负责,配合、制约原则"属于不同的诉讼构造与诉讼关系。前一构造,虽承认侦查、起诉的诉讼功能及重要性,但要求"以审判为中心",因此,侦查、起诉必须面向审判、服从审判。而在后一构造中,三机关对侦查、起诉、审判"分工负责",即各管一段,在其管辖的程序阶段,实现程序自控。而且,侦、诉、审之间是并列、平行的关系,在互涉关系上的制约性,也被界定为"相互制约",尤其还提出三机关需要"相互配合",审判的中心意识与独立性、权威性不复存在。因此,在三机关"配合制约原则"依然存续,并继续得到肯定的情况下,以审判为中心的要求缺乏司法结构和司法资源配置上的支持,这项改革能走多远,不无疑问。

如果说"配合制约原则"仍属诉讼构造和诉讼机制本身的制约,那么,还有另一种可称为"超诉讼功能"的制约因素,即我国刑事诉讼特有的检察机关审判监督制度。"配合、制约"关系属于诉讼关系,依赖于诉讼职能,但审判监督则植根于检察机关作为法律监督机关的"超诉讼角色"。因法律监督权,检察机关对审判行为可以提出"监督建议",可以要求"纠正违法"。必要时,还可以对审判人员进行立案前调查及立案侦查。任何国家权力都应当受到监督、制约,因此对审判的监督亦有必要。但问题在于监督机关同时为公诉机关和侦查机关,由此而使控诉主体挟监督权面向审判,此种态势下,审判的中心地位以及权威性和独立性,能否有效维系,亦不无疑问。

对审判为中心的第三种制约,是对审判功能的政治性制约,包括党委、政法委、纪委借政治领导权对审判的影响。在当前这种"整体性体制"之中,如果认为审判可以自行决定重大案件,尤其是涉及政治和社会的"维稳"案件、反腐败大要案件,以及当地一些重大利益的案件,未免天真。维稳协调机制、反腐败协调机制,重大案件的党内报告制度等,使部分案件的裁判权在实质上被分享甚至转移。在这些案件中,应当说审判仍然具有重要作用,但实际的决策机制,并非“以审判为中心”。

多重约束之下,“以审判为中心”,也许只能是一种“带着绳索的跳舞”。笔者曾将我国法院的依法独立行使审判权界定为一种“技术性独立”,即此种独立并无政治上的含义,而只是在个案处理机制上的一种相对独立,[6]借用此种界定,目前我们推进的“以审判为中心”,也属于一种“技术型”审判中心论。即在一种全面和整体性国家体制中,在司法的基本格局和运行机制不发生根本性变化的情况下,在普通刑事案件办理的技术方法上,要求侦查、起诉面向审判、服务审判,同时能够在一定程度上发挥审判对于认定事实、适用法律的决定作用,以提高刑事案件的办案质量。这是中国特有的政治、法律制度和现实司法改革举措所共同形塑的“审判中心主义”,可谓“有中国特色的以审判为中心”。

二、可操作的改革面向

所谓“技术型”审判中心论,着眼于具体的工作措施,仅能容纳程序制度方面的适度改革调整。这种改革调整,其基本内容亦在高层决策中给定。由此可知,此次“以审判为中心”的诉讼制度改革,应操作及可操作的,主要是以下三个方面的基本内容亦即改革面向:

1. 控诉面向:侦查、公诉机关应当有效履行证明责任,使控诉证据达到法定标准,经得起法律检验,从而切实改善审判条件。维护“以审判为中心”的诉讼格局,首先是控方,包括侦查、起诉机关的责任。为此,需要在以下几个方面予以注意,并采取相应的改革调整措施。

(1)侦查、公诉应当强化面向审判,服务审判的意识。多年来,受分工负责、互相配合、互相制约观念的影响,侦查活动与审查起诉活动面向审判、服务审判意识不强。加之,公、检、法分别制定具体的程序规范和诉讼操作规程,也导致侦查、公诉机关产生程序自控乃至自我中心意识。但从程序机制角度看,刑事诉讼分为审前程序和审判程序,审前程序只是审判的准备程序,侦查取证和审查起诉,完全是为了在审判程序中就个案实现国家刑罚权,因此,面向审判、服务审判,是对审前活动,包括侦查和审查起诉活动的必然要求。否则,侦查和起诉活动就沦为自娱自乐,丧失了程序意义和工作价值。

为了强化面向审判,服务审判的意识,有必要在公安、司法机关普及一些基本的程序法理。如长期以来,司法活动中基本的诉讼意识,是侦查、起诉、审判的诉讼阶段划分即诉讼阶段论。而按照“以审判为中心”诉讼制度改革的要求,在基本的程序意识上,应当明确刑事诉讼的基本程序可分为两种程序,即审判程序和审前准备程序。侦查与审查起诉,是审前准备程序的两项主要内容。而以“审前准备程序”概括侦查与审查起诉程序并为其定性定位,面向审判、服务审判,服从审判的标准和要求即不言而喻。

(2)证据事实与法律适用严格把关,能够经受审判检验。面向审判、服务审判,要求侦查、公诉机关有效承担证明责任,使证据事实能够经得起法律检验。一是保证证据的确实性即证据客观性。为此需要从主观性过强的口供中心、人证中心证据体系,转向客观性较强的、可以通过物证进行客观验证的证据体系。例如,贿赂犯罪,长期以来主要依靠行贿、受贿双方的供述及其印证证明案件事实,具有“口供中心主义”或“人证中心主义”的特点。然而,在初始供述的获得手段缺乏严格程序制约的条件下,当事人可能因为难以耐受审讯手段而承认犯罪。因此,行、受贿犯罪证明应当转向相对客观化的证明模式:言词证据必须有物证等客观性证据支持。如果贿赂资金的来源、去向不清楚,且从双方关系及其他客观实际情况判断,对行、受贿的可能性存在合理怀疑,一旦贿赂双方或一方推翻原供,即使曾有相互印证的认罪供述,原则上也不能认定犯罪并处以刑罚。

二是保证定案证据的充分性。为此需要严格执行法定证明标准。我国刑事诉讼的证明标准是“案件事实清楚,证据确实、充分”,2012 年《刑事诉讼法》修改,进一步解释证明标准,尤其是将“排除合理怀疑”这一立足于司法人员主观心证的证明标准引入,用于解释“证据确实、充分”,并弥补在证明实践中,“证据确实、充分”标准偏重客观印证的不足,从而形成主、客观相统一,更有利于实践操作的证明标准。严格执行《刑事诉讼法》修改后进一步明确和细化的证明标准,有利于保证案件质量。至于我国司法实践中曾经提出并使用的“两个基本”(“基本事实清楚、基本证据充分”),[7]因其概念较为模糊,实践中容易被降低标准,变为“证据基本清楚、事实基本充分”,从而损害办案质量,甚至导致冤假错案。因此,除可适用于简易程序案件外,对普通程序案件不宜再用。尤其对可能判处死刑的案件,必须实现事实认定准确,定罪量刑万无一失,更不应再提“两个基本”。

(3)关注量刑证据和量刑规范,保证法院量刑适当。长期以来,公安、检察机关侦查、控诉犯罪,重点在定罪而不在量刑。搜集证据时,有时会忽略对不影响定罪,只影响量刑的证据,即所谓“单纯的量刑证据”的搜集。而这种忽略,使法院审判难以充分实现定罪准确、量刑适当的要求。有时,法院不得不进行职权调查,以查清影响量刑的全部情节,但因其并非侦查机关,职权调查能力有限,且容易逾越法院职守的合理边界。在“以审判为中心”的观念和制度要求之下,侦查、控诉机关应当加强量刑证据搜集,以保证法院量刑适当。同时,检察机关还应当注意学习掌握法院的量刑规范。近年来,法院系统的量刑规范化改革取得长足进步,普遍适用的常见犯罪量刑规范已经建立,法官在量刑方面的自由裁量受到制度约束。但在公诉实践中,有的公诉检察官认为量刑规范由法院制定,适用于法院量刑,因此不注意按照量刑规范的要求提出量刑建议,而是凭感觉、计大概,导致一些量刑建议脱离量刑规范,甚至控方求刑低于量刑规范最低要求,增加了法院量刑和教育被告人认罪服法的难度。在实现“以审判为中心”的诉讼制度改革和司法运行过程中,检察官求刑,应更加注意参照法院量刑规范,以保证和促进法院准确量刑。

2. 审判面向:全面贯彻证据裁判规则,有效发挥审判的把关作用。“以审判为中心”,可以被看作一种“一体两面”式制度构造,一体是“审判中心”,两面是对控诉的要求以及对审判本身的要求。后者,即“以审判为中心”的审判面向。其基本要求是法院为实现司法公正,对刑事案件严格把关,以准确认定事实,正确适用法律。而其重点,在于贯彻证据规则,排除非法证据,以及严格证据标准,实现疑罪从无。

证据的证明力判断,包括个别证据证明力的判断以及全案证据充分性的判断,基本原则是“自由心证”,即司法者根据经验法则和理性在不受法律预先规制的情况下作出判断。因此,所谓证据规则,主要是指证据能力规则。[8]包括非法证据排除规则,因基本要素欠缺的证据禁止规则,以及应对瑕疵证据的规则。

非法证据排除规则,即《刑事诉讼法》第54条所严格限定的排除非法获取的口供、证人证言及被害人陈述,以及非法获取的物证、书证。2010年“两高三部”发布《关于办理刑事案件排除非法证据若干问题的规定》，在我国刑事诉讼中初步建立了非法证据排除规则。2012 年《刑事诉讼法》修改，从立法上确认了非法证据排除并进一步完善了实体性规范与程序规范。非法证据排除规则在我国刑事诉讼中的建立，对提高公安、司法人员的证据规范意识，保障人权和完善法制发挥了积极作用，但该项规则的实际执行遭遇诸多难题。突出表现在，其一，规则不完善，操作未细化。如司法解释对非法证据的界定过窄，不符合立法精神和实践需要。《刑事诉讼法》第 50 条要求对“刑讯逼供等”非法方法获取的口供应当排除，但“两高”司法解释将其中的“等”字，实际上解释为“等于”刑讯逼供，[9]限缩了排除证据的范围，使排除非法实施威胁、引诱、欺骗等法律明确禁止的取证方法以及其他违法方法获取的证据缺乏规范依据。最高人民法院 2013 年颁布《关于建立健全防范刑事冤假错案工作机制的意见》，规定“除情况紧急必须现场讯问以外，在规定的办案场所外讯问取得的供述，未依法对讯问进行全程录音录像取得的供述，以及不能排除以非法方法取得的供述，应当排除”。由此扩大了排除范围，但实践中争议较大，尤其受到检察机关抵制，因此实践中难以执行。此外，对所谓“二次自白”，以及非法取证产生的派生证据（“毒树之果”）等常见问题，司法解释也未作规定，导致实践中排除规则难以适用。其二，排除非法证据与主导性司法理念以及现行司法体制有一定冲突，大大增加了规则实施难度。我国刑事司法长期存在的“重实体轻程序”“重打击轻保护”等传统司法理念，目前仍在相当程度上主导刑事程序运行。且刑事司法的“一体化”体制，使排除非法证据的制度基础不足，从而导致非法证据排除规则的象征意义大于实际功用。针对上述两方面问题，需要观念更新、规则完善以及体制、机制改善同步推进，从而切实增强非法证据排除规则的实效性。

除非法证据排除以外的证据禁止，属于笔者所谓“证据基本要素欠缺”引起的证据禁止，如犯罪嫌疑人、证人在笔录上未签字确认，又如鉴定意见的出具人不具备合法鉴定资格等。此外，瑕疵证据不能有效补正与合理解释，亦应禁止其用于证明案件事实。在保证审判质量，对此类证据资格问题应当注意两点：一是因证据基本要素欠缺引起的证据禁止应当趋于严格。所谓“证据基本要素”，即形成证据材料的证据能力不可或缺的要素。一旦缺少，证据的真实性就不能保证，因此，如果证据材料欠缺基本要素，该证据材料就不能作为证据进入诉讼，更不能作为定案依据。二是瑕疵证据的补正与合理解释应当进一步限制。证据非基本要素欠缺,即所谓“证据瑕疵”,通过补正或合理解释后可以作为证据使用。但是,从司法实践看,普遍容忍证据瑕疵,容易导致证据规范流于形式,不利于程序法的严格执行以及取证行为的规范化,而且在“补正”与“合理解释”过程中,容易产生“弄虚作假”“强词夺理”等不当证据行为。因此,随着司法规范化的推进,应当进一步限制“补正”与“合理解释”。[10]尤其是对证据的“补正”,因证据材料已经形成,取证过程已成历史,而后的“补充”与“更正”,容易涉嫌弄虚作假,因此应当限制更严。司法解释可以仅规定特定的、不影响证据真实性的补正方式,禁止随意适用补正方法。

贯彻证据裁判规则,还需严格按照证据标准认定事实。对于不符合证据标准的案件不能勉强下判,法院应当坚持原则,顶住压力,切实贯彻疑罪从无和无罪推定原则。不过,在证据标准把握上,也要遵循规律,实事求是。对简易程序案件、普通程序案件,以及可能判处死刑的案件,就证据确实、充分标准的实际把握,可以有所区别。同时,在强化司法人权保障的改革背景下,对证据标准和证明方法的把握,也要兼顾打击犯罪的需要,体会刑事司法的实际困难并采取新的证明策略。在当前条件下,我们不能继续依靠过去那种不择手段地获取证据,以实现高度印证,尤其是直接证据的高度印证,而应当注意使用间接证据,通过证据推论以强化心证,并印证直接证据,以排除合理怀疑,达到证据确实、充分。

3. 程序面向:强化庭审功能,实现庭审中心。庭审中心主义,即以法庭审判为审判活动的中心和重心,是审判中心主义的“题中应有之义”。因为其一,以庭审为中心,是“以审判中心”的逻辑推演。因为,只有庭审,才能通过听证与辩论有效实现对不同主张和根据的“兼听”。而庭下审判则完全可能是选择性的,甚至是片面的。只有庭审,才能保证诉讼的公开性,从而防止“暗箱操作”。因为公开审判,就是指的公开庭审,而院、庭长的指导(指示)、审判委员会的研究,外部力量的影响,通常是不可能公开的。只有庭审,才能有效贯彻回避制度,防止利益冲突。同样也只有庭审,能通过集中的、严格的程序安排,保证诉讼的公正与效率。庭下活动则因缺乏严格程序约束,具有较大的随意性,难以保障公正与效率。其二,以庭审为中心,是审判特性的必然要求。就事实认定而言,审判最重要的特性是亲历性,即事实判定者直接接触和审查证据,直接听取控辩意见及其依据并作出判断。对证据与事实的亲历性即直接感知，能够使事实判断者掌握丰富与生动的信息内容，而这些信息内容是形成合理心证最重要的保证。此种亲历性，是其他审判活动难以具备的。

以庭审为中心，即实现庭审实质化，要求举证、验证、质证、认证在法庭展开，将庭审作为心证来源的主要渠道。从目前情况看，庭审形式化的问题较为突出，法官普遍未能将庭审作为心证形成，乃至判决形成的主要管道。而是将案卷作为裁判形成的基础，将庭前或庭后阅卷作为主要的、实质性的审理活动，庭审只是实现裁判正当化的一种必经程序，只能因控辩双方的举证、质证和辩论促使法官关注某些问题。因此，审判仍然以案卷笔录为中心而非庭审为中心，由于案卷笔录反映的是侦查意见及其支持依据，“案卷笔录中心主义”实为侦查中心主义。

为实现审判“以庭审为中心”，需要贯彻直接、言词证据规则，保证对人证进行实质性审查。证人不出庭，以侦查机关取得的难以验证其真实性的书面证言代替证人出庭作证，是我国刑事诉讼最为突出的弊端之一。2012年《刑事诉讼法》修改，虽然意图强化证人出庭，也采取了强制和保证证人出庭的某些措施，但因未能限制应出庭未出庭书面证言的使用，即未能确立“传闻排除规则”，书面证言仍然代替证人出庭，出庭率未能提升，强化证人出庭的立法目的基本未能实现。党的十八届四中全会决定提出“完善证人、鉴定人出庭制度”，并将其作为前提条件，以“保证庭审在查明事实、认定证据、保护诉权、公正裁判中发挥决定性作用”，可谓抓住关键、切中时弊。为此，应严格按照《刑事诉讼法》第 187 条规定的条件，对证言有争议待判定，且对定案有重要作用的证人，必须要求出庭，必要时，法院应当强制其出庭。如果证人不出庭，不能以书面证言代替。为此，必须修改《刑事诉讼法》关于证人不出庭可宣读其书面证言的规定，参照《刑事诉讼法》第 187 条第 3 款关于鉴定人不出庭，鉴定意见不能作为定案根据的规定，明确规定应出庭的证人不出庭，其书面证言不能作为定案根据，从而确立我国刑事诉讼的“直接、言词证据规则”或“传闻排除证据规则”。

庭审实质化，还须改革庭审举证、质证方式，改善庭审技术，充实二审程序，以及改善和强化庭前准备等。相关问题较为繁复，笔者将著文专门研究，本文不再赘述。

三、“以审判为中心”的逻辑延伸

上述“三个面向”，是“以审判为中心”对诉讼制度改革及诉讼运行改善的现实要求，也是根据中央决定精神就近期改革举措的建议。但“以审判为中心”在诉讼制度和诉讼运行中切实贯彻，还应注意其相关问题，也是该命题内在逻辑的体现。

（一）法律适用的“审判中心”

法律适用，需要可操作性的解释规范。在我国法律体系中，有法律约束力的解释，包括立法解释、司法解释和行政解释。司法解释，即最高人民法院、最高人民检察院分别对审判活动和检察活动中具体应用法律、法令的问题进行的解释。这种解释体制，被称为“二元一级”体制。“二元”是指“两高”均为解释主体，而且二元并立，并无高下之分；“一级”，是指仅允许最高司法机关作司法解释，下级司法机关以及法官个人均无解释权。在法律解释制度的实际运行中，则呈现解释主体多元、不同解释类型交叉融合，甚至较为混乱的情况。最高人民法院不仅常常与最高人民检察院联合发文，而且也同其他没有司法解释权的机关共同发布司法解释性文件。[11]其中包括国家立法机关的下属工作机构，如全国人大常委会法制工作委员会；也有国家行政机关，如公安部、司法部、财政部、国家安全部、原邮电部、民政部、国家外汇管理局、国务院侨务办公室、原卫生部；还有党中央机关，如中国共产党中央纪律检查委员会、中国共产党中央委员会政法委员会。

司法解释的二元体制以及多元化实践，虽然有其符合“现实国情”之处，[12]但也带来突出问题：“二元”解释的冲突。因为“两高”的解释，是对同一部法律的实施进行解释，而且检察机关侦查、起诉案件，最终必须交法院审判，“两高”分别解释，除其中分别针对检察活动与审判活动的专有、特有问题所作解释外，其对实体法和程序法适用所作解释，必然在相当程度上出现交叉，不一致之处也在所难免。例如，《人民检察院刑事诉讼规则（试行）》第64条第3款，就《刑事诉讼法》第52条第2款关于行政执法和办案证据在刑事诉讼中的使用的规定，作出解释性规定：“人民检察院办理直接受理立案侦查的案件……确有证据证实涉案人员或者相关人员因路途遥远、死亡、失踪或者丧失作证能力，无法重新收集，但供述、证言或者陈述的来源、收集程序合法，并有其他证据相印证，经人民检察院审查符合法定要求的，可以作为证据使用。”正如陈卫东教授所指出的，该规定突破立法划定的行、刑证据对接应限于客观性证据的界限，就自侦案件自我授权，且在司法适用过程中，最高人民法院司法解释并没有对应条款，即使人民检察院内部认为这些言词性的行政证据可以用作证据，但最高人民法院司法解释没有肯定这一做法，审判环节中也很难获得认可。[13]

“两高”解释出现冲突，与其不同立场有关。法院是相对中立的审判机关，检察院虽然是法律监督机关，但同时也是侦查、公诉机关，必须履行控诉犯罪的职责。正如有学者指出的“二者职能上的不同决定了二者在行使法律解释权时对同一问题往往产生不同的理解，进而可能作出不同的解释，造成法律解释的冲突……这将不可避免地造成司法实践中审判机关与检察机关不相协调的尴尬局面。另外，将司法解释分割为检察解释和审判解释，使得检察机关既作为控方，又同时拥有审判监督权和法律解释权，从根本上背离了诉讼双方当事人法律地位平等的司法理念，在危及司法的中立性的同时，也常常使法院无所适从”。[14]

不过，在法律上对“两高”司法解释冲突有一解决方案。根据 1981 年全国人大通过的《关于加强法律解释工作的决议》规定，最高人民法院和最高人民检察院的解释如果有原则性的分歧，报请全国人民代表大会常务委员会解释或决定。然而，这一规定存在两方面的问题：一是可操作性问题。实践中，由于全国人大常委会的程序启动以及作出解释需要一个过程，“两高”就某一具体的法律适用问题，请示全国人大常委会似有“小题大做”之嫌，因此几无请示先例。二是合理性问题。既然审判机关是对案件最终认定事实，适用法律的机关，在与担当侦查、控诉职责的检察机关的认识不一致时，为何不能按照自己在长期司法中对法律的理解去适用法律，还需要去请示立法机关解释法律吗？

最高人民法院与其他无司法解释权的单位联合发布司法解释性文件，虽然可能有方便执行之功效，但有悖法治原则，且与可能作为诉讼当事人的行政机关联合发布司法解释性文件，冲击了审判机关的中立地位。加之在联合发文过程中，有关部门总是极力表达其意见与诉求，常常难以避免将部门工作方便、部门管理利益夹带其中，因此这类联合发布的文件常常可以看到部门利益的痕迹。

“推进以审判为中心的诉讼制度改革”，为理顺我国的司法解释体制提供了一条路径，即法律适用，包括司法解释，“以审判为中心”。一是当“两高”司法解释发生冲突时，应当承认最高人民法院的司法解释具有更高的执行效力。[15]不过，可以赋予最高人民检察院以司法解释监督权或立法解释请求权，请求立法机关对相关法律规定作出更具权威性的解释。二是最高人民检察院以及其他执法机构对相关司法、执法问题所作规定，即使最高人民法院就相关问题未作司法解释，也不能当然适用于法院审判，法官有权根据个案情况，选择参照执行或不执行。三是最高人民法院慎与其他司法、行政等机关联合发布含有司法解释规范的文件。以保持审判的中立，体现“以审判为中心”。

不过，实现上述要求，还需要相关体制、机制和制度性改革予以配合，需要切实保障审判的中立与权威地位；否则，法律适用的“审判中心”难以实现。[16]

（二）程序监控的“审判中心”

程序监控的“审判中心”，是指法院对刑事程序的整体性监督控制。即法院不仅主导审判程序，而且对审前程序有一定的监督和控制作用。这是因为，审前程序，即证据调查、查获犯罪嫌疑人并搜集相关证据，准备提起公诉的程序，是一种具有对抗性和侵权性的程序。犯罪调查与被调查者的自身保护必然形成一定的对抗；而要实现犯罪调查的有效同时准备审判的条件，也不可避免地要采取对人或对物的强制性措施，如拘留、逮捕、搜查、扣押、冻结、监听监视等，由此具有侵权性。诉讼法学理和实践均表明，实施调查的国家权力，如仅依靠自律，不足以抑制其不适当、不合法地侵犯公民权利的冲动。在实现侦查效益从而实现国家刑罚权的国家任务，与保护个人和社会组织不受非法侵犯的个体性权利之间，需要一种权衡与判定，进而实现刑事司法中的价值平衡。抑制国家权力的违法侵权冲动，以及平衡刑事调查中的不同利益并作出裁断的机制，就是法院对审前程序的司法控制，包括对强制侦查行为的司法审查（含令状原则），以及对于权利保护诉求进行判断并实施司法救济的机制。这就是程序意义上的“以审判为中心”。

进一步而言，审前程序的司法控制，关系国家权力尤其是国家强制权能否被制约，以及公民基本权利能否得到有效保障，因此其意义已经超出刑事程序领域。因为强制侦查的司法审查制度不仅是一种刑事诉讼制度，而且是一种宪法制度，是法治原则的组成部分。而且就刑事程序本身观察，如果没有审前程序中对限制人身自由权、财产权等基本人权的强制措施的司法审查制度,就不可能有最终的公正审判制度。中国的司法实践表明,被正式逮捕的人,极少不被定罪判刑的,而且通常都判实刑,不判缓刑;一旦财产被审前扣押甚至处置,很难在审判阶段"回转"即恢复原状。在这个意义上,审前的司法审查与"审判"在保障基本人权方面具有完全相同的功效。只有"审判"而无审前的司法审查制度,是一种不完整的司法审判制度及权利保障制度。[17]因此,"以审判为中心",不是仅仅意味着案件实体审理以审判为中心,而且必然得出程序监控应当以审判为中心的结论。

然而,程序监控的审判中心在我国诉讼法制中并未建立。现行法在这一问题上的基本制度安排是:(1)强制性最高的侦查行为即逮捕(审前及审判时的长时间羁押),由检察机关批准逮捕(对公安机关侦查的案件),或自行决定逮捕(自行侦查的案件);(2)对其他强制侦查行为,无论涉及对人的强制(拘留、监视居住等),还是对物的强制(搜查、扣押等),以及对隐私权的强制性介入(监听、监视),均由侦查机关自行决定实施,不实施外部审查;(3)当事人及法律帮助者如果认为权利受到侵犯,根据现行《刑事诉讼法》第47条和第115条,在向办案机关申诉无效的情况下,应当诉请同级检察机关保护;如果直接办案的检察机关本身即侵权机关,则应申请其上一级机关保护。以上制度安排具有两个特点:一是绝大部分强制侦查由侦查机关自行决定实施,有赖于侦查自律,在此种安排之下,涉案公民进入刑事程序后常常只能"自求有福";二是同时担当侦查、起诉职责的检察机关作为长期羁押审批机关和司法救济机关,在一定意义上意味着审批、救济机关"做自己案件的法官"。因为检察机关在刑事诉讼中属于代表国家的原告当事人。而且检察机关实施司法救济,虽然规定了"进行审查,情况属实的,通知有关机关予以纠正"。但如何审查,怎样纠正,不仅程序不清,而且决定方式不明,决定效力不足,其不合理性、非程序性,以及实效性缺乏显而易见。

我国刑事诉讼没有建立审前程序的司法控制,即程序意义上的"审判中心",除了上述违背法治原则,不利于贯彻司法人权保障制度外,从比较研究的角度看,还表现出两个突出问题:一是严重落后于刑事诉讼制度的现代发展。刑事司法法治化和现代化(甚至可以说是"近代化")的一个突出表征,就是建立强制侦查的人身保护令状制度,即对强制侦查的司法审查和司法救济,这是18世纪资产阶级革命前后就在欧陆国家及英国法体系的国家已经设定的制度,但迄今我国尚未完成这一从前现代到现代刑事司法制度的转变。二是与其他领域司法保障制度的发展严重不协调。我国行政诉讼的受案范围已经由具体行政行为扩大到部分抽象行政行为。最近实施的建立立案登记制度的重大改革,进一步保护了公民诉权,扩大了法院的受案范围,在符合基本程序条件之下,可以说是“有案必审”。然而,对影响公民权益最为深重的刑事侦查行为,作为典型的具体行政行为,却可以不接受司法审查,即“不可诉”,此种制度安排就刑事诉讼特殊性的强调无以复加。也就是说,公民可以为被罚款一元的行政执法行为去法院起诉并引起审判程序,但就其上亿元财产被扣,或在审前被关押哪怕一年以上,也不享有诉权,只能不断地向办案机关及检察机关申诉,以求“开恩”。这显然有悖于法治基本原则以及依法行政的基本要求。可见,实现程序监控的“以审判为中心”,不仅对于完善刑事诉讼法制,而且对于推动国家法治战略,意义重大。即如孙长永教授所称:“在我国建立对强制侦查的司法审查制度,具有不容置疑的必要性,这不仅仅是出于解决我国强制侦查措施在运用过程中所存在的实际问题的对策考虑,更重要的是基于调整侦查权与审判权之间的相互关系、建立健全宪法权利的程序保障机制的战略需要。”[18]

四、矛盾交汇中的体制性“破茧”

以上分析说明,有效贯彻“以审判为中心”的刑事诉讼原则,面临司法体制、机制及现行刑事诉讼制度的一系列障碍,因此,这一改革虽已成既定决策,但难以走远,其内在逻辑难以在更深的层次及更广阔的领域内,支配刑事诉讼的资源配置及程序运作。那么,对这一也许是不小心打开“魔瓶”唤出的“魔鬼”,我们是让他略做表演即关进去,还是让他继续作为,从而在根本上实现刑事诉讼机制的变更,这是一个选择。

为了实现我国刑事诉讼程序的正当性,以及刑事诉讼机制的合理化与现代化,作为刑事诉讼法学者,支持“以审判为中心”的诉讼制度改革,而且主张以此为契机,从根本上改善我国刑事诉讼机制。为此,须在司法体制与诉讼机制的互动式改革过程中采取一系列措施:

1. 通过调整相关制度程序,采取必要工作措施,落实前述“三个面向”的要求,以初步建立“以审判为中心”的诉讼机制。为推动建立“以审判为中心”的诉讼制度,应当尽快进行论证和司法试验,拿出可操作的程序制度及工作方式改善的方案,供高层决策。侦查、检察机关应当进一步明确案件侦查终结和提起公诉的证据适用规则和证据标准,包括量刑证据举证要求。同时为实现庭审实质化,需要改革公诉举证方式,在刑事一审、二审,形成检察机关有力支持公诉的新的要求和规范。为实现庭审实质化,法院应当改善审判方式,进一步明确从庭前程序、庭审到判决的审理、裁判规则,规范庭审举证、质证、认证,对当庭认证和宣判,提出适用范围和具体要求。应当通过制定、下发解释性文件完善非法证据排除制度。制定关于普通证人、鉴定人、被害人、侦查人员包括各类侦查笔录的制作人出庭作证的证据规则,细化和落实保证证人的法律规定,制定限制未到庭证人书面证言效力的规范,从而完善证人、鉴定人出庭制度。在司法试点、规则完善的基础上,推动"以审判为中心"的诉讼制度于2016年年底初步建立。

2. 逐步推进法律适用和程序监控的"以审判为中心"。只有案件实体审理活动的审判中心而无法律适用和程序控制的审判中心,"以审判中心"是残缺不完整的,同时将面临难以克服的内在矛盾。因此,"以审判为中心"的进一步推动,是建立法律适用和程序控制的审判中心。在法律适用方面,需要改革司法解释制度,可以考虑司法解释只能由最高人民法院制定。在执法、司法活动中,有关部门的规定与司法解释不一致的,应以司法解释为准。最高人民检察院被赋予解释监督权,对最高人民法院作出的不合法司法解释有权提出监督建议,如果不被采纳,还可提请全国人大常委会审议,请求其作出立法解释。同时,对检察工作中的法律适用问题,最高人民检察院可以发布"检察解释"文件,适用于检察机关的业务操作。

至于程序控制的审判中心,可以采取一种逐步推动的方式。即第一步将检察机关自侦案件的逮捕权交由法院行使,从而实现职务犯罪侦查中逮捕行为的外部制约。同时,设置司法救济程序,即对不服检察机关批捕决定,以及对于在刑事司法活动中当事人人身、财产和其他权利受到非法侵害,辩护人、诉讼代理人的权利受到侵犯,向检察机关请求权利保护无效的,可以向法院申请司法救济,从而落实司法改革关于加强公民诉权保障以及加强刑事司法人权保障的要求。第二步,在上述改革的基础上,在适当时候,全面推动建立强制侦查的司法审查及令状制度,使刑事司法中的公民权利得到切实保障。

3. 推进司法体制和司法权运行机制改革,为审判中心主义的贯彻创造条件。司法改革的三个基本方面,即司法体制改革——“去地方化”,司法权运行机制改革——“去行政化”,以及司法程序改革——“以审判为中心”,均为回归司法规律,包含相同的司法逻辑,而且相互支持,互为条件。“以审判为中心”,由司法体制改革间接支撑,由司法权运行机制改革直接支持。因为以审判为中心,尤其是以庭审为中心,如果没有“审理者裁判,裁判者负责”的司法权运行机制予以支持,全部制度设计都可能落空——审理与裁判的分离,使庭审在很大程度上丧失了意义,庭审的虚化不可避免。因此,三个方面的改革,尤其是司法权运行机制改革与推动建立以审判为中心的诉讼制度相辅相成,需要同时推动。

“以审判为中心”及庭审实质化,需要改革司法权运行机制,建立司法责任制予以支持;但“以审判为中心”引起的诉讼制度改革,也为司法责任制的建立提出了新的课题。即在“以审判为中心”,推动庭审实质化的背景下,如何建立符合司法规律和司法运行现实状况的司法责任制。如成都市中级人民法院在庭审实质化试点中就提出需要研究:“法官给予当庭控辩双方的举证、质证意见,当庭作出裁判。但因各种原因,当庭举证有疏漏,或部分书面证据与当庭证据不一致,导致认定事实和裁判有误,法官是否需要承担责任,法官的审判质效评价是否受影响。”

笔者认为,“以审判为中心”包括庭审实质化,对法院的压力增大,对法官的素质以及司法责任心要求更高,因此,在提高、保障法官素质,促使优秀法律人才充任法官、安心审判工作,司法改革必须采取有效措施。同时对司法责任的追究要有限度,要认识法官是人不是神,在审判中心,庭审实质化的程序要求以及“审理者裁判,裁判者负责”司法运行机制实施的条件下,法官司法行为的错误率可能增加,但只要不是司法舞弊,不是重大过失,追责不能过于简单苛刻,这也是保证“以审判为中心”的程序制度改革以及司法权运行机制改革良性发展、顺利运行的必要条件。

4. 为建立“以审判为中心”的诉讼制度,以务实的态度和适当的方式,向刑事司法的“线形结构”发起冲击。所谓“线形结构”,即“公、检、法三机关在刑事诉讼中分工负责、互相配合、互相制约”的司法结构,这一结构,可以说是建立“以审判为中心”诉讼制度的最大制度障碍。其根本问题在于,将司法与行政相混同,以国家权力平行互动的单面关系,取代诉讼中“三方组合”的构造与功能,从而在根本上消解“以审判为中心”的诉讼构造。其弊端具体表现在:(1)要求法院与侦查、起诉机关即控方当事人讲“配合”,损害了审判权的独立性和中立性;(2)“各管一段”的刑事司法方式,抑制了司法的救济功能,妨碍了公民权利保障;(3)以“互相配合、互相制约”,即“彼此彼此”,不分主次的互涉关系,妨碍司法权威以及审判为中心诉讼制度的建立;(4)仅有国家权力互动,忽略了涉案公民的主体地位以及辩护人的能动作用,损害诉讼平等,消解诉讼构造;(5)这一原则和机制,在法院不能“一家说了算”的情况下,诉讼外的领导和机关插手甚至决定案件的处置获得契机,成为必要,从而促成非审判机关实际上代行审判的功能。

不过,虽有上述弊端,但也要看到革除这些弊端尚需一个过程。一是因为这一体制、机制相对于过去那种“一家代三家”“一员代三员”,三家关系完全混同的办案模式,毕竟是一个历史性进步,在体制转型时期,在中国现实国情之下有一定的必然性。二是作为司法基本原则,为现行《宪法》《刑事诉讼法》所肯定,在《宪法》《刑事诉讼法》没有修改之前,该体制、机制具有法律基础,不能贸然否定。三是因为这种体制虽不符合司法规律,但较能体现司法效率,与目前的“维稳”思维有契合之处,因此,主导的思维方式与相关政策如无根本性调整,这一体制、机制尚有一定的生命力。四是平抑行政性功能,强化司法性功能,涉及利益关系的调整,而打破现在的基本利益格局,还缺乏充分条件,对利益结构作根本性调整还需要等待必要的条件和时机。而且,目前法院和审判人员的状况,还难以承担法治条件下法院的任务和使命,诉讼结构的调整需要司法制度包括法院和法官制度的改革予以配合,而这一改革也不可能一蹴而就。

因此,对“线形结构”的改革,可以分两步走:一是目前的改革,通过“以审判为中心”的诉讼制度改革,冲击“线形结构”。包括强调审判的权威性、中立性与独立性,实现庭审实质化,发挥辩护功能,加强当事人权利救济制度,以及推动法律适用与程序监控的“以审判为中心”等,降低“线形结构”的作用,减弱其负面影响。二是到条件较为成熟时,通过修改宪法和法律,彻底废除这一显然不符合诉讼规律,也有损我国刑事司法公正形象的原则和制度。

此外,对检察机关实施审判监督的制度,也应当分步改造,以靠近诉讼规律,适应“以审判为中心”的要求。

注释

1 龙宗智:《论建立一审庭审为中心的事实认定机制》,载《中国法学》2010 年第 2 期。

2 侦查的关键作用即使在审判为中心的诉讼体制中亦不可否认。笔者在授课中曾概括四种基本诉讼职能的关系:“侦查是关键,审判为中心,公诉很重要,辩护不可缺。”

3 刑事程序中侦查中心主义的成立,要求刑事司法体系对侦查予以高度信任,同时,强调定罪效率并容忍可能出现的错误。由于治罪的热情不可能不影响对事实的冷静而理智的判定,高效率的定罪,必然要承受一定的代价。然而,刑事治罪程序代替诉讼,即以单面证据奠定案件基础、将单面主张确认为事实结论,而诉讼的兼听、辩论与质疑精神不再存在,其直接后果,是较大地增加了事实误判的可能性。因此,侦查中心主义属于典型的控制犯罪程序模式,而非正当程序或价值平衡程序模式。

4 王敏远:《2012 年刑事诉讼法修改后的司法解释研究》,载《国家检察官学院学报》2015 年第 1 期。

5 最高人民法院《关于全面深化人民法院改革的意见》(法发〔2015〕3 号)。

6 龙宗智、李常青:《司法独立与司法受制》,载《法学》1998 年第 12 期。

7 “两个基本”是在我国 1983 年“严打”斗争前提出,主要适用于“严打”过程。但近两年因法院防范冤假错案,严格证据标准,最高人民检察院公诉部门又曾重提“两个基本”,意图提高刑事案件在法院的可通过性。但此种主张,可能妨碍事实认定质量,在检察机关内部亦有不同认识,也难以为司法界普遍认同。

8 证据证明力判断,自由判断是原则,法律规制是例外。如《刑事诉讼法》第 53 条所规定的,“只有被告人供述,没有其他证据的,不能认定被告人有罪和处以刑罚;没有被告人供述,证据确实、充分的,可以认定被告人有罪和处以刑罚”。用以防止法官过度运用自由判断原则。

9 龙宗智:《我国非法口供排除的“痛苦规则”及相关问题》,载《政法论坛》2013 年第 5 期。

10 2010 年“两高三部”发布《关于办理死刑案件审查判断证据若干问题的规定》,较多地规定了对证据瑕疵进行“补正与合理解释”条款,但在 2012 年年末,最高人民法院制定 2012 年《刑事诉讼法》司法解释时,就缩减了此类条款,限制了“补正与合理解释”的范围。

11 部分联合发文具有工作安排性质,有的属于政策性司法、执法文件,并未解释法律,因此对联合发文不能一概而论。

12 因为“分工负责”的法律体制,以及各部门在执法活动中的“自成一体”,使“联合发文”常常更有利于该文件的普遍实施。

13 陈卫东:《立法原意应当如何探寻——对〈人民检察院刑事诉讼规则(试行)〉的整体评价》,载《当代法学》2013 年第 3 期。

14 袁明圣:《我国建立判例法制度的条件分析》,载《江西财经大学学报》2001 年第 1 期。

15 王敏远教授指出,关于刑事诉讼的司法解释,应当贯彻"以司法为中心原则":"一是侦查机关应遵从起诉机关,而负责追诉犯罪的起诉机关和侦查机关,则应遵从负责审判的人民法院,以此体现审判中心主义的要求;二是不同部门对刑事诉讼中的相关问题所作的规定,如果存在差异,应以司法机关的解释性规定为准。"参见王敏远:《2012 年刑事诉讼法修改后的司法解释研究》,载《国家检察官学院学报》2015 年第 1 期。

16 例如,目前正在拟制的关于刑事诉讼中排除非法证据的司法解释性文件。该文件由最高人民法院拟制,笔者曾与参加该工作的法官交谈,排除非法证据矛盾突出,众口难调,能否就由最高人民法院在征求各方面意见后出台司法解释,回答是如果这样做实践中矛盾更大,有关强势部门会提出异议,因此还是最高人民法院拟制,中央委员会政法委员会协调,多部委联合发文为好。可见,现体制下,实现法律适用的"审判中心",仍然比较困难。

17 龙宗智:《强制侦查司法审查制度的完善》,载《中国法学》2011 年第 6 期。

18 孙长永:《强制侦查的法律控制与司法审查》,载《现代法学》2005 年第 5 期。

第二编

程 序 制 度

论坦白从宽*

1997年《刑法》就量刑问题规定，对于犯罪分子决定刑罚的时候，应当根据犯罪的事实、犯罪的性质、情节和对于社会的危害程度，依照刑法的有关规定判处。根据《刑法》的有关规定和司法实践，除犯罪事实情况外，被告人犯罪后的情况亦被视为量刑情节，如投案自首、检举他人犯罪而立功、积极退赃挽回损失及在司法机关侦查审判过程中坦白交代犯罪事实等。1997年《刑法》进一步肯定和健全了自首、立功制度，适当放宽了自首和立功的条件同时规定了更大的轻缓幅度，这对鼓励犯罪分子走自首和立功的道路，无疑会起到积极的作用。但就坦白交代对量刑的意义，未作明确规定。据悉，在《刑法》修改的讨论中，有的同志提出明确规定坦白从宽的原则，但未被立法机关采纳。由于法律未明确规定，参照过去的司法实践，坦白只能被视为量刑的"酌定情节"。加之1997年《刑法》修改了1979年《刑法》第59条第2款的规定，取消了一般法院酌定在法定最低刑以下判处刑罚的权力（除非报经最高人民法院核准），因此对坦白这一情节，已实际上不能比照自首、立功酌定减轻处罚。由此可见，在1997年《刑法》中，在自首、立功情节对量刑的意义加重的情况下，坦白作为量刑情节其意义相对减轻，这造成了量刑情节之间的不平衡，造成在那些具有量刑意义的认罪情节之间缺乏必要的衔接和过渡，对司法实践将不可避免地带来消极的影响。笔者认为，根据长期的司法实践和我国1997年《刑法》的结构及内容背景，同时结合我国刑事诉讼程序的制度设置，在1997年《刑法》中不规定坦白从宽制度，是一个较为突出的失误。这个失误或许在刑法规范和结构分析时不甚明显，但对司法实

---

* 原载《法学研究》1998年第1期。

践却会影响匪浅。本文拟分析这一问题，探讨嫌疑人坦白交代罪行对量刑的意义，并力图找出在目前情况下尽量减轻并在适当时机采取有效措施消除这一不良影响的对策。

一、坦白从宽的现实意义和法理根据

所谓“坦白”，一般是指犯罪嫌疑人和被告人在其犯罪行为被司法机关或有关组织发觉后，在被传唤、讯问时，或在被采取强制措施后，或在法庭审理中如实交代其所犯罪行的行为。所谓“从宽”，从量刑上讲，既包括从轻、减轻处罚或免除处罚，也包括宣告缓刑。如何贯彻“坦白从宽”，正确对待和处理犯罪嫌疑人和被告人的坦白交代，是司法实践中一个十分突出的问题。

由于案件证据现实存在的有限性以及这些证据暴露程度的有限性，加之我们侦查、调查能力的局限，在证据裁判主义要求依据充分证据定案的情况下，犯罪嫌疑人、被告人的交代（国外诉讼法上称为内部证据——interior evidence）是案件定案证据中基本的甚至最关键的组成部分。可以说，对我国的司法能力和具体情况而言，主要依靠物证、证人证言等外部证据（exterior evidence）定案的时代还未到来，而且在相当时期还是可望而不可即。在这种情况下，就嫌疑人、被告人的如实供述对量刑的意义如何认识和处理，对于体现我国刑事司法的公正性，对于保证讯问嫌疑人（被告人）这种基本侦讯手段的有效性，以及对于在成功证明犯罪基础上的有效追究犯罪，都将产生重要的影响。由于缺乏立法导引造成司法失误所产生的不利影响在司法实践中已十分明显。

在过去一个时期包括目前的司法实践中，由于立法中未规定坦白从宽的原则和具体的制度等原因，嫌疑人、被告人的认罪态度如何，在案件处理包括量刑上未能充分重视和体现。在一些罪犯中甚至社会的一定范围内广为流传的“坦白从宽，牢底坐穿；抗拒从严，回家过年”的说法，就以一种歪曲的形态反映了一种司法的“悖论”：国家法律鼓励坦白，但坦白后将被定罪并可能判以重刑；法律禁止奸猾不供，但那种无视法律钻法律空子的犯罪人却可能因案件证据不足而逃脱法网。尤其是因为目前国家侦查犯罪能力较为有限，使这种“悖论”更为突出。

坦白与抗拒之间的悖论严重损害了我国刑事司法的公正性，因为这在一定意义上是对配合司法机关的“老实人”的惩罚和对不配合的“奸猾者”的放纵。这一不公正性影响了公众乃至一些违法者对刑事司法的信心，使介入刑事司法过程的人员尤其是嫌疑人和被告人对司法机关持有相当疑虑，因而阻碍了通过获取口供破案和定案的司法行为，尤其是在那些涉及有文化的嫌疑人、被告人或涉及进入刑事司法过程对法律处理有过实际体验的所谓“二进宫”“三进宫”案犯的案件中，这种情况更为突出。从实践来看，从这些案犯中能获得口供的情况越来越少，除非证据确凿使其无法狡辩（即使在这种情况下，也有部分案犯坚不吐实）。这也是公安、检察机关反映案件越办越难的一个重要原因。

同时，这种“司法悖论”也妨碍对罪犯的改造。当那些罪犯亲身感受到或间接了解到这种宽严悖论时，会在一定程度上对司法的公正性产生怀疑，对自身的改造丧失决心和信心。尤其是那些被迫交代缺乏悔改诚意的罪犯，更是怨天尤人。在总结所谓对付司法机关的“经验”后，他们会变得更为狡猾，司法机关对他们的追究将会更加困难。

这种“悖论”还造成司法人员的一种道德困境。法律和司法伦理禁止对任何被讯问人的引诱和欺骗，以不合法并违背司法伦理的方法获得的言词证据在法律上无效。然而，当我们的司法人员以“从宽”来感召嫌疑人坦白，但后来却不能兑现这种宽缓时，当初的许诺客观上近似于诱供和骗供。当然“从宽”的许诺可以采用不同的方式，包括“如实地”“含糊地”“明确而包揽性地”等，这些许诺不一定会产生问题，只有在起初的许诺与实际后果有根本性的区别时，才会产生司法伦理上的问题。然而，这种伦理问题实际上并不罕见，因为许多案件没有口供定案十分困难，被告可能因此而逃脱打击，司法人员为实现办案效益往往容易作出较大宽缓的许诺，但嫌疑人供述后所实现的从宽幅度比较有限。当然这里存在一个如何对付嫌疑人包括如何审讯的技术问题，但如果许诺与实际后果明显脱节，这已超出技术的范围而涉及司法伦理甚至取证的合法性问题了。

以上说明，实行坦白从宽，是刑事司法的迫切需要，而在现实的司法实践中，由此产生的问题已十分突出，必须引起立法和最高司法机关的充分注意，并采取有效的措施予以解决。这是本文关于要求法律确认和强化坦白从宽原则的第一点理由。

第二点理由，从我国刑事诉讼司法的制度设置看，确认和加强坦白从宽原则具有特殊意义。从国外尤其是发达国家的刑法制度看，坦白从宽一般未作为法律原则和制度在刑法中规定。这在相当程度上是因为其刑事司法制度不需要如此。西方国家在刑事司法活动中普遍确认犯罪嫌疑人、被告人的“刑事沉默权”,即所谓不自证其罪的权利。嫌疑人、被告人在侦查和诉讼过程中一般可以保持沉默,侦讯机关不仅不能强求其口供,而且应当提醒其有权保持沉默,提醒其如果就案件谈情况,这些谈话可能在法庭上作为反对他本人的证据(如美国最高法院确立的“米兰达规则”要求逮捕警官对嫌疑人的宣示)。如果嫌疑人、被告人放弃其沉默权,他可以作认罪供述,也可以作反驳指控的辩解,此时,其身份是证人,承担证人的权利义务。由于沉默权制度,一般不产生要求供述与不利后果之间的所谓“司法悖论”。

但在我国刑事诉讼中,嫌疑人、被告人并不享有沉默权,无论是 1979 年《刑事诉讼法》还是 1996 年《刑事诉讼法》均规定,犯罪嫌疑人对侦查人员的提问,应当如实回答。只是对与本案无关的问题,才有拒绝回答的权利(1996 年《刑事诉讼法》第 93 条)。既然法律明确要求嫌疑人供述,那么对遵从其法律义务者应当给予鼓励。尤其是考虑到这种供述要求实际上是让嫌疑人“自证其罪”,由此而获得支持定案甚至据以定案的重要证据,将使供述人承担相应的法律责任受到惩处。这种对嫌疑人说来非常严格的要求更需要坦白从宽制度予以“缓冲”和“救济”,否则就必然出现谁按法律要求办谁就倒霉的状况。反之,不遵从者则在具备定罪前提时可以考虑加以一种适当的惩罚(惩罚问题受一定的制度限制和法理制约,有一定的复杂性,后面专述)。否则,法律就不能发挥其应有的规范和调节行为的作用。可见,我国刑事司法制度规定的嫌疑人、被告人的供述义务,正是我国应实行坦白从宽制度的特别缘由。

第三点理由,坦白从宽是自首从宽的逻辑延伸,即属其“题中应有之义”。对自首者之所以要求从宽处罚,一是因为投案自首者表现了对法律的归服并一般表现了作案者改恶向善的意愿因而易于改造,立足于特殊预防确定刑罚量的限度时,以较轻处罚即可能达到刑罚目的;二是因为自首行为协助了司法,节省了国家的司法资源,减轻了国家的证明负担同时保证了诉讼的效益和效率,为此需要对自首者予以法律上的褒奖,并因此而对其他违法犯罪者作出感召。应当看到,对自首者从宽的这两点理由对坦白者同样适用,坦白认罪是悔过的前提和改造的起点,坦白交代犯罪事实同样对司法目的的实现有十分积极和重要的作用,因此刑事司法也必须实行坦白从宽。

由于自首与坦白同样以向司法机关交代犯罪事实为其基本内容，二者的主要区别是在其交代犯罪事实的主动性上，由于自首者具有的更为积极的态度和作用，一般情况下可以从宽幅度大一些，但不能因此而忽视坦白者的从宽处理。从广义上讲，自首属于坦白的一种特殊的形式，“坦白从宽”如作为一项刑事政策完全可以包含自首从宽这一具体的刑罚制度。

在法律上肯定坦白从宽的必要性还表现在，在一定情况下，坦白情节中所表现出的积极因素的量可能大于自首，因而更要求从宽处罚。例如，作案人主动交代司法机关未掌握的同类犯罪事实，在司法实践中不能作为自首只能作为坦白看待，但有些余罪十分重大，在目前情况下，却因犯罪性质与司法机关已经掌握或已持重大嫌疑的事实属于同一类型即同一罪名（这种认定还可能受司法人员的主观认识的影响），就不具有法定的从轻、减轻或免除处罚的情节；如果主动交代的是其他类型的犯罪事实或者司法机关将这些犯罪事实确定为其他类型，交代人即可享受自首从宽的待遇，这未免显得不平衡。主动交代同类余罪对司法的积极意义也许大大高于某些案件中嫌疑人的自首行为（如畏罪潜逃走投无路时投案自首），这种情况下如果没有确立坦白从宽的法律制度，就很可能造成处罚上的失衡和不公正。

第四点理由，其他国家司法实践中的一些具体做法值得我们借鉴。在国外司法实践中，由于前述沉默权制度和相关法律制度的限制，对坦白从宽一般不便也不必直接作出法律规定。[1]但由于其司法实践的迫切需要，坦白从宽实际上成为非常普遍的做法。可以说，在有些国家，大部分甚至绝大部分案件实际上按照坦白从宽原则作出处理，典型如美国。美国的刑事案件贯彻坦白从宽的主要方式是实行辩诉交易（plea bargain）。据统计，美国刑事案件约90%通过辩诉交易作出处理。辩诉交易被认为是一种积极的协商程序：被告人作出有罪答辩，以换取检察官在指控上的让步或者在量刑阶段提出有利于被告人的建议。即以被告认罪和检察官的从宽定罪求刑为构成要件，其基本精神是通过司法机关在处罚上的让步换取被告的认罪。在被告认罪的情况下，检察官一般采取四种方式从宽处理：一是降格指控，如强奸罪改控为猥亵罪，从而获得从轻判处；二是减少罪名，如犯二罪改控为一罪；三是从轻求刑，如可能经审判判处三十年有期徒刑的案件只要求法官判决五年徒刑；四是建议适用缓刑。[2]而对于共同犯罪中的从犯，为了换取其提供证言以实现对主犯的有效定罪，检察官有权对其进行刑事赦免，以免除其罪来换取其作证。[3]

应当说，在英美当事人主义程序中的认罪和供述与我国司法制度中的认罪和供述在诉讼意义上是有差别的。在美国，可以在经过志愿性审查后直接依据认罪和口供予以定罪判刑，从而免去了检察官的举证责任；而在我国，口供不具有单独的定罪效力，它未能免除控诉方的证明责任，而是以提供最重要的证据（作案人的供述）的方式使控诉方的证明责任大大减轻或因此而得以完成。然而，辩诉交易中检察官的不同形式的让步是以作案人的认罪和对指控事实的确认为前提，仍然充分体现了坦白（认罪）从宽的精神。

对于美国辩诉交易及其具体做法无论在其国内还是在国际上都存在不同看法，但这种处理方式确实保障了其刑事司法制度的有效运转而且被许多国家所借鉴。例如，1988 年意大利《刑事诉讼法》，就设置了辩诉交易程序，适当借鉴美国的做法，肯定了对认罪罪犯从宽处理的法律原则。[4]国外的这种坦白从宽政策及其实际贯彻，不能说没有弊端，如国家司法机关在交易中的让渡，往往也部分地让渡了司法的公正性，但比起那种无法证实被告的犯罪以及国家司法系统被刑事案件的重负所压垮的情况，这种有效率的处置方式起码保证了违法犯罪者受到一定程度的追究和惩治，其利大于弊。虽然具体的实现方式还可以斟酌，但这些做法所贯穿的坦白（认罪）从宽的精神值得我们借鉴。

二、贯彻坦白从宽需要解决的几个问题

要肯定和适当强调坦白从宽，有一个问题必须回答，即这一原则是否会与罪刑相适应的刑法原则相冲突。也就是说，对坦白者的从宽处理，尤其在从宽幅度较大时，会不会损害了罪刑相适应的原则。笔者认为，对此应从两个方面认识：一是就罪刑相适应不能作简单机械的理解，这一刑法原则不仅要求受刑人所受刑事处罚与其犯罪事实相适应，也要求与犯罪后的事实，包括其认罪态度相适应。综合考虑受刑罚者的各方面情况予以适当刑罚，正是现代目的刑取代报应刑和报复刑的一个重要特征。二是就刑事责任追究即国家刑罚权的实现，应当考虑其总体效益，从而适当地权衡利弊。因为仅从刑法和刑事责任上看，不过分加重被告（嫌疑人）认罪态度的分量是可以理解的。但是，从刑事政策和刑法制度上对被告认罪态度不予充分重视，不能由此而获得被告人的必要配合，往往使许多案件不能证实而在实际上无

法追究被告人的刑事责任从而导致犯罪人逍遥法外。因此,为了防止更大的利益价值损耗,在某些情况下和某种程度上,罪刑相适应的严格要求须让位于更有效地实现国家刑罚权的总体需要,因为刑事立法和刑事司法都必须着眼于法律实施、运行的实际条件,必须服从于有效地实现国家刑罚权这一目的。

就坦白从宽问题,还有一种带倾向性并因此而影响立法的观点需要分辩。有的同志认为,坦白从宽作为一项刑事政策无疑是正确的,但刑法不宜规定政策性要求,因此坦白从宽不能在刑法中出现。这种观点强调刑法的规范性,这是可以理解的,但有三点值得注意:一是政策性规范毕竟也是法的规范,因为法律不仅应当发挥对具体行为的直接规范作用,在必要时也可以通过政策性规范发挥其总的指引和调节作用。此次《刑法》修改实际上也是如此,罪刑相适应、罪刑法定以及适用刑法人人平等三大原则成为《刑法》规定,就是属于政策性规范。因此,必要的政策性规范完全可以成为法律的规定。二是立法不应当从概念出发,而应当立足实际需要,考虑实际效果。因为从我国司法实际看,坦白从宽问题迫切需要解决,已如前述;再从我国刑法制度的立法方式和规范体系看,如《刑法》中无明确规定,坦白从宽就难以切实贯彻,因此立法完善是解决这一问题的基本途径。因为在司法活动中,法定情节是必须斟酌的情节,而酌定情节就因其只有现实合理性而缺乏形式合理性(法律上的根据)而成为一种"软情节",如它可能因司法人员的认识不同而不予斟酌。而且法定情节有从轻、减轻和免除处罚的法律根据,而在 1997 年《刑法》实行后,除最高人民法院外,各级法院已不具有酌情减轻和免除处罚权,因此这种酌定情节必然缺乏必要的幅度和力度。三是坦白从宽在刑法中应当成为制度性规范而不仅仅是一项政策性的原则。例如,笔者认为,为增强可操作性并切实贯彻坦白从宽可以明确规定:对确能坦白交代其罪行的罪犯,可以参照刑法关于自首问题的规定,视其坦白程度以及对案件的真相发现和证实的重要性酌情从宽处理。

肯定坦白从宽,必然产生另一个问题:嫌疑人不坦白或假坦白,即我们曾称为"抗拒"的,是否应当从严处罚。在过去我国长期的司法实践中,坦白从宽和抗拒从严相辅相成,是一项政策的两个方面。但作法理和效益的考察,抗拒从严如作为一般的刑法原则普遍适用,弊端较大。因为它使嫌疑人承担了过重的供述即自证其罪的义务,而且使其可能承受过重的刑事责任,并有悖于刑事司法的一般国际标准。在实践中还容易被滥用,作为以违法手段逼取口供的一种工具。作史的考察,抗拒从严的严格贯彻是和“以阶级斗争为纲”的社会环境和司法要求相联系相适应的。在我国走向民主与法治的进程中,不应当简单地沿用过去那种做法。但如果嫌疑人、被告人在拒不交代与案件有关的事实的情况下不负任何法律责任,又使我国法律关于嫌疑人应当如实回答侦查人员提问的要求因没有法律责任的支撑而实际上难以成为一项有约束力的法律义务,并造成对我国刑事司法尤其是侦查取证活动的不良影响。

鉴于这两方面的情况,笔者认为,我们对“抗拒从严”应当取一种“扬弃”态度,即保留其相对合理的,与我国现行法制相适应的成分同时去除其过分的、不适当的要求。这里,出于研究借鉴的目的,特介绍英国最近一项立法的相关内容:

英国议会于1994年11月通过并于1995年4月10日施行了《刑事司法和公共秩序法》。根据梅杰政府的建议,该法对英国刑事诉讼中嫌疑人和被告人所享有的沉默权作了重大限制。即规定在法律规定的情况下,嫌疑人如利用沉默权不回答有关的问题,法官和陪审员可以对其作出不利的推断(adverse inference)。该法律规定了作出不利推断的四种情况:第一,当嫌疑人在警察或其他负有调查与检控职责的官员讯问时不告诉他们某一个被合理地要求应当提及的事实,而法庭辩护时又将这一事实作为辩护理由,这种情况下,对被告在审判前阶段保持沉默,法官和陪审员可以作出对被告不利的推断;第二,如果被告在法庭审判并经法官传唤让其辩护作证时,无正当理由不作证或不回答法庭提出的问题,法官和检察官可以请陪审团作出对他们显得适当的推断,包括根据“常识”(common sense)推断被告对控诉方提出的控诉证据未作出适当解释,以及推断被告是有罪的;第三,当嫌疑人的人身、衣服或者在其被逮捕处发现可疑的物品和痕迹,而嫌疑人未回答警察对这些物品和痕迹的询问时,法官和陪审员可以作出对被告不利的推断;第四,当嫌疑人在案件发生时或案发相近时间出现于某处,并为此而被逮捕时,如果嫌疑人对当时在场的原因未能作出解释,法官和陪审员可以对其作出不利的推断。[5]

这里必须说明两点:其一,不利推断并不是要求从重量刑,而只是对嫌疑人有罪信念的加强,即有罪推断。然而,其最终影响的仍是被告人的刑事责任,因此可以说,这种不利推断是"抗拒从严"的一种特殊表现形式。其二,上述四种情况,是属于被告应当被"合理地"要求陈述与案件有关的事实时拒绝陈述而产生法律责任的情况。也就是说,在一般情况下,嫌疑人可以不承担任何法律后果地对司法人员的讯问保持沉默,但在特定情况下,尤其是出现要求被告解释有关情况的合理性明显增加的情况时,嫌疑人将为其沉默承担相应的法律责任。例如,当嫌疑人在作案时间出现于犯罪现场,或者嫌疑人身上被发现与犯罪有关的痕迹物证时,让嫌疑人对其作出解释的要求应当说是较为合理的,如果嫌疑人未满足这一要求,将可能承受"不利推断"的法律后果。英国是沉默权制度的发源地,这一旨在限制沉默权的重要变革,在西方司法界和法学界引起了较大反响。

笔者在这里无意评述英国限制沉默权立法是否具有一般的合理性,而是要着重指出,该国这项立法所贯彻的以严格刑事责任来要求嫌疑人在某些情况下配合司法机关作出有关陈述,以及只是在特定的,具有明显的要求陈述的合理性的情况才适用这种严格责任条款的做法,值得我们研究和借鉴。

为了在公民权利的保障和国家实现刑罚权的要求之间划出合理界限,笔者认为,我国对待嫌疑人供述方面的刑事政策应当以积极鼓励为重心,即以"坦白从宽"为基本的政策取向,而辅之以特定条件下的"抗拒从严",即在某些特定的、特殊的情况下,实行"抗拒从严"。这主要是指在对嫌疑人供述的要求具有"加强的合理性"时,嫌疑人拒绝供述可以作为其认罪态度不好,适当从严处罚的根据。这种情况如,嫌疑人在自己的人身、衣服或者被逮捕处被发现与犯罪有关的物品和痕迹时拒绝回答司法人员的讯问;嫌疑人在作案时间出现于犯罪现场或现场附近但拒绝解释其原因;有充分确凿证据证实嫌疑人已经实施了犯罪而嫌疑人仍然不供或假供或时供时翻心存侥幸的,等等。

三、贯彻坦白从宽的方式选择和制度设置

上述说明,实行坦白从宽制度意义重大,在过去的司法实践中因未切实贯彻坦白从宽所出现的问题已十分明显,然而,1997 年《刑法》强化自首制度的同时不仅未对坦白从宽制度作出明确规定,而且由于对法院酌定减轻处罚和免除处罚权的限制,使酌定从宽的幅度较之过去受到更大的限制,使坦白从宽更加难以贯彻,笔者在前文已指出,这不能不说是 1997 年《刑法》的一个突

出缺陷，对司法实践将带来明显的不良后果。这主要是由于我们长期以来对坦白从宽在我国刑事司法中的重要性和实践中存在的问题认识不足，立法时也未充分考虑刑事司法的实际情况和客观需要所致。然而，为了我国刑法制度的完善和刑事司法的有效进行，我们必须努力弥补刑法上的这一缺漏。

（一）解决坦白不能从宽抗拒难以从严问题的政策性选择

笔者认为，解决前述坦白不能从宽抗拒难以从严的“司法悖论”，可以有两种选择：一种是从诉讼制度上解决，即取消犯罪嫌疑人、被告人的供述义务，赋予其“沉默权”，同时在证据搜集制度上实现“转轨”，使刑事司法能够主要依赖“外部证据”，而不依赖口供。这样，因法律上的供述义务的取消而自然消除了法律要求与法律后果之间的背反现象。而且这种依赖外部证据定案的制度也能比较严格地贯彻罪刑相适应的原则。另一种是从刑法制度和司法制度上解决。即在保留供述义务规定的同时，在刑法制度和司法制度上确立坦白从宽制度。凡遵从法律要求如实供述的嫌疑人视情从宽处理，为了增强引导嫌疑人走从宽道路的感召力，使其在刑事司法的特定环境中斟酌其选择时比较愿意走从宽之路，这种从宽可以有较大的幅度。

就上述两种选择，应当看到，对供述义务的维持还是取消，在我国刑事诉讼法修改时已有考虑，立法机关根据绝大多数同志的意见保留供述义务，是鉴于我国刑事司法的实际条件和能力以及整体的司法制度的性质和特点，认为否认供述义务肯定沉默权的做法将对我国的犯罪追究带来很大损害，因此是不可取的，至少在目前是不现实的。相比之下，比较现实合理的做法是后一种办法，即确立和切实贯彻坦白从宽制度。以此解决追究犯罪的要求与司法的公正性的平衡和兼顾问题。

（二）确立坦白从宽制度的具体方案

最佳方案当然是通过特别法予以补充使之从制度上得到根本解决，因为只有从立法上明确规定坦白从宽的原则及其具体制度，才能保证从宽原则的切实贯彻以及从宽幅度适应司法实践的需要，才能解决仅作为一个酌定情节在适用中的随意性和贯彻的不充分性的问题。然而，由于《刑法》刚通过，这一方案在短期内似乎并不现实。因此，可以退而求其次，即采取两个步骤：

其一，由最高司法机关司法解释以及宣布判例的方式，进一步肯定和强化坦白从宽制度。最高人民法院、最高人民检察院、公安部 1984 年 4 月 16

日《关于当前处理自首和有关问题具体应用法律的解答》中指出:“对于罪犯确能坦白其罪行的,依照刑法第五十七条的规定,视坦白程度,可以酌情从宽处理。”虽然这一规定所依据的母法已经修改,但其精神应当通过新的司法解释继续肯定和贯彻。

其二,鉴于司法解释的局限性,即司法解释不可能突破《刑法》的规定,坦白从宽受现行刑法制度的制约难以充分实现(如只能在与其犯罪事实相适应的法定刑以内判处,未经最高人民法院核准不能减轻和免除处罚)。为此,可以借鉴国外的做法,不仅从审判量刑时体现坦白从宽,而且在起诉阶段就贯彻这一政策,即对坦白交代、老实认罪的被告人需要较大幅度的从宽处理的,可以在作出必要限制的情况下酌情从轻控诉。具体实施可采取包括减少指控罪名,酌情减轻指控事实以及为证实主要罪犯,对从犯予以刑事赦免等方式。在目前的控辩式审判的条件下,法院无权审理和判决检察院未起诉的犯罪事实,这样就能使坦白从宽的政策真正能够兑现。而且还可以进一步考虑,为了保障嫌疑人和被告人的利益,防止坦白从宽不兑现,可以在一定程度上借鉴国外辩诉协商的办法,事先说明嫌疑人、被告人认罪、坦白后可能接受的从宽处理,使其能够斟酌处置,在相对自愿的情况下作出坦白交代。

采取上述指控从宽的办法,实际上是要求我国刑事起诉制度进一步贯彻起诉便宜主义,使检察机关对刑事指控有更大的起诉斟酌权,这将使我国的起诉政策和起诉制度有重要的变化。笔者认为,这种改革具有相当的可行性与合理性,在过去的司法实践中,有的检察机关为了避免所谓“老实人吃亏”所引起的不公正,贯彻坦白从宽,对某些嫌疑人坦白认罪并对案件真相的查明起了重要作用的,指控内容实际上是有所斟酌、有所限制的。而对那些实施了犯罪但认罪态度不好的,则是采取有可能定就尽量定上去的办法。不能否认,加强斟酌权的做法可能会带来某些负效应,如果控制不严,在我国司法队伍素质尚待提高的情况下可能损害严格执法,增加司法腐败等。然而,不采取这些措施,在目前很难解决前述“司法悖论”,实现司法公正和司法效率。考虑到实际情况,为防止副作用的产生,可以考虑严格限制指控从宽的条件和从宽的幅度,加强司法监督,以及进行试验取得经验逐步推广等办法。

采取了上述措施,我国的坦白从宽制度实际上由三个方面组成,即刑罚从宽、执行从宽(宣告缓刑)和指控从宽。具体的做法和制度的配套尚可深入研究,但笔者认为,如果没有类似变革,我国刑事司法的这一困境很难从根本上予以消除。

(三)坦白从宽制度的设置和适用上的界限把握

在坦白从宽制度的设置和具体适用上,应注意掌握限度和区别情况处理。这里应当注意三点:一是按照罪刑相适用原则的要求,一般情况下,罪行的轻重仍然是我们考虑刑罚的首要因素。我们仍要反对“罪行不在大小,关键在于态度”这种以态度定乾坤的做法。二是在原来基础上应适当加大坦白从宽的幅度,充分利用不同的从宽方式使坦白从宽得以切实贯彻,使走坦白道路对于任何一名在行为选择上趋利避害的犯罪者具有实实在在的感召力。三是从宽幅度应取决于案件本身的具体情况。例如,对于发现案件真相有重要作用,或就很难证实尤其是没有口供就无法定罪的案件,对作案人坦白的从宽幅度应当较大,而对那些证据确凿被告不能不供的,从宽幅度应当较小。对于主动交代同类余罪从而对余罪的证实和处罚起了决定性作用的,就同类余罪事实可以参照不同类余罪自首的规定处理。同时出于特殊预防的目的,从宽幅度的掌握还应考虑坦白者是否真诚悔罪,有赃款赃物的应考虑其是否退赃并适当考虑坦白时间的早迟及其对刑事诉讼的影响等。

注释

1 但有些国家刑法典对此也有明确规定,如奥地利《刑法典》第 33 条将“有悔改诚意的自白,或其供述,对真相之发现具有重要性者,作为减轻处罚的事由之一”。

2 [美]唐纳德·纽曼:《辩诉交易》,李浩译,载《外国法学研究》1994 年第 3、4 期合刊。

3 因美国宪法赋予公民“不自证其罪”的权利,如果检察官要求某涉案人员就犯罪案件作证,必须为其本人提供刑事赦免。注意这一制度本身不属于辩诉交易实践的范围,而是保障公民宪法权利实现的一项司法制度。

4 根据意大利《刑事诉讼法》第 444 条规定的精神,公诉人和被告人经协商可以要求法官按照他们所提议的刑罚种类和刑罚标准,适用替代性刑罚,或减轻 1/3 的财产刑,或者适用监禁刑——只要根据具体情节并在减少 1/3 后该监禁刑不超过单处或与财产刑并处两年有期徒刑或拘役。意大利的辩诉交易较之美国限制了适用范围,同时增强了法官的审查决定权。

5 [英]罗斯玛利·帕特顿:《从沉默中推断》,载《刑事法评论》1995 年 8 月号。

中国作证制度之三大怪现状评析*

证人出庭作证，是现代庭审制度的基本要求，是保证司法公正的基本措施。然而，由于各种原因，我国目前的证人不出庭成为常例，并由此形成中国作证制度的三大怪现状。

一、证人向警察和检察官作证，却不向法庭作证

在目前的刑事审判中，证人出庭率很低。虽然缺乏全国性的统计资料，但据一些局部性资料判断，证人到庭率不超过10%。也就是说，大多数，甚至绝大多数证人可以不到法庭作证，对法院的出庭通知可以弃之不顾。在我们大力贯彻"依法治国，建设社会主义法治国家"基本方略的情况下，在现代各国法院权威受到普遍尊重的世界性场景中，这种无视法院权威的状况可以说是十分惊人。

然而，由证人不到庭现象得出证人不作证的结论就大谬不然了。因为在不向法庭作证的同时，证人却鲜有不向警察和检察官作证的。警察通知证人到公安局或派出所接受询问，一般来说证人都会按时赶到，老实接受询问。因此，在我国刑事法庭，虽然证人不到庭，但侦查阶段警察询问获得的书面证言却总是不会缺少。

证人向警察和检察官作证却不向法庭作证，这就将各国实行的通例颠倒过来了。因为作证制度的普遍要求是：证人必须向法庭作证却通常有权不向警察和检察官作证。这种颠倒，不可不谓我国作证制度之一大怪现状。

为什么出现上述现象？首先，是强制力量上的差异。一方面，法院缺乏

---

* 原载《中国律师》2001年第1期，2001年6月1日《人民法院报》转载。

威权。由于法院缺乏惩治不到庭证人的手段,使有关法律中对证人出庭作证的要求成为一种仅具象征意义而缺乏实效性的宣言。另一方面,由于警察和检察官手中具有强制性力量,并且可以采用多种方式使这种强制变为现实,他们的强大能力足以使任何公民感到威慑,因此,证人少有不应召向警察和检察官作证的。

其次,中国刑事诉讼中作证制度的设置为这种奇特现象的发生提供了基础。《刑事诉讼法》第 48 条第 1 款规定:“凡是知道案件情况的人,都有作证的义务。”这里虽然没有说明向谁作证,但该法第 45 条第 1 款规定:“人民法院、人民检察院和公安机关有权向有关单位和个人收集、调取证据。有关单位和个人应当如实提供证据。”参照这一规定以及第 49 条关于法、检、公机关应当保障证人及其近亲属安全的规定,证人负有向法、检、公三个机关作证的义务,而不仅仅是向法院作证的义务。这也是我国刑事诉讼中通行多年的,甚至被视为天经地义的观念。

然而,这一观念和相关的制度是可以质疑的。现代各国刑事侦查制度,通行一条基本原则:“强制侦查法定原则”,又称“司法令状主义”。即警察和检察官进行的证据调查,应当是一种不侵害公民权利、不具备强制性的“任意侦查”,如果要采用强制性措施,包括强制证人提供证言,通常情况下,需要取得司法批准令状,或者由法院直接实施,再或者由法律授权的具有司法性质的单位或个人实施,如美国的大陪审团、法国的预审法官。因此,日本《刑事诉讼法》第 143 条规定:“法院,除本法有特别规定的以外,可以将任何人作为证人进行询问。”而警察、检察官则只能在法律或法院授权的意义上才具有这样的权力。

为什么原则上只能强制公民向法院作证,理由有二:其一,法院是案件的审理和判决主体,证人只能是法庭的证人,而不是诉讼之任何一方的证人(虽然他可以由诉讼之一方提出,并依其作证性质作出控方证人或辩方证人的区分);其二,控辩方在诉讼中存在形式上平等的关系,就像辩护方不能强制公民向其作证一样,控诉方通常也不具有这种强制力量,只有中立和独立的法院才能赋予他们这种权力。

在我国刑事诉讼中,警察和检察官具有直接实施强制取证的能力,这是因为我国刑事诉讼奉行的是“诉讼阶段论”而非“审判中心论”。公、检、法都被视为国家的刑事司法机关,分工负责,相互配合制约,因此证人对这三家都有作证的义务。只有辩护律师的调查取证不具备任何强制性，而且法律明示，经证人同意（对被害人、其近亲属以及被害人提供的证人还须检察院、法院许可），才能向他们进行调查。这种“诉讼阶段论”，必然造成担当搜集证据查明事实责任，采用行政性手段的侦查阶段，在案件处理过程中具有决定性的作用，造成三机关的平分秋色，造成法院权威的失落。因此，证人不向法庭而向警、检官员作证，就成了这一诉讼体制中的常态性现象。

二、证人不出庭，书面证言在庭审中通行无忌

证人不出庭的情况下，要有效定罪，必然就会大量采用庭前，尤其是侦查阶段警察制作的书面证言。因此而造成书面证言在庭审中通行无忌。笔者称其为第二大怪现状，是因为我国刑事庭审中使用书面证言在两个方面不同寻常：

1. 书面证言使用的普遍性世所罕见。也就是说，大部分乃至绝大部分证人证言是以书面形式而非言词形式呈现于法庭。而由于证人证言是各类案件中最普遍最大量的一类证据，法院判决往往就是建立在这些书面证言的基础上。日本学者曾批评日本刑事审判是“书面证言中心主义”，然而，其和中国刑事审判相比，可谓“小巫见大巫”。因为日本刑事诉讼中确认并贯彻“排除传闻证据”规则，只不过以“双方的合意”等条件扩大了例外使用书面证言的范围。在中国目前的刑事审判中，“排除传闻证据”规则并无存在余地。

2. 法律对书面证言的使用未作任何限制，这也可以说在实行现代诉讼制度的各国中绝无仅有。我国刑事审判，在书面证言“常态化”的同时，对书面证言的运用，又未规定必要的限制条件。《刑事诉讼法》第 157 条规定，“公诉人、辩护人……对未到庭的证人的证言笔录……应当当庭宣读”。也就是说，只要证人不到庭，其证言笔录就可以当庭宣读。这种不加限制地使用书面证言的情况，违背了现代诉讼制度最基本的要求。

如上所述，现代各国审判制度的通例是，在法庭审判中必须实行直接、言词原则，排除任何不能经过法庭质证的“传闻证据”，包括庭前获取的书面证言。这一规则的基本内容各国相同，但在大陆法系国家，一般表述为“直接、言词原则”，而在英美，则被称为“排除传闻证据规则”。排除传闻证据，是英美证据法中最重要的规则。当然，考虑到现实可行性，言词原则或排除

传闻证据规则也有某些例外。从法理上看,例外使用书面证言需符合两个基本条件:一是必要性,即证人确实无法到庭陈述;二是“真实性的情况保障”,即证言笔录本身不能证明自己的可靠性,而必须以其他方式对其可靠性作出证明,如伴有全程录像的书面证言,在中立的法官面前所作的陈述笔录,以及经诉讼对方审查后同意或无异议的书面证言等。

然而,在我国刑事诉讼中,对这种“真实性的情况保障”未作任何规定。不仅重大和特别严重的案件(如死刑案件)可以凭一般的书面证言定案,而且双方有原则分歧,内容很不确定的证人笔录,也可以交由法官自由取舍,使其作为定案根据。

应当看到,依靠没有真实性保障的书面证言,十分容易形成错误的判定。因为书面证词的可靠性至少受到以下几种因素的影响:(1)书面陈述产生时往往缺乏宣誓、保证、申明法律责任这类场景设置,从而可能影响其严肃性。(2)书面证词排除了反对询问的可能,使该证据难以被交叉询问所检验。(3)书面证词排除了法官直接审查原始人证的可能,不能通过直接观察感知,如“察言观色”,检验证人作证的真伪。(4)书面证词和证言笔录有可能是采用诱导、施压等获得。(5)不排除书面证词和证言笔录伪造或变造的可能(类似情况时有揭露)。(6)即使在事实的记录大致准确的情况下,对某些情节记录人也完全可能作出取舍(对本身有利害关系或有倾向性的证人及被告人,侦查人员不记录他认为是为被告作无理辩解的内容而记录他认为是“有用”的内容,这是普遍的做法),在侦讯实践中,两三天的审讯只有一两页纸的记录,这是经常的现象。(7)对笔录的签字认可可能由于多种原因而不完全反映证人的本意。如有的证人(包括被告人和被害人)采取信任取证人的态度,草率阅读甚至不读也签字;有的文化水平不高或者记录者字迹潦草难以辨认即草率认可;有的证人阅读后认为大体正确即签了字而对某些重要情节的记录与其原意有差别并未推敲(司法实践中这种情况的出现率较高),甚至有的询问人未让证人阅读证词就让签字,等等。(8)即使是证人亲笔证词,也不一定能反映真实。因为有的是在证言笔录作了以后按询问人的要求书写书面证词,其亲笔证词受到证言笔录的约束。

由此可见,使用缺乏真实性保障的书面证言定案,很可能造成认定事实错误以及判决的错误。坚持作证的言词原则,禁止使用缺乏真实性保障的书面证词,正是从经验和理性中获得的诉讼中证据使用的基本要求。

三、警察不作证

警察不作证的第一层意思是指,我国的警察一般不到法庭作证,尤其是他们不会应辩护方的要求到庭作证。第二层意思是指,即使警察出具书面证言,常常也不是警察的证词,而是以某某刑警队、某某派出所的名义出具的证明材料,有单位印章而无证人落款,如“关于被告人某某某投案情况的证明”“关于审讯情况的证明”等。一位分管刑事的法院副院长曾对笔者说,“我们在判决书中对这类证据不好表述,它既不是证人证言,又不是书证,只好称:‘以上事实,有被告人供述、被害人陈述、证人证言,以及某某派出所关于被告人投案的证明等证据证实’”,等等。

警察向法庭作证,是诉讼制度中天经地义的事情。因为作为证明对象的案件中的某些实体问题和程序问题需要警察来证明。在有些情况下,他们的证人作用是必不可少和不可替代的,例如,关于目击犯罪的情况、关于被告人投案的情况,以及关于侦查过程中的有关情况,如物证搜集、口供获得的过程与方法等。英美法谚称,“警察是法庭的仆人”,就主要是指警察必须根据法庭传召出庭作证。美国辛普森杀人案,负责侦办的富尔曼警官,即使被辩护方律师攻击为现代社会的“希特勒”(种族主义者),也只得应法庭传召出庭,就物证搜集等情况作证,不敢有所怠慢。法学博士刘仁文曾谈及香港警察向法庭作证的情况,他说:“我曾私下与香港的一些警官朋友就此展开讨论,问及假如警察借口工作忙,可不可以不出庭作证,他们回答说,那是绝对不可以的,如果你这样做,法官只消一状告到警务处处长那里,你就立刻会丢了饭碗。当我告诉他们我见过的一些警察几乎从不出庭作证,法院不习惯甚至不太敢‘命令’警察出庭作证,即使‘命令’警察出庭作证,如果不出庭作证,也拿他无可奈何时,香港警方的朋友开玩笑地说,他们真羡慕内地的同行。”(刘仁文:《警察要不要作证》,载《南方周末》2000 年 2 月 11 日)

警察不出庭作证,甚至在书面证明材料上也无警察的落名,既节约了警察的时间,也避免了法庭质证时可能出现的尴尬包括对警察威权和证词可靠性的质疑,同时还可以避开伪证责任等麻烦。然而,使用书面证明材料甚至不符合基本诉讼要求的书面证明材料,却带来司法不公正的风险。同时,这种“警察特权”也是对法治的一个反讽。如果一个社会中的法官们不便、不愿,甚至不敢传召警察出庭作证,那么任何具有一般法治意识的外部观察者都会说,这是一个警察社会而不是法治社会。

中国作证制度上的上述三大怪现状,反映了中国司法制度在观念和制度上的重大缺失。首先是观念的缺失。

一是审判公正观念的缺失。在审判中实行直接、言词原则,使证据都经过法庭质证,这是审判公正的基本要求。证人包括警察证人不出庭,大量使用书面证言的做法,违背了司法的规律,造成明显的程序不公正乃至实体的不公正。在我国刑事诉讼中,目前大量案件甚至最严重的案件靠书面证言定案,存在司法不公正的严重危险,因为这些证言的来源是不可靠的。直接使用这种证言定案的做法建立在对取证人高度信赖的基础上。然而,现代司法制度甚至政治制度建立的一个基点是“怀疑论”,它不相信官员认知上的全知全能,不相信官员人性上的“无欲则刚”。由于任何人都可能故意地或过失地犯错误,因此必须建立一种制度性防范保障机制,如审判中的质证制度,当庭直接审查等,而不是对侦查阶段行政性操作结果的照单全收。

二是人权保护观念的缺失。出现上述现象的另一个十分重要的原因,是司法官员注重对犯罪的控制而忽略对人权的保障。因为证人不出庭,庭前侦查阶段取得的有利指控的证言才能作为定案的依据,由此而能避免庭审时交叉询问与法官直接询问造成证人证言的改变从而使指控受到损害。因此,实际上控诉方有时会有意无意地鼓励证人不出庭。此外,证人出庭会提高诉讼的成本,降低审判的效率,也使司法人员容易采取直接采用书面证言的“简化”做法。然而,这种有利控诉而不利辩护的偏向,忽视了诉讼的公正和被告的权利,包括忽视了被告在诉讼中的一项重要权利:面对并询问证人尤其是反对自己的证人。这是一项被国际法律文件普遍认可的被告的基本权利。然而,在我国不仅制度阙如,甚至许多司法人员未意识到被告应当享有这项权利。

三是法治权威观念的缺失。法治社会的标志,是行政权力受到限制以及法院的权威受到普遍尊重。因为法治社会的基本原则是“司法最终解决”,法院在依法治国的进程中,具有特殊的地位和作用。这种地位和作用表现在:法院以法的适用为中心,是维护法律秩序的基本保障;法院以解决社会冲突为使命,是社会关系最稳定的调节器;法院的个案处置功能和终局性作用,使其成为保护公民权利的最后屏障。对法院出庭通知的“执行难”,

与法院裁判的“执行难”一样，反映了我国社会中法院权威乃至法治权威的低下。而只向警察作证不向法院作证以及警察不出庭作证等问题，反映了行政权过分强大包括行政方面实际享有的“法外特权”。

追根溯源，上述现象反映了我国司法制度乃至社会治理结构上存在的严重缺陷。仅就司法制度而言，三机关分工负责、互相配合、互相制约的线形结构，使“审判中心”难以确立，使法院对审前阶段缺乏控制能力，对侦查机关缺乏约束能力。同时，使诉讼成为一种不同国家机关之间的接力赛和流水作业，法院作为客观中立的裁判机关保障司法公正的功能因此而在一定程度上被遮蔽了。

今天，在走向法治已成为政治动员的口号并逐步成为实际趋向的时候，法治建设中的类似“怪现状”以及司法界和整个社会对此“见怪不怪”的状况，显然是法治的悲哀。当务之急，是充分意识到这类问题的悖谬并谋求其解决。这使司法改革成为必须，而更在其先的，是司法人员乃至整个社会观念的变革。

被害人作为公诉案件诉讼当事人制度评析*

1996年3月我国修改《刑事诉讼法》,其中的一项重要举措,是将刑事公诉案件的被害人作为诉讼当事人,此举被认为是顺应了国际上强化被害人保护的潮流,加强了被害人的诉讼地位,有利于诉讼价值的平衡。然而,经过《刑事诉讼法》实施以来对这项制度运作的观察和进一步的理论思考,笔者认为,将被害人作为公诉案件的诉讼当事人,虽然具有一定的积极意义,但在法理上难以自圆其说,在实践中则弊大于利。目前法律框架下,应当采取措施抑制其弊端,同时应谋划在有利于被害人权利保护同时维系诉讼合理性双重要求下的制度改革。

一、被害人作为公诉案件当事人有悖于法理

(一)被害人作为诉讼当事人不符合公诉案件的性质

刑事公诉案件,是检察官代表国家对刑事犯罪提出起诉的案件。这种案件的预设前提,是案件中的犯罪行为不仅侵害了相关个人的利益,而且首先侵犯了国家和社会的利益,因此,它不适用被害人意思自治原则,不采用自诉而采用公诉的形式,由检察官代表国家同时代表被害人对犯罪行为及其实施者进行追诉。就此而言,在公诉案件中,检察官是刑事原告,并成为实际上的诉讼当事人。

所谓诉讼中"当事",可以从两个方面理解:一是在案件中有利害关系;二是作为诉讼主体在诉讼中承担主要的权利义务,即原告或被告的权利义务。因此,当事人,是指在诉讼中承担主要的权利义务并与案件处理有利害

---

* 原载《法学》2001年第4期。

关系的诉讼参与人。公诉案件的处理首先关系社会与国家的利益，同时关系被告人的利益，也与被害人有一定的利害关系，在这个意义上被害人具有某种“当事”性。然而，检察官才是公诉案件的原告，而被害人并非原告，也不是公诉案件中协助检察官起诉的共同原告，因为全部审判活动是围绕公诉请求而进行，被害人除非提出附带民事诉讼，其对刑事案件向法庭提出的诉讼请求只是法庭在审理时可以考虑的因素，而并非法庭必须纳入审理范围的对象。从法理上讲“不告不理”原则所蕴含的审判与起诉对象的同一性要求，在公诉案件中，仅指审判对象与公诉对象的同一。因此，被害人并不具备共同原告的诉讼地位，而只是一种具有某种特殊性的诉讼参加人。正如我国台湾地区学者李忠雄所称：“如被害人未提起自诉，原不失其得为证人之身份，如将其强列为公诉案件之原告，实违背公诉制度之基本原则与公诉之意义与精神。”[1]

（二）不享有上诉权使当事人名不符实

在诉讼中对裁判不服而提起上诉，要求上级法院重新审判的权利，即上诉权，属救济性诉讼权利，这项权利是当事人权利的重要构成部分；否则，其诉讼权利就是残缺的。但我国《刑事诉讼法》修改时，考虑到公诉案件的特定性质，并未赋予被害人以上诉权，被害人及其法定代理人不服一审判决，仅得请求人民检察院提出抗诉。而人民检察院应当按照抗诉条件进行审查并决定是否提出抗诉（《刑事诉讼法》第182条，《人民检察院刑事诉讼规则》第402条）。作为诉讼当事人又不享有当事人所应享有的基本权利——上诉权，是立法上的自相矛盾，使得被害人作为诉讼当事人在一定程度上名不符实，有学者评这种自相矛盾称：“实为一般立法例之特异现象。”[2]

（三）被害人作为诉讼当事人造成角色冲突，损害了诉讼的公正性

如果说上述情况主要还是通过“循名责实”，而说明被害人不具有公诉案件当事人的性质，因此不应称为诉讼当事人，那么反对被害人作为诉讼当事人更重要的理由，是其作为诉讼当事人制度的设置，违背了刑事诉讼的法理，对诉讼实践弊大于利。

结合审判实践，被害人作为诉讼当事人后最突出的问题是他作为证据来源的角色与其作为诉讼当事人的角色相冲突，而当事人角色损害了他作为证据来源的客观性、可靠性。这种冲突及所造成的损害表现于两个方面：一方面是两种角色的心理冲突影响证据的客观性。被害人是犯罪行为直接

侵犯的对象,其指证与陈述对于证明犯罪具有重要的意义,无疑是重要的证据来源。其陈述相当于证人证言。我国《刑事诉讼法》第100条就侦查中询问被害人规定,询问被害人,适用询问证人的各项规定。然而,作为证人和作为诉讼当事人两种诉讼角色存在一种心理上的冲突。因为证人作证,必须如实陈述,在诉讼中采客观公正的立场,作伪证或捏造事实诬陷他人还应当负相应的刑事责任。被害人作为具有控诉倾向的诉讼当事人,则致力于追究被告人刑事责任,因而处于攻击的立场。法律对被害人作为诉讼当事人身份的确定,使被害人本身的控诉倾向得到强化,其作为当事人的控诉倾向势必影响其作为证人的客观陈述。

另一方面的冲突及其损害是被害人作为诉讼当事人参与全部诉讼,既要作证,又要在场参加全部诉讼活动,听取被告人供述、证人证言和其他证据的举证,并对其发表意见。这种做法违背了证人不得旁听庭审的原则,对其作证的客观性进一步造成损害。证人不得旁听庭审,是保证证言客观防止外界影响的必要措置。最高人民法院《关于执行〈中华人民共和国刑事诉讼法〉若干问题的解释》(以下简称《解释》)第149条规定:"向证人和鉴定人发问应当分别进行。证人、鉴定人经控辩双方发问或者审判人员讯问后,审判长应当告其退庭。证人、鉴定人不得旁听对本案的审理。"这一规定确认了证人不应受他人影响,因而不得旁听庭审的要求。目前国际社会在探索强化被害人权利保护问题上,也注意到了不损害诉讼合理性与公正性的问题,并考虑到诉讼角色的冲突,如美国于1990年制定的《被害人权利及损害恢复法》(the Victims' Rights and Restitution Act of 1990)强化了被害人权利,包括允许被害人在本案公开审判时在场聆听。同时,又规定,如果被害人在场聆听他人证词足以影响其证词之真实性,法庭可以决定其禁止在场聆听。我国《刑事诉讼法》未就被害人作证作出类似的限制性规定。有被害人出庭的案件,被害人必然会在法庭作证,而在作证前至少听取了被告的供述(按照法庭审判程序,首先是被告陈述及其各方面包括被害人对被告人的讯问,然后才是被害人作证)。而在庭审调查过程中,亦不排除被害人再次作证,尤其是法庭调查分阶段进行时,被害人可能在不同阶段多次作证。[3]

例如,一个伤害案庭审,宣读公诉书后调查被告人,而后被害人作了陈述,然后开始证人证言和物证等证据的调查。当询问某证人时涉及一重要作案情节,公诉人又要求对被害人进行询问。这就产生了一个冲突,被害人已经作为诉讼当事人参与诉讼,并已在场听取了证人作证和其他证据的出示,再以被害人的身份作证似乎造成了一种“角色冲突”,因为他对其他证据的了解影响他的自然陈述。

由于被害人作为诉讼当事人无限制地聆听全部庭审(被害人既然作为法定诉讼当事人,参加全部庭审活动就是他的当然权利),其证言显然容易受到供词、证词和其他证据的影响,从而可能使诉讼的公正性受到损害。

(四)被害人作为诉讼当事人可能导致诉讼结构的失衡和诉讼秩序的紊乱

被害人作为诉讼当事人,他在庭审中享有与被告人同等或对等的权利义务(法庭调查询问、申请调取新的证据、进行法庭辩论等),而他的诉讼角色是控诉性的,可以说,他是法庭上的第二控诉人。不能否认,在我国刑事审判中,公诉人具有比较特殊的法律地位,在庭审活动中也具有更为充分和自主的诉讼权能,[4]在公诉人与辩护方之间的控辩平等还尚未实现。目前在控诉方又加入被害人,在法庭上实际上形成公诉人、被害人共同控诉被告的二对一局面,造成诉讼结构的进一步失衡。这对于被告人应当说是有欠公正的,尤其是在我国刑事诉讼对被告人及其辩护人的权利限制比较严格的情况下。

与上述诉讼构架失衡相关的一个问题或说一个弊端是,被害人作为诉讼当事人改变了“两造”对抗的诉讼格局,使法官难以把握庭审,容易导致审判秩序的紊乱。诉讼结构的一般法理是,诉讼是一种控、辩、裁互动的“三方组合”,即如法学家查比罗称,可以用“三方组合”的概念,即其中发生冲突的两方要求第三方解决他们的争执,作为理解诉讼任务的出发点。在被害人作为诉讼当事人的情况下,诉讼对抗的二元制变为多元制,法官审理案件,面临两个方面的诉讼请求,即检察官所提出的规范性的诉讼请求,与被害人从自己的特定角度提出的非规范性诉讼请求。法官需以检察官的诉求为审理对象,但又不能不在一定程度上关心被害人的诉讼要求与意见。双方对抗变为多方对抗,诉讼的有序性实现较难。而且任何一个证据均须经被害人及其代理人质证,增加了诉讼的时间,降低了诉讼的效率。

被害人作为诉讼当事人制度还造成一个比较突出的问题,即法律规范模糊,在某些情况下难以操作,从而使法律欠缺实效性。作为诉讼当事人的被害人,是仅指被害人,还是包括被害法人(单位)。在法律未限制被害人为自然人的情况下,作为当事人的被害人应当包括被害法人,[5]而且对自然人被害人的保护及于被害法人,也是法律的"题中应有之义"。如果被害法人不能作为诉讼当事人,将造成自然人被害人与法人被害人在法律保护方面的失衡。然而,将其作为诉讼当事人,又会造成法理上的冲突和操作上的困难。例如,如果受犯罪侵害的是国家机关、事业单位或国有企业,尤其是国家机关,对这些单位利益的侵害,可以说直接侵害了国家利益,检察机关作为国家利益的代表,当然可以代表这些单位提出诉讼,有什么必要在检察机关旁边再设一个诉讼当事人呢?因此,即使承认被害单位可以作为公诉案件的当事人,在实践中也是缺乏必要性同时难以操作的。

(五)被害人作为诉讼当事人是一种立法特例,与国际上的普遍做法和发展趋向有别

加强被害人权利保护,包括确认和强化被害人的诉讼参与权,是国际刑事司法制度发展的重要趋势之一。然而,由于被害人作为诉讼当事人可能带来的一系列问题,目前国际社会在加强对被害人权利保障的同时,普遍未确认被害人在公诉案件中的当事人身份,而且也注意避免不适当地强化被害人权利造成对诉讼合理性的损害。联合国《为罪行和滥用权力行为受害者取得公理的基本原则宣言》就被害人参与诉讼的权利的规定是:"让受害者在涉及其利益的适当诉讼阶段出庭申诉其观点和关切事项以供考虑,而不损及被告并符合有关国家刑事司法制度。"这里所肯定的被害人权利仅为出庭陈述意见和有关事项以供法庭考虑的权利。可见,联合国宣言中公诉案件被害人参与诉讼的权利十分有限,而且宣言还注意到被害人权利与被告权益平衡的问题。

从笔者所查到的资料看,目前与我国的被害人作为诉讼当事人制度最为接近的,是德国《刑事诉讼法》经修改后确立的被害人作为公诉案件"附带诉讼"的原告人参与刑事诉讼的制度。根据德国《刑事诉讼法》第四编第二章的规定,由法律特别规定的犯罪侵犯其人身和财产权利的公民,有权作为公诉案件附带诉讼的原告人参加诉讼。这种被害人享有审判时的在场权、要求法官回避、询问权、申请查证权、答辩权甚至上诉权。然而,应当注意:这一制度与我国被害人作为诉讼当事人的制度有重要的区别。一是德国的附带诉讼制度只适用于该国《刑事诉讼法》第395条规定的特定的部分案件(主要是侵犯人身及部分侵犯财产的案件),不是普遍适用于任何被害人。

二是有关被害人能否作为附带诉讼原告人参加诉讼应当经过法院审查批准。根据德国《刑事诉讼法》第 396 条的规定,法院裁定是否准许其参加公诉前,要听取检察院的意见,某些情况下还要听取被告人的意见。三是从技术处理上,德国刑事诉讼中的被害人只是公诉案件附带诉讼的原告人,即当事人,而非公诉案件本身的当事人(公诉案件当事人是公诉机关和被告人)。这种处理方式比较符合法理。更为重要的是,中德两国的审判方式目前已有较大区别。德国实行法官职权主义的审判方式,法庭审判以法官职权调查为主,公诉方、辩护方及被害方对于证据调查只有辅助的作用,在职权主义由法官主导庭审直接实施证据调查的情况下,一般来说,被害人即使作为辅助性原告人参加公诉案件审判,也不至于对法官审判发生较大影响。而我国实行控辩举证制度以后,对控诉案件的法庭举证责任由检察官承担,辩护方有权进行辩护性举证与辩论,在这种体制下,应当确立控辩两元制的基本格局,否则容易造成诉讼格局的混乱,使审判难以在争点明确的情况下有序而集中地进行。

二、现行法律框架下对被害人参诉问题的把握

在分析被害人当事人化弊端的基础上,笔者认为,解决这些弊端的根本方法是进行制度性改革。然而,在法律未改变的情况下,我们应当考虑现行法律框架下对被害人参诉问题如何把握,以尽量利用其长处,减少其弊害。尤其应当注意的有两个问题。

第一个问题,坚持公诉案件的“公诉主导原则”,维系庭审的合理格局,适当把握被害人参诉的量与质。对被害人参诉问题,我们应当注意两个方面:一方面,应看到,我国刑事诉讼中被害人的当事人化,对于强化被害人诉讼地位,保护被害人权利有一定的积极意义,而且应注意,既然法律已确定了这一庭审框架,任何人不能凭个人好恶或考虑工作的难易而改变法律规定使被害人的诉讼权利名存实亡,法官应当保障被害人行使其诉讼权利,出庭检察官应当支持被害人行使其法定权利。另一方面,应当考虑案件的性质。鉴于公诉案件是公诉人代表国家起诉的案件,在这类案件中,公共利益是优先考虑的因素,公诉人是控诉方主要的诉讼支持人,而被害人是以个人的身份主要为维护个人的利益参加诉讼,对公诉案件,他并不决定公诉的内容也无须致力于公诉的维系,因此,就控诉而言,公诉案件显然是以公诉为

主导。法官在尊重被害人诉讼权利的同时,要适当把握诉讼的格局。一是可将被害人纳入控方体系,基本维持两元对抗的诉讼格局,以防止诉讼秩序的紊乱,尤其是注意始终以公诉事实及公诉请求为基本审理对象,防止模糊诉讼争点。二是在被害人参诉的量和质的把握上适当注意。在公诉主导原则之下,对被害人及其代理律师的与案件无关的发问和诉讼意见,应适时依职权予以制止,以保证诉讼的效率和效益。

第二个问题,尽量减少其他诉讼证据对被害人作证的影响。如前所述,被害人作为诉讼当事人在实践中最突出的问题是作为诉讼主体与作为证据来源的冲突,尤其是被害人作为当事人参与庭审后其他证据会对他的陈述客观性造成影响。目前条件下,对被害人参与诉讼聆听庭审尚不宜作出制度性限制,因为这种限制缺乏法律依据而且与被害人作为诉讼当事人的身份相悖。在这种情况下,影响作证客观性的问题难以从根本上解决,而只能考虑采取何种方法尽可能地减少这种影响。具体做法是,按照现行法律的规定,首先进行对被告人、被害人的调查,再进行其他证据调查。被害人虽然聆听了被告人的口供,甚至参与了对被告人的讯问,但随后就进行陈述,如果受到影响,也只是被告人陈述对他的影响。并且原则上要求对一项指控的犯罪事实,被害人的陈述与被告人的供述一次性调查完毕,然后进行其他证据的举证,这些证据的举证可以分阶段进行。一旦被害人作证完毕,一般禁止在后来的其他举证活动中再让其作证,以避免其在参与庭审调查了解证人证言和其他证据后受到影响或者作为一种对策性考虑而改变证言。

就被害人陈述,这里顺带研究当前立法中存在的一个问题,即在被害人自然陈述后是否应当设置询问被害人的程序。

《刑事诉讼法》第155条要求公诉人在法庭上宣读起诉书后,被告人、被害人可以就起诉书指控的犯罪进行陈述。然而,在他们陈述后,法律只规定了诉讼各方向被告发问的程序,未规定可以向被害人发问。对于不规定向被害人发问,是由于立法的疏漏还是由于立法机关对被害人保护的考虑,目前似乎缺乏判定依据。然而,《解释》则作出不同的规定,《解释》第135条规定:“控辩双方经审判长准许,可以向被害人、附带民事诉讼原告人发问。”第137条还作出了审判长认为有必要时可以向被害人发问的规定。

对两种显然有矛盾的规定,应当肯定哪一种,尤其是考虑到最高人民法院的司法解释似乎已经超越了立法规定。从一般的观点上,笔者不赞成司法解释或者判例超越法律。因为法治原则是一个法治国家的根本原则。而我国实行立法和司法的明确分工,司法机关无权造法,而只能在立法所确立的法律框架内解释和执行法律。然而,在某些立法明显悖理及疏漏的情况下,鉴于立法修改程序上和实际操作上的困难,在特殊情况下以司法解释对这些具体规定作符合法律根本精神的弥补也是必要的,如在庭审程序中是否应当允许向被害人发问的问题,回答应当是肯定的。因为根据《刑事诉讼法》第42条的规定,被害人陈述是一种证据来源,而证据经质证查证属实才能用作定案根据,这是证据法的一般原则,也是我国《刑事诉讼法》第42条第3项的要求。被害人陈述亦同。证据学家经充分的实证研究和理论分析指出,被害人陈述固然具有重要的证明效力,但由于被害人与案件处理结果具有一定的利害关系,而且可能因其被害而对被告产生一种仇视情绪,因此可能影响其证据的客观性。在使用判断证据时对被害人陈述的这种特点应当注意。何况被害人的陈述还可能因某些客观的原因,如当时的环境条件、被害人的记忆等,而发生某种程度的误差。由此可见,这种证据并不具有当然的证明力,亦需经过庭审各方的质询,通过质证来确认其陈述的客观性,这就需要肯定对被害人进行询问包括交叉询问的必要性。因此,询问被害人的程序无疑应当设立,否则(在某些案件中)可能严重影响程序的公正和实体的公正。当然,应禁止有关各方尤其是被告和辩护方使用侮辱性及其他继续伤害其身心健康的语言进行询问。

三、今后的改革:恢复和加强被害人诉讼参加制度

改革现行的被害人作为诉讼当事人的制度,应当注意兼顾被害人权利保护与诉讼合理性的双重要求。为此,笔者认为,下一步的改革,应废除现行的被害人作为诉讼当事人的制度,同时保留被害人作为诉讼当事人制度中的一些积极而合理的因素,从而加强我国1979年《刑事诉讼法》中所确立的被害人参加诉讼的制度。

废除被害人作为诉讼当事人的制度,可以从根本上解决被害人作为诉讼当事人不符合公诉案件的性质,以及随之给诉讼实践带来弊端的问题。被害人不再是诉讼当事人,就可以避免他始终出席庭审而影响其陈述客观性,在其作证前可以禁止其旁听,同时也便于法官把握诉讼格局并解决相关的实践问题。但考虑到被害人毕竟与证人不同,作为受犯罪行为直接侵犯

的对象,具有某种"当事"性,而且国家公诉机关也不能完全代表其诉讼利益,因此他应当被法律确定为一种特殊的诉讼参与人,给予较之一般诉讼参加人特殊的诉讼礼遇与诉讼关照。

循此思路,对我国被害人保护的诉讼制度框架可以设定为:其一,将被害人作为特殊类型的诉讼参加人,而不看作一般的诉讼参与人,在诉讼法中将这种既有别于当事人,又区别于一般的诉讼参加人的法律身份确定下来。其二,要求司法机关将诉讼程序进展情况通知被害人。如立案、起诉、审判开庭等,都应向被害人发出通知。其三,被害人有权由其律师代理参加各种诉讼活动。其四,被害人可以通过其代理律师查阅诉讼证据材料。其五,被害人有庭审时在场的权利,但是被害人作证前不能旁听庭审调查活动,只能由其代理律师代替其在场听证并发问。具体做法是被告人口供调查时被害人不应在场,口供调查完毕后被害人到场陈述,原则上要求对被害人一次性调查完毕,以避免聆听庭审对其作证的影响。被害人调查完毕后,被害人即以特殊诉讼参加人的身份参与庭审。其六,被害人在庭审中有询问、举证、申请调取新的证据以及参加诉讼辩论等诉讼权利。其七,对作为特殊类型诉讼参加人参与诉讼的被害人的范围作出法律限制,应当将这种具有特殊诉讼权利的诉讼参加人限定于其人身、财产权利受到犯罪行为直接侵害的自然人。对单位被害人,则除了可以作为附带民事诉讼原告人参与诉讼外,应由检察机关代表其参加诉讼,以利于诉讼的有序和效率。

注释

1 褚剑鸿:《侦查机关与侦查犯罪职权之比较研究》(下),载《法令月刊》1997年第48卷第9期。

2 褚剑鸿:《侦查机关与侦查犯罪职权之比较研究》(下),载《法令月刊》1997年第48卷第9期。

3 有时被害人会主动要求就某一问题再作说明,被告方也可能会要求被害人再次作证。如果该伤害案分为起因与预谋、作案、案发后情况等不同阶段进行法庭调查,被害人则可能就不同阶段的情况多次作证。

4 我国实行公、检、法三机关分工负责、互相配合、互相制约的制度,这种线形的结构,使三机关之间具有一种一体化的趋势。而且出庭公诉人员代表国家支持公诉,同时又是法律监督机关的工作人员，对审判活动具有一种“监视性”职能。在庭审活动中，就讯问被告、询问证人，要求中止审理等问题，法律都赋予了他更为充分的权利。

5 如樊崇义老师主编的高等政法院校规划教材《刑事诉讼法学》就认为被害法人应当作为公诉案件的诉讼当事人参加诉讼。参见樊崇义主编：《刑事诉讼法学》，中国政法大学出版社1996年版，第94页。

欺骗与刑事司法行为的道德界限*

犯罪侦查是一种极具对抗性的活动，为有效获取证据，查明案情，有时需要采用带有欺骗性要素的侦讯谋略。但刑事司法机关对待犯罪嫌疑人的态度与方法，涉及国家权力与公民权利的合理界限，同时，国家刑事司法行为具有一种社会示范作用。侦讯谋略设计与使用不当，可能损害公民权利，败坏国家形象，损害社会善良风俗，而且也会损害刑事司法效益尤其是长远效益。本文拟就刑事司法中欺骗性手段的运用及刑事司法行为的道德界限作一分析，由于这一问题一直缺乏研究，有关资料很少，笔者的研究难免不成熟。

一、关于侦讯活动中使用欺骗的许容性

刑事侦查活动，可分为“回应型侦查”(responsive investigations)与“主动性侦查”(pro - active investigations)两种类型。前者是对犯罪的回应，即先有犯罪行为，后有侦查工作，这是犯罪侦查的主要方式；后者是针对正在进行或者将要实施的犯罪，采用监控以及诱导的方式进行的侦查活动，是犯罪侦查的特殊方式。[1]在这两种类型的侦查中，都允许在一定情况下和一定限度内采用欺骗手段。

首先分析主动性侦查中的欺骗因素。主动性侦查包括针对正在实施的犯罪所进行的监控性侦查(用人和电子仪器等进行监控)，针对将要实施的犯罪所进行的诱惑侦查，以及针对正实施以及将实施的犯罪所进行的卧底侦查。诱惑侦查，是主动性侦查活动中采用欺骗的主要方式。

---

* 原载《法学研究》2002 年第 4 期。

诱惑侦查，又称“警察圈套”“侦查陷阱”，顾名思义，这种侦查手段的特点一是使用诈术。即侦查人员隐蔽身份与企图，以假面目示人。二是为达到目的而利用对方的某种欲望（如金钱、毒品、色情）。这种具有欺骗性而且利用人性弱点的侦查措施，有人称为“肮脏手段”，认为它损害国家威信，违背执法、司法机关的道德责任，违反宪法和刑事诉讼法原则。在我国，也有学者提出，根据《刑事诉讼法》的规定，严禁以欺骗的方法收集证据（《刑事诉讼法》第 43 条），诱惑侦查正是以采用欺骗收集证据的方法，因此其合法性值得怀疑。

然而，即使在法制比较发达的国家，诱惑侦查在犯罪侦查活动中也时常运用。诱惑侦查只要未超过法律的限度，所取得的证据通常能够被法院所认可。这一是因为在某些犯罪，尤其是所谓“无被害人的犯罪”中，它确系查获犯罪的有效手段，如各国的贩毒、伪造货币和买卖伪币、非法武器交易等。由于这些犯罪欠缺被害人，而且直接牵涉几乎所有与犯罪有关人员的利益，使他们极力庇护犯罪行为，因此犯罪的实施变得更为隐蔽。这样，与那些有被害人控告、揭发的犯罪案件相比，无论是犯罪行为的发现，还是证据的收集都十分困难。因此，为维护社会利益，法律在一定限度内允许侦查机关为侦破这类犯罪采用诱惑侦查方式。二是从道德责任上探讨，对犯罪嫌疑人，尤其是严重犯罪的嫌疑人，使用具有一定欺骗性的侦查手段尚未逾越被普遍认可的国家机关的道德责任界限，因此具有一定的法律许容性。这是由犯罪行为对社会的危害性，与使用欺骗性侦查手段的负面影响两者之间相权衡而作出的价值和政策选择，这种选择，在各国的社会道德体系中应当说是可以接受的。因此，只要没有超过合理的限度，这种侦查手段在现代各国均未被排斥。在我国刑事诉讼中，虽然法律对诱惑侦查尚无明确规定，但从法理和实践分析，在特定限度内实施这种侦查手段被刑事司法所允许。

主动性侦查中还有一种与诱惑侦查有关联又有区别的具有欺骗要素的侦查行为，即对犯罪活动尤其是向犯罪组织内部派遣秘密侦查员，他们以某种身份为掩护，查明犯罪情况，搜集犯罪证据，就其以假面示人而言，这种侦查也属于有欺骗因素的侦查。我国台湾地区学者林东茂先生称，这种侦查行为的必要性在于根据“比例原则”的考量，“为了重大国家刑事追诉的利益（排除高度的危害以建立法秩序），对于嫌犯的个人利益（如意思形成的真实自由）的破坏，应可以被容许”。[2]

所谓“回应型侦查”中的欺骗，是以犯罪嫌疑人为对象，主要在审讯过程中实施的。著名法理学家波斯纳说：“法律并不绝对地防止以欺骗手段获得口供；在审讯中是允许一定的小诡计的，特别是夸大警察已获得的、对嫌疑人不利的其他证据，让嫌疑人觉得招供不会失去什么的预先战术设计，都是许可的。”[3]美国刑事审讯专家弗雷德·英博说：“审讯人员必须合法取得嫌疑人的供述”，然而，“审讯人员也应该了解法律所允许的审讯策略和技术，这些策略和技术建立在以下事实基础之上：绝大多数罪犯不情愿承认罪行，从而必须从心理角度促使他们认罪，并且不可避免地要通过使用包括哄骗因素在内的审讯方法来实现。这种方法被恰当地规定下来”。[4]正是刑事审讯具有的对抗性特征，使审讯策略和技术不同于我们平常询问人的方式，也有别于法庭上的交叉询问。这种特殊性的一个主要表现是谋略性，使用审讯谋略，意味着在一定程度上允许使用欺骗，其主要功用是使嫌疑人认识到证据已经确凿，抵赖已无意义。

这里，笔者以确立了自白任意性规则等人证调查规则，并被认为在刑事审讯方法上程序性保障措施较完善的美国为例。在美国刑事审讯中，未超过必要限度未采用不适当方法的欺骗性审讯是合法的，而且被确定为主要的审讯方法之一，如刑事司法专家阿瑟·S.奥布里等人著的《刑事审讯》一书称：“审讯方法大致包括以下几类：直接的方法与间接的方法，激情刺激的方法与巧立名目的遁词诡计方法，每一种类又包括各种不同的具体方法，无足轻重的冷淡法、同情或情感共鸣法、‘强烈诱惑法’、‘只要是人谁都会这样做’、态度友好法、提供帮助法、朋友般的谈话法、偏袒的辩解法、减轻处罚法、安慰悲伤法、推脱责任法、‘冷热交替法’、‘既成事实法’、假象欺骗和吓唬法（威吓哄骗法既有利也有弊）、苛刻的事务性方法、揭穿谎言法、通过讲真话减轻精神压力方法、坚韧不拔的穷追猛打法、‘激发体面与荣誉感’、‘在案件中的作用’、‘贬损诋毁与用好话逐步赢得好感以便最后利用法’、‘坦率地说出犯罪真相讲真话法’，等等。”[5]

应当说，上述审讯方法被许多国家的刑事审讯所采用。其中，相当一部分具有某种欺骗性。直接的欺骗，如审讯人员对嫌疑人说：“你怎么还不交代，证人都看见了，作证说得清清楚楚。”又如，在共同犯罪审讯中称：“你还不交代，你的同伙已经交代清楚了。”此外，无足轻重的冷淡法、情感共鸣法、为其推脱责任等方法，显而易见也都带有一定的欺骗成分。

对欺骗方法的合法性问题,美国成文法没有明确规定,但联邦最高法院在一些判例中实际予以认可。例如,最高法院在1969年对弗雷泽诉卡普案的裁决中含蓄地承认,审讯方法实质上包括哄骗在内,并且认可了这种方法,从而维持了定罪。该案的定罪在一定程度上是以供述为基础的。该供述实际上是通过欺哄手段得到的。警察在讯问中哄骗嫌疑人说:“有一名同案犯已经交代了。”最高法院在维持定罪的裁决中称:“警察的这种做法,在我们看来不足以造成对这个自愿供述的否认。这类案件的决定必须基于对‘全部情况’的考虑。”[6]

从联合国所确认的刑事司法准则看,在《公民权利和政治权利国际公约》《保护人人不受酷刑和其他残忍、不人道或有辱人格的待遇或处罚宣言》《执法人员行为守则》等国际法律文件与文书中,也只是禁止酷刑和其他不人道及有辱人格的待遇,并没有作出禁止欺骗性审讯方法的规定。

从我国的刑事审讯实践看,欺骗性方法也是被实际允许并不时被使用的。[7]这种方法在刑事侦查学上常被称为“侦讯谋略”,其实质是“利用对方的劣势和弱点进行的心战智斗”。[8]

欺骗因素在刑事司法(主要是刑事侦查)活动中的法律许容性,从根本上讲是由与犯罪作斗争的行为性质、实际需要以及社会道德体系在一定程度上的灵活性所决定的。[9]

既然一定限度的欺骗具有实践必要性及法律许容性,我国《刑事诉讼法》第43条关于禁止以欺骗方法收集证据的规定显属不妥,因为它违背了侦讯活动的规律。如果法律为了强调侦讯合法性而对这一问题作出规定,也只能规定禁止那些违法的欺骗,即超过法律规定或合理性界限,不适当的欺骗取证方法。

二、设置欺骗性侦讯手段的法律界限

刑事司法尤其是刑事侦讯活动中允许使用欺骗,但这种欺骗必须要设置适当的界限,仍然要服从法律的规制。这是因为:

1. 维护社会信用体系是国家机关和国家工作人员的责任。以诚信为关系纽带建立的社会信用体系,是现代社会经济正常运行以及社会秩序得以维护的根本。正是由于维系社会信用体系以及社会道德体系的重要性,每一个社会都反对和摒弃人与人之间尔虞我诈,都鼓励它的公民待人以诚、处事以信,即“说老实话,做老实事,当老实人”。而刑事司法中的欺骗,虽然是与犯罪作斗争所需要,但将其作为国家机关实施社会控制和社会管理的手段,其实际应用仍然可能冲击社会信用体系,损害社会道德系统,如果在职务犯罪侦查中使用,还可能损害国家机关内部以及执政党内部人际关系。因此对其必须严格限制,以便在有效控制社会越轨的同时,将这种损害控制在尽可能小的限度内。

2. 需要防止欺骗性手段的不当运用对刑事司法的负面效应。这种负面效应突出表现在产生虚假的信息。例如,当侦查人员反复欺骗嫌疑人,称同案其他涉嫌人员已经认罪,出于一种从众以及满足审讯人需要的心理,嫌疑人可能违心承认自己未实施过的犯罪。同时,欺骗的时机与方法把握不当,还可能诱使他人犯罪。如诱惑侦查中,诱惑侦查实施人员不是在对方已暴露犯罪意图时为其提供犯罪的机会(机会提供型),而是借帮助、同情者的虚假身份以言行诱导他人产生犯罪意图(犯意诱发型)等。

3. 侦讯对象的性质决定了欺骗手段使用的限制性。侦讯对象与军事斗争对象有共同点也有重要的区别。区别之一:侦讯对象是社会越轨者,其中严重分子可称社会之“敌”,如湖南常德劫持运钞车的张军、程世清之流,但相当一部分属于社会失足者,不能以敌相待,以“诡道”为原则;区别之二:侦讯对象是犯罪的“嫌疑人”,按照无罪推定原则,他们在未经法院依法判决前不能视为罪犯而只能视为有罪嫌的公民。因此对于嫌疑人的侦讯,应当区别于军事斗争,在侦讯中欺骗性手段的运用必须受到道德与法律的严格限制。

为了保证欺骗性侦讯手段应用适当,防止或最大限度地降低其不良效应,在这种手段的使用中,应当遵循以下几项原则:

1. 对象特定原则。欺骗性侦讯只能适用于有犯罪嫌疑的人员,包括已经立案的犯罪嫌疑人,以及尚未立案,但存在犯罪嫌疑的人员。[10]为了解决侦查取证需要与嫌疑人抗拒侦查之间的矛盾,一定条件下可以对犯罪嫌疑人采用欺骗性侦查方法。这里有一些具体的限制:第一项限制,是不能对不特定的、缺乏犯罪嫌疑的对象使用欺骗性侦查手段。例如,在职务犯罪侦查中,对国家工作人员普遍使用诱惑侦查——派侦查人员或他所控制的人员去向国家工作人员行贿,一旦对方收受贿赂,即行追究。这种做法虽然可以检验国家工作人员的廉洁性,有利于解决贿赂等职务犯罪难以取证,即所谓证据"一对一"的难题,但其弊端很大,如波及面过大,损害政权形象和稳定性;使干部人人自危,形成一种所谓政治恐慌症等。而且还有一个担心——将这种手段用作政治打击手段,服务于陷害异己的不正当目的。总的来看,职务犯罪侦查中无特定对象的普遍使用诱惑侦查弊大于利,因此应当禁止。[11]第二项限制,对证人以及其他公民不能采用欺骗,以防止滥用侦讯手段。有的侦查人员在调查证人时也采用欺骗,如对证人说,"你不讲,×××、××都讲了,就是你还想包庇罪犯"。这种随意扩大欺骗性侦讯手段的做法是不妥当的,它不仅损害社会信用体系,还容易导致证言的虚假。第三项限制,对未成年犯罪嫌疑人也不能使用欺骗。这是为了保护未成年人。一方面防止其被诱使犯罪,或者被欺骗而承认未实施的罪行(由于不成熟,未成年人容易受到误导);另一方面也是防止国家机关使用欺骗手段对未成年人形成道德上的不良影响。

2. 不得已使用即必要性原则。使用诈术,是"两害相权取其轻,两利相权择其重"的一种权衡。即使应用,也是不得已而为之。这种不得已即必要性主要表现在两个方面:一是其他法律手段难以有效获得证据时,将其作为最后的侦查手段而使用;如其他手段可能获得证据,查明案情,则不得使用欺骗性手段。二是只能针对比较严重的犯罪,尤其是诱惑侦查方法的使用,只能用于某些缺乏被害人而具有隐蔽性的严重犯罪。如果广泛使用于各种犯罪案件,不仅有冲击社会道德体系之嫌,而且也会导致这种信息的普遍化而使嫌疑人产生戒备心理,从而导致侦讯欺骗的无效。

3. 道德限度即方法限制原则。例如,美国、加拿大等国刑事审讯,对判定欺骗方法使用的合法性有一条标准,即这种方法的使用有一定的道德限度,不能使社会和法庭"受到良心上的冲击""使社会震惊""使社会不能接受"。例如,加拿大最高法院在1981年罗斯曼诉奎恩案中遇到了一个毒品贩子对一位装扮成罪犯的警察的有罪供述是否可以采用的问题。安东尼奥·拉默大法官代表多数派意见,承认事实上警察审讯时有时必须求助于圈套或其他形式的欺诈方法。但是他警告说,所使用的圈套和欺诈方法绝不能具有那种"使社会震惊"的性质。他对此列举了两种情况来说明:一是警察装扮成牧师去听嫌疑人的自白;二是警察装扮成提供法律帮助的律师来引出嫌疑人的有罪陈述。[12]可见,如果某种欺骗为社会和法庭感到太过分,即超过合理的程度,并对其他的利益,如被告人的辩护权,造成了较大损害,其审讯就可判定为违法。

4. 防止虚假原则。采用欺骗性侦讯方法是一种有代价、有风险的作业，虽然它具有一种不得已而使用的性质。在使用时需要防范的主要风险之一是导致证据虚假。因此这种手段的应用必须注意一点：有利于查明案件客观真实，而不至于导致虚假的供述和其他虚假证据。凡是在审讯的具体条件下，当欺骗性方法的使用剥夺或扭曲了被审讯人的自由意志，可能导致其虚假供述的审讯都是不允许的，如过度使用欺骗手段，反复宣称同案犯已经全部交代，而且拿出笔录等虚构证据，使被讯问人实在相信在别人都指认的情况下自己辩解也没有用，为争取好的态度而承认自己犯了罪。

在英美法庭，欺骗性审讯获得的供述被接纳为证据有一项限制条件：欺骗不得有利于导致虚假供述。美国学者弗雷德·英博称："审讯人员在任何案件中，当怀疑特殊的哄骗方式是否允许时，可以实行这种方针，即对自己提出下列问题：'我将要做什么？'或者，'这会使无罪的人承认有罪吗？'如果回答是否定的，审讯人员应该继续去做打算做的事或者说打算说的话；如果回答是肯定的，审讯人员则应该停止自己想做的事或想说的话。这是审讯人员所遵循的唯一可理解的、具有实际意义的检验标准。此外，这种检验标准对于公众和被羁押者或嫌疑人双方来说都是公平的。"[13]

5. 用途正当性原则。用途正当主要是指欺骗只能用于查明犯罪而不能制造犯罪。这突出表现在诱惑侦查与卧底警探使用时，侦查的任务是查明犯罪，而不能诱发犯罪，即诱发他人犯罪意图并帮助其实施。例如，在侦查毒品犯罪时，侦查机关派出的"线人"，装扮成毒品贩子，利用其假扮的身份，劝说他人去贩卖毒品，这种提起他人犯意的行为与刑事侦查的基本目的相悖，系制造犯罪的违法行为。

三、承诺不可反悔——司法信用原则

刑事司法是国家犯罪控制机关与犯罪嫌疑人之间一个长期的、反复进行的"博弈"。在这个过程中，有一部分可以有限制地使用非诚信手段，但另一部分却是绝不能逾越诚信原则。这就是一旦司法机关对任何公民作出了承诺，就必须信守这一承诺，而绝不能言而无信，甚至一开始就将承诺作为一种诈术。

司法承诺，是指国家司法机关及其工作人员，对公民为某种行为或不为

某种行为，或者就特定的法律后果所作的许诺和保证。这种承诺通常具有一种"对价性"，即交换条件——司法方面保证犯罪嫌疑人得到某种利益，如对其从轻处罚、不追究其余罪嫌、改变强制措施、关照其亲友等。犯罪嫌疑人则愿意与司法机关协作，如承认犯罪指控、交代自己的犯罪事实、交出赃款赃物、交代其他人的犯罪以及提供抓捕其他罪犯的线索与条件等。

信守司法承诺的是各国对司法机关和司法人员的基本要求。这是因为司法机关的行为代表国家，而国家及其机关和工作人员必须是负责任的，必须是守信用的。信用是国家生存的基础，国家机关无信用，不仅摧毁了自身的公信力，而且从根本上动摇了社会信用体系。如从契约论的角度解释，在国家刑事司法机关与嫌疑人之间的协议，具有合同的性质（这与欺骗性侦讯手段使用时并无契约基础具有本质的区别），按照合同必须履行的原则，国家司法机关必须信守其承诺。[14]

就司法活动的效益看，不守信的行为是一种短期行为，它最多只能产生一时效益或个案效益，却必然对长期的司法行为造成损害。根据经济学博弈论的观点，信用是在特定制度条件下，在重复博弈中，当事人谋求长期利益最大化的必要手段。例如，借贷，如果债务人借钱后赖账，进一步的经济交往就不可能发生，而且这个债务人也会因其赖账名声而被人们不信任并断绝与其经济交往，因此他通过不正当手段最多只能得到一时一事之经济利益，却付出了长远利益的代价。同理，在司法活动中，国家机关违背承诺将使其丧失信用，即丧失公众包括嫌疑人对它的信任。这样，公民与国家机关的协作关系将难以发生和维系，司法手段的作用将会受到较大限制，司法将会面临困境。

鉴于司法信用对司法活动的重要意义，各国司法机关均注意司法诚信的确立，如在美国，长期以来，通过控辩协商和协作，处理了80%以上的刑事案件。之所以这种司法处理方式能有效运行，关键就在于双方的协商、交易与协作建立在一种信守承诺的原则之上——控诉方以被告认罪为条件，承诺对被告以减轻罪等、减少罪名、降低刑罚等方式从轻处罚，这里有一项制度性保障：政府和被告人之间达成的协议应当被视为具有执行效力的合同。如果被告认罪后，检察官违背承诺，不减轻指控或不要求法官从轻处罚等，有两种途径解决这一问题：其一，被告撤回有罪答辩，控诉方只能依据原有证据对被告人提出指控；其二，被告方要求上诉法院签发执行令，命令履行辩诉协议。[15]

在我国刑事司法活动中,司法信用的维系是一个值得注意的问题。一般来说,司法机关和司法工作人员在与犯罪嫌疑人交往("博弈")的过程中能够信守承诺,从而维护了刑事司法的严肃性和司法机关的声誉。但也应当看到,在刑事司法尤其是侦查活动中,出于一种为处理个案而不择手段甚至不顾司法信誉的实用主义,误用侦讯谋略,承诺不兑现的问题仍然屡有发生。最突出的表现是,坦白从宽政策不兑现。有的司法人员明知自己并无权力和能力达到某种从宽结果,但为争取被告配合认罪,许诺这种处理后果,后来却未能兑现,被告感觉受骗上当。此外,司法活动中还有其他一些承诺不兑现的情况。如有的侦查机关向被告或其亲友承诺,你交多少钱,我们就放人,然而,当其亲友筹集钱交给了侦查机关,侦查机关却仍然将人关押不放。侦查机关虽然用这种方法收到了钱,但这种缺乏信义的做法社会影响很不好。[16]

坦白从宽不兑现一类问题,已经产生了十分不利的后果。"坦白从宽,牢底坐穿;抗拒从严,回家过年"这类说法近年来在嫌疑人和服刑罪犯中流传得比较普遍,甚至在社会上也有一定影响,这固然与某些意欲抗拒司法诋毁我们刑事政策的人恶意渲染和传播有关,但也应当看到,其流传在一定程度上也是由于司法信用不足。这使坦白从宽政策在刑事司法活动中的效用大打折扣,也使司法机关的形象和威信受到损害。

进一步分析,我们还应当看到,目前建立良好的社会信用体系对我国市场经济有序发展具有极其重要的意义,而诚信原则在整个社会贯彻不足,赖账乃至经济诈骗成为社会经济生活中比较普遍的情况,说明我们的社会信用体系并未处于一种良好状态,甚至可以说存在一定程度的信用危机。这一问题亟待解决,否则绝不可能建立有序和有效运转的市场经济。司法信用不足,将使社会信用体系进一步趋于恶化。因为司法是维系社会正义和社会信用的最后防线,如果它不仅不能通过司法有效维护社会信用,而且自身也不遵守诚信原则,不兑现司法承诺,这势必导致社会信用的进一步恶化。

解决司法信用问题,关键是司法机关要明确一种道德责任,就像一个国家必须信守自己对国际社会的承诺,司法机关及其工作人员作出一定司法承诺时,必须十分严肃。这种严肃性主要表现在以下几个方面:(1)不得作出违背法律规定且于案件本身的性质和情节相悖的许诺。例如,罪犯罪大恶极,不可能从轻处罚,向其交代政策时就不应当交代对其可以坦白从宽。(2)不得作出超越自己权限范围、承办人员及其机关不能兑现的承诺。例如,起诉案件是否从宽、怎样从宽,是法院判决酌定的范围,侦查、起诉机关对具体处理不宜做出事先承诺。(3)作出承诺时必须掌握分寸,如可能争取的事不能承诺可以做到;附条件的承诺必须将所附条件交代清楚。不应当有意误导嫌疑人,使其在误以为某一有利后果可能出现的基础上对司法机关予以配合(如果没有误导,而只是嫌疑人主观揣测并据此行动,不能视为司法机关欺骗嫌疑人)。(4)一旦作出承诺,就必须遵守。遵守承诺实践中较多地表现于两种情况:一种情况是直接兑现承诺。例如,当没有社会危险性的嫌疑人如实交代犯罪事实,积极退赔,侦查机关依事先承诺对其取保候审。另一种情况是办案机关自己不能直接给予某种从轻处理,但能根据承诺向有权处理机关提出建议(当然这种建议必须合法并符合案件本身情况),这也属于遵守承诺。(5)司法机关不兑现承诺必须有正当理由。这种理由主要包括两种情况:一是国家法律、法规发生变化,原来符合法律要求的承诺已不符合新的法律的规定,这属于不可抗力范围。二是兑现承诺的条件已经丧失。例如,嫌疑人坦白甚至自首以后又推翻原供,无理辩解。由于从轻、减轻处罚的条件已经丧失,司法机关不受原从轻、减轻或改变强制措施等承诺的约束。

为了实现以上要求,强化司法信用,应当采取一些必要的保障性措施。

首先,司法观念的转变与信用意识的强化。要划清诈术运用与司法承诺的界限。前者属于侦查谋略,可以在法律范围内视情实施;而一旦以司法机关的名义作出承诺,就必须维系其严肃性而不能反悔。因为这关系到国家机关的责任,关系到司法机关是不是一个负责任的机关即它的“公信力”问题。同时也关系到司法的长远利益,我们不能以牺牲司法公信力等长远的司法利益换取一时之行为效益。

其次,应当将司法诚信即司法信用,作为司法的一项重要原则。为了做到这一点,可以考虑在法律或司法解释中明确对司法机关遵守承诺作出规定,或者禁止司法机关采取不遵守承诺的不正当手段获取司法利益。例如,借鉴国外做法,规定侦查、控诉机关不遵守其承诺时,犯罪嫌疑人或被告人与之相应而配合司法的行为也不发生法律效力。

最后,应当允许对司法诚信原则的贯彻建立司法监督。即审判法院应当根据被告方的申诉和要求对侦查、控诉机关遵守承诺的行为进行司法审查;二审、审判监督审也可以将这方面的情况列入监督范围。通过司法审查,让破坏司法信用的行为承担一定的法律后果,给予被告合理的司法救济。

注释

1 孙长永:《侦查程序与人权》,中国方正出版社 2000 年版,第 38 页。

2 林东茂:《卧底警探的法律问题》,载《刑事法杂志》1997 年第 40 卷第 4 期。

3 [美]波斯纳:《法理学问题》,苏力译,中国政法大学出版社 1994 年版,第 231 页。

4 [美]弗雷德·英博:《审讯与供述》,何家弘等译,群众出版社 1992 年版,第 275 页。

5 [美]阿瑟·S. 奥布里等:《刑事审讯》,但彦铮等译,西南师范大学出版社 1998 年版,第 171 页。

6 [美]弗雷德·英博:《审讯与供述》,何家弘等译,群众出版社 1992 年版,第 275 页。

7 如以暗示或明示的方式虚称同犯已经招供、称现场有被审讯人的指纹、称有目击证人指证等。所谓"实际允许",是指实践中并没有谁指责这类行为系违法,也还没有发现因此而排除口供的案例。至于实践中不时使用欺骗性方法的判断主要是根据我的调查了解和司法实践,但手中缺乏统计资料,而且据我所知国内缺乏对这一问题的实证研究包括数据统计。

8 庞兴华:《侦讯谋略》,警官教育出版社 1994 年版,第 8 页。

9 即使在中国传统社会,"德""礼"也是主要适用于共同体内部的规范,而对敌人,则历来主张"兵不厌诈"。《孙子兵法·计篇》称:"兵者,诡道也。故能而示之不能,用而示之不用,近而示之远,远而示之近。利而诱之,乱而取之,实而备之,强而避之,怒而挠之,卑而骄之,佚而劳之,亲而远之,攻其无备,出其不意。此兵家之胜,不可先传也。"

10 回应型侦查一般用于已立案的犯罪嫌疑人,而主动型侦查则可能适用于未立案的有犯罪嫌疑的人员,如对可能贩毒但尚无证据因此并未立案的人员进行诱惑侦查。

11 国外也有在职务犯罪侦查中对不特定对象使用诱惑侦查的案例。如 1980 年年初,美国联邦调查局一名侦探化装成阿拉伯酋长,接触参议员 W 和其他 6 名众议员,对他们许以重金,请他们运用职权在议会里代为"活动"。对这一诱使行为,有人当场承诺,有人则表拒绝,而上钩者声名扫地。2001 年 3 月,印度因记者诱惑性调查发生"政治地震"。印度媒体公司的新闻网站记者冒充伦敦的一家军火商,要向印度军方购买价值 4000 万卢比(合 87 万美元)的军用热成像仪。在疏通关节过程中,向众多官员行贿。与此同时,记者用隐形摄像机摄下了包括拉克斯曼在内的10多名军、政界官员受贿的全部过程,并于2001年3月在电视台播放,印度执政党人民党主席拉克斯曼及国防部长费尔南德斯等一批高级官员辞职,政局动荡。

12 [美]弗雷德·英博:《审讯与供述》,何家弘等译,群众出版社1992年版,第276页。

13 [美]弗雷德·英博:《审讯与供述》,何家弘等译,群众出版社1992年版,第276页。

14 Stephen A. Saltzburg & Daniel J. Capra: *American Criminal Procedure*, Sixth Edition, 2000, p. 990.

15 这方面有一个典型案件,纽约的检察官与被指控有两项赌博罪的桑特贝罗达成辩诉交易:被告对较轻的犯罪认罪,而检察官同意不向法官做判刑建议。但而后检察方面换人,接任检察官忽略了已经达成的辩诉交易,而向法院提出了判刑的建议。此案上诉到美国最高法院,根据首席法官伯格(Burger)的意见,最高法院裁决该案发回重审。该院认为,即使是非故意地违反双方协议也是不能允许的,因此授权州法院允许被告作出选择:或者撤回其认罪,或者接受另一名法官主持的新的判刑程序(Stephen A. Saltzburg & Daniel J. Capra: *American Criminal Procedure*, Sixth Edition, 2000, p. 990)。

16 不过,对这类问题一定要具体分析,如果侦查机关只是承诺争取从宽处理,或者承诺作为侦查机关和侦查官员将会在某些方面作出某种努力,只要他们做了这方面的努力,即使被告人预期的结果未实现,也不能视为司法机关违背承诺。

正义是有代价的*

——论我国刑事司法中的辩诉交易兼论一种新的诉讼观

一、问题的提出——理想与现实的悖论

将辩诉交易制度引入中国刑事诉讼，会遇到一个基本的矛盾，借用孙长永教授的说法，就是："'正义'无价，如何'上市'。"

孙长永教授在《关于我国刑事诉讼引入辩诉交易的思考》一文中称，改革、开放的政策已经使我国社会发生了翻天覆地的变化，其中之一便是"市场"加速扩大……总之，讨价还价已经从老百姓的日常生活扩展到政府的管理领域，国人的"市场开拓精神"也得到了空前的发扬。然而，突然间又冒出一种新的交易方式——"辩诉交易"，把以实现正义为宗旨的追究、惩罚犯罪的活动推向"市场"。杀头、坐牢之类的事情，也能跟国家讨价还价？国家与犯罪分子做这样的交易，不是等于把"正义"打折出售吗？"正义"又不是什么商品或者股票，它怎么能成为讨价还价的对象呢？这些疑问，正如孙长永教授指出的，确实反映了普通社会公众乃至法律专业人员对我国刑事诉讼中引入辩诉交易的担心。[1]

质疑正义（司法）的"上市交易"，正反映了市场机制与司法机制之间的一种矛盾和紧张关系：司法活动是实现正义的事业，它反映了一种纵向的因果关系与横向的比较关系。前者即"善有善报，恶有恶报"——"让每个人得到他所应当得到的"；后者则体现法律即规则面前的人人平等——"同样的情况受到同样的处理"。而在实现正义的程序中引入辩诉交易，则意味着这

---

* 原载《政法论坛》2002 年第 6 期。

种报应通过交易而形成折扣，也意味着同样的情况由于交易双方的交易手段与技术的不同而可能受到不一样的处理，试问，这也是正义吗？

按通行的显然具有政治正确性的观点，公共管理领域，包括政府活动与司法活动领域不应当适用市场原则，否则，官员就可以将公共资源，将手中的权力作为谋求私利的手段，权钱交易、贪污受贿等腐败行为就会由此而产生。因此，在公共管理领域应当构筑防御性壁垒，禁止市场原则的侵入，从而保证公共管理及公共政策执行的合法性与纯洁性。

然而，正义的不可交易性与公共管理的非交易性却受到实践的巨大挑战。这是道德原则与社会实践、理想与现实、应然与实然的冲突和矛盾。这种挑战除了市场原则不可避免的渗透，而导致公共管理包括司法活动背离正常轨道外，也包括制度化的允许市场原则在公共管理和正义实现中占有一席之地。辩诉交易在各国刑事司法实践中的普遍存在（虽然程度不同），就是这种冲突与矛盾的一个重要反映。

辩诉交易的普遍存在，应当说是一个不争的事实。从美国大多数刑事案件以辩诉交易的方式处理，到英国对答辩有罪者给予量刑折扣并进行其他形式的辩诉交易；从意大利《刑事诉讼法》关于依当事人请求适用刑罚的程序，到德国检察官与辩护律师之间的“谈判解决”。就如有的学者所言：“辩诉交易自产生以来，一直存在着对它的激烈抨击。然而，越来越多的刑事司法制度由于现实的需要而依赖于它。”“这种发端于美国的制度受到各国的普遍认可，并已成为世界范围内的司法实践。”[2]

从我国现行法看，应当说，法律并未规定正式的辩诉交易制度。但是，如果对我国的刑事诉讼实践尤其是侦查与检控制度进行一定的考察，不难发现，和其他许多国家一样，在我国的刑事司法实践中，仍然存在符合辩诉交易制度特征的做法。

为研究我国司法实践中的辩诉交易，首先应当明确辩诉交易的基本特征。

《布莱克法律词典》称：“辩诉交易是指在刑事被告人就较轻的罪名或者数项指控中的一项或几项作出有罪答辩以换取检察官的某种让步，通常是获得较轻的判决或者撤销其他指控的情况下，检察官和被告人之间经过协商达成的协议。”[3]而伦斯特洛姆所著的《美国法律辞典》对辩诉交易的解释是：“在刑事案件中，被指控者通过他或她的律师与公诉人进行协商达成双方均可接受的协议的程序。”[4]虽然学者们对辩诉交易的解释仍存在不同意见,但根据通说和诉讼的实践,辩诉交易基本特征可以概括为以下几点:其一,交易发生在刑事诉讼过程,主要是检察官实施刑事追诉的过程中;其二,由控辩双方对被告人的定罪和量刑进行协商;其三,通过协商在实现各自的特定要求的同时达成一定的妥协,包括被告人的认罪和控方在定罪与刑罚方面的妥协;其四,符合规范的协议具有法律效力,导致法院对协议的确认或检察机关的免予刑事追究,从而终止诉讼程序。其中第三点,即双方作出妥协同时分别实现了一定利益,即妥协性与双赢性,集中反映了辩诉交易行为的本质。

二、中国目前司法实践中的辩诉交易

我国司法实践中存在辩诉交易或者说具有辩诉交易特征的做法,这一点已经为某些学者所注意。如孙长永教授认为,自首、立功制度,“坦白从宽、抗拒从严”的政策,“裁量不起诉”的制度,简易程序以及“普通程序简化审”,自诉人的和解与撤诉等制度以及刑事政策的贯彻,均与辩诉交易内在的妥协精神和效率价值有暗合之处,因此可以认为它们有类似于辩诉交易的成分。但同时,孙教授认为这些制度、政策与辩诉交易仍有很大区别,因为它们属于“公开打折”,而非双方个别协商,讨价还价进行辩诉交易。熊秋红女士则认为,我国目前司法实践中试行的普通程序简易化审理,即属辩诉交易在中国的一种尝试。

笔者赞成孙长永教授所谓单纯的“公开打折”不属于辩诉交易的说法,因为辩诉交易必须是辩诉之间的协商与讨价还价。因此,自首、立功的从宽制度因其“公开打折”的性质而不宜作为辩诉交易看待。而裁量不起诉、简易程序和普通程序的简易化审理,只是辩诉交易的一种实现手段和渠道,本身还不宜称作辩诉交易。但是,有两种情况仍具有明显的辩诉交易性质:

1. 刑事司法人员执行“坦白从宽,抗拒从严”刑事政策时与被告方交涉并形成合意。我国刑事司法所实行的“坦白从宽、抗拒从严”政策,为辩诉交易提供了一个平台。“从宽”为利诱性条件,“从严”作威胁性后援,加上一部分证据的展示,促使甚至迫使被告人认罪坦白。这一过程往往因其互动性、交涉性而具有一定的交易性:控方让渡处罚的严厉性,被告让渡一部分权利和自由,从而形成一种协议。与正式的、制度性的辩诉交易不同的是,这种协议未以书面形式确定下来,因此有一定的不确定性,而且其后果一般不导致免除审判而只是使审判变得比较容易。因此,可以说这是一种非典型性的、非制度化或者说制度化要素不足的辩诉交易。

2.“舍卒保车”,与从犯进行交易。在共同犯罪中,尤其是在一些隐蔽性较强、有组织的犯罪中,由于取证较为困难,公安司法机关为了有效地打击主犯,往往答应给予从犯一定的量刑上的好处,甚至对其免予指控,而要求从犯检举揭发主犯,或者为证实主犯的犯罪事实而积极向公安司法机关提供证据或者线索。不过,我国的司法实践中,根据从犯检举揭发的积极行为而对其从宽处理,更多采取的是在量刑上从轻、减轻处罚甚至定罪免刑的形式,较少地采用免予指控的做法,因为这种做法虽然常常具有现实必要性,但法律给予检察机关的操作空间较小(有罪不起诉只适用于犯罪轻微者)。

上述两种辩诉交易,在法律程序上,须以特定的方式和渠道来实现。除了通过普通审判程序实现以外,更符合辩诉交易特征的实现渠道和形式,主要包括以下两种:

(1)通过检察机关放弃指控终止诉讼而实现辩诉交易。这种放弃指控(不起诉或撤销案件)包括两种情况:一种情况是规范允许的,即根据《刑事诉讼法》第 142 条第 2 款规定,“犯罪情节轻微,依照刑法规定不需要判处刑罚或者免除刑罚的,人民检察院可以作出不起诉决定”。这是学理上所称“相对不起诉”,即行为已经构成犯罪,但情节轻微,可以起诉、可以不起诉,而犯罪嫌疑人是否配合侦检机关追究犯罪,是决定是否起诉的一个重要条件。另一种情况则是于法无据但实践中又需要放弃指控的。这主要是指犯罪行为人犯罪情节并非轻微,依法应当起诉,但起诉会损害更大的司法利益,实践中检察机关可能做变通性处理,对这些犯罪嫌疑人放弃指控,最典型的是查处受贿案件。由于受贿案件往往是行贿者与受贿者“一对一”进行交易,所谓“天知地知你知我知”,要查处受贿者,就必须取得行贿者的合作,成为控方的“污点证人”,否则,查处受贿案件将会面临极大的举证困难。但是,行贿者如果承认行贿,就会“自陷于罪”,面临着刑法规定的行贿罪的追诉。在这种两难境地下,检察机关为了打击社会危害性更为严重的受贿罪,可能采取与行贿者进行交易的做法,即行贿者作为控方证人作证,控方对其行贿行为的刑事责任不予追究,放弃对其行贿罪提出指控,即使这种行贿行为并非“情节轻微”。这种交易行为在检察机关反贪污贿赂工作中可以说是不得已的做法。典型案例如在轰动全国的重庆綦江“虹桥”垮塌案中,检察机关指控收受贿赂的林世元构成受贿罪,行贿者费上利出庭作证。一审林世元被判处死刑,二审被改判死缓。而费上利行贿情节严重却并未被追究行贿罪的刑事责任,引起法学专家和群众的强烈反应。应当说,对费上利行贿不起诉是检察机关“舍卒保车”的不得已行为。这个案例反映了司法实践对辩诉交易的需要与现行规范的矛盾。

(2)通过刑事简易程序或普通程序简易审实现辩诉交易。对于应当判处3年以下有期徒刑、拘役、管制、单处罚金的公诉案件,事实清楚、证据充分,经人民检察院建议或者同意,可以适用刑事简易程序。这些案件的“事实清楚、证据充分”,通常都以被告人认罪为前提,因此,以程序简易化为特征的这种特殊诉讼程序,可以作为部分轻微刑事案件实现辩诉交易的途径。

所谓刑事案件普通程序简易审,是指在现有刑事诉讼法律的框架内,对某些适用普通程序的刑事案件,在被告人作出有罪答辩的前提下,在事实清楚、证据充分的基础上,采取简化部分审理程序,予以快速审结案件的一种新的法庭审理方式。普通程序简易审的实质是对现有庭审方式作进一步的改革。目前许多基层检法机关也在推行此种审判方式。刑事案件普通程序简易审的首要条件是被告人完全承认起诉书指控的事实和罪名或承认指控的主要事实,即被告人作有罪答辩。其交换条件是检察机关应当向人民法院提出量刑建议,请求人民法院对被告人酌情从轻处罚。由于是检、法两家联合推行此种审判方式,因此,法院在判决时都会接受检察机关的量刑建议。因为控辩双方在开庭前已经就定罪量刑问题达成协议,而该协议又基本都会被裁判者接受,所以,虽然普通程序简易审仍要求进入正式庭审,但事实上庭审已经在很大程度上被形式化了。因此普通程序简易审可以说是目前实现辩诉交易的一种具有实效性的程序渠道。

当然,我们也不否认我国司法实践中运作的辩诉交易同典型的、制度化的、以美国为代表的辩诉交易存在一些重要区别。例如,其一,交易的主要目的不同,由于不同的制度背景而产生的不同需求,美国的交易重在认罪,我国的做法重在获取口供。其二,交易的法律后果不同。美国法通过交易免除了法院的审判,也免除了控方的证明责任;而在我国被告人作出供述后,除少量检察机关不起诉的案件外,并不免除审判程序及控方的证明责任。其三,交易的规范化与明确性不同。我国的辩诉交易,比较欠缺制度化要素,对控辩双方的协商与交易本身缺乏明确的规定。因此造成这种交易的条件、内容、程序与后果的模糊性、不确定性。从而损害了辩诉交易的良性运作。例如,为人们所诟病的"坦白从宽"政策不兑现(所谓"坦白从宽,牢底坐穿"),就是突出的反映。

三、由辩诉交易探讨一种新的诉讼观

为什么似乎有悖于司法正义观念的辩诉交易成为英美和大陆法系国家比较普遍的实践,甚至强调犯罪打击,注重实体正义的我国刑事司法也难摆脱它的影子?当司法观念与普遍的实践相悖而且难以解释这种实践时,我们就不能不对我们的诉讼观尤其是刑事司法观念本身进行反思。

笔者认为,传统的刑事司法观念不符合现代诉讼机制及其运行的需要,我们应当实现观念更新,通过对辩诉交易制度及其实践的思考,建立一种新的诉讼观。这种诉讼观主要由以下四个方面的观念构成:

1. 交换是一种基本社会机制,同时也是一种诉讼机制的观念。乔治·齐美尔说:"人与人之间的所有接触都以给予和回报等值这一图式为基础。"[5]彼德·布劳教授进而指出,社会交换,如果加以广泛的定义,则可以被看作一系列事物的基础,这些事物包括"对抗力量之间的冲突和合作"。因此,社会交往可以被设想为"一种至少是两个人之间的交换活动"。我们到处都能看到交换,"不仅在市场关系中而且在友谊中,甚至在爱情中,以及在这些以亲密性形式出现的多种社会关系中:邻居们交换恩惠;儿童们交换玩具;同事们交换帮助;熟人们交换礼貌;政治家们交换让步;讨论者们交换观点;家庭主妇们交换烹饪诀窍"[6]。

不过,学者也提醒我们不要强行将各种行动,如因为恐惧上帝而做某事,都纳入一种交换的概念框架。交换的适用有一个前提,即"该行为的最终目标只有通过与他人互动才能达到"。而刑事司法活动正是一种需要"与他人互动才能达到目标"的活动。这种互动包括警察、检察官与犯罪嫌疑人之间的互动。嫌疑人是重要的证据来源,由于他是最了解案件发生过程的,因此可以被称为"第一证人"。在证据裁判主义之下,检察官需要从嫌疑人那里获得支持指控的证据,某些情况下,如果没有嫌疑人配合,案件将难以证实,责任将难以追究。要求嫌疑人配合的过程,由于受到正当程序及人道原则的限制,不能以强力获取,往往不得不采用交换利益即交易的方式。可见,交换也是现代刑事诉讼的一种重要机制。[7]

2. 诉讼是一种“风险博弈”，为规避风险降低成本可以实行和解与妥协的观念。诉讼的对抗性质，使其成为一种博弈，即以求胜为目的的游戏(game)和竞技。根据博弈论，博弈包括三个要素：博弈参与人；博弈战略；博弈收益(包括成本计算)。辩诉交易就是一种典型的讨价还价博弈。在这场以刑事诉讼为背景的博弈中，参与人是检察官和被告人，控辩双方在追诉与反追诉的对抗中，均可以采取一定的攻防进退战略。在进入审判前，控辩双方可能的战略组合有两个：选择正式审判或者选择辩诉交易，参与人的收益如果量化的话，前者要么是100%，要么为0；后者的收益虽然达不到100%，但它可以避免出现收益为0的风险。在100%与0之间如何选择，对双方来说就是风险博弈。[8]

此外，控辩双方还必须考虑拒绝辩诉交易，选择正式审判将必然面临的诉讼成本。“诉讼对当事人是昂贵的，除了直接的法院成本和精力，因此人们可以预计理性的诉讼当事人可能会发现和解符合他们的利益。”[9]学者阿瑞尔·鲁滨斯坦因此提出了一种“讨价还价博弈”(rubinstein bargaining games)的模型，其中当事人被迫达成一致，不是因为他们想尽快获得达成一致的利益，而是因为每一轮谈判双方都要付出成本。法律规则可以看成一种退出选择(exit option)，即当事人打断谈判的交换意见过程并获得相应收益的权利。[10]

辩诉交易正是理性的诉讼当事人即控辩双方基于较大的诉讼风险以及昂贵的诉讼成本，发现进行交易更符合他们的利益，从而达成一致，选择退出诉讼，打断诉讼进程并获得相应收益的“辩诉和解”。和解的结局不是非赢即败，而是一种“双赢”。这也是司法实践中，辩诉交易普遍存在的基本原因。

3. 通过诉讼实现正义的有限性，即“有限正义”的观念。所谓“双赢”的说法是语境式的。即正义得到了有限的实现，而被追究者也得到了一定的利益。当然，这并不是理想的模式，因为理性的模式是正义的彻底伸张和邪恶的最终灭亡，就像好莱坞大片的结局。应当说，这是我们的追求，而通过这种追求，在许多个案中确实也实现了或可能实现这种理想的结局。但从总体上看，就像真理是相对的以及事物是不完美的一样，正义实现也是有限的，否则，就不会有“破案率”“犯罪黑数”这样的概念。

正义实现是有限的，这是因为诉讼是人的事业而不是神的功业，作为追诉者的人，他的能力是有限的，他会受到主观和客观各方面条件的限制，而诉讼在根本上又具有对抗的性质，在个案中，可能通过努力而完全实现正义，也可能根本不能实现这种正义而让犯罪者逍遥法外，有时还不能不进行妥协，以保证基本的正义（能将犯罪者绳之以法，但不一定罚当其罪）的实现。因此，有限正义的观念，应当是一种现实的司法观念。而有限正义论也许正与笔者的一种基本思想契合，这种思想即“相对合理主义”。[11]

4. 正义实现必须付出代价，即“正义有价”的观念。通过以上的观念解析以及不同观念间逻辑关系的确定，我们不能不承认正义有价这样一个命题。也就是说，无价的、至上性的正义，只是存在于观念形态中。尘世中即现实形态的正义，则是有价的。因为正义实现过程（诉讼过程）中的利益交换即交易性，就意味着正义的“上市”。这种市场背景，使正义的有价性具有了前提与条件。正义实现过程中的妥协与利益的让渡，产生了正义的代价，这个代价，即为了实现正义而牺牲的部分正义。正义的有价性甚至可以量化，可以用“价格”来体现。例如，通过交易而减少的刑期，就是正义的价格。

四、结语：对辩诉交易的适度确认与规制

上述分析说明，在刑事诉讼中，辩诉交易在一个有限的范围内是必要的。因此，对其进行制度性确认，避免因其无据性而导致无序性，是中国刑事司法在制度建构上的重要课题。不过，我们也要承认这种利弊相伴的制度一旦设置不当或者实施不当，就可能因过大的代价而出现弊大于利的效应，因此而产生所谓适度确认与规制的问题。尤其是考虑到我国刑事司法制度在本质上的职权主义构造以及司法从业人员整体素质尚有待提高等现实国情，为了防止辩诉交易产生过多的负面影响，构建我国的辩诉交易制度，在制度设计和操作中应当更为谨慎。

适度地确认以及对辩诉交易进行规制，包括许多方面，如限制适用范围，只能将其适用于一定刑度内的案件，同时，一部分案件，如涉及国家安全和社会稳定的案件等，禁止交易；限制交易内容，如限制量刑折扣的幅度，而且禁止进行犯罪性质的交易；规范交易形式，如以书面形式确定协商认可的内容，避免其后来失效。同时还应强调对这种活动加强司法审查，并健全救济机制等。此外，为防止或减少负面效应，可以采取分步推进的制度建构方式，并注意与相应配套条件的培植结合起来。

注释

1 孙长永:《“正义”无价,如何“上市”——关于我国刑事诉讼引入辩诉交易的思考》,2002 年 8 月中国法学会刑事诉讼法专业委员会贵阳研讨会材料。

2 熊秋红:《有罪答辩、辩诉交易及其在中国的尝试》,载宋英辉、李哲:《辩诉交易制度之评介与思考》,2002 年 8 月中国法学会刑事诉讼法专业委员会贵阳研讨会材料。

3 Black's Law Dictionary 7th Ed. ,West Group,2000,p. 1173.

4 [美]彼得 · G. 伦斯特洛姆:《美国法律辞典》,贺卫方等译,中国政法大学出版社 1998 年版,第 189 页。

5 [美]彼德 · 布劳:《社会生活中的交换与权利》,孙非、张黎勤译,华夏出版社 1988 年版,第 1 页。

6 [美]彼德 · 布劳:《社会生活中的交换与权利》,孙非、张黎勤译,华夏出版社 1988 年版,第 5、104 页。

7 有些学者认为,我国刑事诉讼中被告人的客体地位使他缺乏与公诉机关平等讨价还价的能力和条件,这种说法有一定道理。但必须看到,被告人供述作为证据手段在我国特别为控诉方所倚重,这是被告人能够进行交易的最重要的资本(能力和条件)。

8 有学者认为,大陆法系国家侦查程序对控方有利,检察官起诉后的败诉风险较小,因此辩诉交易积极性不大。这种看法似乎忽略了在证据裁判原则之下,任何国家检察官都面临相当大数量的案件难以证实的困境,在取证手段合法化的限制下,都会有通过协商获得定罪的较大积极性。

9 [美]道格拉斯 · G. 拜尔等:《法律的博弈分析》,严旭阳译,法律出版社 2000 年版,第 280 页。

10 [美]道格拉斯 · G. 拜尔等:《法律的博弈分析》,严旭阳译,法律出版社 2000 年版,第 251 页。

11 龙宗智:《相对合理主义及其局限性》,载《现代法学》2002 年第 4 期。

辩护律师有权向当事人核实人证*

《刑事诉讼法》第37条第4款规定："辩护律师……自案件移送审查起诉之日起，可以向犯罪嫌疑人、被告人核实有关证据……"然而，该法律条文中的"核实有关证据"应当如何理解，目前有不同意见。据悉，正拟制的关于律师刑事辩护若干问题的规定，这一问题亦为主要争议点。鉴于此问题直接影响到律师辩护权的行使效能及其执业责任，从刑辩的角度看，"兹事体大"，特撰文予以研析，希望能对拟制或理解相关规定有所影响。

目前实务界有一种观点，认为辩护律师向嫌疑人、被告人核实证据，只能核实物证类证据，为了防止嫌疑人、被告人翻供，不能将同案嫌疑人、被告人的供述和证人证言在开庭前告知嫌疑人、被告人，予以核实。甚至提出律师向当事人"告知证据是例外，不告知是原则"。笔者认为，律师在向当事人核实证据时，应当注意维护司法公正，保护其他合法利益，因此应避免告知某些信息。但嫌疑人、被告人在庭前知悉与案件相关的证据信息，是其自行辩护的必要条件，属于其辩护权的当然构成，辩护律师向当事人核实包括人证在内的证据信息，是有效行使辩护权的需要。上述限制人证核实的观点，违背立法原意，脱离司法实际，损害嫌疑人、被告人的正当、合法的辩护权。

一、限制人证核实，违背立法原意，而且如以解释性规定减缩宪法、法律赋予公民的权利，有悖法制原则，有违宪法要求

《刑事诉讼法》第37条第4款允许律师向嫌疑人、被告人核实有关证

* 原载《法学》2015年第5期。

据，一方面，赋予辩护律师向当事人核实证据的权利；另一方面，实际上也赋予了嫌疑人、被告人的证据信息知悉权。该条规定中的"有关证据"，是指与案件定罪量刑有关的证据。对此，可从以下几点论证：其一，从立法缘由看，第37条第4款是2012年《刑事诉讼法》修改增加的条款，是因原法对此未作规定，使律师与当事人的证据信息交流缺乏规范，不仅妨碍辩护权行使，而且增加了律师的执业风险，实务界和学界均要求明确行为规范，其基本立法意图是保障律师辩护权。

其二，从法义解释看，负责法律拟制工作的全国人大常委会法制工作委员会刑法室的同志对这一新规定的含义和意义做了具有一定权威性的学理说明："为了更好地准备辩护，包括向人民检察院提出辩护意见和在法庭上行使辩护职能，进行质证等，辩护律师均需要对其查阅、摘抄、复制的有关证据材料及自行调查收集的有关证据材料向犯罪嫌疑人、被告人进行核实，以确定证据材料的可靠性。"[1]可见，该条款中的核实证据，无疑包含将辩护律师查阅、摘抄、复制的有关证据材料及自行收集的有关证据材料的基本信息内容告诉嫌疑人、被告人，听取对方对这些证据材料的意见，从而帮助辩护律师确定这些证据材料的可靠性，以便在诉讼中适当使用这些证据。如果限制人证信息交流与核实，显然不能达到辩护律师核实证据材料可靠性的目的。

其三，从第37条第4款本身的内容结构分析。该款规定的完整内容为："辩护律师会见在押的犯罪嫌疑人、被告人，可以了解案件有关情况，提供法律咨询等；自案件移送审查起诉之日起，可以向犯罪嫌疑人、被告人核实有关证据。辩护律师会见犯罪嫌疑人、被告人时不被监听。"第一个分句是指辩护律师向当事人了解情况，提供法律上的咨询意见，其中并不包含辩护律师告知其知悉的证据信息并向当事人核实；第二个分句则以案件侦查终结，移送起诉为标志，明确辩护律师可以向当事人核实有关证据。这里之所以规定核实证据需从移送审查起诉之日起，"主要是考虑这时案件已经侦查终结，案件事实已经查清，主要证据已经固定，辩护律师核实证据不致影响侦查活动的正常进行"。[2]

该条文最后一句是会见时不被监听，这一规定是对会见时双方信息交流的重要保障。根据有关说明，"这样规定主要是考虑，如果侦查机关在律师会见时可以听到其谈话内容，就会使犯罪嫌疑人、被告人顾虑重重，不敢对律师讲案件的真实情况。为保障辩护权的充分行使,应当使辩护律师与犯罪嫌疑人、被告人之间的谈话在保密的状态下进行,其谈话内容不能为第三方知悉”。[3]也正是这一规定,印证了除法律和律师基本执业规范对律师的约束外,律师向当事人传达相关信息不受其他约束。反之,如果要限制核实证据、交流信息的范围,就不能作出禁止监听的规定,反而应当建立监督措施,否则相关限制性规定就无法执行。

其四,核实“有关证据”,从一般学理解释和该词语使用的语境分析,应当是指与案件辩护有关,对辩护可能有意义的各种证据。

上述分析说明,限制人证信息交流核实的做法违背了立法精神。而且,鉴于辩护权是宪法确认、刑事诉讼法予以保障的公民基本权利,如以解释性规定限缩法律明确赋予公民享有的合法权利,既有悖于下位法不得修订、超越上位法的基本法制原则,又违反了法律赋予公民的宪法性权利不得以行政法规、规章和司法解释予以剥夺或限缩的公民权利保障原则及宪制原则。

二、限制人证核实,严重脱离司法实际,与控方法庭举证方式相矛盾,妨碍诉讼效率

《刑事诉讼法》修改后,律师在审前向当事人核实包括人证在内的各种证据,是刑事辩护实践的普遍做法。辩护律师审前向当事人核实证据,主要有三个原因。一是有法律依据,律师有权“核实有关证据”;二是辩护需要,为核实证据可靠性,有效准备辩护,并帮助当事人辩护,律师需要这样做;三是由法庭审判方式所决定,法院甚至检察院常常希望这样做,尤其是重大、复杂,证据繁多的案件。对第三点作以下解释。

目前各地刑事案件一审审判,在法庭调查中的公诉人举证及辩护方质证,均采取成组举证和系统质证的方式,即就某一指控事实,公诉人概述证明意旨,然后按类别罗列相关证据,说明证据出处(某卷某页至某页)。仅对某些重要的、有分歧的证据,具体说明证据内容,甚至实行一证一举和一证一质。在成组举证中,即使对重要证据宣读其内容,也不会通篇宣读,而是仅宣读公诉人认为与指控的犯罪有紧密关联的内容(通常是支持指控的内容);即使有时一证一举,也是考虑相关性、重要性以及与指控目的的契合性,宣读部分内容,而非通篇宣读。也就是说,如果被告人仅依靠公诉人法

庭举证获悉人证信息并做出质证反应，不仅因在缺乏准备的情况下即时接触大量信息，难以有效反应，[4]而且意味着被告人对人证信息无法全面知悉，尤其是难以获悉对辩护有利的人证信息（公诉人通常不会在法庭上主动、全面地开示此类信息，因为这与控诉目的不符）。这种类似"证据突袭"的做法对被告人显然是不公正的。因此，认真的辩护律师和希望切实展开辩护的被告人，就很可能要求公诉人在法庭上改变举证方式，甚至实行一证一举，一证一质，而且还可能要求把所举人证材料交由被告阅读研究。[5]这种做法将大大妨碍诉讼效率。

为了保证辩护方的质证权，同时保证诉讼的效率，各地法院普遍认可被告人通过辩护律师全面了解证据信息。尤其是重大、复杂、证据繁多的案件，如果不在庭前让被告人知悉法庭上公诉人可能举证的证据内容，庭审将旷日持久。因此，庭前会议中，法官不仅不会禁止律师向当事人告知证据信息，有时还会要求辩护律师这样做，由此保证在庭审时，将更多的时间用于质证，即发表对证据的不同意见，而不过多地费时于公诉人在法庭上宣读证据，以及被告人在法庭上阅审证据。由于公诉检察官在实务操作中均采取成组举证方式，也支持法官的这一要求，甚至将其举证提纲交给辩护方，让辩方包括被告事先准备，法庭上检察官即可采取列举证据和重点证据说明的方式举证，不再详细说明各项证据内容，从而减轻了举证负担。

以咸宁市中级人民法院 2014 年开庭审判的刘汉等人黑社会性质组织犯罪案件为例。该案 36 名被告，10 多项罪名，案卷多达 800 多本。为了提高诉讼效率，避免在法庭上举证占用过多时间，庭前会议上，公诉人将举证提纲交全部辩护人，审判长要求辩护人开庭前向被告核实这些证据，法庭上公诉人采取成批举证，不再逐一出示证据，庭审调查的重点放在质证。该案分为 6 起案件分别起诉、审理，其中最长的开庭用时 17 天。试想，如无事先的证据信息知悉，而将庭审作为向被告告知人证信息的唯一空间，在主要被告因命运攸关极为关注人证证明内容的情况下，[6]诉讼不知会拖延到何时。

该起案件由最高人民法院直接指导审判，最高人民检察院直接指导公诉。如笔者曾在有关分析文章中指出的，办案律师在庭前告知被告证据内容，甚至将重要人证交被告阅读摘抄，作为举世瞩目的大案，在程序上具有示范效应。[7]

三、限制人证核实，违背被告人有权辩护以及辩护有效性原则，有悖于刑事司法人权保障的制度和机理，且就刑事司法整体效益而言得不偿失

犯罪嫌疑人、被告人作为刑事诉讼的重要参与者，其角色具有双重性：既为证据来源，又是辩护主体。就实际操作而言，审前阶段，在尊重被告人自白任意性（自愿性）的前提下，重视其作为证据来源的作用。在审判阶段，则须首先尊重和保障被告人辩护权。限制被告审前知悉人证信息的做法，其法理基础是传统的被告人客体论，即不仅在审前阶段被告人是负有供述义务的诉讼客体，即使在最终决定被告人命运的审判活动中，被告人也是审问客体，其出庭的基本功能是供述与指控有关的事实。在这种制度安排中，当然可以限制被告人的庭前证据知悉权，禁止其获悉对其辩护有重要意义甚至关键作用的信息。

有关限制人证核实的主张，将证据分为人证和非人证，对前者禁止辩护律师告知和核实，但对后者，如物证、书证、视听资料、电子数据、勘验检查笔录以及鉴定意见等，则不作限制。其实，这些非人证类证据也可能为辩护所利用，甚至可能发生某种诱导嫌疑人、被告人翻供的效果。之所以仅限制人证，笔者分析认为，一是因为人证仍然构成大部分刑事案件的主要定案依据，在刑事司法实践中，其功用难为非人证类证据所取代，尤其是在行贿受贿等特殊类型的犯罪认定中。因此，禁止核实人证，在多数情况下，其实是阻断了当事人获得主要的有利辩护信息的路径。二是因为控诉方对非人证类证据进入诉讼案卷较为可控，搜集哪些、不搜集哪些，入卷哪些、不入卷哪些，大体可以为侦控方所控制。反之，对人证类证据相对不可控。因为按照规范操作，每次讯问嫌疑人、询问证人的笔录都应当入卷，而嫌疑人、证人的陈述部分不可控。辩护律师自行调查的人证，其内容更为侦控方所不可控。因此，防止不可控人证信息为当事人知悉，以避免其利用此类信息准备辩护甚至因此翻供，就成为控诉方为保证控诉证据体系的稳定性和有效性，可能希望达成的一种制度安排。

上述说明，禁止嫌疑人、被告人审前接触其他人证，是为达到控诉目的，通过阻断信息交流渠道，限制辩护权，妨碍其有效辩护为代价的。因此，此种要求显然违背了被告人享有辩护权以及辩护有效性的原则。

不过，这是一个不同利益考量的问题。如果为了有效打击犯罪，我们是

否可以部分牺牲有效辩护,或者说限制被告的辩护权,而让辩护律师代为辩护呢?

笔者认为,限制嫌疑人、被告人庭前知悉人证的做法,对打击犯罪助益不大,就刑事司法整体效益而言得不偿失。因为侦查终结后,在审前知悉相关人证信息后翻供,以及在庭上知悉相关信息后翻供,并无本质区别。目前的制度设计,侦查阶段是由侦查机关主导的、相对封闭的司法环节,律师无权向当事人核实证据,从而通过信息不对称,实现侦查效益。待侦查终结,证据相对固定,即允许辩护律师向当事人"核实有关证据",此时,如果被告翻供,也有较为清晰的诉讼留痕,可供公诉检察官以及审判法官作出判断。而对被告人翻供的判断,根据最高人民法院《关于适用〈中华人民共和国刑事诉讼法〉的解释》第 83 条的规定,基本的判断原则是"印证原则",即认罪供述与翻供供述分别是否有其他证据印证。[8]简言之,如果有罪供述为其他证据所支持,则翻供没有意义;如翻供供述为其他证据所支持,则翻供可能有效。最高人民法院司法解释虽然直接规制庭审翻供问题,但其判断原则和机理同样适用于审前阶段的嫌疑人、被告人翻供。由于侦查终结交付审查起诉的案件,嫌疑人的供述都是有其他证据印证支持的(侦查机关通常不会明显违背证据标准将无证据印证的案件交付起诉),而被告人翻供在多数甚至绝大多数情况下是缺乏其他证据支持的,因此,虽然被告翻供较为常见,但很少见到因此影响定罪的。如果被告翻供影响了定罪,导致难作有罪判决,就说明翻供有其他证据所支持,或者因翻供形成指控证据不充分,这种情况下,裁判者当然应十分谨慎,因为此时如果仍确认指控而定罪,可能导致冤假错案。

上述说明,由于审前翻供与审判时翻供适用相同的判断原则,当事人审前知悉人证信息与审判时知悉并无本质区别。而且,如因审前知悉相关证据信息,使被告口供在审前即发生变化,还可以使公诉机关和法院有一定的准备,控方可以事先准备应对方案,包括补证以及对原供述的有效性作合理解释,避免因庭审时口供变化而休庭妨碍审判效率。

至于限制被告本人辩护权,而由辩护律师代为辩护的问题,我们需要明确两点:其一,辩护权是宪法赋予嫌疑人、被告人的基本权利,对这一权利,他可以自行行使,也可以委托辩护律师辅助其行使,如果限制当事人本人有效辩护,而以其辅助人代替,则有颠倒权利享有主辅关系之嫌。其二,辩护律师的有效辩护，仍然需要向当事人“核实有关证据”。在我国目前的制度背景中，辩护律师以案卷为基本的信息来源，以向当事人介绍情况、听取意见为核实证据的基本方式。如有论者指出：“律师与当事人自由交流案件信息是开展辩护活动不可或缺的内容。辩护律师对证据的知悉并不能完全代替被追诉人本人对证据的知悉，被追诉人作为案件当事人，对证据知悉有着更强烈的愿望和动机，对指控证据材料的真伪和案件事实具有比辩护律师更大的发言权。如果律师能将控方证据情况及时告知委托人，不仅有利于被追诉人做好庭审前的证据准备，对有异议的控方证据及时作出回应，而且在与律师协商的基础上共同提出辩护策略，制订最佳辩护方案，从而提高辩护效果。”[9]反之，如果限制辩护律师向当事人核实人证，无疑会妨碍律师的有效辩护。

四、限制人证核实，将妨碍庭审实质化，有悖于“以审判为中心”诉讼制度改革的要求

主张限制人证核实的一种理由是，“以审判为中心”的诉讼制度改革，对庭审中证据调查的客观性有进一步要求，为防止被告人受其他人证影响翻供，有必要限制其庭前证据知悉。这种观点看似有理，但忽略了庭审中心主义的关键是庭审实质化，而要实现庭审实质化，庭审就应当是控辩双方有备而来，从而实现有效举证、质证。如果被告不事先基本知悉与辩护有关的信息，即如前面的论述，他就很难进行全面、有效地质证，在这一意义上，庭审就不可避免地出现某种程度的“虚化”。

而且庭审实质化，必然要求改变过去那种仓促草率的庭审方式，通过充分地质证辩论，使庭审成为认定事实、适用法律的决定性诉讼环节，为此，庭审的细致化是必然趋势，但因此会牺牲部分诉讼效率。然而，案件审理负担及审判效率要求，尚不允许庭审效率过低。为兼顾庭审实质化和审判效率两种利益，基本的解决办法是，加强庭前证据准备，缩短法庭示证过程，将法庭调查的主要时间用于质证。这就使庭前让被告人能够全面获得证据信息（除某些不适于其知悉的信息外），为必要的制度安排。这也是目前司法实践中允许当事人通过律师核实证据在庭前知悉证据信息的重要原因。

至于担心庭审实质化以后，法庭翻供影响定罪的问题，则仍可原则上继续适用最高人民法院关于翻供条件下定罪的司法解释规范，因此不会妨碍

打击犯罪。但笔者认为，目前司法实践中较突出的问题之一，是关于翻供的事实认定规则，过于强调“证据印证”，忽略了包括对指控事实的合情理性判断等经验法则运用的方法，使一部分被告合理、有据地改变供述做无罪或最轻辩解仍然归于无效，妨碍了刑事司法的纠错功能。这在职务犯罪审判中最为突出。对此，应该进行制度反省并做适度的规范调整。[10]

五、限制人证核实，缺乏可操作性，而且可能对辩护方形成不适当的威胁，损害刑事诉讼的防错机能

其一，法律明确规定，辩护律师会见嫌疑人、被告人，包括向其核实有关证据，不被监听。据此，辩护律师核实证据的内容，监督机关是难以查核的。只要嫌疑人、被告人在法庭陈述时略加注意，就可隐蔽其信息获知情况。而且即使有超越范围告知信息的线索，由于不被监听的规定，也难以查证属实。因此，有论者称，禁止会见监听的制度，使讨论是否限制核实证据范围问题无实际意义。

法律和司法解释不应规定不能有效监督，因此难以实施的条款，这是立法常识。为了克服这一难题，有效监督禁止性规定的落实，就要打破禁止监听制度，或采取其他的能够查核律师和当事人交流内容的监察方式，但这种做法势必损害律师—当事人之间的信任关系和保密责任，从而加大律师执业风险，威胁律师执业活动，最终损害辩护功能。而毋庸置疑，辩护是刑事诉讼防错机能的基本要素。

其二，从证据种类看，非人证类证据与人证类证据不能截然分开，相互间一定程度的交叉也使限制人证核实的做法降低了可行性，如在我国刑事诉讼中，书证与人证不可避免地会出现一定程度的交叉重合。因为书证通常情况下也是人的意思表示，是人的思想的书面记录。国外证据法学区分二者主要根据证据形式——书证是已被书面固定的人的陈述，而人证是证人（含专家证人）、被告人对法庭所作的言词陈述。但我国刑事诉讼尚未有效实行排除传闻规则或直接、言词证据规则，人证形式主要是书面陈述，因此和书证区分不明显。如行政执法与纪委办案阶段获取的当事人自书材料，其形式为书证，但其内容为人证（当时为刑事诉讼中的嫌疑人、被告人或证人），因此符合书证定义而不符合人证的法定标准，即使在刑事司法活动中使用，也只能作为书证而不能作为人证。因此，限制人证不限制书证的要

求，不仅会出现难以区分不便实施的情况，而且相互交叉关系使这一限制在一定情况下丧失意义。

又如，视听资料与人证，也存在一定的重合性。应当判处无期徒刑以上刑罚的案件、职务犯罪案件以及其他重大犯罪案件，依照法律和有关规定，应对人证调查实行全程录音录像。这些录音录像资料，是辩护律师可以查阅的证据性材料。向当事人核实录音录像，包括有时核实侦查人员审讯同案被告、询问证人的过程及陈述内容，是律师核实证据，以及准备提起非法证据排除程序的必要方法，也为相关规定和司法实践许可，但其过程无疑也是人证信息沟通和核实的过程。可见在目前制度框架下禁止人证核实势必“禁而不止”。

此外，在律师辩护规范文件的讨论过程中，有一种意见是区分证人证言与同案被告供述，律师可以依法向被告人核实证言，但不得向被告人核实同案嫌疑人、被告人供述。这是在主张全面核实证据及反对核实人证两种意见之间的一种折中，意在防止被告间串供，妨碍定罪。这种意见较之人证限制论虽然已经放宽限制，但仍然有碍辩护权的有效行使，理由如上述。而且这一建议存在另一项可操作性问题，即证人证言与同案嫌疑人、被告人口供的转换、重合，使这种划分不便操作，且丧失合理性。因为在司法实践中，由于刑事政策、追诉需要、嫌犯未到案等各种原因，共同犯罪包括“对合犯罪”的犯罪嫌疑人、被告人常常不同案起诉，在这种情况下，非同案追诉的共同犯罪的嫌疑人、被告人，彼此间应为证人，但在实质上，即共同犯罪的意义上，仍为同案嫌疑人、被告人。因分案追诉导致的身份变化成为划分核实证据范围的界限，成为辩护活动限制的操作标准，显然缺乏正当性与合理性。

六、限制人证核实，背离了刑事司法的国际准则和普遍的刑事辩护实践，不利于我国刑事司法的国际形象

为了保障被告的辩护权，联合国《公民权利和政治权利国际公约》设定了最低限度的、要求各国普遍遵循的标准，包括“被指控人有相当的时间和便利准备他的辩护”。联合国人权事务委员会已经明确指出：“‘便利’必须包括辩方能够获得文件和其他必要的证据，以准备其案件的辩护。”[11]如果人证材料只能由公诉人当庭提出，而不为被告人事先知晓，这无异于对被告人的“证据突袭”，显然违背联合国相关规则，也不符合实施法治各国的普遍做法。

应当说,为落实被告人有权辩护和辩护有效性原则,让被告能够获得与指控相关的信息,并有一定的辩护准备时间,同时能与律师交换信息、协商辩护策略,已成为并无争议的普遍性法律实践。英美对抗制诉讼有一个重要特点,就是代表国家的控诉方有义务向被指控人披露其所掌握的证据,以平衡诉讼资源,实现"平等武装"。[12]美国《联邦刑事诉讼规则》第 16 条规定的证据开示的权利主体就是被告人,根据被告人的请求,政府应当将掌握的有关证据资料对被告人公开,并供其审查、复制或照相。不过,由于英美刑事诉讼实行传闻排除规则,审前证言一般不具备证据效力,因此,证据开示规则就警方庭前获取的人证(可能出庭的"潜在证人"的陈述及同案被告的陈述),未做严格要求。

大陆法系各个国家和地区亦尊重和保障嫌疑人、被告人的证据知悉权。根据法国《刑事诉讼法典》第 114、279 条,以及第 280 条的规定,律师可以将预审卷宗的副本复制给当事人,但当事人不得将此副本透露给第三人;足以证明犯罪的笔录、书面证言和鉴定报告,其副本应无偿发给每一名被告人和民事当事人;重罪被告人、民事当事人或他们的律师,均可付费取得或派人取得各项诉讼材料的副本。[13]在德国,虽然辩护人享有阅卷权,但是"辩护人不被禁止同其当事人谈论卷宗内容,甚至可以给其卷宗副本"。[14]俄罗斯《联邦刑事诉讼法典》第 217 条规定:侦查终结后,侦查员应将装订成册并编注页码的刑事案件材料提交给刑事被告人,物证也应一并提交;根据刑事被告人的请求还要提交照片、录音和录像资料、电影胶片以及其他侦查行为笔录的附件。刑事被告人有权重复翻阅任何一卷、摘抄任何材料的任何部分、复制文件,包括使用技术手段制作复印件。[15]中国台湾地区过去对被告的证据知悉权没有明确规定,但如学者林钰雄先生称,辩护人将阅卷所得的卷证影本交付被告,原则上并不违法。[16]2007 年,中国台湾地区修改"刑事诉讼法",增订第 33 条第 2 项,规定:"无辩护人之被告于审判中得预纳费用请求付与卷内笔录之影本。"实即确认被告人对各种笔录包括人证笔录的阅卷权(但笔录外的文书等证物不包括在内,且可因妨碍他案侦查等合理缘由予以限制)。[17]由于大陆法系实行卷宗制度,诉讼卷宗包括同案被告供述和证人陈述的书面记录,因此,被告人审前获悉成为证据内容的人证,是符合法律和实践的做法的。

相比之下,如在我国限制辩护律师与被告人的庭前人证信息交流,无疑违背公认的刑事司法国际准则,也显然落后于现代各个国家和地区普遍的刑事辩护实践,不利于维护我国刑事司法人权保障的国际形象。

综上所述,限制人证交流核实的做法,在法律上、法理上、实践中均难成立,因此新的辩护行为规范文件不应采纳。

不过,不限制人证交流并不意味着对辩护律师与当事人之间的信息交流全无限制,嫌疑人、被告人的证据知悉权也并非不受限制的绝对性权利。由于律师承担维护司法公正并维护其他合法权益的责任,因此,律师与当事人之间的信息交流,如果可能妨碍司法公正或危及其他某种合法利益,律师也有责任不提供相关信息。根据德国《刑事诉讼法》第 147 条第 7 项的规定,如果被告人从卷宗中获得的信息可能会危害侦查或他人的主要合法,其证据知悉权应受到限制。日本《刑事诉讼法》第 299 条之二规定,检察官在向辩护人提供知悉证人、鉴定人、口译人或笔译人的姓名及住居的机会的场合,或者在提供阅览证据文书或证物的机会的场合,认为有可能发生加害证人、鉴定人、口译人、笔译人或证据文书或证物记载其姓名的人及以上的人的亲属的身体或财产的行为时,或者有可能发生使以上的人感到恐怖或难以应付的行为时,除对于被告人的防御有必要的外,可以告知辩护人该项意旨,并要求其注意不得使关系人(包括被告人)知悉能够特定以上人的住居、工作场所及其他通常所在场所的事项,以及不得使以上人的安全受到威胁。[18]中国台湾地区实务上对辩护人披露阅卷材料的范围也有所限制,尽管辩护人将阅卷所得的证据材料交付被告并不违法,但这样做需适当注意其可能产生的负面效果。例如,注意被告是否可能骚扰或威胁被害人,存在这种可能时,辩护人不得向当事人透露被害人的住址、电话等个人资料。而且根据中国台湾地区“刑事诉讼法”第 34 条的规定,辩护人与嫌疑人、被告人的会见与通信,可因有事实足以认定有妨碍证据或勾串共犯或证人之可能时,予以限制。

参考其他国家和地区规定,考虑我国刑事诉讼的现实情况,可以考虑在两个方面对辩护律师核实证据予以限制:其一,限制将某些被害人、证人的身份等个人信息告知当事人,如被害人、证人的安全或其他合法权益可能受到威胁,辩护律师不应将被害人、证人的身份、居所、工作单位等个人信息告知当事人。其二,限制可能导致嫌疑人、被告人违背事实而翻供、串供,以及其他可能影响司法公正的信息告知。维护司法公正是律师的责任,因此,如果有迹象表明,告知相关证据信息可能导致嫌疑人、被告人违背事实翻供或串供,干扰公正审判,律师应当避免将此类信息告诉嫌疑人、被告人。为此,虽然允许辩护律师告知嫌疑人、被告人相关信息,但原则上对证言和同案嫌疑人、被告人的供述的信息采取口头告知的方式,而不将全部案卷交由被告阅读。

综上所述,关于辩护律师行为规范的文件可以明确规定:辩护律师自案件移送审查起诉之日起,可以向犯罪嫌疑人、被告人核实与其被指控的犯罪的定罪量刑有关的证据,但不得通过核实证据引导犯罪嫌疑人、被告人违背事实改变供述或串供。如果犯罪嫌疑人、被告人可能骚扰、威胁或加害被害人、证人,辩护律师不得告诉相关被害人、证人的身份、住址等个人信息。

注释

1 全国人大常委会法制工作委员会刑法室:《〈关于修改中华人民共和国刑事诉讼法的决定〉条文说明、立法理由及相关规定》,北京大学出版社 2012 年版,第 24 页。

2 全国人大常委会法制工作委员会刑法室:《〈关于修改中华人民共和国刑事诉讼法的决定〉条文说明、立法理由及相关规定》,北京大学出版社 2012 年版,第 24 页。

3 全国人大常委会法制工作委员会刑法室:《〈关于修改中华人民共和国刑事诉讼法的决定〉条文说明、立法理由及相关规定》,北京大学出版社 2012 年版,第 24 页。

4 这种情况下,多数被告或记不住公诉人举证的内容,或对举证“反应不过来”,只得请辩护律师代其质证。

5 笔者曾观察到一起经济犯罪案件审判,一位辩护律师(属所谓“死磕律师”),不满公诉人在未事先告知举证方式和内容的情况下,在法庭上批量举证,以妨碍辩护律师和被告人质证权为由,要求公诉人一证一举,以便审查证据并质证。这一要求符合庭审实质化和质证原则,法庭无法拒绝,但因涉及多名被告多项犯罪,如均一证一举、一证一质,庭审将旷日持久,为保证诉讼效率,公诉人同意将举证提纲交辩护人,使辩护人能够做必要准备。而后,公诉人仍以成组举证,重点说明的方式举证。

6 如刘汉曾要求法庭传案件中的所有证人都出庭作证、逐一接受质证。

7 龙宗智:《薄熙来案审判中的若干证据法问题》,载《法学》2013 年第 10 期。

8 最高人民法院《关于适用〈中华人民共和国刑事诉讼法〉的解释》第 83 条规定:“审查被告人供述和辩解,应当结合控辩双方提供的所有证据以及被告人的全部供述和辩解进行。被告人庭审中翻供,但不能合理说明翻供原因或者其辩解与全案证据矛盾,而其庭前供述与其他证据相互印证的，可以采信其庭前供述。被告人庭前供述和辩解存在反复，但庭审中供认，且与其他证据相互印证的，可以采信其庭审供述；被告人庭前供述和辩解存在反复，庭审中不供认，且无其他证据与庭前供述印证的，不得采信其庭前供述。”

9 韩旭：《刑事诉讼中被追诉人及其家属证据知悉权研究》，载《现代法学》2009 年第 3 期。

10 目前，有一部分职务犯罪从一开始取证就不规范，产生了虚假口供和证言。但即使被告翻供，证人由于有关国家权力的压制而往往不敢翻证，因此不能达到印证要求，导致错案不能纠正。有些职务犯罪案件甚至证人同时翻证也不能纠错，因为让职务犯罪办案机关承认错误过于困难，而这些机关又过于强势。其实，这些案件所认定的事实往往不合情理，如无请托事项而送巨款，无职务上的办事能力而收受巨额贿赂等。为此，需要加强客观性证据定案机制以及注意运用经验法则进行事实判断，从而适度调整“印证规则”。

11 不过，有关文件和记录的获得，并不意味着有权获得全部相关文件、材料的副本。基本原则是使被告能够有效地准备辩护。参见［奥］曼弗雷德·诺瓦克：《民权公约评注——联合国〈公民权利和政治权利国际公约〉》（上），毕小青等译，生活·读书·新知三联书店 2003 年版，第 252 页。

12 ［英］约翰·斯普莱克：《英国刑事诉讼程序》（第 9 版），徐美君等译，中国人民公安大学出版社 2006 年版，第 168 页；［美］约书亚·德雷斯勒等：《美国刑事诉讼法精解》，魏晓娜译，北京大学出版社 2009 年版，第 139 页。

13 《法国刑事诉讼法典》，罗结珍译，中国法制出版社 2006 年版，第 112、227 页。

14 ［德］克劳思·罗科信：《刑事诉讼法》，吴丽琪译，法律出版社 2003 年版，第 171 页。

15 《俄罗斯联邦刑事诉讼法典》（新版），黄道秀译，中国人民公安大学出版社 2006 年版，第 195～197 页。

16 林钰雄：《刑事诉讼法》（上册），中国人民大学出版社 2005 年版，第 171 页。

17 王兆鹏：《刑事诉讼法》，元照出版有限公司 2010 年版，第 466～467 页。

18 《日本刑事诉讼法》，宋英辉译，中国政法大学出版社 2000 年版，第 68～69 页。

监察与司法协调衔接的法规范分析*

中共中央《关于在北京市、山西省、浙江省开展国家监察体制改革试点方案》(以下简称《试点方案》)要求,在国家监察体制改革试点过程中,应建立监察委员会(以下简称监察委)与司法机关的协调衔接机制。国家监察体制改革的实质性内容,是将检察机关的职务犯罪侦查职能和机构转隶监察委,即由后者实际承担原由检察机关承担的职务犯罪侦查职能,由此必然产生犯罪调查(侦查)与审查起诉及刑事审判的业务衔接问题,必然产生监察委与检察机关及审判机关的工作协调问题。因此,研究监察委与司法机关的协调衔接,对于国家监察体制改革,具有重要意义。

一、协调衔接的实质是与国家刑事诉讼程序制度的协调衔接

(一)建立协调衔接机制,当前主要是制度安排问题

监察委与司法机关之间的协调衔接机制,涉及实际操作和制度安排两个层面的问题。制度安排是基础,在国家监察制度初创之时尤其如此。制度规范的创制,首先涉及监察法的制定,乃至宪法的修改。规定监察委的职能及职能行使的原则和基本规范,必须注意其与检察职能和审判职能的协调,保证监察委与司法机关的有效衔接。同时,无论从修改《刑事诉讼法》入手,还是以国家《监察法》设定相关刑事诉讼规范(此为目前立法路径),都应合理回答监察委运行中所必然产生的与司法协调的一系列具体问题,如案件管辖的协调衔接、立案和调查(侦查)工作的协调衔接、强制措施的协调衔

---

* 原载《政治与法律》2018 年第 1 期。本文所涉《刑事诉讼法》,均指 2012 年修订后的《刑事诉讼法》。——编者注

接、证据适用的协调衔接、程序保障措施的协调衔接以及案件移送的协调衔接等,否则势必发生机制障碍和实践难题,妨碍国家监察制度改革成效。

(二)建立协调衔接机制的困难及意义,与监察委的特殊性及立法路径有关

应当看到,监察委与司法机关之间实现合理有效的协调衔接并非易事。困难之一,是因为监察委的设立完全是一种"体制创新",它与司法的衔接是过去未遇到的新课题。一个强大的国家权力体系,兼有党纪检查、行政监察、犯罪调查三种功能,可谓"党、政、法"三位一体,这种特殊主体直接进入司法,与检察机关及法院相衔接,难免需要一些新的制度安排。困难之二,是因为监察委的特殊地位。监察委与纪律检查委员会(以下简称纪委)合署,是强大的纪检监察力量,处于我国集中型权力构造的核心位置。"全覆盖"的监察功能包括司法监察,在这种上下位相对关系中,检察机关本应发挥的"起诉过滤"功能以及审判机关应当实现的"审判中心"作用如何实现,确属难题。这种相对关系与我国香港地区、新加坡等地的廉政机构与司法机关的关系有重要区别。在这些地区和国家,专门的廉政机构只是执法体系的一个组成部分,必须在刑事诉讼法下履职。困难之三,是因为《试点方案》及《中华人民共和国监察法(草案)》(以下简称《监察法草案》)所采取的制度路径,是中止执行《刑事诉讼法》关于检察机关职务犯罪侦查的程序规定,而将监察委的犯罪调查程序设置为一种特殊程序。这样,就有犯罪侦查之实,而无犯罪侦查之名,避开刑事诉讼法的侦查程序规范,也就不适用《刑事诉讼法》设定的侦查机关与检察机关及审判机关的工作衔接机制,因此需创设新的机制。这一机制如需兼顾监察、检察及审判功能的合理有效发挥,确属不易。这也是我国刑事诉讼立法者随历史发展,根据打击犯罪的需要,通过修改法律,将国家安全机关、军队保卫部门、海关、监狱增设为犯罪侦查主体,就均不产生与检察机关和法院协调衔接的新问题,而监察委与司法机关协调衔接的问题较为突出的基本原因。前一种主体增设,只需适用《刑事诉讼法》关于侦查的相关规范,后一种主体新设,则走特殊路径,因此需创制一系列新的规范。

(三)协调衔接的实质,是与国家刑事诉讼程序制度的协调和衔接

以上分析说明,协调衔接的难题,是因监察委主体和职能发挥的特殊性,不依从《刑事诉讼法》设定的侦查程序规范解决互涉关系问题,而检察机

关和审判机关，需依照《刑事诉讼法》的基本原则、程序规范和证据规范进行公诉审查和审理裁判，因此，监察委与检察机关和审判机关的工作协调衔接，在制度层面，实质上是与《刑事诉讼法》程序制度的协调衔接，包括与《刑事诉讼法》侦查取证规范的协调，以及与检察审查和法院审判制度规范的衔接等，其中涉及一系列十分重要且有利益冲突的司法问题，如案件管辖及其冲突、强制侦查的发动条件和程序、强制措施的转接及羁押必要性审查、非法证据的审定和排除、证人出庭作证以保障庭审实质化、辩护权的保障和律师的介入等。这些问题都不是孤立的，即仅涉及单一主体的诉讼问题，而是不同主体间的互涉互动问题。可见，协调衔接的根本问题，是监察制度设置与国家刑事诉讼程序制度如何协调衔接。

二、案件管辖上的协调衔接

管辖是不同性质、地域、层级办案机关办理案件的分工及对各机关办案职权范围的界定。监察委办案，首先必须从法律上明确案件管辖权限和不同机关的办案分工。职务犯罪案件查处涉及监察委与其他有侦查职能的机关在管辖上的协调衔接，即职能管辖的协调衔接，也涉及因监察委自身的办案分工而与检察机关在案件移送上的协调衔接，即地域管辖、级别管辖和指定管辖的协调衔接。

案件管辖上的协调衔接，从目前情况看似乎比较清晰。因为检察机关侦查职能转隶后，监察委可按照《刑事诉讼法》已经明确的管辖范围，对原由检察机关侦查的贪污贿赂和渎职案件实施职务犯罪调查。不过，在制度设计时，涉及案件管辖的协调衔接，也有几个问题需要考虑：

1. 关于职能管辖的规定。关于职能管辖，《监察法草案》第 17 条规定："监察机关对涉嫌贪污贿赂、滥用职权、玩忽职守、权力寻租、利益输送、徇私舞弊以及浪费国家资财等职务违法和职务犯罪进行调查。"[1] 这一职责规定，实际上也是刑事案件职能管辖的规定，即监察机关与公安机关及其他犯罪侦查机关的案件管辖分工。不过，由于纪法问题（违反政纪与违反刑法的问题）未区分，这一规定中除贪污贿赂、滥用职权、玩忽职守、徇私舞弊等刑事法规范的内容外，也包括"权力寻租""利益输送""浪费国家资财"的行为。然而，贿赂犯罪即为"权力寻租"，也必然包含"利益输送""浪费国家资财"，如果情节严重，属于"滥用职权"的犯罪。因此，这一职责规定所包含的职能管辖规范，存在逻辑上的混淆，且妨碍刑事案件管辖分工的清晰性。因此建议修改该条规定，将一般违法与职务犯罪适度分离，根据刑法分则的规定，参照《刑事诉讼法》的规范，就监察机关对职务犯罪案件的职能管辖作出明确规定。

2. 关联案件管辖的协调衔接。所谓关联案件，是指一人犯数罪、共同犯罪、共同犯罪嫌疑、被告人实施了其他犯罪，以及多个犯罪嫌疑人、被告人实施的犯罪存在关联关系，因此两个以上的办案机关都有权管辖的案件。最高人民法院、最高人民检察院、公安部、国家安全部、司法部、全国人大常委会法制工作委员会 2012 年(联合)发布的《关于实施刑事诉讼法若干问题的规定》(以下简称《规定》)第 1 条规定："公安机关侦查刑事案件涉及人民检察院管辖的贪污贿赂案件时，应当将贪污贿赂案件移送人民检察院；人民检察院侦查贪污贿赂案件涉及公安机关管辖的刑事案件，应当将属于公安机关管辖的刑事案件移送公安机关。在上述情况中，如果涉嫌主罪属于公安机关管辖，由公安机关为主侦查，人民检察院予以配合；如果涉嫌主罪属于人民检察院管辖，由人民检察院为主侦查，公安机关予以配合。"这一规定已经明确了职能管辖中互涉案件的处理原则，即分别立案侦查，同时实行"主罪为主"管辖原则。然而，《监察法草案》第 35 条第 2 款规定："被调查人涉嫌严重职务违法或者职务犯罪，又涉嫌其他违法犯罪的，应当由监察机关为主调查，其他机关予以协助。"这一规定采用了"监察为主"管辖原则。这一体现"监察优越"的草拟规定似乎欠妥，因为它不仅与长期的管辖实践和相关规范相冲突，还因违背一般管辖规律会造成实践中的困难。例如，一起犯罪嫌疑人实施了普通行贿或受贿犯罪，同时实施了杀人、抢劫或组织、领导黑社会性质的组织等重大刑事犯罪的案件，主罪系普通刑事犯罪，涉及大量的侦查工作，而且可能包括多项普通刑事犯罪(如组织、领导黑社会性质组织的犯罪往往同时涉嫌十多项乃至几十项犯罪)，如以监察机关"为主"侦查(调查)，不仅与监察机关的职能不符，而且在主导侦查方面，必然存在很大困难。笔者认为，解决上述问题有两个方案：一个方案是参照《规定》的相关规定，作出"主罪为主"的规定；另一个方案是监察法对关联案件管辖不作规定，在该法通过后的协调性、解释性文件中，作出具体规定。采取前一方案，即设定合理有效可执行的法律规范，可促进关联案件管辖方案的法制化，但因关联案件涉及多种类型的关联，不是简单的"涉嫌其他违法犯罪"就可以概括的，因此在立法后作出具体规定，也不失为一种妥当方法。

3. 级别管辖的协调衔接。级别管辖，是不同层级司法机关的办案分工。根据我国《刑事诉讼法》第二章关于级别管辖的规定，一审刑事案件由基层人民法院管辖；危害国家安全、恐怖活动案件，可能判处无期徒刑、死刑的案件，由中级人民法院管辖。《刑事诉讼法》规定的是“审判管辖”，虽然并不直接约束侦查管辖，但由于法律所规定的同级移送，实际上要求侦查（调查）机关移送起诉以及检察机关提起公诉，符合级别管辖的法律规定。然而，监察委承担职务犯罪侦查职能后，在级别管辖的协调衔接上可能会出现某种矛盾。因为其前身纪检监察机构的查案能力，主要配置在市以上纪委监察机构，而区、县纪委监察机构的查案能力较弱。监察委成立后，基层检察院的侦查人员转隶，情况会有所改变，但市以上监察委的查案能力更强，加之职务违法犯罪按管理权限查处的相关规定，级别较高或较为重大的案件，仍将放在市以上监察委查办。这就可能产生市监察委乃至省监察委查办的案件，交由下级监察委移送起诉的问题。然而，哪些交由下级移送，哪些直接由本级（主要是地市一级）移送，法律最好能作出适当规定，以便在级别管辖上与司法机关协调衔接。《监察法草案》第三章规定了监察事项的上级提管、下级送管和指定管辖，却未明确级别管辖，即基层及上级直至最高监察机关各自的管辖范围。也就是说，《监察法草案》未明确其“本管”，仅仅明确其“移管”，即缺乏级别管辖的基础性规范。这不符合管辖规范应当明确且便于操作的要求。因此，需要借鉴《刑事诉讼法》对审判管辖的规定，对监察法中的各级监察机关的管辖范围作出原则规定，否则，就不便实现管辖和案件移送与司法机关的协调衔接。

4. 地域管辖的协调衔接。《监察法草案》仅对监察机关按行政区划的设置作出规定，未明确规定职务犯罪案件的地域管辖问题，不利于对此类问题的实践予以规范。因此，如不引用《刑事诉讼法》的规定，监察法也应当对职务犯罪案件的地域管辖作出规定，同时，还可考虑根据职务犯罪案件管辖的特点，对地域管辖规范作出适当补充或调整。我国《刑事诉讼法》第 24 条、第 25 条规定了地域管辖。地域管辖实行犯罪地管辖为主，居住地管辖为辅的原则。然而，就职务犯罪而言，这一管辖原则应有所变通。因为职务犯罪实行身份管辖，而其主体身份依附于单位，所以实行单位所在地管辖的原则。对此，《人民检察院直接受理立案侦查职务犯罪案件管辖规定》（高检发反贪字〔2013〕2号）第4条规定："国家工作人员的职务犯罪案件，由犯罪嫌疑人工作单位所在地的人民检察院管辖；由其他人民检察院管辖更为适宜的，可以由其他人民检察院管辖。"职务犯罪实行工作单位所在地管辖，不是突破犯罪地管辖原则，而是对该原则的一个补充，是特殊类型犯罪实行犯罪地管辖的具体方式的界定。然而，对此，《刑事诉讼法》未予明确，因此此种管辖的法律依据不足，可以考虑在监察体制改革时通过国家监察法立法对此予以明确。

三、立案程序的协调衔接和相关问题

监察制度与刑事诉讼程序制度的衔接，同时涉及检察机关和审判机关对调查（侦查）程序的审查，其中有一个较为突出、需要认真研究的问题，即监察委调查中的刑事立案问题。

立案是我国刑事诉讼的基本制度。立案即宣告刑事案件成立，由此确立犯罪嫌疑人，并开启侦查程序。立案最为突出的意义，是为强制侦查（调查）提供合法依据。现代各国犯罪调查制度，一般实行强制侦查行为的司法审查和令状主义，并无特别的立案程序，有犯罪发生即进入调查程序，但如果采取对人、对物的强制措施，如拘捕、搜查、扣押、监听等，除紧急情况外，需经司法审批并以司法令状形式实施，即采"随机性侦查发动及强制侦查的令状原则"。在我国刑事侦查程序法制中，为方便打击犯罪，对强制侦查不实行司法审查和令状主义（对长期羁押即逮捕措施的检察审查，性质上属于"准司法审查"），而采取刑事立案制度，经过立案这一程序阶段，强制侦查之门即开启，一切对人、对物的强制措施方可实施，即采取"程序性侦查发动及强制侦查的便宜主义"。因此，立案也是具有中国特色的，除有利打击犯罪外，还是防止滥用强制调查手段，实现犯罪调查中人权保障最基本的措施。

在改革试点方案中，监察委的调查发动，并不以刑事立案为前提。监察立案与纪委立案协调一致。纪委办案遵循《中国共产党纪律检查机关监督执纪工作规则（试行）》（2017年1月发布），该规则第25条规定："经过初步核实，对存在严重违纪需要追究党纪责任的，应当立案审查。凡报请批准立案的，应当已经掌握部分违纪事实和证据，具备进行审查的条件。"这里所称的立案审查，是纪检立案；立案的条件，是存在严重违纪需要追究党纪责任的。此次国家监察体制改革试点过程中的监察立案，亦非刑事诉讼法意义上的刑事立案,其中既包括对违反政纪的国家工作人员立案,也包括对违纪同时涉嫌犯罪的人员立案。从试点情况看,被监察委立案审查的国家工作人员仅有少量被追究刑事责任。例如,根据山西省监察制度改革的试点经验材料,全省各级监委成立以来,共处置问题线索 6535 件,立案 2156 件,结案 1905 件,处分 1887 人,组织处理 1191 人,移送司法机关 5 人。[2] 据此,在该省经监察立案的人员,移送司法机关追究刑事责任的不到百分之一。[3]

监察法如何处理立案问题,是立法中的一个重要问题。《监察法草案》第 39 条规定,监察程序中对"涉嫌存在违法犯罪行为,需要追究法律责任的",应办理立案手续,即在监察程序中实行立案制度。然而,此处所称的"违法犯罪"并非平常使用该词所特指的违反刑法构成犯罪,而是指职务违法和职务犯罪这两种情况(这种打破平时语用习惯的用词方式可能欠妥)。此处的"追究法律责任",也非平常人所理解的刑事责任,而是包括职务违法在内的法律责任。这种"违法"与"犯罪"的并列关系,在该条第 3 款中实已阐明:"立案调查决定应当向被调查人宣布,并通报相关组织。严重违法或者涉嫌犯罪的,应当通知被调查人家属,并向社会公开发布。"而且,在该草案其他条文中使用"违法犯罪"一词,也是既指职务违法,也指职务犯罪。然而,涉嫌违法即构成监察立案条件,同时不专设刑事立案程序,将造成较为明显的程序不协调问题:

1. 造成国家刑事程序法制的不统一。同为专门性调查并实施强制性措施,监察委以违法嫌疑立案即启动对人和对物的强制手段,而刑事诉讼法上的立案以涉嫌犯罪为条件,只有涉嫌犯罪才能启动专门调查并采取强制性取证手段。我国是强调法制统一性的国家,这种情形在我国应属于较为明显的法制不协调现象。

2. 未能较适当地兼顾到相当一部分关联案件的立案问题。因监察国家工作人员而适用特别法律规范,其正当合理性依据暂且不论,但还应考虑的是,监察委管辖的案件,包括职务犯罪的关联案件,如行贿案件,并且,一名受贿官员通常牵涉多名行贿人员,此外还有共同实施职务犯罪的非国家工作人员,如其亲友,因此,非国家工作人员的违法犯罪案件应当占比更大。这些人亦仅因涉嫌违法即可被立案并采取强制措施。相比较之下,在其他犯罪中,即使是涉及国家安全、恐怖主义等性质严重的违法犯罪,也必须是涉嫌犯罪才能立案并采取专门调查手段和强制措施。所以,按照《监察法草案》第 39 条规定的做法,显然妨碍对公民适用法律的平等原则,而且对普通公民尚无犯罪嫌疑即可实施长时间羁押等强制措施,不符合国家强制力使用的比例原则,也不符合《行政强制法》和《刑事诉讼法》的基本精神。

3. 造成某些《刑法》中规定的制度与《刑事诉讼法》规定的制度实施的法理障碍。例如,刑事追诉时效制度,根据我国《刑法》第 88 条,以刑事立案为延长时效的条件。虽然也可以将监察立案视为刑事立案,但毕竟两者适用条件和对象不同,以非刑事立案的监察立案延长刑事追诉时效,在法理上有一定障碍。

4. 监察法中强制调查措施的区别适用将存在困难。由于监察立案既针对职务违法又针对职务犯罪,违法与犯罪之间的区别缺乏标志和程序节点。笔者注意到,《监察法草案》所确认的部分强制性措施既针对违法又针对犯罪,但某些措施仅能对涉嫌职务犯罪的被调查人适用,如讯问被调查人、搜查和技术调查措施。然而,如何区分是职务违法或是职务犯罪并确定相应的强制性调查措施,有关规定并未设定相应程序及法律手续,如刑事立案手续。这种情况下,判定特定的调查手段是否违法适用,就缺乏较为客观的标准。这就有可能为办案人员较随意地认定和适用打开方便之门。这显然不符合程序法定原则,也对监察与司法的衔接(尤其是司法对监察取证的合法性审查)带来困难。

笔者认为,由于纪检、监察合署办公,两方面程序虽有区别,但应相互协调,监察立案以职务违法为启动条件是必要、可行的,但可借鉴纪检规则,进一步明确立案条件,如对职务违法的严重程度作出规定,一般违法可以不立案而直接处理。非国家工作人员不涉及职务违法问题,因此,不能以违法嫌疑对其实施监察立案(非国家人员不构成犯罪的违法行为不由监察委管辖,这一点与国家工作人员不同)。在此基础上,对国家工作人员已涉嫌职务犯罪的案件,以及对于非国家工作人员涉嫌犯罪而应由监察委管辖的案件,适用刑事立案程序。同时,法律还可规定,经过初核,已确认职务犯罪嫌疑,需要追究刑事责任的,可以直接予以刑事立案。在这种情况下,监察立案与刑事立案一步完成。

实行监察立案与刑事立案的二元制及可合并制度,不但既实现了监察与纪检的协调,又实现了监察与司法的衔接,而且兼顾了国家工作人员与非国家工作人员查处程序的异同,同时使《监察法草案》中规定的高强度强制调查措施适用有了程序节点及许可标志，可以防止权力滥用，并且，两种立案的区别还为查办案件尤其是监察审讯留出了更大的政策空间，从而有利于查办职务违法和职务犯罪。

四、调查措施的协调衔接

此次国家监察体制改革最具实质性的内容，是将检察机关的职务犯罪侦查权及其机构转隶新设的监察机关。监察法立法则另辟蹊径，将转隶的职务犯罪侦查职能改称职务犯罪调查，同时将职务违法调查也作为调整对象，因此不适用《刑事诉讼法》而适用《监察法》。我国《刑事诉讼法》规定的侦查措施，在《监察法草案》中则被改作各种调查措施，含讯问、询问、查询、冻结、搜查、调取、查封、扣押、勘验检查、鉴定、通缉等。然而，这些调查措施的内容和实施方式与《刑事诉讼法》对侦查措施的规定并无实质区别。从《监察法草案》的规定看，实际上基本采用了《刑事诉讼法》的相关概念，参照了《刑事诉讼法》规定的内容。

《监察法草案》采取避开《刑事诉讼法》另作规定的做法，虽然可以兼顾职务违法和职务犯罪两方面的调查需要，但由于对这些调查措施，监察机关适用基本没有特别要求，抛开《刑事诉讼法》单独作出规定，将重复相当一部分《刑事诉讼法》规范，形成立法不经济，同时，也难以避免规范过于简略及制度不完善。因为我国《刑事诉讼法》经过几十年实践，并历过两次立法修订，相对比较完善。《监察法》不是刑事诉讼的专门法律，对相关措施的规范很难像刑事诉讼法规范那样完整。在刑事调查程序中，撇开《刑事诉讼法》，仅以《监察法》作为执行依据，在实践中遇到某些问题将会因规范过于简略而无所遵循。

经对比可知，对前列侦查（调查）措施，我国《刑事诉讼法》对每一项措施都规定了一个小节、多个条款，对适用目的、适用条件、适用对象、适用程序等问题作出了具体要求；《监察法草案》对每项措施基本上仅以一个条款，对实施中的主要问题作出规定。对勘验检查与鉴定这两种取证措施，在《刑事诉讼法》中以 2 个小节、11 个条文作出规范，《监察法草案》则例外地作进一步简略化，将两种手段合并于一个条文中作出规定。就《刑事诉讼法》在 11 个条文中规定的尸体和人身检查制度、侦查实验制度、复验复查制度、鉴定意见告知当事人制度、补充鉴定或重新鉴定制度、精神病鉴定不计入办案期限等,《监察法草案》均未作出规定,其中所涉及的问题在监察实践中也可能遇到。例如,鉴定意见告知当事人并征询意见等,是维系鉴定程序正当性及鉴定意见正确性的重要规范。《监察法草案》的这些规范如此简略,相应的实践中又不能援引刑事诉讼法相关规范,那么,操作者是否会形成过大的自由处置权,而且由此形成犯罪调查制度的所谓"两制"分立呢?这种情况会影响国家刑事程序法制的统一以及监察与司法的协调等法治价值的实现。

在取证规范上与《刑事诉讼法》及其司法审查的协调衔接问题,从《监察法草案》的规范看,实际上亦受到了注意,其第34条第2款规定:"监察机关在收集、固定、审查、运用证据时,应当与刑事审判关于证据的要求和标准相一致。"这一条款很有意思,不提《刑事诉讼法》的要求和标准。按照一般的理解,刑事审判关于证据的要求和标准,只能是《刑事诉讼法》所规定的关于证据的要求和标准,法院无权自设要求和标准(当然,似乎也可以理解为《监察法草案》的要求和标准,但如果是指《监察法草案》,这条规定就等于同义反复,因为《监察法草案》中每一条关于取证和审查的规定其预设前提就是应当遵循,否则立法就没有意义),并且也不该写成"相一致",而应直接用"应当遵循"一类语词。因此,这一表意不清晰的条文,似乎是曲折地表达与《刑事诉讼法》相关规范相衔接的意思。然而,此种表意不明的条款毕竟难以成为适用《刑事诉讼法》规范的依据。而且,如果适用《刑事诉讼法》取证和审证规范,《监察法草案》关于证据的规定与《刑事诉讼法》的证据规范是什么关系,如何选择适用,又成了问题。

笔者认为,为避免《监察法》的规范与《刑事诉讼法》规范的重复,同时避免《监察法》规范过于简略而在实践中有时可能会无所遵循,且为实现监察法与刑事诉讼法的协调,监察机关与司法机关的衔接,保障国家刑事程序法制的统一性,提出以下修改建议。《监察法》可以仅对职务违法和职务犯罪调查可采用的手段和措施作出授权性规定,同时对监察机关适用这些调查措施的特殊问题作出专门规定,而其对职务犯罪调查中适用这些措施的具体程序、要求和审查标准,均准用《刑事诉讼法》的相关规范,以将"与刑事审判关于证据的要求和标准相一致"这一原则落到实处,同时也就使该原则本身得到明确解释,使之便于贯彻。至于对涉嫌职务违法行为采用查封、扣押、冻结等行政强制措施,考虑调查职务违法的证据在刑事诉讼中可应用,亦应按照《刑事诉讼法》的相关规范实施调查措施,在《监察法》中无须另作具体规定。[4]

除上述法律规范的设定方式外，强制性调查措施的适用对象与条件，也是一个需要研究的问题。

根据我国《刑事诉讼法》，查封、扣押、冻结、拘留、逮捕等对物和对人的强制性措施，需在立案后针对犯罪嫌疑人实施，立案前只能实施不采用强制力的调查，即所谓“任意侦查”。然而，应当注意的是，监察法立法的特点是“纪法共治”，即行政违法违纪和刑事违法构成犯罪的行为一并追究。在刑事立案前，调查行政违法违纪行为，只要与国家行政强制方面的基本法律，即我国《行政强制法》的有关规定相协调衔接，即可采取行政强制措施。我国《行政强制法》所规定的强制措施包括查封、扣押和冻结。因此，监察法在刑事立案之前，包括在案件“初核”阶段，以及在监察立案后针对职务违法行为，实施查封、扣押和冻结的行政强制措施，在遵循行政强制措施实施的比例原则的情况下，应无法理障碍。这一点与检察机关侦查职务犯罪案件的“初查”程序有所区别。《监察法草案》区分了一般强制措施和高强度强制措施的类型，允许查封、扣押、冻结措施对“职务违法”的被调查人实施，这应当说是注意到了我国《行政强制法》的有关规定。不过，对这些行政性强制措施的适用，法律亦应作出明确限制，即遵循比例原则，不能对普通职务违法行为适用。此外，限制出境是我国《出境入境管理法》规定的行政性强制措施，因此，在立案前对职务违法嫌疑人实施该措施亦无障碍。然而，“通缉”则属刑事强制措施的一种类型，其根据是我国《刑事诉讼法》第153条。“通缉”仅适用于“应该逮捕的犯罪嫌疑人”，须以刑事立案为前提。《监察法草案》对此规定不够明确。为与《刑事诉讼法》协调衔接，建议参照《刑事诉讼法》的规定，就刑事立案后对涉嫌职务犯罪的在逃被调查人实施通缉，作出更为明确的规定。

五、人身强制措施的协调衔接

监察机关所查办的案件在强制措施上的协调衔接，主要涉及留置措施的适用对象和条件，留置措施的决定程序，以及检察机关逮捕措施与留置的衔接。此外，关于留置场所的问题，笔者认为，应当在法律中明确规定在看守所执行留置，以便于管理，防止违法并防止意外情况发生。长时间单独羁押在国际上属于禁止实施的侵犯人权的行为。法律规定在看守所留置，对保障被留置人基本人权并保障依法办理案件十分重要，因学者们对此已经发表相当一致的意见，此处不再展开论述。

（一）关于留置措施适用对象和条件

根据《监察法草案》第24条和第41条，被调查人涉嫌严重职务违法或职务犯罪，同时具有案情重大、复杂，或可能逃跑、自杀，或可能有妨碍证据或妨碍调查行为情形的，可以经审批采取留置措施。笔者认为，留置措施应当限于刑事立案后，仅对涉嫌职务犯罪的人员及相关涉嫌犯罪人员适用，对仅有违法嫌疑尚无犯罪嫌疑的人员不适用，主要理由如下：

1. 留置具有等同于逮捕的法律效果，其对象和条件应当与逮捕协调衔接。根据《监察法草案》的规定，留置时间为3个月至6个月，留置一日折抵刑期一日。可见，其时限与严厉性均不低于逮捕，如果留置在专门场所，其单独关押方式的严厉性超过逮捕，但如可适用于涉嫌违法而未涉嫌犯罪的人员，则与逮捕措施不协调。

2. 按照公权力运用的比例原则，长时期羁押仅适用于涉嫌刑事犯罪并存在羁押必要性的人员，不适用未涉嫌刑事犯罪、仅涉嫌行政违法的人员。这也是我国《刑事诉讼法》设置拘留、逮捕措施的法律精神。

3. 留置措施的严厉性，使其不符合行政强制的使用原则。我国《行政强制法》第2条规定的人身强制措施是指“依法对公民的人身自由实施暂时性限制”；根据相关法律规定，这种限制人身的强制措施，具体是指盘问、约束、强制带离现场、短时间留置等临时性人身控制措施。按照《行政强制法》的立法精神，长时间丧失人身自由的高强度强制措施不应属于行政强制措施范畴。因此，对涉嫌行政违法的人员适用留置亦不符合《行政强制法》规范。

4. “公务人员权利扣减”，不能对尚未涉嫌刑事犯罪的人员实施长时间羁押提供有效法理依据。根据宪法对公民人身自由等基本权利保障规范及法律适用的平等原则，对公务人员例外的正当性与合法性将持续受到质疑。根据《监察法草案》的规定，留置同样适用于占较大比例的非公务人员的行贿犯罪人员以及职务犯罪的共犯等公民。如果对未涉嫌犯罪而仅涉嫌行政违法的人员适用留置，与《刑事诉讼法》所规定的长期羁押性强制措施适用发生矛盾，也明显不符合法律适用的平等原则。

5. 以“留置”替代“双规”是一个进步，但其因适用范围扩大到非党员和非国家工作人员，同时办案单位自行决定、单独关押的执行方式仍与“双规”

一致,因此,将其限制于“涉嫌职务犯罪”的人员,是防止适用面扩大以致严重侵害公民权利的必要措施。

6. 将留置措施作为调查职务犯罪的专门措施,有利于加强“初核”,注意客观证据,保证办案质量。对职务违法的嫌疑人实施留置,降低了留置门槛,其积极意义在于更容易突破案件和获得口供,但其思路,还是长期形成的“以拘代侦”办案思路。这可能发生的问题,是固化“口供中心”“由供到证”的办案模式,妨碍办案质量,甚至产生冤错案件。刑事立案后才能对犯罪嫌疑人留置,有利于促使改善调查模式,提高办案质量,同时也体现党和国家对国家工作人员权利的保障,将会取得更好的法律效果和社会效果。

7. 将留置措施作为立案后调查涉嫌职务犯罪的措施,有利于解决争议较大的律师介入问题。当事人被羁押后律师应当介入,但根据《监察法草案》的规定,律师介入留置存在规范上的难题:律师刑事辩护只针对刑事犯罪嫌疑人,而监察留置时,可能尚未刑事立案,留置对象也不一定是犯罪嫌疑人,留置对象存在不确定性,因此律师以刑事案件辩护人的身份介入可能存在法律障碍,除非创设律师可对涉嫌职务违法的人员提供法律帮助的新规范。例如,将留置对象限制于犯罪嫌疑人,并且规定在刑事立案后实施,律师介入提供刑事法律帮助的性质和职责就比较明确,介入留置程序不致发生法律障碍。

8. 将留置对象限于职务犯罪的嫌疑人,与《监察法草案》中的规定并无根本矛盾。《监察法草案》所规定的因职务违法而适用留置的对象,须“涉嫌严重职务违法”,且“案情重大、复杂”,二者结合,可以基本评价为“涉嫌职务犯罪”。

(二)关于留置措施的决定程序

留置措施的决定及实施程序,似乎属于国家监察制度自身设置的所谓“内部问题”,不属于监察与司法协调衔接的“外部问题”。然而,留置措施的决定主体和决定方式,涉及刑事强制措施的制度逻辑的协调,也影响检察机关对强制措施变更等问题,因此,也属于监察与司法协调衔接的问题之一。

党的十八届三中全会启动的司法改革的核心是建立司法责任制,即让“审理者裁判,裁判者负责”,以及“谁办案谁负责、谁决定谁负责”。同时,司法改革确认审判权和检察权行使的独立性和专业性,防止其他力量对案件办理的不当影响。不过,这种司法责任制,仍坚持了“中国特色”,即对于某些大要案件的处置，尤其是涉及领导干部职务犯罪的案件，就程序和实体问题，仍需实行党内报告制度。

笔者认为，对案件办理的司法责任制，以及对某些特殊的案件实行党内报告制度，是符合当前中国国情的。其基本精神和要求，在监察委决定强制措施时亦可参考适用。也就是说，在法律制度上，涉案人员的留置措施，一律由办案的监察委或其上级监察委审查决定，但对中央和地方党委管理的重要干部，决定留置时，可执行党内报告程序。

留置措施统一由监察机关决定，同时对某些特殊的留置对象执行党内报告程序，这一决定和执行留置措施的方式，具有两方面的意义。一方面，将决定留置的法律责任落实给监察机关，而将某些特殊案件留置审查的政治责任赋予党委书记，可以避免党委书记直接审批留置带来的责任界限不清晰的问题。[5] 因为事实认定和法律适用属于专业性问题，由专门从事查案的机关来决定并对其负责更为适当，党委书记只需根据报告对某些特殊的案件进行政治上的把关。另一方面，由监察机关决定留置，才可能实施对强制措施的司法审查，包括在检察、审判环节依法审查羁押必要性，并决定强制措施的实施和变更。否则，如留置由党委书记审批并负责，司法审查在法理上难以成立，在实践中则难以实施。

（三）关于检察机关的"决定逮捕"及关联问题

从试点情况看，监察机关决定留置的案件，在移送起诉后，由检察机关自行审查羁押必要性并决定逮捕。此种实施方式，可以说在强制措施上，检察机关对监察委"自行衔接"。根据《监察法草案》第 43 条第 4 项的规定，监察机关将案件移送检察机关依法提起公诉时，"检察机关依法对被移交人员采取强制措施"。根据以上实践和监察法草案中的规定，就逮捕措施上监察机关与检察机关的协调衔接，有两个问题需解决。

1. 对已经采取羁押措施（留置）的犯罪嫌疑人，是直接采取逮捕措施，还是需要审查逮捕（包括对羁押必要性进行审查）的问题。由于我国《宪法》规定检察机关是逮捕审查机关。对犯罪调查即侦查机关提请逮捕的案件进行审查，按照我国《刑事诉讼法》第 79 条关于逮捕条件的规定，确定是否批准逮捕，这是检察机关基本职责之一。我国《刑事诉讼法》第 93 条进一步规定："犯罪嫌疑人、被告人被逮捕后，人民检察院仍应当对羁押的必要性进行审查。对不需要继续羁押的，应当建议予以释放或者变更强制措施。有关机关应当在十日以内将处理情况通知人民检察院。"鉴于检察机关的法定职责，为了防止对公民的错误逮捕并导致错案和刑事赔偿，且贯彻羁押必要性审查制度，并使《监察法》与《刑事诉讼法》协调衔接，当然应确认检察机关对留置转捕案件进行审查的职责与权限。因此，应当将"检察机关依法对被移交人员采取强制措施"修改为"检察机关依法审查后采取必要的强制措施"，从而为检察机关审查逮捕提供依据。

2. "自行衔接"引起的强制措施衔接与转换问题。监察体制改革后，检察机关对证据不足的案件退回补充调查，即产生一个程序衔接问题：检察机关审查起诉时决定逮捕的犯罪嫌疑人，退回补充调查时，应当适用何种强制措施，乃至羁押地点是否需要转换，需要研究解决。也就是说，留置转为逮捕，已将嫌疑人从留置场所转押至看守所，[6] 如果退回补充调查，是在看守所继续羁押，计算逮捕时限，还是退回留置场所，计算留置时间，这是程序衔接需要解决的问题。

笔者认为，虽然留置与逮捕均具有一段时间内剥夺当事人人身自由的性质，且留置可能采取高度隔离的关押方式，较之逮捕后的看守所羁押，使当事人感受更为窘迫，但从法律程序的角度看，逮捕条件更高、要求更严格，[7] 且逮捕对于留置而言具有程序递进关系，逮捕后不宜再退回留置状态。如退回留置，又可能需要改变羁押场所，待补充调查终结后还需重新办理逮捕手续，移送嫌疑人，程序烦琐且缺乏实际意义。因此，退回补充调查的案件，可以维持逮捕决定，参照《刑事诉讼法》关于补充侦查的相关规定，起算补充调查一个月的羁押时限。监察机关调查人员在补充调查期间须到看守所会见并审讯犯罪嫌疑人。不过，如果监察立法最终确认在看守所执行留置，这一问题就"不成问题"了。

（四）关于职务犯罪强制措施制度的完善

前述笔者所指出的两点，是根据《试点方案》和《监察法草案》，立足现实所做分析。然而，有必要指出的是，无论是留置措施由查案机关自行决定并实施，还是逮捕决定由审查起诉机关自行做出，均背离了长时间羁押措施应当接受独立、中立、权威的外部审查即司法审查的要求，不利于兼顾打击犯罪与保障人权的双重目的，不利于体现实体公正与程序正义的双重价值。因为，程序公正有一项最基本的原理："任何人不能当自己案件的法官。"涉及公民重大权利限制或剥夺事项，如果由办案机关自行决定，没有形成申请与确认的双边关系以及控、辩、审的三面关系,就如同侦查(调查)机关同时充当审判机关,不能体现程序公正,也无法保障实体公正。尤其是留置措施,由办案机关自行决定,而且当事人很可能被单独羁押于看守所以外的场所,虽然有利于推进调查,但也容易侵犯人权,而且可能导致证据虚假,损害司法公正。已有的教训应当得到正视。在当下腐败已经受到有力遏制,制度建设亦随之加强的背景下,更应注意"法治反腐"。其基本要求就是,任何较长时间剥夺人身自由的强制措施,必须接受外部审查。这就要求羁押审查,必须形成提请与审查的外部相对关系,以形成有效制约,防止自行其是,维系程序公正,保障司法人权。考虑我国实际情况,无论以何种名义的较长时间的羁押,在一定时期内,应由作为法律监督机关的检察机关审查批准。在具备相应条件时,进一步的改革,应实现真正意义上的司法审查,即由法院审批审前羁押措施。这既是现代法治国家的通行做法,也是刑事司法国际标准的基本要求。

此外,今后的改革,还应考虑监察委实施的职务犯罪调查完全纳入刑事诉讼法确立的程序轨道,包括适用《刑事诉讼法》所规定的强制措施体系,即既可以即时传唤、拘传,又可以采取较为缓和的强制措施,如取保候审、监视居住,又可以采取高强度的人身强制措施——或短或长的完全限制人身自由。短期羁押,可用拘留;长期羁押,即报逮捕。多样化强制措施的灵活运用,应当更能适应职务犯罪侦查取证对强制措施的多元需求,既有利于实现司法人权保障,也有利于查处、打击职务犯罪。因为职务犯罪的类型和具体案情不一样,对强制措施的需求也不一样,并且,职务犯罪案件调查必然涉及相当一部分非国家工作人员,对这些人,视情况采用《刑事诉讼法》所规定的各种强制措施显然更为妥当。

六、证据适用的协调衔接

证据裁判是刑事诉讼的基石,在证据适用方面,监察与司法亦须有效衔接。这其中较为突出的可能有两个方面。

第一个方面,是非法证据排除规则的适用。检察机关和审判机关对监察机关所搜集的证据进行审查,适用非法证据排除规则,法理上应无疑义,但困难在于实际操作。其中一个问题,是监察机关调查程序中对审讯及重要取证活动实行全程录音录像及资料可核查问题。

对讯问及其他重要取证过程实行全程录音录像，是保证口供获取过程合法性并有效证明程序合法的重要措施，《刑事诉讼法》对此有明确规定，近年来的一系列司法文件（包括2017年最高人民法院、最高人民检察院、公安部、国家安全部、司法部联合发布的《关于办理刑事案件严格排除非法证据若干问题的规定》）也重申和强调了这一制度。监察机关办理职务犯罪案件，无疑应当按照相关规定，严格实行全程录音录像制度。

《监察法草案》第42条第2款规定："调查人员进行讯问以及调取、查封、扣押等重要取证工作时，应当对全过程进行录音录像，留存备查。"这一规定总体来看是必要的，但笔者认为有两点需完善。一是应当规定批准初核后对被调查人的全部询问过程录音录像，而不是仅针对有职务犯罪嫌疑的被调查人讯问过程。因为如果被确定为职务犯罪嫌疑人，通常已经过初核阶段的询问，被调查人已初步交代违法犯罪事实，而这种交代如何形成，是确定调查过程是否存在违法情形的关键。二是录音录像资料不应当"留存备查"，而应当"随案移送"。监察机关调查程序（尤其是其留置程序）具有高度的封闭性，而由于监察机关的惩治性功能特征和特殊法律地位，"留存备查"这一规定基本封闭了辩方查核的可能性，甚至检察机关查核、审判机关调取均有一定困难。为了使高度封闭的监察调查尤其是留置条件下的调查具有一定的可查核性，建议将上述条文修改为"移送起诉时，录像资料随案移送检察机关"。如果这样规定有困难，也应当明确规定允许司法机关及辩护律师查阅。

第二个方面，是证人包括侦查（调查）人员出庭问题。加强证人出庭，是当前实现庭审实质化进而推动审判为中心诉讼制度改革的关键性举措，是保障案件证据质量最重要的措施之一。这样做，符合《监察法草案》关于监察机关的调查取证行为应当与刑事审判关于证据的要求和标准保持一致的原则性规定。然而，实际推动这一制度难度较大，尤其是职务犯罪，证人出庭极为困难，其主要原因不是证人不能出庭，而是办案单位担心证人出庭后证言发生变化。职务犯罪调查取证的权力与责任转隶后，由于监察机关相对于审判和公诉的特殊法律地位，让有争议案件的重要证人出庭作证的问题可能更为突出。因此，笔者认为，监察与司法的程序协调与衔接问题，应当着力于解决这一难题，在《监察法》中对监察机关协助职务犯罪证人出庭的责任作出明确要求，以保障职务犯罪案件的审理质量。同时，对监察机关犯罪调查人员出庭问题也需要进一步明确,即参照《刑事诉讼法》关于目击犯罪的侦查人员出庭作证以及对侦查合法性问题出庭说明情况的相关规定作出规定。否则,这一问题在实践中将难以解决,也导致与刑事诉讼相关规定不协调,并妨碍法院对是否存在非法证据的有效审查。

七、人权保障措施的协调衔接

犯罪侦查(调查)程序是公权充分运用、私权受到限制的程序,因此,配置最低限度的人权保障措施,是维系该程序正当性,同时保证取证质量的必为之举。从此项改革后的公权与私权的配置态势看,公权充分运用、私权受到限制的矛盾将更为突出。因此,在立法精神和原则上,笔者赞成陈光中等教授提出的意见,在《监察法》中应当明确规定"尊重和保护人权"的原则,[8]以体现宪法原则、彰显法治进步。这样,也可以与《刑事诉讼法》相协调,完全符合我国职务犯罪及关联犯罪查处的现实需要。从具体的人权保障制度看,一个突出问题需要解决,即律师介入职务犯罪及关联犯罪的调查程序问题。

从目前的试点方案看,虽然全国人大常委会关于开展国家监察制度改革试点的相关授权决定并未中止侦查阶段律师辩护条款的执行,但在试点实践中,职务犯罪调查程序并未设置律师介入空间,实际操作者亦不主张律师介入。也就是说,律师不能依法对当事人提供法律咨询及代为主张合法权利,不能向犯罪调查机关了解当事人涉嫌的罪名和有关的情况,对羁押状态下的当事人不能会见甚至无权提出会见申请。《监察法草案》亦肯定了试点中的做法并将其制度化。这种律师禁入的做法,其依据据说是"特别程序论"。[9]然而,这一做法实际造成监察与司法衔接中的一个十分突出的不协调后果。

1. 与《刑事诉讼法》的明确规定不协调。我国刑事诉讼法制经过30多年的改革进步,已从侦查阶段律师禁入,到律师作为法律帮助者进入(1996年我国《刑事诉讼法》修改后确立),再到律师作为辩护人进入(2012年《刑事诉讼法》修改后确立),虽然目前律师介入程度与国际一般标准还有差距,但嫌疑人获得的司法人权保障在逐步增加,这种人权保障措施已得到司法界、法学界和社会公众的普遍认可。如果在这方面又退回到许多年前,其正当性如何解释,与刑事诉讼法的矛盾如何协调,不无疑问。

2. 与我国近年来党中央直接领导推动的司法改革的措施和精神不协调。近年来司法改革的一项内容,是加强司法人权保障,强化辩护律师在刑事诉讼中保障案件质量和保障司法人权的作用。尤其是党的十八届四中全会提出的“推动以审判为中心的诉讼制度改革”,更以强化律师刑事辩护功能作为此项改革的前提性条件和基本举措之一。再从近年来改革着力于解决的冤假错案防范问题看,决策层及法律工作者均已认识到,保证案件质量,关键在于“源头治理”,即在侦查取证阶段防范违法取证扭曲案件信息。律师在侦查阶段的介入,虽然不能看作案件质量保障之关键,也是一项必要的案件质量保障和司法人权保障措施。然而,“程序禁入”,体现的还是对律师功能的疑虑,甚至是对律师在此阶段作用的负面评价,这显然不符合我国司法改革的逻辑与发展趋势。

3. 与其他犯罪及其嫌疑人的程序保障措施不协调。目前我国《刑事诉讼法》允许一切涉嫌犯罪的嫌疑人在侦查阶段即可获得律师辩护,只是规定三类犯罪的嫌疑人的律师会见被羁押的犯罪嫌疑人需要经过侦查机关批准。职务犯罪调查禁止律师进入程序,其正当性理由如何表达,是因为职务犯罪的嫌疑人其犯罪的主观恶性和人身危险性比故意杀人、强奸、抢劫、绑架等刑事犯罪嫌疑人更大,还是其调查取证甚至比涉及国家安全的犯罪、恐怖主义犯罪、黑社会组织性质的犯罪更难?如果回答是否定的,那么现行刑事诉讼法律允许严重危害国家和社会的犯罪嫌疑人及时得到律师帮助,而监察法对处于体制内、为国家做了一定工作和服务的职务犯罪嫌疑人,同样在犯罪调查阶段却不给予律师帮助,这显然是缺乏正当性根据的,同时也显然存在程序保障措施不协调。

从比较研究的角度看,无论是英美法系国家还是大陆法系国家,职务犯罪的侦查取证,其程序要求以及司法人权保障制度与其他类型的犯罪侦查并无实质区别。近年来域外刑事程序法的发展,主要表现在对付恐怖主义犯罪的紧急需要和犯罪控制方面适当加强了警方的应急处置权,然而一旦形成个案进入刑事程序,则基本上都要受到本国刑事诉讼法的严格规制。

解决上述不协调的最简单的方式,就是按照《刑事诉讼法》的有关规定,允许律师在刑事立案后的犯罪调查阶段作为辩护人介入,为嫌疑人提供法律帮助。同时,根据我国《刑事诉讼法》第 37 条第 3 款的规定,对于特别重大的贿赂犯罪,律师会见犯罪嫌疑人需经过监察机关许可。并且,监察立法应效仿《人民检察院刑事诉讼规则(试行)》第46条第2款、第3款,规定在有碍侦查的情形消失后,辩护律师可以不经许可会见犯罪嫌疑人,且在侦查终结前应当许可辩护律师会见犯罪嫌疑人。如此操作,律师在职务犯罪调查阶段会见留置的被调查人,审批权掌握在监察委手中。这样既有利于保障权利,更多地获得社会公众的支持,又不致对职务犯罪调查产生障碍。

八、案件移送及相关问题上的协调衔接

向检察机关移送涉嫌构成职务犯罪的案件,通过检察机关向法院提起公诉,是监察机关调查程序与检察机关起诉程序直接衔接的程序行为。为实现程序协调和有效衔接,相关程序问题必须明确,潜在的冲突应妥善解决。

1. 案件移送问题。监察委调查终结,移送起诉的案件,应当按照我国《刑事诉讼法》第160条的规定,写出起诉意见书,连同案卷材料、证据一并移送同级人民检察院审查决定;同时将案件移送情况告知犯罪嫌疑人及其辩护律师。然而,《监察法草案》第43条第4项规定:“对公职人员涉嫌职务犯罪,监察机关经调查认为犯罪事实清楚,证据确实充分的,制作起诉意见书,连同被调查人、案卷材料、证据一并移送检察机关依法提起公诉,检察机关依法对被移交人员采取强制措施。”《监察法草案》第18、44条也使用了“依法提起公诉”的概念。可见这一概念是区别于《刑事诉讼法》的特定概念的。要求检察机关“依法提起公诉”,而非“审查决定”,妨碍了检察机关依法审查起诉功能的展开,不利于保障案件质量,根据我国《宪法》《刑事诉讼法》《人民检察院组织法》,这一条文中的“依法提起诉讼”应当修改为“移送同级人民检察院审查决定”。此外,《监察法草案》未明确“同级移送”的原则,可能导致实务部门无所遵循,自行其是,因此应当在《监察法》中对此予以明确,另外,《监察法》还应规定“同时将案件移送情况告知被调查人”。

2. 检察机关审查起诉的程序适用。检察机关对监察机关移送的案件,应当适用《刑事诉讼法》规定的审查起诉程序。(1)必须明确,检察机关对监察机关移送的案件,既要注意配合,也要严格制约,必须严格按照《刑事诉讼法》的规定,担负审查起诉职责。如果只讲配合,不讲制约,检察机关成为单纯办理起诉手续的机关,检察机关的职责和作用就不复存在。由于监察机关的特殊地位,强调检察机关有效承担审查起诉职能和责任尤为重要。(2)应

当按照《刑事诉讼法》的程序规定审查起诉。其一，审查起诉的内容，应根据我国《刑事诉讼法》第168条，必须查明犯罪事实、情节是否清楚，证据是否确实、充分，犯罪性质和罪名的认定是否正确；有无遗漏罪行和其他应当追究刑事责任的人；是否属于不应追究刑事责任的；有无附带民事诉讼；侦查活动是否合法。也就是说，既要审查实体问题、证据问题，也要审查程序合法性。其二，根据我国《刑事诉讼法》第171条第1款的规定，人民检察院审查案件，可以要求监察机关提供法庭审判所必需的证据材料；认为可能存在该法第54条规定的以非法方法收集证据情形的，可以要求其对证据收集的合法性作出说明。其三，根据我国《刑事诉讼法》第171条第2款的规定，人民检察院审查案件，对于需要补充侦查的，可以退回监察机关补充调查，也可以自行侦查。补充侦查（调查）适用《刑事诉讼法》的时限规定。其四，根据我国《刑事诉讼法》第173条的规定，对于依照法律规定，欠缺起诉条件的案件，人民检察院应当或可以作出不起诉决定。

不过，《监察法草案》关于审查起诉的规定，与《刑事诉讼法》的规定有区别。根据《监察法草案》第45条的规定，监察机关移送的案件，受理案件的检察机关"对于证据不足、犯罪行为较轻，或者没有犯罪事实的，应当征求监察机关意见并报经上一级检察机关批准，依法作出不起诉的决定"。这一规定，实际上将检察机关审查的内容限于证据事实及行为情节是否符合不起诉的条件，而未体现我国《刑事诉讼法》第168条所规定的审查有无漏罪漏犯、侦查活动是否不合法的内容，且对拟作不起诉的案件增加横向征求意见和纵向报经批准双重约束。

如前所述，检察机关的案件审查，应当是依照《刑事诉讼法》全面审查，不应当仅限于是否不起诉，否则审查起诉就部分丧失其功能和意义。从比较研究的角度看，有关设置检察机关的国家和地区均有一个共同宗旨，就是为了对刑事追诉进行审查并实施，同时监督犯罪调查活动的合法性（指挥犯罪调查或实施部分案件的犯罪调查也是共同的功能）。我国《宪法》《刑事诉讼法》《人民检察院组织法》对检察机关依法独立行使职权以及审查起诉功能也作了明确规定。《监察法草案》二审稿虽然删除了《监察法草案》一审稿关于不起诉须征求监察机关意见并报上级检察机关批准的规定，是极其正确的。从实际情况分析，由于监察权的重要与特殊，检察机关不可能不慎重行使不起诉权（多年实践可印证），所以，在监察机关与检察机关的内部工作沟通机制中也无须采“以征求监察机关意见”为原则，只需采对个别重要案件的不起诉决定通报监察机关制度即可。

3. 检察机关对职务犯罪调查活动的法律监督。笔者认为，应当维持检察机关对职务犯罪侦查（调查）实施法律监督的职责和权限。主要理由如下：

理由之一，是检察机关对侦查（犯罪调查）实施法律监督，既体现宪法对检察机关定位和职责，也体现刑事诉讼基本原则和制度。如果在监、检关系（实质上的侦、诉关系）上不确认这一原则和制度，将打破国家权力配置的平衡性与合理性，并产生不良的社会印象。这里需要说明，《监察法草案》中的职务犯罪调查实系侦查。首先，从概念上看，此项调查系“依法实施的专门性调查工作与有关的强制措施”，因此完全符合“侦查”概念。其次，从权力来源看，该项权力系检察机关职务犯罪侦查权转隶而形成，与检察机关职务犯罪具有同样的职责内容以及类似的法律手段。最后，从其诉讼功能看，所取证据直接作为逮捕、起诉及裁判的依据。因此，名为调查，实为侦查，二者之间仅有用语区别。以调查不是侦查为理由否认检察机关法律监督，有规避法律和规避监督之嫌。

理由之二，是检察机关的法律监督与监察机关的监察并不矛盾，且有互补关系。检察机关法律监督是对事的监督，并且是刑事追诉中特定事项的有限监督，监察机关的监督是对人的监督，是全面监督，二者并行不悖，这与《监察法草案》确认监察委接受人大监督，同时监察委也监督人大工作人员遵纪守法同理。不过，由于人大权力的特定构成及行使方式，其监督无法实现常规化，也很难保证实效性，检察监督是一种对职务犯罪调查的常规性监督，如果予以确认和保障，可弥补人大监督的不足。

理由之三，因为监察权具有高度集中性和重要性，如果不注意加强外部监督制约机制，不注意“将权力关进制度的笼子里”，滥用权力将不可避免。这将不利于国家反腐败斗争的健康发展。笔者认为，近年来国家反腐败斗争取得了重大胜利，但也有一部分职务犯罪案件质量堪忧，[10]对此不能不重视。保障案件质量，应采取的源头措施，也是最重要的措施，就是加强对侦查（调查）取证权的监督制约。

理由之四，是监察法要求监察机关取证必须合法，并要求贯彻非法证据排除规则，检察机关审查监察证据合法性，正是贯彻《监察法》中证据合法性原则的体现,也是《刑事诉讼法》规定的检察机关审查起诉的基本内容之一。同时,检察机关审查起诉还包括审查“有无遗漏罪行和其他应当追究刑事责任的人”,这一内容具有立案监督的性质。因此,如果承认“监察委员会移送案件后人民检察院和人民法院适用《刑事诉讼法》”,也就应当承认,检察机关审查起诉中,实已包含侦查监督即取证合法性监督与立案监督两项具体内容。关于取证合法性监督,已如前述。关于立案监督,则需略作分析。从实务操作的角度看,在现行法的制度框架下人民检察院实施立案监督通知立案有困难,但对少数案件亦有立案监督必要和可能。例如,国家工作人员共同实施的职务犯罪,或不同主体的犯罪行为有牵连的案件,有的人被立案查处后移送起诉,有的则没有被立案及追究刑事责任,这就造成案件处理的不平衡,甚至出现共同犯罪中罪行较轻的被追诉而较重的免于追诉的情况,使司法的公平性受到损害,也给人民法院裁判造成困难。类似情况下,检察机关可以通过立案监督,建议监察机关立案追究相关人员刑事责任。

九、协调衔接的制度性保障条件

本次国家监察制度改革,将职务犯罪调查追究权纳入监察机关,其意义在于“纪法共治”,实现监察“全覆盖”。在《监察法草案》中也注意了政纪与法纪的“无缝衔接”。与此同时,应注意,我国法律制度是行政违法(违法违纪)与刑事犯罪有根本区别的二元性法律制度和处置机制、体制。成立刑事案件、追究刑事责任对公民尤其是国家工作人员的影响极为重大,罪与非罪,是法律适用中一项最重要的法律界限。从此次国家监察制度改革的试点经验看,试点地区对启动刑事追究也十分慎重(前引山西的数据可作例证)。而且,我国刑事法治是专门针对刑事犯罪设置的系统化体制机制,根据宪法、法律所确认的职权原则,只有刑事执法、司法机关才具有刑事案件的执法、司法权,在这一体制机制中才能有效衔接与实现工作协调。因此,《监察法草案》在体现“纪法共治”的同时,在程序规范和组织结构上应注意贯彻纪法适当分离原则。对此提出以下建议,同时对调整结构内容亦提出某些意见。

1. 按照纪法适度分离及其递进关系作出程序规定,立法规范上,实现纪法适度分离。如前述管辖问题,对职务犯罪的管辖应当作出明确规定,以便与《刑事诉讼法》中的管辖制度相衔接。同时,可按照纪法适度分离的原则调整条文结构和内容,并理顺条文逻辑关系。具体建议包括:由于第五章“监察权限”的主要内容是调查措施适用的程序规定。因此,可以将其修改为“监察措施”,分别规定监察调查所采取的具体措施(内容从简并准用《刑事诉讼法》的相关规定)。同时,将“监察程序”一章中的两个条文,即第40条,采取调查措施应当出示证件和书面通知,以及第42条,收集证据的合法性要求与合法性保障(录音录像),归并到第五章中,在具体措施规定后作出总括性要求,以理顺条文逻辑关系。[11]因为第21条规定的“提醒”“批评教育”“责令检查”“诫勉”,也是一种处置,包括对违法情节较轻人员的处置,故移放于第六章,与第43条的“处理”“建议”“问责”“移送起诉”并列或合并。此外,第32条认罪认罚、重大立功等移送检察机关时建议从宽的规定,以及第33条检举揭发、提供重要线索移送检察机关时建议从宽的规定,似乎在“监察程序”关于移送起诉的法律程序中加以规定,在逻辑上更为顺畅一些。在第六章“监察程序”中,按线索管理、初核、立案、刑事立案、移送审查起诉的程序流程作出更为明确的规定。其中,刑事立案,应为一个重要的程序节点,监察法应对立案对象、条件、程序作出明确规定,还应对刑事立案后才能采取留置、讯问、搜查、通缉、技术调查措施作出明确规定。

2. 在组织体制上,体现纪法适度分离。监察委与纪委合署办公,因此同一组织实体同时承担党纪检查、行政监察、刑事调查三方面职能。其中对身为共产党员的国家工作人员的党纪、政纪调查处置,实际上是同一问题的两个方面,很难分开,但是,追究刑事责任的职务犯罪调查属于刑事执法活动,与政纪案件调查处置有重要区别,因此,在内部组织结构上,也应当有所区分。

目前对监察委性质所作的一种比较权威的定位是“政治机关”,不是行政机关或司法机关。[12]笔者认为,这一定位体现了监察委特有的政治功能,不可谓定性不当。然而,这种从其政治属性和特征所作的定位,并不排斥其在国家体制中所作其他的定位,[13]如监察委系“国家监察机关”或“行使国家监察职能的专责机关”等。从国家法律实施角度看,监察委无疑是依照和适用法律办理案件的法律执行机关;在刑事执法、司法体系中,监察委适用刑法,分析确认犯罪构成,启动刑事追究程序,当然是刑事执法机关。由此,建议在监察委内部设刑事部或职务犯罪调查部,负责审查刑事立案,主导或指导立案后的调查取证,在调查终结后负责向检察机关移送审查起诉。由于职务犯罪的司法追究有时可能涉及较为复杂的证据事实与法律适用问题，专设刑事部门，专门研究和实施职务犯罪的刑事追责问题，有利于保障监察程序中刑事执法活动的专业化，适应人民检察院审查和人民法院审判要求，保障职务犯罪案件的办案质量。

此外，如果实现机构专设，还可以进一步考虑一种方案，即该机构虽系监察委内部机构，完全在监察委领导下工作，但在法律上可设置为相对独立的执法主体，即可用刑事部或职务犯罪调查部的名义，向检察机关移送案件。从形式上，这接近人民政府下属公安机关作为执法主体的情况（虽然也有区别）。此种制度安排的意义，是监察委与纪委一体两面，在刑事司法体系中性质特殊、地位崇高，以刑事部作为刑事执法权承载主体，监察委在刑事执法系统中“降低身段”，有利于与司法机关的协调衔接，这样，将在一定程度上促进检察与审判功能的发挥并维系现行法上的刑事诉讼程序制度的有效性。

注释

1 本文所引《监察法草案》具体条文除有特别注明是二审稿之外，均采用一审稿所列序号。

2 张磊：《做好深度融合大文章——山西开展国家监察体制改革试点工作纪实（下）》，载 http://www.ccdi.gov.cn/yw/201706/t20170608_100756.html，2017 年 10 月 11 日访问。

3 根据已判决案件的判决书，监察委办理的案件，有的判决书表述了立案时间、留置时间以及移送起诉时间。其中的立案时间，应指监察委立案时间，而非根据我国《刑事诉讼法》第 107 条立案的时间。参见山西省夏县人民法院（2017）晋 0828 刑初 45 号刑事判决书，载 http://wenshu.court.gov.cn/content/content? DocID = 3a8ecb82 - f222 - 4344 - 91c2 - a7df017a99e3，2017 年 10 月 16 日访问。

4 我国现行《刑事诉讼法》中的侦查规范，仍属于犯罪控制模式：第一，侦查程序基本上是由侦查机关封闭运行，除逮捕经检察机关的准司法审批外，全部强制侦查由侦查机关自行决定，而不需采用司法审查及令状制度；第二，虽然法律规定不得强迫嫌疑人证实自己的犯罪，但其不享有沉默权，仍须对侦查人员的提问“如实回答”，同时，律师在侦查阶段的辩护权利受到严格限制；第三，当事人在侦查阶段合法权利受到侵犯，不能寻求中立的第三方即法院的司法救济，“侦查行为不可诉”仍然为现行法上侦查程序的重要特征。可见，我国现行《刑事诉讼法》关于强制措施与侦查程序的规范可以为查处职务犯罪提供足够的制度资源，并且可以为当前条件下监察与司法的衔接协调提供必要的制度资源。

5 1979年中共中央第64号文件《关于坚决保证刑法、刑事诉讼法切实实施的指示》明确提出“取消党委审批案件的制度”。这一党内文件的意见具有重大意义,目前仍属有效,应当执行。不过,考虑国家现实国情,对某些特殊案件仍可实行党内报告制度。

6 从试点情况看,留置有的在“双规点”或类似特定场所执行,也有的是在看守所执行。尤其是一些基层监察委,因缺乏专门留置场所而将决定留置的人员由看守所代押。

7 根据我国《刑事诉讼法》第79条的规定,逮捕需“有证据证明有犯罪事实”且被逮捕者“可能判处徒刑以上刑罚”。根据《监察法草案》的规定,“留置”不需要达到前述定罪条件和刑罚条件。

8 陈光中:《监察法草案应写明依据宪法、国家尊重和保障人权》,载 http://china. caixin. com/2017 - 11 - 08/101167575. htm,2017年11月29日访问。

9 吴健雄:《国家监察体制改革的法治逻辑与法治理念》,载《中南大学学报》(社会科学版)2017年第4期。

10 龙宗智:《论贿赂犯罪证据的客观化审查机制》,载《政法论坛》2017年第3期。

11 《监察法草案》第40条不过是对第五章具体规定的总括性要求,却不在同一章的具体规定之前或之后作出规定,而在另一章中规定,逻辑上似乎不太顺畅。《监察法草案》第42条规定的是证据合法性问题,却与第34条第3款的非法证据排除相分离,而且排除规定在前,合法性要求在后,亦不符合逻辑。

12 新华社记者:《积极探索实践形成宝贵经验国家监察体制改革试点取得实效——国家监察体制改革试点工作综述》,载 http://news. xinhuanet. com/2017 - 11/05/c_1121908387. htm,2017年11月23日访问。

13 笔者曾经在军事检察机关工作多年,知悉长期以来,军队政治机关下辖保卫部门、军事检察院、军事法院,因此其保、检、法的整体性质是军队政治机关,但其法律属性是军队的执法、司法机关。此种情况可作参考。

完善认罪认罚从宽制度的关键是控辩平衡*

寻找正式审判的替代机制,由对抗性司法部分转型为协商性司法,是刑事司法变革的世界性趋势。[1] 我国2018年修改《刑事诉讼法》所设置的认罪认罚从宽制度,正与此趋势相合。同时,这也是对党的十八届四中全会作出完善刑事诉讼程序中的认罪认罚制度的重大部署贯彻和落实。协商性司法模式有利于贯彻宽严相济的刑事政策,促进社会发展,是中国特色社会主义司法制度的有机组成部分。然而,协商性司法的设置前提是对被追诉人诉讼主体地位的确认,以及在此基础上设置的控辩平衡诉讼机制。因为以检察官为代表的控诉方处于刑事程序的主导地位,如果缺乏相应的平衡机制,控诉方就可能利用信息不对称以及其他资源优势,压制被追诉人,迫使、诱使其接受协商条件,使协商性司法异变为压制型司法。由于制度初创以及我国刑事诉讼结构的内在缺陷与程序不完善,控辩失衡更为突出,协商性司法的异变也存在更大风险。完善我国认罪认罚制度的关键,正在于此项制度中国家权力与公民权利的相对平衡,即控辩平衡。

一、协商性司法异变的主要威胁:控方利用资源优势压制被追诉人

(一)协商性司法存在固有的"结构性风险"

刑事诉讼是国家实现其刑罚权的过程。代表国家的控诉方基于其审前程序中的主导地位,有能力压制被追诉人。因为一方面,控方掌握案件诉讼信息尤其是证据信息,而在庭前程序中,被追诉人对这些信息的了解是有限

---

* 原载《环球法律评论》2020年第2期。四川大学法学院韩旭教授为本文资料搜集与写作作出了重要贡献。

的,即“信息不对称”。另一方面,控方拥有更多的权力,包括侦查手段、强制措施的决定和实施权、控罪权及求刑权,如果被追诉人不同意协商司法条件,控方可以继续侦查,采取对物与对人的强制性措施,从而极大地影响被追诉人乃至其亲友的正常生活。而且控方可以通过正式的控诉和求刑,在原调查乃至新的调查的基础上,追求实现更为严重的法律后果。这些程序手段与实体法后果,足以对被追诉人形成心理压制,尤其在信息不对称的条件下。

尽管这种“信息不对称”和“资源不对等”是一种普遍的情况,但在常态刑事程序中,可以通过司法监督之下充分的证据开示、公开和独立的审判、严格程序主义,以及适用证据法则来平衡控辩资源,实现诉讼的正当性。虽然协商性司法有节约诉讼资源的优势,但其在程序的尾端可能会免除或简化、弱化审判程序,导致审判程序难以发挥其平衡控辩诉讼资源,甄别事实并正确适用法律的功用。这种审判资源减少配置及相应的功能弱化,可能导致控方利用其资源优势压制被追诉人,使其接受本不愿接受的控诉和处理条件。

(二)控方有动力压制被追诉人

协商性司法,无论是否伴随一个交易谈判(讨价还价)的过程,均存在要约、承诺的程序要素,以及双方均作一定利益让渡(一方认罪认罚与另一方从宽处置)的实体内容。在这个过程中,控方有能力,也有动机利用其资源优势使协商性司法发生扭变。

所谓“有动机”,是指就控方而言,协商性司法的主要价值是提高诉讼效率。诉讼效率,是指以较少的诉讼资源投入获取较大的诉讼利益,它有双重含义。一是诉讼利益的获得是以较少诉讼资源耗费为代价;二是在不新投入诉讼资源的情况下,克服诉讼障碍,获取诉讼利益。前一种情况主要是通过协商性司法简化证据调查,免除审判或简化审判;后一种情况则主要表现在案件存在定罪困难或不确定性时,通过协商司法管道,促使被追诉人认罪认罚,从而克服这种困难,消除不确定性。证据资源有限是证据法的基本原理,而证据资源不足以及有时遇到的法律资源不足,足以形成常见的控诉障碍。一旦制度提供协商性司法管道,控诉者势必在某些时候希图借此克服诉讼障碍。应当说,控诉者这一动机是可以理解的,也有其合理性。因为无论是否明示,国家设置协商性司法制度,确有在减少诉讼资源投入的情况下保持基本定罪效率,包括克服某些诉讼障碍的意旨。不过,克服定罪障碍必须保持一定限度:一是不能逾越法律,定罪的法律障碍不能通过协商认罪来解决;二是不能打破基本的证据标准,控诉者只有在一定的证据基础上,才能寻找克服证据障碍,消除诉讼不确定性的路径。然而,这两项限制只是一种理想状态。实践中,一旦刑事程序启动,因为程序的“惯性”、业绩的需求、舆论或被害人的压力以及对案件调查主体的“配合”等原因,即使不具备基本定罪条件,控诉者也可能希望推进案件,通过协商司法渠道,实现正式审判难以实现或至少是不确定的诉讼目的。

(三)美国辩诉交易制度的异变

上述学理分析,对于评判美国辩诉交易制度(plea bargaining)是适用的。辩诉交易制度的兴盛与陪审制的没落,是20世纪美国刑事司法发展的重要特征之一。现今美国联邦和州的绝大部分刑事案件都通过辩诉交易解决。有学者指出,“法庭的三个主要角色——检察官、被告人和法官,都找到了支持辩诉交易制度的理由。被告人得到了他想要的量刑折扣。对检察官和法官来说,辩诉交易的普及不仅为令人窒息的工作量带来了令人惊叹的有效缓解,它还免除了检察官的损失风险和法官的撤销风险,从而保护了双方的职业声誉”[2]。辩诉交易的支持者强调辩诉交易在提高效率、缓解办案压力方面具有无可替代的优势,但是,频频揭露的无辜者认罪案件引发了人们对辩诉交易公正性的思考。“无辜者认罪问题”如今已成为关于辩诉交易的存废改革争论中的主要问题。而检察官对被告人的强迫,则是产生此一问题的主要原因。[3] 美国密歇根大学法学院成立的“全美洗冤登记中心”所统计的1702个无辜者案件中,竟有261个案件当事人承认了犯罪,与检方进行了辩诉交易,错误认罪率达到15%。[4]

辩诉交易以检察官自由裁量权为前提,但这种裁量权的强大和不受限制,很难避免其在辩诉交易程序中的滥用。美国检察官权力滥用的主要表现是威胁、引诱被告人认罪,以至于无辜的被告人接受辩诉交易并被错误定罪。这也是因为辩诉交易的实际运作,是在未调查全部证据以及未询问全部证人的情形下,决定被告的命运,判决被告有罪。因此其有罪与否的正确性实存疑问。[5] 在这种情况下,有些无辜的被告可能害怕不接受协调条件而会得到比较重的刑罚,为避免风险只好接受检察官的条件,承认他所未犯的罪。[6] 为了克服信息不对称,防止被告在缺乏明知和明智的条件下接受辩诉交易,法院判例要求检察官向辩方提供无罪和罪轻证据,[7] 但并不要求他们必须在被告作有罪答辩之前提供这些信息。而且,尽管检察官有此义务,他们在实践中经常也未能这样做。[8]

鉴于上述弊端,有学者批评,辩诉交易制度存在根本性的、不能克服的结构性缺陷,难以对检察官巨大的自由裁量权予以有效监督,甚至不存在这种监督。谈判机制还可能给被告人带来不可抗拒的压力,让他们违心认罪。因此,辩诉交易剥夺了被告人获得有力辩护的利益,并对那些可能在庭审中被宣告无罪的人强加不应有的惩罚。[9]

(四)德国量刑协商制度的问题

协商性司法在德国的实施,除附条件(通常为支付金钱)不起诉以及处罚令程序中的控辩协商外,主要是"认罪与量刑协商程序"。而该程序所存在的突出问题,也是名为协商,实为压制,因此妨碍司法公正并损害当事人权利。

德国刑事诉讼所具有的职权主义传统,以及法定主义的追诉原则,与协商性司法的精神并不协调。但在限时办案压力之下,受功利主义与实用主义的影响,协商性司法从起初的实践进入后来的法律确认,已经成为德国刑事程序的一个重要部分。但德国法中量刑协商制度的特点是协商主体不同。因职权主义的诉讼结构,量刑的协商程序主要是在主审判程序中,由法官和被告方进行交涉。基本模式为,法官直接告诉或通过辩护人告诉被告人(对辩护人的告诉可能在法院的走廊、法官的办公室或者通过电话进行),认罪会如何判刑,而不认罪则会如何重判。然后辩方决定是否接受协商条件。

对德国量刑协商程序的主要批评,是认为它背离了协商程序应有的"武器平等"的基础,绝不是哈贝马斯所称"不受权力干涉的纠纷解决",因而不能形成"公平的协商"。因为在量刑协商中,法官有着巨大的支配权,决定被告人是否有罪、该当何罪以及如何量刑。被告人作有罪答辩时承受巨大的压力。不仅被告人没有与法官"议价"达成协商性裁决的能力,辩护律师也难以对法官据理力争,进行平等协商。这种不对等的博弈产生了一系列技术扭变。尽管相关法律规范努力维系职权主义的真相探知方式,但是大量的量刑协商在实践中依旧被简化处理。被告人认罪供述由"事实上的供述"日渐转变为"技术上的供述",由丰满的"细节性供述"转变为"对于起诉事实回应式供述”，进而转变为“单纯承认有罪的供述”，供述究竟是否真实似乎越来越不重要。法官往往仅将认罪供述与案卷内容简单比照、印证，即所谓的“口供兑现”，甚至根据秘密商定的认罪供述径直定案，不作任何实质性法庭调查。[10]

德国量刑协商程序中的压制性实践被认为可能引起宪法性危机，相关争议案件已被提交联邦宪法法院审查。虽然量刑协商的法律条款未被宣布违宪，但联邦宪法法院已对移送其审判的三个案例，宣告法院量刑协商程序适用不当，侵犯了当事人受适当告知以及不被强迫自证其罪的权利。[11]鉴于量刑协商实施中的巨大争议，联邦宪法法院已委托专家教授对此程序进行调查，根据调查结论再进一步改革。[12]

二、我国认罪认罚制度中控辩失衡问题突出

2019 年 12 月于重庆召开的认罪认罚制度研讨会上，孙长永教授曾指出，各个国家和地区，无论是英美法系还是大陆法系，都是先有正当程序，后有协商司法。[13]但在我国，在正当程序建设尚未完成之时，“以审判为中心”还未实现，就建立、实施了认罪认罚从宽制度，因此缺乏控辩平等的协商机制，势必妨碍认罪认罚的自愿性及此类案件的客观真实性。[14]笔者同意这一观点，在正当程序建设不足的情况下实施这项制度，可以说是一个“早产儿”，势必存在某些“先天不足”，导致控辩失衡问题更加突出。如果制度程序设计未能有针对性地予以弥补，实施中的负面效应将难以避免。这种情况主要表现在以下几个方面：

1. 缺乏有效辩护。众所周知，由于自身条件限制，被追诉人无法与国家追诉权力相抗衡，因此需要设置辩护人制度，对其予以技术支持和权利增益。协商性司法由于简化了诉讼程序与弱化了审判功能，其正当性与合理性系于双方的交涉，因此被追诉人更需辩护人支持。各个国家和地区的相关规定均强调了对被追诉人律师有效帮助权利的保护。美国的辩诉交易制度，须由辩护律师代表被追诉人与检察官进行谈判。法国《刑事诉讼法典》第 495 – 8 条第 4 款规定，在庭前认罪答辩程序中，被告不得放弃律师协助权。律师应在程序的任何阶段现场为被告提供咨询和帮助。[15]日本在 2016 年刑事司法改革中引入“协议、合意制度”，要求“在达成合意的过程中，必须有辩护人出席，而且合意需要获得辩护人的同意”。如果犯罪嫌疑人、被告

人、辩护人没有异议,检察官可以就协议的一部分只与辩护人达成协议。但检察官不能只与犯罪嫌疑人、被告人之间达成协议。[16]中国台湾地区2004年修订"刑事诉讼法",在增订"协商程序"编时对此问题曾有争论。中国台湾地区司法主管部门原修订版(2002年版)规定:受律师协助之权利,为被告得放弃之权利,如被告明示无辩护人仍愿进行协商者,则无须为其指定辩护人。但所谓"民间版"(2003年版)称,"盖无辩护人之被告多属社会之弱势、边缘、愚、贫之类,极有可能作出不智、仓促或被诱导之决定,而无知地放弃受律师协助之权利,再进而放弃宪法审判等多项权利而认罪"。因此主张协商程序应为强制辩护程序,被告即使表示无辩护人仍愿进行协商,法院仍须为其指定辩护人。2004年"新法"最终采纳了"民间版"的意见。[17]

在我国刑事诉讼中,律师刑事辩护覆盖严重不足。首先是辩护率较低,从全国范围看,刑事案件律师辩护率目前不超过25%。[18]律师辩护主要覆盖起诉、审判阶段,侦查阶段辩护率更低,这就形成大部分认罪认罚案件没有律师辩护,也造成认罪认罚程序中检察官的绝对主导及嫌疑人、被告人过于弱势的地位差异。为了弥补这一缺陷,法律和解释性规范退而求其次,将值班律师作为此项制度的"标配"。但各种调研材料均表明,值班律师设置在相当程度上"徒具形式"。因为值班律师既缺乏动力,又很难有条件为嫌疑人提供有效辩护。以笔者调研的重庆市为例,值班律师每天补助150元至200元,与接受委托后收取辩护费相差甚远;而其每天需要见证10个以上的认罪认罚等刑事案件,根本无力了解个案证据信息并提供有效辩护。目前,仍有部分法律援助值班律师工作站设置在看守所监区之外,难以为被羁押人员提供及时的法律帮助。而且,值班律师并非辩护律师,不能凭"三证"而需要检察官或者侦查人员陪同才能会见。由此不仅导致与当事人的"秘密交流"无法实现,而且因其更多受侦控人员影响且与当事人之间并无信任和委托关系,容易沦为公权力的附庸。调研发现,"绝大部分案件中,检察官是在和犯罪嫌疑人完成量刑协商后,再通知律师到场见证具结过程。在听取律师意见时,往往只是告知其从宽处罚的建议,并不就量刑的内容与律师进行协商。而律师在提供法律帮助时,也只是在和检察官、犯罪嫌疑人进行简单交流后,便告知嫌疑人可以同意量刑建议和程序适用,并不就量刑结果提出疑义,更遑论参与量刑协商"。[19]除上述辩护覆盖问题外,中国刑事程序中对辩护权保障还存在许多不足之处,比如在部分案件中,如监察机关办理的职务犯罪及关联犯罪案件,调查取证阶段禁止律师介入;即使是律师可以进入的案件及可以进入的诉讼阶段,辩护权行使也受到较多限制,空间较为有限;即使是已聘请律师或可能聘请律师的案件,检察官也可以避开律师要求嫌疑人认罪认罚,这类案件并非个别。有学者指出,“从量刑建议的形成和提出看,辩护人及值班律师发挥的作用有限,我国的量刑协商基本上被塑造成‘检察官与嫌疑人的协商’,这是一种非常失败的制度设计”[20]。

2. 被追诉人缺乏知情权,信息严重不对称。协商性司法所要求的控辩平衡,首先是信息分享。被追诉人作为程序主体,根据案件相关信息尤其是证据信息的知晓,作出明智合理的诉讼选择。在诉讼过程中,被追诉人有权直接或者通过辩护人知悉案件证据信息,这就是被追诉人的阅卷权或证据先悉权。“在刑事诉讼程序内,阅卷权向来被认为是被告有效防御的条件,甚至可以说在被告的防御里,除了证据调查请求权及对质诘问权以外,阅卷权亦居于核心的地位。”[21]从比较法看,在各个国家和地区,无论英美法系还是大陆法系,阅卷权均被规定为被追诉人辩护权的必要构成。我国学者也普遍认为阅卷权是被告人作为当事人的固有权利。[22]然而,我国《刑事诉讼法》并未确认被追诉人阅卷权,即使辩护人将其阅卷获悉的证据信息告知被追诉人,其法律效果也较为模糊,学理上、实践中均存在争议,[23]辩护律师因此在操作中也比较谨慎。在此种背景下,检察官与被追诉人的认罪认罚交涉,是在严重的“信息不对称”的条件下进行的。检察官没有义务将其掌握的证据信息全面告诉被追诉人。法律和解释性文件规定的司法机关告知义务,只是“告知犯罪嫌疑人享有的诉讼权利和认罪认罚的法律规定”。如不告知或不全面告知案件相关信息,不仅不违反现行制度要求,某种意义上说,也许反而是现行制度的一种追求——正是通过“信息不对称”,使犯罪嫌疑人意志屈服。这样的制度设置,使检察官可以而且乐于同无辩护律师的被追诉人商谈认罪认罚,即使已有或可能有辩护律师,检察官也更愿意在辩护人不在场的情况下敲定认罪认罚事宜。

为了保障被追诉人知情权,2019 年 10 月发布的《关于适用认罪认罚从宽制度的指导意见》(以下简称《指导意见》)第 29 条规定:“人民检察院可以针对案件具体情况,探索证据开示制度,保障犯罪嫌疑人的知情权和认罪认罚的真实性及自愿性。”然而,这一规定并未确立检察机关对犯罪嫌疑人的案件信息包括证据的告知义务,而是采用了“可以”“探索”等灵活概念,以及“证据开示制度”等内涵较模糊的说法。2019 年 12 月 30 日颁布施行的《人民检察院刑事诉讼规则》，认罪认罚案件中检察机关的告知内容，限于“犯罪嫌疑人享有的诉讼权利和认罪认罚的法律规定”，不含证据开示。因此，在无法律支持和配套规范的情况下，类似建议缺乏实践效用。

3. 认罪认罚全程开启且鼓励早认，被追诉人权益难获保障。为了防止司法协商的无序及追诉者规避程序、减损权利保障，各个国家和地区多数协商司法制度限制协商时机与环节，避免在律师未介入及证据未开示的情况下单方推进协商程序。美国辩诉交易在审前程序中进行，适用比较灵活，但也只能在检察官提出指控后且被告人有辩护律师帮助的情况下进行。德国认罪和量刑协商，则在主审判阶段由法官与辩方进行，审前控辩双方的认罪与量刑协商对法院不具备约束力。根据中国台湾地区“刑事诉讼法”第 455 条之二的规定，协商程序仅适用于“检察官提起公诉或声请简易判决处刑，于第一审言辞辩论终结前或简易判决处刑前”，就科刑范围或适用缓刑的协商，“不得逾 30 日”，从而限缩了认罪协商启动的时间范围。而在我国，根据《指导意见》第 5 条关于适用阶段和适用案件范围的规定，“认罪认罚从宽制度贯穿刑事诉讼全过程，适用于侦查、起诉、审判各个阶段”，“没有适用罪名和可能判处刑罚的限定”。第 9 条就“从宽幅度的把握”明确规定，“早认罪优于晚认罪”。应当看到，由于此项制度的“从宽”精神，宽泛的适用时机规定，有利于扩大该程序的适用范围，因此存在有利被追诉人的一面。另外，这项宽泛的规定也为控诉方在辩护人尚未进入，且被追诉人无渠道获取证据信息的情况下推进认罪认罚，提供了时机和条件。鼓励尽早认罪的规定，虽然与节约诉讼资源的制度目的相协调，但同时也是鼓励在信息更加不对称、辩护律师通常未介入或即使介入但因不能阅卷而难以有效协商的情况下，推进认罪认罚程序，这对被追诉人也存在不利一面。

4. 特有的侦查讯问制度与审前羁押制度，使控辩资源失衡更为显著。(1) 侦查讯问的封闭性及权利保障不足，存在非自愿性认罪的初始性风险。认罪认罚从宽制度的实施，以被追诉人自愿认罪为前提，因此亦要求侦查审讯中贯彻自白任意性原则，即“不得强迫任何人证实自己有罪”。我国《刑事诉讼法》第 52 条对这一原则已经作出明确规定，但是，为获取口供的需要，《刑事诉讼法》并未由此自然引申出“沉默权”规范，而是同时保留了对侦查人员的提问，犯罪嫌疑人“应当如何回答”的规定，并以此规定排斥“沉默权”,维系义务性供述制度。加之我国侦查程序的封闭性,辩护律师没有审讯在场权,供述义务无争议地成为刑事司法的现实。(2)审前羁押制度的重要影响。从比较研究角度看,我国审前羁押制度有两个特征:一是侦查机关自行羁押时间长。犯罪嫌疑人的早期羁押即刑事拘留,由侦查机关自行决定。这本为满足侦查紧迫性的需要,但我国刑事拘留制度的特点是羁押时间长。普通案件刑事拘留 10 天,“流窜作案、结伙作案、多次作案”的犯罪嫌疑人可拘留 37 天,大大高于国际上警方自行拘留嫌疑人的一般时限。在实践中,37 天的时限适用十分广泛。[24]二是实行“捕诉合一”,即负责公诉的检察机关同时负责批准逮捕,而逮捕是审前更长时间的羁押行为。

上述两个特征,对认罪认罚从宽制度产生两点影响:一是由长时间拘留和高比例逮捕所形成的高羁押率,使被追诉人通常在被羁押的状态下与检察官进行认罪认罚协商,其所处状况更为不利。嫌疑人因处于孤立的被羁押状态,不仅渴望解脱羁押,而且在此种状态下更难获得可供判断并作出理性选择的案件信息,因此更容易接受控方提出的认罪认罚条件。二是检察官的批捕权增强了检察官在认罪认罚制度中调配资源的权力。根据《指导意见》第 19 条的规定,对当事人采用强制措施,应当将认罪认罚作为衡量其是否具有社会危险性的重要考虑因素。[25]《人民检察院刑事诉讼规则》第 140、270 条亦作出相应规定。而近期实行的检察机关“捕诉一体”的内设机构改革,将公诉、批捕和监督职能集中于一名检察官,则进一步强化了办案检察官的程序主导权。

5. 诉审“配合”与简化审判,导致法院有效审查难以实施,诉讼资源难以平衡。我国检察官具有特别的刑事诉讼地位,是法律监督机关的代表,监督刑事程序的运行。虽然从实践看,这种监督权能较为有限,但检察官超越控方角色的特殊地位,无疑增强了他的诉讼地位。此外,在我国刑事程序中,实行检察官公诉垄断,其公诉权的行使不受法院的司法审查,法院对公诉案件除了以管辖不当退回外,无权以公诉内容违法或不当驳回起诉,而只能通过审判程序对公诉做出处理,这也同多数英美法系及大陆法系国家和地区有别。在认罪认罚案件中,公诉效力更有进一步的扩展,即如《刑事诉讼法》第 201 条所规定的,“对于认罪认罚案件,人民法院依法作出判决时,一般应当采纳人民检察院指控的罪名和量刑建议”。

此外,还需要注意中国特有的刑事诉讼构造对控辩平衡的影响。根据

《宪法》和《刑事诉讼法》,我国刑事诉讼奉行侦查、检察、审判机关分工负责、互相配合、互相制约的原则,从而形成侦、诉、审的不同诉讼阶段,并分别由相应国家机关主持的阶段论程序构造,同时形成控诉方与审判者制约兼配合的诉讼关系。虽然近年来提出推动“以审判为中心”的诉讼制度改革,但基本的程序构造、司法原则及诉讼关系未动,“以审判为中心”的改革,只能在适度加强庭审等技术层面作有限努力,从而呈现出“技术型审判中心论”的发展样态。法院既不能对审前程序包括其中的诉讼行为进行司法审查,又须在审判之中贯彻“制约、配合”原则,且受检察机关审判监督,因此对公诉的审查乃至改变能力十分有限。在认罪认罚案件中,由于诉讼价值的效率取向,认罪认罚具结以形式上的合意为基础,且有《刑事诉讼法》第201条的限制,法院诉讼资源平衡能力更为有限。

三、控辩失衡使认罪认罚程序发生异变

由于认罪认罚制度本身存在的结构性风险及我国认罪认罚程序中控辩失衡特有因素的影响,目前实施的认罪认罚制度,在某些案件中已经不具备协商性司法的应有特性,异变为压制性司法,妨碍了司法的程序公正和实体公正。

(一)侦查中以威胁、引诱方法促使认罪的弊端

协商性司法中,控辩双方的协商,一般发生在公诉准备阶段,即检察官与辩护方之间。然而,在证据调查的审讯过程中,侦查官员与犯罪嫌疑人之间的交涉,常常更具实质性,因此可能发挥更为重要的作用。我国的认罪认罚从宽制度适用于侦查阶段。侦查人员在讯问犯罪嫌疑人时,虽然没有从宽幅度的承诺权及要求嫌疑人具结权,但应当告知犯罪嫌疑人享有的诉讼权利、如实供述罪行可以从宽处理和认罪认罚的法律规定,并且同步开展认罪教育工作。在封闭的审讯环境下,侦查官员以严重法律后果相威胁,再以认罪认罚从宽相诱导,同时强调嫌疑人的供述义务,容易导致嫌疑人违心、被迫认罪,包括没有犯罪的人承认自己已实施犯罪。侦查阶段出现的非自愿性认罪和非自愿性供述,实已从认罪认罚的初始阶段就破坏了自愿性原则,损害了认罪认罚从宽程序的基础。

（二）认罪认罚从宽程序呈现权力型程序样态

我国刑事程序中的认罪认罚从宽，是公安司法机关的权力还是被追诉人的权利，从法律规范看还不够明确。从法律及解释性规范的具体内容分析，其“从宽”的实体和程序要求，具有权利属性，但程序的启动、推动、程序适用和实体处置的选择，则基本具有权力属性，对被追诉人在认罪认罚的程序权利保障不足。[26]就程序适用现状而言，似乎认罪认罚是司法机关对犯罪嫌疑人的“恩赐”，是国家公权力对被追诉人的施舍，因此程序的启动或不启动，由检察机关决定。嫌疑人及其辩护人即使申请，也无法定约束力，程序的启动与否取决于检察机关尤其是办案检察官的意愿，因此辩方启动此程序的申请权并无制度保障。程序的适用时机、适用方式，包括控罪与处罚的内容，亦由检察官决定，审判程序中则由法院决定，辩方影响力较小，此外，如文前所述，值班律师制度也形同虚设。因此有人称这种认罪认罚程序是“听取意见式程序”，而非认罪协商程序。[27]从法律后果看，检察官意志基本决定案件的命运。嫌疑人在审判前认罪认罚并予具结，在法院一般应当接受指控的罪名和量刑建议的规范之下，检察官的控诉已具有“类审判”功能，对案件处置基本具有决定性作用。

（三）压制性操作方式妨碍司法公正

在前述控辩失衡的程序背景以及权力主导操作方式之下，很难避免控诉方在部分案件中，将认罪认罚作为克服诉讼障碍、实现有效定罪的工具。在这类案件中，认罪认罚制度实已丧失其协商性司法的特质，而变异为一种“恃强凌弱”的“压制性司法”。应当说，上述认罪认罚制度的这种异变，已经成为学者们对认罪认罚从宽程序的主要担忧，也在某些案件中成为刑事司法的现实。调研发现，认罪认罚程序已经成为少数个案瓦解被追诉人无罪辩护意志的有效工具。有的案件，虽然被追诉人认为自己无罪，甚至辩护人也认为因证据不足或法律上不构成犯罪而不应定罪，但被追诉人慑于起诉重判的威胁，同时受对方定罪轻处的诱惑，有时还受不被羁押或解除羁押的引诱，再考虑中国的控审配合关系等因素，违心认罪认罚。另有一种不利后果是，目前的认罪认罚程序容易使轻罪案件的“顶包”认罪通过程序检验。如近年来司法实践中涉毒类假案现象有所抬头，吸毒者为规避强制隔离戒毒 2 年时间，宁愿对小额“零包”贩毒案认罪，判一年半载，甚至想尽办法“自首”“立功”，处理更轻。另外，戒毒警察有案件考核任务，双方一拍即合，联手制作出涉毒类假案，认罪认罚及速裁程序为这类案件提供了程序契机。[28]

此外，认罪认罚还被用于共同犯罪案件中瓦解辩护阵营，诱导法院作有罪判决的手段。在部分共同犯罪案件中，控诉方审前与部分被告达成认罪认罚协议，使部分被告当庭认罪，本来按照一般辩护逻辑可以共同辩护无罪的案件因此被分化瓦解。此种情况下，法院可能无须对涉及认罪认罚被告的相关事实进行严格的证据调查。同时，在法院一般应当采纳检察机关指控的罪名和量刑建议的规范约束下，法院更难作出全案或基本指控事实不构成犯罪的判断和处理。[29]更有甚者，有的案件，检察机关对部分共犯认罪认罚后作分案处理，将这部分共犯起诉到法院后以简易程序迅速审判并形成生效有罪判决，更是以既判力预定了未认罪且准备抗辩被告人的有罪裁判后果。[30]

由于控辩失衡及操作不当使认罪认罚程序发生异变，其直接效果是降低了部分案件的办案质量，导致个案的不公正，也对认罪认罚从宽制度改革成效产生负面影响。其间接效果是加剧控辩不平衡，从而扭曲诉讼结构。因认罪认罚案件不再实行实质化庭审，强调被告人认罪口供的意义以及案卷笔录的作用，因此更倾向于维系案卷笔录中心主义与口供中心主义，固化我国刑事诉讼的传统弊端。这些负面作用，势必妨碍以审判为中心的诉讼制度改革，给我国刑事程序的正当化改革带来负面影响。

四、关于完善认罪认罚制度的几点认识

上述分析说明，我国实施认罪认罚从宽制度，既有配套条件不足的问题，也有制度设置和实施中的偏差。2019 年，党的十九届四中全会提出坚持和完善中国特色社会主义制度、推进国家治理体系和治理能力现代化的总体目标，认罪认罚从宽制度体现了巩固诉讼理念的重大变革和刑事诉讼制度的重大改革，本质上是推动国家治理体系和治理能力现代化的一种诉讼模式。[31]所以需要我们进一步探讨此项改革的前景包括其制度完善的方法，对此，首先需要在一些重要问题上厘清认识。

（一）认罪认罚制度应当缓行还是完善续行

前文笔者已分析说明我国是在配套制度十分不足，控辩资源明显失衡的情况下实施了认罪认罚从宽制度，在此认识之下，对此项制度的发展，首先需要明确其现实必要性，在此基础上确定其应然的发展方向。

即使目前制度超前，且存在弊端，但笔者并不认为总体弊大于利，应予缓行。有四点理由：其一，实施此项制度有利于克服传统弊端，体现刑事政策。我国刑事诉讼中，“坦白从宽”的刑事政策长期存在实效性和感召力不足的问题，因此在社会上流传所谓“坦白从宽，牢底坐穿；抗拒从严，回家过年”的说法。实施认罪认罚制度，将坦白从宽说清楚、写下来、难反悔，才能保障这项制度落实，使悔罪且愿意配合国家追诉的当事人切实享受“政策红利”。[32]其二，在所谓“官家主义”即“超职权主义”背景下，协商性司法有利于当事人主体地位的提高。由于诉讼传统及制度背景，我国刑事侦查、控诉权，缺乏辩护权制约，也欠缺中立第三方的司法审查，呈现十分强势的所谓“官家主义”或“超职权主义”特征，在此背景下，认罪认罚从宽虽然显示出控辩失衡，但此项制度的协商性司法性质，毕竟是对当事人主体地位至少在形式上的一种肯定和确认，从制度法理上看也是一种进步。其三，从实践效果看，虽存在损害当事人权利的弊端，但其在“重刑主义”之下的轻缓趋向，总体对保障公民权利有利。其四，制度的适度超前，可以通过“程序反制”及“程序拉动”，推动诉讼制度改革。某项制度与其运行条件不匹配，一种办法是制度终止，待条件具备后再运行；另一种办法则是在制度实施的同时推动综合配套制度的出台，即根据实际情况和实际可能创造条件以匹配改革。笔者认为，后一种办法是可行的，目前对于此项制度仍应积极推动，关键是兴利抑弊，针对制度弊端调整、完善，并尽力推动综合配套改革。但是，由于制度配套不足，不宜不顾实际条件与需求，追求数量，勉强推动，而应注意遵循诉讼规律，防范弊端，适度推行。

（二）完善认罪认罚制度的关键是诉讼资源配置的“控辩平衡”

前文已述，对认罪认罚制度正当性的主要威胁，是诉讼资源配置的控辩失衡，在完善论的语境下，必然要求调配诉讼资源，包括适当制约和约束此项制度中国家权力的行使，以及加强以辩护权为核心的公民权利保障，在有限条件下努力实现诉讼资源的控辩平衡。为此，首先存在如何理解“控辩平衡”的问题。因为国家的刑事追诉权与公民的防御权在性质、范围和力度上均有重要区别，若无足够的资源配置，国家将无法有效行使其刑事追诉权。因此，控辩平衡并非实际资源的平均分配和实际能力的平等赋予，而是仅指在诉讼程序中的法律地位平等与诉讼手段对等。具体把握须注意两点：一是对于任何追诉权能的可抗御性，即被追诉方能够对国家过度与不当地行使任何一种追诉权具有遏制的能力。任何一种制度,如果只给予国家权力行使的可能和便利而不为相对方赋权,则会引起失衡。二是遵循法律正当程序的基本要求。虽然现代各国诉讼制度有区别,但有一些诉讼原则及规则具有共识性,被认为是法律程序的基本原理,反映诉讼的规律。例如,任何人不能当自己的案件的法官,因此国家刑事调查和控诉的权能应受法律控制和司法审查;在主体性原则之下,任何人不应被强迫自证其罪,也不应当被强迫认罪认罚;被追诉人应当享有自行辩护的权利以及伴随的知情权,获得有效辩护的权利,获得法律救济的权利等。认罪认罚制度的设置和实施,需要确认和保障被追诉人的上述基本诉讼权利。

(三)推动综合配套改革

认罪认罚制度实施中的控辩失衡,是中国刑事诉讼程序整体状况的一个缩影。而失衡性的形成,既有该项制度设置的问题,也源于该项制度运行的程序构造和制度背景。如中国刑事诉讼反审判中心主义的线形构造,超职权主义的侦查、检察程序等,已如前述。因此,实现认罪认罚制度的控辩平衡,是一项系统工程,既要注意认罪认罚制度本身的改革完善,也要注重综合配套制度的改革,但应考量司法现实,逐步推进。后一方面的改革主题,可以归结为切实推进"以审判为中心的诉讼制度改革"。

正是由于认罪认罚制度的改革完善是一项系统工程,尤其涉及刑事诉讼构造以及主要制度程序的改革,不可能一蹴而就。而且,从党的十八届四中全会提出推动"以审判为中心的诉讼制度改革"以来,虽在推进庭审实质化、贯彻非法证据排除规则等具体程序方面做了一定努力,但刑事诉讼结构与原则基本未动,公安司法机关的诉讼关系基本未变,案卷笔录为中心的案件运行机制基本未改,可见实际推动"以审判为中心"的诉讼结构与基本程序制度改革难度很大。因此,考量认罪认罚制度的改革完善仍需立足现实,采取设定阶段目标分步推进策略,不好高骛远而力求实效。

在分步推进的改革策略之下,鉴于现存弊端且短期难以克服,在实施认罪认罚制度问题上亦应注意适度推进,不过度追求高指标、大数量。最高人民检察院曾于2019年两次召开全国性会议,部署认罪认罚工作,要求达到全部刑事案件70%的适用指标。应当看到,推行认罪认罚在检察环节可能增加工作量,因为需要增加文书制作,增加与嫌疑人的交涉,因此一些基层检察机关缺乏积极性。最高人民检察院提出的适用指标要求,有利于推动认罪认罚程序适用，进一步贯彻“宽严相济”刑事政策，但从调研情况看，正常情况下很难完成这一指标。[33]我国台湾地区的认罪协商程序，适用于应当判处3年以下有期徒刑的案件，但年度适用率仅占全部刑事案件的1% ~ 3%。[34]虽然我国大陆的制度与台湾地区有相当区别，台湾地区的低比例有其特定原因，但大陆在正式施行初期就要求将大部分刑事案件纳入此种轨道，似有困难。而如要达到指标要求，势必对一些本不具备适用条件的案件，通过检察官利用其资源优势，人为促成认罪认罚的达成。无论其效果对当事人是否有利，这种做法均不利于保障案件质量及实现司法公正。因此，建议设置鼓励认罪认罚程序适用的政策，但不设置硬性适用指标，至少不设置过高的指标任务。

（四）完善认罪认罚从宽的配套措施

如前文所述，为保障认罪认罚制度的顺利推行，在刑事诉讼结构的改革之外，还要注意对配套措施的完善以匹配改革的进行。笔者认为，需要重点改革侦查审讯制度及审前羁押制度，并完善刑事辩护制度。

第一，无论分析法理还是观察实践，对认罪认罚从宽制度实施关联最紧密，影响最突出的刑事司法制度，是侦查审讯制度和审前羁押制度。一方面，认罪认罚是以当事人的自愿性为前提，这种自愿性，实为自白任意性的自然延伸。审讯中承认自白任意性原则，才能符合逻辑的在其后保障认罪认罚的自愿性。为打破“口供中心主义”，克服刑讯逼供以及以其他非法方法获取口供的司法痼疾，需要切实贯彻《刑事诉讼法》所规定“不被强迫自证其罪”原则，并以此原则解释适用“如实回答”法律规范：对侦查人员以及检察、审判人员的讯问，犯罪嫌疑人、被告人可以回答，也可以拒绝回答，但如回答，则必须“如实回答”。这实质上是设置“沉默权”这一被普遍认可并遵循的制度。但如顾虑某些犯罪的取证困难及打击需要，可以仿律师会见嫌疑人的例外规定，设置某些罪种的例外。这实际上只是一个规则解释问题，并不需要修订法律，而且经过多年的司法人权保障的论证与宣传，伴随大数据等现代监控和调查取证手段的强化，司法接受和社会认可的难度相对不大，可在较短时间内推行。同时，为加强审讯中的权利保障，防止违法取证，应推行侦查讯问律师在场制度，扩大和强化审讯录音录像制度的适用。

另一方面，我国羁押制度拘留时间过长，留置缺乏司法审查，以及“捕诉合一”制度，均与强制措施基本法理相悖，应当改革。不过，在因条件限制短期内难以启动此类重大改革的情况下，目前应切实贯彻羁押必要性审查制度，减少羁押，以改善嫌疑人程序地位。贯彻羁押必要性审查制度，可捕可不捕的不捕，虽经最高人民检察院三令五申，但实际贯彻不力，这与侦查和控诉的紧密联系，以及“捕诉合一”的司法体制有关。亦因科技发展及其司法适用，尤其是电子监控手段的高度发展，非羁押强制措施的适用越来越具有现实可能性和必要性。当前如要降低羁押率，在其他方法难以奏效的情况下，笔者建议将前面提到的下达指标办法用在此处，设定一个全国范围的指标，如犯罪嫌疑人、被告人羁押数不得超过非羁押人数。在总体指标限制下，各地可根据情况体现一定区别。这一做法虽有弊端，但可能是目前情况下，落实羁押必要性审查制度最有效的方法。

第二，完善配套措施还需要加强对律师行使辩护权的保障，完善刑事辩护制度。首先，应保障辩护律师的调查取证权，尤其在侦查阶段，有权搜集对嫌疑人有利的证据，以便获得控辩协商的必要证据信息。总之，“若要允许刑事协商合法地成为终结程序的工具，强化侦查程序中的辩护是不可或缺的。”[35]其次，要改变现在辩护律师申请司法机关调取证据权利虚置的情况。最后，根据国家司法改革的精神，为实现刑事辩护全覆盖，应允许律师在监察委办理的职务犯罪及关联犯罪案件的调查阶段介入，为当事人依法提供辩护。

五、完善认罪认罚从宽程序实现控辩相对平衡的路径

针对目前认罪认罚制度本身存在的控辩明显失衡的状况，即使承认现实条件约束，不求一蹴而就，也需切实采取对应的改革措施，以改善资源配置状况，实现一种相对平衡。

（一）提供有效辩护

实现认罪认罚的控辩平衡，创造协商性司法的基本条件，最直接也是最重要的路径之一，是强化辩护权，为被追诉人提供有效辩护，律师辩护无疑应当成为认罪认罚制度的“标配”。（1）除微罪案件（如判处拘役以下刑罚的案件）以外，应实行强制性律师辩护，这种辩护不能因嫌疑人、被告人意愿而放弃。这一制度要求不仅因为是协商性司法通例而需借鉴应用，更因为我国嫌疑人通常被羁押且讯问时没有律师在场权，侦控方比较容易获得嫌疑人的放弃声明，因此应当将辩护人参与作为认罪认罚程序实施的必备条件。

(2)侦查、起诉阶段,侦查、检察官员可以向嫌疑人告知认罪认罚从宽的法律规定,但禁止在辩护律师不在场的情况下进行认罪认罚的具结,以防止检察官利用资源优势压制或诱惑嫌疑人非自愿接受认罪认罚条件;明确律师未经会见和与被追诉人协商、阅卷和与控方协商,不得在具结书上签字。在日本,"犯罪嫌疑人、被告人在与辩护人商谈并判断利益得失之后,以书面形式达成合意,这是犯罪嫌疑人、被告人'自由作出合理的意思决定'"[36]。在德国刑事诉讼程序中,辩护人有权查阅检察官的案卷,根据对案卷的研究,告知被告人现有的对其不利的罪证材料,辩护人和被告人可以一起评价证据,估计认罪将带来的好处。[37]如果案件将来出现冤错,签字的辩护人或者值班律师也应当承担相应的责任。(3)有效辩护意味着律师辩护,而非值班律师的见证及法律帮助。由于前文已分析的原因,值班律师不可能提供达到最低限度标准的有效辩护。鉴于多数犯罪嫌疑人的实际条件限制,这种律师辩护主要依靠国家法律援助制度提供。因此,随着刑事辩护全覆盖的改革努力,认罪认罚从宽制度的辩护条件将随之改善。而且应注意,"全覆盖"的实现有一个过程,除目前《刑事诉讼法》规定的法定辩护以外,认罪认罚从宽案件应当列入刑辩全覆盖的范围,作为优先安排法律援助的案件。同时,也需要明确规定,如果被追诉人已经委托辩护人,无论是控辩协商还是在认罪认罚具结书上签字,均应由辩护律师为之,检察官不得另行安排值班律师,这也是有效辩护的要求。

不过,由于实际条件的限制,实现实质意义的律师刑事辩护全覆盖尚有一个过程,目前还需借助值班律师制度的支持。而且即使实现全覆盖目标,也还需要值班律师为新进所嫌疑人提供某种"应急"服务,缓解其感到孤立和焦虑的精神状态,给予必要的法律帮助。因此,需要改善值班律师制度的运行程序。一是以认罪认罚从宽制度实施为契机,赋予值班律师讯问时的在场权以及讯问监督权,并采取措施落实这种权利,从而保障认罪认罚的自愿性、合法性。二是保障值班律师的独立会见权。通过出台相关规定,使值班律师能够单独会见犯罪嫌疑人,保障"不被监听"法律规定的落实。三是为值班律师履行职务提供较好的条件,进一步支持此项制度的运行。比如,尽快将在监区外设置的值班律师工作站设在监区内,方便值班律师向被羁押人提供法律帮助。对值班律师的配备、待遇、轮换以及监督等,也应提供必要支持条件并完善相关制度,使值班律师尽量发挥其有效作用,以此改变当前饱受诟病的“形式见证”以及为公权力“背书”的问题。

（二）强化当事人知情权与改善协商程序

鉴于我国刑事诉讼的有效辩护全覆盖还有一个过程，在仅有值班律师没有辩护律师参与的认罪认罚案件中，应当推进控诉证据向嫌疑人展示的制度。《指导意见》第 29 条要求探索证据开示制度，保障犯罪嫌疑人知情权，说明规则制定者已经意识到仅告知相关权利的局限性，以及在协商性司法中向无辩护律师的当事人展示证据的意义。不过因《刑事诉讼法》对当事人的证据知悉权缺乏明确的规范支持，刑事诉讼中如何实现当事人知悉权尚需探索，因此文件谨慎采用了“试行”而非“实行”的要求。但在律师参与不足、控辩资源显著失衡的情况下，控诉方向辩方当事人展示案件证据，即使很难做到充分全面的展示，对于平衡控辩资源也有一定功用。因此，有关部门应当切实贯彻《指导意见》要求，展开证据展示探索实践，[38]在条件相对成熟后，再全面推行。

此外，还应进一步明确辩方与控诉方协商的权利，规范协商程序。量刑“协商”虽然写进了《指导意见》第 33 条，但辩方能否主动提出协商请求，协商程序如何进行，协商失败或法院不认可协商协议（具结书），认罪口供能否作为证据使用等问题，目前均不明确。为此，需要规范协商程序，加强辩护方在认罪协商程序中的权利保障。应当进一步明确协商的启动、协商的内容、协商的实施和控方拒绝协商的法律后果、庭审中协商内容和协商过程应否公开、如何公开等事项。对协商内容，庭审中应当由控方进行公开。如果协商程序存在争议，辩方有权公开协商过程，以证明控方违反了平等、自愿协商原则。通过此种公开，协商程序的合法性、正当性可以接受法官的审查。

（三）适当把握证据标准以实现质量与效率的统一

首先是要正确看待认罪认罚制度克服证明困难的功能。认罪认罚制度应否具有克服证明困难的功能，这是一个有争议的问题。有的学者认为，为防止案件质量下降，认罪认罚程序不能降低证据标准。即仍应按照“案件事实清楚，证据确实、充分”的标准衡量，达不到这一标准的案件不能进入认罪认罚程序。应当承认，这一观点注意到我国目前诉讼条件下降低证明标准的诉讼风险，而且也有一定的规范依据。《指导意见》第 3 条规定：“坚持证据裁判原则。办理认罪认罚案件，应当以事实为根据，以法律为准绳，严格按照证据裁判要求，全面收集、固定、审查和认定证据。坚持法定证明标准，侦查终结、提起公诉、作出有罪裁判应当做到犯罪事实清楚，证据确实、充分，防止因犯罪嫌疑人、被告人认罪而降低证据要求和证明标准。对犯罪嫌疑人、被告人认罪认罚，但证据不足，不能认定其有罪的，依法作出撤销案件、不起诉决定或者宣告无罪。”应当说，这一规定有利于防止司法实践中办理此类案件降低证据标准后对不应定罪的案件错误定罪，从而维系此类案件的办案质量。尤其是考虑到我国刑事程序中控辩失衡问题较为突出，认罪认罚的自愿性保障不足，做出此项不降低证明标准的规定更有其实际价值。

但我们也应承认，协商性司法所追求的诉讼效率和诉讼经济价值，当然包含减少在取证方面的资源投入，甚至包括克服因证据资源不十分充分产生的定罪不确定性，这种情况在各国协商性司法中普遍存在。如果否定这一功能，机械理解不降低证据要求和证明标准的规定，将会发生实际操作的困难。实施此类制度的必要性会受到质疑，刑事司法机关也将缺乏实施动力。因此，从司法的现实出发，一方面，我们应当坚持证据标准，防止将证据不足，不能定罪的案件纳入认罪认罚，保证定罪质量。另一方面，也承认在符合基本证据标准和取证要求的情况下，允许对认罪认罚的轻微刑事案件适当减少取证投入。具体而言，可考虑对应当判处 3 年以上徒刑的案件，即使被告人认罪认罚，仍应按照原有刑事案件证明标准进行证据审查。对于应当判处 3 年以下徒刑，以简易或速裁程序审理的案件，因犯罪较轻微，按照比例原则及认罪认罚制度的立法精神，体现诉讼效率和诉讼经济，对“案件事实清楚，证据确实、充分”证明标准，按照以下两点把握：一是具有足够的基本证据，这些证据之间能够相互印证，能够支撑有罪事实的证据构造；二是司法人员已经对有罪认定建立心证并“排除合理怀疑”，这一点与我国台湾地区实施认罪协商程序的要求相似。我国台湾地区的认罪协商程序限于可判处 3 年以下有期徒刑的案件，根据我国台湾地区学者的观点，其适用于两种情况：“其一是在确信被告人有罪的前提下，充分取证确有困难或过度消耗司法资源；其二是现有证据已足以认定被告人有罪，但个别证据可能因证据法的规则必须被排除。”[39]依此划定适用案件范围，同时注意保障认罪认罚的自愿性，应能基本兼顾此类案件办理中的公正与效率。[40]

（四）实施有效的司法审查和司法救济

认罪认罚案件中，法院通过审判程序实施的司法审查，应到何种程度，尚有不同认识。根据《指导意见》第39条的规定，法院在庭审中应当对认罪认罚的自愿性、具结书内容的真实性和合法性进行审查核实。其审查重点在与自愿性相关的五个方面。审查认罪认罚具结书的合法性以决定适用法律作出裁判，当然也是"应有之义"。值得研究的是审查"具结书内容的真实性"。这里的真实性，主要是指认罪的真实性，即被告人是否实施了被指控的犯罪。根据《刑事诉讼法》第201条的规定，人民法院法庭审判有责任审查被告人的行为是否构成犯罪、是否应当追究其刑事责任，以及检察机关的量刑建议是否明显不当。可见，法院对认罪认罚案件的审查并非仅作自愿性、合法性审查，也应针对案件证据事实进行实质审查。不过，可以简化审查（法庭审理）程序，包括速裁程序中省略调查、辩论，简易程序中简化调查、辩论程序，以及普通程序中亦适当简化调查、辩论，着重围绕有争议的问题进行审理，而证据审查标准已如前述。

通过审判适度平衡控辩诉讼资源，还有必要保障被告人的上诉权。为实现诉讼经济和协商的有效性，认罪认罚从宽程序设置可以选择限制上诉权，即实行有限上诉。[41]但我国《刑事诉讼法》并未限制此类程序中被告人的上诉权，应当说，鉴于我国刑事司法包括认罪认罚程序中资源不平衡的状况，适当加强司法救济是有必要的，法律规定比较适合我国情况。《指导意见》关于速裁程序二审可不开庭审理以及处置方式的规定也具有一定的合理性。实践中应当注意的是，检察机关慎用抗诉权，不应"上诉必抗"，而应当区别情况，审查上诉的正当性，分别情况作出处理。[42]

（五）对共同犯罪案件适用作出一定限制

根据《指导意见》第2条的规定，在共同犯罪案件中，可以适用认罪认罚从宽程序，但应注意量刑平衡。从司法实践看，共同犯罪案件，既有全案被告均适用认罪认罚从宽，也有仅部分被告人适用的。从法理上分析，认罪认罚从宽是以被追诉人而非案件为适用主体。而且对某一或某些共犯适用从宽政策，以获取证据，证明主犯，也是办理共同犯罪案件普遍适用的政策与策略。国外所谓"污点证人"制度也是这一司法政策和策略的体现。然而，如前所述，对部分共犯适用认罪认罚从宽存在不公正的风险。结合司法实践，对共同犯罪案件适用认罪认罚从宽程序应当注意以下两点。

第一,应当注意慎重适用该程序。凡是案件是否构成犯罪存在较大争议,需通过法庭的实质化审理予以确认的,检察机关应慎重适用该项程序让部分共同犯罪嫌疑人签具结书。因为检察机关适用认罪认罚程序,是以案件确实构成犯罪为前提,而且适用这种程序后,审判程序应在不同程度上简化,但对争议较大的共同犯罪案件,因为共犯关系,即使对认罪认罚的被告所涉指控事实,其审理也应保障实质化而不应简化。而且,以认罪认罚从宽来克服诉讼障碍,引导法院作有罪判决也是不正当的诉讼策略,检察机关基于其客观义务及法律监督职能不应采取。此外,共同犯罪中的主从犯认定亦生争议,而诸被告间的量刑平衡难度较大,检察机关以具结书确定部分被告量刑,容易增加法院量刑平衡的难度,因此亦应注意谨慎适用。

第二,不能以认罪认罚为由对被告分案处理。因为根据《刑事诉讼法》第 215 条的规定,共同犯罪案件中部分被告人不认罪或者对适用简易程序有异议的,不能适用简易程序审理案件。认罪认罚的共犯适用简易或速裁程序分案审理违背法律规定。即使分案适用普通程序(简化)审理,也属人为分割共同犯罪案件,由于分案后共犯间不能同案调查,难以相互对质,必将损害审理的言辞性,妨碍审理的实质性,也不利于共犯之间的量刑平衡,不符合审判规律,因此亦应禁止。[43]

注释

1 熊秋红:《比较法视野下的认罪认罚从宽制度——兼论刑事诉讼"第四范式"》,载《比较法研究》2019 年第 5 期。

2 George Fisher, *Plea Bargaining's Triumph: A History of Plea Bargaining*, Stanford University Press, 2003, p. 16.

3 [瑞士]古尔蒂斯·里恩:《美国和欧洲的检察官——瑞士、法国和德国的比较分析》,王新玥、陈涛等译,法律出版社 2019 年版,第 259 页。

4 王迎龙:《认罪认罚从宽制度下轻罪冤假错案的防范》,载《人民法院报》2019 年 2 月 14 日,第 6 版;[美]John H. Blume & Rebecca K. Helm:《"认假罪":那些事实无罪的有罪答辩人》,郭烁、刘欢译,载《中国刑事法杂志》2017 年第 5 期。

5 王兆鹏:《美国刑事诉讼法》,台北,元照出版有限公司 2004 年版,第 546 页。

6 [美]John H. Blume & Rebecca K. Helm:《"认假罪":那些事实无罪的有罪答辩人》,郭烁、刘

欢译,载《中国刑事法杂志》2017 年第 5 期。

7 布莱迪诉马里兰州案,Brady v. Maryland,[1963]373 U. S. 83。

8 [美]安吉娜·J. 戴维斯:《专横的正义——美国检察官的权力》,李昌林、陈川陵译,中国法制出版社 2012 年版,第 61 页。

9 [美]斯蒂芬·舒霍夫:《灾难性的辩诉交易制度》,郭烁译,载《中国刑事法杂志》2019 年第 6 期。

10 印波:《以宪法之名回归法律文本:德国量刑协商及近期的联邦宪法判例始末》,载《法律科学》2017 年第 5 期。

11 印波:《以宪法之名回归法律文本:德国量刑协商及近期的联邦宪法判例始末》,载《法律科学》2017 年第 5 期。

12 2019 年 9 月,笔者随中国刑事诉讼法学代表团,参加在德国明斯特大学举办的中德刑事诉讼法高端论坛。德国明斯特大学戴特斯(Mark Deiters)教授发言认为目前德国刑事诉讼中最大的问题是量刑协商程序。鉴于该程序存在的争议,联邦宪法法院已委托教授对该程序实施进行调研,原定 2019 年提交调查报告,后推迟一年,即在 2020 年将提交报告。

13 参见《西南政法大学刑事检察研究基地揭牌仪式暨新时代刑事检察理论与实践问题研讨会在渝举行》,载 http://fxy. swupl. edu. cn/xyxw/276704. htm,2020 年 3 月 16 日访问。

14 这一观点在学界有一定的共识性。如熊秋红教授就认为我国跨过第三范式直接迈进第四范式可能会产生一定的风险。参见熊秋红:《比较法视野下的认罪认罚从宽制度——兼论刑事诉讼"第四范式"》,载《比较法研究》2019 年第 5 期。

15 施鹏鹏:《法律改革,走向新的程序平衡》,中国政法大学出版社 2013 年版,第 158 页。

16 [日]田口守一:《刑事诉讼法》(第 7 版),张凌、于秀峰译,法律出版社 2019 年版,第 217 页以下。

17 王兆鹏:《新刑诉·新思维》,中国检察出版社 2016 年版,第 142 页。

18 根据王禄生主持的东南大学人民法院司法大数据研究基地对 303 万刑事一审判决的数据分析,从 2013 年至 2017 年 5 年,刑事案件辩护率从 2013 年的 24. 08%,逐年下降为 2017 年的 22. 68%。但其中律师辩护率呈上升趋势:从 2013 年的 19. 07%,到 2017 年的 22. 13%。载 https://www. zhihedongfang. com/57313. html,2020 年 2 月 19 日访问。2019 年 10 月 24 日,徐显明委员在全国人大常委会审议最高人民法院刑事审判专项报告时指出,现在全国刑事案件律师辩护率是 23%,应该大幅度提高律师辩护的比例。参见王姝:《常委会委员:每当出现冤错案件,公检法三家都难辞其咎》,载 http://www. bjnews. com. cn/news/2019/10/25/641627. html,2020 年 2 月 19 日访问。

19 许世兰、陈思:《认罪认罚从宽制度的基层实践及思考》,载胡卫列等主编:《认罪认罚从宽制度的理论与实践》,中国检察出版社 2017 年版,第 355 页。又参见王迎龙:《值班律师制度研究:实然分析与应然发展》,载《法学杂志》2018 年第 7 期。

20 闵春雷:《回归权利:认罪认罚从宽制度的适用困境及理论反思》,载《法学杂志》2019 年第

12 期。

21 颜厥安、林钰雄:《人权之跨国性司法实践——欧洲人权裁判研究(一)》,台北,元照出版有限公司 2007 年版,第 95 页。

22 陈瑞华:《论被告人的阅卷权》,载《当代法学》2013 年第 3 期;杨波:《被追诉人阅卷权探究——以阅卷权权属为基点的展开》,载《当代法学》2012 年第 1 期;韩旭:《刑事诉讼中被追诉人及其家属证据知悉权研究》,载《现代法学》2009 年第 5 期。

23 根据《刑事诉讼法》第 39 条,在起诉阶段辩护律师可以向嫌疑人"核实证据"。但其核实证据时能否告知人证证明内容,还有较大争议。侦查、检察机关倾向于限制这种庭前告知。这也显示出我国刑事程序对于向当事人告知证据信息的保守态度。参见朱孝清:《刑事诉讼法实施中的若干问题研究》,载《中国法学》2014 年第 3 期;龙宗智:《辩护律师有权向当事人核实人证》,载《法学》2015 年第 5 期。

24 此外,对职务犯罪及其关联犯罪的被调查人,监察机关根据监察法可自行决定留置 3 个月至 6 个月。

25 《指导意见》以第六部分三个条文专门规定了强制措施适用问题,但均为认罪认罚后强制措施适用包括变更,不涉及之前慎用及调整强制措施以创造平等协商条件问题。

26 认罪认罚属性及对程序适用影响的分析,参见闵春雷:《回归权利:认罪认罚从宽制度的适用困境及理论反思》,载《法学杂志》2019 年第 12 期。

27 闫召华:《听取意见式司法的理性建构——以认罪认罚从宽制度为中心》,载《法制与社会发展》2019 年第 4 期。

28 魏晓娜教授分析了此类"顶包"案件及现行认罪认罚存在的程序缺陷和实践弊端,认为"在控辩地位严重不对等前提下的认罪认罚制度,可能会招致一些特殊的风险"。参见魏晓娜:《结构视角下的认罪认罚从宽制度》,载《法学家》2019 年第 2 期。

29 在当前的部分"涉黑""涉恶"案件的审判中,这种情况比较突出。检察机关常在审前对部分被控黑、恶犯罪的一般成员乃至少量骨干适用认罪认罚从宽,部分被告因此当庭认罪,即使他们在具体的被控事实询问时,不能做出相应的犯罪供述。这种方式被作为克服此类案件定罪难题的重要手段。

30 如广州市人民检察院对认罪认罚从宽制度试点 2 年,总结的试点经验包括:"建立分案审查机制,对共同犯罪中认罪的犯罪嫌疑人视情况分案起诉,形成认罪与不认罪有序区分的案件分流格局。"参见广州市人民检察院:《认罪认罚从宽试点两年兑现快速正义实现共赢》,载 https://www.jcy.gz.gov.cn/xw/995.jhtml,2020 年 2 月 18 日访问。对这种分案做法的宣传论证参见尹巍:《浅析认罪认罚从宽制度下的共同犯罪分案》,载《天津检察》2018 年第 1 期。

31 周闻韬:《最高检:加大认罪认罚从宽制度适用力度》,载 http://www.xinhuanet.com/legal/2019-10/31/c_1125175596.htm,2020 年 3 月 17 日访问。

32 笔者在 20 余年前即对坦白从宽政策执行中的背反现象,作了严肃批评及深入分析,并提出解决建议:“在一定程度上借鉴国外辩诉协商的办法,事先说明嫌疑人、被告人认罪、坦白后可能接受的从宽处理,使其能够斟酌处置,在相对自愿的情况下作出坦白交待。”参见龙宗智:《论坦白从宽》,载《法学研究》1998 年第 1 期。

33 根据裁判文书的大致统计(文书并非全部上网,因此数据不太准确),认罪认罚从宽制度正式实施一年时间(2018 年 10 月至 2019 年 9 月),全国适用该制度的案件总计占比 10% 左右。但各地差别较大,根据笔者的调研,重庆 80% 左右,四川不超过 10%,安徽约 20%。

34 沈威:《两岸认罪认罚从宽制度的比较与借鉴》,载《人民检察》2018 年第 4 期。

35 [德]贝恩德·许乃曼:《公正程序(公正审判)与刑事诉讼中的协商(辩诉交易)》,载陈光中主编:《公正审判与认罪协商》,法律出版社 2018 年版,第 38 页。

36 [日]田口守一:《刑事诉讼法》(第 7 版),张凌、于秀峰译,法律出版社 2019 年版,第 216 页以下。

37 [德]约阿希姆·赫尔曼:《德国刑事诉讼程序中的协商》,王世洲译,载《环球法律评论》2001 年冬季号。

38 有的地方已将证据展示制度写入地方司法文件并开始实践探索。如山东省政法单位会签并于 2019 年 10 月下发施行的《关于适用认罪认罚从宽制度办理刑事案件的实施细则(试行)》第 33 条规定,“人民检察院可以针对案件具体情况,探索证据开示制度,在诉前与犯罪嫌疑人、辩护人或者值班律师沟通,将与案件指控事实相关的证据进行简化集中展示,增强犯罪嫌疑人对认罪认罚结果的预测性,保障犯罪嫌疑人的知情权和认罪认罚的真实性及自愿性”。

39 叶燕培:《大陆认罪认罚从宽制度与台湾地区认罪协商制度之比较研究》,载福建省检察官协会 2019 年 8 月编《海峡两岸检察制度研讨会论文汇编》,第 50 页。

40 最高人民检察院副检察长陈国庆认为,“证明犯罪构成要件事实的基本证据完备,能够排除合理怀疑,则可以适用认罪认罚从宽制度”。参见陈国庆:《认罪认罚从宽制度若干程序问题探析》,载《人民检察》2017 年第 23 期。这一观点与笔者观点较为一致。不过,笔者认为以“基本证据”判定,仅适用于 3 年以下有期徒刑案件,此为区别。

41 如我国台湾地区“刑事诉讼法”第 455 条之十规定,认罪协商的判决做出后,除撤销合意、非出于自由意志、法院认定事实与协商合意之事实明显不符等六种情形之外不得上诉。上诉审调查限于上诉理由。

42 区别对待和处理参见朱孝清:《如何对待签署认罪认罚具结书后反悔》,载《检察日报》2019 年 8 月 28 日,第 3 版。

43 近年来的司法实践中,对某些共同犯罪案件(主要是涉黑案件),基于审理便利和法庭秩序等原因,具备同案审理条件时人为分案审理,弊端严重,亦应切实纠正。

余金平交通肇事案法理重述*

笔者曾就余金平交通肇事案的二审判决，通过“中国法律评论”微信公众号发表了“程序不当 利益失衡”为主题观点的评论文章[1]，引发不少批评或赞同的意见，且又见到不少有见解、启发思考的评论发表，深感对这一典型案件的深入讨论，对于完善我国的认罪认罚从宽制度、二审制度以及诉审关系制度意义不小。经过进一步思考，拟重述该案若干争议问题，以深化研究，回应质疑，同时对当初急就成文的某些观点进行补正。

一、二审否定自首在实体法与证据法上根据不足

二审加重判处的一个关键理由，是撤销自首认定。合议庭认为：“本案中，根据现场道路环境、物证痕迹、监控录像等可以认定，余金平在事故发生时对于撞人这一事实是明知的。其在自动投案后始终对这一关键事实不能如实供述，因而属未能如实供述主要犯罪事实，故其行为不能被认定为自首。”然而，笔者认为，二审撤销自首的理由不充分，根据不足。

（一）余金平在两级程序中口供有别，但自首认定或否定应当以一审供述为据

根据二审判决，余金平在二审庭审中供述是：“案发当时他意识恍惚，没有意识到撞人，感觉车的右前轮轮胎震动了一下，感觉是车轧到了马路牙子，但没有下车看。他把车开进地下车库后，看到车上有点点斑斑的血迹，右前灯撞得比较厉害。他意识到可能撞人了，也可能撞到其他物体了，不确定是撞人。”二审判决所引余金平上诉理由称：“当时惊慌失措，离开事故现

---

* 原载《中国法律评论》2020 年第 3 期。

场时没有逃避法律追究的意图。”

二审判决所引余金平在侦查期间的供述是：“开了一段距离后，突然右前轮咯噔一下，他就感觉车右前方撞到了路边的一个物体，看见一个东西从车的右前方一闪而过，向右方划了出去。因为出事故前半小时刚喝酒，他害怕法律惩罚，没下车查看，就直接开车离开事故现场，回到所住小区的地下车库中。停车后他发现车头右前部撞得比较重，车右前门附近还有斑状血迹。他就把血迹擦了，知道自己撞到人了，但是不知道对方伤到什么程度。”

比较两份供述，可以看出其中的区别：二审供述是称其当时没有意识到撞人，感觉是车轧到了马路牙子，而到车库下车后，才意识到“可能”撞了人；而一审供述称其撞到了路边一个物体，看见一个东西从车的右前方一闪而过，向右方划了出去，停车后通过察看车辆，“知道”自己撞到了人。

1998 年最高人民法院《关于处理自首和立功具体应用法律若干问题的解释》规定：“犯罪嫌疑人自动投案并如实供述自己的罪行后又翻供的，不能认定为自首；但在一审判决前又能如实供述的，应当认定为自首。”根据这一司法解释，参照相关判例，认定自首时评价供述的时间终点是一审判决之前。因此，余金平的一审供述是否妨碍自首认定，是二审能否确认自首的审视点。

（二）余金平的一审供述，不至于对基本犯罪事实和加重情节事实认定造成障碍，因此不能否定其已供述“主要犯罪事实”

根据《关于处理自首和立功具体应用法律若干问题的解释》的规定，如实供述自己的罪行，是指犯罪嫌疑人自动投案后，如实交代自己的“主要犯罪事实”。根据最高人民法院《刑事审判参考》2011 年第 3 集（总第 80 集）所载李吉林故意杀人案，判决认为：“主要犯罪事实”一般理解为对行为性质有决定意义以及对量刑有重大影响的事实、情节。而最高人民法院编著的比较权威的司法适用著作，也持同样见解，且认为“决定着其应适用的法定刑档次是否升格的事实、情节”，属于“对量刑有重大影响的事实、情节”。[2]

本案的基本犯罪事实是交通肇事的过失犯罪，但决定量刑升格的加重犯罪事实是肇事后逃逸。如果根据余金平二审供述判断，只能认定交通肇事犯罪，但因其肇事时未意识到撞人，开车离开就不属于肇事逃逸，因此妨碍其量刑升格。

然而，根据余金平的一审供述，尚不能得出余金平未供述“犯罪主要事实”的结论。主要理由如下：

1. 余金平称当时感到，“撞到了路边的一个物体”，“看见一个东西从车的右前方一闪而过，向右方划了出去”，到车库后“知道”撞了人。如果在一审期间被告并未否认当时意识到可能撞了人，那么，可以根据被告口供推断，被告肇事时对撞人不是“明知”，而是“或知”，即意识到所撞者可能是人，也可能不是。因为“一个东西从车的右前方一闪而过，向右方划了出去”，显然不是指撞了路边的“马路牙子”（道路东侧人行道台阶），而到车库后才“知道”撞了人。这种“或知”，属于放任故意，或间接故意。

2. 余金平的供述有一定的客观证据支持。现场勘查确认：“肇事车辆前标志牌脱落，右前大灯罩损坏，前部右侧有撞击痕迹，面积为262厘米×147厘米，右前轮胎及轮毂损坏。”司法鉴定认定：“送检的×××车辆右后门把手、前保险杠及右后门上的血迹系宋某所留。”判决书对现场监控录像的叙述为：“肇事车辆进入人行道，被害人被该车撞击后身体腾空，伴随肇事车辆的前行在空中连续向前翻滚。被害人被撞击后腾空连续向前翻滚。该车随后校正方向并驶离现场。”

根据以上客观证据，可以确认，肇事车辆右前部撞击被害人，致其身体腾空翻滚。判决书还认定身体“砸向车辆前机器盖和前挡风玻璃”，“前部右侧机器盖大面积凹陷及右侧挡风玻璃大面积粉碎性裂痕”，但未看到所列证据有此描述。不过，即使确认判决书描述属实，也可表明：被害人的身体在被撞击腾空并呈翻滚状砸向前机器盖和前挡风玻璃后，向车辆右方划过并在掉落时擦及车右后门，而在该门和门把手上留下了血迹。而余金平称，“撞到了路边的一个物体”，“看见一个东西从车的右前方一闪而过，向右方划了出去”。此供述除撞击翻滚情节外，大致属实。

3. 对被告口供可能失实的原因，应当注意当时的主客观因素。对于被告供述未能完整、准确地描述客观事实，应当注意撞人时被告人的主观状态。对此，判决书承认：“在事故发生前有可能因注意力不集中等自身因素导致对撞人缺乏清楚的认知。”也就是说，在事故发生前，余金平注意力不集中（一时分神或酒精作用），使车辆偏离正常轨道驶向人行道并撞人。撞人后，判决书认定：“其并未停车，车亦未失控，而是校正行车方向继续驾驶，正常驶回小区车库并查验车辆。上述一系列行为表明，余金平始终处于清醒自控的状态。”也就是说，根据该判决，撞人之前不“清醒自控”，之后则“清醒自控”。然而,撞人发生在一瞬间,撞击后能否即刻返回到“清醒自控”状态,尚可斟酌。

从现场勘查和司法鉴定看,车辆右前轮撞击人行道台阶,留有地面挫划痕迹17米,而且未见制动痕迹(车辆制动正常),可见被告偏向并撞击路边继而撞人后显然有短时间的“惊慌失措”,车辆右前轮撞到路边台阶后并未及时反应,以致留下长达17米的划痕,且未刹车,在此过程中撞到行人。断言在撞击被害人后即刻就“清醒自控”,似乎失于武断。

此外,在这种情况下,还不排除危机心理学中的“自我欺骗”暗示的影响。所谓“自我欺骗”,是人们由于自利及“自我服务”的心理需要,“在不愿意接受现实的时候,心理暗示相反的事情”。尤其面临一种突然出现的情况,在对信息接受的过程中,容易出现“知识避免”,[3] 即不愿意接受某些于己不利的事实。即如人们在生活中突然遇到重大不利于己的情况时可能自我安慰:“这不是真的、这不是真的……”这是一种心理学上的认识倾向,而不是故意歪曲事实说假话。考虑到这种心理学因素,判定被告在下车查看血迹前就对撞人有清醒明确的认识,亦不尽合理。

4. 司法实践中,对被告人就主观意识的供述一般未作苛求。所谓不苛求,是指只要供述犯罪的客观事实,在过失或故意的具体类型上,在主观动机、目的上的供述虽有不实,但只要不对定罪和重大量刑情节认定形成障碍,就不因此否定被告人的自首情节。从司法实践看,被告人即使对案件客观事实如实供述,但对主观意识的供述避重就轻,较为普遍。因为主观意识的判定往往缺乏直接证据,只是靠间接证据推断,这种推论容易形成某种不确定性。而且人的主观状况本身就带有一定程度的不确定性,如前述“自我欺骗”的心理影响。因此,司法人员通常对此不予苛责。

综上所述,鉴于余金平一审供述中已反映其存在逃逸的间接故意,并不妨碍加重情节认定,因此不应当否定其自首。如果考虑上述主客观影响因素,更不应否定其自首情节。笔者认为,这应当也是本案一审侦、检、审均未否定其如实供述和自首的实际原因——虽然有的办案人员可能认为被告人对主观意识的供述不排除存在某种避重就轻的倾向。

(三)关于基本犯自首与情节加重犯非自首及其对量刑的影响

车浩教授在其所撰《基本犯自首、认罪认罚的合指控性与抗诉求刑轻重不明》一文中,对本案自首问题提出了一个新的观点:“承认基本犯(肇事)罪行但否认加重构成犯(逃逸)的罪行,属于没有如实供述全部的主要犯罪事实,不是一个完整全面的自首,可称之为‘基本犯自首’。为了用法律概念涵摄自动投案行为,实现准确的对接评价,不宜否定其自首性,但从宽幅度要严于全面自首,可以从轻但不能减轻处罚。”[4] 车浩教授将自首区分为基本犯和加重构成犯部分分别评价,是有价值的分析方法。但笔者仍有三点意见,提出与车浩教授讨论:

1. 区分基本犯与加重构成犯先分别评价再综合评价,固然有一定的分析价值,但应注意围绕“主要犯罪事实”这一法规范的核心概念展开分析,否则,会降低区分基本犯与加重构成犯这一分析方法的作用与价值。在司法实践中,自首认定总是围绕是否供述“主要犯罪事实”这一核心问题展开,唯其如此,才能正确适用关于自首的法律规范,解决争议问题。

2. 否认“加重构成犯”上的如实供述,与承认自首之间存在矛盾。判定是否供述“主要犯罪事实”,是看其供述内容对行为性质是否有决定意义及对量刑是否有重大影响,即如前述。车浩教授一方面认为肇事后逃逸的事实,与交通肇事的事实,同为案件的“主要犯罪事实”,且认为被告并未如实供述“加重构成犯”的事实;但另一方面却在整体评价上仍将其评价为自首,虽然体现了刑法适用的谦抑性,但似乎并不符合前引认定自首的法规范要求以及典型判例。

3. 从本案的具体情况看,自首的价值确实比较有限,但这种价值有限不是因为“加重构成犯”上未如实供述,而应是由于被告在侦查机关已经掌握其涉嫌事实的情况下投案,因此对侦查破案的贡献相对较小。即如二审判决所认定:“投案时距离事故发生已近 8 小时,此时肇事车辆已被查获,现场勘查已经完成,物证痕迹已经提取,因而其投案仅能反映其具有一定的认罪悔罪态度,而对于案件侦破的价值极为有限,亦不具有救治伤者的价值。”

二、二审以“突袭裁判”否定自首,程序不当,且判决自相矛盾

笔者认为,无论二审否定自首有无实体法和证据法上的根据,都不符合程序法理,对被告人也是不公正的,因此二审法院否定自首的做法不当。理由如下:

1. 这样做违背了审判权应当受诉权制约,禁止突袭裁判的法理。在一审无争议,二审检察机关无异议的情况下,由二审法院在裁判中直接否定自

首,因没有一审程序中的抗辩铺垫,从二审判决书叙述情况看,二审也没有给予辩方抗辩以及检察机关发表意见的机会,[5] 这种裁判实系诉讼法理上的"突袭裁判",违背诉讼辩论原则,违背法律的可预期性法理,对被告人也是不公平的。

所谓突袭裁判,是指法官就当事人双方未辩论的问题作出裁判,从而剥夺了受不利裁判的当事人就相关事实与法律适用表明自己意见的机会,其裁判超出了当事人的合理预期。由于突袭性裁判,诉权与审判权之间的关系被扭曲,造成诉权无法对审判权形成有效制约。突袭裁判防止理论,是建立于辩论原则之上的民事诉讼法的重要理论,但其基本原理,在刑事诉讼中同样适用。如就法院改变起诉罪名问题,原最高人民法院司法解释允许法院直接改变罪名,此做法因违反辩论原则,形成突袭裁判而受到包括笔者在内的一些学者的批评。最高人民法院从谏如流,于 2012 年修改《关于适用〈中华人民共和国刑事诉讼法〉的解释》,增加规定:"人民法院应当在判决前听取控辩双方的意见,保障被告人、辩护人充分行使辩护权。必要时,可以重新开庭,组织控辩双方围绕被告人的行为构成何罪进行辩论。"这就解决了程序正当性及当事人权利保障问题。余金平案二审法院在控辩双方对自首成立无异议,又无释明并听取双方意见的情况下直接否定自首,显然违背程序法理。

2. 二审否定自首损害了当事人的救济权。因为如果要求被告供认当时"明知"才能认定如实供述并成立自首,侦查、检察人员和一审法庭就应当释明。试想,被告人为了争取自首自动投案;讯问警官做完笔录,认为自首成立;检察机关认同,认罪认罚程序中也确认;法院一审判决无异议。也就是说,一审三个程序中的办案机关均认为被告所供属实或基本属实,存在自首情节,因此未在一审阶段给被告人一个可能修正供述以达到自首要件的机会,二审法院直接否定自首,对当事人显然不公平。

鉴于以上理由,二审直接裁判否定自首不当;比较妥当的方式,是将本案撤销原判发回重审。因为,自首认定涉及法律适用,但作为自首要件的被告人是否如实供述的判定,则属于事实认定问题。如果二审法院认为认定自首不当,为维护程序公正和被告人的法律救济权,即应当以事实不清、证据不足发回重审,给予被告人在一审程序修正其供述,以达到自首条件的机会。而径行否定自首,既无辩论前置,又因案件终审而难以救济,势必导致程序不公。

否定自首还存在一个适用法律上的错误——承认被告人自动投案同时认罪认罚,却否定自首情节之间存在矛盾。因为二审判决并未否定一审适用认罪认罚程序及相关法律条款,而且二审判决确认:“其在案发后自动投案,认罪认罚且在家属的协助下积极赔偿被害人亲属并取得谅解,据此可对其酌予从轻处罚。”也就是说,被告人符合法律规定的认罪认罚条款,并据此可酌情从轻处罚。

然而,根据《刑事诉讼法》第 15 条的规定,犯罪嫌疑人、被告人认罪认罚,是指其“自愿如实供述自己的罪行,承认指控的犯罪事实,愿意接受处罚”。同时根据“两高三部”《关于适用认罪认罚从宽制度的指导意见》(以下简称《指导意见》)第 6 条的规定,“认罪认罚从宽制度中的‘认罪’,是指犯罪嫌疑人、被告人自愿如实供述自己的罪行,对指控的犯罪事实没有异议。承认指控的主要犯罪事实,仅对个别事实情节提出异议,或者虽然对行为性质提出辩解但表示接受司法机关认定意见的,不影响‘认罪’的认定”。据此,在自动投案的前提下确认被告人认罪认罚,即意味着确认被告人“自愿如实供述自己的罪行”,因此就符合自首条件,而不应当以未如实供述否定其自首情节。可见终审判决法律适用不当且自相矛盾,此系裁判的“硬伤”。

不过,车浩教授对此有不同看法。他在前引文章中认为:对自首来说,首要价值是节约司法资源,核心问题是自动投案;对成立认罪认罚来说,首要价值是和解与恢复,核心问题是承认指控。因在解释论上,“如实供述自己的罪行”的含义和边界存在差异,否认自首与承认认罪认罚之间并不矛盾。

不能否认,对认罪认罚的构成条件,司法实践中确实存在掌握较为宽松的情况:只要被告承认指控,则对其供述内容是否完整、是否属实要求不严,即重点把握其“合指控性”这一特征。然而,也应看到,这是实践中存在的偏误,并不符合我国认罪认罚从宽制度的立法意旨与制度规范。理由如下:

其一,我国认罪认罚从宽制度有别于国外类似制度的一个特征,是比较强调如实供述,并赋予其独立价值,因此否定自首,就意味着同时应当否定“认罪认罚”。在美国的认罪认罚从宽(辩诉交易)制度中,被告人只需要承认指控,不要求其“如实供述犯罪事实”,这是其当事人处分主义的体现,也反映实用主义的司法哲学。但我国认罪认罚从宽制度不同,《刑事诉讼法》第15条将“如实供述”与“承认指控”并列,作相对独立的评价要求。而《指导意见》也对“如实供述”提出了具体要求和解释。制度规范表意清楚,且制度意旨也十分明确——此类案件仍然应追求客观公正的司法价值。可见,只把握是否“承认指控”,不要求如实供述“主要犯罪事实”,并不符合我国认罪认罚从宽制度的法规范与法精神。

其二,同样表述且同样限定适用条件的法规范,如作不同解释适用,可能出现司法随意性,并不符合严格依法办案的要求。我国自首制度与认罪认罚从宽制度均要求行为人“如实供述犯罪事实”,而且同样界定供述内容为“主要犯罪事实”。并且以反向限制的方式作出了进一步的解释:仅允许个别情节上的差异以及行为性质上的辩解。因此在司法实践中,对两种制度中如实供述犯罪事实的理解应当是相同的。[6] 否则,就可能违背法解释同一性原则,导致解释论上的随意性以及法规范适用的随意性。以本案为例,二审判决一方面明确认定余金平明知撞人是本案的主要犯罪事实,且系关键事实,而余金平对“关键事实”未如实供述,因此不构成自首;但另一方面又不顾《指导意见》对“认罪”的明确界定,将未能如实供述主要犯罪事实的行为评价为“认罪”,显然脱离了法规范要求。

三、在控辩双方一致要求从轻判处的情况下加重刑罚,其合理性与妥当性不足

本案二审,因有抗诉前提,因此加刑并不违反现行法规定。但本案抗诉与上诉均为同一理由,即协议基础上的量刑建议应当尊重,而法院改判实刑缺乏法律依据。因此,抗诉与上诉,具有同质性。笔者曾认为,在这种情况下,应当进行实质性判断,仍然适用“上诉不加刑”原则,并发表了论证意见。不过,对此问题争议较大。

(一)关于检察机关抗诉的轻重性质

检察机关要求尊重量刑建议,回到“判三缓四”,撤销两年实刑,这一诉求是求轻,还是求重,抑或“轻重不明”。这显然是一个前提性问题:如果不是求轻,不遵循“上诉不加刑”即无任何法理障碍。然而,在一些人认为十分清楚,甚至“傻子都能作出判断”的问题上,却有不少争议,这是不少学者可能始料未及的。

相当多的论者认为，这完全是一个常识性问题，因为实刑丧失了自由，而缓刑条件下人身基本保持自由，最常用的例证是“死刑”与“死缓”，是死与生之别。另有学者则认为此处应当进行法理分析，而不能简单适用常识判断法。从法理上看，“缓刑是一种无法独立于主刑存在的刑罚执行方式”，因此有期徒刑轻重只能根据判决刑期的长短作出判断。[7] 不过也有学者运用法理分析法分析认为，缓刑并未丧失其自身的独立法律功能，即独立的实体法律效果：一是“缓刑考验期满，原判的刑罚就不再执行”；二是根据“两高”批复，缓刑考验期满后犯新罪不视为累犯。而且，比较判断应当置于具体案件之下，在本案中的两种刑罚孰轻孰重，真的是一个“连傻子都能作出判断”的问题。[8]

车浩教授比较了常识派与法理派各自的道理，提出新的观点：检察院的量刑建议与一审判决在主刑上出现了偏离，提出了一种主刑更重但执行方式更轻的建议，以至于难以判断是抗诉求轻还是抗诉求重，出现了“抗诉求刑轻重不明”，即“第三种抗诉情形”。此时，不适用“上诉不加刑”或“禁止不利益变更原则”，二审法院应回应抗诉机关的法律监督，对一审判决是否错误全面审查。

对以上所述几种代表性观点，笔者提出以下评论意见：

1. 关于衡量轻重的方法。法乃社会之法，司法需合于法理，因此常识判断与法理分析都是合理的轻重判断方法。而且不能否认，不同刑罚执行方式对当事人产生不同的实际法律效果——有利或不利，这实系承载的惩罚量不同，在这个意义上，实刑与缓刑是可比的：在主刑等量的情况下，实刑重于缓刑。这确实是“傻子都能作出判断”的问题。

然而，为一般论者所未注意的是：在主刑不等量的情况下（如本案中的两年实刑与“判三缓四”），实刑与缓刑的比较就可能发生问题，因为惩罚“当量”的计算具有不可比性，而且因具体情况而异。例如，一个企业负责人，判决生效前，已经被羁押一年八个月（目前疑难案件长时间羁押的情况较为普遍），此时，他选择实刑两年还是判三缓四，这就不一定了。笔者曾遇到类似的当事人，选择实刑而非缓刑。因为三四个月服刑期满后他就具有完全商业行为能力，而缓刑几年内他仍是戴罪之身，以个人名义从事经济活动受到很大的限制。因此，此类比较必须注意需在特定个案中，根据具体情况进行比较，即在常识判断和法理分析的基础上，采用个案分析法与实质判断法比较轻重。

2. 关于本案中的轻重判断。[9] 余金平在案发后被拘留逮捕，后取保候审，一审判决后再次被逮捕，二审判决生效前已先后羁押五个多月，而后还需监内服刑一年半余。在这种情况下，判断检察机关抗诉诉求的轻重，只能根据抗诉请求并结合上诉进行具体判断和实质判断。以此方法，轻重判断一目了然。其一，上诉人认为实刑判决即使仅两年也是判重了，要求改判适用缓刑。而检察机关支持上诉人的缓刑请求。其二，从检察机关的抗诉请求看，认为一审法院的实刑判决实系轻罪重罚，请求二审法院撤销。其三，也是更为重要的是，检察机关的全部抗诉理由，除程序问题外，都是从轻的理由。如其犯罪情节较轻、主观恶性较小、赔偿获得谅解、自首、认罪悔罪、没有再犯罪危险，以及法院不应当重复评价犯罪情节、不应以其身份从重处罚等。可以说，如果已注意到检察机关提出的逐项抗诉理由，还断言抗诉求重判或轻重不明，就是罔顾基本事实了。

3. 诉权与监督权的关系。车浩在认为抗诉求刑轻重不明的判断基础上，提出了抗诉的监督权理论，认为检察机关基于法律监督抗诉，为了法律正确实施，因此法院应对一审判决是否错误全面审查。笔者认为，这一说法可能有一定意义，但含义比较模糊，而且笔者不赞成将检察机关的监督职能纳入问题讨论。众所周知，检察机关法律监督有广义、狭义之解。广义上说，检察机关是法律监督机关，因此其行使职权的行为，包括批捕、公诉都具有法律监督的意义。但检察机关无疑又是公诉机关，其诉讼职能与针对侦查、审判、执行实施的法律监督职能有性质和实施方式的区别。检察机关如行使法律监督职能，其为监督主体，法院为被监督对象，二者是单向的监督与被监督关系。而对本案的抗诉，无论是基层检察院提出抗诉，还是上级检察院支持抗诉，都严格遵循诉讼职能与监督职能相区别的原则，仅从诉权角度论证抗诉，未提及法律监督，从而遵循了诉讼规则。反之，如将监督职能纳入本案抗诉问题讨论，势必颠覆诉权理论，打乱诉审关系。因此，虽然论者不妨以法律监督机关强调检察机关维护法律尊严的一般责任，并间接论证法院维护法律全面审查的责任，但仍应严格限于诉讼法理，即诉权应用的法理，包括诉权运用中检察官客观义务的遵循，讨论本案问题。

(二)关于二审加刑是否具有正当性与合理性

笔者曾经判称，二审加刑，是“利用规范缺口，打破了被告不利益变更禁止原则”。但经参加问题讨论及进一步思考,感到这个说法贬抑性过重,且比较研究也不够准确。因为在法律和司法解释允许抗诉加刑且未给出具体限制的情况下,法院这样做符合法律规定,因此对操作者不宜苛责。而且被告不利益变更禁止的一般原则,在各个国家和地区的实施程度与实施方式也是有区别的。如在英美,无法定特殊理由,检察官不能提出对无罪判决的上诉,而在大陆法系国家和地区则普遍允许这样做。又如在中国台湾地区,虽然受到学界批评,但司法长期允许被告人上诉时二审可撤销缓刑,不将其视为加重刑罚。而就检察官为被告利益上诉时,二审法院能否加重刑罚问题,既有明确禁止加重的立法模式,也有未作明确禁止的模式。

不过,笔者仍然认为,在检察机关支持被告人抗诉求轻的情况下,法院二审反向作出重判,虽然具备现时的合法性,但正当性与合理性不足。建议今后通过立法或司法解释限制此种行为。主要理由如下:

1. 反向裁判容易混淆诉讼角色,实际形成自诉自审,损害程序正当性。我国在实行“控辩式”审判方式后,仍然保留了辅助性的法官职权调查,而且强调客观真实的追求,因此不能否认法院在控诉缺位或失职的特殊时机,实际上兼为控诉角色,仍有一定的法理根据。但亦应看到司法的基本属性是判断性、中立性与被动性,现代刑事诉讼以控审分离为基础,法院追求客观真实与司法正义受到自身角色与诉讼功能的限制。控诉方支持被告人,要求从轻处罚,而法院从重判处,势必形成法院既为裁判机关,又为控诉者的“自诉自审”现象,有违一般程序公正法理。而且,在经过法律修改,摒弃职权主义审理方式,形成类似当事人主义的审理构架下,以职权主义或超职权主义的方式做出事实认定和判决,将形成缺乏辩论主义的程序前置,造成前述“突袭裁判”等问题。本案的特点,正是检察机关为被告人利益提出诉求的情况下,二审法院实际履行控诉职能,否定有利于被告的情节,对被告加重处罚,且已不具备如一审程序中要求检察机关修改量刑建议等前置程序条件,从而使二审法院在代行控诉职能方面行走过远,未充分注意相关制度法理、程序约束及当事人程序保障问题,亦显现出一定程度的司法任意性。

2. 因我国再审制度的特殊设置,有必要在二审限制法院不利裁判权力。由于受到“一事不再理”或“禁止双重危险”的限制,在其他注重法治建设的国家基本不可能再审加重处罚,尤其是在没有新证据的情况下。因此,有少数国家和地区未限制检察机关为被告利益上诉时法院反向作出从重的判决——虽然极少出现这种情况。但从我国刑事再审制度看,由于未确认禁止不利变更原则,对被告作不利再审的制度较为强大,不仅检察机关可随时发动且无次数限制,甚至法院自身也可以这样做,即使没有新的证据。在这种情况下,在二审阶段对法院的不利裁判略作限制并不过分。如果今后遵从普遍规则,限制了对被告的不利再审,可以再考虑二审程序对不利益变更的适当放宽。

3. 在我国刑事诉讼制度背景之下,需要进一步完善犯罪嫌疑人、被告人合法权益保障制度。我国实行侦查、监察、检察、审判机关互相配合、互相制约的制度,在相互配合的政策要求及组织关系之下,形成一定程度的"司法一体化"运行机制,而嫌疑人、被告人在此种机制中主体地位的保障机制不足,刑事诉讼中的司法人权保障制度需要进一步加强。体现程序公正的一些基本的刑事诉讼制度,尚待建立或尚待有效实施,如审前强制措施的司法审查和救济制度、非法证据有效排除的制度、证人出庭作证的制度等。这种实际状况,要求我们进一步加强保障司法人权的诉讼制度,包括二审对被告人不利裁判予以适当限制的制度。

4. 从司法实践看,允许此种加刑的制度效益不足。有研究者查阅相关诉讼文书发现,近年来有 14 起检察机关为被告利益提出抗诉的案件,但二审法院加重刑罚的仅余金平案一例。且从近期讨论情况看,其改判的正当性引起巨大争议。可见此种加刑制度可应用的现实场景极为少见,如果允许此种加刑,制度成本过高,包括极易发生争议,加之存在可替代的制度(再审),那么,这种制度还有设置必要吗?

四、从余案看认罪认罚从宽制度的基本矛盾及其应对[10]

正如一些论者所指出的,余金平案体现的检、法冲突,实际上是我国认罪认罚从宽制度设置与实施中某些深层矛盾的反映。其中,最为突出的是认罪认罚从宽与证据裁判及实质真实原则之间的矛盾。

认罪认罚从宽制度内在地要求控辩双方平等协商,并且通过《刑事诉讼法》第 201 条规定的"诉判衔接机制",确保协商一致的结果得到落实,否则,所谓认罪认罚从宽就会沦为对被追诉人的一种制度性欺骗。然而,我国认罪认罚从宽制度又要求必须贯彻证据裁判原则,不允许放宽事实认定的证明标准。因此,一旦法院在影响定罪量刑的事实认定以及对事实的法律评价上与检察院不同,必然会出现拒绝采纳量刑建议的情况,从而对被追诉人造成不利,而此时被追诉人在本级程序中已经不再有任何可资利用的救济机会。

上述矛盾在二审中同样存在,甚至更为突出。因为我国刑事二审实行全面审查原则,即采所谓"续审制",虽然全面审查系审理原则而非裁判原则,与"上诉不加刑"不冲突,但其间无疑仍表达了证据裁判、客观真实以及依法裁判原则在二审的适用。而一旦二审作出对被告更为不利的裁判,被追诉人更无救济渠道。且在二审,已不具备建议检察机关改变量刑建议的程序适用条件,法院径行裁判,矛盾冲突可能更为明显,也更容易引起程序质疑。

比较而言,我国此种做法与辩诉交易制度下事实认定的证明标准向控辩协商结果让步的做法完全不同。根据美国《联邦刑事诉讼规则》第 11 条的规定,法院对辩诉协议审查后发现被告人认罪确系自愿、明知、明智的,只要认为"有事实基础",就应当批准协议,而且对于控辩双方达到一致的确定型或者幅度型量刑建议,必须采纳,没有任何例外。这实际上是要求法官尊重控辩双方关于事实认定、法律适用和量刑的所有协商结果,而不只是尊重量刑建议,不允许法官一方面批准辩诉协议,另一方面却又作出不同于控方指控、不利于被告人的事实认定。

可见我国认罪认罚从宽制度虽然力图实现"鱼与熊掌兼得"——兼行协商主义与审判中心,兼顾公正与效率,但如上所述,二者不可避免地发生冲突,在实践中即外化为检、法冲突,以及这种冲突中对当事人利益的损害(当事人认罪认罚却不能实现预期从宽)。

基于余金平案的启示,为解决或缓解上述矛盾,提出以下改善认罪认罚从宽制度的建议:

1. 办案机关尤其是检察机关应当更为谨慎地实施认罪认罚从宽制度,努力避免此项制度实施与证据裁判和实质真实主义的冲突。笔者在之前的评论中已经指出,"本案一审、二审检察机关在量刑建议的精准、提出与支持抗诉及抗诉理由的设置上(主要涉及实体法的适用),也有多项可检讨之处。而且在推动认罪认罚从宽时,也要注意检察权行使的谦抑性,以及尊重'以审判为中心'的程序法理",同时亦认为一审判决虽对当事人不太公平,但考虑当事人利益与法治利益的平衡,仍属相对合理。从类似案件发生的问题中，需要适当检讨检察政策，即认罪认罚从宽制度适用中，过度追求适用比例，以及隐于其后的争取程序主导权的意识，从而将认罪认罚从宽限制于一个可适用的，能够兼顾司法公正的范围内。此外，还需要一系列技术性的改善，包括量刑协商形成的检察机关量刑建议的精准化等。

2. 法院否定量刑建议应当十分慎重，同时对不采纳检察院量刑建议的条件应当进一步完善。检察机关代表国家与被告人达成的认罪认罚协议，具有特定法律效力，法院否定协议基础上的量刑建议应当有充分理由。《刑事诉讼法》第201条规定法院可以不采纳检察机关量刑建议的五种情况，包括被告人的行为不构成犯罪、被告人违背意愿认罪认罚等四种情形，以及“其他可能影响公正审判的情形”。但哪些属于“其他”的范围，法律及“两高三部”《指导意见》语焉不详。这也容易导致实践中的检法分歧。例如本案，检察机关认为法院一审未采纳量刑建议没有法定理由，属于程序违法，因此提起和支持抗诉；而法院则认为检察机关量刑意见“明显不当”。因此，似有必要对法院改变量刑建议的理由作出更为明确的规定。

3. 设立办案机关的风险提示制度。检察机关以及侦查机关在适用认罪认罚从宽制度时，应履行一项新的提示义务，即对犯罪嫌疑人、被告人的风险提示义务，向他们事先说明认罪认罚协议只是向法院提交的量刑建议，需接受法院司法审查，并存在改变的风险。以此保障嫌疑人、被告人认罪认罚的明智性。

4. 完善否定认罪认罚建议后对被告的救济制度。《刑事诉讼法》在设计认罪认罚从宽制度时存在一个漏洞，即未设计认罪认罚从宽的协议被否定后，对被告人的补救措施。这导致有利于控诉的被告人的认罪供述及修补性法律行为仍然有效，但国家让渡其刑罚利益的承诺无效的不合理状态。德国《刑事诉讼法》第257条c第4款明确规定，如果出现了法律或事实上具有重要意义的新情况或者原来被忽视的情况，法官先前的承诺无法兑现时，应当迅速告知被告人，而且不得使用被告人基于协商而作出的口供。这就把协调机制与实质真实原则兼顾了起来，被告人不会因为法官违反承诺而受到损害。我国可借鉴德国法的规定，在认罪认罚协议被否定后，原则上否定基于该协议的被告供述和认罪的效力。除非被告无异议，否则，法院只能依据其他证据作出裁判。

5. 思考对二审审查制度的改革。二审实行全面审查原则有其积极意义,但在实践中已难实施,变异为重点审查或争议点审查原则。在实施认罪认罚从宽制度的条件下,全面审查原则与控辩协商原则、一审时的诉判衔接机制发生常态化的冲突,导致二审法院陷入要么“依法裁判”,改变控辩平等协商的结果,要么尊重控辩协商结果但可能出现“枉法裁判”的两难境地。因此,在贯彻认罪认罚从宽制度后,可以考虑二审在构造上转向“事后审查制”,限制案件审查范围,也进一步限制对被告人的不利改判。

注释

1 龙宗智:《龙宗智评余金平交通肇事案终审判决》,载“中国法律评论”微信公众号,2020 年 4 月 17 日。

2 高憬宏、杨万明主编:《基层人民法院法官培训教材(实务卷·刑事审判篇)》,人民法院出版社 2005 年版,第 53 ~ 54 页。

3 李艺敏:《自我欺骗的研究现状与展望》,载《心理科学》2007 年第 6 期。

4 车浩:《基本犯自首、认罪认罚的合指控性与抗诉求刑轻重不明》,载“中国法律评论”微信公众号,2020 年 4 月 21 日。

5 这是根据二审判决书所做判断。如果二审法院对自首问题进行释明,并要求控辩双方对自首否定问题发表意见,显然应当在这一精心制作的判决书中叙明。而本案二审一次开庭,正常情况下,二审合议庭的确定意见应当在庭审后产生,也难以在庭审期间要求控辩双方对否定自首发表意见。

6 李勇:《关于车浩教授评余金平案的几点商榷意见》,载“悄悄法律人”微信公众号,2020 年 4 月 21 日。

7 江溯:《余某某交通肇事案二审判决违反上诉不加刑原则吗?》,载“北大法宝”微信公众号,2020 年 4 月 22 日。

8 吴宏耀:《“判三缓四”与两年有期徒刑究竟孰轻孰重呢?》,载“中国法律评论”微信公众号,2020 年 4 月 23 日。

9 刑事惩罚的“轻重”,是一种普遍适用的,比较通俗的说法,其实质是被告利益的损益。而刑事诉讼的实质正是利益问题,即在社会、被告人、被害人等多元利益间寻求合理的损益方案。因此,有学者称我国法律未将有利、不利作为抗诉制度的基本概念,因此也不必将其作为法律后果的判定标准,这一说法是不能成立的。

10 此节国外资料和相关观点受孙长永教授指导。

新《人民检察院刑事诉讼规则》若干问题评析*

党的十八大以来，司法体制改革、国家监察体制改革、以审判为中心的刑事诉讼制度改革等重大改革，对《人民检察院刑事诉讼规则(试行)》的适用带来重大影响。2018 年 10 月全国人大常委会通过了修改后的《刑事诉讼法》，对检察机关刑事诉讼职能作出调整。而且经过 6 年多的实践检验，原规则确定的一些工作机制、部门分工等也需要进行调整完善。在此背景下，最高人民检察院组织对刑事诉讼规则进行修改，新的《人民检察院刑事诉讼规则》(以下简称《刑诉规则》)于 2019 年年底颁布施行。

此次刑事诉讼规则修改，最高人民检察院十分重视，专门设置了规则修改的领导小组和工作小组。修改稿不仅在最高人民检察院反复研究，还广泛征求了中央有关单位、下级检察院以及专家学者的意见。修改的主要内容包括落实司法责任制、实现监察法与刑事诉讼法相关规定的衔接、完善人民检察院直接受理案件的办理程序、完善认罪认罚从宽制度和速裁程序、设置捕诉一体办案机制、完善人民检察院对刑事诉讼的监督、加强对诉讼参与人的诉讼权益保障等。笔者认为，总体而言，本次修改能够遵循立法精神，体现司法改革成果，回应实践需求，而且能突出重点，条文详略也比较适当。

不过，长达 680 余条的《刑诉规则》，难免就某些规定会有不同看法，执行中也应当注意一些问题。笔者对观察到的几个问题做一评析，[1] 希望在执行规则时适当注意；如果经实践检验规范不完善，今后还可进行适当修补。

---

* 原载《法学杂志》2020 年第 5 期。

一、业务机构负责人的审核功能与监督管理职责

在新的办案机制中如何体现司法责任制的改革成果，是本次规则修改的重要内容。从党的十八届三中全会始，启动以司法责任制为核心的新一轮司法改革后，检察机关贯彻司法责任制，出台了一系列举措。其核心是打破长期以来实施的“三级审批制”，加强检察官的主体地位，根据司法规律和检察机关的性质与特点，贯彻“谁办案谁负责、谁决定谁负责”的司法责任制。本次《刑诉规则》修改，从总体上看，贯彻司法责任制改革的精神，延续了几年来改革的内容，但有一重要调整，就是明确并强化了业务机构负责人（部主任）的作用。

《刑诉规则》第 6 条规定，“人民检察院根据检察工作需要设置业务机构，在刑事诉讼中按照分工履行职责。业务机构负责人对本部门的办案活动进行监督管理。需要报请检察长决定的事项和需要向检察长报告的案件，应当先由业务机构负责人审核。业务机构负责人可以主持召开检察官联席会议进行讨论，也可以直接报请检察长决定或者向检察长报告。”

该项规定明确了业务机构负责人对本部门办案活动的“监督管理”职责，以及对上报事项和案件的“审核”功能，这是一个十分重要的规定，对此笔者谈四点意见：

1. 该项规定明确了业务机构负责人的职责，同时突破了司法责任制改革的既有规范。2015 年 9 月最高人民检察院颁布实施的《关于完善人民检察院司法责任制的若干意见》，是检察机关实施司法责任制改革的纲领性文件。该文件第 19 条规定：“业务部门负责人除作为检察官承办案件外，还应当履行以下职责：（一）组织研究涉及本部门业务的法律政策问题；（二）组织对下级人民检察院相关业务部门办案工作的指导；（三）召集检察官联席会议，对重大、疑难、复杂案件进行讨论，为承办案件的检察官或检察官办案组提供参考意见；（四）负责本部门司法行政管理工作；（五）应当由业务部门负责人履行的其他职责。”而该文件第 10 条中规定，“检察长（分管副检察长）有权对独任检察官、检察官办案组承办的案件进行审核”。可见，为了适度放权于检察官，该改革文件将审核权赋予检察长，而业务部门负责人职责中不再具有个案审核权和办案活动监督管理权。

2018 年 10 月全国人大常委会修改通过《人民检察院组织法》，该法第

18 条对检察院内设业务机构作了规定:"人民检察院根据检察工作需要,设必要的业务机构。检察官员额较少的设区的市级人民检察院和基层人民检察院,可以设综合业务机构。"然而,法律并未对业务机构及其负责人职责权限作出规定。同时该法贯彻了司法责任制改革的精神,第 8 条明确规定:"人民检察院实行司法责任制,建立健全权责统一的司法权力运行机制。"该法第三章是关于检察机关"办案组织"的规定。法律规定了独任检察官、检察官办案组、检察长、检察委员会在办案中的职责与权限,并未规定业务部门及其负责人在"办案组织"中的地位与作用。该章第 33 条规定,"检察官可以就重大案件和其他重大问题,提请检察长决定。检察长可以根据案件情况,提交检察委员会讨论决定"。这一报告决定机制中,并无部门负责人审核环节。第 34 条规定,"人民检察院实行检察官办案责任制。检察官对其职权范围内就案件作出的决定负责。检察长、检察委员会对案件作出决定的,承担相应责任"。

由此可见,《刑诉规则》第 6 条在办案机制方面,相对于司法责任制改革文件和检察院组织法,实际上实现了两点突破:一是恢复了业务部门负责人的个案审核权。规定凡需报请检察长知晓或决定的事项与案件,须首先报经部门负责人审核。结合该规则第 4 条第 5 款关于"重大、疑难、复杂或者有社会影响的案件,(检察官)应当向检察长报告"的规定,可以确认,业务部门负责人对于"重大、疑难、复杂或者有社会影响的案件",均已恢复个案审核权。二是确认了业务部门负责人对本部门办案活动具有普遍的监督管理权。因为规则第 6 条规定业务部门负责人的职责是对本部门的办案活动进行"监督管理",而且未设具体限制。

2. 部门负责人职权新规的设置有其积极的意义。据悉,部门负责人职权新规是在修订研究的后期,为应对部门负责人职责模糊的问题而作出的规定。因此,这一规定具有的意义在于:一是针对司法责任制改革以来,部门负责人定位模糊、职责不清的问题,使部门负责人的管理权限相对清晰。根据前述司法责任制改革文件及检察官法,检察权由检察官、检察长以及检察委员会行使,部门负责人只是负责本部门的司法行政管理,以及案件的研讨,对下级的指导等组织协调功能并未成为办案机制中的一个环节。但从实践看,检察长包括分管副检察长难以充分管理监督个案,部门负责人往往不可避免就部门业务成为检察长的协助管理者,也是刑事个案的监督协调者。而且部门负责人作为检察长在中层的助手,可以从检察长及检察机关职权中获得权力来源,其业务管理行为似有一定的正当性。二是回应了检察实践的需求。员额制改革完成后,部分员额检察官综合素能、实务经验不足,实际上难以达到司法责任制对员额检察官的要求。而且员额检察官各自凭经验处理案件,又出现同类案件因办案主体不同而形成处理结果不同的问题,在一定程度上损害了检察机关的司法公信力。而且内设机构改革,实行"捕诉合一"的办案机制后,办案检察官的权限集中且强化,需要加强对其监督制约,以防止案件质量下降。业务部门负责人正是检察机关监督制约机制的重要环节,明确其对办案活动的监督管理及审核的职权责任,应当有助于对办案检察官的监督制约,增强司法的统一性并推动"捕诉合一"办案机制的完善。

3. 部门负责人职权强化,可能冲击司法责任制。检察机关的司法责任制改革,是为了实现适度司法化,发挥检察官的办案主体作用,贯彻"谁办案谁负责、谁决定谁负责"的办案机制。为此,在保留检察长指挥权的同时,弱化部门负责人的业务管理和审核作用,是建立检察官责任制的重要举措。一旦恢复确认部门负责人的个案审核权和一般监督管理权,检察官头上就名正言顺地多了一个"婆婆",势必压缩检察官责任制的运行空间。而且因为本轮司法责任制改革,对检察长的业务指挥监督权较少改动,检察长权力仍缺乏制度性限制。如在法理上,认为检察权集中于检察长,可授权检察官行使部分权力,即所谓"检察长授权论"占主导地位,而检察长与检察官分享检察权的所谓"分权论"被舍弃。在制度上,则明确规定"检察官在检察长领导下开展工作,重大办案事项由检察长决定。检察长可以将部分职权委托检察官行使,可以授权检察官签发法律文书。"(《人民检察院组织法》第29条)检察官的职权仅为被授权而行使,其职权空间不免易受压缩,而且不确定性较大。在这种背景之下,中层权力的强化,更容易影响检察官责任制的有效运行。

因此,可以认为,《刑诉规则》第9条的规定使司法责任制改革在某种程度上回到了原点:检察官承办案件,部门负责人审核,检察长决定重大办案事项,只是将某些较小的办案事项授权检察官决定。这种情况实际上与改革之前即长期实行的"三级审批制"差别不大。因为改革前虽然规定案件办理由"检察长决定",但为发挥检察人员积极性,避免检察长包揽业务决定事项,也授予检察官一些程序事项的决定权力。而在2000年后推开的主诉检察官办案责任制改革中,曾授予主诉检察官对一般案件起诉决定权或部分决定权,只是对重大敏感复杂案件起诉以及全部不起诉案件规定由检察长决定,检察官无权决定。不过,主诉检察官责任制改革因为缺乏配套措施等条件限制,在本轮改革前,相当一部分地方已经名存实亡。

本轮以司法责任制为核心的司法改革,推动了有限的检察官责任制的建立,使"生于司法,却无往不在行政之中"的检察机关,增加了些许司法属性。但即如前述,检察长指挥权没有法定限制,检察官责任制运行空间较为狭窄。近两年国家监察制度改革,"两反"转隶,检察资源整体性限缩,检察院的管理幅度收窄,检察长对现有业务可作更多关注,检察官的业务资源相应也在一定程度上被压缩。部门负责人审核制的恢复,则使检察官责任制的实施可能受到进一步的限制。

4. 执行该项规定时应注意其他相关规范,保持谨慎与谦抑。部门负责人审核权的制度性确认,折射了我国国家治理体制中行政权的强大,以及以司法官个人负责为特征的司法责任制在设置和运行上的困难。但是,我们也应当注意,司法责任制毕竟是符合司法规律、保障司法公正和效率的必要制度设置。在法院即为"审理者裁判,裁判者负责"的司法权运行机制及责任机制;在检察院,肯定检察官的主体地位,限制其行政上级的指挥监督权,亦符合检察院建设的规律。因此应当防止改革走"回头路"。这种走"回头路"的现象在法、检两院确已存在,而且不可小觑(这一问题需谨慎调研分析,笔者拟作专门研究,此处不赘述),否则可能使已经获得的改革成果丧失或部分丧失。

因此,笔者认为,执行部门负责人审核管理规范,应当注意遵循司法规律,维护改革成果,防止"三级审批制"死灰复燃。执行时应当注意司法责任制改革文件及《人民检察院组织法》关于检察机关实行司法责任制的基本精神,切实保障检察官对部分办案事项的决定权。为此建议:一是注意按照《刑诉规则》对各办案环节的办案权限分配的规定,保障检察官对相关办案事项的决定权。部门负责人不得代行检察官的决定权。[2] 二是限制部门负责人的审核权,防止转化为审批权。对检察长审批事项和案件,部门负责人应依规事先审核。但部门负责人的审核意见包括组织讨论所形成的意见,只是一种建议,无权改变检察官的意见。检察官坚持其意见的,只能报请检察长审定。三是要限制部门负责人一般业务监督管理的范围。检察官执行的一般业务,业务部门负责人原则上应实行事后监督,或在业务执行过程中协助解决相关问题等。仅对检察官办案已经出现的问题苗头及根据实际情况研判很可能出现的问题,即针对“易发风险点”,可以进行事前和事中的业务监督。四是要创新部门负责人业务管理的方式。多用比较符合司法规律的方式进行监督管理,如部门负责人共同阅卷,参与讯问或询问,引导承办检察官厘清疑难复杂案件办案思路,共同研究证据和事实及法律适用等,而不是直接作决定或变相作决定让承办人执行。五是继续确认并强化员额检察官在检察院的地位作用。继续塑造以员额检察官为中心,而非检察机关内的行政领导为中心,突出检察官主体地位的检察业务运行机制和检察文化。

为保障司法责任制的有效运行,除执行中的谦抑及对关联规范的关注外,下一步仍应斟酌修改《刑诉规则》第6条的规定,对部门负责人的审核与监督管理权作出适当限制。因为部门负责人相对于普通员额检察官,处于监督管理的优势地位,如果不在制度上作出限制,其权力就很容易扩张,从而冲击司法责任制。鉴于《刑诉规则》仅涉及刑事业务,部门负责人的权限在其他业务中也应当做出相应规范。最高人民检察院可以考虑在相关内部管理文件中,增加关于部门负责人权限的具体规定,在赋权的同时限制其权力,保障检察官责任制的运行。同时,最高人民检察院以及省级人民检察院,应当细化《刑诉规则》规定的重大疑难复杂或有社会影响的案件范围及重大办案事项的范围,提高这些案件和事项的可识别性,增加规则的可操作性,从而完善检察机关司法责任制。

最后还有一点建议。根据笔者的调研,目前在基层,尤其是中西部地区的基层检察院,由于主客观条件的限制,落实司法责任制有一定难度。因此建议对部门负责人的审核与监督管理,乃至司法责任制的运行模式,进行分类指导及设置。首先明确一些共同要求、底线标准必须遵守,在此基础上,条件好的地区,检察官责任制落实要求就高一些;反之,行政化要素就可能多一点。如可实行A、B类管理模式,区别情况,分类指导,将改革精神与实事求是态度结合起来,促进检察权合理有效地运行。

二、关于刑事案件侦查(调查)职能管辖错位的处置

刑事案件侦查(调查)职能管辖的错位,是指根据《刑事诉讼法》,刑事案

件的侦查（调查）由公安、监察、检察等机关分工管辖，并在侦查（调查）终结后移送同级检察机关审查起诉，但检察机关在审查起诉过程中发现，该案件经审定后的罪名不应当由移送案件的侦查（调查）机关管辖。也就是说，侦查（调查）机关实际上管辖了在职能分工上不应当由该机关管辖的案件，即管辖错位。[3] 这是刑事诉讼中可能遇到的情况，而在这种管辖错位的情况下，审查起诉机关应当如何处置，这是刑事诉讼程序规范需要解决的问题。由于涉及与公安、监察的关系，影响诉讼的效率，其也是刑事诉讼规则修改的难点之一。

（一）《刑诉规则》关于管辖错位处置的基本精神

《刑诉规则》第 357 条对此作了两款规定，[4] 第 1 款是针对检察院自行侦查案件，检察与监察、公安机关的管辖错位；第 2 款是针对公安、监察机关办理的案件，公安、监察之间的管辖错位。根据第 357 条的规定，检察机关审查起诉时，处理这两种管辖错位的方式为：（1）检察机关自行侦查的案件，如果案件应属监察机关管辖，应当及时商监察机关办理。如果案件应属公安机关管辖，案件事实清楚，证据确实、充分，符合起诉条件的，可以直接起诉；如果事实不清、证据不足，则应及时移送有管辖权的公安机关办理。（2）公安、监察机关移送起诉的案件出现管辖错位，如案件事实清楚，证据确实、充分，符合起诉条件，仍需征求移送机关意见，没有不同意见，可直接起诉；如提出了不同意见，或者事实不清、证据不足，则应当将案件退回移送案件的机关并说明理由，建议其移送有管辖权的机关办理。

综上所述，检察机关审查起诉处理管辖错位的基本精神是：其一，将移送案件事实、证据情况作为处理的重要依据。如果案件事实清楚，证据确实、充分，符合起诉条件，可直接起诉；如果移送的案件事实不清、证据不足，移送或建议移送有管辖权的机关办理。其二，征求意见是必要举措。公安、监察之间的管辖错位，应征求公安、监察机关的意见，再结合案件事实和证据进行处理。其三，对监察和公安有区别。检察机关自侦案件，如应由监察管辖，则应商监察机关处理；如应由公安管辖，则直接根据案件事实、证据情况做出处理。

笔者认为，虽然《刑诉规则》的制定者充分考虑到目前刑事办案体制的现实情况，力图兼顾法治原则要求和办案效率的关系，同时注意与公安、监察机关的协调配合，但第 357 条处理管辖错位案件的方式不当，既显法理不通,又与实践不合。以下首先分析管辖错位应征求意见以及对监察和公安区别对待的规范,然后重点分析视事实、证据的不同而分别处理这一主要规范。

(二)关于管辖错位应征求移送机关意见以及对相关机关区别对待的问题

1. 关于征求意见问题。笔者认为,在做出比较重要的程序处置前,征求相关机关的意见,从办案实践的角度看,有加强协调配合、防止处置不当的实际意义。从法理上分析,也符合公、检、法、监办理案件分工负责、互相配合、互相制约的精神。然而,工作机制上的协调配合要求,可以体现在关于互涉工作机制的规范性文件中,但不一定要体现在法律和法解释规范中。因为后者主要是确立规则、规范,而《刑诉规则》的规定,则应确立刑事诉讼的程序规则和规范。如果将征求意见作为前置程序,可能出现三个方面的负面效应:

(1)可能冲击程序的刚性。例如,根据《刑诉规则》第 295 条的规定,征求公安、监察意见后,没有不同意见,即双方都同意错位管辖的,可以直接起诉;如有不同意见,则应退回案件。以被审查单位有无不同意见作为程序处理的根据,法律程序的功能和刚性何在?

(2)可能妨碍检察权行使的独立性。审查起诉是检察机关的独享权力,在反贪污、渎职侦查功能转隶后,目前也可以说是我国检察权的主要构成,《宪法》《刑事诉讼法》规定检察机关依法独立行使检察权,而征求意见式执法,起诉权的独享性和检察权行使的独立性又如何体现,不无疑问。

(3)可能导致程序处理的模糊性。因为有关单位的意见可能是多样的,并非同意、不同意的简单二分,即使表态同意或不同意,也可能附一定条件,此种情况下又如何处理,相关规范并不明确。而且,第 357 条对公、监管辖错位,要求分别征求两机关意见,然后视同意或不同意分别作出处理。但如一个机关同意,一个机关不同意。例如,公安机关侦查了本应由监察机关管辖的国家工作人员受贿案件,公安机关同意检察机关直接起诉,而监察机关不同意,要求退回移送有管辖权的监察机关,这种情况下,程序应如何处理?第 357 条语焉不详。实践中可能只有按照第 357 条第 1 款体现的区别对待的精神,按强势机关的意见办。

2. 关于程序处理不平等问题。所谓程序处理不平等,是指第 357 条第 1

款,就检察机关自侦案件的管辖错位规定,对监察和公安应管案件的程序处理不平等:对监察,是商其处理;对公安,则可不顾管辖错位而直接起诉(事实不清,证据不足则退回移送)。就监察机关,虽然商后如何办语焉不详,但此用语结合监、检关系,当然就是按监察机关的意见办。对公安,则基本适用直接起诉程序。因为是检察机关自侦案件,对事实、证据的状况均由自己评价掌握,不太可能出现检察机关认为本院侦查的案件证据不足,应当移送有管辖权的公安机关这种自我否定的情况。

上述区别对待的做法,在我国目前的政治结构与法律关系中是可以理解的。一方面,监察全覆盖,检察官也是被监察对象;另一方面,刑事诉讼中检察院实行法律监督,公安机关是检察机关的监督对象。因此,商监察而按其意见办,不商公安而直接处理,正是不同的监督性关系的反映。而且就此还应看到,这种区别对待的根源,可能源于监察法立法的一系列特殊性。如检察院"两反"职能和人员转隶,但将"侦查"一词改为"调查",就不受《刑事诉讼法》调整;监察调查不受检察机关法律监督,监察程序排斥律师辩护,以及不起诉须经上级检察院批准等。因此,区别对待的问题,涉及立法问题。要解决这一问题,需实现国家监察制度与国家刑事诉讼法律制度进一步协调衔接。在这个意义上,就《刑诉规则》中的区别对待规定,不宜苛责。

然而,毕竟法律程序具有一个基本属性——平等性,即同样的情况同样的程序处置。不仅公民在法律面前一律平等,而且组织在法律程序中也不应当享有特权。同样地移送起诉和管辖错位,但在法律程序上对监督机关和被监督机关区别对待,其不平等性显而易见。因此,为体现程序的公平性及程序处置的合理性,在《刑事诉讼法》并未规定程序差别时,仍应尽量避免在具体程序的规则设置上区别对待。这里要求的程序平等性,实已在第357条第2款中体现——公安、监察办理的案件,管辖错位时的程序处理,至少在形式上并无区别。但该条第1款,处理检察机关自侦案件程序错位问题时,则体现明显区别。两款程序设置的区别,似与检察机关在尊重政治现实的情况下,自我尊重及自我设置程序保护有关。因此这种区别处理不仅损害了程序的公平性,也可能损害程序的公信力。

(三)关于将事实证据标准作为直接起诉或退回案件的标准的问题

除了"商"与"征求意见"的程序性要求外,第357条处理管辖错位的主要标准,也是唯一的实质性标准,是移送起诉的案件是否达到"事实清楚,证据确实、充分"的要求,如达到这一标准,符合起诉条件,则可直接起诉;如未达到这一标准,则需退回并移送有管辖权的机关办理。这一标准并非新创,而是继承了本次修改之前的《人民检察院刑事诉讼规则(试行)》(2012 年制定)第 392 条的规定:"人民检察院立案侦查时认为属于直接立案侦查的案件,在审查起诉阶段发现不属于人民检察院管辖,案件事实清楚、证据确实充分,符合起诉条件的,可以直接起诉;事实不清、证据不足的,应当及时移送有管辖权的机关办理。"不过,在本次修改规则时,调整、扩大了此一标准的适用范围。

笔者认为,以事实证据标准作为确定管辖错位案件不同处置程序的实质标准是不适当的,在法理上不能证成,而且不符合实际情况,不利于司法实践。具体理由是:

1. 以证据确实、充分的事实标准即案件实体性标准,在一定程度上取代程序违法性判断和程序处置标准,损害了程序的独立性及刑事诉讼的法制原则。案件事实是否清楚,证据是否确实、充分,是根据证据事实所作的实体性判断;而管辖错位,可能涉及的违反管辖法制问题,属于程序性判断,二者显然涉及不同性质的问题。以证据事实标准,代替管辖法制标准作出程序处置,使程序违法性缺乏程序处罚后果,也就使这种违法性缺乏独立评断价值,因此违反了程序法制原则。不过这里所称缺乏独立评断价值,也非完全丧失独立价值。因为其间实际上存在一种"程序妥协"——如果事实清楚,符合起诉条件就直接起诉,违法性即忽略不计;反之,则仍应退回,这种处置可认为是维护了管辖法制原则。

2. 以证据事实标准作为程序处理标准,忽略了管辖错位的不同情况,因此既不利于维护法制,也不利于实现诉讼效率。在司法实践中,管辖错位存在不同的情况。根据是否故意违反管辖法规定,可以区分为两种基本类型:一种是明知不属于本机关管辖,而因某些原因,如获取办案业绩、获得重要犯罪线索,以及外部干预等,进行立案,采取强制措施并搜集证据,然后移送起诉;另一种则并非故意违反管辖规定,而是在立案时认为案件应属自己管辖,侦查完成后证据事实或法律观点发生变化,能成立的罪名不由该机关管辖。或者侦查(调查)机关始终认为该案应由其管辖,但检察机关审查起诉时发现应当改变罪名,而该罪名不属原侦查(调查)机关管辖。笔者在多年前对管辖错位的不同情况,借用民法学的两个概念来界定:前一种故意违法的情况，系“恶意管辖”；后一种缘于情况的变化与认识的分歧，应属“善意管辖”。而是否故意违法，即管辖的“善意”与“恶意”，才应当作为程序处理的标准。[5] 依此标准，如系“恶意管辖”则应当退回原侦查（调查）机关，转送合法管辖机关立案并移送起诉；如系“善意管辖”，检察机关审查案件后则应直接起诉。如果证据不足，则由原侦查（调查）机关补充侦查（调查）后继续移送起诉，不必退回后移交其他机关办理案件。

原因在于：(1)对“恶意管辖”不惩治违背程序法制原则。管辖问题，是刑事诉讼程序的初始性问题，也是决定后续程序和实体处理的基本问题，在刑事诉讼程序中的地位十分重要。侦查管辖的规定，是法律的强制性规定，故意违反管辖规定，当然应当受到程序制裁，以此维护程序的独立性和程序法制原则，警戒类似行为发生。否则，违反管辖法规定不承担后果，程序刚性和程序价值就丧失了，还会产生鼓励侦查（调查）机关违法的后果，亦将导致国家刑事管辖的混乱与无序。然而，如果不是故意违反规定，而是由于情况变化，或认识分歧，产生管辖错位，承认其管辖效力并直接起诉，并未损害程序价值。(2)对“善意管辖”因证据不足而退回并要求改变管辖，违背诉讼效率和诉讼合理性原则。按照第 357 条的规定，以证据事实为程序转换标准，而不考虑管辖的“善意”与“恶意”，会产生一个后果，即对善意管辖的案件，如果移送起诉时证据不充分，则不能退回补充侦查，而须退回并由原办案机关移送有管辖权的机关对案件进行办理，该机关接手后，按照法律程序应当重新立案，并进行必要的调查取证包括讯问被告，在侦查终结后重新移送起诉。此种做法显然会严重妨碍诉讼效率。而且，对案件罪名的认识，在侦查、起诉、一审、二审等不同诉讼环节均可能产生不同认识，如果依此逻辑，检察机关审查起诉发现管辖不当同时证据不足，就退回案件并改变办案机关，那么，如果法院一审或二审认为指控罪名不当，而能够成立的罪名也涉及职能管辖的变化问题，又当如何处理，不无疑问。因此，仅因审查机关有不同认识，在证据不足的情况下就退回案件并要求改变办案机关重新办案并移送起诉，显然不符合诉讼效率和诉讼合理性要求。而且，在司法实践中，对此类案件要求改变管辖，也很难被办案的检察机关及相关部门所接受。

笔者提出以是否故意违法作为程序处置的判断标准，在实践中是否可行，即此项标准在实践中是否适用，这也是需要回答的一个问题。笔者认为,这就如刑事案件中的故意和非故意的判断,是可以根据证据情况判断的,而且完全可以"根据客观实际情况推断"。因为根据《刑事诉讼法》和《监察法》,刑事立案和监察立案必须有立案根据,形成立案材料,同时在立案后取证,相关情况进一步明确,一般情况下根据这些立案材料和立案后获取的证据材料,足以判断立案者的管辖意识。如当事人系身份明确的国家工作人员,其侵占公共财产的行为却被有关公安机关作为职务侵占罪立案侦查;或当事人显系非国家工作人员,却被监察机关作为国家工作人员的职务犯罪立案。因此,故意违反相关规定是可以判断的。如果材料显示不太清楚,情况存疑,不能认定为故意违法,就不必适用"恶意管辖"的处理规范。可见,这一标准在实践中应当是可行的。而且其可行性已经为实际案例所支持。[6]

综上,建议今后修改《刑诉规则》时,以是否故意违反管辖规定,作为管辖错位的程序处置标准,同时可斟酌删去或修改征求意见以及显示程序不平等的规定。而在修改之前,执行第 357 条时,建议注意笔者主张的上述关于"善意管辖"与"恶意管辖"判断法理,慎重适用现行规定。

三、关于二审检察机关变更、补充抗诉理由问题

提起公诉的人民检察院,如果认为法院对该案的一审判决确有错误,可依法向上一级人民法院提起抗诉。但派员出席二审法庭支持抗诉及履行监督职责,由二审法院对应的人民检察院负责,因此承担二审检察功能的人民检察院有责任审查下级人民检察院的抗诉。对于审查抗诉后上级人民检察院的处理,《刑诉规则》第 589 条第 1 ~ 3 款分别规定,如果审查认为抗诉正确,应当支持。如果抗诉不当,则应听取下级人民检察院的意见。听取意见后,仍然认为抗诉不当的,应当向同级人民法院撤回抗诉,并且通知下级人民检察院。此外,上一级人民检察院在上诉、抗诉期限内,发现下级人民检察院应当提出抗诉而没有提出抗诉的案件,可以指令下级人民检察院依法提出抗诉。这些规定,除了认为抗诉不当时应当先听取下级人民检察院的意见外,其余内容与 2012 年《人民检察院刑事诉讼规则(试行)》第 589 条规定相同。

然而,2019 年《刑诉规则》第 589 条第 4 款作了一项新的规定:"上一级人民检察院支持或者部分支持抗诉意见的,可以变更、补充抗诉理由,及时

制作支持抗诉意见书，并通知提出抗诉的人民检察院。”据悉，这一规定是征求专家意见后所增加的内容，意在解决司法实践中有时上级检察院需要变更、补充下级检察院的抗诉理由，却又缺乏依据的问题。[7]

二审检察机关变更抗诉意见是实践中争议较大的一个问题，[8]《刑诉规则》的新规范值得关注。这里评析两个问题，即如何理解变更抗诉规范，以及对变更抗诉是否应当作出限制。

理解第589条第4款，应当注意两点：第一，上级检察机关根据该款规定改变下级院的抗诉意见，仅指抗诉理由，不包括抗诉请求。诉的基本概念包括“诉讼请求”和“诉讼理由”，对应于“裁判主文”和“裁判理由”。[9]抗诉的诉讼请求即撤销原判，对被告人从重（个别情况下从轻）处罚。抗诉理由则是支持这一诉求的缘由，如事实认定错误、法律适用错误、量刑不当等情况和缘由。因此，可变更抗诉理由，意味着抗诉请求各项事实与法律根据的可变更包括可补充。但就抗诉请求，第589条第4款没有提供变更依据。然而，如果上级检察机关认为抗诉请求不当，则可根据同条第2款的规定在听取意见后撤回抗诉。

第二，变更抗诉理由，不包括抗诉对象。所谓抗诉对象是指被抗诉的案件和原审被告人。一审检察院对一审裁判提出抗诉，其上一级检察机关审查和改变抗诉意见，当然针对该案件，对此并无疑问。但问题在于共同犯罪案件中，能否改变抗诉针对的被告，如甲被告变更为乙被告（这种情况一般不会发生），或增加抗诉针对的被告人（这种情况可能发生）。这也是第589条第4款所不支持的。因为这里涉及的是抗诉对象变更，而非第4款规定的“抗诉理由”变更。从法理上分析，上诉与抗诉权行使有法定时限，在法定时限内提起上诉、抗诉，即使为笼统公开的诉求，即表达不服裁判要求改判的意愿，而后再补充具体理由，也并不违反上诉（抗诉）法理。因为并没有增加被抗诉对象的额外风险。然而，在法定时限外（上一级检察机关审查抗诉通常应在抗诉期限届满以后），设定新的抗诉对象，则属超越时限设置被抗诉当事人的诉讼风险，这种做法有违时效制度促使相关主体积极行使而非怠于行使权力（权利），同时约束权力（权利）行使，保护诉讼对方诉讼利益的法律精神。

以上两点是对规范的理解问题，但笔者要重点分析的，则是上级检察院改变抗诉理由的正当性及其限度设置问题。

笔者认为,上级检察院在审查下级检察院抗诉时改变抗诉理由,在法理上能够证成。原因在于:其一,基于检察机关上下级的领导关系,上级人民检察院有权直接改变或指令改变下级检察院的诉讼决定。[10]其二,由于上级检察院承担二审检察职责,对于作为二审启动依据和审理对象的抗诉书,当然有权力和责任进行审查,支持、撤回,或者作必要的变更、补充(以下概称变更),以保证二审程序中,检察职能的正确行使以及二审法院的公正裁判。在司法实践中,上下级检察机关在案件认识上的分歧也经常发生,《刑诉规则》有必要为上级检察机关的抗诉变更提供规范支持。但这里的问题在于,抗诉变更是否可以不受限制。由于第589条第4款未作限制,因此,从规范本身看,似乎二审检察机关变更抗诉理由并无限制。

笔者认为,为了保障公正司法,在二审监督法律的正确实施,新规则增加抗诉变更的规定是必要的,但规定时不作限制并不妥当,可能对司法实践产生不利影响。因为在法理上,二审检察机关的抗诉理由变更权应属有限制的变更权。在这里,最重要的限制是二审性质及审级制度的限制。因为二审区别于一审,二审的性质是诉讼救济,既为被告人权益的救济,在我国也包括对国家公诉的救济。二审抗诉意见不能超越和背离救济审的性质。因此,一方面,无论是抗诉,还是改变抗诉意见,均系公诉的延伸,虽然具有继续支持控诉以惩治犯罪的功能,但这种救济性质,不能取代一审公诉,亦即不能设置新诉;另一方面,抗诉保持与一审公诉的基本同一性,才能使被追诉者获得二审的法律救济,从而发挥二审制度的权益救济功能。反之,二审期间检察机关利用变更权在实质上设置新诉,就意味着二审变一审,使被追诉者丧失获得法律救济的机会。这显然不符合权益可救济法律原则,也违背了二审审级制度的基本精神。

与权益可救济性及审级制度相关的,对抗诉及改变抗诉理由还有一种限制,即发回重审制度的限制。根据我国《刑事诉讼法》第236条第2项、第3项的规定,第二审人民法院发现原判有错误,经过审理后,应当分别情况处理:“原判决认定事实没有错误,但适用法律有错误,或者量刑不当的,应当改判;原判决事实不清楚或者证据不足的,可以在查清事实后改判;也可以裁定撤销原判,发回原审人民法院重新审判。”据此,适用法律错误,二审不能发回,而事实不清、证据不足的,则可发回重审。在发回重审后,检察机关可以补充起诉和变更起诉,被告对重一审判决不服,可以提起上诉请求二审救济。在这种情况下，被追诉人的救济权仍然获得保障，二审审级制度的精神未被破坏。

根据上述两项限制，其一，在保持抗诉与公诉的基本同一性以及权益可救济性原则之下，对于单纯的法律适用问题，抗诉理由变更，相对于公诉，不能作出对被抗诉对象不利的法律评价变更。包括不能将轻罪名变更为重罪名，如将冒充国家工作人员罪指控变更为诈骗罪。不能从法律适用的角度，新增从重处罚情节或变更为更为不利的量刑情节，例如，在一审未指控“情节特别严重”的情况下，抗诉增加“情节特别严重”的犯罪情节认定。因为适用法律错误需由二审直接改判，新的法律适用意见一经判决确认，在判决生效前，已没有救济机会，如允许从重变更，则剥夺了被告人的审级救济权，对被告人不公平。

其二，如系事实、证据问题，则可根据《刑事诉讼法》第 236 条第 3 项发回重审（实践中二审法院一般采取此种做法，尤其对于可能从重处罚的案件），检察机关可以通过抗诉提出新的事实主张，并建议二审法院发回重审。因此可抗事实既包括一审公诉已指控，但法院未判决的犯罪事实与量刑情节，又包括一审公诉未指控，法院亦未判决认定的事实和情节。而且从抗诉主张事实与原指控事实的关系看，一方面，包括与一审指控的犯罪具有不可分割关系的牵连犯罪、情节加重犯罪等量刑情节事实。例如，抢劫犯罪中一审未认定的持枪情节；冒充国家工作人员招摇撞骗犯罪中的伪造印章情节，以及财产、经济犯罪中同一犯罪数额的增加，等等。另一方面，也包括可以构成独立指控事实的其他罪名的犯罪事实，如一审指控强奸罪，判决后发现还有另一抢劫犯罪事实。以及同一罪名下的其他未指控犯罪事实，如一审诉、判认定被告人受贿两次，二审检察机关发现案卷材料中反映的另一次受贿仍可认定。这些超出一审公诉范围的他项犯罪事实，也可以由一审检察机关直接作为另一案件提起新的公诉，或补充证据后作为另一案件提起公诉，经一审到二审，完成诉讼。但从诉讼经济且有利于被告刑期计算看，采用通过抗诉发回重审，然后由一审检察机关合并起诉，法院一并审理应当说更为适当。

不过，在抗诉操作中应当注意，对新发现的犯罪事实，鉴于二审的性质，抗诉或改变支持抗诉意见书不宜直接作为新犯罪事实指控，而应以发现新的证据和事实为由，请求法院发回重审。

此外,笔者根据司法实践的需要,还提出一点建议,供有关部门在制作规则及司法实践操作时酌处。虽然二审不能从重变更法律适用,但如系"显而易见、无争辩余地"的不利被告的量刑情节,即使起诉书未指控法院一审亦未判决,抗诉及改变抗诉意见亦可请求法院直接做出认定并改判较重的刑罚。例如,一审判决后发现被告的前科材料,证明被告系累犯。累犯应依法从重处罚,而且其前科事实证据确凿,无任何争辩余地,请求法院二审认定并改判相应刑罚,并未对被告人的救济权造成实质损害。因为这些量刑情节显而易见、无争辩余地,如果再增加一次或多次审判和抗辩机会,对这一情节的认定也不可能改变。由二审直接确认处理,在不损害救济权的前提下,实现了诉讼经济。

综上,笔者认为,对第 589 条第 4 款应当作出一定限制,即不能损害被抗诉人获得法律救济的权利。在规则修改前,抗诉实践中也应当依照《刑事诉讼法》的基本法理去限制第 4 款的适用。

最后需要说明的是,笔者对限制抗诉变更权以及设置例外的建议不一定成熟,但对抗诉变更权不作限制,显然是违反二审程序基本法理的,也是难以被司法实践普遍接受的。提出以上意见,也是希望理论与实务界进一步探讨此一问题,推动我国刑事抗诉制度的完善。

注释

1 这几个问题均为本人参加最高检修改刑事诉讼规则讨论时所关注并提出的问题,而且有的问题也是在笔者提出意见后最高人民检察院对原稿做了修改。但如何处理相关问题并设置规范,笔者仍有一些看法,提出就教于业内专家。

2 《刑诉规则》规定,除必须由检察长决定的"重大办案事项"外,其他办案事项,检察长都可以委托检察官决定。而"重大办案事项"也在规则中作了明确规定,主要包括六个方面。参见高景峰:《落实司法责任制,实现放权与监督有机统一》,载《检察日报》2020 年 1 月 9 日,第 3 版。

3 笔者使用"管辖错位"一词,而不称"管辖错误"。因为错位不一定是错误,即如文后提到的"善意管辖"的情况。

4 《刑诉规则》第 357 条规定:"人民检察院立案侦查时认为属于直接受理侦查的案件,在审查起诉阶段发现属于监察机关管辖的,应当及时商监察机关办理。属于公安机关管辖,案件事实清楚，证据确实、充分，符合起诉条件的，可以直接起诉；事实不清、证据不足的，应当及时移送有管辖权的机关办理。在审查起诉阶段，发现公安机关移送起诉的案件属于监察机关管辖，或者监察机关移送起诉的案件属于公安机关管辖，但案件事实清楚，证据确实、充分，符合起诉条件的，经征求监察机关、公安机关意见后，没有不同意见的，可以直接起诉；提出不同意见，或者事实不清、证据不足的，应当将案件退回移送案件的机关并说明理由，建议其移送有管辖权的机关办理。”

5 龙宗智：《取证主体合法性若干问题》，载《法学研究》2007 年第 3 期。

6 有法官在案例分析中称：“不具有管辖权的侦查机关获取的证据，不宜一律认定为非法证据，应区分是‘善意管辖’还是‘恶意管辖’，对于前者，可认定其具有合法性。”并将笔者在《取证主体合法性若干问题》一文中提出的此项标准用于司法实践，由此解决了管辖错位案件的证据合法性问题。参见周磊、查理：《规则与实践：排除非法证据具体问题的个案分析》，载《法律适用（司法案例）》2018 年第 8 期。

7 这一规定虽然属于新的司法解释规范，但在之前最高人民检察院的有关工作指导文件中，已经有类似工作要求。例如，最高人民检察院《关于加强和改进刑事抗诉工作的意见》（2014 年印发）第 21 条、《人民检察院刑事抗诉工作指引》（2018 年印发）第 24 条均提出，上一级人民检察院对下级人民检察院按照第二审程序提出抗诉的案件，支持或者部分支持抗诉意见的，可以变更、补充抗诉理由，及时制作支持刑事抗诉意见书，阐明支持或者部分支持抗诉的意见和理由。

8 李崇涛：《论二审检察院能否新增抗诉请求及其合理控制》，载《交大法学》2020 年第 2 期。

9 《人民检察院刑事抗诉工作指引》第 11 条还提出抗诉主张的概念，要求审查刑事抗诉案件，应重点审查抗诉主张在事实、法律上的依据以及支持抗诉主张的证据是否具有合法性、客观性和关联性。这里的抗诉主张，应当包括抗诉请求和抗诉理由。

10 《人民检察院组织法》第 24 条规定上级人民检察院对下级人民检察院行使的职权的第 1 项为：“认为下级人民检察院的决定错误的，指令下级人民检察院纠正，或者依法撤销、变更。”

第三编

审前程序

刑事诉讼中的证据开示制度研究*

证据开示(discovery)[1],是当事人主义或类当事人主义诉讼程序中一个十分重要的概念和制度。也就是说,在任何不采用案卷移送制度和实行控辩双方向法庭举证的诉讼结构中,证据开示具有不容忽视的重要意义。目前随着我国刑事诉讼制度的改革,围绕律师阅卷等证据开示问题产生了很大的争议并直接影响司法实践,证据开示已成为我国刑事诉讼所面临的一个十分突出的,可能妨碍诉讼公正和诉讼效率的迫切问题。本文拟采用比较研究和法理分析的方法,对证据开示制度的一般法理以及我国刑事诉讼中证据开示制度的设置问题做一探讨,以求为解决这一争议提供思路和办法。

一、证据开示的概念、内容和意义

(一)概念和内容

证据开示的基本含义是庭审调查前在当事人之间相互获取有关案件的信息。根据《布莱克法律词典》,"discovery"本来的含义是"了解原先所不知道的,揭露和展示原先隐藏起来的东西"。在审判制度中,"它是一种审判前的程序和机制,用于诉讼一方从另一方获得与案件有关的事实情况和其他信息,从而为审判作准备"[2]。美国刑事诉讼法学家大卫·W.纽鲍尔说,刑事诉讼中的证据开示,作为一种搜集证据的方法,是审判前的控诉方与辩护方之间的信息交换。[3]

在证据开示程序中,被开示的信息包括三种情况:第一种情况,也是主

---

* 原载《政法论坛》1998 年第 1、2 期。

要的开示内容,是一方当事人[4]已经获得或将在诉讼中使用的证据材料,如已作出的鉴定结论、检查报告,已收集的物证、书证,以及拟传唤出庭接受调查的证人的姓名和住址等。第二种情况是与案件有关的信息,如有的国家法律规定,在被告人作不在犯罪现场的辩护时,必须将这一辩护的内容以及与这一辩护有关的事实和证据事先通知检察官。同理,在法律规定被告人有必要向检察官告诉某种情况的时候,被告人就案件有关问题作出供述也被视为一种证据开示。第三种情况,不是直接提供有关的证据和其他信息,而只为诉讼对方提供搜集己方掌握和控制的某些情况的机会。例如,警方提供机会,使辩方律师能询问由警方控制下的被害人或受到威胁的重要证人。我国《刑事诉讼法》第 37 条第 2 款规定,辩护律师经人民检察院或者人民法院许可,并且经被害人或者其近亲属、被害人提供的证人同意,可以向他们收集与本案有关的材料。这一做法实际上也是一种特殊形式的证据开示。为了讨论问题比较集中,同时也考虑到我国刑事诉讼法学界对证据开示问题缺乏研究的现状,本文对证据开示作狭义理解,即主要研究第一、二种情况,也就是对已获取的证据材料和其他有关信息的开示问题。

证据开示还可区分为正式的开示和非正式的开示。前者是制度化的,按法律要求所进行的开示,如庭审前在法官主持下诉讼双方进行的证据集中开示。后者则是非制度化的,由诉讼实施者在诉讼过程中对其掌握的有关信息和证据向对方所作的择机性介绍和透露。这种情况在美国刑事诉讼中尤为普遍。因为美国大部分刑事案件未经审判而采用辩诉交易解决。辩诉交易的前提则是辩护方了解检察官所掌握的案件情况和证据,由此决定作出辩方承诺的必要性、内容和方式。为此,检察官须不时向辩护方透露控方所掌握的证据和事实。大卫 · W. 纽鲍尔说,“从检察官的观点看来,被告常常只是告诉他们的辩护律师部分情况,因此,辩护律师如果了解检察官所掌握的证据,能够帮助其恰当地判断被告所作的诉讼抗争是否无意义的。例如,一个盗窃案件,被告告诉他的律师,警察从作案现场的几个街区外逮捕了他,他与案件毫无联系。但检察官则是另一种说法:根据警察的报告,执行日常巡逻检查任务的警察巡逻车在作案现场停下,其车灯照出有人在被盗的商店里。于是警察绕到商店后门,看见一个疑犯离开商店进入一辆小汽车。他们追逐这辆车,后在几个街区外拦截了它,发现车内装满被盗货物,即逮捕了这名疑犯。在经过这样非正式的证据开示后,检察官估计辩护律师将回到其委托人处说,‘你对我撒谎,你这小子,告诉我实情,要不然我就不干了’。当然,检察官通常只开示证据的强项,一般不暴露其弱点”[5]。本文的论题是证据开示制度,因此主要论及正式的证据开示。

(二)意义

在法官职权主义即非对抗制诉讼中,实行辩护律师阅卷制度,由于一切证据材料被汇聚于案卷,而检察院起诉实行案卷移送制度,侦查案卷往往成为实际裁判的根据。为保证律师的辩护权,法律一般赋予律师查阅全部案卷的权利。同时律师到法院查阅案卷也不发生障碍,而且非对抗制结构及检察官在这种结构中的客观义务使律师阅卷不产生特别的困难[6]。加之由于诉讼主要由国家机关依职权推进,律师手中难以掌握重要证据,因此庭前向检察官展示并不成为一个重要的诉讼问题。

但在具有对抗特征的诉讼程序中,证据开示显示出十分重要的意义。因为对抗制(adversary system,当事人主义)的基本法理是将辩护方和控诉方设计为对立和对抗的双方,彼此都会采用各种“竞技”的手段,包括尽可能地搜集和使用有利于己的证据,同时削弱对方的进攻和防御能力。在这种情况下,证据开示问题就随之而突出出来。著名的德国刑事诉讼法学家赫尔曼认为:“根据对抗制进行的公判审理,是以当事人为中心的类型。为了准备公判审理,不仅起诉一方,就是辩护一方也必须收集自己方面的证据。辩护方面通常不是完全无权要求事前出示和查阅检察方面持有的证据,就是这种权利受到一定的限制。双方当事人可以根据起诉、交换诉状以及承认不利事实,来限定辩论的焦点,并由他们决定提出证据和询问证人的顺序。”“与对抗制的情形不同,审问制程序中的辩护人通常是在公判审理前有查阅起诉方面证据的权利。当然,这种查阅如妨害事后的调查审问则又当别论。”[7]

鉴于对抗即控辩方作法庭举证的诉讼程序中相互交换信息的困难,法律有必要设置专门的程序来解决证据开示问题。一般认为开示制度的目的有三点:一是确认对立当事人之间的争议即诉讼的焦点;二是得到与案件有关且为诉讼准备所必要的证据信息;三是获取在正式审理(trial)中可能难以取得的相关信息。而达成这些具体的诉讼目的所欲实现的政策性目标,也就是设立证据开示制度的基本意义所在,是保证诉讼的公正和效率。

这里的公正主要是指实质的公正,即真实的发现。美国大法官特雷勒

(Traynor)说,“真实最可能发现在诉讼一方合理地了解另一方时,而不是在突袭中”[8]。人们认为,开示程序就是为了让事实本身,而不是突袭或技巧,来决定审判的命运。理由是:开示程序能够让诉讼各方都能在审判前对证据做仔细的调查和认真的审查思考。这一方面使调查更为彻底和全面,另一方面使诉讼双方在审判前能做充分的诉讼准备,因此能在审判中针对那些貌似真实的情况进行提问和检验从而获得案件的真实。反之,如果诉讼一方突然对诉讼对方提出没有准备的问题和有关的证据,其中蕴含的信息和诉讼主张就很难得到充分的质询(交叉询问),陪审团或法官可能不正确地得出这种信息是真实的和主张是合理的结论。

诉讼效率也是证据开示欲实现的一项目标。因为如缺乏庭前的证据开示,庭审时诉讼当事人为了解和把握各种突然出现的情况往往要求中断开庭以核实有关情况。这不仅造成诉讼的拖延,而且使集中审理难以实现,这又反过来影响庭审的质量。因为集中和不间断的审理是言词审理主义的必然要求,诉讼的拖延使法官难以形成正确的心证,势必增加法官的臆断。

不过也应当看到,对证据开示,从过去到现在都存在有不同意见。有人否定证据开示的必要性,认为:(1)当事人主义是当事人对抗和对等,一方向另一方承担开示证据的义务是违背当事人主义的。(2)如果承认证据开示的话,可能产生威胁证人和隐藏罪证的情况。例如,当诉讼一方了解了对方准备召唤出庭证人的名字和住址,可能对证人进行威胁利诱,极端的甚至消灭其存在。(3)如果承认庭审前的证据开示,庭审中的调查和辩论活动将被“低调处理”,使庭审在一定程度上失去了意义,在诉讼中还可能产生无谓的混乱。[9]需要指出的是,就当事人对抗和对等来否定开示的必要性,实际上是以形式上的当事人主义为根据。它忽视了当事人主义程序仍然须追求案件的客观真实并反对依靠诉讼中突袭和技巧来决定诉讼的命运。同时这种主张也忽视了当事人双方之间在搜集证据能力的差别。在检察官掌握有多数证据的情况下,唯有承认证据开示义务,才能真正实现当事人对等。正如一位英国专家指出的:“检察官对证据的开示是对抗制的一个不可分割的部分。辩护律师对从事案件调查只有很有限的资源、能力和愿望。在作案与罪行被确定之间有限的时间范围常常不允许律师进行充分的调查。警察承担着不偏不倚地从事案件调查从而搜集和保存相关证据的责任,尤其是那些具有诉讼意义的证据。因此最重要的是全部被搜集的资料的完整性和诉讼各方均能获得这些证据资料。”[10]否定论的第二、三项理由虽有一定的合理性,但只是要求我们为防止这种弊端的出现,应在确定证据开示方式、范围以及配套性保障措施上多下功夫,以防止当事人滥用开示制度影响诉讼。这方面的问题也不能成为全面否定开示制度的根据。从世界上实行当事人主义或类当事人主义(如日本、意大利等国所谓的混合式但在技术上以当事人主义为特征的诉讼形式),均无例外地肯定并实行证据开示制度,不过开示制度的具体内容有所区别。而且从发展看,证据开示普遍呈现扩大趋势。这一制度日益受到人们的重视。

我国《刑事诉讼法》经全国人民代表大会修改后,审判程序发生了重大的变革:一是律师较早地介入诉讼;二是检察院移送起诉时,不再移送诉讼案卷,起诉书只附送证据目录、证人名单和主要证据复印件或者照片;三是庭审采取了主要由控诉方和辩护方举证的所谓控辩式或类似控辩式的诉讼形式,这使我国的审判方式在技术上已具有一定的对抗制特征。这就使证据开示成为一个十分值得注意的问题。然而,我国《刑事诉讼法》对证据开示缺乏明确的规定,如对审判前律师到何处去查阅检察官所掌握的证据材料就欠缺说明,而检察机关否认律师有权到检察院阅卷,这使律师只能十分有限地了解检察官所掌握的证据,使得原来《刑事诉讼法》中的律师查阅全部证据的权利在新法中处于一种虚置的状态。这无疑会对律师辩护以及整个刑事诉讼产生重要的影响。另外,辩护律师应当在开庭前向检察官方面出示哪些证据在法律上也无规定。这些“制度欠缺”问题的出现,一方面是因为我们在法律修改时对新的审判方式对证据开示制度的要求认识不足,另一方面是因为存在某些法律技术上的问题。为了我国刑事诉讼制度的合理运行,我们应当认真研究证据开示制度的设计和设置问题。

二、国外证据开示程序的要点和法理

为了便于把握,这里先举出近年英美法院处理的两起具有典型性的案件。一起是英国泰晤士河谷地区刑事法院受理的刑事案件。一天清早,两名驾车巡逻的警官怀疑正行驶的一辆带篷货车有问题,在追逐了一段距离后将其拦截下来。经简单地询问车上的三个人,警察决定对该车进行搜查,发现一台通常被罪犯用于跟踪警察电台频率的无线电跟踪器、六个瓶子,每个中装满二加仑汽油,而且做成适于用作造成严重损害的燃烧弹类型。其他被发现的物品还表明燃烧瓶是准备马上使用的。这三人被逮捕,其住房被搜查,证实这三人是"动物解放阵线"的活跃分子并一直与该组织保持联系。在问及有关问题时,这三人均保持沉默。候审时,三名被告被保释。在警察和检察官之间连续开了几次会,研究此案的起诉。由于关于这个组织的有关材料是警察从某个中心的计算机中查到的,如果对外暴露这些记录,会对进一步调查该组织造成损害。在当地警方与相关的国家情报机构协商后,检控方经认真考虑了法官关于向辩护方出示电子计算机信息的要求。法官因此而对被告作出了无罪裁决。三名被告中的一人后来向新闻媒介发表谈话称,"我们打算用这辆货车转移那些动物然后毁了这辆车,审判流产的唯一原因是检察官拒绝向我们的辩护律师出示那些警方从计算机获得的关于我们的资料"。[11]另一起案件发生在美国。俄亥俄州的弗兰克·威尔莫斯被控对四名与他妻子同住的精神障碍患者实施性侵犯。在审判中,威尔莫斯要求传唤一名关键的证人——大卫·米勒医生作证,称该医生会证实他本人是性无能,不可能从事有的受害者作证的罪行。但审判法庭拒绝了让米勒医生出庭作证的要求,因为威尔莫斯的辩护律师在审判前未向检察官告诉米勒医生的姓名,因而违反了俄亥俄州的证据开示规则。威尔莫斯被判有罪。[12]这两起关于证据开示程序的案件,涉及诉讼双方对证据开示的责任、证据开示以及不开示的范围、违反证据开示的法律后果以及证据开示的时机等问题。

(一)关于诉讼双方证据开示的责任

在美国,刑事案件中诉讼双方的证据开示责任,直到20世纪五六十年代还是十分有限的,而且美国最高法院大法官布伦南(William Brennan)在1963年还呼唤要强化证据开示制度。他指出:在"1958年的联邦刑事诉讼规则中规定仅在地方法院,法官可以根据被告方的诉讼要求检察官开示某些文件或物证,而且被告方还必须向法官表明这一开示对于其诉讼准备具有实质性意义"。他还指出,"在大多数州,被告就证据开示的权利十分有限"[13]。在20世纪60年代中期至70年代,美国刑事诉讼的证据开示程序受到重视并得以加强。[14]然而,即使在当时,证据开示程序也还只是所谓的单行道(a way street):各州仅仅要求检察官向被告方开示证据。而后,各州扩大了证据开示制度的适用,要求实行对等原则:被告方同样向检察官开示其所获证据,即实行相互开示制度(reciprocal discovery)。这意味着,如果辩护方要求从检控方获得证据开示,辩护方也必须对检控方开示与案件有关的证据和信息。现在有些州还要求辩护方无论是否从检控方获得信息,都必须向对方作出开示。[15]

在英国,证据开示被认为是对抗制诉讼程序的一个核心问题。然而,长期以来,只要求检控方向辩护方开示证据,而辩护方除少数情况外,不承担一般的开示责任。其理由一是根据所谓"自然主义",要求控诉方不得利用其资源优势而不公平地处于审判上的有利地位,为此辩护方在审判阶段应得到某些手段补偿以实现控辩双方的"平等武装"(equality of arms)。二是根据无罪推定原则,被告没有责任向检控方说明情况,也不必回答对方的问题,直到"初步证据事实"(prima facie)已由检控方确立。英国证据开示制度比美国更强调检控方向辩护方的证据开示而不如其强调开示的相互性,分析其原因可能与英国对律师执业有更严格的职业道德和纪律要求,而且由于英国警察的较高素质,辩护方更多地依赖警方获取的证据材料有关。在这种情况下,辩方证据开示对检控的作用比美国小。而美国刑事诉讼对抗因素更为强烈,其弹劾侦查(检控方和辩护方同时搜集证据的所谓双轨制侦查[16])的特点更为突出,因此如果检察官在庭前不了解对方证据,将难以有效地实施公诉。在英国这种情况则较为缓和。

然而,英国的证据开示制度目前也进入了改革阶段。其基本趋向是强化辩护方的证据开示责任。这是因为在刑事诉讼中,突袭辩护(ambush defences)成为较为普遍的情况,尤其是在一些重罪案件中,被告方出席法庭时,有仔细准备的辩护,而这些辩护通常是建立在检控方所出示的证据的基础上但其辩护所依据的事实和证据是检控方事前不清楚的。在这种情况下,面对缺乏思想准备的辩护突袭,在庭审的有限时间内,检察官难以作出有成效的反击或对辩护证据作合理的验证。为此,英国关于刑事诉讼的国家委员会建议:"辩护方如果将在法庭上举证,应该要求其在庭前向检控方作充分的披露,以使检控方的实质性内容。"这个建议得到政府和多方的支持,应当说很有希望成为立法。[17]这种改革与英国近年来限制沉默权的改革其趋向是一致的。

日本战前实行旧《刑事诉讼法》时期,采用职权主义诉讼程序,检察官提起公诉时,须向法院提交全部侦查所获证据。辩护人因此而能够在法院阅览案卷,斟酌证据进行防卫准备。战后借鉴美国法,实行所谓"技术性当事人主义”,即在诉讼尤其是审判程序的设置上,就具体的程序性和技术性特征而言,类似美国的当事人主义,但日本又保留了对实体真实主义的执着追求并在程序中予以体现,但既然具有当事人主义的“技术性格”,就当然要采用证据开示程序。因为现行法采用起诉状一本主义,检察官在提起公诉时仅提出起诉状,相关证据只是在法庭证据调查后才移交法院由法院保管。为此,现行《刑事诉讼法》规定了双方在庭前作证据开示的责任,即日本《刑事诉讼法》第 299 条第 1 项规定:“检察官、被告人或辩护人请求讯问证人、鉴定人、通译人或翻译人时,应当预先给予对方知悉他们的姓名及住所的机会。在请求调查证据文书或证据物时,应当预先给予对方阅览该项证物的机会。但对方无异议时,不在此限。”可见这一规定确立了诉讼双方相互作证据开示的明确责任。

从以上三个最具典型性的国家的证据开示制度可以看出:(1)证据开示制度对于当事人主义或类当事人主义的诉讼程序十分必要,因而应当确立当事人的证据开示责任。(2)从历史看,证据开示是由单方开示向双方开示发展。总的来看,在辩护律师具有取证权的情况下,证据开示责任应当是相互性的,即使也许一方的责任更大,这样才能有利于全面实现开示制度欲达到的公正与效率的目的。(3)也应当看到,由于检察官具有更充分的资源而且其搜集的证据往往构成案件真实的主要基础,从这一实际出发,检察官承担证据开示责任的诉讼意义大于辩护方。也就是说,在一般情况下,代表国家权力的检察官对处于民间势力的辩护方负有更大的证据开示责任。当然,反向的开示也不可缺少,否则,不仅影响诉讼的效益,也妨碍检察官证据开示的积极性,从而反过来又影响辩护方及时有效地获取实质性的案件信息。

(二)证据开示的范围

哪些证据属于开示内容,各国的规定是不一致的。根据经 1983 年修订的美国《联邦刑事诉讼规则》第 16 条的规定,就检察官方面,可以开示的证据有:(1)被告人的陈述;(2)被告人的前科记录;(3)文件和有形物品;(4)检查和试验报告。不可出示材料有:与本案的侦查或起诉有关的检察官或其他侦诉人员所制作的报告、备忘录或其他控方内部文件;控方证人或者可能成为控方证人者所作的陈述(法律有特别规定的除外)。就被告人方面,可以出示的材料包括:(1)被告方掌握的文件和有形物品;(2)任何与案件有关的身体检查和(或)精神检查和科学试验的结果或报告——如果这些证据是被告方准备在审判中作为重要证据提出的话。以上两项出示是以控诉方根据辩护方的要求首先出示有关证据为前提。不可出示的材料有:与本案的调查和辩护有关的被告人或其律师或者代理人所制作的报告、备忘录或其他内部的辩护文件;被告人对其代理人或律师所作的陈述,或者控方或辩方证人或可能提出的控方或辩方证人对被告人或其代理人或律师所作的陈述。

此外,美国《联邦刑事诉讼规则》第12条对被告人作不再犯罪现场的辩护时应做的证据开示作了更明确和更具强制性的规定,要求被告人"根据检察官要求说明所指称的犯罪的实施时间、日期和地点的书面催告,被告人应在十日内,或在法院可以指定的其他时间,将他想要提出不在犯罪现场辩护的书面通知送交检察官。被告人这一通知应当说明指称的犯罪发生时据他声称他所在的具体地点,以及他打算证实这一不在犯罪现场辩护所依靠的证人的姓名和地址"。但在被告人就不在犯罪现场问题作特别开示的情况下,检察官也应当作出反应:"在此后十日内,至迟在审理前十日,除非法院另有指令,检察官应将记明检察官打算赖以证实被告人在被指称的犯罪的案发现场的证人的姓名和住址以及据以反驳被告方的证明被告人不在犯罪现场的证人证言的任何其他证人的姓名和住址的书面通知,送交被告人或其辩护律师。"[18]

美国刑事诉讼中的证据开示范围目前呈现出明显的扩大趋向。美国《联邦刑事诉讼规则》在1993年被修订,上引第16条的规定被修改,扩大了证据开示的范围。修订后的法律规定,如果被告方要求检控方开示出庭的专家证人姓名,那么检控方同样有权要求被告方开示这类证人的名单。1994年4月,《联邦刑事诉讼规则》的顾问委员会提出建议,要求进一步修订规则第16条,解除对证人陈述的开示禁止,规定双方相互开示拟出庭的证人(非专家证人)名字以及在审判前已经获得的证人陈述(如侦查人员在侦查中所做的证人陈述笔录)。同时还建议,作精神障碍辩护的被告方应向检控方开示对被告作鉴定的专家证人的情况。

上述证据开示规定使用于美国联邦法院系统(不含最高法院和联邦上诉法院)。各州对其州司法系统适用的证据程序还作了专门规定。其规定应当说与上述联邦适用的规则大同小异,而且呈现出扩大证据开示的明显趋势,反映了美国联邦和地方在这方面的普遍动向。美国法律协会(ABA)近年来对其制定的关于刑事诉讼中证据开示的准则作了重大的修正,从而扩大了可开示的证据的范围,而且扩大了强制性开示的证据范围,尤其是扩大了辩护方向检控方开示的范围。

经1994年修订后的ABA准则中,主要的、新的开示要求包括:(1)辩护方向检控方开示证据应允许检控方对其进行检查、复制、检验以及对文件和物证的拍照。(2)辩护方必须准备传至法庭作证的全部证人的名字和地址。辩护方也须开示其掌握或控制的这些证人的书面证言——如果这些证言与下一步该证人出庭的主要事项有关。(3)辩护方必须开示任何方准备在庭审时传唤的专家证人在庭审前所作的报告和陈述,包括准备在法庭上作为证据的关于身体和精神状态检查结果、科学检验、试验和比较的报告。这种开示无须检控方提出要求,而且无论检控方是否已向辩护方开示此类证据。(4)辩护方应提供被告的简历,并就可能在法庭提出的专家证人的证言和专家的意见及其理由就其实质内容作出书面说明。

根据ABA的意见,进行这种改革的理由在于辩护方证据开示不足不利于司法公正,这种改革被认为对诉讼双方是公正的,它减少了诉讼的竞技因素,有利于真实发现,可以防止审判中的突袭("trial by ambush")。[19]

此外,鉴于检察官所承担的公正行事的一般法律责任,美国法要求检察官应当向对方开示那些虽不属于一般的证据开示范围,但对被告有利的证据材料。

根据现行日本《刑事诉讼法》第299条的规定,证据开示范围主要包括:(1)诉讼双方对拟在庭审时调查的证人、鉴定人、翻译、通译人员,必须告诉对方这些人的姓名和住所;(2)对拟于庭审时调查的证据文件和证据物,必须给予对方阅览。此外,根据日本《刑事诉讼法》第179条和第180条的规定,对当事人申请证据保全,法院依职调查搜集的证据,检察官可以到法院阅览、誊写,辩护律师经法院同意也可以这样做。

在日本,对证据开示范围,有事前全面开示论和有限制的证据开示论这两种不同的意见。平野龙一教授认为:"检察官的确没有必要向相对方开示全部的证据。如果说某种证据开示,可能引起诉讼混乱,或者这些证据与其他案件的侦查有关系,这两种证据可以不予开示,但是,从客观上看,其中可能包括对被告辩护有重要意义的证据。在这种情况下,法院可以根据被告人或辩护人的建议,依照日本《刑事诉讼法》第99条第2款,发布证据提出命令(只限于提起公诉后),让辩护人阅览。当然,即便这样要求,也还存在被告人和辩护人不知道检察官手中持有何种证据从而影响向法院申请的问题。”[20]

日本的《刑事诉讼法》和日本的司法实务,实际认可有限制的开示论,以防止诉讼混乱,保证法庭审理的实质化和辩论的充分性,因此除出庭证人等的姓名和住址通知外,《刑事诉讼法》和《刑事诉讼规则》(实施细则)要求给予阅览机会的,只限于已确定将在庭审中请求调查的证据文书和证据物(书证和物证以及书面的鉴定检查报告)。其余证据,包括被告人过去的供述、证人过去的陈述等,以及未确定在法庭上申请调查的其他证据材料,均不属必须开示的证据范围。

英国刑事诉讼,要求检控方开示其掌握的证据,包括准备在法庭上使用的所有证据材料,如证词和物证等。但也有某些例外。例如,英国总检察长发布的关于刑事诉讼中控诉方证据开示的指导规则明确规定,检察官对被认为是不真实的辩方证人的庭前证言可以不作开示,但在庭审中也可以将这种证言用来作交叉讯问,质疑该证人在法庭上作证的真实性。对检控方不准备在法庭使用的材料,法律没有要求必须披露。但控方如有意隐瞒其中有利被告的材料,可能视为严重违法行为而在上诉审宣布判决无效。另外,被告方应对不在犯罪现场的辩解向检控方作证据开示(通知这种辩解并提供有关的证人),被告方还将专家证人的证据和有关情况向检控方开示(检控方有同样义务)。然而,在英国,为防止被告方滥用开示程序进行突击辩护,扩大被告方证据开示的范围,实行与检察官的基本对等的证据开示,应当说已成趋势。

英国刑事诉讼中,根据检察机关的起诉指导规则,可以根据“公共利益”的要求,对“敏感性材料”(sensitive material),如涉及警方情报人员、关系其他案件侦查、可能暴露特殊搜索手段的材料,不予开示。但这种情况需接受法院的司法审查(包括仅有一方当事人参加的“单方听证”)。因不开示证据可能影响程序的公正,法院可能因控方拒绝开示而判决被告无罪。本节前面所举的泰晤士河谷区法院处理的那起案件可作例说。

英国开示程序的一个特点是其相对性,根据英国枢密院1992年在贝里案中的裁决,开示的原则规定并不是一成不变的,应该不时地对其进行审查。开示的方式、内容和要通过开示所获得的公平,有司法、立法和行政人员共同确定掌握。[21]

综上所述,根据不同证据材料开示意义的等级差异以及各国的实践,在证据开示范围上,可大致总结出以下几点较有普遍意义的做法:其一,拟作庭审调查的证人、鉴定人的姓名、住址应相互提供。其二,拟作庭审调查的书证、物证应相互开示。其三,拟作庭审调查的检查情况、鉴定结论应当开示。其四,为避免对抗制"竞技因素"的弊端,增强诉讼的公正和效率,从各国开示程序的发展趋势看,扩大证据开示的范围,尽量将其他证据纳入开示程序是必要的。同时鉴于其他案件的侦查需要以及其他合理的根据,采用利益权衡原则,在不损害司法公正的情况下,可以对某些证据不予开示。其五,检察官应当向对方提供虽不属一般的证据开示范围,但有利于被告的证据材料,如那些不准备在法庭上使用的有利被告的物证、书证等。因为这一问题已关系到检察官的公正性,涉及真实的发现和案件的公正处理,具有某些超出证据开示程序的性质,应当特别强调。

(三)证据开示的程序以及违法制裁

1. 证据开示程序

证据开示程序属庭前程序,这一程序主要安排在起诉前后。美国刑事诉讼,经侦查获得证据后,被告人如系被控反重罪,在被正式起诉前享有要求法官预审(preliminary examination)[22]的权利。预审的主要目的是审查是否存在合理根据以支持对被告人提出的指控,以确定是否交付审判。如缺乏合理根据就要撤销指控,以防止轻率将被告人交付审判。预审程序还包括一项重要内容,即证据开示。各方当事人应根据法律规定的开示范围,在预审法庭出示自己手中掌握的对诉讼有意义的证据。

然而,如被告放弃预审,或者案件经大陪审团起诉而无须预审(大陪审团对检察官起诉意见的审查代替了法官的预审),则应在案件正式起诉后的较短时间内,根据递交法院的大陪审团的起诉书或检察官起诉书,由法院安排提审(arraignment,有的译为"传讯")。在提审程序中,法官向被告人宣读起诉书,说明指控性质,告知被告人享有的诉讼权利,接着要求被告人对指控作出答辩。按照美国《联邦刑事诉讼规则》第 2 条第 4 项的规定,依照检察官的裁量,检察官可于提审时或于提审后尽可能快地将其意欲在审理中使用的具体证据告知被告人,以便被告人对这些提出异议。同时被告人也可以在提审时或提审后要求检察官将其欲在法庭审理时作为主要证据的任何证据告知被告人。在提审时或提审后正式审判前,被告人也应当依法向检察官开示证据。

美国刑事诉讼中的证据开示根据需要可能持续数月,直到审判开庭。诉讼双方尤其是辩护律师利用这段时间准备诉讼。

日本刑事诉讼中根据《刑事诉讼法》第 299 条规定所进行的正式的证据开示,依照《刑事诉讼规则》第 178 条第 6 款的细则性要求,检察官应在提起公诉后,对于准备请求交付庭审调查的证据书类或证据物,应尽早提供给辩护人阅览。对拟出庭的证人的姓名和住所也必须给予机会使对方知悉。在司法实务中,辩护律师是在检察官提起公诉后,到检察厅阅览证据并作己方的证据开示的。而对于法院根据当事人诉讼保全要求在开庭前搜集的证据,检察官和律师应到法院阅览、誊写。

如果诉讼双方或其中一方未有效履行其开示义务,法院可以在庭审的证据调查开始前的任何时间要求开示。日本有一判例,在一审开庭并进行了对被告人个人情况调查等开头程序后,宣读起诉书之前,辩护方以警方过度和违法的使用警戒性措施并进行违法搜查,而检察官基于这些措施提出起诉系滥用起诉权为由,要求法院命令检察官开示其持有的某些证据。审判法官批准了这一要求。然而,最高法院否定了一审法官的这一做法,认为当时开示证据的要求对被告人的防卫不具有重要意义,因而原法院的这项措施已经超出了正当公平的行使诉讼指挥权的范围。但在这里,最高法院并未一般地否定在开头程序后庭审调查前开示证据的做法,而只是说明就该案而言,此时以此种理由要求开示证据不利于案件的审理及诉讼的有序化。

综上所述,证据开示程序既需考虑审判公平,又需兼顾侦查的有效性,也需考虑证据的完整性及便于一并开示,正式和集中的证据开示程序宜安排在侦查基本完成后和庭审之前,尤其是公诉提起后的适当时期内。当然在这种集中开示以前,对某些方面的证据和信息进行阶段性的开示也可能是必要的,如在逮捕被告人时告知其被控罪名等。

集中开示程序的证据开示地点可以根据该国刑事诉讼制度的特点确定。在对抗制审判程序中,为排除法院庭审前的预断,法院在庭审前不拥有大部分证据,在这种情况下,法院难以作为主要的证据开示地点,因此,律师可以到检察院去阅览检控方的证据并作辩方证据的开示。但对某些法院获取的证据,可以到法院阅览。如果法院主持的审前程序包括证据开示,那么控辩双方将应开示的证据拿到法院,在法官监督下进行开示也是可以的。

2. 开示程序中的违法制裁

根据美国《联邦刑事诉讼规则》关于证据开示中违法制裁的规定,对于未能遵守该规则要求进行证据开示的,法院可以采用几种方式处理:命令该当事人进行证据开示;批准延期审判;禁止该方当事人提出未经开示的证据;作出其他在当时情况下认为是适当的决定。法院可以指定进行开示的时间、地点和方式,并可以规定适当的期限和条件。

《联邦刑事诉讼规则》关于制裁违反开示要求的上述四种措施的规定,也大体反映了各州的立法和实践。其中第四种措施,即"作出其他的适当决定",赋予法院更大的斟酌权,从实践看,这些决定如:(1)因当事人违反开示程序,命令由其支付证人出庭费用。如 1994 年 4 月,伊利诺伊州最高法院以违反开示程序为由,命令辩护方 64 名辩方证人,全部出庭作证,其费用由辩护方支付。(2)审判法官向陪审团告诉律师的有关行为不当并请他们注意。(3)对辩护律师予以经济处罚等。

在全部制裁措施中,最严厉的可以说是排除应开示而未开示的证据,包括禁止未开示姓名和住址的有关证人出庭作证或排除其证词。一些法院实际运用了这种惩罚措施,如在 1994 年的一起杀人案件中,蒙大拿州最高法院排除了被告方提出的关于被告精神障碍的全部证据,理由是辩方律师拒绝开示其精神病学检查报告以及医生陈述从而违反了该州关于相互开示的法律规定。虽然律师辩称拒绝开示的材料中包括因患者—医生特权而保密的材料以及可能自证其罪的材料,但法院指出,辩方律师事前并未因此而取得一项关于这种特权和证罪材料的保护性命令,而根据法律只有获得这种命令其信息才可保密。

美国最高法院已经肯定了证据排除的合宪性。但为慎用这种措施,有些法院要求以发现这种违反开示程序的行为是故意实施和(或)会引起偏见的为前提。不过,有些人抨击这种做法,认为辩护律师在辩护策略和措施上发生错误,但其不利后果却因有利被告的证据被排除而由对此往往是无辜的被告来承担,这种做法是不公平的。因此,他们建议用对律师的纪律性处罚代替这种证据排除。[23]

英国对违反开示程序规定的处罚与美国相似,法院仍可采用证据排除手段对起诉方或辩护方不开示证据的行为进行处罚。此外,根据1994年11月通过并于1995年4月10日生效的《刑事司法和公共秩序法》对沉默权制度的修改,被告人在审判前不向警察和检察官交代被合理要求应当提及的问题,但在法庭辩护时却将这一问题作为辩护的理由(从事所谓"突袭辩护"),对被告人在庭审前保持沉默(不开示),法庭可以作出对被告不利的推断。[24]

三、关于我国证据开示的制度设置

我国1996年《刑事诉讼法》就刑事案件中的证据信息沟通分不同的诉讼阶段作了三款规定:其一,侦查阶段,第96条第2款规定,"受委托的律师有权向侦查机关了解犯罪嫌疑人涉嫌的罪名";其二,起诉阶段,第36条第1款规定,"辩护律师自人民检察院受理案件之日起,可以查阅、摘抄、复制本案的诉讼文书、技术性鉴定材料";其三,审判阶段,第36条第2款规定,"辩护律师自人民法院受理案件之日起,可以查阅、摘抄、复制本案所指控的犯罪事实的材料"。

上述规定是适应新的诉讼制度尤其是审判所作的具有改革意义的新的规定。应当说,1996年《刑事诉讼法》注意到诉讼的不同阶段对证据开示的不同要求,从而作出了与之较为适应的递进性的规定。然而,就实现证据开示的目的,保障诉讼的公正和效率以及法律条款本身应具有明确性和规范性等技术特性而言,这些规定存在三个方面的问题:一是范围不明确。"本案所指控的犯罪事实的材料",这些材料是全部材料还是部分材料;是原始材料还是复印件;被告和出庭证人将在法庭上陈述、作证,那么他们在侦查起诉阶段所作的供证应否查阅;除了指控的事实以外的材料,尤其是有利被告的材料,可不可以查阅,等等。法律均语焉不详。司法实践中各诉讼角色必然会从有利于己的方面解释,势必造成混乱和难以操作。二是开示场所和义务方不明确。辩护律师到何处去查阅所指控的犯罪事实材料,何方(检察院还是法院)承担证据开示的责任,法律未作规定。而且这种对地点和义务方的规定直接影响查阅证据的范围。因为1996年《刑事诉讼法》就检察院向法院移送起诉案件规定了新的移送方式,即改变了过去移送案卷(全案证据)的做法,仅要求检察院移送起诉书、证据目录、证人名单和主要证据复印件或者照片。因此,如果律师到法院阅卷,他只能看到“证据目录、证人名单和主要证据复印件或者照片”,而且由于目前为防止庭审“走过场”,强调法院的庭前审查是程序审而非实体审,检察院移送的主要证据复印件或者照片被限制在一个较小的范围内,通常只是对定案具有关键意义并为法院发动审判程序所需要的少量证据。而只有到检察院才能查阅到案卷中的全部证据。但因查阅地点和义务方不明确,律师到检察院查阅证据将发生困难。因为法院作为裁判机关允许辩护人查阅检察院送来的材料一般不致发生问题,但如果到检察院查阅,检察院将增加工作负担,还可能影响其准备公诉时的材料使用,更重要的是,由于检察机关作为控诉方与辩护律师的诉讼立场相对,在诉讼中对律师不可避免地有一种防范的心理态度,而允许辩护方查阅全部证据将加强辩护方的力量而对公诉发生妨碍。因此检察机关如无法律约束,一般不愿意单方面地向辩护方作全部证据的开示。三是开示程序的片面性。即只规定了公诉方对辩护方的开示,但对辩护方在开庭前向公诉方开示其已具有和可能提出的证据未作任何规定。这不仅有悖于各国开示制度的惯例,更不符合目前开示制度的发展方向(已如前述),而且造成对检察机关进一步开示其控诉证据的制度障碍和检察官的心理障碍,因此反过来又妨碍向辩护方的证据开示。

出现上述问题的原因,与立法的筹划不周有关(不过,对一种新的,具有浓厚的“中国特色”的刑事诉讼程序,就其中各方面的具体的制度设置都能在一开始就谋划周全未免是一种苛求,因此,规定粗一点也是可以理解的),也是由于在基本诉讼制度发生了一定程度的变化时,立法研究却未充分考虑到这种变化对具体制度包括证据开示所发生的影响有关。证据开示在由控辩方向法庭举证的诉讼程序中具有十分重要的意义。尤其是因为目前的律师辩护仍在很大程度上依赖国家侦检机关所获取的证据材料,律师对这些证据的知情范围直接影响其辩护力量,因此这一问题已经引起了各方面的关注。1996 年 11 月下旬,在京的 10 余名刑事诉讼法教授和一些刑事诉讼法学博士经陈光中教授主持召开了一个关于 1996 年《刑事诉讼法》实施问题的座谈会,其中专门研究了“关于辩护律师在审判阶段的阅卷范围”问题,与会者认为,“不能将《刑事诉讼法》第 36 条第 2 款的规定理解为律师在审判阶段只能查阅、摘抄、复制检察机关移送至法院的‘证据目录、证人名单和主要证据复印件或者照片’。自人民法院受理案件之日起,辩护律师应当拥有去检察院查阅全部案卷材料的权利。”座谈纪要阐述了这一主张的理由，主要有：(1)从有利于辩护职能发挥看，辩护律师自行调查、收集证据有很大的局限性，这使他的辩护活动在很大程度上要依靠他的阅卷权。因此，不宜将辩护律师在审判阶段的阅卷权限制在狭窄的范围内，否则不利于辩护律师作用的有效发挥。(2)从立法精神看，1979年《刑事诉讼法》允许律师查阅全部案卷，修改后的《刑事诉讼法》其立法精神之一是加强辩护职能，改善被告人在刑事诉讼中的地位。据此，不应当将第36条第2款作限制性解释。否则，反而削弱了被告人的辩护权。(3)从国际情况看，在采用起诉一本状主义或控辩式审判方式的国家，法官不允许庭前阅卷，但辩护律师是允许的，而且辩护律师在法院开庭之前到检察机关查阅案卷是一种带有普遍性的做法。[25]

应当说，教授们对于这一问题的基本观点和基本理由都能够成立，尤其是要求扩大辩护律师查阅证据的范围，这一要求在我国刑事诉讼的制度和实践背景之下，必要性十分明显。然而，就证据开示而言，以上主张并未解决一些技术性的同时又直接关系证据开示效果的问题，此外，还没有避免某种意义上的片面性。

（一）关于我国刑事诉讼中证据开示的意义和责任

为了保证诉讼的有序性、有效性和公正性，在我国刑事审判实行由控辩方举证的庭审方式的情况下，实行庭前证据开示制度是十分必要的。尤其是在我国刑事诉讼中，律师的自行调查、搜集证据受到制度和能力的较大限制，往往较多地依赖侦控方所搜集的证据，这就使庭前查阅证据具有更大的作用。也是因为这个原因，在证据开示程序中，检察机关对于为辩护方提供辩护条件负有不可推卸的责任。这种责任既来自其作为诉讼一方的实质上的诉讼当事人的义务，也来自其超当事人的作为检察官客观公正执行法律的义务。而且应当看到，由于我国刑事诉讼中国家权力较为强大，应当十分强调检察官为辩护律师提供诉讼条件，以避免在审判活动中诉讼案件的进一步倾斜。可以说，在我国证据开示程序中，检察院是矛盾的主要方面，负有更为重大的证据开示责任。检察机关对此应当有客观而明智的认识，在证据开示的制度设置和操作实践中提出并实践有利于增进我国刑事诉讼整体功能的合理设置。当然，从组织功能学的观点看，在一定的制度约束内，任何一个组织都倾向于采用最有利于自身功能发挥的行为方式。因此，这种开示责任还必须具有强制力的制度性设置方式,否则,靠组织和个人的“自觉性”是不能解决问题的。但必须认识到,在我国刑事诉讼中,辩护方也应当具有证据开示的责任。如前所述,这种相互性开示,包括辩护方对全部拟提出的证据或其中最关键的证据(如不在犯罪现场和专家证据)的庭前开示,是证据开示制度的一般法理,而更充分的开示,包括辩护方证据的全面开示,也是各国开示制度进一步发展的方向。这种相互开示对我国刑事诉讼制度有两方面的意义。

第一个方面是:有利于全面保障刑事审判的有序性、有效性和公正性。控诉方对辩护方“打埋伏”,不开示或少开示证据,这种做法固然对实现诉讼的效率和公正不利,但是,辩护方将自己所掌握的辩护证据在庭前秘而不宣,在庭上搞“突然袭击”,甚至追求一种戏剧性的效果,利用检控方的准备不充分达到辩护目的,同时也是一种为影响被告及家属和旁听群众的不适当的商业行为,这显然不体现司法公正。可以说,这种“伏兵辩护”,不仅在国外有,在我国刑事诉讼实行1979年《刑事诉讼法》时也能见到,不过因当时律师活动的余地小,加之庭审的非实质化,出现这种情况对司法的损害较小,因此而未能引起人们的充分注意。

对证据的相互开示问题,有的同志认为,在我国,辩护律师取证的权利和能力有限,规定相互开示的意义不大,因此无须对辩护方的证据开示作制度性的规定。此主张看似有理,实际上却存在根本性的错误。应当看到我国新的刑事诉讼制度下,律师已经具有比之过去大得多的活动余地。在侦查阶段,他即使不直接取证,也可以申请法院、检察院取证,即作证据保全。在起诉和审判阶段,他依法享有调查取证的权利。当然,律师的调查取证权不能与侦控方匹敌,但如果我们认真观察司法实践,也应看到辩护方所具有的某种优势:(1)检察官所担负的举证充分从而成立事实的责任较之辩护方所负有的攻击职责要艰难得多,因为他必须搜集充分的证据,并使这些证据形成完整的、经得起攻击的锁链,而辩护方只需要在某些薄弱环节上下功夫,打破某一点即可。因此,即使辩护方手中只掌握少量证据,其对公诉的威胁也可能不可低估。(2)被追究人的辩护因自身的自由、名誉、财产甚至生命的威胁而得到最强大的利益驱动,并同时驱动其他相关人员。公职人员的行为不受这种驱动,且有更严格的规范限制。一个或许不恰当的比喻:这在某种程度上与在自由市场上势力强大的国有企业不一定能竞争过经济实力相对较弱的民营企业同理。如果允许辩护人从事辩护的“突然袭击”，在庭审实质化和律师调查权扩大及其法庭举证权充分扩张的情况下，可能对公诉造成较严重的损害。尤其是那些案情复杂、检控困难的案件。被告人有一定经济势力和社会背景的案件。而且这种损害并不一定是靠事实和证据本身，而是在相当程度上依靠一种辩护技巧（国外刑事诉讼，作为辩护技巧，有的律师为防止公诉方的庭前取证反击，有时把应开示的证据保留到必须开示的最后关头，而且如有可能，则尽量不开示其证据）。这种辩护技巧还可能延误诉讼（在检察官要求休庭调查的情况下），也可能因时过境迁检方难以取证核实，其结果都是损害诉讼的公正和效率。正是由于单方面开示可能造成这种对诉讼的不良后果，那种认为可以通过检控方单方面开示来对辩方的力量和能力进行“补偿”以趋于“平等武装”从而实现司法公正的观点是不正确的。

相互开示第二个方面的意义是有利于推动检控方作证据开示，从而最终有利于辩护的开展。这是因为只有相互开示（即使认可检察官有更大的开示责任），才可能因手段武装在某种程度上的平等性和相互性受到检察机关的支持。由于不移送案卷，庭前检控证据的全面开示必须在检察院进行，可以设想，如果辩护方通过侦查和起诉阶段的介入已经取得了一定的辩护证据，但到检察院阅卷时毫不透露，同时对检控方的全部证据材料却均予“查阅、摘抄、复制”，检察机关势必难以接受，其反应就是制造障碍：一是就如目前，不同意到检察院阅卷，主张律师应到法院查阅检察机关移送的材料；二是如果某种法律文件被通过，要求检察机关让律师查阅证据，那么在执行中检察机关也会将律师查阅的时间、查阅的范围尽量予以限制，以免公诉活动受到较大的损害[26]。因此可以说，确立辩护证据开示的制度，是保证检控方开示的必要条件。

（二）证据开示的内容、地点及时间

证据开示的内容，即被开示的证据的范围，这是开示程序中的一个关键问题。如前所述，国外对开示范围有不同规定，如美国开示的范围较大，而日本较小。在我国，目前对证据开示范围主要有两种意见：一种意见认为辩护律师除侦查起诉阶段所了解的情况和查阅的材料外，在审判阶段只能到法院去查阅检察机关移送的“证据目录、证人名单和主要证据复印件或者照片”；另一种意见是如前文提及的教授们的意见“自人民法院受理案件之日起,辩护律师应当拥有去检察院查阅全部案卷材料的权力”。然而,认真分析,即使同意后一种意见,也存在一个查阅范围问题。所谓“全部案卷材料”包括哪些材料,如果侦查机关移送起诉时装订了案卷,但起诉单位在起诉阶段搜集的证据并未形成案卷,这部分材料是否开示。而且,目前的诉讼制度并不实行职权主义诉讼中必需的“案卷主义”。为了诉讼使用的方便,检察机关不一定要将证据材料在开庭前装成案卷(甚至有的将公安移送的案卷拆散,使用后再加上新的材料重新装卷),那么,证据材料在开庭前不成案卷又应如何确定查阅范围。况且,无论是公安机关还是检察机关,在实践中都不是将所取全部材料装卷或归入拟使用证据的范围,不少在调查和侦查过程中形成的与案件无关或关系较小的材料,或重复性材料都将在整理移送证据或准备庭审举证时被剔除。这样,查阅案卷材料是否包括这些在侦查和起诉阶段被剔除的材料。在界定证据开示范围时这些问题需要回答,否则,在这个实践中易引起争议的问题上,会出现有关的规定缺乏可操作性和有欠公正合理的问题。

根据国外普遍的做法和法理,尤其是考虑我国刑事诉讼的特殊情况,对证据开示的范围可作如下要求:

1. 就检控方而言

(1)凡是在侦查、起诉过程中获得的与案件指控事实有关的证据材料,都属于证据开示的范围,这里开示范围以对指控事实的相关性为标准。这样,凡与指控事实无关的,如在案件中调查被告人以外的其他人所形成的材料,调查被告人的其他未经起诉的问题所形成的材料,调查被告人的有关问题但获取的材料没有证据意义的(无论指控还是辩护都没有证明价值),诉讼过程中侦查起诉机关内部的非证据性工作材料等,都不属于证据开示的范围。这个范围,基本包括了过去侦查机关移送的案卷材料的范围加上起诉机关补充取证的材料。可见这种十分广泛的开示范围,足以满足辩护准备的要求,有利于保证被告人辩护权的实现,符合我国《刑事诉讼法》修改加强被告人合理权利保障的指导思想。而且这种范围也比较便于掌握。而那些要求检控方证据开示只是开示“证据目录、证人名单、主要证据复印件或者照片”的主张显得合理性不足。首先是“主要证据复印件或者照片”的范围不便于把握,有的认为只包括对定案最有意义的少数关键性证据,而有的认为包括指控犯罪事实所依据的基本证据。从庭审改革保障庭审实质化的立法指导思想看,将“主要证据”作严格限制是有道理的。而且从实践看,检察机关也不可能大量复印证据材料。但这样未免使开示证据的范围过于狭窄,不利于辩护权的实现。

(2)上述开示范围中对其中凡是准备在庭审时提出的证据,无论是被告人过去的供述与辩解、证人的庭前证言、被害人的庭前陈述,还是物证、书证,鉴定结论,勘验、检查笔录以及视听资料,只要在法庭上应用,就应事先开示,对这部分证据的开示属于法定开示、强制开示和主动开示。也就是说,对这部分证据,检控方应主动向辩护方出示。凡未事前开示的证据,在法庭上不能使用,除非有合理的根据并获得法官允许。这种范围的要求,符合国际上的普遍做法。而且可以避免上面第1条以相关性为标准可能带来的某些范围不确定的问题。如有的证据,辩护方认为与指控有关,而起诉方认为与指控无关或关系不大,是否开示,易生争议。以拟于法庭上提出作一法定开示标准,使证据开示范围更具有可操作性,同时也便于确定是否违反开示程序而加以违法制裁而且这种标准是有针对性地解决审判中“突然袭击”的问题,从而基本保证了开示程序欲达到的政策目标:诉讼的效率与公正。

(3)在以上第1条规定的范围内,除第2条以外的证据,即不准备在法庭上应用的相关证据,经辩护方要求,检察机关应当开示,这属于请求开示和被动开示。从实践中看,这部分证据可能并非少数。例如,对被告人多次讯问形成的笔录,证人多次作证的笔录,在法庭上由于被告人到庭和证人出庭可能不被使用或使用较少,对这些不准备提出的相关证据,如果辩护人要求,检察机关应当开示。这些证据材料由于公诉人不提出在审判中使用,因此不能作为定案根据,一般情况下诉讼意义不大。但其中有些材料可能被辩护人利用为辩护证据,因此如果辩护人要求,这些证据应当被开示。

(4)除以上要求外,还应该对检察机关提出一项一般性的要求,即检察机关在开示程序中不能隐瞒对被告有利的证据材料。对这部分证据,拟在法庭上使用的应主动开示;不准备在法庭使用,当辩护人提出相关要求时,检察机关应当向辩护人开示。如某一证人的某次作证包含一个有利被告的情节,辩护人提出阅览该证人的全部庭前证言,检察机关不能将此次作证的笔录藏而不示。这项要求是基于检察机关的护法职责及公正义务所提出的。对实现诉讼的公正是必要的。

(5)对诉讼中涉及国家机密的,以及对其他案件的侦查可能造成明显损害的材料,检察机关可以不予开示。这里有一个利益斟酌的适当性可以接受法院的司法审查。

2. 就辩护方而言

其基本要求是,凡是辩护方准备在法庭上使用的证据都需要事前向检控方开示。(1)对辩方准备传唤到庭的证人,应事先通知检察机关其姓名和地址,如果对这些证人有询问笔录,即使不准备在法庭使用,经检察机关要求,应向检察机关开示;辩护人庭前询问被告人、被害人以及鉴定人,如果形成笔录,经检察机关要求,也应当向其作出开示。(2)对拟在法庭上使用的书证、物证、鉴定结论、勘验及检查笔录等证据,应事前向公诉方开示。(3)辩护方如作无罪辩护,其主张和基本根据是否应向检察机关作庭前开示,对此,笔者认为,鉴于公诉方的起诉书已明确表述了公诉意见及根据,辩护方虽然在一般情况下不必相应地告诉其辩护意见,但考虑到无罪辩护是根本否定了起诉意见,可以作为一种特殊情况,要求辩护方开示其主张和理由,以使庭审在双方均有准备的情况下进行,使案件真实与正确适用的法理更容易被发现,对这个问题,还可进一步研究。

证据开示范围确定后,开示地点就便于解决了。由于庭前全面开示,可以参照日本的做法,辩护律师带上应开示的证据材料,到检察院作彼此的证据开示。从我国情况看,由于律师查阅案卷材料需要较长时间,在法官主持下进行证据开示可能缺乏效率,效果也不一定好。因此到检察院,控辩双方作相互开示比较适宜。

开示时间问题。证据开示除侦查起诉过程的部分和少量的开示外,正式的庭前开示可安排在检察机关向法院提起公诉(起诉书移交期日)后的五日以内。这样给检察机关与律师都留出一定的时间上的余地,而且也不至于开示拖延使双方尤其是律师准备不足。

(三)对违反开示义务的制裁

为了在一个具有控辩对抗性的诉讼中保证开示程序的有效性,需要确立对违反证据开示程序的行为进行纠正和制裁的制度。根据我国刑事诉讼的具体情况,借鉴国外的做法,可以考虑对违反开示程序采用的措施主要有:(1)要求违反开示义务的一方向对方作庭下开示,并给对方一定的准备时间,而后已开示的证据才能提交庭审;(2)批准延期审判,待证据被开示并做一定的诉讼准备后再恢复庭审;(3)禁止违反义务的诉讼一方向法庭提出未经开示的证据;(4)违反开示义务造成诉讼拖延的,可以令其承担一定的经济责任。其中,第三种措施,即禁止提出未经开示的证据,是最有力常常也是最严厉的制裁措施。在我国刑事诉讼中,可以考虑相对禁止和绝对禁止两种方式。一般使用相对禁止,即开示前禁止向法庭出示这种证据,开示后并待诉讼对方准备好后允许其庭上提出;特殊情况下可以使用绝对禁止,即诉讼一方有意不开示应当开示的证据,在法庭上"突然袭击",同时由于时过境迁,对这种证据因时机的丧失难以核实和反驳,法庭可以始终禁止其向法庭出示,使这类材料丧失证据能力。

注释

1 对 discovery 的中文翻译,国内有不同译法:一是发现;二是开示;三是展示;四是先悉。第四种译法是由审判前的证据知悉所作的意译。鉴于这一种程序着重解决诉讼双方之间的信息互给,即揭示和出示,本文采用证据开示这一译法。

2 《布莱克法律词典》,西方出版公司 1979 年英文版,第 418~419 页。

3 [美]David. W. Neubauer:《美国的法院和刑事司法制度》,中国人民大学出版社 2002 年版,第 253 页。

4 本文根据英美法并考虑叙述的方便将检察官亦为当事人,但在我国刑事诉讼中,检察官在法律上未被视为诉讼当事人。

5 [美]David. W. Neubauer:《美国的法院和刑事司法制度》,中国人民大学出版社 2002 年版,第 254 页。

6 根据学者的分析,检察官的客观义务基本上属于大陆法系职权主义诉讼中的概念,其特征是检察官职务行使中的超当事人的要求,即对被告有利与不利的因素均与注意和斟酌,从而客观地执行职务。参见[日]松本一郎:《检察官的客观义务》,载《法学译丛》1980 年第 2 期。

7 [德]赫尔曼:《刑事诉讼的两个模式》,载《国外法学参考》1982 年第 2 期。

8 Roger J. Traynor, Ground Lost in Criminal Discovery, 39 N. Y. U. L. Rev 228, 249(1964).

9 早稻田司法考试中心编:《日本刑事诉讼法》(下册),早稻田大学出版社 1988 年版,第 159 页。

10 [英]查尔斯·波纳德:《现在的课题:关于证据开示的一个案例》,载《刑事法评论》1994 年第 1 期。

11 [英]查尔斯·波纳德:《现在的课题:关于证据开示的一个案例》,载《刑事法评论》1994年第1期。

12 [美]特里斯·M.迈尔斯:《违反相互开示规则:辩护律师的过错由无辜委托人承担》,载《刑事法评论》(第33卷)1996年春季号。

13 [美]布伦南:《刑事起诉:竞技还是寻求真实》,载《华盛顿大学法学论坛》1990年第68卷。

14 美国证据开示制度的现代发展被认为起始于布雷迪诉马里兰州案。在该案中,最高法院裁决,根据请求检察官必须开示有实质意义的有利被告的证据。[美]特里斯·M.迈尔斯:《违反相互开示规则:辩护律师的过错由无辜委托人承担》,载《刑事法评论》(第33卷)1996年春季号。

15 [美]特里斯·M.迈尔斯:《违反相互开示规则:辩护律师的过错由无辜委托人承担》,载《刑事法评论》(第33卷)1996年春季号。

16 何家弘:《单轨制侦查与双轨制侦查》,载《外国犯罪侦查制度》,中国人民大学出版社1995年版,第26~30页。

17 [英]罗格·林:《审前开示的政府建议:因对被告无所知》,载《刑事法评论》1995年10月号。

18 王以真主编:《外国刑事诉讼法学参考资料》,北京大学出版社1995年版,第235~243页。

19 关于美国证据开示制度的发展,参见特里斯·M.迈尔斯所著《违反相互开示规则:辩护律师的过错由无辜委托人承担》一文,第二节"相互开示"的C部分:"证据开示的扩张和发展。"

20 早稻田司法考试中心编:《日本刑事诉讼法》(下册),早稻田大学出版社1988年版,第160页。

21 赵秉志主编:《香港刑事诉讼程序法》,北京大学出版社1996年版,第149页。

22 预审有时又称预先听证(preliminary hearing)或审查性审判(examining trial)。

23 参见特里斯·M.迈尔斯所著《违反相互开示规则:辩护律师的过错由无辜委托人承担》第三部分,关于违反相互开示的责任。

24 [英]伊恩·丹尼斯:《证据规定:限制沉默权》,载《英国刑事法评论》1995年1月号。

25 中国政法大学刑事法律研究中心:《在京部分教授关于刑事诉讼法实施问题的若干建议》,载《政法论坛》1996年第6期。

26 开示范围等问题在许多国家刑事司法实践中都是引起辩诉争议的一个重要问题。时任日本东京高等检察厅公审部长亲崎雄指出,"公开检察官所掌握的证据,是牵涉到当事者之间实质性对等的意义及检察官的客观义务内容这一诉讼结构之根本的问题,所以,必然有不能彼此让步的一面"。参见张光博等编译:《世界各国律师制度的历史与现状》,吉林法学会1985年内部印行,第255页。

公诉制度及其改革完善*

公诉制度是检察制度最重要的内容之一。笔者拟在阐述公诉意义的基础上,分析我国公诉制度的特点,并提出当前公诉操作中应注意的问题,继而就公诉制度的发展完善提出几点意见。不当之处,请大家批评指正。

一、公诉的意义

公诉是检察机关代表国家对刑事案件提起并实施刑事控诉,要求受诉法院追究被控诉人刑事责任的法律活动。公诉的意义,即公诉的作用与功能。

(一)程序性意义:发动并推进审判程序、约束审理和裁判范围

1. 启动审判程序,将刑事案件“系属”于法院。使受诉法院获得具体的案件管辖权并发动审判程序。现代诉讼,实行有控诉(告诉)才有审判的诉讼主义,以及法院必须听取原被告双方当事人意见的辩论原则,因此,法院不得不诉而审或自诉自审。还要说明的是,这种由起诉发生的“诉讼系属”关系,只针对接受起诉的法院,不能针对其他法院,否则,一个诉作用于多个法院,管辖权就混乱了,诉讼关系就混乱了。因此,在控审关系上,只能“有的放矢”,而不能“隔山打鸟”。

2. 推进审判程序,使法官能够在公诉的支持和程序的推进过程中,对案件事实建立心证,并确定如何适用法律。这是公诉通过程序推进实现实体效果的功能,即通过支持公诉的法庭活动和移送的证据材料说服法官接受公诉意见,在某些案件中,还要通过法官说服法院审判委员会。

---

* 原载《人民检察》2010 年第 19 期。

3. 约束审判范围，使审判受制于公诉，法院不得审判未经起诉的被告和未经起诉的犯罪。这是公诉的约束力，涉及起诉和审判的同一性问题。未作为犯罪进行指控的事实，属于未经起诉的犯罪。目前在一审程序中，未经起诉的被告，法院不会自行审判，但是未经起诉的犯罪事实，以及未经起诉的罪名，有的法院还可能作出有罪认定。这一问题后面再作分析。

（二）实体性意义：体现刑事政策、实现国家刑罚权

1. 通过案件审查，确定是否起诉以及如何起诉，检察机关的起诉和不起诉决定，体现国家刑事政策。包括国家基本刑事政策，专门性、即时性刑事政策，以及刑事起诉政策。（1）国家基本刑事政策：惩办与宽大相结合，以及“宽严相济”的刑事司法政策；（2）专门性、即时性刑事政策，如对未成年人教育、感化、挽救的政策，以及特定时期“严打”刑事方针政策等；（3）刑事起诉政策，主要是指起诉法定主义与起诉便宜主义的运用。法定主义强调违法必究，依法起诉，体现公诉权的严格性；便宜主义注意起诉的社会效果，尊重检察机关的起诉酌定权，允许以罪行较轻、刑事和解、辩诉协商等缘由放弃公诉，体现了公诉权的灵活性。公诉决定应当体现检察机关确定的起诉政策，以获得最佳的执法效果。

2. 实现国家刑罚权有效惩治犯罪，维护法律秩序。这是公诉的根本意义和职能。国家刑罚权，是指国家对于违法犯罪者实施刑事惩罚，以维护法律秩序的权力。公诉，或称刑事追诉，是实现国家刑罚权最重要的条件和手段。

（三）社会性意义：弘扬正气、宣传法制

检察机关追诉犯罪，努力实现国家刑罚权的诉讼活动，充分体现了善有善报、恶有恶报这种最朴素也是最重要的社会正义思想。因此，公诉行为及其蕴含的公诉精神，应当是社会正义的集中体现。这也是宣传法制最好的方式。当然这里面包括对犯罪事实、情节实事求是的处理与依法的考量，宽严相济刑事政策的贯彻，可以昭示国家法制既是严厉的、疏而不漏的，又是理性的、人性化的。当然，这里的宣传也包括展示检察机关的工作业绩。

（四）辅助性意义：为刑事审判监督创造契机与条件

这一点意义，是现阶段的中国刑事诉讼所特有的。公诉是诉讼行为，审判监督是一种具有超诉讼意义的监督行为。两者有联系，但不能混淆。公诉是公诉机关的主要职责，但同时，公诉为审判监督创造了契机与条件，使

其得以展开。

本节所述公诉的意义，并不是单纯地讲它的重要性，而是强调其诉讼意义，尤其是程序上的意义，因此，这是一个很有实践意义的命题。在诉讼程序和司法实践中，对公诉的程序意义存在把握不当的问题。例如：

1. 法院超越控诉范围作出裁判。例如，检察机关指控被告人抢劫三次。另有一次抢劫，起诉书提及相关事实，但没有作为抢劫犯罪指控，而法院将其认定为抢劫犯罪，总共认定四次抢劫。另有一起受贿案件，起诉书提到了一件事实，但没有指控为犯罪，起诉书认定的犯罪金额中也没有包括这一事实涉及的财产金额，但判决书将其评价为犯罪事实，并将犯罪金额增大了许多，从起诉书认定的 800 万元增加到 1200 万元。在以上两个案例中，笔者认为，法院判决是违法的。因为第一，判决忽视了公诉对审判的拘束力，超越了审判范围，是不诉而判。自诉自判，违背了诉审分离原则。第二，由于没有指控为犯罪，辩护方无须进行辩护。因此，这一裁判对被告而言，是无辩护的突袭裁判。这显然是不公正的。

这里应当注意区别起诉书的叙述事实与指控事实，后者又称公诉事实。如果叙述某一事实而未将这一事实作为犯罪事实进行指控，那么，这一起诉书叙述的事实不是指控事实，法院不能将未指控为犯罪的叙述事实认定为犯罪事实。

2. 法院在再审程序中，对已生效判决，可以确有错误为由自行发动再审。这种做法目前是法律制度允许的，然而，此时法院实际上自诉自审，自己充当了控诉机关。因此这种制度因其不合理性而受到了较为普遍的抨击。例如，最高人民法院提审的刘涌案件。一审判处被告刘涌死刑立即执行、二审改判死缓。最高人民法院提审，自行发动再审，改判死刑立即执行。这种自行发动再审的做法实际上代行了部分控诉职能。而按照诉讼法的原理，公诉和审判的关系是一种同级对应关系。同级检察机关的诉，只能约束同级人民法院，而该审级的判决下达后，诉的生命就已经终结，绝不可能一个市级检察机关的诉可以隔着几个审级和几个诉讼程序而成为最高人民法院审理的根据。

此外，最高人民法院“刘涌案”判决书记载，公诉机关为最高人民检察院。然而，最高人民检察院并没有提起一个诉（没有起诉，也没有抗诉），却被称为公诉机关，是否适当，不无疑问。虽然经内部协调，最高人民检察院派员出席了再审法庭,但毕竟没有一个要式即具备特定形式的诉作为审判的前提,因此最高人民检察院被判决认定为本案的公诉机关似乎不一定妥当。

由于法院自行发动再审违背诉讼规律,不少学者提出要废除法院自行发动再审,至少废除法院自行发动不利被告的再审,既当公诉机关又当裁判机关的制度。

二、我国公诉制度的特点

现代的刑事诉讼实行控诉和审判的分离,遵循控诉原则。刑事犯罪,尤其是较为严重的刑事犯罪,通常实行检察官代表国家提起和实施公诉的制度。我国亦同,在这个意义上,遵循了刑事审判的一般规律。然而,我国的公诉制度也有自身的特色,笔者将其概括为六点。属于个人见解,不一定准确、全面。这个概括意在帮助我们的公诉人把握这一制度并更好地运用这一制度。

(一)公诉为刑事控诉的主要形式,同时受自诉的补充与有限救济

在刑事诉讼中,根据行使控诉权的主体不同,可将控诉分为公诉和私诉两种控诉形式。公诉,是检察官代表国家向法院起诉;私诉,是指被害人及其近亲属或其他的法定个人或团体,以个人或团体的名义向法院起诉。其中,被害人及其近亲属起诉的形式又被称为自诉。现代少数国家,如日本,控诉权由检察官独占,不存在私诉形式。这种单一的起诉形式,为"起诉一元制"。当今多数国家采取公诉与私诉(主要是自诉)相结合,即实行"起诉二元制"。我国的控诉制度也属于国家追诉与私人起诉相结合的制度。

与犯罪作斗争,应当是国家的基本功能,因此,现代刑事追诉以国家为主。但对于侵犯私人权益,较为轻微的刑事犯罪,允许私人起诉,以节省国家资源,并使刑事程序较为灵活。因此,公诉为主,自诉为辅,是刑事控诉的一般模式。我国亦同,根据法律规定,检察院对涉及国家和社会利益而且需要采用专门侦查手段的刑事犯罪,采用公诉程序追诉。对于那些不需要采用侦查手段的轻微刑事犯罪,法律规定由被害人采取自诉程序追诉。

另外,鉴于两种起诉形式各有其局限性,我国刑事起诉制度中又确立了在一定条件下公诉与自诉相互救济的原则。其中自诉救济公诉表现在:根据《刑事诉讼法》第 170 条第 3 项的规定,被害人有证据证明对被告人侵犯

自己人身、财产权利的行为应当依法追究刑事责任,而公安机关或者人民检察院不予追究被告人刑事责任的,被害人有权直接向人民法院提起诉讼。这一规定意在解决某些情况下公民告状无门的问题,弥补公诉的不足,加强对被害人权益的保护。

(二)检察机关垄断即单独行使公诉权

只有检察官有权代表国家提起和支持公诉,其他任何机关、团体和组织都无权行使刑事案件的起诉权的,学理上称为"检察官起诉独占主义"或"检察官起诉垄断主义"。我国实行公诉权由检察机关独占的制度,即对刑事案件是否提起公诉以及怎样提起公诉,均由检察机关自行审查决定,其他机关无权干涉。人民法院可以通过审判权来最终决定公诉权提出的诉讼主张及诉讼请求是否成立,也可以建议检察机关改变起诉罪名等,但无权改变公诉决定本身。

为了防止检察官滥用公诉权,一些国家在刑事程序中设置了限制和约束公诉权行使的制度。主要包括:

1. 民众的控制和社会的审查。如在美国,重罪案件指控,检察官的指控决定一般要经过由普通民众组成的大陪审团的批准。

2. 司法审查。如法国,重罪案件的检察官起诉可能经过法院起诉审查庭的审查批准。在日本,某些特殊类型的案件的起诉,如滥用职权案起诉,也要经过法院的审查批准。

3. 被害人意志的约束。有些侵犯个人权利的犯罪,检察官的起诉需要建立在被害人的告诉和同意的基础上。这些犯罪,即所谓纳入公诉的"亲告罪"。

我国检察机关垄断并单独行使公诉权,表现在:提起公诉权的独占性;公诉内容改变完全取决于检察机关而非其他主体;撤回公诉没有法定限制,基本取决于检察机关的意愿;不起诉决定不受司法审查。

(三)在坚持法定起诉原则的前提下,实行一定程度的起诉便宜主义

这种起诉便宜主义在法律上规定得比较严格,但实践中有一定的灵活性。

根据公诉机关对具体刑事案件决定是否起诉时有无自由裁量权的不同,刑事诉讼立法和学说上有起诉便宜主义和起诉法定主义之别。

凡是认为有足够的证据证明确有犯罪事实,且具备起诉条件,公诉机关

必须起诉的,称为起诉法定主义。例如,德国《刑事诉讼法》第 152 条第 2 项规定:“除法律另有规定外,在有足够的事实根据时,检察院负有对所有可予以追究的犯罪行为作出行动的义务。”反之,凡认为有足够的证据证明确有犯罪事实,且具备起诉条件,但公诉机关斟酌各种情形,认为不需要处罚时,可以裁量决定不起诉的,称为起诉便宜主义。

起诉法定主义有利于严格执法,防止检察官滥用起诉权随意决定不起诉,也有利于防止检察官受到政治势力的干扰而决定不起诉,以维护法律秩序的稳定。但因公诉机关缺乏裁量不起诉的权力,显得过于机械,也不利于区别犯罪人及犯罪的具体情况给予适当处理,不利于犯罪人的更新改造,所以自 21 世纪初期刑罚的目的刑理论取代报应刑理论以后,起诉便宜主义逐渐被国际社会所承认。目前,英国、美国、挪威、丹麦、荷兰、比利时、瑞典、法国、意大利、德国、俄罗斯及中国台湾地区等均确认公诉机关享有一定裁量权。

起诉便宜主义可以分为两种形式:一种是所谓“微罪不检举”,即轻微犯罪不予起诉。另一种则可以被称为“更为广泛的起诉斟酌”,即不仅实行“微罪不检举”,而且可以因“公共利益”需要等对并非轻微的犯罪作出不起诉决定。目前,多数国家和地区起诉机关的起诉裁量权限于“微罪不检举”。但美、英、日的起诉机关具有更大的起诉裁量权,除“微罪不检举”外,还广泛适用于其他可不予刑事处罚的情形。

为了严格执法,有效实现国家的刑罚权,我国在公诉制度上实行法定起诉原则,即构成犯罪,具备起诉条件的案件,检察机关应当作出起诉决定,按照审判管辖的规定,向人民法院提起公诉。只是对于“犯罪情节轻微,依照刑法规定不需要判处刑罚或者免除刑罚”的案件,检察机关可以作出不起诉决定。由此可见,我国公诉制度也实行一定程度的起诉便宜主义,由于起诉便宜主义只是针对“犯罪情节轻微”的案件,因此这种便宜主义属于“微罪不检举”类型。

(四)公诉兼审判监督,检察机关在公诉活动中具有双重职能

我国的检察机关是国家的法律监督机关,《刑事诉讼法》规定,检察机关对刑事诉讼实行法律监督,这就决定了检察院在行使公诉权过程中,同时也行使着法律监督职权。检察机关提起公诉和支持公诉,在行使刑事诉权的同时,还要在符合法律条件的情况下采用特定形式对人民法院的审判活动

是否合法实行监督。人民检察院发现人民法院审理案件违反法律规定的诉讼程序,有权向人民法院提出纠正意见。因此可以说,在我国,公诉和审判监督是既相区别又密切联系的统一体。检察机关进行公诉,追诉犯罪的过程,又是实施法律监督的过程。

检察机关在公诉活动既是公诉机关,又是法律监督机关,即有双重身份。而出庭检察员的诉讼角色是国家公诉人,同时,他又是法律监督机关的代表,担负着审视法庭依法审判的职责。他有责任将出席法庭时所发现的法庭审判中的违法情况向本院汇报,以便人民检察院对人民法院的审判活动实施监督。但为了避免在庭审中检察权与审判权发生直接冲突,维护审判的权威,保证庭审的有序进行,对法庭审判中的违法行为,出庭检察员不宜当庭提出意见,而应当休庭后通过人民检察院向人民法院提出审判监督的意见。

(五)公诉权的延续性与生命力较强,再次发动的可能性较大

由于注重实质正义及罪责追究,对公诉权的再次发动未作严格限制。一是未生效判决的抗诉未作限制。在有些国家,一审刑事判决尤其是陪审团作出的判决,检察机关原则上不能抗诉,否则违背"双重危险"原则。二是生效判决抗诉权强大。上级检察院对下级法院、最高人民检察院对地方各级人民法院的刑事生效判决均可提起抗诉,启动重新审判。而且这种抗诉权没有限制次数;这种抗诉制度,各国通常是没有的,因为一般认为违背了"一事不再理"和"双重危险"原则。三是发现新的证据再次起诉未作限制。这在各国是禁止或者严格限制的。这里有一个矛盾,就是打击犯罪与保障人权。有的国家因此而设置例外,如英国过去发现新的有罪证据也不能重新起诉。但2003年刑事审判法规定,如果发现"令人信服的新证据",对判决已生效的部分重罪案件(如杀人、强奸等最高刑为无期徒刑的案件)可以发动对被告不利的再审。但从英国这些年的司法实践看,这种作为例外情况的不利再审极少发生。

(六)公诉权集中于检察机构而非检察官个人,公诉机制中的行政因素较重

这是目前公诉权实行的现状,但它是否会改变?笔者在这里将其作为一个特征的理由是,司法建设和司法活动中的行政因素较重,这是受政治体制制约的我国司法制度建设的一个重要特性。因为我们国家的政治体制

是实行执政党的一元化领导,共产党统揽全局协调各方,在这种高度集中的国家政治体制之下,司法机构和司法官的独立性是十分有限的,而上命下从的行政逻辑,才是各种权力运作的根本逻辑。

公诉机制的行政性因素表现在公诉决定机制与公诉权实行机制。决定是检察首长决定,而实施公诉,必须服从上级的指令。公诉人缺乏独立的诉讼地位和独立的公诉权力。

从诉讼法上的主体地位看,有的国家,检察机关和检察官在诉讼法上同为控诉主体,是所谓双主体制,行为均发生法律效力。但在我国,可以认为是单主体制,即检察机关是诉讼法上的主体而非检察官作为主体。检察官只有代表检察机关时它的诉讼行为才是有效的,如果违背检察机关的意志实施行为,没有得到机关的认可,个别检察官的行为是无效的。

而且从检察机关公诉工作的工作机制看,也是行政性因素较重,司法性较弱。虽然是个人审查,但是由科处长监督、检察长决定。

综上所述,笔者认为,在刑事司法制度中,我国公诉权配置具有主导性、强势性、一定程度的灵活性、延续性较强而且偏于行政化等特征。

根据这些特点,在公诉制度建设与操作上应当思考几个问题:

1. 由于我国公诉权的主导性与强势性,我们要思考如何防止权力滥用,如何客观公正地行使公诉权,同时处理好公诉与法律监督两种职能的关系。

2. 我国公诉权运用是原则性与灵活性的结合,那么,我们要研究怎样坚持法定原则,又如何贯彻裁量主义和便宜原则的要求,使公诉权的行使更加符合国家刑事政策,取得更好的法律效果与社会效果。

3. 要思考公诉权的延续性问题。考虑如何贯彻诉权的有效性与有限性统一的原则,体现打击犯罪与保障人权的统一,同时注意解决延续过程中的公诉变更等程序问题。

4. 针对我国的公诉机制行政性较强的问题,要思考在我们这种行政关系渗透一切的体制中,如何增加司法性,即由责任官员相对独立的判断、作出诉讼行为并对其负责,以符合公诉的规律,提高司法的公正的效率。

三、公诉承担的客观公正义务及其实现

(一)当前强调公诉工作坚持客观公正的重要性

讲公诉制度及其改革完善这个题目,为什么要专门讲公诉承担的客观

公正义务,有四个原因:

1. 中央"三项重点工作"的基本要求。三项重点工作,对于政法机关而言,公正廉洁执法是基础和关键,这一要求体现在各个执法(司法)环节。就检察机关而言,笔者认为,有两个办案环节对公正廉洁执法的影响最大:一是职务犯罪侦查;二是公诉。但职务犯罪侦查只影响一小部分刑事案件,而公诉涉及一切较为严重的刑事案件(除自诉案件外,法院审判必须经公诉)。因此,公正廉洁执法,就检察机关而言,公诉至关重要。

2. 提高检察机关执法(司法)公信力的关键。从目前总的情况来看,我们的执法公信力不高,社会转型,对法制的要求大幅增长,但人民群众对执法、司法活动缺乏必要的信任。解决这个问题,就政法机关而言,关键在于公正地执法和司法。公诉是检察机关公正廉洁执法的最重要环节,也是检察机关是否公正执法的窗口,也就是说,社会常常是通过这个窗口来观察检察工作的,因此公诉往往是检察机关就具体案件处理获得执法公信力的关键。

3. 中国司法制度中公诉职能的主导性与强势性特征,强化了对公正性的要求。我国实行检察机关起诉垄断,而且兼法律监督职能,同时其延续性较强,而且由于其监督职能,公诉方的法律地位和实际权能与辩护方并不对等。例如,检察长有权列席法院审判委员会;又如,被告人的申诉通常不能引起再审程序,而检察机关的抗诉必然引起再审程序等。这种强势性以及不平衡,按照权责统一的原则,特别要求公诉机关履行客观公正的义务,而不能如对抗制下的公诉人那样,主要考虑如何给被告定罪。

4. 公诉工作中存在的问题要求我们强调客观公正原则。笔者认为,我们公诉工作中存在的问题主要表现在两个方面:一是立场设置问题。我们总是说我们是法律监督机关,担负着监督法律统一严格实施的责任,而且强调要加强刑事审判监督,但在公诉实践中,我们则往往将自己单纯地定位于公诉机关,往往只是从是否有利于对被告定罪来考虑问题。因此影响了客观公正。这是制度要求与实际立场设置的矛盾。二是实际操作问题。在实践中,由于认识的局限,由于长官的意志,由于地方利益和其他利益的影响,有时也是为了照顾关系,我们对一些案件在缺乏法律和事实依据的情况下强行起诉,有些案件承办机构和承认人都知道不构成犯罪,或不足以认定构成犯罪仍然实施公诉。当然也有该诉不诉的情况。

公诉活动中存在的问题，笔者认为，最基本的原因是“缺乏信念”，就是对维护法治，维护司法公正缺乏信念。在大量案件的处理过程中，我们的公诉活动越来越流程化了，越来越成为例行公事。维护法治和社会公平正义的观念可能随之而淡薄。这一点应当引起我们的警惕。

（二）公诉承担的客观公正义务及其实现

1. 检察官客观义务及其对公诉工作的具体要求

检察官客观义务，是指检察官不应当只是站在控诉机关的立场，而应当更注意站在法律的立场，兼顾打击犯罪与保障人权，客观公正地处理案件。客观义务的实质，是检察官的超越性，即超越（控方）当事人角色。

检察官客观公正地执行法律的义务，是检察官作为国家法制维护机关和官员的必然要求，它为各国检察制度所确认，体现检察规律，体现法治要求。在我国加强监督的司法改革背景下，强调检察机关的客观义务或坚持客观公正原则十分重要。

正是认识到这个问题的重要意义，2009 年笔者和我们公诉部门的分管领导检察长朱孝清（时任）不约而同地分别写了一篇关于检察官客观义务的长篇文章，分别在《法学研究》和《中国法学》上发表。我们观点比较一致，不过，笔者是教授，他是领导，笔者对问题和矛盾讲得多一些。笔者这篇文章 2010 年被最高人民检察院评为检察基础理论研究一等奖，而且是唯一的一篇一等奖。这也说明，最高人民检察院也认识到当前加强检察机关客观公正意识的重要性，否则，如果文章主题思想没有多少意义，技术上写得再好也不会得高分。

公诉活动中应当承担的客观公正义务，主要体现在三个方面或者说三个环节，即审查起诉、支持公诉，以及抗诉活动。

（1）客观公正地审查起诉，评判案件，决定是否起诉及如何起诉。在审查起诉活动中，公诉检察官相当于法官。我们可以将审查起诉的构造视为一个诉讼的构造，即以侦查机关为一方，以被告和辩护人为另一方，而以公诉机关为裁决主体的一个诉讼构造。此时，公诉检察官应当客观、冷静和中立，通过认真审查案件作出是否起诉和如何起诉的决定。如检察长朱孝清（时任）最近在第四次公诉工作会议上所说，检察官审查起诉时，“处于三角形诉讼关系的顶端，站在中立的立场上，在全面审阅案卷材料、听取犯罪嫌疑人及律师意见的基础上，对侦查机关移送起诉的案件分别作出起诉、不起诉、退查等决定”。

(2)客观公正地准备诉讼及支持公诉。客观公正地审查起诉,是公诉制度的普遍要求,但支持公诉是否也要同样坚持客观公正的原则,这可能会有不同看法和不同的制度选择。美国实行对抗制诉讼制度,他们的理论和要求是,检察官在审查起诉时应当像法官一样客观公正,保持检察中立,但在法庭审判中,则应当像一名律师,努力实现控诉要求,将被告绳之以法。因此,审查起诉要求冷静,法庭诉讼则要有控诉的热情和斗志。因此,检察官应当兼有法官和诉讼律师的素质。然而,大陆法系,尤其是德国的检察制度则要求检察官一以贯之地履行客观义务。在法庭审判活动中亦同。

为什么大陆法系检察官客观义务一以贯之,因为在这些国家并未实行对抗制诉讼制度,检察官是法制守护人而非一方诉讼当事人。而在我国,检察官也是法治守护人而非一方诉讼当事人,而且我国检察机关更进一步,是法律监督机关,甚至担负监督法院公正司法的责任,更应当贯彻客观公正原则,因此,在法庭上也一样,如果发现情况变化,应当撤回起诉,或改变控诉,而不应当讳疾忌医、将错就错。

(3)客观公正地对待法院判决。这主要是指抗诉权的行使,无论是一审判决抗诉,还是再审抗诉,都应当坚持客观公正的原则,既要抗错误的无罪、罪轻判决,又要抗错误的重罪判决。

2. 公诉工作如何进一步实现客观公正

(1)公诉人要有超越性,联合办案要禁止,提前介入要适度。在刑事司法制度中,设置检察机关,使诉权与侦查权相对独立,就是要以诉权制约、监督和控制侦查权。因此,公诉人一方面要与侦查机构相互配合,以增强控诉的“合力”。另一方面不能完全搅和在一起,联合办案,不分彼此。没有距离,就难以监督了。因此,不仅不宜联合办案,而且公诉检察官的提前介入侦查活动也要适度。要保持适当的中立和客观,才能作出公正的结论。常言道,“距离产生美”,在这里也可以说“距离产生公正”。

近期,一些地方的检察机关在试行一种加强监督的做法,就是在公安派出所、刑侦队等公安机构派驻检察官。具体做法不同,设置方式也不同,如“驻侦查机关检察官办公室”“检察监督引导侦查办公室”“检察指导侦查室”“驻某某公安局联络员办公室”等。这种贴近监督指导的方式,有利于掌握侦查机关的信息,加强侦查监督和引导侦查的工作,受到多数公安侦查机关的欢迎和配合。但在实践中也有一些问题,其中包括如果关系过于密切不分彼此,检察官在侦查监督与审查起诉中的客观中立性有时就难以坚持。这个问题,有的试点单位已经注意到了。如云南省人民检察院在试点中就提出了"参与而不干预,参谋而不代替,引导而不主导,配合而不同化"的工作原则。

(2)公诉与监督相对分离,处理好法律监督与公诉的关系。公诉与法律监督的关系怎么看,笔者认为,两项职能有区别:一是诉讼职能,来自诉讼结构和诉讼机制;二是监督职能,来自监督结构和监督机制。二者不能混淆。同时,二者不能偏废。不过,笔者个人认为,公诉职能是基本职能,监督职能是保障性职能,就是在特殊情况下保障司法公正的职能。

实践中如何处理公诉与监督的关系,是一个需要进一步解决的问题。笔者认为,为保持公诉的客观公正,其中包括实体公正与程序公正,需要使两种职能适当分离,不要混淆。作为公诉机关和公诉人,在诉讼中要尊重控辩平等的诉讼规律,要尊重审判的权威以及审判的指挥。否则就没有公正的诉讼结构和有效的法庭审判。如果发现了需要实施审判监督的问题,那么,应当报请检察长审查后,以检察院的名义向法院提出。也就是说,公诉职能与监督职能实施的时间空间与方式不同。这就是两种职能的相对分离。

不过,当前有的检察机关为了解决两种职能交叉所产生的矛盾,同时为了进一步加强法律监督,考虑在机构上将两种职能分开,公诉处就是履行公诉职能,而监督处专门实施监督。十多年前笔者就在最高人民检察院讨论过这个方案,当时讨论控告与申诉分离,职务犯罪与预防分离,也讨论批捕、公诉等诉讼职能与诉讼监督职能分离,设立专门的诉讼监督机构,当时的意见是不可行。认为这二者之间存在一种皮毛关系,"皮之不存,毛将焉附"。但通过试点,也许这种做法能够行得通。因为调研不够,因此不作结论。

(3)尊重公诉人公正信念和法律信念。我们国家的公诉制度,因为施行检察官承办、部门负责人审查、检察长决定的制度,总体上看行政因素较重。承办检察官的独立性不足,他对案件的法律和事实的判断通常没有得到充分的尊重。因此有些案件实际上是违心的"奉命起诉"。

由于检察一体制的存在以及上下级的领导关系,奉命起诉的情况,各国都存在。但国外的检察制度,尊重检察官一定程度的独立性。比如,法国等大陆法系国家，实行“书面决定服从上级，口头表达尊重个人”的检察官公诉活动原则。检察官在法庭上可以基于内心确信而改变公诉意见。而且如果违法，不允许检察官以上级指令为由卸除个人的违法责任。在我们国家这种行政因素较重的起诉制度中，检察官的这种独立判断权在制度上没有被确认。但是，为了尊重检察官的相对独立性，尤其是为了贯彻公诉活动客观公正的原则，即使不允许承办检察官公开反对和改变上级的公诉决定，但如果领导不换承办人，承办检察官在支持公诉时，不强词夺理，只奉命走程序，甚至在一定程度上有一点“消极怠工”，笔者认为应当允许。也就是说，即使没有抗命权，但也有一点所谓的“怠工权”。同时在案件审查和研究时，承办检察官应明确表明自己的态度和意见。

(4)既要维护实体公正，又要实现程序公正。客观公正，一般是指事实认定要客观，案件处理要公正。客观是指案件实体问题，而公正则包括实体与程序两个方面——既要求实体公正，又要求程序公正。然而，在公诉活动中，笔者认为，我们往往比较重实体公正，而对程序公正则可能重视不够，也对程序不公正对实体公正的负面影响重视不够。

例如，我们目前的公诉举证，主要依靠书面证言，而证人不出庭。有争议案件的重要证人不出庭接受质证，只依靠书面证言就定罪，程序是不公正的，而且这种不公正，可能影响实体处理的公正性。因为书面证言有时是很不可靠的。

又如，对于刑讯逼供和变相刑讯逼供获得的证据，我们一些公诉人，其实对公安的执法方式，尤其是“严打”中的执法方式心里是清楚的，至少是怀疑获取口供时存在刑讯逼供等违法行为，但是对这种证据，一方面，有的公诉人总是出于一种善意的相信，认为虽然违法，但口供是真实的。另一方面，他们往往有一种矛盾的心理，对违法口供是既爱又恨，恨是因为可能违法，还可能出错，爱是因为可以据此指控犯罪，完成公诉。由于案卷形成的证据体系，公诉人常常会认为出错的可能性较小，因而对这类证据往往爱大于恨。明明有刑讯逼供，但总是强词夺理否认违法性而坚持证据可采。所以，笔者认为，程序公正，知易行难。但在公诉活动中要切实坚持客观公正原则，就必须坚持实体公正与程序公正并重。中央已经下达关于证据问题的两个规定，希望公诉部门切实把一下关，将违法证据排除于公诉证据体系。不要让这两个规定成为废纸，虽然笔者认为成为废纸的可能性也比较大。

(5)考核制度要合理,无罪率、不诉率不宜要求过严。公诉是一个动态的过程,有时证据体现出现有利于辩护的变化是一种正常的情况。而且公诉的责任是积极地维护法律秩序,不能只是求稳,担心出现无罪,因此不敢起诉。因此,公诉的评价不能简单地以法院是否作出有罪判决来作标准。有时只要公诉人尽到了应尽的责任,法院判无罪也光荣。因此,公诉考核不能简单化。笔者个人认为,在案件较多的检察机关,每年一个无罪判决没有,是不正常的,不符合诉讼规律,也不符合检察机关积极维护法律秩序的职责。这可能与该诉不诉有关,也可能是作无罪处理时撤回起诉或者对法院施加压力勉强作有罪判决的结果。

同时对不诉率也要适当把握,贯彻宽严相济,实行刑事和解,增加一点不诉的数量是正常的,不能卡得过严。

四、公诉制度的改革完善

(一)近年来公诉改革简略述评

近年来的公诉改革,主要体现在四个方面。一是进一步强化公诉和监督职能,有力打击犯罪,实现司法公正。这方面实行和强化了介入侦查引导取证的制度,完善了检察长列席审判委员会的制度,正在试行和推广延伸公诉职能的量刑建议制度。二是强化自身监督,正当运用公诉裁量权。试行了职务犯罪不起诉人民监督员制度、不起诉案件公开审查制度、不起诉及不抗诉答疑说理的制度。三是在公诉环节贯彻宽严相济刑事政策。包括推进刑事和解制度在公诉环节的落实,推行办理未成年人案件工作机制与办案方式改革,适用普通程序审理被告人认罪案件等。四是公诉机制改革与加强公诉人队伍建设,集中体现在推进主诉检察官责任制。

这些改革,应当说提高了公诉活动的公正与效率,促进了刑事政策的贯彻,取得了较好的效果。而且,这些改革都是在法律框架内进行,比较稳妥。当然,由于我们国家10多年没有修改《刑事诉讼法》,法律框架没有变,公诉改革的力度和深度也比较有限。上述四个方面,主诉检察官责任制应当说是一项具有重要意义的办案机制的改革,但是,由于配套制度不完善,行政机制仍然是我国一切权力行使的根本性运行机制,因此,实质进展不大,还有一些走回头路的感觉。

下面再就公诉改革的某些问题谈谈自己的看法,前面第三个问题,讲检察官客观公正义务时实际上已经涉及在公诉和法律监督方面的一些改革问题。由于对一些改革问题缺乏研究，只能谈一下一般的看法，讲得不一定到位，也不一定准确。

（二）恢复性司法与刑事和解制度的推进

恢复性司法，是指刑事司法不仅要打击犯罪维护法律秩序，还要注意修复被损害的法律关系，包括使被害人得到精神和物质的补偿。恢复性司法在中国司法实践中的主要实现方式是刑事和解制度。

笔者认为，由于中国刑事司法的传统模式存在过于僵化的问题，过分强调打击，强调严打，而对轻罪案件适用短期自由刑的负面效果重视不够，对和谐社会构建的司法要求重视不够，因此调整刑事政策，实行宽严相济是完全正确的，十分必要的。而贯彻恢复性司法的思想，实行刑事和解制度，既可以挽救和教育犯罪者，减少社会的消极因素，又可以修复社会关系，补偿被害人，因此，是贯彻宽严相济刑事政策的重要举措，我们应当改革完善相关制度，推动恢复性司法。

就恢复性司法与刑事和解，目前各地都摸索了操作的经验，也在逐步完善相关的制度。其中涉及一些具体的制度程序问题，如案件甄别，哪些案件适用和解程序，如何进行案件的分流；又如，检察机关在刑事和解中的作用，以及推动和解的不同模式；再如，和解协议的达成以及和解协议具备的效力及协议如何执行问题。今天对这些程序制度问题不作具体的探讨，只是针对实践中的问题，谈两点看法：

1. 贯彻刑事政策要坚定不移、坚持不懈，不要摇摆动摇，时有时无。恢复性司法与刑事和解，是贯彻宽严相济的重要制度安排，一般来说，大家已经能够认识到它的意义。但在实践中，不一定能够一以贯之的实行。这有多方面的原因：一是可能增加了公诉部门的工作负担，在目前案件数量大办案压力的情况下，刑事和解制度普遍地实行可能有难度；二是执行刑事政策，可能因领导思想与关注重心的转换而发生变化，尤其是面临某项执法“运动”或“严打专项活动”时，“严”字当头，执法机构就可能不再注意去推动刑事和解，执行从宽政策了。笔者认为，执法人员包括公诉检察官，要从国家的长治久安出发，坚持宽严相济刑事政策，必要时该和解也要和解。如果一味“严打”，宽严不当，似乎一时雷霆万钧，但后遗症很大，甚至成为社会长期不和谐的因素。

2. 区别刑事和解结案与和解精神在各种案件办理中的贯彻，将恢复性司法推而广之。刑事和解是否只能适用于轻微刑事案件（如应当判处三年以下有期徒刑的案件），以及未成年人犯罪的案件。目前有不同看法。笔者认为，首先要区分不同类型的刑事和解与恢复性司法。刑事和解有两种表现形式：一种是以和解方式结案的刑事和解；另一种是刑事和解与恢复性司法的原则与精神的贯彻。对于前者，也就是说，通过被告人认罪和补偿被害人，被害人对其予以谅解，司法机关免于追究其刑事责任，从而就和解作为案件处理方式，这应当限制适用于轻微刑事案件和未成年人犯罪案件。但其他各种刑事案件，包括故意杀人等重罪案件，除了某些罪行极为严重，犯罪者人身危险性极为严重的以外，原则上可以适用恢复性司法与刑事和解的精神——只要被告真诚认罪悔罪并补偿被害人，尽其所能地恢复受犯罪行为损害的法律关系，那么，在量刑上与那种不认罪悔罪也不做事后补偿的被告人应当有所区别，以此鼓励罪犯弃恶从善并利用可能的条件修复法律关系。例如，孙伟铭案件一审以危险方法危害公共安全罪判处死刑立即执行，二审改判死缓，前提之一，是孙伟铭及其亲属对被害人家属的补偿，并在改判较轻刑罚上征得了被害人家属的同意。这起案件处理，应当说体现了恢复性司法的精神。

（三）公诉权的延伸与量刑建议

现在最高人民法院正在推行量刑改革，其中主要包括推行量刑标准和指导意见，约束法官自由裁量权，实现量刑的规范化和相对的统一。还包括改革量刑程序，实行相对独立的量刑程序，其中包括控辩双方对量刑问题提出意见并进行辩论。

在量刑程序改革中，检察官的量刑建议及支持量刑建议的公诉活动，是公诉权的延伸，也是量刑程序改革的重要环节。检察官量刑建议，笔者大约20年前就在《人民检察》发表了文章，介绍美国、德国、俄罗斯（苏联）等实施检察官量刑建议的情况，并主张借鉴国外的做法，推行检察官量刑建议制度。因此，笔者认为，为了进一步发挥公诉职能，限制法官自由裁量权，实现量刑的公正，推进检察官量刑建议制度的是必要的。不过，笔者对这个改革有一种相对主义或者说是二元论的态度，有两点基本意见：

1. 量刑程序的二元论。一般来说，独立于定罪程序的量刑程序，是英美二元制法庭的产物，即陪审团定罪，法官量刑。但目前实行法官统一定罪量刑的一元制法庭的国家也在进行定罪量刑相对分离的改革,使司法更为精密。然而,笔者认为,这种分离是相对的。在中国刑事诉讼中,考虑诉讼效率的要求,对于事实比较清楚,法律争议不大,刑事责任比较明确的刑事案件,不一定实行独立量刑程序,只有对案情较为重大复杂,需要单独处理其量刑问题的,才实施独立量刑程序。这种二元区分方法,有利于实现司法的公正和效率。

2. 检察官量刑建议的二元论。从考察其他国家的情况看,案件的情况不同,检察官提出量刑建议的方式也有不同,既可以提出明确而单一的刑罚要求,也可以根据案件情况,提出一个刑罚段或者可选择适用的刑罚要求。如果每起案件都要求确定的刑罚建议,在检察官对某些案件的量刑要素掌握不够周全,本身也感到需要有一定灵活性,就会有悖于检察官客观公正原则的要求。因此,笔者认为,量刑建议可以采用确定和相对不确定两种方式处理,但为了限制自由裁量权,能够给出确定量刑建议的,尽量提出这种确定的建议。

(四)主诉检察官制度的强化与职业公诉人的建设

在过去的公诉案件办理制度中,检察官缺乏独立性,缺乏案件决定权。他们必须按照领导的布置去处理案件,对案件作出诉讼决定的一切权力在科处长、检察长和检察委员会。这种办案责任制的有利之处在于能强化对办案人员的监督并保证刑事追诉的统一性,但由于它具有“审而不定、定而不审”的特点,因此而与司法的一般规律不合,同时也难以激励检察官的办案积极性与工作责任感。

实行主诉检察官办案责任制,有利于克服上述问题,比较符合检察工作尤其是公诉工作的规律。但是从2000年开始普遍推行的这项改革,实施效果比较有限,有的地方甚至在走回头路。可能有几个原因:一是中国高度集中的政治体制的影响。如前所述,这种体制之下,司法机构,尤其是司法官员的独立性十分有限。近年来这种集中性因为强调党的领导和服务大局还有所增强,司法官员的独立性就更加受到限制。而且这种行政性很强的体制中,只有具有行政权力的“长字号”官员,其地位和待遇才比较高。因此,优秀的公诉检察官不久就“进步了”,当了科处长甚至检察长,不再是主诉检察官了。二是配套制度跟不上。包括相当一部分公诉检察官的素质还不能适应主诉检察官独立办案的要求,同时有责任而无待遇,压力集中但保障不足,使办案质量受到影响,也使这个制度难以为继。三是检察机关内部争相效仿,一拥而起,都要求实行类似的制度,而检察机关各方面资源有限,难以保障重点,因此使主诉检察官责任制在一定程度上流于形式。其实,真正应当实行检察官责任制的主要是公诉部门,这是因为公诉活动司法性较强。

虽然有困难,但笔者认为,仍然应当继续推进,因为比较符合诉讼及公诉工作的规律。而且这个制度也是我们检察机关自己在实践中创造、总结并推广的,并不是来自某种理论或者照搬国外的做法。当然继续推进,首先是检察机关的领导要重视,同时对公诉检察官和其他类型的检察官要有一点区别。在可能的范围内,增加一些保障条件。

不过,主诉检察官责任制作为一种制度并不是不可替代、不可取消的。实行主诉检察官责任制实际上是因为公诉部门检察官的能力和素质参差不齐,而对素质不足的检察官又不能实行硬淘汰而采取的过渡性办法。应当说,公诉部门具备一定级别的检察官都应当是有一定独立权力和责任的检察官,而不是单纯的案件承办人员。因此,笔者认为,在具备条件的地方,可以考虑直接实行检察官责任制,公诉检察官都有权有责,有辅助办案人员。

为了加强公诉队伍建设,稳定公诉队伍,提高公诉质量,有人提出建设"职业公诉人"队伍。对此,笔者认为,"职业公诉人"的概念比较模糊。如果是指公诉检察官长期就待在公诉部门,使公诉工作职业化,但现在体制下,不流动常常就"进步"不了,这影响公诉检察官的前途,公诉检察官可能难以接受。如果是指公诉检察官的专业化,这是符合公诉工作要求的,因为不专业就无能力。但是我们也不排斥检察官成为各项检察业务都熟悉的多面手。而且这些业务相互之间有支持的作用。例如,公诉检察官如果懂侦查、会侦查,一定有助于提高证据的搜集、判断的能力。

无论采取何种方式,笔者认为,加强公诉人队伍建设,实行适合中国刑事司法制度和检察制度的公诉检察官责任制是完全必要的。最高人民检察院第四次公诉工作会议也有加强公诉人队伍建设的精神,而且还准备采取相关的举措。笔者是一直主张培养、塑造像明星一样的、受社会所关注的检察官,因为这样才能留住人才,才能提高公诉水平,也才能使社会关注检察工作,并对社会正义寄予希望持有信心。

生效判决犹在　公诉焉能撤回*

——评“天价逃费案”之公诉撤回

河南“天价逃费案”，[1]因证据发生重大变化，平顶山市中级人民法院于2011年1月14日决定再审。[2]1月16日在河南省高级人民法院召开的审判问责新闻发布会上，平顶山市中级人民法院建议检察机关撤回起诉。[3]1月17日，平顶山市人民检察院宣布对该案撤回起诉。[4]然而，在极为迅速的程序演进中，一个重要问题被忽略——法院刚立案再审，尚未开审，更未裁判，法院原判仍属生效判决，检察机关能否依法撤回起诉。本文拟对此作一分析，兼论公诉撤回之法理及我国撤诉法律制度之完善。

笔者对上述问题的答案十分明确：同级法院裁判已经宣告，在该裁判尚未撤销的情况下，检察机关不能撤回公诉。“逃费案”中平顶山市中级人民法院建议及市人民检察院的撤诉行为显属不当。主要理由有以下三点：

第一，违反程序规范。检察机关在提起公诉后发现起诉不当而撤回起诉，是实事求是有错必究原则的体现，是履行检察官客观公正义务的要求。而撤诉权也是我国公诉权的必要构成。然而，由于我国《刑事诉讼法》对公诉制度的规定比较简略，并无明确的撤诉条款。“两高”司法解释对此作了弥补。《人民检察院刑事诉讼规则》第351条明确规定，“在人民法院宣告判决前，人民检察院……发现不存在犯罪事实、犯罪事实并非被告人所为或者不应当追究被告人刑事责任的，可以要求撤回起诉”。第353条规定，“……撤回起诉应当报经检察长或者检察委员会决定，并以书面方式在人民法院宣告判决前向人民法院提出”。最高人民法院《关于执行〈中华人民共和国

* 原载《法学》2011年第3期。

刑事诉讼法〉若干问题的解释》第177条明确规定,“在宣告判决前,人民检察院要求撤回起诉的,人民法院应当审查人民检察院撤回起诉的理由,并作出是否准许的裁定”。根据“两高”分别作出的司法解释,检察机关撤回起诉,只能在一审判决宣告之前进行。再审程序中,检察机关的撤诉“两高”司法解释均无规定。但通观“两高”的司法解释,在二审和再审程序中,均没有允许检察机关撤诉的规定,据此,可以得出明确结论,“两高”司法解释均不支持检察机关于再审程序中撤回一审起诉。

虽然平顶山市中级人民法院已决定对时建锋诈骗案再审,但根据上述最高人民法院司法解释第307条,“再审期间不停止原判决、裁定的执行”。因为原判决、裁定仍系生效判决、裁定。然而,平顶山市人民检察院却在判决已经宣告且并未撤销的情况下,决定撤回公诉,这一做法违反了“两高”司法解释对于撤回公诉在时间上的限制性规定。系撤诉无据和撤诉违法(违反司法解释)。

第二,违背诉讼法理。检察机关代表国家对刑事被告人提起公诉,要求法院追究其刑事责任,是严肃而重大的法律行为,它的程序意义是将特定刑事案件“系属”于受诉法院,启动审判程序。为了保证审判的正常进行,维护审判的权威,同时也保证公民接受法院公正审判的权利,对撤回起诉应当作出限制。从各个国家和地区情况看,限制最严的,是具有起诉法定主义传统的德国等国,法院一旦受理检察机关的起诉并开始审判程序,案件就由法院主导,禁止对起诉案件撤回起诉。但多数国家和地区为保证诉讼效率,同时体现纠错要求,允许检察机关在法院审查同意的情况下撤回起诉,不过无一例外地,只能是在一审判决宣告前撤回起诉。如日本《刑事诉讼法》第257条规定,“公诉,可以在第一审判决前撤回”。中国台湾地区“刑事诉讼法”第269条规定,“检察官于第一审辩论终结前……得撤回起诉”,而一旦裁判作出并宣告,公诉就不能撤回。

裁判宣告后公诉不能撤回,主要基于两点法理。其一,是因为起诉的效力。即如任何公权力与法律程序权利一样,公诉的效力包括其作用能力和作用时间是有限的,它的运行也是有生命周期的。一旦受诉法院作出裁判,公诉的使命即已完成,公诉的生命也就终止。可以说,在程序意义上,公诉已不再是一个活的诉,因此不具备撤回、改变等活动性展开之可能。[5]如果检察机关对裁判有异议,可以在法律允许的情况下,针对判决提出抗诉(上诉),并引起再次审判程序。这种抗诉(上诉)意见在其有生命期间(再次审判程序开始后判决宣告前),也可依法撤回。然而,当再审判程序刚开始或程序进行之时,在原审判决尚未撤销的情况下,去撤回原审公诉,则违反了起诉效力之法理。其二,是因为裁判的功能。因为裁判的作用是“定分止争”,必须具有权威性,针对起诉的裁判一旦作出,原起诉在诉讼程序中的生命即已终止。只有经裁判撤销,原公诉之诉又成为未决之诉,被重新审理,公诉才重新获得生命,由此才具备撤回或变更可能。否则,裁判就没有确定性,就不具备“定分止争”的功能。因为如对已判决案件仍允许撤回起诉,判决就丧失了前提和基础;而且,因为公诉已经撤回,法院判决无效,检察机关就能够再次起诉。而且不致触犯“一事不二诉”即双重危险禁止的法理,法院应当依法受理。但已判案件仅因检察机关撤回起诉就导致同级法院重复审判,显然会造成审判秩序紊乱。因此,判决宣告后的撤诉,即为法律所禁止。

“天价收费案”原判尚存,且系生效裁判,显然并不具备公诉撤回可能。原审判决并未撤销,法院就建议检察院撤回起诉,虽然是出于好意急于纠错,却方式不当,系对生效裁判的自轻自贱。

第三,带来实践难题。目前,检察机关在案件一审时的公诉已经撤回,但案件再审程序已经启动尚未终结。那么,法院下一步应当怎么办,笔者认为,已经遭遇难以克服的程序难题。

一是再审程序无法进行。根据《刑事诉讼法》第 206 条的规定,“人民法院按照审判监督程序重新审判的案件,应当另行组成合议庭进行。如果原来是第一审案件,应当依照第一审程序进行审判,所作的判决、裁定,可以上诉、抗诉;如果原来是第二审案件,或者是上级人民法院提审的案件,应当依照第二审程序进行审判,所作的判决、裁定,是终审的判决、裁定”。根据这一规定,平顶山市中级人民法院再审此案,必须重新组成合议庭,然后依照一审程序,[6]开庭审判,[7]经合议,必要时还须报经审判委员会研究,再作出裁决。但是,由于一审公诉已经被撤销,审判进行发生困难。因为在诉审分离的制度中,有诉才有审,起诉引起审判程序并决定审判范围,法院不得自诉自审或不诉而审,这是诉讼之基本法理。[8]没有了诉,法院就丧失了审判的前提,举证、质证、辩论都没有了对象,因此再审程序无法展开。没有了诉,检察机关参与再审程序也就丧失了根据。没有控诉,辩护也就不再需要,辩护律师介入同样也丧失意义。这种情况下,既无必要诉讼客体(诉的内容),又无必要诉讼主体(检察官),法院的再审程序包括开庭审判似乎只能成为自导自演的"独角戏"。它如何"依照第一审程序进行审判",令人难以想象。

二是再审后处理此案的裁定难以作出。根据最高人民法院《关于执行〈中华人民共和国刑事诉讼法〉若干问题的解释》第312条的规定,再审案件经过重新审理后,应当根据不同情况作出驳回申诉或抗诉、直接改判,以及撤销原判发回重审的这三种类型的决定。就本案看,因无申诉或抗诉,谈不上驳回;案件事实尚不清楚,直接改判不具备条件。因此本案只能撤销原判发回重审。然而,由于经法院建议,检察机关已经撤回起诉,撤销原判似乎已成为多此一举;而且由于公诉已经撤回,案件重审的前提条件已经不具备,因此也无法由原审法院即平顶山市中级人民法院启动重新审判程序。因此,在公诉撤回后,平顶山市中级人民法院实际上已经没有适当的裁决方式来作出再审裁决。因为《刑事诉讼法》和相关司法解释均未回答检察机关撤回公诉后,再审如何作出裁判。不过,在现行规范框架内,由于没有其他处置渠道可以选择,平顶山市中级人民法院如要作出再审裁判,最终也只能选择有名无实的"撤销原判,发回一审重新审理"。

由上述分析可见,在生效裁判未撤销的情况下,检察机关撤诉不当;作为作出生效裁判的法院建议撤诉更是不妥。比较符合规范与法理的方法是,法院经再审撤销原判,发回重审,再经检察机关撤回起诉,退回公安机关补充侦查。由于该案已经引起很大的社会反响,再审程序的展开在不违法的情况下可以快一些。检察机关应当派员出席再审法庭。由于案情发生重大变化,支持一审公诉和判决已无必要,因此可以建议再审法院撤销原判,发回重审。[9]

不过,如果有相关规范支持,也可以考虑另一种更为便捷的撤诉路径。即参照最高人民法院于2008年11月25日公布的《关于适用〈中华人民共和国民事诉讼法〉审判监督程序若干问题的解释》第35条的规定,"按照第一审程序审理再审案件时,一审原告申请撤回起诉的,是否准许由人民法院裁定。裁定准许的,应当同时裁定撤销原判决、裁定、调解书"。根据这一规定,适用一审程序审理再审案件时,法院可以作出准予当事人撤诉的决定,但同时需裁定撤销原判决、裁定、调解书。但该司法解释只适用于民事案件再审,不适用于刑事案件。因此不能据此于刑事再审程序中(实际上是再审程序终结时),同时解决检察机关撤诉问题。而且该司法解释明确规定,批准撤诉必须同时撤销原裁判。这也进一步说明了生效裁判尚存,起诉不能撤回的法理。

河南法检机构对撤诉问题的仓促处理,引起我们对司法操作和相关制度建构的反思,笔者认为有以下几点值得注意:

第一,司法活动,要坚持“两个效果”相统一;尤其是在舆论汹涌的情况下,仍应注重“法律效果”,坚持依法办案。“天价逃费案”的处理,首先是办案机关没有严格履行法律职责,在证据、事实的把握上出了问题,在法律适用及量刑上也欠妥当。由于不注意案件处理的法律效果,因此导致不利的社会反映。在社会反响强烈而案情又发生重大变化时,有关方面因顾及舆情,追求立竿见影的社会效果,又作出不适当的建议和处理,违背了法律的要求,也带来程序上的困难。[10]吸取该案处理的教训,司法机关应坚持“两个效果”相统一,而且必须在法律空间内追求社会效果,否则既不能实现良好社会效果,又损害国家法制。对法制的损害,将损害社会的规则意识、正常秩序乃至长治久安。

第二,应当进一步完善关于撤诉的法律规定。现行《刑事诉讼法》对检察机关提起公诉有专门规定,但就撤回和变更公诉则缺乏规范。“两高”的有关规定虽然作了弥补,规定了撤诉及其时机,但毕竟只是司法解释,法律位阶不高,效力不强。应当说这也是导致“逃费案”违规撤诉的一个原因。撤诉是公诉制度的重要构成,是保证检察权正确行使以及法院有序审判的必要制度安排,因此《刑事诉讼法》应当作出明确规定。[11]

第三,再审程序中的撤诉问题,似应作出专门规定。为了提高诉讼效率,可以参考最高人民法院《关于适用〈中华人民共和国民事诉讼法〉审判监督程序若干问题的解释》第35条的规定,于再审程序中,准予检察机关撤诉,同时撤销原审裁判,终结再审程序。《刑事诉讼法》修改,可对此作出明确规定。如《刑事诉讼法》难以规定过细,则可由最高人民法院司法解释对此作出规定。

第四,《刑事诉讼法》修改时,可以考虑修改再审程序适用时,依照一审、二审程序进行的规定,而实行专门的再审案件诉讼程序。因为现行法中的这种依附性程序设定,不能体现再审程序的特点,尤其是不适用于某些冤案的再审。“天价逃费案”中,法院之所以建议检察机关撤回起诉,虽未介绍其具体理由，但不排除其认为按照常规程序较为复杂，而撤诉最为便捷。[12]设置专门程序的具体理由有以下三点：

一是现行再审方式不适应再审需要。再审开启，往往时过境迁，直接、言词原则的适用受到限制，因此实际上较难采取原审案件的审理方式。而且再审通常是针对案件中的争议问题重点审理，与原审程序按照起诉书所作的全面审理也有不同。

二是现行程序中再审处置方式有问题。根据现行《刑事诉讼法》第206条的规定，原系一审程序的案件，其再审按照一审程序进行，再审的判决、裁定为初审判决裁定，可以上诉、抗诉。但如再审审理后作出的裁判是撤销原判、发回重审，对此仍可上诉、抗诉，就形成"审判监督"（再审）上的审判监督（上诉或抗诉审），造成诉讼上的"叠床架屋"，势必损害诉讼效率。

三是难以解决冤案再审的程序问题。如本案以及赵作海、佘祥林等冤案或存在冤情的案件再审，因案情发生重大变化，控诉、审判乃至辩护的纠错意见都趋于一致，审理方式应当有别于控辩对抗的审理。按照一审程序或二审程序审理均不妥当。[13]因此需要对再审审判程序独立设置，使之能够反映再审案件特点，同时适应案情发生重大变化的冤错案再审的需求。

注释

1 河南禹州农民时建锋被控，2008年5月4日至2009年1月1日，在自己的两辆大货车上安装假军牌，共免费通行高速2361次，合计逃费金额为人民币368.2万余元。平顶山市中级人民法院以诈骗罪判处时建锋无期徒刑，剥夺政治权利终身，并处罚金200万元。此事经媒体报道后，媒体和网友对368.2万元如何算出、逃费金额大大高于运输获利，以及逃费判刑如此之重等问题发表诸多异议。正在法院回应社会宣称案件事实清楚、量刑适当之时，案件发生戏剧性变化——时建锋称自己为兄弟顶罪，其弟时军锋随后自首并爆出其他重要案情。

2 根据新华网的报道，在发现证据发生重大变化后，平顶山市中级人民法院迅速召开审判委员会，对该案进行了认真研究、讨论，并于2011年1月14日凌晨，决定对该案依法另行组成合议庭进行再审。具体内容参见 http://news.xinhuanet.com/politics/2011-01/14/c_12980050.htm，2011年1月27日访问。

3 《河南高院高度重视社会监督　要求依法公正审理时建锋案　一审主审法官娄彦伟和相关

领导受到责任追究》,载《人民法院报》2011 年 1 月 17 日,第 2 版。

4　2011 年 1 月 17 日,平顶山市人民检察院新闻发言人武方晓表示,鉴于时军锋向公安机关投案,案件事实与证据发生变化。根据有关规定,经平顶山市人民检察院检察委员会研究决定,对时建锋偷逃 368 万元过路费一案撤回起诉,交由公安机关补充侦查。参见《河南 368 万元过路费案曾遭两次退回一次撤诉》,载《北京日报》2011 年 1 月 21 日。

5　笔者撰文论述公诉效力时还指出:"按照诉讼原理,公诉和审判的关系是一种同级对应关系。同级检察机关的诉,只能约束同级人民法院,而该审级的判决下达后,诉的生命就已经终结。"参见龙宗智:《论我国的公诉制度》,载《人民检察》2010 年第 19 期。

6　时建锋诈骗案一审判决后被告没有上诉,一审判决为生效判决。再审审判应当依照一审程序进行。

7　根据最高人民法院《关于刑事再审案件开庭审理程序的具体规定》(法释〔2001〕31 号)第 5 条第 1 项的规定,适用一审程序审理的再审案件必须开庭审理。

8　笔者曾概括公诉的程序效力为三个方面:一是启动审判程序,将刑事案件"系属"于法院,使受诉法院获得具体的案件管辖权并发动审判程序;二是推进审判程序,使法官能够在公诉的支持和程序的推进中,对案件事实确立心证,并确定如何适用法律;三是约束审判范围,使审判受制于公诉,法院不得审判未经起诉的被告人和未经起诉的犯罪。据此,撤回起诉后,法院的审判已不具体前提条件。参见龙宗智:《论我国的公诉制度》,载《人民检察》2010 年第 19 期。

9　此时出庭检察员发表意见,不是支持公诉的意见,而是为履行检察官客观公正义务,对案件的正确处理提出检察建议。

10　此案中,检察机关的反应较为慎重。在 2011 年 1 月 17 日的新闻发布会中,检察院发言人只是提出,"如查明在案件调查过程中,检察院的确存在工作不力或错误行为,将会启动错案追究,追究相关办案人员责任"。1 月 19 日,平顶山市人民检察院承认案件中存在的三大问题,后改换办案人员,但并未仓促进行人员追责。其撤诉虽然不当,但法院已向社会公开宣布建议检察机关撤诉,而法院在诉审关系上因其裁判权处于主导地位,因此,撤诉不当的做法对检察机关似乎不宜苛责。不过,作为法律监督机关应当尊重程序,依法办事,应有教训可以吸取。

11　郑布英、卢岩修:《完善我国刑事公诉撤诉制度的一些思考》,载《浙江社会科学》2004 年第 6 期;龙宗智:《论公诉变更》,载《现代法学》2004 年第 6 期。

12　有评论者认为,"河南高院的做法以最为有效的方式,把错案按顺序打回了检察院和公安局"。参见《河南天价过路费翻案　省高院违宪撤法官》,载雅虎资讯,http://news. cn. yahoo. com/ypen/20110126/189603. html? wd = ,2011 年 1 月 28 日访问。

13　笔者在调研中发现,司法机关普遍感到建立在诉讼对抗基础上的现有程序难以处理案情出现根本性变化、各方面认识已经统一的冤错案再审。

新《刑事诉讼法》实施后的公诉变更问题*

检察机关起诉后，因特定缘由改变公诉，包括撤回起诉、更正（变更）起诉和追加、补充起诉，统称为公诉变更。公诉是审判的前提并决定审判的范围和对象，公诉变更制度的合理设置以及变更权的正当行使，无论对国家刑罚权的实现，还是对被告人的命运，都发生重要影响。在公诉变更问题上如何履行检察职能，也是对检察机关客观公正的一项重要检验。

一、公诉变更的类型与意义

刑事诉讼是流动的程序，作为诉讼的基础和条件的诉讼资料尤其是证据资料，在程序延展过程中，也处于变动状态。检察机关提起公诉后，如根据情况变化包括诉讼资料的变化，发现公诉的缺陷与不足，在一定条件约束下，应当能够对其予以变更。此种变更可作以下类型划分：

从公诉变更的性质看，公诉变更有撤回、更正（变更）和追加、补充三种类型。撤回起诉，是起诉后，检察机关发现有不应当起诉或不适宜起诉的情形，撤回已经提起的公诉。更正（变更）起诉，是对原起诉书认定的部分事实，包括被告人的真实身份和其他犯罪构成要件事实以及适用法律和罪名进行变更。但此种变更，需受公诉事实同一性原则的限制，即被告同一、犯罪事实同一。[1]追加、补充起诉，是提起公诉后，发现遗漏了被告，或发现新的犯罪，在原起诉的基础上，追加被告，或追加、补充原被告另犯的犯罪事实。

根据公诉改变对被告人利益的影响，可以将其分为三种类型：(1)有利于被告人的公诉改变。包括因不具备公诉条件而撤回起诉，重罪事实和罪

* 原载《当代法学》2014年第5期、《中国检察官》2014年第21期。

名改变为轻罪事实和罪名，某些严重的情节（如主犯、手段恶劣等）被取消，某些从轻的情节（如自首、正当防卫等）被认定等。（2）不利于被告人的公诉改变，如轻罪名改为重罪名，被追加犯罪事实，补充从重情节等。（3）对被告人没有明显实质不利影响的变更，如同一刑度的罪名改变，贪污罪改为受贿罪，骗取贷款罪改为骗取贷款、票据承兑、金融票证罪等。

笔者曾引用国外学者的刑事诉讼理论，将刑事诉讼的展开划分为三条线：一是公诉。由公诉而引起事实的审理与辩护。二是程序的展开。即公诉提起后，推演出一系列程序，包括审前程序，一审审判程序与一审后程序。三是心证的形成。即法官由审理而形成心证的过程。[2]在这三条线中，公诉是最基本的诉讼线，它是审理与辩护的前提，也决定审理与辩护的对象，同时对判决内容形成根本性制约（裁判不能超越公诉范围）。公诉的变更，会同时影响辩护权行使、影响程序的展开，影响法官心证形成及裁判效果。因此，合法、正当地实施公诉变更，对司法的公正、诉讼的效率，以及当事人合法权利的保障，都将发挥重要的作用。

检察机关行使公诉变更权的正当性依据，是公诉的客观性和公诉的效率性。适时、适当地实施公诉变更，是履行检察官客观义务的基本要求和重要体现。尤其是检察机关为了维护被告人的合法权益，防止错判而主动撤回起诉并作不起诉处分，而且由于撤回起诉，使案件系属早日终结，被告更早地脱离刑事诉讼程序，此种诉讼行为，“正是整个刑诉法上，显现检察官客观义务之表征，正如同检察官亦可以在审判程序中主张被告无罪”[3]。同时，变更公诉也需考虑诉讼效率。由此要求在出现变更需要时，应及时变更公诉，防止或减少无效审理；将公诉的严肃性与灵活性相结合，采取适当的变更形式与方法，尽可能地保障诉讼效率。

二、现行公诉变更制度存在的问题

公诉变更制度，是我国刑事诉讼中一项有效用的法律制度。多年以来，由相关立法、司法解释与实践中惯行做法所构成的公诉变更制度，对于保障司法公正发挥了积极作用。但该项制度迄今不成熟、不完善，在制度构建上存在以下三个问题：

1. 立法规范不足，法律基础欠缺。正确设置公诉变更制度，是实现刑事诉讼公正与效率的需要，因此，概览各国诉讼程序，普遍注意对控诉变更问题作出明确规定，以法制化的方式，确认变更权，提出限制条件，以利公诉变更权的正当行使和妥当操作。然而，遗憾的是，我国《刑事诉讼法》对公诉变更缺乏具体规定。可以说，这是立法上存在一个较为明显的疏漏。而且《刑事诉讼法》实施30余年，但这方面的立法不仅未完善，反而更为欠缺，2012年修改《刑事诉讼法》，对此项立法缺陷也无必要关注而任其不完善。

我国1979年《刑事诉讼法》第108条规定，人民法院“对于不需要判刑的，可以要求人民检察院撤回起诉”。此规定在赋予法院要求撤诉权的同时，也为撤回起诉提供了法律依据。然而，1996年修改《刑事诉讼法》，为了进一步贯彻控审分离原则，取消了法院要求撤诉以及退回补充侦查的规定，导致公诉变更的法律基础更加薄弱。2012年《刑事诉讼法》修改，对公诉变更问题亦未作出明确规定。因此，现行法只能从补充侦查的有关规定中，推导出由于补充侦查新发现的事实和证据可能导致起诉的变更，从而曲折确认公诉变更权。然而，《刑事诉讼法》未就变更权、变更时机、方式、变更限制和变更审查等程序问题作出具体规定，使公诉变更制度缺乏法律规范基础，难以避免操作中的随意性乃至执法冲突。

2.“两高”司法解释衔接与协调仍待解决。在动态的刑事诉讼过程中，公诉变更为行使公诉职能所必需，为此，最高人民检察院在《人民检察院刑事诉讼规则》制定及修订过程中，规定并力图完善公诉变更制度。2012年《人民检察院刑事诉讼规则(试行)》第458条规定：“在人民法院宣告判决前，人民检察院发现被告人的真实身份或者犯罪事实与起诉书中叙述的身份或者指控犯罪事实不符的，或者事实、证据没有变化，但罪名、适用法律与起诉书不一致的，可以变更起诉；发现遗漏的同案犯罪嫌疑人或者罪行可以一并起诉和审理的，可以追加、补充起诉。”第459条规定，在人民法院宣告判决前，人民检察院发现“不存在犯罪事实”“犯罪事实并非被告人所为”等七种情形，可以撤回起诉。同时，该条款对撤回起诉后的诉讼行为及重新起诉的条件作出规定。此外，第460、461条，对人民法院建议人民检察院变更公诉，检察机关的应对，以及变更公诉的决定程序和决定形式作出了明确规定。[4]

上述规定正是我国检察机关现行公诉变更制度的规范依据。同时，最高人民法院《关于适用〈中华人民共和国刑事诉讼法〉的解释》第242条规定：“宣告判决前，人民检察院要求撤回起诉的，人民法院应当审查撤回起诉的理由,作出是否准许的裁定。"

"两高"规定都确认了公诉变更制度,但"两高"的规定却有不够对接和协调之处。而且有关规范欠缺,也给实践带来难题。根据最高人民检察院的规定,检察机关可以"决定"公诉变更包括撤回起诉,所用文书也是"决定书"。但根据最高人民法院的司法解释,检察机关撤回起诉的决定应当经法院司法审查,通过审查撤诉理由,作出是否准许的决定。依此规定,检察机关撤回起诉的意见实际上只是一种建议。这就出现了一个问题:决定权在哪里?

最高人民检察院2007年发布的《关于公诉案件撤回起诉若干问题的指导意见》第9条规定:"人民检察院决定撤回起诉的,应当制作《人民检察院撤回起诉决定书》,加盖院章后送达人民法院。人民法院要求书面说明撤回起诉理由的,人民检察院应当书面说明。对于人民法院认为人民检察院决定撤回起诉的理由不充分,不同意撤回起诉并决定继续审理的,人民检察院应当继续参与刑事诉讼,建议人民法院依法裁判。"这一规定,肯定了法院的司法审查权,实际上已经解决了"两高"规定不协调的问题。然而,2012年《刑事诉讼法》修改后,最高人民检察院修改1997年《人民检察院刑事诉讼规则》,吸纳了2007年文件的部分内容,却对第9条的规定未予采纳。看来其意旨在于强调检察机关撤回起诉的法律效力。然而,"解释冲突"随之产生并直接影响司法实践。这种冲突主要表现在:如果法院不同意检察机关撤回起诉,程序如何推进?

根据《人民检察院刑事诉讼规则(试行)》,检察机关撤诉具有"决定"效力。因此,如在开庭之前或开庭过程中,检察机关撤回起诉,法院即使不允许,检察机关也可以根据《人民检察院刑事诉讼规则(试行)》,不出庭或中止出庭支持公诉,此种情况下,法院将无法推进审判程序。检察机关的撤诉因此可能具有决定性作用。而只有在庭审终结后,法院审查撤诉决定,如不同意撤诉,才可能依法判决,终结该审级诉讼。但在实践中,几乎没有此种情况发生,这与法院审查标准不明确(下述)等问题有关。

3. 有关规定不完善。一是法院对撤回起诉进行司法审查的标准不明确。虽然最高人民法院规定法院有权对检察机关撤回起诉进行审查并决定是否批准,但法院进行司法审查的标准是什么,何种情况下,法院可以不准许撤回起诉,最高人民法院司法解释未作具体规定,实践中法院只能"酌情处理”。由于检察机关撤诉权表现强势，而法院司法审查又缺乏明确标准和具体依据，实际上这种审查流于形式，以致各地几无法院不准许撤诉的案例。

二是变更公诉后保障被告人辩护权的规范欠缺。公诉变更直接影响被告辩护权的行使，因此，法律应当保障被告的辩护权不因公诉变更而受损害，包括对于更正和追加、补充起诉，应当给予被告方以准备辩护的时间。《人民检察院刑事诉讼规则（试行）》第455条第3项规定，“发现遗漏罪行或者遗漏同案犯罪嫌疑人，虽不需要补充侦查和补充提供证据，但需要补充、追加或者变更起诉的”，公诉人可以建议法庭延期审理。这一规定，是从控诉的角度考虑，为变更控诉获取准备时间，并不涉及辩护权保障。《人民检察院刑事诉讼规则（试行）》考虑公诉需要无可厚非，但应由最高人民法院司法解释对检察机关变更公诉后被告人可以申请延期审理的权利作出明确规定，以保障被告的辩护权，但最高人民法院相关司法解释并无这一规范，这显然是有悖于法理的。从各个国家和地区刑事诉讼法的普遍规定看，检察机关变更公诉时，被告人有权向法院申请给予必要时间以准备辩护，必要时得中断审判。而法院也有义务向被告人告知其享有此项权利。

三是对检察机关撤回起诉的决定未确认被告享有异议权。鉴于现行撤回起诉并不具有不起诉的实体确定意义，撤回起诉后在一定时间内被告的命运仍然处于悬置状态，应当赋予被告人以异议权，从而保障被告获得法院公正、迅速审判的权利。然而，现行法律和司法解释对此均无规定。控诉方有撤诉权，而撤诉的法律效果，较之获得法院无罪判决而可能对被告人不利，此种情形之下被告人没有异议权，显然属于制度设置不平衡，对被告人辩护权保障不足。

三、公诉变更制度运行出现的弊端

由于立法规范欠缺，司法解释不完善，加之此种情况下执法本身的不严格，导致检察机关的公诉变更权尤其是撤诉权存在一定程度的滥用现象，实践中存在以下几个问题：

1. 撤回起诉与公诉的变更、追加和补充混淆，撤回起诉过于随意。[5]有的检察机关对本应通过变更、追加和补充起诉程序直接处理，或本应通过申请延期审理，补充侦查后变更公诉的案件，如发现被告人真实身份或犯罪事实与起诉书认定的不符,或遗漏了同案犯或罪行等,因考虑自身程序处置方便及办案时限宽松,决定撤回起诉,然后重新起诉,或经补充侦查和重新审查起诉后提起公诉。

2. 某些公诉变更行为不规范。有的公诉人发表公诉意见与起诉书不一致,实际上变更了起诉书内容,但并未遵照《人民检察院刑事诉讼规则(试行)》第461条的规定,报经检察长或检察委员会决定,也未采取书面形式。尤其是自首情节的认定,有不少地方的检察机关,担心被告人在法庭上翻供包括部分翻供,因此起诉书不认定自首情节,而在法庭上根据被告态度来发表被告是否构成自首的意见。法定从轻情节的事实,属于案件基本事实,此种事实及法律适用,本属起诉书应当载明的内容。如果起诉书不载明,而在法庭上以公诉人意见的方式向法庭提出,实系对起诉书的一种补充,与起诉书一起,构成检察机关对法院的诉讼请求。但公诉人当庭不以书面形式提出,而是口头补充,庭后也不制作补充起诉决定书送交法院,此种行为,应属不规范的公诉变更行为。

3. 撤回起诉决定的实际运用对被告人权益兼顾不够。撤回起诉在实践中成为检察机关单方面的诉讼决定,被告人及其辩护人缺乏抗辩权,而法院司法审查的实质性不足,在一定程度上妨碍了被告人获得法院公正审理和裁判的权利。而且近年来,由于绩效考核制度的影响以及检察监督权的强势,法院对应当判决无罪的案件尽量不用无罪判决而改采建议检察机关撤诉等方式解决。[6]如在二审,即使符合改判条件,二审法院常常也不改判,而是撤销原判发回重审,再通过原审法院建议检察机关撤诉。以改变、撤回起诉等方式处置本应作出无罪判决的案件,使被告命运的不确定性大大增加。而且可能增加被告讼累,提高司法成本。

4. 对公诉权作为国家权力的有限性认识不足,撤回起诉后对被告人权益保护不够。有的检察机关撤回起诉后对被告不按《人民检察院刑事诉讼规则(试行)》的规定,及时作出不起诉处理。或虽决定对原认定的犯罪不起诉,同时又交侦查机关继续侦查,而不解除对被告已采取的人身及财产的强制性措施。[7]个别地方,在因证据不足被迫撤回起诉后,在没有搜集到能够达到定罪标准的新证据的情况下,改变管辖重新起诉,以规避原受诉法院可能作出的无罪判决。

四、公诉变更的法律完善

完善公诉变更制度，首先应当完善立法。公诉提起，案件即与法院发生诉讼系属。法院因此而有审判责任。然而，在动态的诉讼过程中，变更公诉也是正常的现象，它是客观真实主义与司法公正原则的要求，也是检察官客观义务的体现。可以说，在限制条件下变更公诉，为各个国家和地区刑事诉讼制度所认可。[8]因此，我国公诉变更制度亟待立法完善。

一方面，这种制度完善为公诉变更提供法律依据，可以解决司法解释代行立法功能的尴尬。根据《立法法》和《人民检察院组织法》，最高人民检察院的司法解释只能对检察工作中适用法律的问题作出解释，也就是说，此种解释具有内部约束力而缺乏外部约束力。然而，公诉变更涉及被追诉人实体权利与程序权利，还关系法院案件审理的范围、延续性及诉讼标的变更的正当性审查，因此，涉及大量“外部性问题”，以最高人民检察院司法解释对此项重要的法律制度作出创制性规定显然不妥。而且以司法解释代替立法，也会因规范位阶不高，约束力较弱，导致实践中权力行使不规范和权力滥用。

另一方面，立法完善还可以解决“两高”司法解释的不对接乃至冲突问题。我国司法解释实行“二元体制”——“两高”各自制定分别对检察、审判工作有约束力的解释性程序规范，两种解释规范在法规范位阶上并无高低区别。但检察机关与法院在刑事程序中紧密衔接，规范不一致就不可避免地酿成司法冲突。此种情况，在目前“二元司法体制”之下，较为合理有效的解决方法是设置上位规范，即法检一体遵循的法律规范。这也使立法完善成为必需。

完善立法，首先应当明确公诉变更的形式，即公诉的更正、追加和撤回。[9]使这三种诉权行使行为具有法律依据。

其次，应当明确变更权行使的时间，中国台湾地区的公诉变更，根据其“刑事诉讼法”第 265 条及第 269 条，检察官只能在一审辩论终结前为之。因为一审言词辩论终结后，法院就该案件之审理程序已终结。这一规定在审判中心主义诉讼构造之下较为合理。我国有的学者和实务工作者也曾提出类似建议。[10]但笔者认为，在我国目前的司法体制之下，以确认现行的司法解释规定为宜，即法院“宣告判决前”。这是因为我国公、检、法三机关分工负责、互相配合、互相制约的体制，以及检察机关审判监督的制度，使审判中心主义以及以法院为构造顶点的三角式诉讼构造难以确立，在许多情况下，敦请检察机关在判决宣告前撤回起诉，是更为现实的保障被告人权利的司法选择。而且由于我国刑事诉讼司法权运行机制的“双重性”，除主持庭审裁判案件的合议庭外，还有较为隐形的权力作用机制，如院、庭长，审判委员会，乃至法院外的某些重要机构。庭审结束后，“隐形审判机制”可能才开始发生作用，因此，变更权不宜限于庭审结束前。此外，一些外国刑事诉讼法也将撤回起诉规定于判决宣告前，我们可以借鉴。如日本《刑事诉讼法》第257条规定：“公诉，可以在作出第一审判决前撤回。”韩国《刑事诉讼法》第255条规定：“第一审判决宣告之前，可以撤销公诉。”

不过，更正和追加起诉可以考虑限制更严格一些，如要求只能于一审庭审结束之前提出。以敦促检察机关及时行使公诉变更权，同时避免已经进行的庭审归于无效——浪费司法资源，增加当事人和其他诉讼参与人讼累。而从实践操作角度看，这种限制也不会有大的问题。[11]

最后，立法还应当明确公诉变更的效力。这主要是指撤回起诉的效力：一是撤回起诉是否需要法院审查批准；二是撤回起诉对被告人产生何种效力。这两个问题是相互关联的。笔者认为，如果撤回起诉只具有程序效力，即只能终止法院正进行的诉讼，而并不包含不起诉处分，那么，这种行为应当接受司法审查，看其是否损害了公民接受法院审理和裁判包括无罪判决的权利。然而，如果该撤回起诉同时具有实体确定力，即具有不起诉处分效力，那么，这种撤回起诉，可以直接作出，而无须法院审查批准。在我国台湾地区，根据其“刑事诉讼法”第270条的规定，撤回起诉与不起诉处分有同一效力，以撤回书视为不起诉处分。由此使案件在法院之诉讼效力消灭，法院无权干涉检察官的撤回起诉。[12]《人民检察院刑事诉讼规则》曾经未明确撤回起诉对被告人的法律效力，只是规定“撤回起诉后，没有新的事实或者新的证据不得再行起诉”。这使以撤回起诉规避法院无罪判决，撤诉后长期不作不起诉处分，被告仍然处于被追诉程序，从而损害被告人正当权益的问题较为突出。[13]2007年2月，最高人民检察院发布的《关于公诉案件撤回起诉若干问题的指导意见》第11条规定：“对于撤回起诉的案件，人民检察院应当在撤回起诉后七日内作出不起诉决定，或者书面说明理由将案卷退回侦查机关（部门）处理，并提出重新侦查或者撤销案件的建议。”这在制度规范上有了重要进步。但2012年修改的《人民检察院刑事诉讼规则(试行)》,则规定“人民检察院应当在撤回起诉后三十日以内作出不起诉决定”。由撤回起诉后无下文,到明确规定撤回后应当作出不起诉决定,这一变化无疑有利于保障当事人权益。但30日的犹豫期,其间检察机关可以不变更强制措施,同时又可能在犹豫期内再次起诉,这对被告人正当权利保障仍然不利。因此,笔者建议借鉴中国台湾地区和其他一些国家和地区的立法例,明确规定撤回起诉决定等同于不起诉处分,具有实体确定效力。这种规定,是防止滥用撤回起诉权的最好方式。同时,考虑权利平衡,如法律规定撤回起诉决定具有实体确定效力,就也应当对撤回起诉案件准用《刑事诉讼法》第175、176条,允许侦查机关与被害人享有要求复议、提请复核,提出申诉或向人民法院直接起诉的权利。

不过,如果立法机关借用现行《人民检察院刑事诉讼规则(试行)》的规定,规定一个犹豫期,就应同时规定,对检察机关的撤回起诉决定,法院应当进行审查并决定是否准予。而且法律应当规定法院司法审查的标准,主要标准是看该决定是否损害被告人接受法院公正、及时审判的权利。同时,还应当确认被告人对此种撤回起诉享有异议权。

五、公诉变更的制度微调与实践改进

除上述立法完善外,为履行客观义务,实现司法公正,检察机关和法院在司法解释和实务操作方面,还应当注意以下问题:

在立法完善前,最高人民检察院司法解释应当确认2007年发布的《关于公诉案件撤回起诉若干问题的指导意见》第9条的规定,要求检察机关撤回起诉决定送达人民法院后,法院要求书面说明撤回起诉理由的,人民检察院应当书面说明。对于人民法院认为人民检察院决定撤回起诉的理由不充分,不同意撤回起诉并决定继续审理的,人民检察院应当继续参与刑事诉讼,建议人民法院依法裁判。由此协调“两高”司法解释,确认并保障人民法院对不起诉决定实施司法审查,从而保障被告人合法权益及国家刑罚权的正当行使。

禁止以撤回起诉变相延长诉讼时间,配合变更起诉。凡不符合《人民检察院刑事诉讼规则(试行)》确认的撤回起诉理由而撤回起诉,人民法院不应当准许;如撤回起诉虽然能够通过司法审查,但再次起诉时却没有法定理由,法院不应当受理。对违反《人民检察院刑事诉讼规则(试行)》所实施的公诉变更,上级检察机关不应当支持,发现后应当监督纠正。不过,解决这一问题更好的办法,是参照笔者前述立法建议,通过修改《人民检察院刑事诉讼规则(试行)》,明确规定检察机关撤回起诉决定同时具有不起诉处分效力,[14]从而使撤回起诉决定既有程序终止又有实体确定效力。这一做法,更有利于体现检察官的客观义务。而且,在法律未具体规定撤回起诉及其程序效力的情况下,《人民检察院刑事诉讼规则(试行)》赋予撤回起诉决定以实体确定效力,并无法律障碍。

在立法完善前,建议最高人民检察院修改司法解释,明确规定公诉更正与追加应限于一审庭审结束之前提出。理由已如前述。[15]

至于前述公诉人在法庭上更正和补充公诉的不规范行为,主要应当通过检察机关的自身约束,辩护人的抗辩以及法院的审查与建议予以规范。就自首情节,检察机关因顾虑被告翻供,在起诉书中不认定而在法庭视情况提出,此种做法有一定的合理性。但使起诉内容不够完整,而补充起诉又显得不够严肃,且与《人民检察院刑事诉讼规则(试行)》第 461 条的规定有冲突。因此,笔者认为,起诉书仍然应当认定其自首情节,以保证公诉的客观、全面。如果被告在庭前或庭上翻供,已不具备自首条件,公诉人应当在法庭上提出个人的法律意见,并在闭庭后以更正起诉书的形式,将书面决定送达法院。

在撤回起诉决定不具有实体确定效力的现行制度条件下,最高人民法院亦应修改《关于适用〈中华人民共和国刑事诉讼法〉的解释》第 242 条,可以限定法院对检察机关撤诉进行司法审查的起点。在控审分离的条件下,如果检察机关在一审开庭前或一审辩论终结前撤回起诉,法院无权强令检察机关出庭公诉或继续支持公诉完成庭审,因此而不可能具备作出判决的条件,对此种撤诉,法院不可能进行有效的司法审查,检察机关的决定当然发生效力。但在一审辩论终结后,检察机关撤诉,因审理程序已经完成,法院具备判决条件,就应当审查撤诉理由,并决定是否同意。因此,建议法院修改司法解释,规定对一审庭审结束后检察机关提出撤诉的,应当进行审查并决定是否同意。同时明确对检察机关要求撤诉进行审查的理由和标准。还应当规定法院审查时应当听取被告人及其辩护人的意见,如被告方坚持要求法院作出判决而且理由正当,法院应当不准许撤诉并依法作出判决。

此外，最高人民法院司法解释亦应规定，检察机关变更公诉，应当给予被告方必要的准备辩护的时间。

注释

1 即同一被告，以同一主观罪过，实施了同一客观行为，并作为一个犯罪事实评价与处罚。因此，牵连犯罪对牵连行为的补充起诉，应属公诉更正，而不应属于公诉的追加和补充。

2 龙宗智：《论检察》，中国检察出版社 2013 年版，第 368 ~ 369 页。

3 刘邦绣：《检察官职权行使之实务与理论》，台北，五南图书出版股份有限公司 2008 年版，第 193 页。

4 《人民检察院刑事诉讼规则（试行）》第 459 条规定："在人民法院宣告判决前，人民检察院发现具有下列情形之一的，可以撤回起诉：（一）不存在犯罪事实的；（二）犯罪事实并非被告人所为的；（三）情节显著轻微、危害不大，不认为是犯罪的；（四）证据不足或证据发生变化，不符合起诉条件的；（五）被告人因未达到刑事责任年龄，不负刑事责任的；（六）法律、司法解释发生变化导致不应当追究被告人刑事责任的；（七）其他不应当追究被告人刑事责任的。对于撤回起诉的案件，人民检察院应当在撤回起诉后三十日以内作出不起诉决定。需要重新侦查的，应当在作出不起诉决定后将案卷材料退回公安机关，建议公安机关重新侦查并书面说明理由。对于撤回起诉的案件，没有新的事实或者新的证据，人民检察院不得再行起诉。新的事实是指原起诉书中未指控的犯罪事实。该犯罪事实触犯的罪名既可以是原指控罪名的同一罪名，也可以是其他罪名。新的证据是指撤回起诉后收集、调取的足以证明原指控犯罪事实的证据。"第 460 条规定："在法庭审理过程中，人民法院建议人民检察院补充侦查、补充起诉、追加起诉或者变更起诉的，人民检察院应当审查有关理由，并作出是否补充侦查、补充起诉、追加起诉或者变更起诉的决定。人民检察院不同意的，可以要求人民法院就起诉指控的犯罪事实依法作出裁判。"第 461 条规定："变更、追加、补充或者撤回起诉应当报经检察长或者检察委员会决定，并以书面方式在人民法院宣告判决前向人民法院提出。"

5 最高人民检察院在 2007 年 2 月发布《关于公诉案件撤回起诉若干问题的指导意见》，承认司法实践中撤回起诉存在的问题，如"对撤回起诉法律意义认识不足，内部监督制约不够，撤诉随意性较大，诉了撤、撤了诉，甚至出现承办人不经本院检察长或检察委员会决定就自行决定将案件撤回起诉的情况"等。

6 根据高通《论无罪判决及其消解程序》一文的实证分析（载《法制与社会发展》2013 年第 4 期），2008 年至 2011 年，法院每年判处罪犯人数少于检察机关提起公诉人数约 12%，即 10 余万人。据考察主要是以变更公诉、撤回起诉等方式消解人数差额。而同期无罪判决率极低，而且呈进一步下降趋势，如2008年0.038%，2009年0.027%，2010年0.024%，2011年0.018%。

7 根据浙江省人民检察院公诉处的一份调研报告，撤诉后38.6%的案件被重新起诉，32.63%的案件被退给侦查部门撤销案件，15.78%的案件被补充侦查，8.42%的案件被决定相对不起诉或者存疑不起诉，4.21%的案件尚未处理。亦即有将近一半的被告人被重新起诉或补充侦查，被告人的人身自由继续受到限制。参见陈云龙：《检察基础理论前沿问题研究》，中国检察出版社2006年版，第112页。

8 即使在强职权主义的德国，公诉提起后不能撤回，但检察官仍可以改变公诉意见，在法庭上要求法院作出无罪判决或与公诉书内容不一致的判决，其改变公诉内容的诉讼请求具有法律效力。

9 《人民检察院刑事诉讼规则（试行）》，确定为变更起诉、追加、补充起诉和撤回起诉。其中追加、补充起诉未作严格区分。为统一诉讼行为形式，以公认的"追加起诉"界定较为适宜。而"变更起诉"改为"更正起诉"更为准确，因为"追加"与"撤回"也属于公诉变更行为。

10 有论者指出，不规定庭审结束前为撤回起诉终止时间，导致大量应当判决无罪的案件以撤回起诉处理，被告命运的不确定性大大增加，而且还会不可避免地出现合议庭向控方私下通报判决意见的"违规泄密"问题，因此，"应当将撤诉提起的阶段限定在第一审法庭辩论终结前，根据公诉案件撤回起诉若干具体情形，分别作出不同规定，同时对撤诉的后果也作出相应的限定。既有利于以维护法律的严肃性和司法的权威性，又充分保护被告人在刑事诉讼中的实体和程序权利"。参见王克生：《公诉案件撤回起诉的弊端及对策》，载安徽百大律师事务所网站，http://www.ahbdls.com/display.asp? id=165，2014年4月27日访问。

11 从实践情况看，极少有庭审结束后检察机关还更正起诉或追加起诉的案例。

12 黄东熊：《刑事诉讼法论》，台北，三民书局1991年版，第286~288页；刘邦绣：《检察官职权行使之实务与理论》，台北，五南图书出版股份有限公司2008年版，第193页。

13 且由于重新起诉的证据标准不严格，易于启动重新起诉，这种诉权过于强大的情况，不利于刑事司法中的人权保障，也受到较为普遍的批评。

14 不过，在形式上是否应当要求同时制作一份不起诉决定书送被告（该决定书送达时间为申诉与复议权启动时间），则可再议。有的学者认为撤回起诉与不起诉决定具有完全相同的诉讼效力，"因此撤回起诉后再作不起诉决定，意味着将两个完全相同的诉讼效力叠加在一起，属于没有必要的重复"。（张建伟：《论公诉之撤回及其效力》，载《国家检察官学院学报》2012年第4期）然而，笔者认为，只要确认撤回起诉的实体确定力，是否分别针对法院和当事人制作法律文书是一枝节问题。如考虑便于执行，也可以分别制作撤回起诉与不起诉决定书。

15 也有其他论者认为除公诉撤回外的其他公诉变更应当在庭审前提出。因为"庭审活动已经全部结束，如果允许再对指控内容进行修改，需要重新开庭，将严重影响诉讼效率"。参见杨建民：《公诉变更的制度构建与法律效力探讨》，载《人民检察》2007年第18期。

强制侦查司法审查制度的完善*

在犯罪侦查过程中，为了有效地搜集证据，并防止嫌疑人逃避侦查与审判，需要实施以限制人身自由、妨碍其财产、隐私、通信自由等权利行使的强制侦查，[1]具体措施如强制到案、拘留、逮捕、搜查、扣押、冻结、强制体检与采样、监听等。但因这些措施的强制性及侵权性，必须依法慎重适用。尤其对长期羁押等重大强制侦查行为，更须严格程序，防止对公民基本权利的侵犯。侦查机关为完成其任务，不可避免地从侦查效益与便宜性考虑，最大限度地利用强制侦查措施，对强制侦查如无外部节制，对公民与组织权益的不当侵犯将不可避免。这种外部节制，就是建立强制侦查的司法审查制度，即以中立的司法权，对强制侦查进行事先审查，以司法令状批准并将其作为强制侦查正当性与合法性的依据；或以司法权对已实施的侦查行为进行事后审查及诉讼救济，以实现公民权益保障的目的。

一、意义和缘由

对强制侦查的司法审查，是刑事程序现代化的一个基本表征。前现代的刑事程序，以国家权力包括王权至上为基础，以侦查行为不受约束或基本不受约束为特征。而近代资产阶级革命，在自由与人权保障的旗帜下，一项重要革命成果是在刑事司法领域建立了司法审查及人身保护令状制度，即逮捕的正当性能够获得独立司法机关的审查并由此而使公民人身自由权利受到保障。英美法系国家强制侦查的司法审查和人身保护令状制度建立较

* 原载《中国法学》2011 年第 6 期、《中国检察官》2012 年第 5 期。孙长永教授对本文提出了某些有益意见，在此致谢。

早,也较为完善。大陆法系国家也在资产阶级革命后实现了羁押和其他重要强制侦查行为的司法审查。但法国的司法审查制度曾是一个特例。该国在2000年以前由预审法官审查批准羁押嫌疑人。预审法官虽为独立的司法官员,但亦承担部分侦查职能,因此其客观与中立性不足。有鉴于此,法国于2000年6月颁布法律,设立“自由与羁押法官”,对审前羁押,实行预审法官和“自由与羁押法官”双重审批制度。具体运行则要求检察长提出羁押请求及相关材料,然后经预审法官审查同意,转报自由与羁押法官批准。从而使强制侦查尤其是人身强制的司法审查制度趋于完善。[2]

强制侦查的司法审查,关系国家权力尤其是国家强制权能否被制约及公民基本权利能否得到有效保障,因此其意义已经超出刑事程序领域,这一制度不仅是一种刑事诉讼制度,而且是一种宪法制度,是法治原则的组成部分。而且就刑事程序本身观察,如果没有审前程序中对限制人身自由权、财产权等基本人权的强制措施的司法审查制度,就不可能有最终的公正审判制度。中国的司法实践表明,被正式逮捕的人,极少不被定罪判刑的,而且通常都判实刑,不判缓刑;一旦财产被审前扣押甚至处置,很难在审判阶段“回转”即恢复原状。在这个意义上,审前的司法审查与“审判”在保障基本人权方面具有完全相同的功效。只有“审判”而无审前的司法审查制度,是一种不完整的司法审判制度及权利保障制度。

强制侦查的司法审查,是刑事程序法制的一项基本原则,也已经在现代各国普遍推行并成为国际刑事司法的一项基本准则。如就羁押的司法审查问题,联合国《公民权利和政治权利国际公约》第9条第3、4项规定,任何因刑事指控被逮捕或被拘禁的人,应被迅速带见审判官或其他经法律授权行使司法权力的官员;任何因逮捕或拘禁被剥夺自由的人,有资格向法庭提起诉讼,以便法庭能不拖延地决定拘禁他是否合法以及如果拘禁不合法时命令予以释放。

对强制侦查的司法审查,正是我国刑事诉讼制度最薄弱的一个环节,而这个环节又是刑事诉讼人权保障的关键。我国刑事诉讼中的强制侦查措施(包括《刑事诉讼法》确认和其他法律[3]确认的措施),仅逮捕即长期羁押受“准司法审查”,其余全部强制侦查措施不受司法审查。具体问题主要表现在:其一,长期羁押的“准司法审查”与程序正当性的普遍要求尚有差距。我国的长期羁押,是指现行《刑事诉讼法》第60条所规定的逮捕。目前的审批方式,是一种所谓的“准司法审查”,即检察机关审查并批准逮捕。检察机关在我国具有司法机关性质,但因为检察机关同时又是一个控诉机关和侦查机关,而且以行政方式组织和行动,具有明显的行政属性。因其兼有司法和行政双重属性,在法理上属于“准司法”机构。由其进行长期羁押审批,与国际准则所规定的“行使司法权力的官员”(行使审判职能的、非控诉的官员)[4]的要求不一致。其二,检察机关自侦案件的逮捕由其自行审查决定,没有外部的司法审批。其三,拘留时间可以长达37天,系羁押行为缺乏司法审查的突出表现。公安机关自行决定的拘留,本属紧急情况下临时限制人身自由措施,但根据《刑事诉讼法》第69条第2款的规定,对于流窜作案、多次作案、结伙作案的重大嫌疑分子,提请审查批准的时间可以延长至30日。加上检察机关审查批捕的7天时间,拘留时间可以长达37天,实际上已经达到一般所谓羁押程序的时间长度。其中30天的羁押,司法权不能介入,显然有悖于司法审查原则。[5]其四,其他人身强制措施和对物的强制措施,包括取保候审、监视居住、搜查、扣押、冻结、监听等,均由侦查机关自行决定并实施,亦不受司法审查。其五,无论对人还是对物的强制措施,当事人和相关公民无权申请法院作事后司法审查,即实现权利救济。因为“侦查行为不可诉”。而只能向相关机构申诉,或者在损害已经造成并证明案件实体属于冤错案件的情况下,申请国家赔偿。

对强制侦查缺乏司法审查,对我国刑事诉讼中的人权保障带来显著的不良影响。由于检察机关作为控诉机关审查批准逮捕,不可避免更多地从控诉角度考虑羁押问题(有的检察机关建立“侦捕诉一体化”的机制,更显明地体现了这种倾向),因此,中国的羁押率始终居高不下。而公安机关自行决定拘留且无司法救济,当然也就会尽量利用这种手段,因此突破适用37天的拘留期限必须是“流窜作案、多次作案、结伙作案的重大嫌疑分子”的要求,普遍将拘留时间延长适用于各种刑事案件。[6]而且“以拘代侦”,甚至将刑事手段应用于经济纠纷,以羁押实现经济目的,也并非个别现象。侦查机关对公民财产进行扣押、冻结甚至审前处置,竟然没有法律程序和司法机构实现权利救济,更是不可避免地会对公民合法权益造成损害。而电讯监听等技术侦查手段并未纳入司法监督视野,其秘密性和不受监督的特征很难避免对公民隐私权、通信自由权等权利的不当侵犯。有严格的监听法治的英美等国,尚出现“水门事件”以及最近《世界新闻报》的“窃听门”事件等丑闻，而在我国，目前使用技术侦查手段不受外部监督和控制，其可能造成的侵权后果更不可小觑。

对强制侦查缺乏司法审查的问题，已经成为我国刑事诉讼程序体系中一个与现行法律体系的规范逻辑明显不协调且与我国司法运行与司法改革的指导思想不一致的突出问题。这表现在以下三个方面：(1)现代刑事司法制度和刑事程序法将侦控机构与裁判机构相区别，即实行控审分离，意义在于让一个中立而客观的机构来防止控诉的偏向，实现准确的认定事实并正确适用法律。然而，没有强制侦查行为的司法审查，就意味着法院只审查案件实体问题而不审查或基本不审查案件程序问题。将程序问题，即使是严重影响公民权益的强制侦查措施，交由侦查和控诉机关自行决定，这显然有悖于刑事程序逻辑，遮蔽了司法应有的功能。(2)对行政行为进行司法审查，尤其是对严重影响公民权益的行政行为进行司法审查，包括事前审查及事后救济，是现代行政法制必不可少的内容。我国行政诉讼的受案范围已经由具体行政行为扩大到部分抽象行政行为。然而，对影响公民权益最为深重的刑事侦查行为，作为典型的具体行政行为，却可以不接受司法审查，即“不可诉”，这显然有悖于依法治国和依法行政的基本要求。(3)“任何人不能当自己案件的法官”，即运动员不能同时兼作裁判者，因此，自律是靠不住的，必须“加强监督”，这也是我国司法改革与司法运行的指导思想。然而，公安、检察机关的大部分强制侦查行为却没有外部监督，这显然不符合“加强监督”的要求。实际上，2008 年年末下达的中央司法改革方案已经在一定程度上注意到这个问题。如检察机关自侦案件的逮捕，由检察机关自行决定，这不利于权力的正当行使。但由于《刑事诉讼法》尚未修改，司法改革不能突破法律，因此采取了一种“改良”方案——将自侦案件的逮捕决定权上提一级，即在内部工作机制上做适当调整。这种做法是体制内“相对合理”的调整，因为上级检察机关要超脱一些，可以较客观地处理案件。但这种方案仍不能实现外部监督方能实现的有效性。因为检察机关上下级是领导关系并实行“检察一体化”的组织原则，上提一级不能从根本上解决权力制约问题。而且两级审查，每一级审查都要经承办人、科处长到检察长，不仅程序上叠床架屋，而且效率低，在法定时间内难以完成。因此，应当通过《刑事诉讼法》修改，进行适当调整，以切实贯彻“加强监督”的司法改革精神。

综上所述，建立强制侦查的司法审查制度，应当说是我国《刑事诉讼法》

修改完善程序法制的当务之急，且势在必行。即如孙长永教授所称："在我国建立对强制侦查的司法审查制度，具有不容置疑的必要性，这不仅仅是出于解决我国强制侦查措施在运用过程中所存在的实际问题的对策考虑，更重要的是基于调整侦查权与审判权之间的相互关系、建立健全宪法权利的程序保障机制的战略需要。"[7]

二、人身强制措施的司法审查

《刑事诉讼法》修改，对强制侦查制度的完善，应当坚持三项原则。一是逐步推进原则。即从实际出发，适当考虑有关方面的可承受性，建立司法审查制度也须符合我国刑事程序制度改革的阶段性要求，逐步推进，不操之过急。二是区别对待原则。即在改革方案的设计上，要考虑打击犯罪的需求，防止过分妨碍侦查效率。因此，对强制侦查措施应实行区别对待：对高度强制性侵权性的措施，应当严格外部审批程序；对普通强制侦查行为，应允许侦查机关自行实施。考虑我国刑事司法的体制特征，由侦查机关自行实施的强制侦查范围可以大于多数国家。三是二元制审查原则。即考虑我国检察机关是司法机关与法律监督机关，目前的改革，仍应适应司法的"二元体制"，采取法院的司法审查与检察机关的"准司法审查"相结合的二元制审查模式。待条件较为成熟，再全面、有效地实行强制侦查的法院一元性司法审查。就人身强制措施的司法审查，有几个问题应当解决。

（一）拘留期限过长，不利于保障人权的问题

我国《刑事诉讼法》所规定的拘留，就时限而言分为两种情况：一种情况是第69条第1款规定的，拘留3日内提请逮捕，特殊情况可延长1~4日。即7天内应提请对拟羁押的人犯逮捕。另一种情况是第69条第2款规定的，对于流窜作案、多次作案、结伙作案的重大嫌疑分子，提请审查批准逮捕的时间可以延长至30日。从比较法的角度看，7天内提请逮捕的规定，已经为各国少有。而且由于我国审查批捕的官员是控诉机关成员，因此不是严格意义上的"司法官员"，其审查批捕行为常常更多地从控诉角度考虑。可见，这一规定已经考虑到我国国情，注意到充分保障打击犯罪的需要。而延长至30天，本来是1996年《刑事诉讼法》修改时，因取消收容审查，担心公安机关不适应而采取的一种妥协性、过渡性措施。同时其适用对象限定为流窜作案等三种人员。但在实践中，因没有程序制约，其适用对象实际上已

经泛化。造成临时性人身强制措施的长期化及这种长时间拘留的常态化。

侦查机关自行决定的羁押可以长达 37 天，这一制度已经严重背离羁押法的国际准则，对公民权益的损害显而易见。不过，对其进行改革，要考虑现实可能性，要考虑侦查有效性的要求。有两种方案可供选择：

一种方案是废除《刑事诉讼法》第 69 条第 2 款。将拘留羁押期限全部限制于 14 日以内。但这样做有个条件，就是逮捕的证据标准适当放宽。这是因为在实践中批准逮捕的证据标准较高，大致达到可定罪的程度。如果拘留时间太短，某些案件将难以达到批捕的证据要求。从实践情况看，目前公安机关的侦查工作，侦查取证的重点是在捕前拘留阶段，因此，要将取证后移，充分利用长达数个月的逮捕羁押时间，就要适当降低批捕的证据标准。具体的立法处理方式，可以将最高人民检察院推行的“附（定罪）条件逮捕”的制度，从内部工作制度上升为法律制度。所谓“附（定罪）条件逮捕”，是指检察机关在审查批准逮捕过程中，对现有案卷证据材料合乎逻辑地进行分析、推理和判断后，对于证据有欠缺但已基本构成犯罪，经过进一步侦查能够取到定罪所必需的证据、确有逮捕必要的重大案件的犯罪嫌疑人，附加一定的条件暂时予以先行批准逮捕，如果在规定的时间内所附加的条件得到了满足，就作出正式批准逮捕的决定，反之，附条件批准逮捕的决定将被撤销。[8]这种适当降低批捕标准，将大量侦查工作后延至逮捕羁押阶段，本来就符合立法目的。因为拘留时间短，而逮捕羁押时间长，如果把取证重点放在拘留阶段，就意味着在长达数月甚至更多时间的逮捕羁押期间，侦查工作将只有补充的性质。这是一种侦查时段处理的轻重倒置，不符合立法原意。

另一种方案是分两步走。第一步是保留《刑事诉讼法》第 69 条第 2 款，但缩短该款规定允许延长的时间。如将延长至 30 日，改为延长至 14 日。[9]经过一段时间后，再走第二步，即完全取消该延长性规定。这些年，侦查条件有较大的改善，国家实施社会控制尤其是重点人员控制的能力有较大增强，因此，缩短时间，应当不会明显妨碍侦查效益。对一些特殊的案件，可因案情重大或取证困难，采用检察机关“附（定罪）条件逮捕”的制度应对。但就“附（定罪）条件逮捕”的制度，可以将其作为工作制度处理而不在《刑事诉讼法》中作出规定，以避免将特殊案件的羁押审批标准泛化，从而普遍降低逮捕标准。

(二)检察机关自侦案件的审查批捕问题

前已述及,检察机关自行侦查案件的逮捕,是"自侦自捕",不符合监督制约要求。逮捕权上收一级,亦不能从根本上解决问题,而且导致程序复杂效率降低。改革这一制度,势在必行,只是时机与方式的选择问题。

检察机关自侦案件的逮捕审批权,应转交法院。这部分案件数量不大,法院略加人手应可完成。相应地,检察机关承办自侦案件逮捕审查的人员可以减少。

(三)长期羁押的司法救济问题

公安(安全)机关侦查的案件由检察机关批准逮捕,此格局可以在一定时间内继续维持。这是因为我国检察机关是法律监督机关,宪法与刑事诉讼法所做的此种定位,应当有相应的制度体现。审查批准逮捕本身是在程序上和案件实体上对侦查机关的一种制约,可以解读为检察机关对公安机关的法律监督。而且应当承认,在目前相互配合、互相制约的体制之下,法院与检察机关同样不能保持司法的独立性,因此,法院审查批捕和检察机关的审查批捕虽有中立客观性程度的不同,但不能达到审判独立条件下二者有本质区别的程度。因此,在法院不独立的情况下,在一定时间内保持目前的检察机关批准长期羁押的格局亦具相对的合理性。

然而,这种制度仍然存在两个比较突出的问题。其一,检察机关不是法院,它实施的羁押审批程序,不是对席辩论的司法审查制,而是一种内部审查的行政性程序,因此其程序正当性不足,也容易受到当事人和社会的质疑。其二,也是更重要的是,公民人身自由权利如果受到损害缺乏有效的司法救济渠道。检察机关虽然是法律监督机关,但如上所述,它毕竟同时又为侦查和控诉机关,这种当事人角色,无疑会妨碍其客观中立地实施羁押审批。这也是中国台湾地区于20世纪末将羁押审批权由检察机关转到法院的基本原因。[10]俄罗斯在经过一种过渡性的改革后,[11]于2001年修改的《刑事诉讼法》,确立了强制侦查的司法审查原则和制度。规定只有经过法院决定,才能正式羁押人(临时拘捕时间不得超过48小时),以及采取搜查、扣押、监听等重要的强制侦查行为,因而废除了侦查机关自行实施大部分强制侦查行为的做法,并将长期羁押审批权由检察长转移到法院。[12]

在我国司法体制没有大的调整之前,不宜确定法院直接实施对公安机关侦查的案件的羁押审批,但是因程序正义的底线、国际准则的要求,以及保障公民基本权利的需要,应当设定一个最低限度的司法救济。因此笔者建议:不服检察机关审查批捕决定且符合一定条件的案件,可以向法院提请司法审查。设定"一定条件"是为了限制司法审查的案件数量,避免妨碍司法效率。这个条件设定,可以在逮捕三要件,即证据条件、罪重条件及必要性条件中进行选择。例如,法院仅审查必要性条件。如嫌疑人没有逃避侦查审判、妨碍证据及继续犯罪的社会危险性,可以此为由申请法院司法救济。现代羁押审批法,其重点审查的内容也是在此。由此实现最低限度的羁押审批正当程序要求。

(四)监视居住制度调整后的监督制约问题

根据全国人大公布的《刑事诉讼法修正案(草案)》第 30 ~ 33 条关于修改监视居住制度的意见,对于涉嫌危害国家安全犯罪、恐怖活动犯罪、重大贿赂犯罪,在住处执行监视居住可能有碍侦查的,经上一级人民检察院或者公安机关批准,也可以在指定的居所执行。而在指定的居住执行监视居住,未经执行机关批准不得离开执行处所、未经批准不得会见他人或者通信。同时规定,此种监视居住折抵刑期,监视居住 2 日折抵拘役或有期徒刑 1 日。可见,指定居所的监视居住,被监视居住人实际上已丧失人身自由。而且监视居住时间长达 6 个月。笔者认为,这种监视居住虽然针对某些特定犯罪,但其由侦查机关自行决定,不经司法审查甚至"准司法审查"而长期限制公民人身自由,突破长期羁押正当性的最低标准。虽然规定检察机关对监视居住决定和执行的合法性实行监督,但并没有配以相应程序,又是决定后进行,也没有规定监督措施的法律效力,而且就贪污贿赂犯罪而言,检察机关自己就是决定机关即当事人。此种规定其实际作用可想而知。因此,笔者认为,由于此种监视居住突破了羁押法的基本程序法理,难以避免对公民合法权利的不当侵犯,因此不宜作制度确认;[13]如果确需实行,则必须保证此种监视居住在自由权限制方面有别于拘留、逮捕的羁押。[14]同时,对这种指定居所监视居住的措施实行外部审批制度。即公安、安全机关实施指定居所监视居住,必须报经检察机关批准;如检察机关对重大贪污贿赂犯罪嫌疑人实施,则必须报经法院批准。在目前具有一体化特征的司法体制中,所谓"外部制约",其作用也有限,但没有基本的外部制约,该措施实施无疑会具有更大的违法侵权可能性。

三、其他强制侦查行为的司法审查

其他强制侦查行为，包括搜查、扣押、冻结、监听、强制检查等，直接妨碍公民的住宅权、财产权、行动自由权、通信自由及隐私权等合法权利，就法理而言，亦应实施司法审查，以保障人权。只有在刻不容缓的情况下，才能由侦查机关直接实施。[15]但在我国这些侦查行为均由侦查机关自行实施，无须司法审查，这种制度安排导致了侦查的任意性，显然不利于公民权利保障。不过，在目前我国的法律框架下，对这些强制侦查均实施司法（法院）审查，其可行性不大，因此只能采取逐步推进的方式实施改革。当前可以将这些侦查行为分为两种类型：一种是高强度的非人身强制措施，主要是指搜查和秘密监听、监视。应由检察机关审查批准。紧急情况下可以由侦查机关直接实施，然后报请检察机关事后确认。如检察机关不批准或事后审查不确认，则不得实施或应纠正已实施的强制侦查行为。另一种是较轻程度的强制侦查措施，如扣押（非搜查性扣押）、普通邮件和网络电子数据检查、银行查询、财产冻结、路检以及身体样本的取样等，可由侦查机关自行决定实施，以保障侦查效率。此外，控制下交付、诱惑侦查、线人侦查、秘密侦查员派遣等秘密侦查措施，既应保持其机密性，又不属于高强度强制侦查措施，目前也应当由侦查机关自行决定并实施。

这里需要特别提出对窃听等技术侦查措施的司法审查问题。根据全国人大公布的《刑事诉讼法修正案（草案）》第56条，“公安机关在立案后，对于危害国家安全犯罪、恐怖活动犯罪、黑社会性质的组织犯罪、重大毒品犯罪或者其他严重危害社会的犯罪案件，根据侦查犯罪的需要，经过严格的批准手续，可以采取技术侦查措施”。“人民检察院在立案后，对于重大的贪污、贿赂犯罪案件以及利用职权实施的严重侵犯公民人身权利的重大犯罪案件，根据侦查犯罪的需要，经过严格的批准手续，可以采取技术侦查措施。”“追捕被通缉或者被批准、决定逮捕的在逃的犯罪嫌疑人、被告人，经过批准，可以采取追捕所必需的技术侦查措施。”“采取技术侦查措施，必须严格按照批准的措施种类、对象和期限执行。”然而，该草案并未规定技术侦查措施的具体类型与内容，也未规定“严重危害社会的犯罪案件”的具体标准是什么，还未明确技术侦查的应用对象、应用空间的具体要求，更未规定审批程序与审批主体。因此，这种规定与原人民警察法与国家安全法中的有关规定并没有质的区别,并不符合"程序法定原则",不符合技术侦查法制化的基本要求。因为按照这种规定实施技术侦查,没有事前的外部制约,也没有事后(由检察机关和审判机关实施的)司法审查,甚至缺乏可供合法性审查的法律标准。这种情况,不可避免地导致技术侦查的任意性,实际上造成公民在隐私权保护及言论自由、通信自由方面法律地位的恶化。因为长期以来,公安、安全机关可以实施窃听等技术侦查,但毕竟只能作为侦查线索,一般不能作为诉讼证据乃至定案依据。而现在审批主体、审查程序并未改变,但却不仅扩大范围(检察机关也可以决定技术侦查),而且可以将由此获得的材料"用于对犯罪的侦查、起诉和审判",作为定案的依据。由于技术侦查的法律程序规定不明确、外部制约欠缺,难以进行有效质证,也难为有效的司法审查,而由此获得的证据却可以用作定案依据,这不仅不符合刑事诉讼法和证据法的基本程序原理,而且恶化了公民在相关权益问题上的法律地位。

应当看到,应用窃听等技术侦查手段侦查重大刑事犯罪,是各国普遍采用的侦查方法,同时也为联合国大会关于打击犯罪的法律文件所认可。我国已经加入的联合国打击跨国有组织犯罪公约、反腐败公约等刑事司法文件,均规定有电子监听等特殊侦查措施。但是我们也应当注意,联合国相关文件在允许使用电子监听等特殊侦查手段的同时,提出明确要求:"鉴于电子侦查的干扰性,通常必须对之进行严格的司法控制,并且必须从法律上订立许多保障措施以防止滥用。"[16]我们如果只讲这些手段的有效性与可用性,不讲应用这些手段的程序正当性,不仅违背国际公约的基本要求,而且损害本国公民的宪法权利。

因此,我国《刑事诉讼法》如果要明确规定监听等技术侦查手段取证,并允许所取证据作为诉讼证据和定案依据,就必须严格法律程序,[17]并建立对电子监听等技术侦查手段的外部审查制度。从我国的实际情况出发,在一定时期内,可实行检察机关审查批准电子监听制度。

如果没有基本的外部监督和审批程序,建议取消《刑事诉讼法修正案(草案)》中关于技术侦查的规定,仍然维持长期以来的实际做法:公安、安全机关根据人民警察法和国家安全法实施"技术侦察",但只能将其作为侦查线索,作为获取其他公开证据的方法,如果要在诉讼中使用,也必须转化为口供、证词、搜查与扣押笔录等公开证据才能使用。[18]

另外，是就扣押、冻结等对物的强制措施的可诉性即可救济问题。对物的强制没有事前司法审查，即使按前面的建议，对部分高强度的对物的强制措施也只是检察机关所做的一种“准司法审查”。但这些措施的实施，如果损害了相关主体的合法权益，应当具有事后的可救济性，即如果当事人不服侦查机关的扣押财产或处置财产的决定，有权向人民法院提起行政诉讼。从根本上改变侦查机关享有免诉特权，因此“侦查行为不可诉”这一十分不合理的做法，切实保护公民的合法财产权益。

应当说，对物的强制措施应当有救济手段的问题，有关部门已经注意到。全国人大公布的《刑事诉讼法修正案（草案）》第45条规定，拟增加一个条文，规定当事人和辩护人、诉讼代理人、利害关系人认为司法机关及其工作人员有违法实施人身强制措施以及违法采取搜查、查封、扣押、冻结等侦查措施以及相关违法行为的，有权向该司法机关申诉或者控告。受理申诉或者控告的机关应当及时处理。对处理不服的，可以向同级或者上一级人民检察院申诉。这一规定，仍然采取的是向办案机关申诉、控告，以及向同级检察院或上级人民检察院申诉的做法，并未解决这类违法行为的“可诉性”问题。因为申诉不是诉讼，这一规定设置的申诉程序，不符合救济程序正当性、受理机关中立性以及处置权有效性的要求，[19]不可避免地会缺乏权利救济的实效性。而只有建立司法救济，才能在一定程度上解决防止侦查活动中的行政权滥用，从而有效救济公民权利的问题。因此，笔者建议人大立法草案拟制的申诉制度，应当改变为诉讼方式解决的司法救济制度，可将这种诉讼作为人民法院行政诉讼的一种类型。

四、驳论与续论

建立强制侦查的司法审查制度，可以想见，将使强大的侦查权受到一定程度的司法控制，难免受到相当的抵制。从已公布的修改草案看，建立该制度尚未成为本次《刑事诉讼法》修改拟尽快解决的问题。根据笔者的了解，反对的观点主要有：一是可能妨碍打击犯罪的效率；二是不符合三机关分工负责、配合制约的原则及检察监督原则；三是西方制度不适合中国现实国情。笔者认为这些观点不能成立。

关于妨碍打击犯罪的问题。应当看到，目前中国刑事司法体制及其运行，其总体情况仍然是“国家权力十分强大而制约不足，公民权利较为弱小而保障不够”。出现这种状况，就制度本身寻找原因，关键是因为缺乏一个独立、中立、权威的司法机构来制约公权力并保障私权利。[20]因此，在考虑现实条件约束的情况下，建立一个最低限度的司法审查制度，是当前改善我国刑事司法构造，平衡利益机制的当为之举。而且现实要求十分迫切。否则，《刑事诉讼法》所确立的各种人权保障制度都会在相当程度上形同虚设。还应当看到，这些年随着国力的增强，刑事侦查能力及社会控制能力的强化，这种权力制约措施不会对打击犯罪造成更大的影响。加之，初步建立的制度十分温和，也不至于对刑事司法运行效率带来较大妨碍。

关于协调诉讼原则的问题。公、检、法三机关分工负责、配合制约的原则，有根本性的制度缺陷，它不符合现代刑事诉讼构造的基本特征及刑事司法的规律，冲击人民法院、人民检察院依法独立行使审判权和检察权的原则，它扭曲诉讼结构、模糊诉讼关系，造成平分秋色，相互扯皮等实践弊端。[21]其改造亦为早晚之事。不过，现行《宪法》和《刑事诉讼法》未改变这一原则的情况下，笔者并不建议直接否定这一原则的制度设计。上述强制侦查司法审查方案，只是法院审判权在应有的程序裁判的范围内的小幅度延伸，亦可视为法院司法制约权的体现，并未动摇基本的刑事诉讼构架。而作为监督机关的检察机关也应受到监督，这是刑事诉讼原理的要求且符合当前司法改革的精神。也正是考虑到我国当前实行的检察监督原则，笔者建议的司法审查方案采用了检、法两个层次的司法审查制度。而且就大部分案件，以检察审查为主，以法院审查作为一种补充和最后的且是有限的救济手段，这种模式，与法院在司法审查中占绝对主导地位的国外模式有质的区别。

关于西方的制度、原则不合国情的问题。对强制侦查的司法审查制度，应当说源于西方司法改革，且与“国家权力有限论”及“公民权利保障”思想有渊源关系。我国的政治进步与司法改革，无疑应当从人类社会创造的制度文明与精神文明中吸取营养。尤其是在限制国家权力保障公民权利方面，由于专制主义历史传统的影响，我们更需要借鉴国外的可用制度。而当前我们采取的侦、诉、审职能分离，辩护权被确认的司法制度构架，无疑也是近现代借鉴引进国外制度的结果。但是在这种借鉴过程中，我们又加入了一些与引进制度的内在逻辑不相符合的因素，造成一种不伦不类甚至颇显尴尬的状态。我们目前这种体制，实际上仍未从根本上摆脱中国古代司法中行政与司法不分，以及不同的司法权力交叉重叠相互牵制，然后由皇权实现一统的制度传统。[22]我们既然已经借鉴了现代司法制度的架构，就应当尊重其应有的制度逻辑，只是在制度设置和运行时注意中国的制度背景与其他约束条件。正是尊重制度逻辑与适应现实国情的双重要求，一方面要求我们尽快建立强制侦查的司法审查制度，以防止公权滥用，保障公民权益；另一方面则要求我们在建立这种制度时，从中国目前的实际情况出发，采取一种比较缓和的、相对合理的、逐步推进的制度设置方式。本文所作的分析以及提出的改革方案，应当说反映了制度进步和制度可行的要求。关键在于决策者能够审时度势，与时俱进，排除阻力，迈出这重要的一步。[23]

注释

1 刑事诉讼法学理上可以将侦查行为分为强制侦查与任意侦查（非强制侦查）。前者的特征是强制性与侵权性；后者则是指不采用强制手段，不对相对人的合法权益强制性地造成损害的侦查行为。

2 陈光中主编：《21 世纪域外刑事诉讼立法最新发展》，中国政法大学出版社 2004 年版，第 224 页。

3 如《人民警察法》及《国家安全法》。这两部法律均规定了调查有关犯罪可以采取“技术侦察措施”（《人民警察法》第 16 条、《国家安全法》第 10 条）。

4 杨宇冠：《人权法——〈公民权利和政治权利国际公约〉研究》，中国人民公安大学出版社 2003 年版，第 197 页。

5 根据联合国《公民权利和政治权利国际公约》第 9 条第 3 款，被拘留者应被迅速带见法官或其他行使司法权力的官员。而就“迅速”的具体要求，联合国人权事务委员会在其就第 9 条的一般性意见中强调，在任何情况下拘留的时间都不能超过“几天”。这也同欧洲人权法院的判例法相一致。在许多国家，警方拘留嫌犯的时间限度为 48 小时，有些国家甚至为 24 小时。参见［奥］曼弗雷德·诺瓦克：《民权公约评注——联合国〈公民权利和政治权利国际公约〉》（上），毕小青等译，生活·读书·新知三联书店 2003 年版，第 175 页。

6 陈光中主编：《刑事诉讼法实施问题研究》，中国法制出版社 2000 年版，第 93 页。

7 孙长永：《强制侦查的法律控制与司法审查》，载《现代法学》2005 年第 5 期。

8 附条件逮捕最早出现在最高人民检察院 2005 年 5 月 11 日召开的“全国检察机关第二次侦查监督工作会议”上的有关文件中，并在 2006 年 8 月 17 日颁布的最高人民检察院《人民检察院审查逮捕质量标准（试行）》第 4 条中明确作出了规定。

9 《刑事诉讼法修正案（草案）》第 60 条提出一种延长检察机关自侦案件逮捕时限的方案，将

《刑事诉讼法》第134条修改为："人民检察院对直接受理的案件中被拘留的人，认为需要逮捕的，应当在十四日以内作出决定。在特殊情况下，决定逮捕的时间可以延长一日至三日……"本文参考了这一修改意见。因检察机关审查批捕有7天时间，公安机关侦查的案件，嫌疑人被拘留的时间仍可长达21天。此外，陈泽宪教授主持的，受外交部委托的"公民权利和政治权利国际公约"的批准与实施项目组，提出修改我国拘留制度的方案：一是由人民法院审查批捕；二是缩短拘留（公安机关"有证逮捕"）的期限。即公安机关应当在7日内提请检察机关审查同意后提请同级法院批准羁押，对流窜作案、多次作案、结伙作案的重大嫌疑分子，经过同级检察机关书面许可，提请批准羁押的时间可以延长7日。因此，拘留（"有证逮捕"）最长时间也是21日。参见陈泽宪主编：《公民权利与政治权利国际公约的批准与实施》，中国社会科学出版社2008年版，第199页。

10 这一转移的程序公正性效应已被普遍确认。如我国台湾地区陈水扁贪腐案，羁押审批包括多次延押审批均由法院组成合议庭采取公开审理、对席辩论的方式作出决定。这种公开、听证及法官中立裁判的方式，基本避免了对羁押程序不公正的质疑。试想，如果是检察机关在组成"特侦组"侦查此案的同时又采取内部审查的方式决定其羁押问题，其公正性无疑会受到很大的社会质疑，案件办理难以达到较好的司法与社会效果。

11 1992年5月，俄罗斯建立了对羁押决定不服的事后司法救济制度。即被羁押人不服调查、侦查及检察机关的羁押和延长羁押决定，可以向法院申诉。经各方参与的听证程序，审判员作出司法审查的决定。

12 陈光中主编：《21世纪域外刑事诉讼立法最新发展》，中国政法大学出版社2004年版，第249页。

13 1996年《刑事诉讼法》修改之前，检察机关对自侦案件嫌疑人、被告人实施监视居住，往往以变相羁押方式实施从而违反法律侵犯人权，从而促成1996年修改《刑事诉讼法》时限制监视居住地点与方式，基本解决了滥用监视居住的问题。教训犹在，不可不记取。

14 如必须保证嫌疑人会见亲属和律师的权利（如担心妨碍侦查，可以设置监控）。亲属会见权是国际规则所要求的，我国看守所管理规定亦予确认，但要求经过有关部门批准，实践做法是普遍不批准，因此，很多人甚至不知道在押嫌疑人的亲属会见权是一项权利。

15 如根据德国《刑事诉讼法》第八章有关条款的规定，扣押物品和邮件、检查个人数据、监视电信通讯、搜查等强制侦查行为实施，均由法官决定，只有在延误就有危险时可以由检察机关（德国检察机关系侦查主持机关）决定。但应在3日内提请法官确认，否则检察机关的决定丧失法律效力。

16 联合国《打击跨国有组织犯罪公约立法指南》第385条、《反腐败公约》第634条。

17 包括按照监听法的一般法理，明确规定技术侦查以何种方式实施，重点规定电子监听、监视的法律控制。如规定适用案件的特定性（两种立法例，一种是明确限制于某些类型而且不能加"等"的案件，另一种是规定可能判处的刑罚，如10年以上有期徒刑的案件）、适用对象（嫌疑人及与之联系的相关人员）的特定性、适用的空间与时间的特定性，规定在不得已的情况下才能使用,规定技术侦查的司法审批等。

18 2010年5月“两高三部”制定的《关于办理死刑案件审查判断证据若干问题的规定》第35条规定,“侦查机关依照有关规定采用特殊侦查措施所收集的物证、书证及其他证据材料,经法庭查证属实,可以作为定案的根据”。对此,笔者曾指出,我国对电子监听(监视)等侦查措施并无法律规定的条件和程序,更无法进行“严格的司法控制”以及实施其他保障措施,因此并不具备使用此类证据的前提条件。而且还应当看到,由于缺乏程序规定和权力制约,目前在实践中技术侦查手段已有滥用的趋势。在这种情况下,“死刑案件证据规定”打破长期以来尊重法制现实,技侦(密侦)材料需要转换的实践做法,让这类非程序化证据在法院登堂入室,作为对非程序化行为的认可,可能鼓励滥用侦查手段的行为,因此可以说这一规定不是法制的进步而是一种倒退。应当说,这一意见同样可以用于评论刑诉法修改草案对技术侦查问题的规定。参见龙宗智:《两个证据规定的规范与执行若干问题研究》,载《中国法学》2010年第6期。

19 检察机关是监督机关而非裁决机关,只能敦促办案机关解决问题,缺乏必要的裁决程序和裁决处置手段。而且检察机关又是侦查控诉机关,对违法强制侦查的救济能力显然不足。

20 这不仅表现在对人和对物的强制措施的滥用不能得到纠正,而且表现于其他诸多方面。如律师的会见权、阅卷权等权利,有法律规定,有多部委联合制发的文件,有司法解释,还有人大执法检查,但因为没有一种保障这种权利的有效机制,这些规定常常形同虚设。在辩护权被侵犯后,也没有任何有效的救济渠道。

21 龙宗智:《论配合制约原则的负效应及其防止》,载《中外法学》1991年第3期。

22 如清代大理寺、都察院、刑部三个机构,职能上虽各有侧重,但又相互交叉,并无十分明确的司法职能上的区分。而一遇大要案件的“三司会审”,则更是职能混同。

23 虽然笔者目前对此还并不乐观,但“知其不可而为之”,或“知其不可而言之”,也许正是学术的精神和意义之所在。通过持续努力,笔者相信强制侦查的司法审查制度在中国一定会建立起来。

念斌被再度确定为犯罪嫌疑人问题法理研判*

2014 年 8 月下旬，福建省高级人民法院对“念斌投毒案”作出念斌无罪的终审判决。但在 11 月，当念斌到有关部门办理出入境手续时，被告知限制出境。据悉是因平潭县公安局已于 9 月对投毒案重新立案，并将念斌再度确定为犯罪嫌疑人。

1996 年发生的一桩案件，让公民念斌经历了 4 次死刑判决、8 年牢狱之灾，而在判决生效，念斌终于被法律确认为无罪，该判决也因其彰显司法人权保障精神受到社会普遍肯定之时，侦查机关再度将念斌确定为犯罪嫌疑人，引起舆论高度关注。以同一事实将无罪定谳公民再度确定罪嫌并对其启动刑事程序，使公民面临“双重危险”，其合法性与正当性引起社会普遍质疑。念斌再次进入刑事程序，涉及犯罪嫌疑人认定、刑事裁判既判力及司法人权救济等一系列重要刑事程序问题，笔者拟对此作一探讨，意在襄助有司适当理解和处理相关问题，更望通过分析这一典型案例，在党的十八届四中全会全面推动依法治国的背景之下，促进我国相关法律制度的完善。[1]

一、立案及确定犯罪嫌疑人的意义与条件

投毒案重新立案，而念斌再度涉嫌，首先涉及对立案的意义和条件的理解。

（一）立案及其意义

在我国《刑事诉讼法》中，立案即刑事案件成立，其前提是有犯罪事实，

---

* 原载《法制与社会发展》2015 年第 1 期。

需要追究刑事责任(《刑事诉讼法》第 110 条)。立案的意义是启动侦查程序并为强制侦查提供法律依据。为说明其意义,可以比较其他国家的侦查发动程序。

在绝大多数现代国家,侦查机关开始侦查(犯罪调查)以侦查机关发现犯罪嫌疑为前提,法律并未设置作为一程序关口的专门的侦查开始程序。松尾浩也教授称:在日本,"警察官因为某种缘由'认为存在犯罪'的时候,就必须开始展开侦查"[2]。在德国,罗科信教授写道:"要开启侦查程序有三种方式:一是由官署知悉后进行;二是因提起告诉而进行之;三是因声请进行刑事追诉。原则上,在官署知悉后,每一位侦查人员(检察官或警察人员,德国《刑事诉讼法》第 160、163 条)均有义务进行侦查程序。"[3]

然而,应当注意的是,这种以随机方式实施的侦查限于非强制性调查取证,即任意侦查,如果实施强制侦查,则必须在具备法定条件的情况下通过司法审查获得令状后实施。就这一法理,我国台湾地区黄东熊教授解释为,"关于侦查之开始,乃无须有条件:原则上,苟有犯罪嫌疑,则得开始侦查。由此而知,任意侦查,原则上,无侦查之条件,而强制侦查则须有条件。不过,所谓强制侦查之条件,其实,乃属为强制处分之要件。关于其要件,'刑事诉讼法'就每一项强制处分均以明文规定,如不符合所定之要件,则不得以强制处分为侦查之手段"[4]。

以上做法,笔者概括为"随机性侦查发动配合强制侦查的法定原则与令状主义"。我国《刑事诉讼法》则与此不同,仿效苏俄刑事诉讼法"提起刑事案件"程序,将立案作为刑事诉讼的开始程序。公诉案件一旦立案,侦查之门即已打开,侦查机关有权实施必要的"专门调查工作和有关的强制性措施"(《刑事诉讼法》第 106 条第 1 项)。这一做法,可以概括为"程序性侦查发动配合强制侦查的授权原则"。因此,立案的实质是为强制侦查提供法律依据。一旦立案,强制侦查即为合法,侦查机关有权直接实施拘传、拘留、搜查、扣押、冻结、监听等措施(法律作出特别限制的长期羁押即逮捕除外),而没有立案,就不能采取强制性取证和人身控制措施。可见,我国刑事诉讼中的立案具有重要的法律意义,并对涉嫌公民权利产生重大影响。

(二)确定犯罪嫌疑人的条件

《刑事诉讼法》第 107 条规定:"公安机关或者人民检察院发现犯罪事实或者犯罪嫌疑人,应当按照管辖范围,立案侦查。"根据这一规定,结合司法实务，我国刑事程序中作为侦查前置程序的立案，有发现犯罪事实立案，以及发现犯罪嫌疑人立案这两种形式，前者被称为“以事立案”，后者则称为“以人立案”。公安机关侦查的普通刑事案件通常采用“以事立案”，即发现杀人、抢劫、强奸、盗窃等刑事案件发生后及时立案并展开侦查，而立案时可能尚未发现犯罪嫌疑人（确认嫌疑人可能就意味着“破案”）；检察机关侦查的职务犯罪案件，则通常采取“以人立案”形式，发现犯罪嫌疑人及其涉嫌犯罪的事实，决定立案并实施侦查。“以人立案”，采嫌疑人与涉嫌犯罪事实一并审查的所谓“一体化审查模式”，通常不再产生独立的确定犯罪嫌疑人的问题。但“以事立案”程序，因立案时很可能并未确定犯罪嫌疑人，因此则实际上存在“刑事案件成立”，以及具备条件时“确定犯罪嫌疑人”两项具体程序。

根据《刑事诉讼法》第110条的规定，立案的条件，是“有犯罪事实，需要追究刑事责任”。确定犯罪嫌疑人，根据《刑事诉讼法》第107条及第110条的规定，应当是该犯罪嫌疑人“有犯罪事实，需要追究刑事责任”。此处所谓“有犯罪事实”，是有证据证明该犯罪嫌疑人实施了犯罪行为。这种证明虽然不需要达到足以认定有罪，即证据确实充分的程度，但应当是根据证据作合理的判断，该嫌疑人确有实施犯罪的重大嫌疑，[5]指向其犯罪的证据事实包括：正在预备犯罪、实行犯罪或者在犯罪后即时被发觉；被害人或者在场亲眼看见的人指认他犯罪；在其身边或者住处发现有犯罪证据，等等。[6]

在“以事立案”，犯罪之事实确认与犯罪嫌疑人确认相对分离的立案模式中，立案条件的把握具有双重性质，即首先认定“有犯罪事实”发生，需要启动侦查程序追究作案人刑事责任。而后，（在具备条件时）认定某人或某些人“有犯罪事实，需要追究刑事责任”，并采取有针对性的侦查措施。

（三）无罪裁判生效后以同一事实再次确定犯罪嫌疑人的条件

无罪裁判作出并生效后，如果该项裁判仅否定被告作案，未否定罪案发生，意味着该罪案并未告破，侦查机关对该案重新立案符合法律程序，也是职责所系。但对原案当事人再次追诉的可能性，因国家法律制度的不同安排而有不同：如本国法律制度确认“任何人已依一国的法律及刑事程序被最后定罪或宣告无罪者，不得就同一罪名再予审判或惩罚”，[7]且无例外法规范可援引，则原案被告不能再次受到追诉，即不可能再次成为同一案件的犯罪嫌疑人和被告人；如上述“禁止双重危险”（一事不再理）原则未被本国法律确认,因而允许再次追诉,由于原案认定的嫌疑人及其犯罪事实已经被法院生效裁判所否定,显然不能根据原有证据事实再度确定原案被告为犯罪嫌疑人,而只能因发现新的证据重新追究原案被告。否则就会导致以侦查决定实质上否定法院生效裁判,使任何因证据不足宣判无罪的被告,都可能无限期地处于被刑事追究的状态,这显然违背法治原则及程序正当性要求。

"禁止双重危险"原则,系刑事司法的国际准则,但我国尚未加入载有该项准则的国际法文件,[8]而我国《刑事诉讼法》也未确认该项准则,在这种情况下,如发现新证据将原案被告再次确定为嫌疑人并无法律障碍。这里的关键,是新证据的发现。

我国法律对无罪裁判后再度确认犯罪嫌疑人问题并无具体规定,因此,对同一嫌疑人再次立案的新证据要求,亦无明确规定。不过,按照同类情形参照适用法规范的法律适用原理,我国《刑事诉讼法》关于再审立案条件的规定,可以参照适用。《刑事诉讼法》第 242 条第 1 项,就当事人及其法定代理人、近亲属提出申诉,人民法院重新审判的条件规定,"有新的证据证明原判决、裁定认定的事实确有错误,可能影响定罪量刑的"。参照此项规定,对同一当事人重新立案所需新证据,并非仅引起证据量变化而并不引起证据评价质变的普通证据乃至辅助证据,而必须是足以证明原判"确有错误",从而"影响定罪量刑"的重要证据、关键证据。

需要注意的是,《刑事诉讼法》第 242 条第 1 项是 2012 年《刑事诉讼法》修改时的改订条款。原条款并无"影响定罪量刑"的规定,加上这一要求,是为了严格"新证据"的认定条件,维护裁判既判力。全国人大常委会法制工作委员会刑法室,即负责《刑事诉讼法》修改的立法工作部门,对"新的证据"所作权威性学理解释为:"是指能够证明该案件真实情况,符合《刑事诉讼法》第 48 条规定的,在一、二审或者死刑复核程序中没有发现或者没有使用的证据。"同时解释"可能影响定罪量刑","是指原来的判决裁定认定错误的事实会影响对被告人适用的罪名、刑罚等,比如发现新的被告人不在犯罪现场的证据,或者被告人不是主犯而是被胁迫参与犯罪等证据,可能影响定罪量刑的"[9]。

还需要注意的是,虽然我国法律尚未确认"禁止双重危险原则",但该原则所蕴含的维护裁判权威和既判力,保护公民免受国家权力不当侵害的精神,具有公认的正当性和普遍意义,[10]因此,即使在无罪裁判生效后以同一事实对同一当事人再次追责,新证据的把握也应当特别慎重和严格。[11]

二、念斌被再度确定为犯罪嫌疑人引出的合法性与正当性质疑

“念斌案”于2014年8月下旬以无罪判决定谳,但据悉同年9月原侦查机关就在重新立案时将念斌再度列为犯罪嫌疑人,这一情况是念斌在同年11月办理出境手续时才知悉。由于社会质疑、媒体关注,立案机关作出了某些解释,并据报道称立案时有新的证据,但立案机关提供的信息和此案相关情况,并不能消除对再度确认念斌为犯罪嫌疑人的正当性与合法性质疑。

最突出的一项质疑,是再次确定犯罪嫌疑人与警方的侦查措施相矛盾。因如果发现新的重要证据,能够认定或基本能够认定原判“确有错误”,并影响对念斌的定罪,那么,就此罪行严重,可能判处死刑的案件,侦查机关必须依法采取强制措施。而且,不应采取取保候审、监视居住等不能防止重大罪案嫌疑人社会危险性的强制手段,而应当以拘留、逮捕剥夺其人身自由。因《刑事诉讼法》第79条第2款明确规定,对有证据证明有犯罪事实,可能判处10年有期徒刑以上刑罚的,“应当予以逮捕”。即对可能判处10年有期徒刑以上刑罚的重罪嫌疑人,不需要进行羁押必要性审查,只要有证据证明有犯罪事实,即应予逮捕。然而,立案侦查机关虽再度确定念斌为犯罪嫌疑人,却并未采取包括取保候审在内的任何刑事强制措施(确定为犯罪嫌疑人直接导致行政性强制措施适用,如根据出入境管理规定禁止出境的情况除外)。这种不作为,只能作出两种解释:一是警方懈怠,即有新证据足以重新证明念斌作案的重大嫌疑,侦查机关应当依法采取拘留、逮捕的强制措施而不采取,涉嫌侦查失职;二是对念斌重新立案侦查时,并未获得足以动摇其无罪裁判的新证据,因此也无根据采取立案侦查所需要的强制措施。对这两种可能,笔者根据媒体披露的有限情况判断,真实情况应当是第二种可能而非第一种。理由如下:

1. 从本案具体情况看,基本可以排除侦查懈怠失职。“念斌案”是社会高度关注的案件,重大案件无罪判决也是十分罕见的情况,[12]裁判否定原案侦查结论,无疑对侦查机关震动极大,以致很快再度立案并成立专案组侦办。如果其后发现新的重要证据,证实念斌重大罪嫌,随之必须依法采取的侦查行为就是再度确定强制措施,以防止其社会危险性,这是侦查的常识。而就这种大案,不可能出现背离常识的错误。而本案迄未采取任何刑事强

制措施，应可反证并无能够证明念斌犯罪的重要新证。

2. 从记者采访报道所获情况看，仍袭用原案确定嫌疑人的思维，嫌疑人的再度确定似乎并不取决于新证据。据网络媒体“澎湃新闻”报道，“11 月 26 日，平潭公安局公共关系处负责人接受了澎湃新闻的独家专访，称重新对当年投毒案开始立案侦查后，警方将现场的几个人都列为犯罪嫌疑人，‘这是正常的侦查程序’”。在回答澎湃新闻关于为何念斌又被列为“犯罪嫌疑人”的问题时，警方称：“念斌被宣告无罪以后，从公安的角度来讲，已破的案子变成未破，这个案子还没有了结，重新要启动侦查程序。”“警方在重新侦查程序上对事不对人。绝对不会要对他怎么样，根本没有这个必要。必须要把他列进来，因为当时现场只有那么几个人，可能下手投毒的，也只有这几个。但是也不是无限扩大化，把所有人都当作嫌疑人。但你说不列他？也讲不过去。这些程序也符合法律规定。”

在记者指出专家称，念斌无罪释放后又被列为犯罪嫌疑人，意味着出现了新的证据时，警方回应：“是有新的证据。但是什么证据，我们不方便透露。”[13]

因系社会关注的重大案件对警方采访，媒体通常十分慎重，而公安方面并未提出报道不准确，也可反映该报道无误或基本无误，而且其他多种媒体的报道内容也可印证。根据该报道，警方对念斌立案的理由，是将现场有作案条件的人员列为犯罪嫌疑人。即前述报道中警方所称：“必须要把他列进来，因为当时现场只有那么几个人，可能下手投毒的，也只有这几个。”警方虽称有新证据，但并未指出新证据对念斌立案的意义，结合前述第一点理由，应当可以推断，即使警方有原案未搜集或未使用的新证据，但其证明价值，应不足以动摇无罪判决，也不足以支持对念斌进一步采取刑事强制措施。

3. 从时间看，获得重要新证据缺乏现实可能。根据有关报道，念斌案无罪判决于 2014 年 8 月 22 日宣判，而念斌姐姐念建兰称，在出入境管理机关看到该处电脑确认念斌为犯罪嫌疑人的时间为 9 月 1 日，因此，其辩护律师质问：“公安部门全方位无死角地侦查，但凡有一丝犯案可能都不会让他回家的。过去 8 年都没查出新证据，难道 10 天里有新的证据了？”[14]如果相关报道无误，那么，念斌应是在警方重新立案之时被确定为犯罪嫌疑人的。8 月 22 日至 9 月 1 日有两个周末，法定工作时间仅 5 天，其间还应有研究判决、重新审查案件，研究应对措施以及立案报批等程序，加之专案组尚未组成，新的侦查措施也难以提前发动，因此在8年全方位搜证的背景下，于重新立案前的短暂时间内发现新的重要证据缺乏现实可能性。当然，原搜集的证据在过去审判中一直未用，也可以被认为是新证据。但是，在侦控方殚精竭虑组织控诉证据体系时，历经10次开庭、4次有罪判决都没有使用，在证明上能有多大分量，不无疑问。

根据上述分析，警方在重新确定念斌为嫌疑人时，应未获得影响定罪的重要新证据。如这一判断成立，办案机关将念斌再度列为嫌疑人的决定，即使在我国现行法律制度下，亦缺乏合法性与正当性，理由是：

1. 不符合无罪判决后重新确定犯罪嫌疑人的条件。在立案程序中确定犯罪嫌疑人，应当符合“双重标准”。即就事论，有犯罪事实发生，应当追究（作案人）刑事责任；就人论，该涉嫌人员“有犯罪事实，应当追究刑事责任”。已如前述。而就无罪判决生效后，以同一事实再度对原案当事人立案，参照公安部《公安机关办理刑事案件程序规定》第186条规定，公安机关对于犯罪嫌疑人终止侦查后又继续侦查，其前提是“发现新的事实或者证据，认为有犯罪事实需要追究刑事责任的”，[15]因此，只有发现新证据才能重新确定念斌为犯罪嫌疑人。而参照《刑事诉讼法》第242条第1项再审立案的规定，此类新证据应当足以动摇原判，支持犯罪指控。否则，再度认定原案当事人为犯罪嫌疑人，不具备合法依据。

2. 严重妨碍涉案公民合法权利的实现。对被判无罪的公民因同一事实再度确定为犯罪嫌疑人，使其人身、财产权利，包括获得司法救济的权利受到严重妨碍。因为作为犯罪嫌疑人，其人身自由受到限制，其就业、经济交往和社会交往也必然会受到妨碍，而其因8年监禁依法可以申请的刑事赔偿，也因再次成为待罪之身而难以实现。被法律确认为无罪的念斌，原案侦查过程中可能受到的刑讯逼供和虐待暂且不论，仅8年牢狱，其间4次死刑判决，对其身心和其他权利的伤害已经十分严重，而在无罪判决定谳后，在缺乏新的符合法律要求的指控证据的情况下，其再度被确定为犯罪嫌疑人，基本权利继续受到妨碍。而且如果今后长期未能发现新的重要证据以确认真凶，由于念斌未被羁押或被采取其他刑事强制措施，不受侦查期间羁押期限以及其他强制措施时限的限制，而其犯罪嫌疑人的身份可能一直维持下去，造成无罪判决后仍持续受害，这是严重的司法不公正，也显然有悖于国家司法人权保障制度及其精神。

3. 冲击生效裁判的既判力和审判权威。根据或基本根据原指控证据体系再度认定犯罪嫌疑人,在一定程度上实际否定了生效裁判的判决效力(既判力)。因为终审作出无罪判决,发生两方面效力:一方面是对当事人无罪的确认,随之也意味着对其作为无罪公民应享有权利的确认;另一方面是对侦查、逮捕、起诉及原审有罪判决的否定或部分否定,并由此提供了念斌申请国家刑事赔偿的法律基础。而警方在缺乏必要新证据的情况下再度确定犯罪嫌疑人,使法院生效裁判的两方面效力都难以实现:公民念斌的权利继续受到妨碍,同时,根据无罪终审判决本可确认错侦、错捕、错诉与错判,似乎又因当事人重新被确定为罪嫌而处于悬而未决的待定状态。而且如前所述,念斌涉嫌犯罪的法律状态可能持续较长时间,这将使判决的既判力长期不能实现。此种对裁判效力的妨碍,也必然损害审判的权威。这也是媒体普遍质疑警方新决定的重要原因。

根据上述分析,如侦查机关确未发现足以动摇原判的新证据,再度确定念斌为犯罪嫌疑人显然不当。按照“有错必纠”的原则,办案机关应当尽快纠正,撤销将念斌作为犯罪嫌疑人的决定,并对念斌赔礼道歉。办案机关及时纠正错误,在贯彻党的十八届四中全会决定、全面推进依法治国的背景下,显得更为必要。党的十八届四中全会决定提出了“加强人权司法保障”的要求并提出一系列具体措施,同时党的十八届四中全会决定还要求:“推进以审判为中心的诉讼制度改革。”以审判为中心建构刑事诉讼制度,体现了刑事诉讼的规律,也是对过去那种“侦查中心主义”以及审判的实质性与裁判的权威性严重不足弊端的“拨乱反正”。在审判为中心的诉讼机制中,侦查取证必须符合裁判要求,有关国家机关对司法审判所形成的生效判决亦应充分尊重。而念斌案中侦查机关重新确定嫌疑人的不当行为,应当说正是在一定程度上,反映了某些公安人员因内心对判决确认念斌无罪不服,而未能充分尊重法院判决的问题。[16]

“有权利就有救济”,被再度确定为嫌疑人,念斌应当享有向公安机关申诉、要求复议及要求上级公安机关复核的权利。同时,念斌还可以申请司法救济。当事人合法权利在司法程序中受到妨碍,通常应当向中立的第三方,即法院提出申请,而由法院发出司法令状予以救济,但在我国,检察机关被确定为法律监督机关,有立案监督的职责和权力。因此,如果公安机关拒绝纠正,念斌可向有管辖权的人民检察院提出申请,请求人民检察院对公安机关实施立案监督,通过审查再次立案和确定嫌疑人的法律与事实依据,要求公安机关纠正其不当决定。

三、由念斌被再度确定为嫌疑人看相关法律程序的完善

笔者认为,如果警方并无能够逆转判决的新证据,再度确认念斌为犯罪嫌疑人确属不当,但这一不当行为也同相关程序不完善有一定关系。因此,我们应当以这一典型案例的发生为契机,通过必要的研究论证,进一步完善我国刑事诉讼的相关程序制度。

1. 完善立案及确定犯罪嫌疑人程序。在公安机关办理的多数刑事案件中立案和确定犯罪嫌疑人是相对分离的任务。然而,我国《刑事诉讼法》就立案程序的规定有一个明显的疏漏,就是只有关于立案程序的规定,没有专门的关于确定犯罪嫌疑人的程序规定。与之相应,公安部 2012 年 12 月制定的《公安机关办理刑事案件程序规定》第 7 章第 2 节关于立案程序的规定中,也没有确定犯罪嫌疑人的具体规范。这种情况,造成实践中公安机关就事立案的程序相对规范,但确定犯罪嫌疑人的决定随意性较大。一方面,办案实践中比较容易出现随意扩大嫌疑人,损害公民合法权益的情况。例如,经济犯罪的案件侦办,将涉案公司的业务相关人员全部作为嫌疑人并采取拘留等强制措施,时限届满后又将其中大部分人或绝大部分人解除强制措施,不再作犯罪嫌疑人侦办,可谓"招之即来,挥之即去"。另一方面,对被确定为嫌疑人的公民合法权利保障不够。确定其为犯罪嫌疑人时无须向本人宣布,也未设置救济程序;撤销时缺乏严格而明确的法律手续,对公民"无罪推定""疑罪从无"的权利保障不足。[17]

我国刑事诉讼中的立案程序,源于苏俄刑事诉讼法中的"提起刑事案件"(或译"提起刑事诉讼")程序。[18]但与之相比,我们仅借鉴了该程序中确认刑事案件成立的内容,而未借鉴其确认嫌疑人(被告人)程序,这是借鉴性立法中的不足。以俄罗斯现行法为例,2001 年通过并经而后多次修订的俄罗斯《联邦刑事诉讼法典》第七编,规定了"提起刑事案件",其内容与我国立案程序的内容基本一致。而在该法第八编"审前调查"程序中,又以一章(第 23 章)规定了"确定刑事被告人,提出指控"的程序。[19]需要注意的是,这一程序并非提起公诉程序,而是在侦查活动中,发现"有足够的证据说明有根据

指控一个人实施犯罪,侦查员应作出决定将该人作为刑事被告人进行追究”(第 171 条第 1 项)。该决定应当载明被告人的身份、描述其涉嫌犯罪的事实并指出触犯的刑法条款。如一起案件确定几名刑事被告人,“应对每个人单独作出决定”。在作出这一决定后,侦查员应当于 3 日内向被告人宣布,如有辩护人,辩护人应当在场。宣布时应当说明指控的实质以及被告人的权利,该决定副本应发给刑事被告人及辩护人,同时应送交检察长。侦查员应即行询问被告人对指控的意见并做出笔录。法律对侦查员变更、补充指控以及终止部分刑事追究程序也作了规定。在确定被告人并向其提出指控后,侦查活动继续进行,直至侦查终结。终结侦查后,侦查员应保障被告人及法定代理人和辩护人了解案件材料的权利。如具备事实条件和法律条件,侦查员应制作起诉书并将刑事案件材料送交检察长,由其审查、批准起诉并向法院提起公诉。

念斌被重新确定为犯罪嫌疑人的案例,反映了我国刑事诉讼程序在确定犯罪嫌疑人方面的某些缺陷:规范较欠缺,程序不严谨,以致实践中随意性较大。同时,嫌疑人的知情权、申辩权不能得到有效保证。党的十八届四中全会决定要求:“加强人权司法保障。强化诉讼过程中当事人和其他诉讼参与人的知情权、陈述权、辩护辩论权、申请权、申诉权的制度保障。”在落实党的十八届四中全会决定,全面加强依法治国的背景下,有必要通过法律和执法文件的修改,完善我国刑事诉讼中确定犯罪嫌疑人的程序。[20]应借鉴俄罗斯联邦刑事诉讼法的规定,将确定犯罪嫌疑人作为立案程序中的一个具体程序。如嫌疑人已明确,应在立案时同时认定犯罪嫌疑人;如立案时嫌疑人不明确,应在具备证据条件时再确认犯罪嫌疑人,该决定同样需经审查和审批,再附于立案材料。嫌疑人的确定权,应与立案决定权一致。[21]确定犯罪嫌疑人后,在不妨碍侦查的情况下,应当及时告知嫌疑人该项决定和指控的罪名,告诉其作为犯罪嫌疑人应当履行的义务以及享有申辩权等权利(操作中可在第一次讯问时告知)。同时,法律和执法文件对确定嫌疑人的证据条件以及无罪判决后以同一事实再次确定为嫌疑人的证据要求,应当作出更为明确、具体的规定。无罪判决后以同一事实再次确定为犯罪嫌疑人的,应当向其宣布并说明根据,[22]同时设置救济程序。在犯罪嫌疑消除后,应当作出撤销其犯罪嫌疑人身份确认的决定,并及时向其宣布。

2. 完善既判力法则。法院判决的既判力,即生效裁判的约束力。在学理上,既判力可分为普通既判力,即判决的执行效力,以及特殊既判力,即禁止后诉效力——对同一事实不得再次起诉和审判,体现为"一事不再理"和(刑事诉讼中)"禁止双重危险"原则。特殊既判力的核心,是关于争议事实的判定效力("争点效"),意即:"当一项决定性之事实争点,在合法有效之终局判决中经判断后,则相同当事人间,就该事实争点,不得在将来之任何诉讼中,再事争执。"[23]

念斌被再次确定罪嫌不当,另一客观原因,是我国刑事诉讼没有确认"禁止双重危险"原则,因此,办案机关不顾及刑事追究权的限度以及公民本应享有的"禁止程序危险"的权利,继续对其进行刑事追究。

无罪判决生效后不得以同一事实再次追诉和审判,即"禁止双重危险"原则,是普遍确认的刑事司法国际准则。"禁止双重危险"原则的价值主要表现在:一是保护公民合法权益。防止国家机关无限度地运用刑事追诉权,对涉案公民正常生活与合法权利形成无休止的干扰与妨碍,从而保障公民基本的法律安全。二是确保判决的终局性及法律程序的确定性与稳定性。"在法院判决确定后,若仍得就同一案件再为起诉审判,人民会丧失对司法程序的信心,会觉得诉讼无任何实益。所以禁止双重危险,也等于在确保判决的终局性,提升司法程序的合法性,使国家机关及人民不再就已审判之事项为任何争执。"[24]

鉴于"禁止双重危险"在保障人权与维护法治方面的意义,在国际上已呈现将该原则宪法化的倾向。[25]长期以来,我国学者力促《刑事诉讼法》修改时确认该项原则。但遗憾的是,在2012年《刑事诉讼法》修改时,仍未对其予以确认。应当说,立法方面的主要担心是不利于打击犯罪,使个别罪犯借追诉权约束的法律条款逃避打击。这一顾虑可以理解,但我们也要意识到,程序正当性维系以及公民权利保障不可避免付出一定代价,但为避免代价过大,我们可以借鉴某些国家,设置例外制度,防止重大案犯逃避打击。如英国为加强打击犯罪的措施,于2003年刑事审判法中,就谋杀、非预谋杀人、强奸、贩毒和武装抢劫等29种犯罪,适用"禁止双重危险"原则作出例外规定,以发现"新的并且令人信服的证据"为由,在受到严格法律条件限制的前提下,可以启动重新审判。这种例外制度的设置,在一定程度上兼顾了公民权利保障与打击严重犯罪的需要,同样适合于我国国情。因此,在确认例外情况并对这种例外作严格规制的情况下,确认"禁止双重危险"原则,有利于完善我国司法人权保障制度,健全刑事程序法制,同时也有利于我国在国际人权交往中居于主动。可以设想,如果我国法律承认了“禁止双重危险”原则,并对例外情况作了明确的法律条件限制,应当可以避免类似“念斌案”的情况发生。

3. 完善司法监督和司法救济制度。公民被不当确定为犯罪嫌疑人,其合法权利受到妨碍应当有救济渠道。在我国现行法律框架下,以检察监督为外部救济方式,因此,当事人可以申请检察机关实施立案监督,已如前述。然而,目前的检察监督并不完善。除检察机关与公安机关在刑事诉讼中同为担当控诉职能的机关,其法律地位不中立,因此救济的有效性可能不足这种根本性制度缺陷以外,在现制度框架内探讨,还存在监督规范不完善,以致难以有效实施法律监督的问题。

根据《刑事诉讼法》第 111 条的规定,检察机关有权对公安机关的立案活动实施法律监督。如公安机关应当立案而不立案,人民检察院应当通知其说明理由。不立案理由如不成立,应当通知公安机关立案。接到通知后,公安机关“应当立案”。这是法律授权检察机关监督公安机关立案活动中“当立不立”问题的明确规定。但是立案错误还有另外的表现,即“不当立而立”,对此,法律并无明确的监督规定。这种立法上监督权行使的“片面性”,体现出一种“重打击、轻保护”的立法取向。

为弥补上述问题,《人民检察院刑事诉讼规则(试行)》第 14 章第 1 节,就“刑事立案监督”,明确规定对公安机关应当立案而不立案,以及不应当立案而立案这两种情况都应当实施监督,在要求公安机关说明不立案或立案的理由后,“认为公安机关不立案或者立案理由不能成立的,经检察长或者检察委员会讨论决定,应当通知公安机关立案或者撤销案件”。(第 558 条)然而,由于对公安机关立案不当的监督缺乏明确法律依据,这种监督可能效力不足,成为一种“软监督”——公安机关没有服从义务。这在《公安机关办理刑事案件程序规定》中已有明显反映。该规定第 179 条根据《刑事诉讼法》的第 111 条规定,明确规定,人民检察院要求说明不立案理由时,公安机关应当在 7 日内作书面说明;在接到检察机关立案通知书后,应当在 15 日以内立案。但随后的第 180 条,就检察机关对不应当立案而立案的监督,则规定为:“人民检察院认为公安机关不应当立案而立案,提出纠正意见的,公安机关应当进行调查核实,并将有关情况回复人民检察院。”回复方式、时限均无明确规定,也不认为检察院纠正意见具有必须执行的效力。

再进一步分析,根据《人民检察院刑事诉讼规则(试行)》并参照检察监督实务,对公安机关立案活动的法律监督仅限于上述两种情况,但对"念斌案"所涉及的立案本身并无不当,只是立案程序中对犯罪嫌疑人确定不当的问题,是否实施以及如何实施法律监督,《人民检察院刑事诉讼规则(试行)》并未作出规定。没有规范支持,实务中也难以实施监督。因此,前文笔者称念斌可申请检察机关立案监督,是因为这是目前法律框架内最为接近的外部救济路径。但由于相关监督规范阙如,这种监督的有效性不无疑问。

这一案例对完善检察机关立案监督程序有重要启示。十八届四中全会决定要求:"加强对司法活动的监督。完善检察机关行使监督权的法律制度,加强对刑事诉讼、民事诉讼、行政诉讼的法律监督。"通过分析"念斌案"及类似案件的问题,以落实中央决定、完善法律监督制度为契机,我国应当进一步完善检察机关立案监督制度。在完善立案监督程序,尤其是强化对不当立案进行监督的效力的基础上,对公安机关在立案过程中确定犯罪嫌疑人的决定,相关立法主体应当参照已建立的立案监督程序规范,制定专门的法律监督规范,从而建立起对于此项决定所影响的公民权利进行救济的较为有效的渠道。

注释

1 在侦查不公开的情况下,笔者只能根据媒体披露的有限情况进行判断,可能存在不准确之处,阅读时需注意。

2 [日]松尾浩也:《日本刑事诉讼法》,丁相顺译,中国人民大学出版社 2005 年版,第 42 页。

3 [德]克劳斯·罗科信:《刑事诉讼法》,吴丽琪译,法律出版社 2004 年版,第 354 页。

4 黄东熊、吴景芳:《刑事诉讼法论》,台北,三民书局 2002 年版,第 136 页。

5 《刑事诉讼法》第 80 条规定拘留对象为现行犯或者重大嫌疑分子,因嫌疑人被立案后采取拘留措施没有法律障碍,可以得出立案对象与拘留对象在法理上具有一致性,因此,第 80 条中所用"重大嫌疑"一词,应可用于立案程序确定犯罪嫌疑人时对嫌疑程度的把握。

6 刑事诉讼法学者刘梅湘称:"确认犯罪嫌疑人的证明标准只需达到合理的程度。所谓'合理',就是指侦查人员根据所了解的事实和情况或者所得到的可以合理信赖的信息,足以使一个正常而谨慎的人相信已经发生的刑事案件是犯罪嫌疑对象所为。"参见刘梅湘:《犯罪嫌疑人的确认》,载《法学研究》2003 年第 2 期。

7 联合国《公民权利和政治权利国际公约》第 14 条第 7 款。该款规定被称为"禁止双重危险"(the prohibition on double jeopardy)原则,又称"一事不再理"(ne bis in idem)原则,或"既判力"(res judicata)原则。

8 我国政府于 1998 年签署联合国《公民权利和政治权利国际公约》,迄今尚未加入,因此,该人权公约对我国尚不发生法律效力。

9 全国人大常委会法制工作委员会刑法室编:《关于修改〈中华人民共和国刑事诉讼法〉的决定:条文说明、立法理由及相关规定》,北京大学出版社 2012 年版,第 281 ~ 282 页。

10 联合国《公民权利和政治权利国际公约》第 14 条第 7 款规定的"禁止双重危险"原则,《美洲人权公约》第 8 条第 4 款和《欧洲人权公约》第七议定书第 4 条也作了规定。不仅被现代各国法律普遍承认,我国台湾地区、香港特别行政区、澳门特别行政区也确认了此项法律原则。

11 亦可参考英国的相关规定。英国 2003 年刑事审判法,允许基于"新的并且令人信服"的证据,对特定类型的严重犯罪案件中被判决无罪的人重新审判。同时通过立法解释对新证据作了严格界定——所谓证据是"令人信服的",是指"法院认为该证据是可靠的,具有实质性内容的,并且结合该案中的未决问题来考虑,该证据在证明被判决无罪的人有罪方面具有很强的证明力。例如,只有在原审中关于犯罪人的人身识别问题存在争议时,新的关于人身识别的证据才被认为是'令人信服的'。对于一项可能强化原有的指控、相对比较次要的证据,该条并不意味着这样的证据可以成为重新审理的理由"。参见陈光中主编:《21 世纪域外刑事诉讼立法最新发展》,中国政法大学出版社 2004 年版,第 139 ~ 140 页。

12 根据最高人民法院院长周强 2014 年 3 月 10 日所作的最高人民法院工作报告,2013 年各级法院共判处罪犯 115.8 万人,无罪 825 人,无罪率仅为 0.07%。

13 《警方回应念斌再被列为嫌犯:非挟私报复 有新证据》,载澎湃新闻,http://news.163.com/14/1126/18/AC0ESULR00014SEH.html,2014 年 11 月 30 日访问。

14 邵丽蓉、祝玲:《念斌再成"嫌疑人"警方 10 天找到新证据遭疑》,载新闻晨报,http://news.qq.com/a/20141126/000189.htm,2014 年 12 月 1 日访问。

15 《公安机关办理刑事案件程序规定》第 186 条规定:"公安机关撤销案件以后又发现新的事实或者证据,认为有犯罪事实需要追究刑事责任的,应当重新立案侦查。对于犯罪嫌疑人终止侦查后又发现新的事实或者证据,认为有犯罪事实需要追究刑事责任的,应当继续侦查。"

16 平潭县公安局公共关系处负责人接受澎湃新闻的专访时称:"无论(案子)办得对还是不对,它在程序正义的实现上,在中国法治进程上代表着进步的一面。但从受害人和实体正义上,就不好评价了。因为判决已经出来了。"参见《警方回应念斌再被列为嫌犯:非挟私报复 有新证据》,载澎湃新闻,http://news.163.com/14/1126/18/AC0ESULR00014SEH.html,2014 年 11 月 30 日访问。

17 根据《公安机关办理刑事案件程序规定》第 183 条第 3 款的规定,对于经过侦查,发现有犯罪事实需要追究刑事责任,但不是被立案侦查的犯罪嫌疑人实施的,或者共同犯罪案件中部分犯罪嫌疑人不够刑事处罚的,对有关嫌疑人采取的措施是“终止侦查”,而非撤销犯罪嫌疑人身份确认。

18 蒂里切夫等:《苏维埃刑事诉讼》,张仲麟等译,法律出版社 1984 年版,第 204 ~ 222 页。但黄道秀翻译,中国政法大学出版社 2003 年 1 月出版的《俄罗斯联邦刑事诉讼法典》(2001 年 12 月批准),将“提起刑事诉讼”改译为“提起刑事案件”。本文从黄译。

19 在俄罗斯《联邦刑事诉讼法典》中,侦查人员根据已掌握的证据作出确定被告人的决定,相当于我国刑事诉讼法确定犯罪嫌疑人的决定,可见两国刑事诉讼法中“被告人”的确认阶段、确认内容及法律意义是不同的。

20 就完善我国刑事立案中的犯罪嫌疑人确认程序,已有刑事诉讼法学者提出建议。参见刘梅湘:《犯罪嫌疑人的确认》,载《法学研究》2003 年第 2 期。

21 根据《公安机关办理刑事案件程序规定》第 175、184 条的规定,立案、不立案、撤案,以及对嫌疑人终止侦查的决定审批权为县级以上公安机关负责人。

22 第一次确定为犯罪嫌疑人,可以不妨碍侦查为条件设置告知程序。但无罪判决后再次确定犯罪嫌疑人,因当事人经历了长时期的刑事程序,对案件相关信息充分知晓,已不存在告知后会妨碍侦查的顾虑,因此应设置必须告知的程序。以“念斌案”为例,念斌在宣判无罪后即被再次确定为嫌疑人,却在 2 个多月后欲出境时才从出入境管理处知情。办案部门未及时告知,也未向其说明作出决定的根据,虽然因相关法制不完善而可不视为违法,但是不符合司法人权保障的精神及程序正当性要求。因此相关制度规范应当完善。

23 林朝荣、林芸澧:《既判力与二重危险之研究》,台北,一品文化出版社 2009 年版,第 387 页。

24 王兆鹏:《一事不再理》,台北,元照出版有限公司 2008 年版,第 12 ~ 13 页。

25 陈学权:《禁止双重危险原则的发展趋势》,载《人民法院报》2005 年 2 月 2 日,第 5 版。

第四编

审判程序

论我国刑事庭审方式*

1996年通过并于次年实施的《刑事诉讼法》确立了一种新的庭审方式，这种方式已经在很大程度上脱离了原庭审程序的轨道，而同时又与世界上任何其他国家，包括实行职权主义、当事人主义或混合制庭审模式国家的做法有明显区别，因此并无成例可循。我们不仅要独立地研究1996年《刑事诉讼法》所确立的庭审制度的基本构架，还要摸索适合我国特有的这种庭审方式的操作方法与运行规则，这是一个全新的同时又有相当难度的课题。而从诉讼法理上看，“对簿公堂”的法庭审判活动，是诉讼形态最完整的体现，这种活动将对侦查、起诉的有效性作出结论性评断并最终决定诉讼的命运，因此应当是诉讼活动的中心和重心。不过，在体制运行实践中，可能由于制度和操作的原因使审判前阶段的活动以及庭下和庭后活动对诉讼发生决定性影响而使庭审程序“虚置”，这也是我国原有体制中常出现的问题。然而，1996年《刑事诉讼法》为解决这一问题做了重大努力，从而在相当程度上为法庭审判的实质化提供了制度资源。庭审的实质化趋向，使庭审方式的研究具有了较之过去大得多的意义。这种研究的意义还在于，1996年《刑事诉讼法》就庭审问题的制度设置为整体上的制度协调以及微观意义的制度填充留下了较大的活动空间，而且新刑事诉讼体制尤其是庭审方式在近两年的试运转和初步运转的实践表明，虽然全国人大的决定对我国刑事诉讼制度做了一系列重大改革，但最难把握和操作，问题最多也最难解决的，应当说是庭审制度与程序问题。可以说，新体制下的庭审环节，是各种矛盾和冲突的集中体现。研究这些矛盾和冲突、研究整体上的制度协调和微观

---

* 原载《中国法学》1998年第4期。

意义的制度填充，对新的刑事诉讼体制的完善和有效运行无疑具有十分重要的意义。

一、庭审制度的中国特色及模式界定

应当说，1996年《刑事诉讼法》对新庭审方式及其运作的规定具有粗线条勾勒的特点，一些具体方面在法律中尚未体现或未充分体现，但其已经改革创制了新庭审方式的基本构架，这是可以确认的。这种改革，集中表现在重新配置控、辩、审职能，改变过去由法官直接调查证据的方式，确立了控辩双方向法庭举证同时不排除法官调查权的庭审方式，并围绕这一变革，修改了法院在庭审前作实体性审查的庭前审查程序。新的刑事庭审方式是一种特殊类型的庭审方式，它既具备当事人主义诉讼的某些形式特征，又不乏职权主义的技术性因素，同时带有浓厚的中国特色。

（一）庭前程序的特殊性

突出表现在庭前程序未贯彻排除预断原则，既非原来制度中的庭前实体审，又不是作为对抗制诉讼必要组成部分的程序审，而是独特的以程序审为主，不排除实体审查的庭前审查方式。

庭审法官是否在庭前对案件作实体审查是职权主义与当事人主义审判方式的重要区别。职权主义实行法官直接作庭审调查的制度，因此要求法官在庭前对案件作实体审查，以便做好庭审调查的准备，而案卷移送制度为实体审查提供了必要条件。当事人主义诉讼以庭审为诉讼的中心并贯彻当事人平等原则，为防止审判法官对控方移送的证据形成先入为主的有罪观念，即防止预断，禁止审判法官庭前接触证据材料。为此，或实行预审法官与庭审法官分离的制度，允许前者而禁止后者接触证据。或实行起诉状一本主义，禁止在起诉时移送案卷和证据。如日本《刑事诉讼法》第256条第6项规定，“起诉书不得添附可能使法官就案件产生预断的文书和其他物件，或引用该文书等的内容”。依日本学术界通说与判例，检察官提起公诉时如果违反了起诉状一本主义，属于对公诉方式的重大违法，受诉法院应依法驳回公诉。因此而驳回公诉的，不得再行起诉。[1]

1996年《刑事诉讼法》通过后，有不少人称新庭审方式中的庭前审查是程序审，理由是依据《刑事诉讼法》第150条，法官只需审查起诉案件符合审判的形式要件，就可开庭审判。但问题在于：在没有实行预审法官和庭审法官分立制的情况下,案件移送方式并非起诉状一本主义,检察机关在移送证人名单、证据目录的同时,还需移送主要证据的复印件或者照片。这显然未贯彻排除预断原则,法官具备在庭前作某种程度实体审的条件与可能。也就是说,法官庭前审查的内容及处理方式本身就不得不使法官超越形式而关注实质。这里有一个重要的条件,即我国《刑事诉讼法》并未设置专门的“预审”程序,也未设置与庭审法官完全分开的预审法官(用以解决起诉审查、证据准入、证据开示等问题),由主审法官直接进行庭前起诉审查,在目前的起诉方式下,势必要关心案件的实质性内容。再从司法实务看,法官为了把握庭审,普遍在庭前认真研读主要证据,从而难以完全避免庭前预断。

(二)庭审程序的特殊性

表现之一是独特的庭审阶段和庭审程序设置。从国际上看,除了开庭后的调查身份、宣布权利等前期活动外,就“实质性”庭审活动,大陆法系国家的职权主义诉讼大体采用“两段式”,即首先进行法庭调查、然后进行法庭辩论。辩论终结后,被告人有权作最后陈述。我国原刑事庭审即采用此种方式。英美等国的当事人主义庭审则不同,其庭审在多数情况下可简单概括为:(1)先由检控方作开庭陈述,即提出指控并陈述举证要旨,然后实施控方举证。(2)控方举证后由辩护方作开庭陈述并进行举证。在双方举证时,对人证采用交叉询问,诉讼双方可就证据的实质性、关联性、合法性等问题提出异议并进行辩论。法官可以依职权进行证据调查。(3)举证完毕后,控诉和辩护方分别就其举证作总结,总结陈述应基于庭审调查的证据合乎逻辑地得出被告有罪或无罪以及犯罪情节轻重的结论。

我国1996年《刑事诉讼法》对庭审的推进和阶段划分采取了一种既不同于大陆法系又不同于英美法系的独特做法:“实质性”庭审活动由公诉人宣读起诉书开始,然后直接进行证据调查,包括:(1)被告人、被害人对案情作出陈述并由公诉人、被害人、辩护人及审判人员向被告发问;(2)公诉人、当事人、辩护人、审判人员对证人发问;(3)出示物证、书证和各种笔录等证据;(4)经审判长许可,公诉人、当事人和辩护人、代理人可以对证据和案件情况发表意见并可以相互辩论。审判长宣布辩论终结后,被告有最后陈述的权利。

从上述程序大致可以看出:其一,1996年《刑事诉讼法》虽借鉴了控辩双方举证的证据调查方式,但对开庭陈述《刑事诉讼法》未作明确规定;其二,根据1996年《刑事诉讼法》,辩论活动可以在庭审调查中随时进行,而且除证据调查中随时进行的辩论外,在举证完毕后还有一个相对独立的辩论阶段,即所谓调查中的"小辩论"和辩论阶段的"大辩论"。由此可见,我国庭审阶段设置与大陆法系以及英美国家和地区的设置方式均有区别,是一种兼及两类的较为独特的阶段和程序规定。

表现之二,是庭审中法官职权主义因素与对抗制因素的共存及独特的混合。法官职权主义,是所谓"权力行使型"诉讼结构,它要求法官在庭前实体审查的基础上,在庭审中直接调查证据并推进诉讼。当事人主义属"权力抑制型",是以控辩双方的诉讼对抗和法官的中立听证为基本的审判结构。为了加强诉讼的公正性和审判的实质性,此次《刑事诉讼法》修改在一定程度上引入了类似对抗制的证据调查方式,以控辩举证为主代替了法官包办证据调查,因此已具有了对抗制庭审的某些基本特征。但与此同时,为了保证诉讼的效率和有利于寻求案件的客观真实,又在一定程度上保留了职权主义即非对抗制的因素。突出表现在法官不是消极的听证,他在必要时也可以依职权讯问被告、询问证人,调查证据。

两种因素的共存似乎是现代庭审改革的一个方向。但我国新的庭审方式"混合"二者的方式较为独特。它突出表现在法官的调查职权强大而且缺乏限制,法官仍然能够在一定程度上包揽举证尤其是代替控辩双方对证人进行询问,这种情况在一些刑事审判实践中已表现得十分明显。而且法官具有庭外调查的职权,根据1996年《刑事诉讼法》第158条的规定:"法庭审理过程中,合议庭对证据有疑问的,可以宣布休庭,对证据进行调查核实。""人民法院调查核实证据,可以进行勘验、检查、扣押、鉴定和查询、冻结。"这一规定明确赋予了法院庭外调查核实证据的权力。这种庭外调查核实相对于庭审调查无疑是一种补充性的调查,一般是在某一事实对裁决具有实质上的意义而尚在不确定之中,或者双方对某一事实的举证明显相互排斥而当庭一时无法判断其真伪时,这一权力才由法官予以行使。然而,法官调查由庭内延伸至庭外,而且这种调查核实不受控辩双方意志的制约,也未规定控辩双方的在场和参与,却是实行当事人主义的控辩举证制度的其他国家一般不具有的。这种做法固然具有可能进一步查清实体真实之利,但由此而取得的证据是否需要出示,如何在法庭出示,需不需要质证和怎样质证,一系列问题难以合理解决。

（三）诉讼主体权利义务的特殊性

在我国新的庭审制度中，被告人、被害人、检察官等诉讼主体享有特殊的权利义务并因此而具有特别的法律地位。

首先是被告人的双重诉讼地位。双重诉讼地位，是指被告人在诉讼中既为诉讼主体又是诉讼客体。作为诉讼主体，他享有以辩护权为核心的一系列诉讼权利，并以此与控诉方作诉讼对抗。但在我国刑事诉讼法中，被告人口供是一种重要的证据来源。根据1996年《刑事诉讼法》的规定，侦查活动中，犯罪嫌疑人对侦查人员的提问应当如实回答；在庭审中，有讯问被告人的专门程序，在此，也未赋予被告人保持沉默的权利。这一程序中，被告人作为讯问调查的对象，在这一意义上而成为诉讼客体。

在英美刑事诉讼中，肯定公民"不自证其罪"的权利，除非当事人自愿放弃，对事涉本人的犯罪调查"有权保持沉默"。从一定意义上，就是为了维系当事人对抗的平等诉讼结构。在现代职权主义诉讼中，也普遍认可被告人的"沉默权"，尤其是在审判阶段的沉默权，甚至一般不允许法官和陪审团从被告人的保持沉默推导出对被告不利的结论。我国刑事诉讼不赋予犯罪嫌疑人、被告人的沉默权，主要是基于证实和打击犯罪的需要。应当说我国《刑事诉讼法》就被告供述义务的考虑是可以理解的，不能否认，这种规定对查明案件情况是有利的，尤其考虑到我国司法资源有限，刑事侦查的技术能力不强，不能不在相当程度上将破案和定罪放在口供上。但其弊端也比较明显，除了容易导致"口供主义"，发生侵权现象外，还突出表现在常常出现"老实供述定罪""奸猾不供无罪"这样的司法悖论。而且被告人在庭审中的客体化，使诉讼的结构难以维持其平衡。

其次是被害人的当事人化。诉讼当事人，是指与诉讼有利害关系并在诉讼中承担重要而独立的诉讼权利与义务的参诉人。从一般法理上看，公诉案件因公诉人代表国家支持公诉，实际成为公诉案件的"当事者"，被害人不具有诉讼当事人地位。但此次《刑事诉讼法》的修改，将被害人确立为公诉案件诉讼当事人，赋予其相应的权利义务，这是一个重大的制度修改。在法庭审判中，被害人享有讯问被告、询问证人、调查其他证据并要求法庭调取新的证据以及在庭审时发表意见并进行辩论等当事人权利。实际上诉讼权利与被告人基本对等，同时因《刑事诉讼法》没有规定控辩双方对被害人的质证，因此其诉讼义务少于被告人。被害人的当事人化，直接影响诉讼的格局。使两造对抗、法官听讼即“三方组合”的传统结构因被害人作为诉讼之一方的加入而为之改变。这可能有利于对被害人个体利益的保护,但增加了诉讼量,延长了诉讼时间,同时增大了法官主持审判的难度。

最后是检察官法律地位的特殊性。在我国刑事诉讼中,检察机关不是单纯的公诉机关,而是经宪法和法律所确认的法律监督机关,它有职责和权力监督法院审判活动,1996 年《刑事诉讼法》进一步强化了检察机关的法律监督,检察机关对刑事诉讼的法律监督已确立为刑事诉讼的一项基本原则。虽然这种监督不是任意性的,其内容和方式必须遵循法律的规定,然而,作为《刑事诉讼法》的基本原则,它是贯彻于刑事诉讼始终的,不存在一个不允许监督的真空或禁区。庭审活动亦同,《刑事诉讼法》虽然废止了当庭监督的规定,但该法第 169 条仍然规定,“人民检察院发现人民法院审理案件违反法律规定的诉讼程序,有权向人民法院提出纠正意见”。据此,检察院具有对庭审活动实施监督的职责和权力,虽然监督的主体是检察院而不是公诉人,提出的对象是法院而不是合议庭,但出庭的公诉人在不违背法律规定情况下不能不负有特定的监督职责,也就是注视法庭的审判活动是否有违法行为,从而为本院的监督提供依据。否则,检察机关对庭审活动的监督就无法实施,无从谈起。可见,在新的庭审制度中,检察官仍有较为特殊的法律地位。

(四)审决机制的特殊性

突出表现在审判法官及合议庭的裁决权仍然受到审判委员会甚至法院行政首长(院、庭长)的制约。现代刑事诉讼的公开性和公正性要求直接参与审判听证的法官和其他裁决者对审判案件作出裁决,为此,在司法制度上确立了法官独立的原则,保证法官独立地审理和判决。在审判程序上肯定直接原则和言词诉讼原则,要求采取直接的、言词的诉讼方式,使法官易于辨明是非。在证据制度上实行自由心证,让证据直接作用于法官并形成心证。然而,由于受法官素质、法院体制等限制以及服从政策一致性的要求,为慎重处理某些案件尤其是重大疑难的案件,《刑事诉讼法》规定,“对于疑难、复杂、重大的案件,合议庭认为难以作出决定的,由合议庭提请院长决定提交审判委员会讨论决定。审判委员会的决定,合议庭应当执行”。这明确体现了院长、审判委员会对合议庭行使审判权的制约和监督关系。而宪法规定的法院独立而非法官独立的原则,为这种特殊的审决机制提供了法理基础。

审判委员会讨论决定案件，主要根据合议庭的汇报进行，因此实际采用一种间接审理制。一个明智的审判委员会，应当能适当地检验、验证合议庭的意见和案件中的相关因素，并从更广阔的背景上提出对案件的看法和裁决的方法。然而，由于离开案件的直接审理，尤其是考虑到审委会成员虽然一般说来有更丰富的经验并属法院之精英，但仍然只具有一种有限的理性能力，未经直接审判而凭报告和某些书面材料的审阅即作裁判，也可能会有失于悖、有失于偏。

通过以上对我国庭审制度特点的分析，我们似可产生两点评价性看法：

1. 我国目前的庭审方式是一种具有中国特色的混合式庭审方式。它是中国传统和固有的制度因素[2]、现代职权主义以及当事人主义三大要素的糅合。目前制度改革的走向是较多地吸收和借鉴了当事人主义，应当说新庭审方式在一定意义和一定程度上具有了当事人主义的某些特征(如当事人举证和诉讼对抗)，因此而简称为“控辩式”庭审方式亦无不可。但还不能将其简单地就归类于当事人主义的诉讼结构，而应当看到与其有重要区别。我们在借鉴当事人主义的同时，考虑到我国的司法传统、刑事诉讼的背景和实际需要，主要借鉴当事人主义的某些技术性设置，由于保留了对实体真实的顽强追求，职权主义甚至超职权主义的因素仍然起着重要的作用。这一点，与日本刑事诉讼借鉴当事人主义有某些相似之处。日本学者曾指出：“刑事诉讼法可以采用的当事人主义是指辩论主义，即提出诉讼资料尤其是证据，首先是当事人的责任。这是出于维护人权的同时查明事实真相这一政策性考虑而设计出来的，也就是说，是技术性的当事人主义。其另一方面是，在当事人主义有碍于发现实体真实的时候，补充性的职权主义是不可避免的。”[3]而在我国，目前对当事人主义的借鉴远未达到日本的程度。例如，最重要的诉讼当事人——被告人，其诉讼地位的两重性使其尚未实现真正的“当事人化”，而检察官的特殊地位也使其难以被命名为诉讼之“当事人”；法官依职权且超越当事人主义的法官角色概念而调查证据还是十分普遍和重要的；而正当程序理念与当事人处分原则没有贯彻。因此只能说，1996年《刑事诉讼法》对庭审制度的修改，意味着“我国庭审制度的根本性变革开始发生”。

2. 上述三种因素虽经糅合仍具有机制性冲突，目前庭审模式还具有过渡性及相当程度的需改善性。刑事诉讼制度与任何一项法律制度有效运行的一个基本条件,是应当实现机制统一,线条流畅。修改《刑事诉讼法》,无论是以当事人主义为基本走向还是坚持以职权主义为特征的固有传统,都要注意其"技术合理性",实现诉讼机制的协调统一。然而,新制度仍然存在机制冲突问题。这种冲突突出表现在所谓当事人主义和职权主义的矛盾。具体体现于具有对抗制特征的庭审方式与职权主义的侦查起诉方式的冲突,以及庭审中的对抗制因素与保留的职权主义甚至超职权主义因素产生的矛盾。这种机制冲突不仅是法律精神不协调这样的"软冲突",而且有程序与制度之间直接矛盾这样的"硬冲突"。

例如,对抗制诉讼模式,虽然肯定辩护律师为"诉讼主体",但就基本法律关系而言,是以被告人为"实质主体",因此,在对抗制诉讼结构中,不会有强制性的"讯问被告人"一说。因为这与被告人作为一方实质主体的地位相悖。新法律在采用具有对抗制特征的庭审方式的同时,却仍然保留"讯问被告人"的制度,而且由于改法官主问为公诉人主问,在被讯问人不享有沉默权的情况下,对抗制的平等精神在这里已不复存在。同时审判方式与侦查方式也存在矛盾。我国的刑事侦查,不采"弹劾制侦查观",而是比较典型的强调侦查机关权力运用的审问式甚至超审问式模式,侦查机关在侦查活动中有很大的权力,包括可以直接决定对嫌疑人作较长时间的拘留,不需司法令状而直接实施搜查、扣押、邮检等强制性侦查手段。在这些问题上不采"司法令状主义",可以称为"侦查便宜主义"。不过由于律师介入的提前,这种"单方侦查"状况有某些改变。但仍不能改变侦查权十分强大而且缺乏控制与辩护权弱小的基本事实,在这种情况下,要求在审判阶段控辩双方平等地进行诉讼对抗就很不现实。从而造成审判机制与侦查机制的冲突。

上述"机制冲突",除了技术上的问题外,应当说与立法的指导思想有关。因为立法者在欲实现审判程序合理化的同时并不准备改变基本的法律结构,并不打算以较大程度的削弱犯罪侦查能力为代价,做的是鱼与熊掌兼得的打算。从法理上分析,就是意图将对抗制因素的引入局限为只是实现审判程序合理化和保障被告人权益的"技术性"当事人主义。这种想法本身有其合理性,同时也不是没有可实践性(如日本的例子),但由于将变革局限于某些诉讼环节而缺乏一种整体思维,忽略了在最重要的诉讼环节——法庭审判环节的重大变革势必要求相应的配套性的制度安排,这就造成了"机制冲突”。

在出现机制性冲突的同时,新的庭审制度中某些技术性设置还不尽合理,存在庭前程序薄弱、作证制度很不健全,以及技术性规则缺乏等问题[4],这就不可避免地使目前的庭审方式带有一定的过渡性和需完善性。也就是说,为了内在机制的统一协调,以保障制度的有效运作以及保证法律所欲保障的利益得到较好地实现,它将面临新的发展变化,大概有两个可能:一是为了有效控制犯罪而使审判制度回到或者在实际上保持职权主义类型;二是进一步改革庭审方式,完善配套制度。鉴于立法的既成状况以及社会发展的要求,要回到过去已是不太可能。随着社会的发展以及各方面条件的具备,庭审方式改革的推进可能会走进一步借鉴对抗制诉讼的某些技术性设置的道路,这也将会使我国刑事司法制度与刑事司法的一般性国际标准进一步一致起来。

二、新庭审方式的生存困境及运行效应

我国目前庭审模式的形成有理性设计、传统惯性等多种因素的影响,根据法制必须适合一定的社会状况的原理,这一模式的形成和功能发挥以及今后的发展不能不受到我国刑事诉讼实际条件的限制。

(一)文化限制

诉讼形式作为特定社会解决社会冲突的一种手段和方式,是该社会文化的产物,如英美诉讼中的对抗制就植根于他们文化中的对抗因素。日本学者枝川公一说:“在当今世界上,恐怕没有一个社会像美国那样看重‘对抗’或‘对立’了。在那里,当A提出一个主张后,必然会有B出来反驳,对于B的反驳,C又会来评头论足一番;A反唇相讥,B则会准备许多的言辞挑战,而C则等待着再次出场。事情就是这样反反复复的。在第三者看来,双方敷衍一下相互妥协不是挺好吗?但美国这个社会就是对那些令人生厌的执拗的争执感到乐此不疲。他们崇尚干到底的精神,谁若中途偃旗收兵便会给人以卑怯的印象,谁若战斗到底取得胜利,就会被人视为美德加以颂扬。”“美国人十分重视‘对立’和‘对抗’,把这看作生活行动的重要组成部分。这是因为他们信奉国家是虚无的,自己个人才是实实在在的这一信条。然而,国家又制约着个人,支配着个人。所以在出发点上,国家与个人便水火不相容了。作为美国人,当他们一生下来,命运就安排他们准备在矛盾中

生存。据认为,这就是美利坚合众国的基本点。”[5]美国文化中的对抗性显然与其诉讼的对抗制是相适应的,像辛普森案审判中,控辩双方那种尖锐对抗,甚至常常不留余地,在法庭上闹得不可开交的做法,可能只有在美国文化的背景下才能看到。

我国社会却有别于英美的对抗制传统。目前我国史学界普遍认为,我国具有“和合”文化传统。如学者刘保昌称:“以‘和合’二字来概括中华文化的主流特征,是十分精当的。和合思想是中华文化的精髓和被普遍认同的人文精神。”而“中华和合文化生成时期的丰富蕴含之一便是‘以和为贵’‘以和合为贵’”。[6]《论语·学而》记孔丘弟子有子云:“礼之用,和为贵。”可以代表孔子的思想。以和为贵,不仅仅局限于政治礼仪方面,在其他方面,外交、司法、人事、人际关系等领域,也莫不如此。学者汤一介进一步分析了儒学的“太和”观念,亦即“普遍和谐”的观念,称这种和谐包括了自然的和谐,人与自然的和谐,人与人的和谐(社会生活的和谐)以及人自我身心内外的和谐等。[7]我国法文化学者梁治平先生也指出,对抗需建立在某种文化的共识之上,而维持整个社会的和谐,构成了中国古代法的出发点。[8]日本学者野田良之比较中西方诉讼文化时,强调了中国诉讼文化的非对抗性,他将中国传统的刑事诉讼称为上诉或保护性诉讼模式,而将西方的诉讼模式称为竞争性诉讼模式。[9]

家国传统与和谐精神,使中国传统诉讼文化缺乏竞争和对抗的要素。正是由于这种传统,加上当时的“情境因素”,近现代中国的诉讼形式,虽采用了控辩审分离的近现代诉讼形式,但具体的道路,是倾向于欧洲大陆的诉讼形式,具有明显的“职权主义”即非对抗制特征,仍然缺乏对抗制因素。

中国文化的非对抗制倾向,必然影响对抗制诉讼方式的引入。对抗制的要素即使通过立法成为形式上的体制要素,也难以在实际运作过程中彻底贯彻。这种情况可能体现在:辩诉双方的对抗程度有限,而趋向于寻找妥协和协调的方式;被告人更愿意通过协商的方式以求得控诉机关宽大处理。尤其表现在证人不愿当面指证,不愿意面对面地作出对被告不利的证言。因为这样做似乎有悖于与人为善的传统观念。这种情况在庭审实践中已经十分明显。这使得法庭不得不较多地使用难以质证具有传闻性质的书面证言,使抗辩求证的对抗制精神难以贯彻。

和谐精神也产生了对社会安定的渴求。相对于西方社会,传统中国社会的民众更愿意让渡一部分权利和自由，以维持一种安全和安定感。可以说，重视安全，依赖国家权力的保护作为一种国民性格特征和社会心理具有十分恒定的性质。在这种情况下，体现自由精神和个人主义的当事人主义（对抗制）难以彻底和有效地施行。[10]

（二）政策限制

民众重视安定而不太重视自由的心理和现实的政治结构要求以及经济发展的需要等原因，强调社会安定，重视法律秩序的维系，以及主张“安定压倒一切”，还是政府基本的取向。在这种政策思想指导下，政府始终坚持“严打”方针，坚持“从重从快”，以有效地震慑和抑制犯罪。在这种政策的影响下，对抗制因素的引入受到三个方面的限制：一是控制犯罪需要司法一体化，即侦、检、审机关互相配合以有效完成诉讼作业，这使对抗制所需要的司法分权和制约制度难以充分贯彻；二是“从重从快”要求程序比较通畅，障碍较少，而对抗制为了保障公民权利，就是通过诉讼对抗设置程序障碍，防止效率过高，因为“最大的司法效率往往意味着最大的司法暴虐”；三是有效震慑和抑制犯罪需要司法的快速高效，因为对犯罪的惩罚越及时，刑罚所发生的威慑和教育作用就越显著。然而，真正的对抗制庭审较之法官职权主义缺乏效率，因为它贯彻“当事人主导”原则，而且实行“牙科医生式”的诉讼作业，一个案件通常需要多次开庭。[11]国家刑事司法政策与对抗制诉讼制度及其理念的冲突，至少在短时期内，会产生以政策抑制体制的效果。为了有效贯彻司法政策，职权主义和超职权主义可能成为实际上主导诉讼制度运行的内在精神。

（三）制度限制

庭审方式及庭审制度的运行必须放在国家刑事诉讼制度、司法制度甚至政治制度的大背景下考察。其一，在我国，实行的是公、检、法三机关互相制约、互相配合的原则及其体现这一原则的诉讼制度，并未确立“司法至上”的原则和体制，这使对抗制诉讼所需要的强大的司法权威难以确立。而且法院体制行政化，实行“司法工匠制”而非“大法官制”，[12]也影响这种司法权威的确立。其二，检察院的司法监督权及检察监督制度将影响庭审模式和庭审制度的运行。它从两个方面妨碍了对抗制精神的贯彻：一是对抗的基础是诉讼当事人的平等，而检察官与被告在法律地位上的非平等和法律手段上的非对等使得对抗制基础难以确立；二是对抗所需要的法官中立及司法至上因检察监督而难以有效实行。虽然法律已经限制了检察官的庭审监督权,但这种监督并未完全取消,检察官在某种意义上对法官形成的“上位关系”,使法官控制当事人举证和辩论的诉讼指挥在效力上受到影响。这在司法实践中已经显现。其三,从刑事诉讼制度的整体状况看,《刑事诉讼法》虽经修改,但究其基本精神,仍然适应于我国社会的基本价值取向,十分重视对犯罪的打击控制,因此仍然以职权主义甚至在某些情况下的超职权主义为主导。这必然影响庭审方式,甚至使具有对抗制意味的庭审设置在实践中变形为类似职权主义式的庭审。

(四)资源限制

司法资源,这里包括人的资源和物的资源。准确意义上的对抗制诉讼,与其说是一种“大众产品”,毋宁说是一种“奢侈品”,它需要高素质司法人才的参与以及高耗费物质资源的保障。庭审的实质化和庭审的抗辩性,要求法官、检察官、律师能在有限的庭审时空作出正确的判断、敏捷的反应,并充分调动各种知识、经验和技能。然而,在目前甚至今后相当长的时间内,我国的法律人员的素质还难以达到这种要求。物质资源的问题也许更加突出,证人出庭的补偿因各地的资金短缺难以保证,对证人和被害人的保护也因物质条件的不足难以有效实现。控辩式庭审对取证的更高要求也因条件有限而难以充分达到。更为突出的问题是,由于我国在追究、控制犯罪方面的物力、人力以及人员素质条件十分有限,而这方面的任务又十分繁重,需求与资源之间的矛盾十分突出,我们还很难采取彻底的侦查、充分的调查取证,尤其是获取“外部证据”(证人证言、物证、书证等)来有效地打击和控制犯罪。国家司法系统为了至少在大体上完成社会所赋予的犯罪控制使命,就不得不付出一定的代价,即牺牲某些利益,包括适当抑制被告人的抗辩能力,以防止对控制犯罪保护社会这一重要利益的损害。[13]

在提出上述限制的同时我们还应当深刻地认识到,我国新的庭审方式在其运行及其模式形成的过程中所遇到的最大矛盾,是对实体真实的追求与控辩式诉讼程序的矛盾。发现客观真实,实现实体公正,在目前(以及在可预测的今后相当时期内)还是我国刑事诉讼最基本的价值追求。目前,一部分法学家正在阐扬程序的独立价值,不仅出现了实体、程序并重的主张,更有人认为我国应当学习英美法,强调“程序先于权利”“程序重于实体”。这些观点的阐扬,作为理论主张,用于冲击和矫正我国传统的轻视程序的倾向,应当有着积极的意义。然而,我们也必须认识到,在我国目前和今后相当时期的实际生活中,从总的情况看,在社会价值观上,程序还很难与实体抗衡。老百姓所关注的、党委和政府所关心的,人大所监督的,还是法院是否定错性、判错刑、杀错人。至于程序上有什么错误,只要不发生大的问题(如刑讯逼供致死人命),则不是很重要的,常常被视为某种技术性问题由司法部门自己注意即可。而法院自身也是适用类似的标准:关键在于是否判错案,至于程序上的合法性与适当性则是次要的。目前法院系统正在强化的"错案追究制"进一步强化了审判人员在保证实体公正上的责任。这种强化,也使得实体真实与控辩式程序的矛盾更为突出。因为实行控辩式诉讼,应由控辩双方在法庭举证,法官主要承担听证和裁判的责任,在这种情况下,按照"证据裁判原则",法官根据控辩双方的举证举行裁判,只对证据事实负责,不对客观的、实体的真实负责。但法官查明案件客观真实的责任,逼使他运用职权超越辩诉双方去查明客观真实。在检察官不能有效履行或者法官认为检察官不能有效履行或全面履行其举证责任时,他就不可避免地去运用职权进行调查,甚至在某些情况下充当调查程序的主角。也就是说,我国刑事诉讼中对实体真实的强烈追求倾向,使依靠控辩对抗来推进和完成诉讼的机制受到很大的阻碍,法官职权主义甚至超职权主义的做法成为不可避免。

上述限制,突出表现在限制和制约了我国新的庭审方式的运行效应,即降低了新庭审制度中"形式理性"(制度本身的逻辑合理性)的含有程度,使其限于一种"有限理性"。这种有限性突出表现在:

1. 不彻底的实质化。法庭审判克服"走过场",即"制度虚化"问题,实现庭审的实质化,是本次庭审改革的一项重要目标。应当说,随着庭前审查的程序化以及法庭控辩举证的确立,庭审实质化已在一定程度上实现。然而,这种实质化受到了相当的限制:一是因为法官庭前审查不排除实体审,而且未实行庭前审("预审"),法官与庭审法官分离的制度,开庭时法官已对案情和证据有一定了解;二是由于审判委员会介入审决程序,某些案件以非直接审理方式作出裁决,导致庭审"虚化";三是强烈追求实体真实的精神以及由此而产生的制度,如法官庭外调查核实证据的制度以及法官在庭下、庭后审阅证据的做法等,使庭审实质化受到相当程度的影响,因此在目前的制度模式中,庭审的实质化必然是不彻底的。

2. 不完全的平等制。诉讼结构应当是一个两造对抗、法官居中裁决的"等腰三角形"结构,虽然刑事诉讼中控诉和辩护方的实际能力可能存在差别(公诉案件中的控诉方是以国家权力为其支撑),但对抗制强调程序上的平等性,即诉讼当事人之间的诉讼地位平等和诉讼手段对等。然而,由于受到互相制约、互相配合的原则与制度的影响,受到检察监督制度的制约,受到被告人相对客体化倾向的作用,我国《刑事诉讼法》修改后,虽然采取了限制出庭检察官的监督权、强化被告人的辩护权、加强法官的诉讼指挥作用等增强了程序的对等性,增强了庭审程序中的"诉讼主义",但这一问题仍然未获得根本解决,控辩双方的平等仍然是不完全的,作为控诉方的检察官无论在法律上还是在实际中,其诉讼资源,包括地位、权利和能力都显然优于辩护方。

3. 不充分的对抗性。我国《刑事诉讼法》修改,强化了检察官的举证责任,强调了控辩对抗的因素。显然是对对抗制诉讼方式的一种借鉴。主张对抗制的诉讼法学家认为相互对立双方的观点交锋,即抗辩求证,是寻求真理的最佳途径。德国著名诉讼法学家赫尔曼说,"对抗制的精髓,就表现在辩证方式的辩论和对抗上"[14]。但这种诉讼中的竞技性,也有可能使竞赛双方为取胜而有意无意地掀起模糊法官视线的烟尘,影响其对真实的发现。然而,无论其利弊,由于上述我国社会文化中"和谐"精神的贯彻以及政治的、国家政策的因素等,非对抗的、法官职权主义甚至超职权主义的因素仍将顽强地生存于庭审制度和庭审活动中,这就使控诉方与辩护方的诉讼对抗较为有限,例如,由于侦查程序仍然是以信赖国家侦查机关为基础,并不存在一种"双轨制"的侦查程序,[15]而律师取证时间、取证条件、取证手段有限,还难以运用辩护证据与控诉方充分对抗。

4. 不够规范的操作方式。由于庭审制度中职权主义、当事人主义以及我国固有的做法这三种因素的共存,将导致一定的机制性冲突,如诉讼平等与不平等的冲突,当事人主导与法官职权运用的冲突等,这种冲突将妨碍诉讼操作方式的规范化。加之目前的庭审方式缺乏一些必要的技术性规则,也容易导致一定程度上的无序化(这在初步运作实践中已经有明显反映)。这些因素将使庭审有一定程度的随意性。例如,法院对起诉的庭前审查如何操作,庭审中法官与控辩双方的关系如何设置、其诉讼作用如何分配,被害人参加诉讼以后调查与辩论如何进行,证人出庭什么情况下是必需的、什么情况下可以用庭前证言代替等，这些问题都尚未而且难以作出规范化的确定，实践中各地往往有不同做法，而且都有某种依据。操作方式的不规范，妨碍了庭审技术化、精密化及合理化程度的提高，可能损害庭审的效率以及在打击犯罪、保护人权，实现司法公正方面的效益。

总而言之，在刑事诉讼中借鉴当事人主义（对抗制）诉讼体制，将受到本土资源（这里包括本土的精神、制度和各种实际条件）的顽强抵抗、限制和改造，从而使其在相当程度上被扭变。这可以说是我国当前和今后相当时期内刑事庭审制度改革完善中最突出的矛盾和困境。

三、改革完善刑事庭审制度的目标模式及路径

中国刑事审判方式的改革完善，是受到多种条件制约的一项系统工程。目前在对我国法治化发展道路的讨论中有两种主张：一种是所谓“本土资源论”，有的人称为“法治保守主义”。即强调法治必须立足于“本土资源”，对外来制度的继受必须充分考虑本国的继受能力和继受条件，反对过分强调法制的“普适”性。另一种可称为“拿来主义”，或“法治激进主义”。强调人类文明基于共同的生活条件和生活要求的普遍性，主张采用法律移植的方法通过理性化法制的引入改造传统社会，将其尽快“拉入”现代法治的轨道。与之相应，在《刑事诉讼法》的改革问题上，也出现“适应论”和“适当超前论”两种主张。前者强调刑事程序适合目前的“国情”，后者着眼于发展而主张刑事诉讼法相对于目前的社会条件可以适当超前。例如，对庭审控辩式的改革，有的认为中国目前条件不足，有的则认为目前已有一定条件，改了以后还可以通过社会发展创造条件使其逐步完善。[16]笔者认为，从我国刑事庭审制度改革的实例看，在不具备大的体制背景和社会条件的情况下，法制“移植”实际上是难以实行和奏效的。因为社会并未给它提供一个实施的基础，而且大量的反作用因素顽强地发挥着作用。“本土资源”是法制的改革和操作过程中不能不考虑的基本因素。不过，考虑“本土资源”也并不意味着对其消极迁就，而要考虑本土资源也具有相当的“柔韧度”，即对外来因素“可能容纳性”；同时外来法制在理性化基础上也具有相当的“普适性”，再采用“渐进”方式，适当抑制本土资源中某些不适合现代发展的因素，强化其推行法治的条件，即采“积极的本土资源论”，这使任何理性化法制的推行成为可能和必要。

(一)改革完善刑事庭审方式的目标模式:灰色模型与中国色彩

改革完善刑事庭审制度,其目标模式是充分兼顾任何具有合理性的刑诉制度都确认和追求的基本价值:保障实体真实,遵守正当程序,实现诉讼效率。因为真实是裁判的生命,而正当的法律程序是对刑事诉讼中基本人权的保障,诉讼效率则为实现刑事司法保卫社会的使命所必需。由此而确立的目标模式,就应当是一种“灰色模式”。这是因为追求真实和遵守程序以及实现诉讼效率之间存在一定的矛盾,在实现某一价值目标的同时,往往其他的价值就会受到相当的压抑,因此“灰色模式”意味着在一定程度上的价值压抑,即为总体上实现更大的诉讼效益,对某一价值实现的期望值的降低,由此而实现的价值模式,就不是单纯的白或黑色,而是一种综合性的,即灰色的模式。

然而,这种灰色观实际上是任何理性化刑事诉讼的制度设置的理念基础,它并未回答我国改革完善刑事庭审方式目标模式的特点,即“特有的色彩”的问题。尤其是要回答在价值冲突的情况下的价值选择问题,如是奉行实体真实—实事求是原则,还是在否定或部分否定实体真实主义原则的基础上坚持“程序公正第一”。

鉴于前面已经分析的作为中国刑事诉讼运行基础的“本土资源”,人们对实体公正的追求是任何人凭主观愿望所无法更改的,“程序至上”在可以预见的相当时期内还不可能被绝大多数人接受。我们不能不将对客观真实的追求作为我国刑事诉讼“不倒的旗帜”,不能不以此为基本前提考虑我国刑事庭审方式的模式塑造。当然这种对实体公正的追求必须受到法律程序的适当限制。以严重违反“程序公正”的做法去追求客观真实是不可取的(如刑讯逼供)。

要追求实体真实,即坚持“以事实为根据”—“实事求是”原则,就不能不注意两点。第一点,是对审判中的程序法规则须作合理设计,不能过分地妨碍对客观真实的发现。例如,在中国目前的司法条件下,将侦查材料完全排除于审判程序之外,即采有人建议的“侦审中断制”,这虽然有一定的法理合理性,但鉴于中国刑事司法目前的实际条件,如果这样做,将使相当一部分本可证实的案件得不到证实。因为侦审中断,意味着审判中全部重演侦查的取证过程,除了国家的资源难以承担外,还因目前的作证制度不健全,法制条件不佳等原因,完全抛开侦查时所获人证,仅依靠公开的庭审将很难实现控诉举证的目的。第二点,在审判活动中,法官负有查明案件真实情况的责任,因此不能完全消极地对待自己的审判职能,他应适当运用职权,在辩诉双方举证的基础上努力去查明案件的真实情况。由此而建立的诉讼模式当然就不是纯当事人主义的模式,而属前述三因素混合型。应当承认,只要注意技术上的合理性,混合型体制也是可能并有效的,目前借鉴英美当事人主义诉讼模式的日、意、韩等国就是根据本国的政治文化和社会传统仅在一定程度上借鉴当事人主义,而且采用了不同的要素组合形式,从而构成了各具特色的混合型诉讼模式。

中国的庭审制度的改革,已经由1996年3月《刑事诉讼法》的修改而建立了一个基本的模式。然而,在这个基本模式之下,尚存在一个具体方式的选择问题。德国著名刑事诉讼法学家赫尔曼曾针对中国刑事诉讼制度的改革指出:"审问式和抗辩式审判形式都可以具有不同的类型,中国如果采用抗辩式诉讼方式,可以在许多不同的抗辩制度中进行选择,包括在法官可以接受的各种角色中进行选择。"[17]除具体模式的选择外,还存在一个对目前的庭审模式作必要而且可能的进一步改革完善的问题。在这个问题上我们不能不注意本文第二个大问题所论述的对庭审制度运行的限制性因素。我们要追求制度的理性化,但任何制度必须在特定的时空条件下运行,目前要离开上述限制性条件去考虑制度设计,就像企图拔着自己的头发离开地球一样的不现实。然而,在目前的条件下,我们也应力求一步步地创造条件,提高制度的合理化水平。由于条件的具备是一个长期的过程,因此制度的改革也应当是渐进性的。

(二)我国刑事庭审制度改善途径:磨合、调合与整合

由1996年《刑事诉讼法》勾勒的新的庭审制度,在实践中面临着一种两难的困境:它既不能像传统方式那样令司法人员驾轻就熟,又不能使人们学着国外一种既存而且成熟的模式"依葫芦画瓢"。它以一种自己特有的方式艰难地开辟着自己的道路。如何对这种制度进行实际的操作,也是中国司法制度建设和诉讼法制建设的一个难题。现在一系列的矛盾已经产生。例如,司法人员不熟悉新的操作方式容易"穿新鞋走老路",如仅仅在庭审调查的初期改变一下法庭上宣读证据的主体,法官仍然进行大量的法庭调查活动,"书证中心"依然如故。又如,司法人员因素质、能力之故不适应新庭审制度的操作要求。再如,作为公诉和监督主体的检察机关与审判活动的主

持与主宰者——法院在庭审问题上发生一系列冲突。包括案件移送时移送主要证据复印件的内容、出庭证人的范围、庭审时谁唱主角、检察官应不应当监督法官等,甚至开庭时检察官应不应当起立,开庭后公诉人手中的证据材料应不应当移送法院等细节和十分技术化的问题,两个机关都有不同意见,并利用各自手中的司法解释权作出在系统内有约束力但在外部相互矛盾的规定。加之 1996 年修改《刑事诉讼法》所确立的制度还存在相当的过渡性和有待完善性。在这种情况下,如何完善我国的刑事庭审制度?笔者认为,磨合、调合与整合,是改善我国刑事庭审制度的必由之路。

磨合,是指在司法实践中,司法机关及其他诉讼主体通过实践逐渐适应新的制度,逐渐相互协调,在实践中求同存异,在各分歧点上通过磨合性实践找到一些各方较能接受的,也相对合理可行的方法,以消除内耗与摩擦,保证制度运行的必要效率与效益。磨合是新制度经润滑而协调发展的必要条件。它的前提是已建立的法制框架,磨合的目的是逐步适应新制度和消除冲突以实现新制度的有效运转。

为有效实现磨合目的,司法机关和其他诉讼主体须遵循三项原则:一是法制原则。必须根据《刑事诉讼法》的规定进行操作,不能突破法律和曲解法律。依法,包括依照法律的明确规定和依据法律的精神这两个方面。如公诉人的法律地位和职能,此次《刑事诉讼法》修改为避免法官与检察官在法庭上的直接冲突而修改了原法律的庭审监督条款,根据这一立法精神和新的规定,某些检察机关仍坚持公诉人兼法律监督者,在庭上直接提出监督意见的做法似有不妥。又如,公诉机关向法院移送主要证据复印件的范围,鉴于此次庭审制度的改革目的之一就是要防止庭审"走过场",实现庭审实质化,从而要求法院的庭前审查是或主要是程序审,并以此在一定程度上防止先入为主,那么,主要证据复印件的范围就应适当限制,而不宜太宽。尤其以复印件内容太少不予受案似与法律精神不合。二是合理化原则。在法律规定不明确的情况下,实践中应当根据合理的原则,即有利于实现打击犯罪保护人权的双重目的,在遵守法律程序的情况下有利于发现案件的客观真实。而不应过分地考虑部门的权威和权力。如案件审判终结后起诉方移交证据给法院,是普遍的做法,也是法院为保证案件审判质量且有利于上诉审判所必要的,因此,公诉方应当按照法院的移送要求在庭审后对证据予以移送。检察院要求在手中保留原始证据的做法是有失合理的。三是可行性原则。由于前述实际条件的限制,某些似乎合法也合理的东西不一定就能办得到行得通。例如,证人出庭作证,某些证人不出庭甚至拒不到庭,一般情况下,我们不能就因此而不审判,而应该寻找某些替代办法,在不突破程序公正的最低标准的情况下,以“实事求是”的方式处理,有效完成审判。

调合,是指中央和地方的政法各机关在人大、政法委的协调下,通过调查研究就一些有分歧的问题取得较为一致的意见,形成执行《刑事诉讼法》的细则性规定,在诉讼活动中各诉讼主体均遵照执行。磨合是必要的,但如无统一办法又容易造成各行其是,而且在一些问题上几家的分歧难以在实践中自行协调,这势必造成不断的扯皮,影响司法的效率与效益。因此在目前的司法体制下,即审判中心体制尚未形成的情况下(由于政治体制等多方面原因也难以完全形成),由多方协调形成比较一致的执行意见然后统一遵照执行是必不可少的。经过反复的协调磋商,最高人民法院、最高人民检察院、公安部、国家安全部、司法部、全国人大常委会法制工作委员会于1998年1月19日制定颁发了《关于刑事诉讼法实施中若干问题的规定》。这个文件就人民检察院向人民法院起诉时移送材料的内容、询问证人顺序的决定、法院调取证据、公诉证据的移交、人民检察院的审判监督等与庭审有关的问题作出了规定。应当说,这些规定基本合理。但所涉问题十分有限,基本上是刑事诉讼各主体之间协调关系的一个文件,用于解决彼此间分歧较大的部分问题,而对于主要涉及各主体自己的操作方式,彼此间矛盾不十分突出的,则多未涉及(主要采用各系统自行制定的实施细则来解决)。然而,经协调统一形成明确规定,无论这些规定是否合理,至少可以防止矛盾和扯皮,保证庭审的效率。

整合,是更高层次的制度完善。它是指从立法的角度,重新审视现存庭审制度,在充分研究论证和试验实践的基础上,改革目前的某些不合理的规定,用立法的方式对审判制度作出更明确、更合理的规定。这种整合视其范围可分为两种类型,即全局性整合与局部性整合。全局性整合是在取得较充分的制度实践经验并经充分的改革论证的基础上,对我国整个的刑诉制度和刑事审判制度作出全局性调整;局部性整合是针对实践中某些十分突出的问题,通过颁布单行法规和修改决定的方式进行局部性的改革调整。如对庭审过程中的某些技术性问题作出新的法律规定,以便于操作和改革现行制度的不合理之处。

笔者认为，鉴于《刑事诉讼法》修改不久，全局性整合既不必要，又不现实，但对我国刑事庭审制度可在不长的时间内进行局部性的整合，即由立法机关在充分调查论证的基础上对实践中反映突出对刑事司法效益影响较大的问题及时作出明确规定，或对某些规定做必要修改。因为庭审是诉讼的中心环节，制度设置不当，对刑事司法效果影响甚大。1996 年《刑事诉讼法》修改，对庭审这一块做了重大改动，但当时对可能产生的一系列问题还缺乏经验，且预见不足，有的问题规定得比较粗，有的还不尽合理，目前在实践中有的问题已经十分突出，迫切需要解决，而这些问题的解决，仅靠“磨合”与“调合”是难以奏效的，因为司法活动必须以诉讼法规范为依据，司法解释文件也不能突破法律，而且在我国司法体制下，不同机关的司法解释和行政性规定还可能发生冲突并使其适用效力成为问题，因此其作用也是有限的，只有修改或补充法律的某些内容，才能真正理顺法律关系，切实改善我国的刑事庭审制度。

注释

1 孙长永:《日本刑事诉讼法导论》，重庆大学出版社 1993 年版，第 207 ~ 208 页。

2 笔者认为，这种传统和固有的制度因素，就其主要部分而言，可称为超职权主义。如被告人的如实供述，检察官的特殊地位以及庭审中的其他一些非对等性程序设计和允许书面证言使用等规定，已经超过现代职权主义的要求，而属我国特有强化国家职权运用的制度。因为现代职权主义仍要求形式上的控辩平等和手段对等以及贯彻言词诉讼和质证原则等。

3 日本刑法学会编:《刑诉讲座》(第 1 卷)，日本评论社 1963 年版，第 38 页。

4 龙宗智、左卫民:《价值理性与工具理性:刑事诉讼运作新机制评析》，载陈兴良主编:《刑事法评论》(第 1 卷)，中国政法大学出版社 1997 年版，第 360 页。

5 [日]枝川公一:《罪与罚——现代美国犯罪面面观》，宁燕平等译，海南出版社 1997 年版。

6 刘保昌:《中华和合文化生成论》，载《社会科学研究》1998 年第 3 期。

7 汤一介:《略论儒学的和谐观念》，载《社会科学研究》1998 年第 3 期。

8 梁治平:《寻求自然秩序中的和谐——中国传统法律文化研究》，上海人民出版社 1991 年版，第 187 页等。

9 [日]野田良之:《试论比较法文化学》，战宪斌译，载《比较法研究》1987 年第 4 期。

10 不过对这一点也不能过分强调，因为一个社会的文化也具有相当的适应度，在一定程度上和一定条件下可以包容一种似乎是异质的制度同时对它进行一定的改造。如文化类型相同和相近的日本及我国香港地区,也在一定程度上引进了当事人主义并能使制度有效运行。

11 如日本审理涉及田中角荣前首相受贿的洛克希德案,仅调查事实就开庭 184 次,审判历时近 7 年;美国辛普森案只有一次作案、一个现场,案情不可谓复杂,但法院审理期限长达近 1 年。

12 在“司法工匠制”下,一个法院的法官众多,但法官属于“办案人员”,具体从事大量的事务性操作,而且缺乏充分的案件审决权;而在“大法官制”下,法官只是法院的少数精英,法官配属必要的司法职员,法官具有崇高的地位和很大的权力。如法学家梅利曼说:“生活在普通法系国家中的人们,对于法官是熟悉的。在我们看来,法官是有修养的伟人,甚至具有父亲般的慈严。普通法系中有许多伟大的名字属于法官。”(参见梅利曼:《大陆法系》,顾培东等译,西南政法学院法制史教研室 1983 年印,第 36 页。)

13 例如,修改《刑事诉讼法》时未肯定被告人的沉默权这一在国际上具有普遍性的权利,而仍然确立其供述义务,可以说,就是在程序公正与司法效率之间的所作一种偏向后者的权衡。

14 [德]阿西姆·赫尔曼:《刑事诉讼的不同模式》,载《国外法学参考》1982 年第 2 期。

15 所谓双轨制侦查,是基于限制和监督国家警察权力运用,而允许私人侦查与国家侦查同时展开相互并相互制约的侦查体制。参见何家弘:《外国犯罪侦查制度》,中国人民大学出版社 1995 年版,第 26 ~ 30 页。

16 朱苏力、张志铭、贺卫方:《关于司法改革的对话》,载《市场社会与公共秩序》,三联书店 1996 年版,第 149 ~ 182 页。

17 [德]赫尔曼:《中国刑事审判改革的模式——从德国角度的比较观察》,1994 北京刑事诉讼法学国际研讨会论文。

刑事诉讼庭前审查程序研究*

就像看戏人们只注意台上演员的举手投足剧情演绎而不注意台前的排练和预演一样，庭前程序[1]在诉讼程序研究中是一个容易被忽视的程序。然而，这一程序的意义绝不能低估。一是从庭前程序和庭审程序的关系看，庭前程序在很大程度上影响甚至决定庭审程序和庭审方式。例如，法官庭前审查采用案卷审查制度，由此形成心证，庭审就不需再由控方举证，而只需法官运用职权作某种程度的验证。这样，审判中的法官职权主义和一定程度的庭审虚置——"走过场"就难以避免。二是从庭前程序与判决结果的关系看，庭前程序的设置方式影响诉讼的结果。如在庭审前主要依据控诉方提供的证据形成心证和排除庭前预断而靠法庭双方抗辩举证再作证据和事实判断，确有可能得出不同的结论，此点不言而喻。三是从现实情况看，庭前程序问题突出，亟须解决。适应庭审改革需要，我国 1996 年《刑事诉讼法》重置庭前程序，但在实施中的矛盾和问题十分突出，既影响立法改革的效果，又影响司法活动的实际效益，因此可以说司法的现实"逼使"我们认真研究庭前程序，考虑如何在现存法律框架内适当操作，同时斟酌庭前程序在制度上的合理化问题。

一、庭前程序的当前模式、特点及其利弊

在我国原刑事诉讼制度中，实行起诉的案卷移送和法官庭前的案卷审查制度，全部证据随起诉书移送法院，法院的案件承办法官对起诉书和证据进行审查。根据 1979 年《刑事诉讼法》第 108 条的规定，这种审查系对程序

---

* 原载《法学研究》1999 年第 3 期。

和实体问题的全面而深入的审查。审查后认定"犯罪事实清楚、证据确实充分的",应当决定开庭审判;对于"主要事实不清、证据不足的",可以退回人民检察院补充侦查;对于"不需要判刑的",可以要求人民检察院撤回起诉。根据其第109条的规定,必要时,人民法院还可以进行勘验、检查、搜查、扣押和鉴定等搜集证据的工作。这种案卷移送和法官庭前实体审查而且可以调查的制度,具有明显的法官职权主义特征。

由于人们普遍认为,原庭审方式存在法官先入为主,庭前审查代替庭审使庭审"走过场",并使法官中立客观性受到损害等弊端,因此1996年的《刑事诉讼法》修改,对庭审程序作了重大改革,在确立以控辩方举证为特点的所谓"控辩式"或"类控辩式"庭审方式的同时,对庭前程序作了改革:(1)改变检察院起诉案件的移送方式,检察机关在起诉时除移送有明确指控事实的起诉书外,只需附"证据目录、证人名单和主要证据复印件或者照片",因此法院审查起诉案件的内容不再是案件的全部证据,而是"主要证据复印件"等法定材料;(2)法院开庭的条件不再是"犯罪事实清楚、证据确实充分",而是只要有指控明确的起诉书,有证据目录、证人名单和主要证据复印件或者照片,法院就应当决定开庭审判,因此仅就开庭条件的法律要求而言,可以说1996年《刑事诉讼法》规定的庭前审是一种"程序审";(3)由于庭前审查范围有限,法院难以从初步审查中得出案件实体结论,而且为避免退案问题上的冲突,1996年《刑事诉讼法》废除旧法的有关规定,法院退侦权和庭前要求检察院撤诉权不复存在。而且法院可以进行庭前调查包括采取勘验、检查、扣押、鉴定等措施的规定被废止(在庭审中为核实证据可以采取特定的调查措施),这也是为了防止庭前实体审和法官职能的纠问化。

分析以上庭前程序改革的立法,结合有权解释[2]以及相关司法实践,比较国外庭前程序设置方式,笔者认为,我国目前的庭前审查程序具有以下四个特点:

1. 预审的简易性。多数国家和地区在审判程序中设置了预审法官(区别于庭审法官)对公诉进行审查的程序,这种审查包括审查初步的或基本的事实与证据,有的还采用言词审查的方式,要求证人出庭。相比之下,我国目前的预审程序可谓十分简单:预审只是附属于庭审的一项准备性工作,并非相对独立的诉讼环节;预审由庭审法官,一般系主审法官进行,未设置专门的预审法官;预审活动依法只是审查法律规定移送的有关材料是否齐备,并不审查事实和证据，原则上也不决定是否驳回起诉以及更正和补充起诉（这是国外预审程序的普遍职能）。只是根据最高人民法院《关于执行〈中华人民共和国刑事诉讼法〉若干问题的解释》（1998 年）第 117 条第 5 项的规定，对于符合《刑事诉讼法》第 15 条第 2～6 项规定的情形的[3]，应当裁定终止审理或者决定不予受理。但这也主要是一种表面性的审查，无须深入审查证据和事实。

2. 预审功能的单一性。国外预审程序一般担负两项功能：其一，也是主要的功能，是审查公诉，防止不必要和无根据的审判发动，以保证公民的权利并节约诉讼的资源；其二，是为庭审做相关的准备工作，以保证庭审的顺利进行。我国的预审程序，基本不具备审查并抑制公诉这一人权保障功能（上述对《刑事诉讼法》第 15 条第 2～6 项的审查系表面审查，公诉机关一般不至于提起这类显然是无根据和不适当的起诉，如被告人已经死亡或已被特赦还起诉）。因此预审基本上只是为庭审做准备，以保证庭审的顺利。这一点是我国预审程序与国外程序的一项重大区别。

3. 审判程序的易发性。由以上两个特点所决定，我国庭审缺乏对公诉的把关和抑制的功能，必然导致第三个特点，即审判程序的易发性。也就是说，审判的发动基本上被公诉决定，除上述特殊情况外，公诉具有必然发动审判的效力。这和日本的情况相似，但有别于多数国家和地区的立法和实践。这种易发性，提高了公诉的效力，但很难使不适当的公诉受到及时的抑制。

4. 预审程序的折中性。1996 年《刑事诉讼法》所确立的庭前审查程序，没有维系过去庭前实体审查，形成确实心证（犯罪事实清楚，证据确实充分）的制度，但因实行主要证据复印件移送办法，而使法官能够在庭前接触主要证据，形成对案件的一定认识，因此并未贯彻排除预断的原则。而在法官的准备心理（“不打无准备之仗”，尤其对那些经验不足的法官或者案情复杂的案件）、对诉讼结果正确的关注心理（办错案将追究责任）的影响下，使法官不会限于单纯的程序审查，而必然在一定程度上审查案件的实体内容。因此可以说，我国目前的庭前审查方式并不是程序审方式，而是未贯彻排除预断原则，以程序审为主，不排除实体审查的一种特殊的审查方式。[4]应当说，这种做法具有一定的过渡性，是为防止转折过大而实行的体制折中和体制妥协，属于“犹抱琵琶半遮面”的技术处理。

应当看到，1996 年《刑事诉讼法》对庭前审查方式的改革，其最大的优点就在于既向贯彻排除预断原则迈了一大步，有利于在一定程度上保证新庭审方式的“程序公正”，又照顾了新旧制度的衔接以及目前司法的现实。而且鉴于要在制度合理性与我国司法的现实状况之间找到一条适当而可行的结合路径十分困难，采取这种办法，不能不说有一定的“制度创新”的价值。[5]

然而，这种妥协和兼顾又带来相应的问题，主要有：

1. 排除预断的立法意图没有达到。在控辩方举证的庭审制度中，庭审法官应当在庭前与侦查材料相分离，即实行所谓的“侦审阻断制”。这一方面是为了保持法官客观中立，防止形成“先入为主”，尤其是有罪认定的“先入为主”。另一方面是为了保证庭审的实质化。因为法理和实践证明，公开的、受各种程序制约和程序保障的法庭审判是保障诉讼公正的最佳机制，通过公开庭审解决诉讼是现代社会冲突解决的主要方式。为此，必须设置相应程序制度保障庭审的实质化，而庭前排除审判法官接触证据，从而使法官在庭审中保持一种客观中立的心态，就是实现这一目的的主要方法之一。然而，如前所述，新的庭审方式并未有效实现这一目的。

2. 庭前了解案情不全面。较之原有方式，目前这种阅览主要证据的做法似乎更容易造成法官庭前判断的扭曲。因为在原诉讼制度中，检察机关移送全部证据，为了保证判决的公正，一般来说，这些证据中也包括有利于被告的材料，这既是因为检察机关承担的客观公正义务，也是因为隐匿于被告有利的材料是可能导致纪律甚至法律责任的违规行为。因此，全卷移送虽然可能带有控诉偏向，但总的来看，比较有利于法官全面客观地把握案情。[6]但采用主要证据复印件移送制，检察官有法律根据对全部证据进行挑选，一般来说，只是选用那些对支持指控有利的证据，因为就检察官方面而言，将这些证据作为“主要证据”无可厚非。这样，相对全面的接触证据变为较为片面的接触，所谓“预断的扭曲”即可能产生。

3. 庭前审查的内容不确定。因为对“主要证据”的把握具有一定的主观性，而且根据六部委《关于刑事诉讼法实施中若干问题的规定》，人民检察院针对具体案件移送起诉时，“主要证据”由人民检察院根据该规定确定；人民法院不得以移送的材料不充足为由而不开庭审判。这一规定虽然体现了法院庭前审查应趋于程序审的要求，也有利于避免检法两家扯皮阻碍刑事诉讼的进行，但它使法院只能对检察院移送的主要证据复印件照单收纳，不能提出有约束效力的异议。受主观认识、客观条件以及公诉需要等因素的影响,检察院移送的主要证据复印件可能较多,也可能较少,这使法院处于一种审查内容和范围不确定的状态。这不利于审判的规范化,不符合诉讼的规律。

4. 复印件移送制度为案件的全面实体审查创造了可能,造成"穿新鞋走老路",又可能导致庭审走过场。在实践中,有一些地区或因缺乏条件(复印)、或因图方便,或者法院方面嫌复印量不足,检察机关索性直接移送案卷材料,法官全面审查证据,又走了老路,庭审仍然出现一定程度的虚置。由于关于复印件的制度规定,这种做法还不能视为程序上的严重违法,不能作为程序无效的理由,因为主要证据与全部证据并无本质区别,既然可以审阅主要证据,为何就不可审阅全卷?相比之下,只有根绝法官庭前接触证据,才能避免走回头路。例如,日本实行起诉一本状主义,检察官提起公诉时如果违反排除预断原则而添附材料,属于对公诉方式的重大违法,受诉法院应依据日本《刑事诉讼法》第 338 条第 4 项规定判决驳回起诉。因违反起诉状一本主义而被驳回公诉的,不得再行起诉。[7]

此外,复印件的使用提高了诉讼成本,对于经济不发达地区难以承担。这一问题看似不复杂,似乎只要增加一些经费就能解决,但在实际上,与目前的许多问题一样,仅仅因为经济问题,而且不是花很大一笔钱的问题,就能使一个看来合理的改革搁浅。从目前情况看,之所以有的地方不复印而仍然直接送卷,就是一个简单的原因:没有钱解决日复一日的复印问题。

以上问题,涉及司法的程序公正和实体公正,必须正视并予以解决。应当说复印件移送的办法无论其制度持续时间的短长,只是一种过渡性措施,随着我国司法改革的进一步推进,随着相关制度的配套尤其是相关条件的具备,采用更为公正合理的新的庭前程序和庭前审查方式为势所必然。

然而,目前应当怎样改善庭前程序,今后采用何种庭前审查方式较为合理而且比较适应我国刑事司法的现实状况呢?

二、庭前程序的比较研究

对庭前审查程序作比较研究,其目的是探索不同庭前程序的机理和诉讼意义,从而提供合理性选择的依据。

（一）英美型

英国刑事诉讼，实行由治安法官预审的制度。对警方和检察官提起控诉的案件，首先由治安法院进行审查，预审庭开庭时被告必须出庭。预审除有不得公开的理由的外，一般公开进行。但是，由于预审并非正式审判，为保护被告人利益，其公开性仍受到严格限制。如果没有得到被告的同意，除审理结果与案件概况可以报道外，其他有关案件和审理时的详细情况，各种媒体都不得披露，否则有关责任人员将受刑事追究。

英国的预审有两种形式，即书面预审和言词预审，书面预审就是预审法官根据书面陈述，无须口头提证或辩论，审查后即将案件移送刑事法院以正式起诉程序审理。根据《1980 年治安法院法》（Magistrates' Courts Act 1980）的规定，预审法官一般情况下只使用书面预审，只有在下列两种情况下才进行言词预审：（1）被告人没有律师出庭；（2）治安法官收到的起诉方提交的书面陈述（statement）中，要求把被告人提交正式审判的证据材料不充分。根据英国内政部未发表的统计资料表明，1989 年预审法官适用言词预审的案件，只占整个预审案件的3.5%；1991 年占7%。

言词预审的程序是，起诉方先向法庭说明案由，然后传唤证人进行主询问和交叉询问，如果认为有必要，可以进行第二次主询问和交叉询问。证人作证的证言笔录可以在庭审中作为证据。作证时，被告人必须始终在场。

当起诉方的证人作证后，治安法官如认为证据不充分，可裁决不将被告人交付正式审判；否则，治安法官会要求被告人对起诉方的控诉作出答辩。被告人可以申请传唤自己的证人到庭作证，反驳控诉，也可以保持沉默。但如被告有不在犯罪现场的辩解和证据（alibi），则必须在预审时或预审结束后的7 天内，将其不在现场的情况和证据提供给治安法官或起诉方；否则，在正式审判时不能使用该证据。

治安法官经过预审审理后，如果认为起诉方提供的证据在形式上显示有理由，能够成立案件（prima facie case），就可以决定将被告交付正式审判；如认为起诉方提供的证据不充分，就应决定不起诉，并将被告人立即释放。如果起诉人对治安法官决定不起诉有异议，可以向刑事法院提出自行起诉书（voluntary bill of indictment）。但提出自行起诉书要征得高等法院法官的同意，否则刑事法院可以驳回起诉。

预审治安法官决定移送正式起诉，交付审判，必须要确定指控的罪状

(count),确定移送起诉的法院,保释被告人或是还押,通知证人在指定的时日到庭作证,然后移送案卷,该案卷中要包括:(1)原来的起诉书;(2)证言笔录;(3)被告人的供述;(4)证人名单;(5)书证或物证清单等。同时,原来的起诉书与证言笔录的副本必须送达给被告人。[8]

美国刑事诉讼中设有预审程序[9],虽然其各司法管辖区的实践不够统一,但就较为普遍的做法,也可概括出程序特点,即:

1. 目的侧重性。美国的预审程序更加强调保护被告人的目的。如美联社一则报道的概述,"所谓预审,就是确定是否有足够的证据,证明一个人符合检察官的指控"。[10]一般认为,预审的目的在于保护重罪被告人免受没有根据的指控,防止轻率地将被告人交付审判。为此,预审中应进行证据审查,这种审查主要包括对证据合法性(可采性)的审查以及证据充分性的审查。就证据充分性的审查标准不是定罪标准,即排除合理怀疑,而是指控证据符合"成立案件"的要求(prima facie case)。同时预审中还包括证据展示,诉讼双方应依法相互展示持有的证据。

2. 可选性。与上述保护性目的相关,在程序设置上,美国的预审对被控以重罪的被告人而言是一项权利但并非刑事诉讼中的必经程序,被告人可以放弃预审而直接进入审判阶段。另外,凡经大陪审团审查决定起诉的,一般不再经过预审。

3. 实体审查与言词审理。预审在案件发生的地区法院进行,检察官和被告人均应到庭,辩护律师也可以出庭。由于预审审查涉及证据合法性尤其是充分性问题,因此,是一种实体性审查。证人也需要出庭,被告人可以对控方证人进行交叉询问。被告人可以出示证据,但没有义务这样做(显示出上述保护性目的)。在实践中,被告方很少出示自己一方的证据,而仅仅了解起诉一方的证据,以便为日后的审判做好准备。

4. 预审程序的持续性。上述三个特点反映的是狭义的预审,而就法官的起诉审查,不仅限于由发案地地区法院的法官进行的预审,而且包括同一法院的审判法官或其他管辖法院的审判法官所进行的"提审"[11](arraignment)审查。当预审结束法官裁定交付管辖法院审判,或者未经预审直接由检察官起诉由管辖法院准备审判,或者直接经大陪审团起诉后,管辖法院均应及时安排提审。提审的意义在于法官听取被告人对起诉书的答辩。提审公开进行,被告人必须到庭。法庭应向被告宣读或说明起诉书,告知其个人权利,接着要求被告人对指控作出答辩。被告人作认罪答辩的,一般可以直接判决;被告人作无罪答辩,法院则应尽快安排正式审判。除这种提审外,在整个法官庭前审查过程中,诉讼双方还可以提出与程序进展相适应的诉讼动议(moving)。在美国刑事诉讼中,由当事人双方提出由法官裁决的庭前动议主要包括:一是关于“证据展示”的动议。主要是针对对方不展示的证据要求法官判令展示。二是关于改变管辖动议。检察官和律师可以保证审判公正为由要求移送案件到其他法院审判。三是排除证据的动议。主要是辩护律师要求排除控方非法审讯、搜查、扣押、窃听所获得的证据。四是对起诉书作附加说明的动议。辩护方为有利辩护,可以要求检察官提交一份附加说明书,具体阐述检控方的主张以及案件的细节。五是关于延期审判的动议。六是关于分裂指控的动议。辩护律师可以因处理不同指控需要不同技巧,而要求法院将检察官的某一指控分裂为数个指控。七是关于撤销案件的动议。辩护律师可以检察官未提供必要证据推进诉讼为由而要求撤销案件,检察官也可能因为辩诉交易的达成或者发现证据不充分而要求撤销案件。在美国诉讼实践中,迄今使用最广泛的是撤销案件和排除证据的动议。可见,即使被告不选择预审程序,提审和诉讼动议处理程序的存在也可以发挥庭审把关和庭审准备的作用。

(二)法德型

法国的预审制度在其刑事诉讼中有着十分重要的地位,然而,这项制度有相当的复杂性和特殊性,尤其是法官的预审职能和侦查以及公诉的职能有一定程度的混淆,也带来研究上的某些困难。可以说,就轻罪和违警罪案件,[12]预审程序比较简单(违警罪仅在检察官请求时才进行预审),但就重罪案件,法国的法官预审程序较为烦琐。这一制度由三部分组成:一是预审法官进行的预审,即一级预审;二是管辖重罪的地方上诉法院审查庭[13]的预审,即二级预审;三是审判长在庭前对审查庭批准的起诉及有关证据材料的审查。具体内容如下:

1.关于预审法官实施的一级预审。法国的预审法官制度是该国刑事诉讼中的一项十分重要的制度,预审法官是法国长期司法传统的产物。然而,在法国刑事诉讼中的预审是一个包容十分广泛的概念。法国学者皮埃尔·尚邦称:“罪名审定——预审法官确认犯罪事实,查证情节,集中所有迹象,力求证实作案人,这就是预审。随后要对预审结果进行审定。这是这个诉讼过程中一个非常重要的阶段。这里要解决的问题,是弄清收集起来的罪状是否足以将案犯送交审判法庭。”可见法国的预审包括侦查和对侦查结果进行审查以决定是否交付审判这两方面的内容。由于预审法官负责领导指挥对刑事犯罪,尤其是重罪案件的侦查,有人认为实际上是一个超级警察。[14]而且这一角色兼有起诉控制和审判的职能,批评者认为该角色职能混淆,程序上缺乏制约,呼吁改革,但目前尚无大的变动。

预审法官通常负责领导、指挥对重罪案件的侦查。他根据检察官的指控发动侦查程序。在侦查完成后,他如果认为该案件应当起诉,则应根据最充分的理由估计被告人将来可能被确定的罪行等级,作出裁定,把案件移送对该级罪行有管辖权的法院,即违警罪移送违警法院审理;轻罪移送相应的初级法院审理;涉及重罪,则须连同证据移送至上诉法院检察长,再交由上诉法院审查庭作进一步预审,即二级预审。

2. 关于审查庭实施的二级预审。应当说,预审法官着重于侦查的控制和监督,而审查庭的审查,才是严格意义上法院预审制度的主体。在法国刑事诉讼制度中,上诉法院的审查庭作为二级预审主体,有权监督一级预审主体——预审法官(但因预审法官的独立性不得直接对其下达命令,而且监督权仅由审查庭庭长享有)、受理和裁决共和国检察官不服预审法官裁定的抗诉,以及审查先行拘留决定等司法职能,但其最重要的职能是对起诉意见和证据进行审查,以决定是否交付审判。

审查庭的审查包括两个方面:一是对案卷材料进行书面审查;二是举行庭讯,主持辩论并制作裁定。审查庭由一名庭长、两名法官组成。根据其《刑事诉讼法典》第199条的规定,庭讯开始后,首先由一名法官报告案情,检察长和当事人的律师就案件提出各自的要求,提供自己简要意见。刑事审查庭可以命令当事人亲自出庭,也可以命令将有罪证据呈验。对成年被告庭讯时,应有关人或其律师的要求,庭讯可以公开进行,除非足以影响侦查的正常进行,或者损害第三人的利益,损害公共秩序和良好风俗。在任何情况下,刑事审查庭都可以根据检察长或一方当事人的要求,或者依据自己的职权,命令进行补充侦查。

审查庭的审理包括程序和实体两个方面。程序方面,主要是审查案件的管辖权,其中包括“公诉的可受理性”、有无“撤销公诉的理由”、“不可归罪的理由和辩护事实”以及“减免的理由”。实体方面包括犯罪的基本事实和情节以及定性。审查庭和预审法官同样应“审查对被告人的指控有无充足的理由”,并且在其裁定中说明。刑事审查庭的裁决书应当对检察官公诉书中的所有要点作出裁决,否则无效。经审查,审查庭可以依法作出不予起诉的裁决、移转管辖至轻罪法庭和违警罪法庭的裁决,以及起诉裁决。起诉裁决应包含一项完整的、确切的和详细的事实及其情节描述。而且犯罪构成要素和加重罪行的情节,可以在同一程式内陈述。[15]

3. 关于审判法庭进行的预审。设在巴黎和各省的重罪法庭负责审判由审查庭裁定起诉移送其审理的案件。重罪法庭审判庭由 3 名专职法官组成,其中 1 名庭长、2 名陪审官。同时,组成九人的平民陪审团参加庭审。根据法律规定,曾担任本案预审法官或审查庭法官的人员不能担任审判法官。然而,法国刑事庭审并未贯彻排除预断的原则。在案件移送至重罪法庭时,诉讼案卷及其他有关证据也应当送交法院书记官室。审判长有权审阅案卷。通过审查,审判长如果认为预审尚不完整,或者在预审结束后发现新的情况,可以命令进行他认为需要的任何侦查行为,此项侦查行为由审判长或一名同庭的陪审官或者他所指派的一名预审法官进行(法国《刑事诉讼法典》第 283 条)。补充侦查的所有笔录、证据和文件存放于书记官室,且并入案件卷宗。书记官应通知检察院和当事人可以来查阅。

德国刑事诉讼中的预审程序较为简洁。即检察官和警察的侦查完成后,检察官如提起公诉,则应将起诉书和案卷材料一并移送管辖法院(德国《刑事诉讼法》第 119 条第 2 项)。对此,法院并非立即命令开庭审判,而是启动一个决定是否开庭的程序,以避免不必要的开庭审理。德国预审程序最突出的特点是由庭审法官实施预审,此外,其审理方式主要采取对起诉书和案卷材料作书面审理的方式。为了使案情更明了,根据其《刑事诉讼法》第 202 条的规定,法院可以命令收集更多的证据。经这一预审程序的审查,法院可以作出裁定:(1)如果认为被告人有足够的犯罪行为嫌疑时,裁定开始审判程序。在一定情况下,法院开始审判的裁定可以依法改变某些指控,此时,检察院应提交与裁定相应的新起诉书,但其中可以不写明侦查认定的主要事实,同时检察院享有不服抗告权。(2)可依事实证据或法律上的理由裁定拒绝开始审判程序。(3)经审查,可以将案件移送至更低级别的法院审判,或者通过检察院将案件移送更高级别的法院审判。在德国刑事审判中,排除预断的原则未予贯彻。因此德国著名刑事诉讼法学家赫尔曼称:“即使在证人被当面质询的德国审判中,案卷的重要也不能低估。法官可以因阅卷受到不适当的影响。在审判中,法官可以照着卷宗引导证人作证”。[16]而且由于德国废除了预审法官制度,预审与庭审未分离,较之法国,其法官预断乃至预决问题更为突出。可以说,德国预审程序是目前最具有职权主义特征的预审程序。[17]

(三)日本型

日本实行起诉状一本主义,从而排除了法院作实体性预审的可能。所谓起诉状一本主义,是指检察官在提起公诉时,只能依法向有管辖权的法院提出具有法定格式的起诉书,表明控诉方面的起诉主张,而不得同时移送有可能使审判人员对案件产生预断的其他文书和控诉证据,也不得引用这些文书和证据的内容。应当说,日本和英美当事人主义都贯彻排除预断的原则,审判法官不得在庭审前接触证据材料,以防止诉讼之一方(主要是控诉方)抢先举证,造成先入为主,从而保持一种“空明”的心境,以保证在公开的、辩论式的程序中获得正确的心证。因此,注重排除法官预断,是日本程序的第一个特点。

然而,日本和英美程序的重大区别在于,日本取消了法官预审制度,虽然以司法令状主义保持对强制侦查(可能侵犯被侦查人权益的侦查,如逮捕与搜查扣押等)的司法审查,但就检察官的起诉,并未设置一个专门的由非庭审法官主持的起诉审查程序,防止其提起不当的诉讼,而且日本也无美国大陪审团这样的起诉审查组织来代替法官预审,而是将起诉决定权和审判发动权完全托付给检察官。就此而言,日本的庭前程序缺乏人权保障功能,在审判发动的意义上,日本的刑事审判属于“易发型”审判程序。这可以说是日本型庭前程序的第二个特点。

第三个特点是庭前准备程序的灵活性。庭审前的准备,除诉讼当事人各自的收集、整理证据、拟定出庭方案等准备活动外,控辩双方应相互联系,进行证据开示、征求证据调查意见等活动以便准备庭审。法庭认为适当时,可以在第一次公审期日前命检察官和辩护人到庭,就指定公审期日和其他有关诉讼进行的必要事项进行商量,但不得涉及可能对案件产生预断的事项;法庭还可以命书记官向检察官或辩护人询问诉讼准备情况,并促使双方做好准备。为了排除预断,在第一次公审期日以前,不得作证据调查,除例外情况,当事人也不得提出证据调查的请求。[18]

第四个特点是涉及实体问题的准备程序的“后发性”。根据《刑事诉讼规则》第 194 条,对复杂案件,或法庭认为必要时,可以在第一次公审期日后的任何时间启动一个准备程序。[19]准备程序的主要目的是明确争点、整理证据,同时商量有关诉讼进行的必要事项,如庭审调查证据的顺序与方法等,以便顺利进行庭审。准备程序由主审法官或合议庭成员主持,一般情况下检察官、辩护人和被告人应到场。由于庭审已经开始,预断问题已不复存在,准备问题将涉及某些实体性问题,如法官可以要求控辩双方提出证明文件或物证。[20]

上述三种类型,如果简单概括其主要区别的话,似乎可以说:英美式程序是既有专门的法官预审(对起诉进行实体和程序一并审查)程序,又排除庭审法官预断;德法式程序专设法官预审程序,但因实行案卷移送,未排除庭审法官预断;日本式程序是通过起诉状一本主义排除法官预断,但无法官实体性预审。此外,在国外刑事诉讼中,预审程序的繁简可能因被审犯罪的轻重以及受审人的意愿而有区别,这也是我们应当注意的。

三、情况的分析与道路的选择

(一)庭前审查制度改革完善应遵循的原则

不能否认,上述不同类型的庭前审查制度都有其存在的法理根据和实践理由,而且均通过多年的经验积累以及因而导致的立法改进显得比较成熟。然而,我国可以借鉴哪一种模式,或者说,哪一种模式才适合我国的刑事诉讼实际并有利于我国刑事诉讼制度的改善,这是我们必须作出思考和选择的问题。对此,笔者认为,在制度选择和设计方面,应当遵循三项原则:

1. 有利审判公正以及审判顺利进行的原则。庭前审查程序设置的基本目的是审判的公正和审判的顺利进行。前者主要表现在法官运用庭前审查程序,确定对被告的起诉是否具有适当理由及合理根据,是否具备交付审判的必要条件,通过审判权对起诉权的制约,防止不必要的审判,保护被告的人权,防止资源的浪费,以实现审判发动的正当性。前面已经分析,我国庭前审查程序对起诉制约的功能较弱,应当适当予以改进。

同时,为实现审判公正,应当根据实际情况贯彻排除预断的原则。因为虽然庭前单方举证所可能造成的先入为主可能因法官的经验受到抑制,但这种预断可能损害法官的客观公正还是一个具有一定的心理学基础以及经验证明的可能成立的判断。因而排除预断的原则应当说已经得到比较普遍的认可。我国的刑事诉讼制度改革，在允许的条件下，也应当贯彻这一原则。

2. 重视诉讼效率的原则。为解决司法资源有限性和司法任务繁重与艰难性之间的矛盾，我们必须重视诉讼的效率，即重视资源的投入产出率，同时注意有效完成刑事司法抑制犯罪保护社会和保护公民个人权利的任务。尤其是在我国目前司法资源严重不足的情况下，对效率的考虑有相当意义。为此，庭前审查程序的设置不宜过于烦琐，例如，在庭前审查程序中，即实行控辩式和言词审查原则，这固然有利于权利保护，但也带来程序的重复以致庭审对抗性的弱化。[21]因此，过分烦琐的程序和过分严格的审查有悖于诉讼经济，而且由于资源的耗费以及给相关人员增加的负担，也可能对整个的审判程序带来不利影响。

3. 充分考虑我国的制度背景和实际条件的原则。不能否认，刑事诉讼中应贯彻符合人类生存的自然法则，具有普遍性的原则。但具体制度的设置，以及对普遍原则的贯彻程度和方式，又必须从现实的条件出发。这包括一国司法制度的类型，某一特定程序所依附的诉讼制度的整体性质和相关制度的特点，某一制度设置和运行的实际条件，如资源、主体素质等。因此在贯彻同一原则的具体制度之间应当进行选择，而且为实现某一目的所设置的制度可能需要一个改良和渐进的过程。因为不顾实际状况所设置的程序是无法有效运作的。

（二）制度选择的难题和困境

文前已经分析了我国目前模式的弊端以及过渡性和需改进性，在上述原则的指导下，我们可以通过考察目前有效运行的不同的庭前审查模式，作选择性的借鉴，因为对有成熟立法、实践和法理的制度和程序的借鉴，无疑是我们司法改革的捷径。然而，在这种选择性思考中，似乎遇到了难题：

1. 由于制度背景的区别，德法式程序已基本不能使用。德国、法国都设有专门的预审程序，以决定是否对公诉案件交付审判，同时因案卷移送制度而未使法官排除预断，这一点与我国改革前的庭前审查制度是一致的。然而，我国《刑事诉讼法》的修改，为防止先定后审，庭审走过场并防止法官先入为主，确立了控辩方向法庭举证的制度，在这种情况下沿用移送案卷的做法让法官庭前接触案卷显然缺乏法理依据和实际必要性。再作案卷移送会导致审判制度的倒退,使改革已取得的成果丧失。可见,全卷移送和庭审法官庭前实体审查的做法有悖于我国刑事诉讼的改革走向。

2. 走英美预审方式之路目前存在难以克服的障碍。英美制度的特点是设置与庭审相分离的预审程序,庭审法官排除预断。应当说这种制度设置有利于保证审判的质量,实现诉讼的公正。然而,在我国目前条件下,实行这种制度却缺乏条件。(1)这也是最重要的制度性障碍,即预审法官与庭审法官难以在实质上分离。一是我国基层人民法院承担绝大部分案件的审判工作,在其下面再无治安法官一类更基层的法院设置,因此由审判法院外的其他法院来进行预审是不现实的。二是如实行同一法院的预审法官和庭审法官相分离,也存在重大的制度障碍。因为我国实行法院独立审判而非法官独立审判,法院被视为一个整体,个别法官不具有独立性,法院内部结构的特点,院、庭长及审委会的作用,使预审法官难以在实质上独立于庭审法官。势必导致预审影响甚至决定庭审的状况。(2)分设预审和庭审法官的做法加重了法院的审判负担,造成资源耗用的增加,目前实行起来也有一定难度。

3. 借鉴日本式起诉一本状主义也存在问题。日本在战后彻底废除预审制度,实行起诉一本状主义,这固然有利于防止法官预断,保证法官的客观中立,但这种做法也带来一系列问题,在日本实务界和学术界也颇有争议。因为缺乏对起诉的审查和庭前的准备,一切拿到法庭上解决,遇到难题就休庭,容易造成诉讼的拖延。因此日本的刑事诉讼被称为"牙科医生式"的诉讼作业。就我国情况看,这种方式还存在一个实施条件问题。我国刑事诉讼目前虽然改变了举证的方式,但仍实行实事求是的原则,强调对案件客观真实的发现,而且目前法官的素质普遍不高,要他们在完全不了解案件证据的情况下主持庭审,并在必要时运用职权查明案件真实,应当说是勉为其难。这种情况,应当说在1996年《刑事诉讼法》修改时已经被立法机关考虑。因当时有的同志,包括某些机关,曾向全国人大建议实行起诉一本状主义,但未被采纳。立法肯定了移送主要证据复印件等材料的做法,就是考虑到公诉审查的必要性和庭审准备的需要,防止步子迈得过大反而损害诉讼的效率和效益。

(三)立足现实,逐步地、阶段性地推进改革

以上分析说明,我国刑事诉讼对庭前程序的选择处于一种较为尴尬的

状态。维持目前做法存在这样那样的问题，改用其他几种模式也各有其难。那么，程序维系与制度改革如何是好，需要回答。

基于一种“相对合理主义”的观点[22]，笔者主张渐进式地、阶段性地实施对庭前审查制度的改革完善。

1. 基本维持现有做法，实行必要的改良。目前立法所确认的移送和审查主要证据复印件的做法，固然存在弊端，但它也通过其“折中性”而体现出有利之处。如兼顾起诉审查庭审准备但又防止过去那样的全案实体审导致庭审走过场，这种折中是制度改革中考虑到我国司法的实际承受力所采取的必要的过渡性措施。因此，目前在体制改革和转折阶段，这一做法可以继续维持相当一段时间。这实际是承认法院在对公诉案件实行程序审的同时，实行一定程度的实体审。然而，为提高庭前程序效益，可考虑作两项改进：

（1）移送材料注意正反两个方面均应反映。六部委《关于刑事诉讼法实施中若干问题的规定》，其中第36条规定移送的“主要证据”包括：一是起诉书中涉及的各证据种类中的主要证据；二是多个同种类证据中被确定为“主要证据”的；三是作为法定量刑情节的自首、立功、累犯、中止、未遂、正当防卫的证据。根据这个规定，移送主要证据的范围是比较宽的。因此势必增加法官预断。然而，这个规定使主要证据的具体化，有利于防止在此问题上理解不同相互扯皮损害司法效益。同时在目前条件下也有利于法官的庭审准备，尤其是在控辩双方相互展示证据制度未建立的情况下，有利于律师获得较多的诉讼信息。但这一规定似应作一个补充，就是要求起诉方将关键的辩护证据作为主要证据移送。因为这有利于法院全面的起诉审查，也有利于辩护律师掌握关键性的辩护材料，可以在一定程度上防止法官片面的先入为主。

（2）可以借鉴包括我国香港特区在内的其他国家和地区的做法，实行审前讨论会制度。例如，根据我国香港特区《法院程序指导》的规定，在高等法院正式开始审判之前，高等法院的法官（一般为本案的主审法官）有权将当事人召集在一起对控辩双方所提出的证据进行审查，以确定他们对对方所提供的证据的态度，确定他们可能提出的异议和看法以及其他对审判的进行有意义的事情，为高等法院的正式审判做好准备。[23]我们借鉴这一制度（当然法官如认为无必要也可以不举行审前讨论会），有利于解决一系列庭前准备问题,也可以防止法官单方面接触当事人带来的片面性以及公正怀疑。审前讨论会或称审前会议,由法官主持,控辩双方参加,主要讨论决定控辩证据展示中出现的问题、开庭时间、证人出庭问题,以及证据调查顺序等。

2. 减少材料移送内容,实行基本的程序审。鉴于复印件移送终究难以贯彻排除法官预断这一国际刑事诉讼的普遍性要求和我国《刑事诉讼法》修改的立法意图,因此伴随着进一步的改革以及实际条件的具备,庭前审查制度应当发展进入第二阶段,即减少材料移送内容,实行基本的程序审。实现第二步设想的主要前提性条件是:(1)法官主持庭审能力有较大的提高,可以在庭前只作程序审的基础上,在庭审中也能够随机性地实施诉讼指挥推动诉讼进行。(2)证据开示制度完善。律师与检察官能直接沟通信息,可以不通过起诉移送的复印件掌握证据。庭前程序审的实现,有利于我国刑事诉讼中程序公正水平的提高。

3. 建立预审法官制度,同时贯彻排除预断原则,实行预审法官和庭审法官形式分离和实质分离的制度。庭前审查仅作程序审的弊端是缺乏一个公诉控制程序,难以防止不必要的审判,因而不利于有效保障公民权利。因此在世界主要国家中,只有日本未实行预审法官对公诉的审查。另外,预审程序太简易,也导致庭审的仓促和诉讼的拖延。因此,在条件具备的情况下,我国刑事审判的庭前审查程序可以作进一步的改革。这个改革的要点是:(1)就较为严重的犯罪案件,建立法院预审程序和预审法官制度,通过预审程序,对案件作实质性审查,防止将缺乏事实根据和法理理由的案件诉诸审判(审查案件是否具备"prima facie evidence"——表面和初步的证据,审判的形式理由和根据),同时审查某些证据的可采性,裁决控辩双方的审判建议,为审判创造条件;(2)庭审法官和预审法官相分离,不仅不能同为一人,而且禁止预审法官与庭审法官交换意见,禁止法院行政首长在预审法官和庭审法官之间作协调沟通,必须保障庭审法官确实能排除预断。

然而,这一步的改革必须以一定的制度变革为前提。其中最重要的有两项:一是法官独立原则的确立。如前所述,没有法官独立就不能实现预审法官与庭审法官的分离,这种情况下预审法官制度会损害庭审的公正性。二是刑事诉讼中简易程序的进一步发展。因为预审制为追求诉讼的公正而增加了法院的负担和诉讼的成本,为使法院能够承受,保证诉讼的总体效率,有必要扩大简易程序的适用范围,同时还可以使目前的简易程序进一步简化,做到繁简结合,效率与公正兼顾,促使我国刑事审判制度进一步完善。[24]

注释

1 庭前程序有广义与狭义之分。从广义上讲,庭审前的程序均可称庭前程序。狭义的庭前程序,是指法院预审程序,即法官对起诉进行审查并准备庭审的程序,本文所论庭前程序是狭义上的,而且只研究其主要部分:法官对公诉的审查。

2 包括最高人民法院、最高人民检察院各自关于实施《刑事诉讼法》的司法解释,以及 1998 年 1 月 19 日最高人民法院、最高人民检察院、公安部、国家安全部、司法部、全国人大常委会法制工作委员会六单位作出的《关于刑事诉讼法实施中若干问题的规定》。六部委的规定属于一种特别的解释,也许反映法律解释上的"中国特色",但如何归类好像还不太清楚。

3 即"犯罪已过追诉时效期限的;经特赦令免除刑罚的;依照刑法告诉才处理的犯罪,没有告诉或者撤回告诉的;犯罪嫌疑人、被告人死亡的;其他法律规定免予追究刑事责任的"。应当注意,该条第 1 项,即"情节显著轻微、危害不大,不认为是犯罪的",未列入审查范围和据以不受理起诉的根据。因为这涉及实体审查。

4 笔者将这一点列为我国新的刑事庭审方式的基本特点之一,参见龙宗智:《论我国刑事庭审方式》,载《中国法学》1998 年第 4 期。

5 当时还有两种有代表性的意见:一种是如陈光中先生主持研究产生的《中华人民共和国刑事诉讼法修改建议稿》的意见,庭审由控辩双方举证,但起诉时需移送案卷和其他证据,不过不要求以犯罪事实清楚,证据充分为开庭条件(参见陈光中主编:《中华人民共和国刑事诉讼法修改建议稿与论证》,中国方正出版社 1995 年版,第 44、290 页);另一种意见是实行起诉状一本主义,起诉时不移送任何证据。甚至有的司法机关也持这种意见。但前者似乎法理不顺,而后者实行太难,立法机关采取了一种折中的办法,这也是参考了某些著名学者的意见。

6 这一点可以由这一事实佐证:在过去实践中辩护律师的辩护主要根据案卷中有利于被告的内容进行。

7 孙长永:《日本刑事诉讼法导论》,重庆大学出版社 1993 年版,第 208 页。

8 关于英国的材料主要引自中国政法大学陈开欣 1993 年 11 月撰写《英国刑事司法制度概况——赴英考察报告》。

9 美国刑事诉讼中的预审(preliminary examination),有时称预先听证(preliminary hearing),或审查性审判(examining trial)。

10 林达编:《世纪审判》,吉林人民出版社 1996 年版,第 35 页。

11 有的译作"传讯""聆讯"。

12 法国的违警罪、轻罪、重罪的区分是:违警罪由违警裁判所裁判,轻罪由轻罪法院裁判,重罪由重罪法院裁判。

13 中国检察出版社 1991 年出版,由[法]皮埃尔·尚邦著,陈春龙等翻译的《法国诉讼制度的理论与实践——刑事预审法庭和检察官》一书译作预审庭,还有的翻译作起诉庭。本文从中国政法大学出版社 1995 年出版,李昌珂译的《德国刑事诉讼法典》译法。

14 参见中国刑事诉讼法学家代表团 1993 年 11 月赴法国考察报告。

15 《法国诉讼制度的理论与实践——刑事预审法庭和检察官》第十部分。

16 参见 1994 年北京国际刑事诉讼法研讨会上赫尔曼教授的发言:《中国刑事审判改革的模式——从德国角度的比较观察》。

17 笔者就此曾向陈光中先生咨询,陈先生访德时曾就法官预审问题专门与德国学者和法官探讨。

18 孙长永:《日本刑事诉讼法导论》,重庆大学出版社 1993 年版,第 227 ~ 228 页。

19 孙长永先生就日本《刑事诉讼规则》第 194 条为本文专门核查了有关资料并作了翻译,更正了北京政法学院 1980 年出版的《刑事诉讼法参考资料》(第二辑)中翻译《日本刑诉规则》第 194 条之一,称公审前的任何时日均可进行准备程序的错误。

20 日本《刑事诉讼规则》第 194 条之三规定:"准备程序可以进行下列事项:(1)明确诉讼原因及罚条;(2)整理案件的争点;(3)关于计算及其他繁杂事项的阐明;(4)命作证据调查的请求;(5)明确证明的宗旨及讯问的事项;(6)命令提示证明文件及证物;(7)查明是否表示刑事诉讼法第 327 条的同意;(8)查明是否提出根据第 327 条的书面调查请求;(9)作出调查证据的决定或驳回调查证据请求的决定;(10)对于请求调查证据声明的异议作出决定;(11)决定调查证据的顺序及方法。"

21 对某些国家庭前审查程序的抗辩性,实务界和法学家也颇有微词,认为程序烦琐,缺乏效率,同时也使证人不胜其烦。关于英国的材料主要引自中国政法大学陈开欣 1993 年 11 月撰写的《英国刑事司法制度概况——赴英考察报告》。

22 所谓"相对合理主义",是作者近年来主张和发展的一种司法改革的观点。其是指在一个不尽如人意的法治环境中,在多方面条件的制约,我们只能追求一种相对合理性,不能企求尽善尽美。如果不注意实际条件和多种复杂因素的制约去追求理性化,不仅不会奏效,而且还可能因为完全破坏了既成的有序状态而使情况更糟。

23 甄贞主编:《香港刑事诉讼法》,河南人民出版社 1997 年版,第 231 页。

24 美国刑事诉讼中 80% ~ 90% 的案件以辩诉交易等简易程序不经正式审判直接处置,而其余少数案件采用正式的对抗式程序,强调程序的公正性,这种繁简结合的制度设置和司法操作思想值得借鉴。

我国刑事审判中的交叉询问制度*

在现代庭审活动中，对人证的调查有两种基本的方式和机制：一种是审问方式，即由审判法官直接询问；另一种是交叉询问制（cross - examination）[1]，即由诉讼当事人（含检察官）从相对的角度对原始人证[2]进行调查。这两种方式的区别，也可以说是人证调查的非对抗形式和对抗形式的区别。鉴于我国通过修改《刑事诉讼法》确立了由控辩方举证的新的庭审方式，对原始人证进行交叉询问的问题必然地成为重要的诉讼实践课题。因此，本文研究我国的人证调查方式，着重就交叉询问制度及其借鉴作一探讨。

一、交叉询问的程序、规则及适用条件

（一）交叉询问的一般程序

交叉询问被一些英美法学者誉为发现真实的最重要的法律装置，同时也是使诉讼体现出对抗性质的最重要的法律机制。交叉询问的对象是证人（包括一般证人、被害人、放弃沉默权出庭作证的被告人、专家证人等），其基本程序具体如下。

1. 举证方的主询问（examination-in-chief）

请求传唤证人的一方对该证人首先进行询问，这被称为“主询问”，或称“直接询问”（directy-examination）。询问的内容应当针对与案件基本事实相关的问题。主询问以举证方的开庭陈述为基础，其意义在于为证实举证方的主张正面提供证据事实的支持。举证方首先提出关于被告人的姓名、住址、职业、与案件的关系等预备性问题，然后采用问答的方式引导证人逐步

---

* 原载《中国法学》2000 年第 4 期。

向法庭展示其所了解的对举证方有利的情况。控辩双方都必须通过主询问来证明自己的诉讼主张。

2. 对方的反询问(cross – examination)

在主询问结束后,对方当事人可以针对证人在主询问时陈述的内容或与此相关的事项对该证人进行反询问。反询问有两个目的:第一,暴露对方证人的证词矛盾、错误或不实之处,以降低其证据的价值,或者证明这个证人是不可靠的;第二,使对方证人承认某些有利本方的事实。这两个目的常常交叉混合一起,难以截然分开。有一个十分著名的案例:原美国总统林肯在当律师时,询问一凶杀案证人,借助当时能见度的气象材料,证明该证人在自称的位置不可能看到作案情况,其作证虚假。之所以证人能说明现场情况,因为他本人就是凶手。这一案例,就是通过反询问成功达到两个目的的范例。

反询问是英美证据调查中最具特色的方法,它贯穿一种质疑的精神。在诉讼实践中,质疑对方证人及其证言运用多种技术。例如:(1)感觉缺陷。即通过询问证明,该证人由于某种感觉缺陷(如视力差、视觉模糊、听力差等)而实际上无法看到、听到、闻到、触觉到或品味到他在主询问中所陈述的内容。(2)证人的品格。即通过揭示某人的不良品格,以证明其证言不可信。英国一直允许自由质疑证人,但美国多数司法管辖区不允许查问以前不端行为的具体事件,除非涉及重罪或者与本案实质性问题有相关性。而适用于联邦法院系统的《联邦证据规则》则对品格质疑放得较宽。第 608 条第 2 项规定,为了抨击某证人的可靠性,可以在对该证人的反询问中或者对其他为被告人诚实品格作证的证人的反询问中查问有关该证人或被告人过去行为的具体事件。(3)心理状态。即通过反询问证明证人心理状态不正常,如精神不正常、嗜毒、醉酒等,以质疑其证明能力。(4)重罪前科。英美普遍承认关于重罪前科的证据可以用来质疑一个证人的可靠性。但在美国不同的司法管辖区,对证据进行质疑可以使用的重罪前科的种类有所不同。例如,有些州只允许使用涉及诸如伪证罪等道德上卑鄙行为的重罪证明,有几个州却还允许使用轻罪的证明——如果该犯罪涉及道德上卑鄙行为的话。(5)以前自相矛盾的陈述。包括出庭作证的被告人在内的证人,可以因其在审判前曾提供不相一致(自相矛盾)的证言而受到质疑。(6)偏见、利益、成见。如通过质询说明控方证人由于被免予起诉或保证减刑而作证,说明被告方的证人与被告有亲戚关系或系密友，说明证人受到威胁或利诱等。有时还将证人作证及鉴定人鉴定获得的优厚待遇与报偿作为对证言可靠性的质疑。

3. 举证方的再主询问(re-examination)

反询问结束后，举证方可再次询问，使证人对其在反询问时回答的问题进行解释和补充，以维护和恢复主询问时证词的证明能力，抵消反询问的不利影响。同时对反询问中引出的新的事项进行探究。再主询问还有一个作用，是补充信息，即对主询问时注意不够，而反询问时未涉及的事项进行询问，但通常需经法庭酌定许可。英美证据法专家摩根称，在这种情况下，救济之道是举证方应向法官申请再次开始主询问。[3]对方因此而可以进行首次的反询问。

4. 对方的再反询问(recross-examination)

再主询问结束后，对方当事人可以针对证人在再主询问时陈述的事项进行再反询问，而且对于其他事项，经法庭酌定许可，也可以进行询问。

5. 举证方结束询问

交叉询问通常由举证方结束询问。这种询问相当于一次再主询问。

交叉询问所使用的证人调查方法是一种问答式，而不是叙述式。所谓叙述式作证，又称会话式作证，指证人站在证人席上进行系统的案情陈述，或者宣读一份较长的关于案情的证言，而后再由法官或控辩方提出一些问题并由证人回答，如实行审问制的欧洲大陆国家的证人作证。但按照英美的法律和司法实践，控辩方调查人证必须采用一问一答的方式。问答式的意义在于：一是问题相对集中，导致证言与案件的关联性较强，可以防止证人陈述杂乱无章，陪审团听审不得要领；二是便于制止可能误导事实审理者(陪审团或法官)的不当提问和回答。因为问答式使相对的一方能够及时发现不适当、不合法的提问并提出异议，通过法官的及时制止而防止事实审理者听到和接受不适当的证言。

(二)交叉询问的主要规则

鉴于询问者的诉讼立场及其倾向性，为保证人证调查的客观性，交叉询问需要确立较之审问更为严格的限制规则，尤其是对主询问。从各国的立法和实践看，主要规则有以下几种。

1. 不得质疑己方证人规则

在审判庭上接受主询问的证人,在庭前已经接受过举证方的询问,甚至有的已经受到检察官或律师的训导,一般情况下提供的证言在举证方的预料之中。但某些情况下,证人也会说出一些出乎举证方预料的情况,包括明显对举证方不利的事实。这种情况下,举证方能不能对证人进行质疑性询问?英美证据法的一般要求是禁止质疑己方证人,其基本理由是,要求出庭的控辩方律师应当为其传唤出庭的证人的诚实性或可靠性担保,并保障交叉询问的有序进行,防止举证和诉讼秩序的紊乱。然而,这一传统规则正在弱化,例外的情况不断增加。这种例外主要表现在:(1)对提出意外证言的证人;(2)对那些经其回答证明怀有敌意的证人;(3)经传唤出庭但不愿作证的证人;(4)证人是对方当事人或与对方当事人有某种特殊关系的人。在一般认可不得质疑己方证人的规则的国家或司法管辖区,传唤证人一方如适用例外规定,应经庭审法官审查批准。下面举菲律宾立法为例:

1989 年菲律宾《新证据规则的特别补遗》第 12 条规定:“不得对本方证人质疑——除非证人属于第 10 条(d)和(e)款规定的情形[(d)款:证人不愿作证或有敌意;(e)款:证人是对方当事人或作为当事人的国营或私营企业、合伙企业或社团的高级职员、经理或主管代理人],否则,提出证人的本方当事人不得对证人的可信性提出质疑。

只有在法庭根据充分的证据证明证人的利益与举证方对立,无正当理由而不愿作证,或者错误引导本方当事人传唤他作证而宣布不愿作证或怀有敌意时,才可认为该证人不愿作证或怀有敌意。

经宣布不愿作证或抱有敌意的证人,或者证人就是对方当事人时,举证方可以在一切方面进行质疑,如同该证人是对方传唤的一样,但不能使用不良品格的证据。对方当事人也可向该证人质疑并反询问,但这样的反询问只能针对主询问所涉及的事项。”

在美国联邦法院系统,对不质疑己方证人的规则已大大放宽。钱伯斯杀人案审判(1973 年),美国最高法院大法官鲍威尔在裁定意见中指出:“无论‘担保人’规则[4]可能曾经享有多大效力……它现在与刑事诉讼的现实已没有太多联系。尤其作为刑事被告人,很少能够挑选其证人,他们往往找到谁就用谁,如果不允许他们质疑提供了不利证言的证人,实际上损害了被告人享有的与提供对自己不利的证言的人对质并进行交叉询问的宪法权利。

因此,最高法院以不应适用不质疑己方证人规则为由推翻了对钱伯斯的有罪判决。”[5]《联邦证据规则》进一步放宽限制,经 1987 年修改的该法第 607 条规定,“关于证人的诚信问题,任何一方当事人,包括传唤该证人作证的当事人,都可以提出质疑”。

2. 禁止诱导性主询问的规则

诱导性问题,是在提问中明示可能的答案,从而强烈地暗示证人按提问者的答案作出回答的问题。如伤害案件中,辩护律师问被告:“你根本没有动那把刀,这是不是事实?”这是典型的可能产生误导的诱导性提问。又如询问证人:“你是否干了……”这是貌似中性的诱导性提问。反对诱导性询问是各种证明体制中对证人询问的一般原则,其意义在于保证证言的客观可靠性,防止受询问人的主观影响。然而,在证人询问时还需注意询问的有效性、所获信息的充分性,以及诉讼的效率,因此贯彻这一规则时对一些技术性问题需要妥当把握:

(1)反诱导性询问规则通常只适用于主询问,不适用于反询问。因为反询问之前证人已接受了非诱导性的主询问,而且这种证人接受诱导性问题中所包含的虚假暗示的危险基本不存在。在反询问中大量使用诱导性问题,这是交叉询问制度的一个特点。

(2)在主询问中,为实现证明的效率和有效性,适用诱导禁止规则也允许某些例外。英美刑事庭审大致允许以下例外:一是在涉及与案件核心问题无直接关系的预备性、入门性、过渡性事务时允许使用诱导性问题。例如,问:“你是在宏达电脑公司工作,对吗?”二是当证人作出意外回答时,可以提出诱导性问题。如证人的陈述与其在预审听证或大陪审团调查中提供的证言有实质性区别,法官通常允许参考其过去的证言进行诱导性询问。三是在对理解能力有限的证人,如智力低下的人或孩子,进行主询问时也可以视情使用诱导性问题。四是对于那些显然可以启发其记忆的证人可以适时提出诱导性问题。这是指有些证人答案就在嘴边却想不起来,此时使用诱导性问题唤醒其记忆,在某些情况下(如征得法官同意)是合适的。五是对鉴定人,即所谓专家证人,提出诱导性问题常常是允许的。六是对于明确为有敌意的证人可以适用诱导性问题。

(3)由于诱导性问题与非诱导性问题在实践中可能有一定交叉和模糊性,利用这一点,进行具有一定诱导性,而又不至于违反规则的询问,即“擦边操作”,是英美法庭证人询问的一个技术性特点。例如,在证人回答律师的问题后,律师继续问:“然后你听见那个人说了什么吗?”此问题对于那人说话内容的证明而言,不具有诱导性,但就询问“说”了什么,而不是“干”了什么,则暗示了律师希望了解的问题范围——是说而不是做。但这种询问一般情况下不致引起异议,因为适当的限制回答的范围也是允许的。而且律师还可以利用那些例外规定,如对于与案件核心问题无直接关系的预备性入门性问题可以诱导询问,在核心问题与非核心问题上做文章,而对非核心问题及“擦边”问题使用带有某种诱导性的询问。

除以上两项交叉询问的特殊规则以外,交叉询问还须遵循人证调查普遍适用的证据调查规则,如:(1)相关性规则。要求询问的问题与案件有实质性联系并对案件事实有证明力。(2)反对复合式及其他混乱性问题的规则。为了保证证人清楚和完整的回答问题,控辩律师的询问必须保持问题的简洁和清晰。在问答式询问中,应采单一式问答,即以一个问题,询问一个事项为准,不得提出那些可能使证人迷惑与误解,或者缺乏逻辑前提造成逻辑混乱的问题。(3)意见规则。要求证人作证只能陈述自己体验的过去的事实,而不能将自己的判断意见和推测作为证言的内容。除非某一意见合理地建立在证人的感觉之上,而且对清楚理解该证人的证词或确定争议中的事实有益。[6]

(三)交叉询问的前提、配套制度及利弊分析

在人证调查中,对交叉询问方式的借鉴必须注意这一方式的适用效应以及适用条件,否则,难以取得预期效果。因此,以下三点应当注意:

1. 交叉询问有两个基本的前提预设。其一,举证和质证权在诉讼当事人(包括检察官),法官中立听证。当法官介入证人调查进行直接询问时,已属审问而不再是交叉询问。由于控辩双方是举证和质证主体,交叉询问的内在机制是攻击和防御,由此而形成具有控辩特点的人证调查。其二,区分证人类型,即将证人区分为控诉方证人和辩护方证人。控诉方证人在控方举证阶段提出,辩护方证人在辩方举证阶段提出,并由此而确定主询问和反询问,控诉方证人由检察官做主询问,辩护方证人由辩护律师做主询问。同时在这一预设基础上确定不同的约束规则,如关于禁止质疑己方证人的规则,关于禁止对己方证人诱导询问但不禁止向对方证人做诱导询问等。

2. 交叉询问需要一系列配套制度,否则其功能可能受到影响。任何一

种调查技术都必须在特定的“法的空间”中发挥作用，而其中所设置的各种配套因素的状况，直接影响这种技术的功能发挥。交叉询问亦同。经比较研究和实证分析，交叉询问的实施效果通常与以下几项条件有关：(1)庭前证据开示程序的设置。如果控辩双方在庭前未能掌握对方的证据材料，尤其是辩护方不了解控诉方手中掌握的有利辩护的证据（因为辩护方取证能力通常比较有限），在庭审过程中，往往难以有力地质证即实施反询问，会造成对案件实质性问题的交叉询问难以展开。(2)当事人主导原则的贯彻。交叉询问是以当事人主导为前提，法官虽然有义务把握诉讼进程，为了发现真实和实现效率而控制举证的方法、节奏，但在交叉询问中，攻击防御是在当事人之间展开，询问方法和策略的采用均系于当事人自己。因此为保证交叉询问的效力，必须通过贯彻当事人主导原则为控辩双方创造比较充分的活动空间，法官只能凭规则约束，不能过分干涉，更不能越俎代庖。(3)陪审制度的存在。陪审团作为事实审理者，完全是以一种“听证”的方式去发现事实，这就为当事人实施攻击防御以其主张影响事实审理者留下了充分的余地。然而，如果不采用陪审团审理方式，而由专业法官审判——认定事实并适用法律，法官往往难以避免在事实查证方面的积极作为。因此，即使控辩双方在交叉询问中费了大量口舌，但法官经常感到仍需要重新询问，从而浪费了时间，拖延了诉讼。(4)以人证调查为中心和主线展开证据调查，同时贯彻传闻证据排除规则。在法庭证据调查中，以人证调查为中心和主线展开调查，才能发挥交叉询问在证据调查中的基础性和决定性作用。同时贯彻排除传闻证据规则，要求证人出庭作证，是交叉询问发生效用的基本前提。否则，对书面证言无所谓交叉询问。

配套条件直接影响交叉询问方法的效用。如德国在“二战”后借鉴英美制度，在《刑事诉讼法》中规定了交叉询问，允许控辩双方在法官询问后进行交叉询问，但这一条款基本不能发挥效用，因而成为一个“死条款”，其主要原因在于法官主导并直接调查的情况下，对当事人的补充性交叉询问有一种天然的排斥。[7]日本“二战”后借鉴英美诉讼体制，在当事人主导的基础上引入交叉询问制度，但仍然未能发挥预期的效果，主要原因即在上述几个条件的设置方面，都未达到如英美，尤其是美国那样充分的程度。如证据开示程序不彻底，没有陪审团而由专业法官审判，法官往往以直接调查为必要手段，以及使传闻规则的例外常态化，造成书证中心等。因此，日本有人抱怨在制度不配套的情况下引进交叉询问是一种失败的尝试。[8]

3. 实践中利弊共生,应注意根据实际情况兴利抑弊。交叉询问作为发现事实真相的手段,借助了两种特殊的方法:其一是采用相对制度进行多角度观察。即由当事人从有利不利、控诉辩护的不同角度来探寻同一证据源,从而有助于观察问题的深刻性和全面性。英美以威格摩尔(Wigmore)教授为代表的证据法学者和实务家认为,发现真实的最佳方法,是由相争之两造各自调查系争事实,各自分别搜集证据,找出证人,并对证人探究出证言,而审判者则居于消极、被动的地位,于审判时,仅需静听两造所提出的证据与证人的证言,不必亲自调查事实。因为根据诉讼的性质,需传唤何人为证人及如何对其进行询问,当事人最清楚;同时,如何识破证人所供述之虚伪与否,则以对方当事人最清楚。由于当事人对审判之结果具有切身之利害关系,故由当事人自己来推敲证据、询问证人,必然尽其所能而为详尽之推敲、询问,这对发现真实最为有益。并且,在刑事诉讼中,为使被告服判,对证人证言的真伪,也是由被告来推敲为最妥当。[9]美国律师协会一个委员会的一份文件曾对这一问题作了具有哲理性的论述:"相对申辩似乎是唯一有效对策,借以抵御人们借熟知事物对并未完全清楚的事物作过分轻率结论的人性之自然倾向。律师们的辩论等于使案件置于正反两方意见之间悬而未决。使案件的正确类属如此维持在未确定状态中,便有时间可以探索它的一切特性和微妙差别。"[10]其二是质疑。即通过对立面的设置和反询问的运用,进行质证。反询问者对于对方证人的任何证言,都注意其薄弱环节和各种可抨击之处,甚至"要有对这些东西吹毛求疵,穷追猛打,直至彻底粉碎案件基础的思想"。[11](但检察官方面因代表国家应受公平竞争规则的某些限制)而主询问者则努力开掘本方证人的证据信息,捍卫本方证人的证明能力。质疑方法就是力图在这种争辩对抗之中把握案件的真实。

交叉询问所借助的这两种方法应当说都是被人类经验所验证的发现事实真相的有效方法。尤其是在发现证言的不可靠性方面,相对于法官审问式人证调查,交叉询问可能具有更充分的效力。

然而,这种询问方式也有其局限性。这种局限与其长处所共生,它突出表现于询问中的当事人倾向。这种倾向将人证调查变成一种争斗,甚至是一种以被告人的命运为赌注的决斗。诉讼各方都希望通过询问获得对自己有利的诉讼结果,有时忽略了正义,忽略了案件的实体真实。律师常常为了胜诉而在庭前引导证人,施加影响;在庭上对自己明知是真实的证言进行质疑;证人明明是撒了谎,举证人也可能努力去维护他的证明效力。而且交叉询问(尤其是反询问)可能如批评者所言——太过于技巧,易使诚实而胆小之证人陷入困窘,以致使真实之证言被击破,而使虚伪之证言发挥其威力。[12]加之借助交叉询问中的当事人主导及其询问规则,当事人有较充分的空间去施展诉讼技巧,如无端地纠缠于一些细枝末节,扰乱法官尤其是陪审团视线,干扰其对案件事实的理智判断。同时,这种询问方式可能将法官直接接触案件实质的一次有效询问变为控辩双方及法官的多次询问,即使在正常情况下,这也需要较长时间。如果当事人为达本方诉讼目的而有意叠床架屋,拖延诉讼,更会损害诉讼效率。

二、我国刑事庭审中交叉询问的特点

(一)我国法庭审判中由控辩方实施直接人证调查的方式可以界定为交叉询问

所谓直接人证调查,是指以询问出庭被告人、被害人、证人、鉴定人的方式进行的证据调查。我国修改后的《刑事诉讼法》对直接人证调查作出了规定:

第155条　公诉人在法庭上宣读起诉书后,被告人、被害人可以就起诉书指控的犯罪进行陈述,公诉人可以讯问被告人。

被害人、附带民事诉讼的原告人和辩护、诉讼代理人,经审判长许可,可以向被告人发问。

审判长可以讯问被告人。

第156条　证人作证,审判人员应当告知他要如实地提供证言和有意作伪证或者隐匿罪证要负的法律责任。公诉人、当事人和辩护人、诉讼代理人经审判长许可,可以对证人、鉴定人发问。审判长认为发问的内容与案件无关的时候,应当制止。

审判人员可以询问证人、鉴定人。

对以上关于调查被告人、被害人、证人、鉴定人的法律规定,最高人民法院作出了具体解释,该院《关于执行〈中华人民共和国刑事诉讼法〉若干问题的解释》中就人证调查方式的相应规定是:

第132条　在审判长主持下,被告人、被害人可以就起诉书指控的犯罪事实分别进行陈述。

第133条　在审判长主持下,公诉人可以就起诉书中指控的犯罪事实讯问被告人;被害人及其诉讼代理人经审判长准许,可以就公诉人讯问的情况进行补充性发问;附带民事诉讼的原告人及其法定代理人或者诉讼代理人经审判长准许,可以就附带民事诉讼部分的事实向被告人发问;经审判长准许,被告人的辩护人及法定代理人或者诉讼代理人可以在控诉一方就某一具体问题讯问完毕后向被告人发问。

第135条　控辩双方经审判长准许,可以向被害人、附带民事诉讼原告人发问。

第137条　审判人员认为有必要时,可以向被告人、被害人及附带民事诉讼原告人、被告人讯问或者发问。

第140条　被告人、辩护人、法定代理人经审判长准许,可以在起诉一方举证提供证据后,分别提请传唤证人、鉴定人出庭作证,或者出示证据、宣读未到庭的证人的书面证言、鉴定人的鉴定结论。

第142条　证人到庭后,审判人员应当先核实证人的身份、与当事人以及本案的关系,告知证人应当如实地提供证言和有意作伪证或者隐匿罪证要负的法律责任。

证人作证前,应当在如实作证的保证书上签名。

第143条　向证人发问,应当先由提请传唤的一方进行;发问完毕后,对方经审判长准许,也可以发问。

第144条　鉴定人应当出庭宣读鉴定结论,但经人民法院准许不出庭的除外。鉴定人到庭后,审判长应当先核实鉴定人的身份,与当事人及本案的关系,告知鉴定应当如实地提供鉴定意见和有意作虚假鉴定要负的法律责任。

鉴定人说明鉴定结论前,应当在如实说明鉴定结论的保证书上签名。

第145条　向鉴定人发问,应当先由要求传唤的一方进行;发问完毕后,对方经审判长准许,也可以发问。

第148条　审判人员认为有必要时,可以询问证人、鉴定人。

上述法律规定和司法解释,可以将其主要内容归纳为三点:(1)调查被告人、被害人,应先由他们陈述案情,然后控辩双方可以对其进行发问。审判人员认为有必要时可以发问。(2)在调查被告人、被害人以后,首先由控诉方举证,然后由辩护方举证。证人、鉴定人除由审判庭根据需要传唤的以外,可分为控诉方要求传唤的和辩护方要求传唤的。(3)调查证人、鉴定人,应当首先由审判长核实其身份及与案件的关系,告知法律责任并让其在保证书上签字。在这一开头程序结束后,即先由传唤证人的一方询问,然后经审判长许可再由对方询问。审判人员认为必要时,可以询问证人、鉴定人。

从上述规定可以看出,我国刑事庭审中直接人证的调查,虽然因为缺乏某些因素,不能称作典型的、严格意义上的交叉询问,但仍然可以从广义上界定为一种交叉询问,而且这种交叉询问,在直接人证调查中是一种重要的甚至基本的方式。因为其一,根据我国《刑事诉讼法》的规定和立法精神,刑事庭审,由控辩双方向法庭举证,因双方立场相对,体现在直接人证调查上,只能采用具有抗辩式特点的询问方式,即正面询问与反询问相结合的询问,这就纳入交叉询问的基本模式。其二,立法和司法解释中对询问顺序和询问方式的规定,体现了一些交叉询问在技术方法上的重要特征。即发问以控辩双方为主进行,首先由传唤证人的一方询问,然后由诉讼对方询问。[13]这种调查主体的多元性和询问内容及方法上一定程度的抗辩性,使这种人证调查具有了交叉询问的基本的外部特征。

然而,我国人证调查中的交叉询问,与典型的、以英美为代表的交叉询问制度确有重要的区别。只有认真研究异同,才能使我们能够理智的设计、操作这种制度,同时谋求今后的合理化改革。

(二)我国刑事庭审制度中交叉询问方式的特点

由于特殊的制度背景和运行条件以及诉讼方式的传统,我国刑事庭审中的交叉询问呈现出十分显明的自身特色。主要包括以下几个特点:

1. 直接人证调查的有限性,缩小了交叉询问的适用范围。交叉询问只适用于直接人证调查,即被调查人出庭接受询问的证据调查。然而,我国刑事诉讼目前仍具有"书证中心主义"的特点,即大量使用书面证言,证人出庭比例很低,鉴定人亦同。被害人仅有部分出庭,只有被告人必须出庭并接受询问。[14]书证中心主义,大大缩小了交叉询问的适用范围。同时还要看到,交叉询问的作用也受证据调查程序的影响。英美诉讼中强调言词诉讼方式,因此以人证调查为中心和主线,物证、作为证据的文书以及视听资料等证据在证人询问时适时提出。我国刑事庭审,却常常将人证调查与其他证据调查区分开来。这就进一步缩小了交叉询问的适用范围,降低了它的作用。

2. 交叉询问制与审问制的并存,限制了交叉询问的适用效力。由于原体制的遗留和影响,由于对实体真实的强烈追求,我国庭审制度改革并未搬用对抗制度,而是仍然强调了法官查明案情的责任,并相应地认可了法官积极作为的诉讼权能。加之我国不存在英美式陪审团而实际上实行专业法官审判制度,承担事实查明和法律适用功能的法官难以避免对证据调查的积极干预和介入。上述因素的影响,使新庭审方式中的法官审问不能仅仅被视为一种"拾遗补阙";由于法官审问的积极实施,我国的人证调查方式也不能不加区分地界定为交叉询问,而应当看作一种交叉询问与法官审问相结合的制度。具体而言,在立法和司法解释上,虽然规定询问被告人、被害人、证人、鉴定人先由控辩双方进行,但同时规定了法官的询问权,而且这些规定中并没有严格限制法官询问的时机。也就是说,对双方要求传唤的证人,除了不宜由法官首先询问外,不排除法官在控辩双方询问过程中插问或者在双方询问结束后就重点问题或不清楚的问题进行询问。司法解释中,关于"审判人员认为有必要时",可以询问被告人、被害人、证人、鉴定人的规定,可以理解为既赋予了审判人员的询问权即询问的可能性,又授权其灵活地把握询问的时机("认为必要时")。在司法实践中,由于法官受到自身责任的压力,有时也是由于控辩双方的诉讼能力有限,使他常常超越诉讼双方利用审问权去直接查明案情。这种对审问制的重视,使交叉询问的效力受到削弱。

3. 被害人的当事人化及作为调查主体介入,使交叉询问可能具有多极化特点。典型和传统的交叉询问制度,是由控辩双方构成。在公诉案件中,以检察官作为控方,代表国家和被害人实施控诉,而辩护人和被告人则构成辩护方。被害人虽有一定的诉讼权利,但在诉讼格局上为检察官所"遮蔽",不是与检察官并存的诉讼之一方。我国《刑事诉讼法》的修改,以确认被害人权益的独立性为预设,将公诉案件被害人规定为诉讼当事人,庭审中,在法律上享有与公诉人、被告人同等的诉讼权利和手段。虽然诉讼格局仍然可以基本划为具有相对性的控辩双方,但就控诉一方,又呈现出实体权益、诉讼权利以及诉讼请求都相对独立的二元格局。这使交叉询问因其多极化而具有了某种复杂性。在被害人及其代理律师出庭参与诉讼的情况下(虽然从总体比例看这类案件不占多数),交叉询问将在公诉人、被害人及诉讼代理人、被告及辩护人三方展开。这种情况下,固然可以将公诉人及被害人都纳入控诉方,将其询问一并归为主询问或反询问,但二者因具体立场的差异而出现询问内容和方法上的区别,这使询问规则的应用以及法官对询问的把握产生一定的困难,而且发生一些新的需规制的问题,如被害人能不能质疑公诉人传唤的证人而进行反询问(如果被害人认为这一证人作证有利被告方或不利于被害人争取其个体权益),等等。

4. 交叉询问的“和合性”较强,抗辩性较弱。由于受我国以同质性和一体化为特征的司法体制的影响,受我国刑事诉讼追求实体真实的内在精神的影响,以及受职权主义甚至超职权主义型的传统诉讼模式的影响,我国刑事庭审中的交叉询问具有一个最为突出的特点,是“和合性”较强,抗辩性较弱。“和合”,据称是中国文化的精髓。因强调“天人合一”与“普遍和谐”,表现了中国文化的和谐性和统一性。[15]在交叉询问制度上,“和合性”主要表现在两个方面:

(1)“合而不分”。即相当一部分作证人不能区分其类型——既不能说是控方证人也不能说是辩方证人,只有合称被告人、被害人、证人、鉴定人。如就被告人,无论控辩方是否愿意和是否召唤,依法都需出庭陈述并接受询问。因此,无论是理论上还是在实践中,都没有像英美法庭那样,将其作为控方证人或辩方证人。再就被害人而言,被害人出庭陈述无须检察官允许和要求,甚至在诉讼法立法上除了他本人的陈述外,并未规定一个询问被害人的程序。[16]对证人,虽然基本上可以作出是控诉方还是辩护方传唤的证人的区分,但受传唤的某些证人可能属于“中性”——既可能有利于控方,也可能有利于辩方;或者其证言既包含控诉又包含保护内容。因此这些证人难以被明确划为控方证人或辩方证人类型。这是因为我国检察机关作为法律监督机关和具有法制守护责任的国家公诉机关,担负有客观公正行事的义务,[17]只要有关人员知道案情,能够证明案件真实情况,并在庭前由侦查、检察人员作了证据调查,就应当列入证人名单传唤其出庭,无论这些证人在法庭上所说是对被告人不利还是有利。因此,检察机关列入证人名单中的出庭证人在庭审时提出对控方不利对被告有利的证言是常见情况。

(2)“和而不争”。由于强调和谐而缺乏一种对抗性的文化传统,加之在司法方面尚未发展起一种高度发达的控辩体系,在交叉询问的诉讼操作中,与前述“合而不分”相应,不可避免地在一定程度上出现“和而不争”即抗辩性不足的现象。它主要表现在:在询问程序中,对于主询问与反询问的区分不够明确,固然控辩双方通常从一种相对的立场出发实施询问,但在询问过程中一般缺乏激烈的对抗和争辩。这一是因为法官的干预性较强,通常不主张较长时间的争辩,而情愿采取由他直接询问的方式澄清问题。二是交叉询问的程序比较简化(《刑事诉讼法》规定十分简略,缺乏具体内容,而最高人民法院的司法解释也只是规定了提请传唤证人一方的首先询问以及诉讼对方的继后询问,再次询问则未规定,而在实践中法官心理上通常也比较排斥再次询问)。三是强调基于法律和事实的控辩统一,十分注意抑制过分的争辩。如在英美交叉询问中,采用问答式询问,询问人如发现证人作有悖于询问人立场的陈述时即可及时打断证人的陈述,引导他只作有利于询问人的陈述。而这种基于对抗制的打断和引导在我国庭审中可能被认为是不适当的,因为它破坏了证人陈述的自然性。四是我国法制中检察官与律师维护司法公正的特殊义务,减弱了控辩角色的当事人倾向。包括检察官的客观义务,使其不能只追求定罪,而必须从维护法制出发,全面斟酌案情,恰当实施公诉。同时辩护律师的操作也受到较为严格的法律限制,如《刑事诉讼法》第38条中有关于辩护律师不得“引诱证人改变证言”等趋于严厉的义务规定,刑法中还有相应的定罪条款。这使律师在对抗性手段的运用时不能不顾及法律的责任。此外,还由于目前证据开示不足,律师难以掌握侦查、起诉方在审前阶段获得的有利辩护的证据信息,也就难以充分地展开抗辩。

5. 交叉询问系“技术方法型”,而非“权利技术型”。我国诉讼中对交叉询问方法的使用,着眼于它的质证效用,强调案件真实的发现,而不强调其人权保护价值。这与英美诉讼中的交叉询问制度有着重要区别,因此可称为“技术方法型”,而非“权利技术型”。所谓“权利技术型”,是将交叉询问作为保障和实现权利的一种技术,其中当然包括社会公众权利的保护,同时也强调对被告人权利的保障。在英美,交叉询问被视为体现公民宪法权利的一种设置。这种权利即如美国《宪法第六修正案》所规定的,在审判过程中,被告人有权面对面地与反对他的证人对质,以便其辩护律师可以对这些证人进行交叉询问。此外,被告人有权通过法院传唤来迫使证人出庭并提供可能对被告方有利的证言。因此,美国学者伦斯特洛姆称:交叉询问“是通过宪法第六修正案规定的对质条款而得到保障的一项权利”。[18]美国学者格雷汉姆称:在英美法中,“对证人进行交叉询问具有一种权利上的属性,交叉询问构筑了正当程序的重要层面”。[19]由于把交叉询问作为被告人的一种宪法赋予的重要权利,一旦被告方失去或部分失去交叉询问权时(如控方使用书面证言时),被告人就可以寻求一种正当程序救济(申请法院确认侵犯被告宪法权利的诉讼行为无效等),这使证人出庭制度以及被告方的质询权得到实现,使交叉询问得以有效进行,也使庭审趋于实质化,因为判决的结果在相当程度上取决于庭审中的询问结果。

然而,技术方法型的交叉询问,由于缺乏宪法权利的根据,并不强调对不利证人的当面质询并实施交叉询问是被告不可剥夺的权利,而只是从庭审发现真实的需要来把握交叉询问,这就造成有利于真实发现时,交叉询问是必要的,如果某些时候有碍于真实发现,或者有时可能以其他方法,包括采用书面证言的间接调查方式的采用也可以达到目的,那交叉询问就可以是被抑制和取代的东西。因此,如果要发展强化我国的交叉询问制度,一个值得注意的方向,是强化公民的宪法权利及其意识,使交叉询问由技术方法型向权利技术性转化。

6. 询问中采用简略而易于掌握的技术与规则。英美的交叉询问,形成了严密而复杂的技术规则体系,这有其特定的原因。一是受对抗性体制的影响。由于当事人主导以及在这一原则之下询问中的对抗性较强,如果没有较为严密的“游戏规则”,势必导致审判秩序的混乱。二是与陪审团审判有关。在陪审制度下,陪审员的裁决原则上无须说明理由,也不受上诉审的审查,享有极大的权威和正统性。但是,确实也存在陪审员感情用事的危险,而且此时几乎没有什么手段可以救济实际上有理的当事人。这样,就必须制定一些对参与诉讼的双方法律专家形成限制和控制的证据使用规则,来防止对陪审员的误导。[20]

然而,在我国诉讼中对抗性并不充分,非对抗的、职权主义的成分还起着比较根本的作用,而且不实行陪审制度,基本上由专业法官审判,不需要十分严密的技术性规则,也不需要对证据的使用设置太多的要求。加之目前我国诉讼水平不高,规则过细过密,无论是合议庭,还是诉讼双方都会感到难以操作,甚至反而无所适从。因此,在引入交叉询问制度的“初级性”阶段,还不可避免地使这一制度的框架和规则设计比较简易和粗糙,具体的操作也显得比较粗放。例如,交叉询问只规定到第一轮,深入询问则未作规定;在询问中,对证据尤其是弹劾证据的使用,如被告人、证人过去不一致的书面证言能否使用及如何使用,缺乏规定,使审判庭对如何解决司法实践中经常遇到的这类问题缺乏依据;就询问的内容、范围和规则,都只是作笼统而无区别的规定,至于直接询问应当有什么要求,反询问应当限制于哪些范围等,并无具体要求,而交给法官临场把握。还有一些保证审判的技术化和精密化的询问要求,法律和司法解释规范中并不涉及。如证人作证只能陈述事实而不能发表意见,但合理地建立在事实之上同时有利于理解事实和澄清争议问题的意见不在排除之列等,类似这些合理而普遍适用的调查规范和规则尚告阙如。

我国人证调查中规则的简略化可谓不争之事实,其中有其适应于诉讼体制的合理因素,也有因改革初期缺乏经验而宁缺不悖,还有的问题与谋划不周规范疏漏有关。总之,人证调查尚待进一步规范完善。

三、司法实践中运用交叉询问应注意的几个问题

交叉询问制度在我国刑事庭审中的设计和操作,应当遵循这种制度的基本规律,应当借鉴国外的成熟经验和技术,同时也应当考虑我国庭审人证调查的制度背景以及上述特点。首先必须确立交叉询问制度的基本价值和原则。笔者认为,这种价值和原则可以概括为两个主要方面:维系公正和寻求真实。前者,主要针对程序正当性,强调诉讼的平等性与手段的对等性,防止程序的畸形,同时创制和实现有利于刑事审判中个体权益维护的特别程序保障。如在事实有争议的情况下,保证被告方的质证包括与不利证词的提供者对质的权利,同时对被害人的实体权益与程序权利也应当有效保障。后者,即寻求真实,是就询问的目的而言。即不能满足于程序和形式,而应在维护正当程序的前提下,通过有效手段实现对实体真实的发现,因为它是实体权益保护最重要的基础。

除上述两方面的基本价值外,还应注意一项具有辅助性的价值,即实现效率。叠床架屋,关注琐细,吹毛求疵,拖延诉讼是应当防止和制止的。

(一)适应诉讼公正和庭审制度改革的需要,设置交叉询问制度运行的必要条件

由于受到各方面因素的限制,我国刑事庭审中的交叉询问制度作用范

围十分狭窄,作用效果十分有限,它应当发挥的作用未能有效发挥。而在目前,健全和强化交叉询问制度,成为庭审制度完善的一项当务之急。这是因为:第一,我国庭审制度向控辩型转化,已成大势所趋和立法的已然选择,而实行控辩举证,不可避免地采用交叉询问作为人证调查的基本方式;第二,交叉询问采用相对争辩方法和质疑技术以探寻客观事实,这种方法经过经验验证和技术分析是法庭质证最有效的方法,它在发掘和正确把握证据事实方面具有独特功效。为了有效利用这一方法,目前最重要的是设置这一制度的运行条件。首先,是强化证人出庭制度,创造条件逐步扭转我国刑事诉讼绝对的"书证中心主义"的局面,从而为质证,即交叉询问创造起码的前提。其次,是通过法律解释(今后还应修改立法)对交叉询问的一些基本要素作出明确的规定,如将控辩方的询问明确划分为主询问与反询问,对反询问的范围和方法、主询问与反询问问题、可由传唤方终结询问等问题,作出规定。再次,可以考虑改变庭审举证程序规定,允许以人证调查为中心和主线展开证据调查,物证、书证均来自人,因此可以作为附带证据提出,从而使交叉询问在证据调查中的基础性和决定性作用得以发挥,同时使直接、言词原则得以切实贯彻。最后,诸如证据开示程序等配套制度也应设立。否则,律师乃至检察官庭前掌握信息不足,难以有效地实施交叉询问。

(二)适应我国庭审制度的性质、特征及其发展,把握交叉询问中对抗性的适当限度

交叉询问是对抗制在庭审制度中的集中体现,而交叉询问的效果,与对抗因素的设置直接相关。就目前刑事庭审中的交叉询问制而论,可以说它只是在一定程度上实现了"形似",但因其中抗辩因素不足而无"神似"。为有效发挥这一制度的效力,应当注意保证诉讼的抗辩性。因为这种抗辩性,正是交叉询问制度的内在精神和根本的作用机制。

为保证必要的抗辩性,应通过制度和操作允许审判中建立控方证人和辩方证人的观念(这当然是相对的,可转化的);在庭审前,允许控辩双方为诉讼准备接触证人。[21]但同时贯彻《刑事诉讼法》的要求,禁止威胁证人和故意诱导证人改变证言等行为。在庭上,应当将反询问看作诉讼对方的一项当然的诉讼权利(质证权),而对于刑事被告人,这更为重要。因此而允许较为充分和深入的反询问(包括必要时的再反询问),对证人及证言的可靠性提出质疑,并对有利于己方的证据信息进行开掘。

但鉴于我国诉讼制度的性质和特征,对抗性也应注意其限度,否则可能造成交叉询问过分的当事人化,以胜诉为唯一目的,忽视诉讼双方对法庭、对司法公正所应负的责任,从而妨碍对客观真实的发现。为此,需要注意:

1. 法官适当把握举证和正确引导询问,同时在必要时为发现真实直接询问,甚至调取新的证据,传唤新的证人。以此防止诉讼当事人纠缠细枝末节,模糊主要争点及导致拖延诉讼。但这方面应注意适度,一般情况下,即只要不是公诉人过于不得力或者辩护人及被告人完全不得要领,法官不要成为调查主角,法官在证据调查中的作用通常应当是辅助性、补充性的。

2. 询问的方法应当是问答式与叙述式相结合。问答式方法与交叉询问中较强的控辩性相适应,因为这种方法才能防止和及时制止证人提供于询问人不利的证言。我国刑事诉讼因重视客观真实,注意人证的自然性、语义连贯性和完整性而采用问答式与叙述式相结合的方法。其中,《刑事诉讼法》对被告人调查明确规定首先由其陈述,然后再对被告人进行讯问。对证人未作具体规定。最高人民法院司法解释也未明确。最高人民检察院《人民检察院刑事诉讼规则》第338条规定:"证人在法庭上提供证言,公诉人应当按照审判长确定的顺序向证人发问。公诉人应当首先要求证人就其所了解的与案件有关的事实进行连贯陈述。证人连贯陈述后,公诉人经审判长许可,可以对证人发问。证人不能连贯陈述的,公诉人也可以直接发问……发问应当采取一问一答形式,提问应当简洁、清楚。"这一规定就询问证人的方法,仍然认可叙述式与问答式相结合的方法。这样做减弱了举证的控辩性,从方式上看更接近法官的询问,但有利于保证其自然性和完整性。

(三)维系交叉询问基本格局,妥当处置被害人介入询问程序问题

被害人作为诉讼当事人造成人证调查格局的变化,容易导致法官掌握调查程序的困难以及庭审程序的紊乱。参照司法实践,为保证审判的有序和实效,就被害人介入询问程序问题应注意两点:一是将被害人作为控方的一部分,使控辩双方交叉询问的基本格局不改变。这种做法不仅有助于庭审有序,还有利于控辩平衡,否则可能造成公诉人、被害人两方对被告人一方的不平衡诉讼状态。二是就控方而言,在公诉案件中,应以公诉人为主,被害人为辅。这首先是由公诉案件的性质所决定的。因为公诉案件是公诉人代表国家起诉的案件,在这类案件中,公共利益是优先考虑的因素,公诉人实际上系启动审判程序的刑事原告,被害人在公诉案件中不是原告而只

是维护自身利益的诉讼主体。同时这也是由举证责任制度所决定的,因为在公诉案件中由公诉人承担举证责任,被害人并不决定公诉的内容也无须致力于公诉的维系,他有举证和调查的权利却并不承担举证责任。基于这种认识,法官在尊重被害人诉讼权利的同时,对被害人及其代理律师的与案件无关的发问和诉讼意见,应注意依职权予以制止,以保证诉讼的效率和效益。

(四)借鉴国外做法,考虑本国需要,确立适当的交叉询问规则

一方面是反对诱导询问规则。交叉询问与法官审问的重要区别之一是前者容易发生诱导。在主询问中应当禁止诱导自属当然,但在目前刑事庭审的反询问中是否应当禁止诱导,在主询问涉及入门问题、预备问题等非案件主要事实问题时是否允许诱导型询问,则是值得斟酌的问题。笔者认为,最高人民法院《关于执行〈中华人民共和国刑事诉讼法〉若干问题的解释》第146条第2项关于"不得以诱导方式提问"这一具有普遍性和笼统性的规定在目前是可行的。这是因为:一是我国目前的人证调查抗辩性较弱,主询问与反询问的区分还不太显明,更不彻底,如果禁止提请传唤方诱导同时允许对方诱导,很可能会使调查秩序紊乱,妨碍证据调查的客观性;二是目前以法律修改为依据的庭审改革实施时间短,各方面缺乏经验,法官、检察官、辩护律师的业务素质以及对新的审判方式的适应还需要一个过程,这种情况下,规定过细的技术规则难以正确把握,可能使各方都会感到为难。今后,制度逐步完善,条件逐步具备时,再进一步细化技术规则。但目前庭审法官、检察官和律师应当学习反诱导规则的法理,懂得何为严重违法,何为轻微违规,这样有助于庭审中适当处置相关问题。

另一方面是关于反对质疑己方证人的交叉询问规则。同样鉴于上述我国庭审中证人类型区分有一定的模糊性,而且考虑到这一规则实际上已经因现代制度的发展而趋于式微,在我国刑事庭审中不需确立这一规则。控辩双方在考虑适当性的情况下可以对提供不利证词、意外证词和模糊证词的证人自由质疑。

除上述两项具有特殊性的规则外,我国交叉询问应当遵守经实践验证普遍适用的证据调查规则和询问规则。其中尤为重要的是相关性规则。

询问的相关性即要求询问的问题应当与案件事实和证据有关联性并对确定案件事实以及确定证据的真实性有证明作用。《刑事诉讼法》第156条

规定,"公诉人、当事人和辩护人、诉讼代理人经审判长许可,可以对证人、鉴定人发问。审判长认为发问的内容与案件无关的时候,应当制止。"最高人民法院《关于执行〈中华人民共和国刑事诉讼法〉若干问题的解释》规定,询问证人应当遵循的规则,第一项就是"发问的内容应当与案件的事实相关"。这是庭审人证调查中相关性规则明确的法律依据。把握询问内容的相关性,应注意:其一,实质相关,即与案件的基本事实以及与证据的真实性相关。强调这一点有利于防止纠缠细枝末节拖延诉讼,也有利于弄清案件的基本事实。其二,无论直接相关还是间接相关,都必须和要证事实具有一种内在的逻辑联系,具有一种可证明性。

鉴于我国刑事庭审实行专业法官审判而且考虑可行性,对相关性判定无须设立统一的严格限制的标准,而应将相关性作为一个经验事实问题,也就是说,对发问是否具有相关性,其判断主要依据的是裁判者的经验。华尔兹教授说:"法官们在决定大多数相关问题时大概都根据:(1)关于对所提出的证据的'感觉';(2)已确立的司法判例或法典化规则——如果有这些判例或规则的话。法官有时对证据有一种感觉、一种直觉的反映,其基础是他们的经验、常识,以及关于客观事物变化方式的知识。"他还指出,虽然对相关性来说没有什么实际的检验标准,但时间的遥远性十分重要,如果一个旁证事件距受审查事件发生时间很近,就具有相关性;如果间隔时间很远,就不具有相关性。[22]

应用相关性规则必然涉及在询问中能否运用品格证据质疑其作证品格,或者询问品格问题以证明被告人的犯罪倾向和动机。鉴于前述确立证据规则的考虑,笔者认为,原则上不排除品格性询问的相关性——如果凭一般经验判断这些品格证据有助于证明被告人作案的动机、手段和可能性以及作证人的作证品格的话。但如品格证据的证明力太弱,即与案件事实本身的联系十分微弱,则可判定为不具相关性。例如,对一盗窃案犯,询问其多年前的一件"小拿小摸"行为,这一证据事实虽然不能说与本案中的盗窃全无联系,但很可能因联系太弱而被视为不具备法律上的相关性。但就某些案件的品格证据可以作出特殊限制,如性犯罪被害人过去的性道德情况,除非对证实性行为是否违背被害人意志所必需,否则应作为无相关性而予排除。其意义在于保护性犯罪被害人。

至于国外刑事诉讼中普遍采用的意见规则、反对复合问题及其他可能导致混乱的问题的规则等，我国刑事诉讼中并无可排斥之处，应当予以借鉴。

此外，根据我国情况，还可以确立一些具有一定指导和规范意义的询问规则，如最高人民法院司法解释就询问规则所规定的：不得威胁证人，不得损害证人的人格尊严，等等。

注释

1 这里的交叉询问是就广义而言，即将一切以控辩双方从相对立场以抗辩方式进行的询问都称为交叉询问，而不限于典型英美模式的交叉询问。

2 原始人证主要是指出庭的刑事被告人、被害人、证人、鉴定人直接向法庭作的陈述，区别于书面供词、证词等具有“传闻”性质的人证。

3 ［美］摩根：《证据法之基本问题》，李学登译，台北，世界书局1982年版，第89页。

4 指传唤人须为证人诚实和可靠性担保，即不得质疑己方证人的规则。

5 ［美］乔恩·R.华尔兹：《刑事证据大全》，何家弘译，中国人民公安大学出版社1993年版，第41页。

6 美国《联邦证据规则》第602条与第701条。

7 ［美］约翰·朗拜因：《比较刑事诉讼：德国》（英文版），美国明尼苏达州西方出版公司1977年版，第66页。

8 毕玉谦：《民事证据法及其程序功能》，法律出版社1997年版，第338页。

9 黄东熊：《对质与交互询问》，载《中兴法学》1986年第22期。

10 哈罗德·伯曼编：《美国法律讲话》，陈若桓译，三联书店1988年版，第32页。

11 ［美］汉斯·托奇主编：《司法和犯罪心理学》，周嘉桂译，群众出版社1986年版，第67页。

12 黄东熊：《对质与交互询问》，载台湾《中兴法学》1986年第22期。

13 美国学者杰利·S.科恩称：“一般来说，当一个律师询问他自己的证人时，他就是在‘直接询问’；但当他询问对方律师所招来的证人时，他就是在进行‘反询问’。”参见［美］汉斯·托奇主编：《司法和犯罪心理学》，周嘉桂译，群众出版社1986年版，第73页。

14 根据现行《刑事诉讼法》，犯罪嫌疑人在侦查中“应当如实回答”侦查人员的提问，在审判中也未赋予其保持沉默的权利。同时规定诉讼各方“可以”询问被告人。

15 刘保昌：《中华和合文化生成论》，载《社会科学研究》1998年第3期；汤一介：《略论儒学的和谐观念》，载《社会科学研究》1998年第3期。

16 这是一个明显违背质证原则的疏漏和失误，已由最高人民法院《关于执行〈中华人民共和国刑事诉讼法〉若干问题的解释》(1998 年)第 135、137 条作了弥补。

17 检察官的客观义务实质上一个大陆法职权主义的概念,而不是一个当事人主义的概念。因为它强调检察官作为国家法制机关应当客观公正地履行职责,而应避免其当事人倾向。参见[日]松本一郎:《检察官的客观义务》,载《法学译丛》1980 年第 2 期。

18 彼德·G. 伦斯特洛姆编:《美国法律辞典》,贺卫方等译,中国政法大学出版社 1998 年版,第 153 页。

19 Michael H Granham:《Witness Intimidation》,转引自毕玉谦:《民事证据法及其程序功能》,法律出版社 1997 年版,第 286 页。

20 [日]谷口安平:《程序正义与诉讼》,王亚新、刘荣军译,中国政法大学出版社 1996 年版,第 232 页。

21 实行职权主义的多数国家基于证人是法院的证人的观念,禁止双方律师在庭前接触证人,以免对证人发生诱导和不良影响。但当事人主义条件基于证人既是法院的证人,又是当事人的证人(当事人传唤并提供适当作证条件同时为当事人的诉讼主张服务)的观念,允许控辩方律师庭前接触证人,进行诉讼准备。

22 [美]乔恩·R. 华尔兹:《刑事证据大全》,何家弘译,中国人民公安大学出版社 1993 年版,第 66 页。

收回死刑复核权面临的难题及其破解*

死刑复核权即将由最高人民法院依法收回，这是中国法治建设在完善刑事法治方面的一项重要举措，对于提高死刑质量，控制死刑数量并实现法制的统一无疑具有重要意义。虽然有的学者称这只是落实《刑事诉讼法》的要求，因此不是改革而只是法律“归位”，但即使如此，也十分难能可贵。因为改变既有的、几十年来形成的这种权力配置和运作方式，将使我国的死刑制度及其适用发生重要变革。在这种变革过程中，不仅存在因资源不足所形成的障碍（这种障碍应当还是可以克服的），更会在运作中遇到一系列困难，甚至不排除某些政治与社会的风险。为了推进收回死刑复核权的工作，有效实现收回死刑复核权的目的，我们应当分析这些困难和风险并寻找在目前面临的各种限制条件下的应对方略。

一、复核权收回面临的主要问题

笔者认为，最高人民法院收回死刑复核权面临的问题主要表现在四个方面。

（一）政治风险

最高人民法院收回死刑核准权，意在减少死刑数量提高死刑质量，从而有效贯彻“少杀、慎杀”方针。这不仅符合国际普遍趋势，也符合我国在死刑问题上的一贯方针与政策，而且与目前人权入宪以及建立和谐社会的努力相协调，应当说这样做具有明显的合理性与正当性，同时也具有一定的现实性。然而，我们也要看到，目前大幅度降低死刑适用，有政治、社会与文化的

---

* 原载《中国法学》2006年第1期。

障碍。“杀人者死”,还是中国人根深蒂固的观念;而且目前社会处于转型期,刑事犯罪不降而升,在政治方面以稳定压倒一切,极其重视治安秩序的情况下,死刑适用如果达不到社会与被害人的要求,如果与地方党委政府力求维护治安与维持稳定的要求不太一致,法院将会受到很大的压力。而在目前法院的权威性有限,制度资源不足,整体上受制于统揽型政治体制的情况下,就可能难以有效贯彻少杀、慎杀的政策要求。

另外,收回复核权,死刑案件集中在北京作最后决定,使死刑案件及其审理情况的透明度提高,而在死刑适用量仍然较大的情况下,难以达到国际社会一般价值标准以及国际法律准则所认可的程度与规模(由于中国正全面进入国际社会,得到国际社会的赞同避免在人权问题上处于某种不利状态,即“在国际人权斗争中处于主动”,毕竟是政府所重视的),这种情况下,我们可能面临一定的国际压力。

(二)职能难题

最高人民法院作为国家最高审判机关,其基本功能是进行政策指导和法律标准的把握,由于这种最高性、指导性以及超脱性,除了某些例外情况,它不应当是一个事实审法院。坚实的事实审基础是由作为其下级法院的一审、二审法院所筑。但复核死刑案件将不可避免地要求最高人民法院进行事实审(死刑复核的救济与慎刑作用首先表现于证据与事实上的严格把关),而最高人民法院又不可能采用普通审的方式进行全面和充分的事实审理。这可能在某些情况下使最高人民法院面临一种欲审不能,欲罢不成的尴尬。然而,一旦事实证据上出了问题,尤其是出现冤假错案,由于复核机制的最终判定性质,将不可避免地由最高人民法院承担最后的责任。最高人民法院可能因此而受到一定的责难,这种责难也是因为非司法中人难以理解最高人民法院所面临的困难包括它审理能力的有限性。

最高人民法院近年来力求区分最高人民法院与下级法院的职能,在各级人民法院(相对)独立裁判,在上下级法院间只具有业务指导关系而无领导关系的体制构架中,避免最高人民法院承担自己承担不了也不应当承担的下级法院的审判责任。最高人民法院院长肖扬(时任)近两年对全国人大的工作报告,也将过去报告全国法院的工作改为主要报告最高人民法院的工作包括对下级法院工作的指导。但死刑复核权的收回,将死刑案件这种最重要、社会影响最大的案件的判决责任由下级法院最后转移到最高人民法院，最高人民法院的工作更容易受到社会的质疑。在这个意义上，最高人民法院的最高性、超脱性与政策指导性打了折扣，可能面临更大的社会压力。

（三）系统性问题

中国死刑案件的质量与数量控制是一个综合性的问题，是一项系统工程，涉及政治与法律、观念与制度、民情与法意、立法与司法、实体与程序等多方面的关系。最高人民法院对死刑案件质量与数量控制承担最终责任，但在这个综合性的控制工程中，最高人民法院只是一个组成部分，只是一项系统要素，它无力有效控制其他部分的运行，它缺乏充分能力解决整体性的问题，因此，这个承担最终责任的机关，可能要为不属于它本身也是它所解决不了的问题负一部分责任。

这些问题中，有几点尤其值得注意：一是从影响死刑判决的社会因素看，法院只能在审判上作最后的把关，但影响审判的各种法外因素，如党委政府的影响，社会舆论的影响，被害人及其亲友的影响，法院不仅无法控制而且经常难以抗制，这些因素从各个方面都影响着法院的审判，有时这种影响十分强势，在某些情况下，法院甚至不得不作有悖于法律原则（如疑罪从无原则）也违背自身意愿的判决。二是从控制死刑的法制因素看，死刑控制，既是司法问题，又是立法问题，在死刑条款数量大而且适用条件不严格[1]的情况下，以司法活动控制死刑数量有一定难度。笔者认为，虽然有些国家立法上保留死刑而主要通过司法来控制死刑，但在我国传统的重刑倾向延续至今而且立法对死刑适用缺乏限制的情况下，应注意通过立法（包括《刑法》与《刑事诉讼法》的立法）控制死刑，这样做可能更容易和更有效，而在立法问题未解决时实施司法控制在操作上难度较大。三是从控制死刑数量与质量的司法体系内部因素看，法院审判的基础是侦查与起诉，尤其是建立指控证据体系的侦查取证活动。如果侦查出了问题，审判不一定能够发现；有些案件审判人员即使怀疑证据不可靠，目前也难以有效地排除可疑证据。由于我国实行侦查起诉审判机关分工负责、配合制约的原则，法院只能主持审判程序，对审前程序及其运作则可能鞭长莫及，因此难以保证死刑程序在整体上的正当化要求以及死刑案件的办案质量。

（四）程序性障碍

死刑复核权收回，应当有必要的制度资源支持，这主要是指《刑事诉讼法》关于死刑案件的程序制度能够适应收回复核权后办案的基本要求。然而，目前《刑事诉讼法》在死刑程序的制度资源上明显不足，主要存在三个方面的问题：(1)审前程序不适应慎用死刑的需要。例如，我国侦查程序仍以封闭性为特征，“紧闭的侦查之窗尚未打开”。尤其是审讯嫌疑人被告人的活动，可以称为“密室审讯”，一没有律师在场，二没有全程录音录像，在这种封闭的场景中，刑讯逼供等违法取证的情况很难避免，证据的可靠性难以保障。这些年死刑案件中所出现的问题，已经证明了这一点。(2)死刑复核程序简陋而缺乏可操作性。目前《刑事诉讼法》对死刑复核程序的规定仅有4个法律条款，其中两条分别赋予最高人民法院对死刑案件的核准权及高级人民法院对死缓案件的核准权，还有一条规定了死刑核准的传递与处理方式，最后一条规定合议庭由3名审判员组成。对审理方式与程序、参与主体与审限等均没有明确规定，使得我们必须重新设计和完善复核程序，但这样做涉及《刑事诉讼法》的修改，难以在近期完成。(3)与死刑适用相关的审判程序存在一定问题。如就审判程序的规定中，证人出庭制度不完善，使司法实践中绝大部分证人不出庭，包括有争议问题的重要证人或关键证人不出庭，因此无法对其进行有效质证。大量死刑案件主要依靠书面证言与口供定案，程序的正当性与证据的可靠性都受到不良影响。

以上分析可以说明收回死刑复核权并努力实现少杀、慎杀是一项十分艰巨复杂的任务。然而，我们提出问题是为了正视问题，找到解决问题的方案，绝不能因此而丧失信心，消减决心。同时我们也要看到，解决这些问题仍然具备有利的条件：一是从社会发展趋势上看，中国推进市场经济以及对外开放的努力已经使国家法治化进程不可逆转，控制死刑数量保障死刑质量是依法治国保障人权的一项十分重要的措施，它从根本上适应了历史发展的进程，因此必然得到各方面的支持，即使某些方面的支持在一定时期内有所阻滞。二是从目前情况看，在可持续发展以及建立和谐社会保障人权的政治主张与指导观念之下，贯彻少杀、慎杀已经具有了政治条件，尤其是因为收回复核权已成为重要的政治决策，在我国政治动员能力以及相关制度资源十分强大的背景中，贯彻这一决策所遇到的难题都相对容易解决。可以说这是最有利的条件。

二、应对难题的指导原则与对策

面对上述问题,我们需要有几个针对性的应对的原则与对策。

(一)系统思维综合治理的原则

前述说明,死刑控制是一个整体性问题,因此必须采取综合治理的办法,优化涉及死刑判决的各个方面的因素,克服相关障碍。除死刑程序制度本身的问题外,尤其应注意一些相关问题的解决。其中有三点十分重要:

1. 观念的转变。包括转变社会的观念、党政领导的观念以及侦查、起诉审判机关的负责人和办案人员的观念。观念上的问题主要表现在对重刑特别是死刑的过分依赖甚至迷信,以及"杀人者死、伤人及盗抵罪"的报应刑观念。这两种观念始终成为我国刑事司法的强势观念,是少杀、慎杀政策贯彻不到位的主要思想根源。这两种有悖于现代法治的观念问题不解决,死刑控制就很难推进。不过,解决观念问题不是简单地依靠宣传教育。有时制度变革本身也能引导观念的变革,如 1997 年《刑法》对盗窃罪适用死刑作了严格限制,目前对这类犯罪每年适用死刑的数量极少,也并未出现有些人担心的盗窃罪案的反弹以及社会严重不满的情况。

2. 审判独立的保障。如前所述,收回死刑复核权并切实贯彻少杀、慎杀方针,将可能遇到来自各方面的阻力,法院也会受到相当的压力,如果法院缺乏克服阻力顶住压力的权威与能力,死刑复核权收回的目的将无法实现。目前,对人民法院依法独立审判这一宪法原则的贯彻情况应当说十分不理想,以各种看似正当的理由干涉法院依法办案的情况并非少见。应当说,不保障审判独立,就没有司法公正。而在死刑复核权收回后,没有审判独立,多杀甚至滥杀的情况仍然不可避免。

3. 替代措施的跟进。死刑剥夺了人的生命,其适用后果极其严重。要减少死刑适用,就应当有相应的,或者接近于死刑严重程度的替代措施。然而,正如陈兴良教授多次指出的,我国刑罚体系中,死刑过重而生刑(自由刑)过轻,形成"生死两重天"的过大反差。我国刑法中,有期徒刑不超过 15 年,数罪并罚不超过 20 年。一个被判处死刑缓期 2 年执行或者判处无期徒刑的罪犯其实际执行期在十七八年以下,自由刑刑期低于各国一般水平。要减少死刑,就应当修改刑罚,提高自由刑的严重程度,使之能与死刑合理的衔接。在目前我国治安形势仍然比较严峻同时重刑观念很难在短期内有根本改变的情况下,死刑替代措施的跟进显得尤为重要。

总之,只有综合治理同时抓住重点,从政治与法律、观念与制度、社会与司法、立法与司法、侦查起诉与审判、一审二审与复核审、诉讼程序与内部审判制度,程序问题与证据问题等各个方面作统一、全面的调整,才能从根本上解决我国死刑制度及其适用中存在的问题。

(二)逐步推进有利有节的原则

正是由于死刑适用问题上的诸多因素影响以及问题的复杂性,同时考虑目前提供的改善条件、改革空间的有限性,我们需要树立持续努力、长期工作的观念,只能采取量力而行逐步推进的方针,有利有节地推进改革。可以考虑采取以下阶段性推进的方式。

第一步是近期通过并发布最高人民法院关于收回复核权后对相关程序与工作的司法解释,同时可以参考《刑事诉讼法》通过后六部委就《刑事诉讼法》实施发布若干规定(所谓"48 条")的做法,联合相关单位发布规范文件,在目前的法律框架下促进相关制度程序的完善:从而为收回死刑复核权创造最基本的制度条件。同时,最高人民法院积极进行组织和物质的准备。在此基础上,高级人民法院与最高人民法院进行工作交接,最高人民法院全面行使死刑复核权,考虑到决策已经作出,社会已经普遍知晓,这个移交准备时间不宜太长。

第二步是修改《刑事诉讼法》和《刑法》。修改《刑事诉讼法》,完善死刑复核程序和相关审判与审前程序,完善证据制度;制定刑法修正案,去除相当一部分基本未适用,缺乏实际效用的死刑条款,同时在保留的死刑条款中,也在刑法总则的相关制度中,严格死刑适用的条件,从而在刑法制度上限制死刑适用。修改"两法",就是为了提供少杀、慎杀的制度基础。

第三步是随着我国法治的进一步推进,随着制度的逐步改革以及人们观念的转变,在复核权收回而且"两法"修改并运行数年后,进一步修改法律并制定相关司法解释,全面限制死刑适用,进一步提高死刑案件办案质量。

(三)技术处理与区别对待的原则

死刑问题既是一个法律问题,又是一个政治问题和社会问题。但在依法治国的语境中,根据司法具有将政治问题技术化的作用,对死刑问题应当尽量作为法律技术问题处理,避免其过分的政治与社会影响。这就要求:首先是将死刑案件交法院依法处理,其他权力机关不干预,社会舆论也必须保障审判的独立，避免造成舆论审判。其次是合理设置死刑的制度与程序，配置高素质的审判人员，以充分的技术能力使死刑案件得到妥当审判。技术处理中也包括死刑案件处置与其他案件有一定区别。除了专门设置死刑复核程序，从而为死刑案件再把一道关以外，对死刑案件的侦查、起诉、辩护、审判都应该有更严格的要求。考虑实践中存在的问题，尤其要注意两点：一是死刑案件审判，要严格贯彻控辩方对证言有争议的证人必须出庭质证的要求，以帮助法院判定证言真伪。目前由于法律规定不完善以及实际条件不充分，在其他刑事案件中难以做到这一点，但由于死刑案件的特殊要求，应当切实保证这类证人出庭接受质证。二是死刑案件应当执行最严格的证据标准。死刑案件的证据标准有别于其他案件，这是区别对待的重要体现，也符合国际刑事司法准则。各国一般刑事案件的定案标准是“排除合理怀疑”或建立“内心确信”，但联合国关于死刑问题的决议规定，死刑案件的证据只有“在没有任何怀疑的余地”的情况下才能认定事实并处以刑罚。我国司法实践中实际掌握死刑案件的证据标准一般情况下也严于其他案件标准，但缺乏制度化的要求，执行中有一定随意性。对此，应该首先通过司法解释，然后通过《刑事诉讼法》的修改进一步解决这个问题。

（四）分级负责，责任下沉、责任明确的原则

死刑复核权收回后，死刑案件在法院审理将经过一审、二审、复核审三个层级（为了保证三级审理，应当禁止省级法院作为一审法院审理死刑案件）。应当说，这三个层级的审理不应当是简单地重复，各个审级的职能与审理内容和方法应当有所区别。由于案发地法院便于进行事实审理，而且审判时间与发案时间较为接近，较易于查清事实，同时其他审理条件也比较充分，因此应当适当强调下级法院在死刑案件审理上的责任，即适度地使审理责任，尤其是事实审责任下沉。同时进一步明确各级法院在死刑案件的职能与责任，做到分级负责，责任明确，努力避免矛盾上交。即应该将案件中的疑难问题解决在一审和二审程序中，避免一、二审法院把关不严甚至有意识地将自身难以解决的矛盾与疑难问题交最高人民法院复核审解决。

三、死刑复核程序与死刑案件二审程序的完善

(一)完善死刑复核程序

1.准确界定最高人民法院的复核责任

为了贯彻分级负责,责任下沉、责任明确的原则,最高人民法院可以发文进一步明确审理死刑案件的各级法院的任务与责任。一方面,要强调一、二审法院的事实审责任。另一方面,对复核审要进一步定位。由于复核审是死刑案件最后一道关口,为了保证死刑案件的质量,同时考虑到我国死刑复核制度的实施经验,就复核审仍然应当定位为全面审理,即法律审与事实审同时进行。不过对这种全面审理应当作更为具体的限定。所谓复核程序中的全面审理是指不能单纯审理法律问题,而是要兼审事实问题。但就事实审理部分不需要像一审程序那样实行相关证据与事实的全面审查核实,而是在事实方面作有限审理,复核审只承担有限责任。这种责任,应当明确界定为主要是在死刑适用标准上进行把关。这种标准包括刑法适用标准以及事实证据标准。最高人民法院的事实审要审查证据的确实性与充分性,但对证据确实性主要进行两种审查:一是对各类证据进行形式性审查。这里的形式审查是指即根据经验法则与逻辑法则判断证据的可靠性,一般不必深究其确实性;二是对形式性审查中发现的可疑证据以及对被告人口供的真实性,进行必要的核实,即作实质审查,并因此而采取讯问被告、现场查勘等措施。在对证据确实性问题进行审查时,要注意证据的合法性及证据能力问题,依法排除证据能力欠缺的证据材料。

2.采用适当的审理方式

复核审的审理方式,目前有不同意见。可以考虑的方式包括:(1)书面审;(2)书面审加提审被告人;(3)开庭审理;(4)所谓“听证审”,即被告人不出庭,法庭不举证,仅由检察官和辩护律师到庭发表意见然后合议庭合议(类似美国最高法院审理案件的做法)。基于“责任下沉”的要求,同时考虑可行性,笔者认为,复核审原则上不适用全面开庭审理。但如仅做书面审,又难以有效发挥其“把关”责任,因此可以考虑采用两种基本审理方式:一是对一般死刑案件,实行书面审理加提审以及对个别有疑问证据进行核实的审理方式。二是对有些在事实证据上没有问题,但就是否适用死刑有争议,则可以在书面审和提审的基础上进行听证审理。即通知控辩双方到庭发表

法律意见,在充分听取双方意见的基础上再进行合议,这样做有利于死刑适用标准的正确把握。而对事实不清的案件,原则上应当发回重审。

复核审应当将讯问被告作为必经程序。但为使这一要求能够实现,建议做两项改革:一是改变目前死刑案件被告分散关押的做法,将被告人集中在一审法院即中级人民法院所在地关押。否则,让最高人民法院到最边远的区县去会见被告会妨碍复核审的效率。二是在目前网络已经普及,同时死刑犯关押于中院所在地看守所的情况下,利用网络进行远程提审,使最高人民法院的法官能够利用视频和任何一个中级人民法院所在地的死刑犯见面并讯问。利用这种现代科技进行提审,将大大提高审判效率,节约审判成本。但是,对确有问题的案件,复核法官应当直接见面提审,以便更加充分准确地把握被告人提供的信息,同时也体现复核审严肃认真的精神。[2]

3. 复核程序应当有期限

目前《刑事诉讼法》没有规定复核期限,就法律是否对复核作出时限规定,也有不同意见。笔者认为,最高人民法院收回死刑复核权后应当规定复核期限。可以规定半年的复核时间,即在二审判决后6个月内完成复核并作出宣判。不规定时限,不符合效率原则,而且使关押场所压力太大。只要我们在一般情况下避免开庭审理,应当说确定时限是具有可行性的。

目前在司法实践中,被判死刑的被告人为了保住性命,往往千方百计地检举他人,以重大立功争取减轻刑罚,甚至出现花钱买线索举报等情况。在死刑复核程序中,如果被告人仍然不断举报,由于核实举报需要时日,死刑复核就容易造成时间过长。同时也考虑到复核审核查举报存在不便,可以要求对举报线索的调查核实,原则上应当于一审和二审程序中解决,最高人民法院复核审除确有根据的重大立功线索外,一般不再核查检举立功事项。由此而将检举核查问题压在一审和二审程序中解决。

4. 允许辩护律师与检察官参加复核程序,但不作强制要求

辩护原则以及检察监督原则均为贯彻刑事诉讼始终的诉讼基本原则,因此应当允许辩护律师介入复核程序,提出辩护意见,包括以听证审的方式听取他们的意见。但复核审不是三审,而是以书面审为主的一种把关与救济,因此在一审乃至二审已经实现强制辩护,而在复核审原则上不开庭审理也不设定对抗机制的情况下,复核审可以不规定强制辩护,而只是将其规定为被告人的一项权利。与此相应,检察院可以参加死刑复核,但也不作强制

性规定。为便于检察机关监督,可以对死刑复核程序中检察机关的介入以及法院为其介入和实施监督提供相应条件作出具体规定。但就开庭审理以及听证审的复核案件,开庭时检察官与律师必须根据法院通知到场履行职责。

(二)完善死刑案件的二审程序

复核审与二审分离后,必须考虑二审审理方式与程序的改革完善问题。

1. 二审开庭审理

《刑事诉讼法》第187条规定,第二审人民法院对上诉案件,应当组成合议庭,开庭审理。合议庭经过阅卷,讯问被告人、听取其他当事人、辩护人、诉讼代理人的意见,对事实清楚的,可以不开庭审理。对人民检察院抗诉的案件,第二审人民法院应当开庭审理。然而,在多年的司法实务中,二审开庭的法律要求并未得到有效贯彻。目前比较一致的意见是对二审案件应当原则上实行开庭审理,但就是否允许部分案件不开庭审理尚有不同看法。笔者认为,对死刑案件应当规定一律开庭。主要理由是:其一,二审案件基于上诉与抗诉,也就是说,上诉案件均属有争议案件,对有争议案件的处理,尤其是死刑案件的处理,应当主要强调程序的正当性而不是主要强调程序效率。其二,我国的刑事一审普通程序案件,由于证人一般不出庭而大量使用书面证言等原因,实际上审理程序相对快捷简便,而且使一部分不可靠的人证被用作定案依据。一审程序质证不足、正当性不足的问题仍然存在,因此有必要加强二审审理。其三,二审的开庭审理是避免复核审开庭的重要前置条件。其四,不"开口子"不搞例外,是保证二审开庭的重要措施。《刑事诉讼法》二审不开庭审理的例外规定,往往成为法院不开庭审理的借口,使二审开庭的法律规定虚置。因此,为了有效保证开庭审理,应当规定二审死刑案件一律开庭。

2. 二审审理方式——有重点的全面审理

死刑案件的二审开庭审理,仍然应当贯彻全面审理的原则,包括事实审与法律审兼行,同时对事实证据也应当全面审查。全面审理原则的贯彻并不排斥有重点的审理。即法院的二审审判,对于一审已经审理清楚的无争议问题,可以审理从简,而重点针对有争议问题展开。有争议问题中的质证也应展开,有争议的关键证人(或重要证人)的证言质证,应当要求证人出庭。

3. 二审审理期限问题的解决

死刑案件的二审开庭审理,最突出的问题是审限问题。[3]由于律师与检察官参与程序需要时间，补充取证、再次鉴定需要时间，复杂案件研究协调需要时间，检举立功的查核需要时间，加之二审数量较大人手不足（二审必须全部使用审判员而不能用陪审员审）。二审法院普遍感到审理时间不足。而且死刑案件作为最重要的刑事案件强调对案件质量的保证，因此应当按照前述区别对待原则，设置区别于其他刑事案件的审理期限。具体的处理方法有两种：一种方法是修改《刑事诉讼法》，延长死刑案件的审理时限。另一种方法在原审限规定不变的情况下，但将一部分程序内容，如鉴定（不仅是司法精神病鉴定）、立功查核等不计入审限。目前只是规定精神病鉴定不计入审限，而其他鉴定同样需要相当时间却仍然计入审限，这是显然不妥当的。目前对犯罪嫌疑人发现新的犯罪事实依法要重新计算羁押期限，但嫌疑人、被告人检举他人犯罪事实可能创造立功机会的情况查核却不重新计算期限，这也是显然不妥当的。目前可以通过联合规定，或司法解释先采用后一种做法，以解决《刑事诉讼法》修改前的案件审限的需要。

四、直接相关制度的改革完善

如前分析，死刑案件质量的多因素影响以及整体性问题，决定了这类案件的质量保证除了审理与复核程序本身的问题，还需要解决一些相关的制度问题。

（一）完善证据规则，为死刑案件事实的准确认定提供保障条件

1. 修改最高人民法院《关于执行〈中华人民共和国刑事诉讼法〉若干问题的解释》第 61 条，采取相应的调整措施，切实贯彻非法证据排除原则

目前出现冤假错案的主要原因是证据问题，尤其是办案人员采用包括刑讯逼供在内的非法手段搜集证据。要保证死刑案件的证据质量，很重要的一步，是完善和切实贯彻非法证据排除的规则。最高人民法院《关于执行〈中华人民共和国刑事诉讼法〉若干问题的解释》第 61 条规定：“严禁以非法的方法收集证据。凡经查证确实属于采用刑讯逼供或者威胁、引诱、欺骗等非法的方法取得的证人证言、被害人陈述、被告人供述，不能作为定案的根据。”这一规定的积极意义在于确立了我国刑事诉讼中违法证据排除的规则，但有明显的缺陷。一个问题是证明标准。第 61 条规定为“经查证确实”非法获取的证据应当排除。这是对违法行为的证明提出了过高的，难以达到的证明标准。因为如前所述，目前我国的刑事审讯中没有律师在场，也没

有全程录像,这种情况下,在实际的司法过程中,基本上无法达到查证确实的程度,这就使这一排除规则无法实施。在这个问题上,应当借鉴外国刑事诉讼法对此问题作出的规定。如日本《刑事诉讼法》第 319 条第 1 款规定:"出于强制、拷问或者胁迫的自白,在经过不适当的长期扣留或者拘禁后的自白,以及其他可以怀疑为并非出于自由意志的自白,都不得作为证据。"借鉴这一规定,最高人民法院应当修改"凡经查证确实"的规定为:"凡是能够有根据地怀疑为"非法取证时,该人证即应排除。降低证明标准,是使这一规定有效实施的最重要的条件。

另一个问题是证明责任问题。司法解释还应就非法证据排除的证明责任问题作出进一步规定:当辩护方提出控方违法取证并提出排除证据的要求时,控诉方应当提供证据,有效证明取证程序的合法性。所谓有效证明,是指不能简单采用自我作证方式,即由侦查人员出具自己没有非法取证的证明材料。而应当通过更有说服力的证明手段,如全程录像的电子记录等。如果侦查人员作证,也应要求必须出庭接受辩方质证。因此应当明确规定侦查人员证明自己没有实施违法行为的书面证言不具备证据能力。

2. 分步骤推行审讯时的全程录像和律师在场制度

审讯时的全程录像及律师在场制度,是防止刑讯逼供,避免出现冤错案的重要措施。但实施时可以通过有关机关联合发布规范性文件,要求全部死刑案件必须实施全程录像,从而尽快走出第一步。而就审讯时律师在场,则最好先行修改立法,通过《刑事诉讼法》明确规定这一制度,作为实施前提。否则,在具有对抗性的侦查活动中,没有法律规范作为依据,律师在场制度很难执行。试看,《刑事诉讼法》已有明确规定而六部委执行该法的若干意见又具体设定了侦查阶段律师会见嫌疑人的制度,但目前执行得并不好。试想,如果没有法律规定,在司法实践中,在场要求显然更难实现。

3. 对死刑案件的证据标准应当提出更高更明确的要求

(1)对证据标准做出更严格更准确的表述。死刑案件的证明标准应当在"案件事实清楚,证据确实充分"的基础上作出更严的要求。笔者认为,可以先通过司法解释,再通过修改《刑事诉讼法》,明确规定死刑案件的证明应该达到两个必须,即"必须达到确定无疑的程度,必须排除其他可能性"。所谓"确定无疑",体现了"建立内心确信"以及"排除合理怀疑"两方面的要求,但在语义和语感上又进了一步,是一种更为严格的证明要求。"排除其他可能性”,即排他性,加强了确定无疑的语义。同时,“排他性”较之“排除合理怀疑”降低了语义中的主观色彩,在中国刑事司法的语境中,更能体现证明标准的严格性,从而有利于保证办案质量。[4]

(2)同时设定案件证据充分性的具体解释和检验标准。例如,要求证据之间形成锁链,主要证据间没有不能解释无法解决的矛盾等。此外,还可以设定一些常见类型的死刑案件的证据要求,包括对特定类别案件证据充分性的具体解释和检验标准。

(二)完善与死刑适用关系密切的其他制度与程序

1. 改革审判委员会制度,设立专业性审判委员会

审判委员会是本级法院对死刑有决定权的审判组织,其不审而判的弊端不言而喻。但在目前的法院状态和社会状态之下,为统一死刑适用标准,保证死刑适用质量,审判委员会研究并作出最后决定的机制看来还不可少。目前当务之急是提高审委会审决案件的质量。笔者认为,有必要设立专业性审判委员会,让那些有充分刑事审判经验的资深法官组成刑事方面的专业性审判委员会。从法院审判委员会的运作实务看,对死刑案件,往往刑事方面的委员,特别是分管刑事审判的副院长注意从技术上把握案件,把关较严。而其他一些委员则在刑事审判经验以及对这类案件的责任心上可能有所欠缺。组成专业性审委会,应当说更有利于案件质量的把关以及死刑标准的严格把握。

2. 禁止再审改判死刑,特别是禁止法院自行发动再审适用死刑

由于国际刑事司法准则中“一事不再理”原则的限制,对判决已发生法律效力的案件,原则上不得发动对被告不利的再次审判,不得对未判死刑的罪犯再审改判死刑。尤其是法院不得自行发动自审,在缺乏控诉的情况下自诉自审,违背诉讼规律地通过再审程序适用死刑。不过,为了保护人权与打击犯罪的利益平衡,可以设置例外情况,规定对于特别严重的死刑犯罪案件,在发现新的重要证据后经检察机关发动特别再审,对特别再审案件法院可以适用死刑。

死刑程序的完善,是一项重要而复杂的工作,同时也是我国刑事法制完善的一个重要契机。我们希望通过死刑程序与相关程序制度的改革完善,将我国刑事司法的法治化进程切实地推进一步。

注释

1 《刑法》第264条就盗窃罪规定,只能是在"盗窃金融机构,数额特别巨大的"以及"盗窃珍贵文物,情节严重的"这两种法定情形下,才能处无期徒刑或者死刑。这种规定使盗窃罪适用死刑受到了严格限制。然而,在我国《刑法》中,绝大部分死刑条款没有这样严格的限定,因此死刑条款适用较为方便容易。

2 笔者到美国作刑事司法考察,曾直接观察美国有的看守场所采用这种视频提审方式,但就被告不服指控需要申诉的案件,法官则应直接提审。

3 笔者最近到重庆市高级人民法院进行死刑案件审理程序的专题调研。重庆市高级人民法院二审刑事案件今年开庭率约为15%。刑一庭和刑二庭的二审审限平均为四个月和四个半月。如果一律开庭审理,他们感到在审限内审理和判决更加困难。

4 龙宗智:《"确定无疑"——我国刑事诉讼的证明标准》,载《法学》2001年第11期。

刑事诉讼指定管辖制度之完善*

根据《刑事诉讼法》第26条的规定,在地域管辖中,对管辖不明或不适合由法定管辖地管辖的案件,上级人民法院可以指定其他人民法院管辖。由此延伸到立案侦查、审查批捕、审查起诉,也相应存在指定管辖问题。现行《刑事诉讼法》对指定管辖的规定十分简略,[1]由于制度不完善,实践中运用指定管辖呈现诸多弊端,影响了司法公正与效率,问题十分突出。据悉,有关单位正在酝酿制定文件以规范指定管辖。[2]因此,分析指定管辖所存在的问题及其原因,提出解决问题的思路与方案,具有重要的现实意义。

一、指定管辖制度及实践存在的主要问题

根据《刑事诉讼法》第26条的规定,指定管辖包括两种情况:第一种情况是管辖不明的案件的指定管辖;第二种情况是管辖权明确,但由于某种原因不适于原管辖单位管辖而由上级人民法院指定移送其他人民法院管辖即改变管辖。指定管辖存在的问题,集中于第二种情况。本文也仅对第二种情况的指定管辖即管辖改变问题进行探讨。

因指定而改变管辖,在实践中主要有以下几种情形:一是因防止权势和社会关系影响而改变管辖,主要是职务犯罪案件。因犯罪嫌疑人、被告人有职务影响和社会关系,为保障侦查力度和司法公正,防止社会干扰,而实行异地管辖。尤其对于犯罪嫌疑人、被告人身为当地党政机关和司法机关(本文所称司法机关指法院和检察院)重要领导干部的案件,普遍适用指定管辖。[3]二是因侦查、控诉力量调配以及其他"特殊情况"而改变管辖,主要是公

---

* 原载《法学研究》2012年第4期。

安、检察机关侦查的案件,为侦查效益或其他原因通过上级机关指定而改变管辖。如毒品等罪案侦查时使用特情侦查、诱惑侦查等特殊侦查手段,为有效侦破案件并搜集证据,掌握特情和实施诱惑侦查的侦查机关有时因此被指定,成为该案侦查主体;经济犯罪案件因防止地方保护主义而通过指定改变管辖;职务犯罪发现线索的检察机关被上级检察机关指定为侦查单位等。三是因原管辖公安、司法机关及其人员(主要是其负责人)需要回避而改变管辖等。[4]

因指定而改变管辖,调整了法律确定的办案主体,是一种因案件特殊性而采取个案调整的方式人为影响案件管辖秩序的行为。这一制度设置的出发点是保障司法的公正和效率,在实践中发挥了积极作用。但在其实施过程中,因为制度不完善以及执行不当,产生了一系列问题:

1. 指定管辖适用的随意性较大。这是指定管辖最突出的问题。具体表现在以下三个方面:

(1)启动的随意性较大。哪些案件、何种缘由可以启动指定程序改变案件管辖,法律没有作出任何规定,受此限制,"两高"司法解释及公安部规章只能笼统规定"必要时"或"情况特殊",[5]实践中则出现了一定程度的各行其是的情况。如职务犯罪案件,除中央管的省部级以上领导干部涉嫌犯罪的案件近年来普遍实行指定管辖外,厅级以下干部哪些经指定移送管理,哪些不移送管理很不确定。由于不能取得整体资料,据笔者有限的调研,有的省适用普遍,甚至可以将乡镇主要领导干部的案件经指定移送到其他基层法院管辖;有的省则限制较严,即使是厅局级领导干部也不一定移送管理。而在同一行政区,对不同的案件处理也不相同。

(2)指定管辖中确定管辖单位的随意性较大。改变管辖后的案件承接单位如何确定,没有任何法律和司法解释作出规定。实践中处理这一问题的随意性较大。一般认为,承接单位应当是有能力,较能保证公正、有效处理案件的地区司法单位。[6]但保证公正与有效处理案件的具体标准如何评价和掌握,则有较大随意性。从理论上说,除了那些存在严重问题如出现腐败窝案、串案的司法单位外,原则上各个司法单位都能有效完成上级交给的侦查、起诉和审判任务,尤其是在各个司法单位都非常重视交办案件的情况下。从实践看,上级熟悉、有此类案件办案经验和较好的办案业绩,可能有利于被指定为管辖单位。[7]然而,其他因素也常被考虑,但有相当的不确定性。

例如,有的案件会考虑地区方便,如河北管辖一些京内高官的案件,使诉讼成本相对较低;贵州原省长黄瑶的案件在四川管辖,相对其他远离贵州的省份,无疑办案也更为方便。还有的案件,主要是地方性的指定管辖,其他因素可能会发生作用,如地方财政对于赃款的处置方式:有的地方财政能力强,严格按照收支两条线执行,赃款收缴后不返回;而多数地方司法经费不充分,赃款没收上交财政后可变相返回,因此有赃款案件的指定管辖容易照顾那些可返回赃款的地区。[8]从实践情况看,指定管辖尤其是职务犯罪、经济犯罪案件的指定管辖,办案机关从中获得经济利益的考虑,常对指定到何处有重要的影响。

(3)指定管辖中程序处理的随意性较大。首先是由谁指定的问题不规范。这主要是指必须由上级机关指定还是也可以由上级机关的相关部门指定缺乏明确规范。如公安机关的指定管辖,虽然一般认为"上级公安机关"指定,是指具有独立执法主体地位的"公安部""公安厅、局"。但实际工作中并不完全照此办理。以经侦系统为例,有关资料介绍,在实际工作中,经侦局在部署组织案件侦办、直接交办案件、协调指导办案、解决管辖争议等涉及管辖方面的工作时,有时直接以本局名义表达指定管辖意见,虽然各地检察院、法院做法不统一,但许多地方的检察机关、法院在诉讼过程中能认可公安部经侦局指定管辖的效力。[9]其次是确定被指定主体的方式和程序不规范。上级机关指定管辖,是应逐级指定,还是可以越级指定,"一竿子插到底",直接确定案件承办单位。认识不同,做法各异。这又分为不同情况。例如,属于管辖有争议的案件,由共同上级指定,即可能发生越级指定,如甲省某市与乙省某市发生管辖争议,共同上级是国家公安、最高人民法院、最高人民检察院,指定管辖单位即会发生越级指定,即由国家公安、最高人民法院、最高人民检察院直接确定由甲省或乙省的某市来管辖。这种做法为解决争议所必需,没有大的问题。但就本文所研究的管辖移转的案件指定管辖,上级机关"一竿子插到底"——越级指定,则会产生一些争议。因为上下级公安、司法机关的关系,无论是业务指导、监督关系还是领导关系,均采上下级逐级负责制。按此体制原理,上级机关的指定,应当是指定到直接下级,如最高人民检察院指定到某省检察院,再由省院确定具体的办案单位。如在非争议的情况下,最高人民检察院直接指定某一地区院乃至某一基层院管辖某一案件,似有不尊重省、市级检察院之嫌,而且其越级指定的理由与依据不无疑问。但如逐级指定，就会发生二次指定乃至三次指定问题，除于法无据外，又发生逐级审查、逐级协调问题，损害诉讼效率，而且往往打破法定时限。而在实践中，则做法各异，有的是上级机关将指定管辖决定直接下达给案件承办机关，有的则是逐级下达乃至逐级决定。最后是指定程序和手续不规范。如指定时机：有的认为必须在对犯罪事实查证属实和已立案侦查的情况下，才能启动指定管辖程序；有的认为只要发现有犯罪事实存在，虽未经立案侦查和查证属实，也可以指定管辖。有的案件在指定异地侦查的同时，一并解决了审判管辖的问题；有的案件则是等到侦查终结或提起公诉时，再协调人民法院指定管辖。又如决定形式：较规范的做法是下发指定管辖决定书；但也有的采用"批复""公函""通知""会议纪要"等其他形式。[10]实践中较多地使用"关于某某案指定管辖的函"。

2. 指定侦查管辖于法无据，公、检、法在指定管辖上不能有效衔接，易起冲突。[11]

我国《刑事诉讼法》规定的指定管辖，其主体为人民法院，其性质为审判管辖，而公安、检察机关的侦查、批捕、公诉的指定管辖均未涉及。这就使公安、检察机关的指定管辖出现了缺乏法律依据的问题。管辖问题的法律规范，其文本逻辑是审判为中心或审判决定论。不过，由于公诉案件审判的前提是侦查与起诉，而且侦查、公诉在前，而审判在后，因此从审判管辖中似乎可以推导或推定出侦查和公诉等诉讼环节也有指定管辖权。不过，这里存在两个突出问题：一是重要的程序决定，没有法律依据而靠"推导"或"推定"，不太符合"程序法定原则"，其合法性即法律依据仍然可疑。二是这种推导或推定在法律逻辑上并不具有必然性，亦即可能存在"推不出"的问题。因为即如公安部、最高人民检察院在指定管辖上的"自我授权"，而公、检、法三机关办理的是同一案件，如果都可以指定，没有一个协调机制或者权威决定机制，发生矛盾如何处理？而这种矛盾和摩擦在目前指定管辖实践中已时有发生，并不鲜见。

在实践中，省部级官员涉嫌犯罪案件，因事关重大，有高层协调，[12]因此一般矛盾较少，但其他人员的异地审判，则可能"好事多磨"。这种指定管辖中的冲突，常发生于侦查、公诉机关与法院之间。侦查、公诉机关先期指定，但法院依据《刑事诉讼法》第26条强调法院的指定管辖权，根据法院情况有时会对侦查、公诉机关的指定管辖提出异议。[13]而且，公安机关侦查的案件，其指定管辖常常意味着对批捕与公诉单位的预决,也可能引起检察机关的异议,产生需要协调的管辖问题。此外,甚至一个机关内部的不同程序环节都可能出现指定管辖上的矛盾,如公安机关的办案部门与法制部门、检察机关的批捕部门与公诉部门、审判机关的立案庭与刑事审判庭,相互间亦可能发生矛盾。

3. 公民的管辖异议权与指定管辖申请权不受尊重,违背回避制度精神的情况时有发生。

当前的指定管辖制度基本上是一种行政性的权力制度,缺乏当事人抗辩权包括律师辩护权的介入,缺乏可争辩性即诉讼性。这是现行制度及制度运行的又一大弊端。

(1)对公安、司法机关的指定管辖未设置当事人抗辩机制。无论是法律还是司法解释,在指定管辖制度上都没有设置任何当事人异议即抗辩权。不同的办案机关,可能采用不同的办案方式,从而导致不同的司法效果。改变原法定管辖,而由根据个案情况确定的与案件并无关联性[14]的公安、司法机关管辖,是突破法定管辖秩序的重大程序决定,当事人却不能有效地提出任何异议,显然有悖于公民权利保护原则和司法救济原则。而管辖异议,是公民基本的程序权利之一,为各个国家和地区法制所确认,法国、德国、俄罗斯、日本以及中国香港、澳门特区等在刑事诉讼法中对管辖权异议制度作了明确规定。而且我国《民事诉讼法》第 38 条和《行政诉讼法》第 21 ~ 22 条都明确规定了当事人管辖权异议制度,但在刑事诉讼中,当事人这项基本程序权利却被忽略。

(2)当事人及辩护人指定管辖申请权得不到尊重,缺乏有效的制度保障。我国《刑事诉讼法》规定的回避制度只适用于司法官员而不适用于机关,但有的案件,公安、司法机关的人员包括其负责人成为被告人、被害人或重要证人,有的案件处理关系办案单位利益,因此有必要集体回避。而在集体回避制度不健全的情况下,指定管辖是解决集体回避问题的一种可行路径与手段。然而,指定管辖制度却很少能够发挥这种目前制度框架下应当由其发挥的功能。经当事人或辩护律师申请,应当实行单位回避的案件很少能通过指定管辖实现回避要求,如一度社会影响很大的西安市中级人民法院"法官谋杀院长案"。[15]案件发生在法院办公室、被害人为法院院长、两名被告人之一和主要证人都为该法院法官的"故意杀人案件",被该法院自行审理并作了有罪判决。这种审理违背了“任何人不能当自己案件的法官”的诉讼公理,引起学界强烈批判及社会质疑。[16]又如河北不久前发生的一起案件,当事人因与某区财政局发生诉讼纠纷,财政局通过区检察院,以早就发现的多年前的一个问题的刑事追诉为威胁,要求当事人民事撤诉。因当事人不从,区检察院对其决定逮捕并起诉。辩护律师举出确凿证据证明经济纠纷与刑事案件的关联性以及区财政局对刑事追诉的影响,以财政局对检察院和法院的财政供应关系为由,要求该区两院回避,通过上级法院指定管辖确定其他基层检察院和法院办案。但该申请仍被驳回。[17]

承办案件的公安、司法机关应当回避而不回避,在实践中有一定的普遍性。除了回避制度不完善,以集体回避为由实施指定管辖法律依据不充分外,还与对涉案公民及律师回避权申请权的不重视有关。而且这类回避案件往往涉及当地包括公安、司法机关的一些复杂关系。因此,上级公安、司法机构有时会对下级有意照顾与迁就,[18]同时避免被下级认为是上级对其不信任,因此一般会驳回当事人的移送管辖申请。

二、指定管辖制度不完善的危害性

指定管辖制度及其运用,对于打击犯罪,尤其是防范地方干扰,有力打击职务犯罪,发挥了积极作用。但是也应当看到,由于这一制度不完善以及实践操作中的随意性,对司法公正与效率也产生了不良影响。主要表现在:

1. 司法审查功能减弱,妨碍诉讼公正。通过指定管辖交办案件,交给谁,不交给谁,大有文章可做。由于多数的职务犯罪案件、经济犯罪案件的管辖既有名又有利,因此交给谁办既体现上级信任,又有其他利益伴随。而由于指定管辖的不规范与随意性,交办案件的司法审查功能被进一步削弱。[19]被指定管辖的司法机构,通常只能在上级交办案件单位确定的基本框架不动的情况下,做局部性、技术性的调整。对交办案件,让交办的上级单位满意,往往是重要的甚至是主要的办案目标。如果不满意或者不甚满意,办案单位就辜负了上级的期望,不仅上级机关对此案产生负面评价,而且以后要接受交办案件也基本不可能。这种情况下,如果办案单位一味“眼睛向上”,交办后的诉讼程序将丧失任何实质性功能,而成为实现上级交办单位意图的工具。

2. 妨碍公民权益,损害司法公信力。“交办案件”的司法审查功能减弱,妨碍司法公正，往往直接损害公民尤其是嫌疑人、被告人的合法权益。另外，由于公民的管辖异议权、指定管辖申请权得不到制度保障与实践尊重，也使司法公正受到损害。首先，妨碍了公民应当具有的程序权利的实现，因为管辖异议与回避申请权，作为程序权利，是公正审判权的重要内容。其次，程序的不公正，通常导致案件实体处理的不公正。任何人不能充当自己案件的法官，利益无涉才能公正司法，而办案单位诸多涉及自身的利益考量，常常不可避免地影响案件的实体处理。最后，妨碍"看得见的公正"实现，损害司法公信力。如前述西安市中级人民法院审理的"法官谋杀院长案"，无论实体处理是否公正，但程序不公所带来的社会质疑，影响了该院审判的社会公信力。

一方面，指定管辖日益扩大。另一方面，公民的管辖异议权和指定管辖申请权得不到尊重，造成我国指定管辖制度严重的价值失衡。即只为打击犯罪服务而较少体现保障人权的精神。这是国家有关方面应当切实关注的问题。

3. 有违基本法理，损害法制原则。案件管辖，是体现程序公正并直接影响实体公正及办案效率的重大程序问题，其决定必须有法律依据，并严格按照法律程序进行。指定管辖的随意性，以及侦查机关在缺乏法律依据的情况下实施指定管辖，不符合程序法定原则，有害于法制建设，已如前述。

进一步分析，程序法定原则在管辖问题上的重要体现，是"法定法官"的原则和精神。即任何案件，在确定承审法院或法官时，必须有一套符合正当法律程序并保障人民基本程序权利的合理机制，通过这一具有可预测性的机制，来防止当权者以其权力恣意地操纵司法，防止其在特定案件中安排合乎自己心意的法官以损害司法公正、侵害民众权益。"法定法官"也是司法的独立性原则在司法主体确定问题上的必然要求，是联合国《公民权利和政治权利国际公约》第 14 条关于合格法庭独立审判原则的具体体现，同时也是实现该原则的保障条件。[20]其基本精神为实行法治的各国普遍确认并遵循。在有的国家，"法定法官"被确立为宪法原则。[21]

指定管辖的本质，是"人定法官（法院）"，而非"法定法官（法院）"，因此可能与法治精神相冲突。不过，也应当看到，由于各方面条件的限制，在转型时期目前只能实行"有限法治"，因此，"法定法官原则"的贯彻还受到一定限制，在一定条件下的通过指定管辖而人定法官（法院）的情况还不可避免。[22]但是,我们应当尽量减少随意性,使“人定”的过程受到程序制约,而在最低限度上符合程序正当性的要求。

4. 增加诉讼成本,妨碍诉讼效率。《刑事诉讼法》的地域管辖制度,在相当程度上是按司法效率和诉讼经济的要求设定的。指定管辖,通常是由非犯罪地或居所地公安、司法机关实施管辖,不可避免地提高诉讼成本。如果说是为了有效地惩治腐败、打击犯罪及实现司法公正需要付出一定的代价,可以说是利大于弊。但是过多地指定管辖,舍近求远,则可能导致利弊关系的翻转。而且案件协调及各诉讼环节的衔接时有困难,也影响诉讼效率。[23]对此,实务界已经有所反映。[24]

三、存在问题的制度性缘由及制度完善必要性的进一步论证

管辖移转型指定管辖的发生,在相当程度上源于我国的审判权和检察权行使不独立。应当说这已成共识。因为审判权和检察权行使不独立,为防止权力的干扰、关系的障碍、地方的影响而将案件指定到异地管辖。因此,在目前我国这种集中型的政治、司法体制之下,管辖移转型指定管辖有一定的存在价值,这一制度应当完善而不应当否定。不过,审判权和检察权行使不独立只是问题的一个方面,指定管辖目前存在的问题及制度完善的必要性,还与我国刑事诉讼制度中一些特殊的结构与程序制度有关,以下问题应当关注:

1. 特有的刑事诉讼结构,要求建立有别于“审判中心主义”的管辖制度。我国《刑事诉讼法》对刑事案件级别管辖与地域管辖的规定,采用了以审判为中心的制度模式,即仅规定法院对刑事案件的级别管辖与地域管辖,而不明确规定侦查与检察机关的管辖问题。指定管辖亦同。这种规定方式,与其他多数国家刑事诉讼法的规定比较一致。然而,我国的刑事诉讼结构与其他国家不同——不是审判为中心的结构,而是根据《宪法》第135条和《刑事诉讼法》第7条的规定建立的公安、检察、法院在刑事诉讼中分工负责、互相配合、互相制约的制度结构。这是一种线形的构造,而不是三角的构造。[25]这种分工负责的制度,排除了法院对庭前程序的司法审查,而且未确立法院在刑事程序中的中心地位和权威作用,由此产生了以下刑事案件管辖特有的问题。

(1)侦查管辖相对独立,但与司法的对接有困难。在分工负责的线形结

构中,侦查由作为侦查主体的公安、检察等机关负责,侦查活动在不受法院审查的情况下独立运行,侦查管辖包括管辖不明或法定管辖不适合的情况下指定管辖也当然由侦查机关确定。独立的侦查权包括独立的侦查管辖权,这在制度法理上能够成立。但是,侦查机关的指定管辖,尤其是不符合法定地域管辖的指定管辖,在移送批捕、起诉及审判时能否得到检察与审判机关的确认就成了问题。由于如前所述的法律依据不足,而且因程序环节在先,侦查机关在管辖上先行确定,难免有时会被司法机关认为是"越俎代庖"。因此,侦查管辖虽然可以自主运行,但与司法对接可能发生困难。

(2)强制侦查(逮捕)审批的特殊性,产生审批权归属的特殊问题。在强制侦查的司法审查制度之下,长期羁押、搜查、扣押、冻结、监听等强制侦查活动的实施,要经过法院的事先审查,并以司法令状的方式实施。因此,侦查管辖需服从于审判管辖,否则,强制侦查就可能出现障碍,而强制侦查常常又是最重要的侦查手段。也就是说,在法院作为程序中心的情况下,管辖方面的矛盾较少,而且即使出现矛盾也比较容易解决,一般不会出现相互扯皮甚至久拖不决的情况。但在我国,全部强制侦查行为均无须经过司法审查,只有长期羁押即逮捕需要经过检察机关的"准司法"审批。[26]能不能由侦查主体所在地的检察机关审查批捕并实施侦查监督,法律规定并不明确,实践中也会产生不同理解和不同做法,管辖冲突就比较容易发生。

(3)检察院的特殊地位以及法律没有规定管辖问题上的检、法关系,使检察与法院的矛盾难以解决。由于我国检察机关具有法律监督机关的特殊地位,而且刑事诉讼的分工负责、相互配合制约的制度作用,在我国,公诉权也相对独立,且较为强势,加上《刑事诉讼法》并未像其他一些国家一样,规定管辖权移转由检察机关提出,法院决定,导致管辖问题上的检、法关系不明确,虽然从法律关于管辖的规定看,法院对管辖包括指定管辖有决定权,但由于上述制度与诉讼结构的影响,法院较难违背检察院的意志单方面确定管辖问题。在当前加强监督的背景之下尤其如此。

综上所述,我国刑事诉讼采取特殊的诉讼结构,因此,管辖问题的规定应当有别于审判中心主义诉讼结构中的管辖制度。我们应当在厘清法律关系的基础上,解决相关冲突问题,作出更符合程序法制要求及司法实践需要的管辖规定。

2. 审判权行使的特殊形式,需要通过指定管辖实现单位回避。现代各国的司法管辖及回避制度是以法官独立为制度前提，因此较少发生以法院回避即集体回避为由指定管辖的情况，而且法院行政领导与案件的关系，不一定成为该法院回避的理由。但我国诉讼体制中的审判权独立行使，是一种十分有限的独立，而且是表现为集体独立而非个体独立的形式。即在宪法和法律中确认的审判权独立行使的主体是法院而非法官。此种形式，必然使在法院居于行政领导地位的法院院长以及代表他管理法院的副院长、庭长对于审判权行使发生影响，加之目前法院的行政化倾向较为严重，因此，一旦这些人员需要回避，就不能采取个别回避的方式而应当采取集体回避即单位回避。而只有建立这种单位回避即整体回避制度，才能有效解决“任何人不能做自己案件的法官”这一自然公正的基本问题。而公安机关是高度行政化的机构、检察机关的组织与运作也具有很强的行政性，因此也需要建立和实行单位回避制度。实现单位回避的最佳方式是指定管辖，因此，建立、完善实现单位回避的指定管辖制度，是中国刑事诉讼的特殊的，也是必然的要求。

3.“超职权主义”的诉讼构造及其由此形成的国家权力与公民权利的关系失衡，是指定管辖制度构建中需要充分注意的问题。我国目前的指定管辖制度，其启动与运行决定于公权力而受私权利包括当事人和辩护律师的诉讼权利影响甚微，[27]其基本的制度原因在于中国刑事诉讼构造的“职权主义”乃至“超职权主义”的特质。作为基本刑事程序结构的公、检、法分工负责、互相配合、互相制约体制，只是一种权力互动体制，在此种体制中，并未确认诉讼当事人的主体地位以及辩护人的能动作用。单向性的、不受司法审查的侦查活动，使侦查管辖问题成为侦查机关单方面决定的程序问题，而且由于上述体制的一体化功能，这种侦查管辖对审判管辖发生重要影响。同样由于这种“超职权主义”，使审判阶段仍然存在对重大程序问题采用单方面职权决定的方式处置，指定管辖中的诉讼性及抗辩性仍然严重不足。而且指定管辖基本上只从如何有利于打击犯罪而不是如何保障被告人权利的角度考虑问题。由此可以看出，我国现行的指定管辖具有“权力导向”、“行政化”及“打击偏好”这三个基本特点，与侧重于保障被告人获得公正审判的权利，并具有司法性即可抗辩性特征的管辖转移制度有明显区别。指定管辖上存在的价值失衡与构造不合理的问题，与中国刑事诉讼的某些基本结构与机制有关。因此，我们在改革设计时应当注意这种基本结构与机制。由于这种刑事诉讼结构的影响,改革完善相关制度程序,也还只能采取“相对合理”的方式,而不能追求正当程序的“一步到位”。但同时也要注意:指定管辖这类看似技术性问题的解决,将有利于按照“从技术到制度”思路的调整我们的诉讼结构与机制,使《刑事诉讼法》“与时俱进”,使国家权力与公民权利的关系较为平衡。因此,我们应当按照程序正当性、价值平衡性与制度合理性的要求切实推动指定管辖制度的改革完善。

四、我国指定管辖制度的制度模式选择

在明确指导思想的情况下,就完善指定管辖制度,需要先完成其“上层设计”,即设定制度框架,明确制度模式。其中首先需要解决的问题是,不同的程序环节,指定管辖的基点设在哪里。

依据我国的刑事诉讼法制及其法理,刑事诉讼一审程序可分为三个基本环节,即侦查(含立案)、公诉和审判。在这三个环节,都可能产生管辖包括指定管辖问题。此外,在侦查环节,常常需要提请逮捕,又会有逮捕审批主体的确定问题。因此,侦查、批捕、公诉、审判四个环节的管辖问题需要解决。然而,为了遵循司法规律,防止管辖问题上的多中心并立及由此造成管辖权冲撞,我们应当区分不同诉讼功能的性质并把握其主辅关系。

从一般法理分析同时考虑管辖需要,侦查、审判两个环节才是基本的程序环节。侦查的任务是查明犯罪事实和缉捕嫌疑人,批捕是实现侦查功能的需要,因而附随于侦查,因此一般情况下,侦查机关应当向其相应的批捕机关(检察院)提请逮捕。这使批捕环节通常不产生特殊的管辖包括指定管辖问题。但是在我国刑事诉讼制度中,担任批捕任务的检察机关同时担当侦查监督职能,因此有责任和权力审查侦查阶段指定管辖的合法性与正当性。另外,审判的任务是审理案件,确定犯罪事实和法律责任,而公诉则为将案件移送法院提请审判并建议如何认定事实和适用法律。因此,公诉应当服从于审判,在刑事诉讼法制中,只需确定审判管辖,无须独立确认公诉管辖,因为公诉只能按照审判管辖的要求去确定特定案件的系属法院。否则,主辅不清,就会各行其是。从各国刑事诉讼法制看,有按审判确定管辖的,也有以侦查为基点设定管辖权的,但还未看到专门规定长期羁押审批的独立管辖权的制度,也未看到规定公诉独立管辖权的制度,其缘由即为上述。但是在检察机关有侦查指挥权或侦查监督权的体制中,侦查管辖应当

受检察机关监督;同时,审判权应当受到诉权的制约,这也是管辖权设定的一般要求。

管辖制度模式设定,如前所述,首先需要考虑管辖制度建立的基点或中心。从比较研究的角度看,第一种主要的模式,是以审判为基点即以法院为中心的模式。德国、日本、意大利等国的刑事诉讼法即采此种模式。而实行对抗制的英美国家,亦属此种类型。如德国《刑事诉讼法》第一编第一章为法院事务管辖权,主要规定分离与合并案件的管辖(法院事务管辖权由法院组织法规定,其《刑事诉讼法》仅规定事务管辖权的法律渊源为法院组织法)。第二章为地域管辖权,主体亦为法院,但地域管辖的规定亦含相应的侦查管辖。如该法第 12 条规定,数个地域管辖权竞合的情况下,优先权属于最先开始调查的法院。"但是共同的上级法院可以将案件的调查、裁判移送给其他有管辖权的法院。"由于"法定法官"是德国的宪法原则,因此,管辖制度中仅有管辖权争议或管辖不明的情况下的指定管辖,并未规定管辖明确的情况下通过上级法院指定而移送管辖。

日本法借鉴德国法,因此其管辖制度模式与德国相近。日本《刑事诉讼法》第一章即为"法院的管辖"。不过,日本有两点明显区别。一是日本法承认对于管辖明确的案件可通过指定管辖移转管辖权。适用于"管辖法院因法律上的理由或者特殊情形而不能行使裁判权时",以及"由于地方的民心、诉讼状况及其他情形,有可能不能维持裁判的公平时"。在这两种情况下,被告人也可以请求移转管辖。此外,根据日本《刑事诉讼法》第 18 条的规定,在由于犯罪的性质、地方的民心及其他情形而认为由管辖法院审判有可能妨碍公共治安时,检察总长应当向最高人民法院提出转移管辖的请求。二是日本法中的指定管辖,包括管辖不明情况下的指定管辖,以及管辖明确的情况下通过指定移转管辖权,均由检察官向法院(直属上级法院或共同的直属上级法院)提出,直至检察总长向最高人民法院提出。因此,虽然法院有决定权,但程序启动则由检察院负责(为公正裁判被告人也有启动权),而使法院管辖决定权受到较大制约。

前述两点区别,其中第一点,即承认管辖明确案件的转移管辖,应当说受到了美国法的影响。而第二点,也是因为日本受美国法的影响,减弱了法官职权主义的因素,强调诉权对审判权的制约及审判权的被动性。因此与德国的法官职权主义形成一定区别。[28]

管辖权制度的第二种模式，是以侦查为基点设定管辖权的制度。此种模式以俄罗斯为典型。俄罗斯《联邦刑事诉讼法典》第八编为“审前调查”，[29]第151条规定“侦查管辖”，规定对各种刑事案件的职能管辖。第152条规定“进行审前调查的地点”，按照犯罪地管辖的原则，具体规定侦查活动的地域管辖，规定检察长对确定调查地点，以及刑事案件的合并与分离有决定权。在侦查或调查结束后，刑事案件与起诉书一并由检察长移送法院（第222条第1项）。对移送到法院的刑事案件，法官应当查明该刑事案件是否属于本院管辖（第228条第1项），并有权作出按照管辖移送刑事案件的决定（第227条第1项）。然而，法律并未对审判管辖的内容再作规定，法院审查管辖权问题的依据，应当是《联邦刑事诉讼法典》第152条关于审前调查地点的规定。

管辖权制度的第三种模式，是分别规定侦查与审判管辖的制度模式。此种模式，以法国为代表。由于法国保留了预审法官制度，预审法官是兼有某种司法功能的侦查程序的主持者。法国法确认，预审法官的地域管辖与审判法庭的地域管辖紧密联系。法律首先规定预审法官的审前程序（侦查）管辖，确认预审法官在法律规定的条件下，对重罪、轻罪与违警罪在其履行职责的大审法院的管辖区内实行的所有犯罪有进行侦查的地域管辖权（法国《刑事诉讼法典》第522条，第382条第1款、第2款等）。如果该嫌疑人在其辖区内有居所，或者是在该辖区被逮捕，预审法官也可以对其在辖区外实施的犯罪进行侦查（法国《刑事诉讼法典》第52条）。而后，法律还规定了审判法庭的地域管辖权，这种地域管辖权仍以犯罪实行地管辖为基础，同时考虑被告人居所地及被捕地。但因所涉及的犯罪系违警罪、轻罪还是重罪的不同而有不同。对重罪案件，上诉法院起诉审查庭的移送和管辖裁定具有重要的决定作用（法国《刑事诉讼法典》第594条）。

分析、概括不同的管辖制度模式，我们可以得到几点启示：一是管辖制度应当与本国刑事诉讼结构与相关程序制度相适应。上述三种模式，应当说均生成于不同的诉讼构造与相关程序环境，因此可以说并无优劣之分。我国的管辖制度模式包括指定管辖制度模式构建，也应当注意符合本国的诉讼结构并与相关程序制度协调。二是无论是由审判到侦查还是侦查到审判或是分别规定，均应兼及审前管辖与审判管辖，否则就会出现管辖无据的问题，并导致管辖中的随意性。三是侦查管辖与审判管辖应保持密切关系，尽量保持其一致性,尤其是在侦查机构与审判机关具有地域协调性的情况下(如区、市侦查机关通过检察机关对应于本区、市的法院),否则会提高诉讼成本、降低诉讼效率。四是在审判管辖的决定上,当然应当尊重法院作为权威机构的管辖决定权,但也应注意体现权力(权利)制约,而且要考虑司法体制的状况,否则管辖权可能被滥用,而且还难以有效运行。

笔者认为,我国刑事诉讼中的管辖制度模式设定,应当考虑到现行制度大体能够有效运行,因此不宜大动而只求完善。以审判为基点规定管辖,虽然没有明写侦查管辖,但已蕴含其中,并已约定俗成。除此以外,以审判为基点还有两点意义:一是在中国这种阶段论诉讼结构中,审判中心不突出,法院权威性不足,在管辖制度中强调法院的作用多少有一种纠偏的功能;二是侦查管辖只对公诉案件,而审判管辖则包含公诉与自诉,因此以审判为基点的管辖制度更有包容性。但坚持这一基点的同时,要重点解决指定侦查管辖无据以及不同主体指定管辖的冲突问题。因此建议:其一,以审判为基点设置管辖制度(如目前的《刑事诉讼法》),但就指定管辖,应当在明确审判时的指定管辖的同时,明确审前即侦查阶段的指定管辖。《刑事诉讼法》今后的修改,应当将公安部与最高人民检察院关于指定管辖的相关规定调整纳入《刑事诉讼法》,规定:“对管辖有争议或者情况特殊不适于有管辖权的侦查机关侦查的刑事案件,可以由共同的上级机关指定管辖。”其二,规定对侦查阶段的指定管辖,受理案件批捕并实施侦查监督的检察机关,对侦查中的指定管辖有监督权,不符合指定管辖条件的,应当建议侦查机关予以纠正。其三,规定审判中的指定管辖由检察机关提出,由人民法院审查决定,同时肯定被告一方也可以申请指定管辖。这样既体现了控辩双方的制约,又保障了法院决定程序问题的权威。[30]

五、当前如何完善指定管辖的程序制度

管辖是诉讼的基础,司法权的运用,是通过管辖权确认来获得其合法性的。而指定管辖,作为管辖权的必要调整,是管辖制度的组成部分,尤其在我国的司法体制中,具有必要性和重要性,已如前述。完善我国的刑事诉讼指定管辖制度势在必行,而且最好是能够通过《刑事诉讼法》修改建立指定管辖正当程序的基础,从根本上解决当前指定管辖随意性过大以及由此产生的一系列问题。但因本次修改《刑事诉讼法》并未调整指定管辖规范,因

此相关问题,目前只能通过司法解释或有关机关联合发文予以解决。笔者认为,有关司法文件对以下几个问题应当明确:

1. 明确进一步完善指定管辖制度的指导思想和原则。在指定管辖制度设计和运行的指导思想上,一方面需要坚持程序法定原则,注意慎重启动和适用指定管辖。对于完善指定管辖制度的必要性,在司法方面已经有一定的共识,相关规定也在酝酿之中。从目前情况看,因司法经费保障的加强以及其他一些原因,似有扩大通过指定实行异地管辖的态势,尤其对于职务犯罪。对此,笔者建议应当慎行。建议有关机关在制定指定管辖司法解释和相关文件时,充分注意遵守《刑事诉讼法》所确立的管辖制度,坚持法定管辖为基本原则,指定管辖为例外情况,慎用指定管辖权。因为程序法定原则要求管辖权行使的程序化和法定性,一般禁止在个案中,在管辖明确的情况下改变管辖,即应贯彻"法定法官"的精神。只有在特殊情况下,才能做例外处理。因此,法定管辖是原则,指定(人定)管辖是例外,这是管辖制度设计和运行的一项基本要求。否则,司法的随意性及人为影响司法的因素增大,司法公正可能受到损害。而且,指定管辖意味着异地管辖,如远离犯罪地,不利于调查取证和核实证据,也不利于对证人的保护。加之通过指定不适当地转移管辖权,可能含有对部分司法单位不信任的"潜台词",也会对司法建设产生不利影响。而转移管辖中包含的利益追求,还可能产生一种新的、特殊类型的腐败。

由此可见,对管辖明确的案件,通过指定而转移管辖,应是例外做法,而且这种做法应当随司法改革的推进、司法建设的加强而逐步减少,应当通过完善从外部和内部建立保障审判权独立行使的制度以及提高审判单位与司法官抵御外部影响的能力来保证司法公正,而不能过分依靠指定管辖制度。[31] 为防止滥用,相关文件应当明确规定,各类犯罪的侦查、审判,应当坚持法定管辖制度,慎重使用指定管辖。

另一方面要坚持管辖便利原则。管辖便利原则的第一层含义是慎用指定管辖,因为法定犯罪地管辖或被告人居住地管辖,通常是最为经济、便利的管辖方式;第二层含义是即使指定管辖,也应当按照便利原则,指定到办案较为方便的地区管辖,以提高办案效率、降低办案成本。

同时,还要坚持实事求是、符合国情的原则,对侦查管辖、集体回避等问题作出明确规定;要坚持打击与保护并重的原则,注意保障公民权益。

2. 明确指定管辖的适用范围，包括：(1)有管辖权的人民法院、人民检察院、公安机关，因案件涉及本单位领导需要回避或涉及本单位利益等原因，不宜行使管辖权的；本单位司法干警及近亲属涉嫌犯罪的案件，不宜由该单位办理的。(2)当地领导干部涉嫌犯罪，可能影响公正司法的。(3)案件与本行政区域国家机关有重大利害关系，可能影响公正司法的。(4)其他重大刑事案件，因存在某些特殊情况，改变管辖有利于案件办理的公正与效率的。第(4)点中的特殊情况，包括存在舆论偏向、地方保护主义影响，以及实现侦查效益的特殊要求等。

3. 明确指定管辖的相关主体、指定管辖的考量因素及决定程序。应当规定，根据《刑事诉讼法》管辖条款所实施的指定审判管辖，应当由人民检察院提出意见，由人民法院考虑有利于司法公正和诉讼效率的相关因素作出决定。同时规定，为保障公正与效率，有管辖权和被指定管辖的侦查单位的共同上级侦查机关可以对该案件的立案侦查进行指定管辖。与侦查单位对应的检察机关(或受理审查批捕的检察机关)有权对侦查中的指定管辖进行法律监督。指定管辖决定只能由侦查、审判机关作出，其内设机构不是作出决定的合法主体。

4. 确定关于指定管辖具体的程序处理。一是应当明确指定管辖在侦查阶段采用决定书的形式，形成规范的法律文书。而在起诉、审判阶段，指定审判管辖如采用法院裁定的形式更为规范合理，增加了诉讼性与可救济性，减少了诉讼中的行政因素。然而，考虑到目前的普遍做法，考虑司法实践中指定管辖决定通常不是由合议庭作出而是法院作出，以及法院行政化因素近期难以削减而且指定管辖常常需要检、法协商等，因此，目前采用裁定形式可能有一定困难。但现在较普遍地采用检察机关对指定管辖向法院的商请函，以及法院的复函等公函往来形式，并以此类函件作为管辖依据。这种做法的弊端在于，往来公函具有内部性，缺乏诉讼性和可抗辩性，是一种行政化的处理方式。较为妥当的做法，是在公函往来的基础上，制作并发出指定管辖决定书，以此种规范的法律文书作为审判管辖(含公诉)的依据以及抗辩权行使的对象。

二是需要明确指定管辖的层级关系问题。鉴于侦查与审判机关的上下级层级关系，一般应当实行逐级上报然后由共同上级决定并直接明确侦查或审判管辖单位的方式。逐级上报和逐级下达，尊重并依循了侦查机构的行政层级性及审判机构的司法层级性，共同上级直接决定具体办案单位的做法又可避免逐级多次指定于法无据以及效率低下的问题。不过，为应对不同情况，也应当允许按层级逐级下达逐级指定，但应当尽量避免层级过多，损害诉讼效率。

5. 对公民的管辖异议权与管辖申请权进行确认并予以保障。指定管辖决定书除送达相关侦查、检察与审判单位外，应当送被告人及其辩护人，允许他们在规定的时间内提出异议。对于有异议的决定，决定机关应当复议并将复议结论告知异议提出者。被告方对于侦查管辖上的异议，在向决定机关提出时或提出后，还可向有监督权的检察机关提出，请求监督纠正。

应当针对单位回避问题对指定管辖作出明确规定。以上关于指定管辖的范围界定，已经明确了属于单位回避使用指定管辖的几种情况，包括案件涉及办案单位领导或涉及单位利益，本单位干警及近亲属涉嫌犯罪，以及案件与本行政区域的国家机关有重大利害关系等。需要单位回避的案件，允许嫌疑人、被告人及其辩护人通过有管辖权的机关向其上级公安、司法机关提出指定管辖申请，也可以直接向其上级机关提出申请，同时赋予申请人对驳回决定的申诉权。有管辖权的公安、司法机关也可以根据有关规定自行向上级机关提出指定管辖转移案件的要求；如案件由本单位办理有碍程序公正和实体公正，管辖单位应当向上级提出这一要求。

注释

1 《刑事诉讼法》第 26 条规定："上级人民法院可以指定下级人民法院审判管辖不明的案件，也可以指定下级人民法院将案件移送其他人民法院审判。"除此之外，相关的司法解释和部门规章也对指定管辖作了规定，如：(1)《公安机关办理刑事案件程序规定》第 17 条规定："对管辖有争议或者情况特殊的刑事案件，可以由共同的上级机关指定管辖。"(2)1999 年《人民检察院刑事诉讼规则》第 16 条规定："对管辖不明确的案件，可以由有关人民检察院协商确定管辖。对管辖权有争议的或者情况特殊的案件，由共同的上级人民检察院指定管辖"，第 18 条规定："上级人民检察院可以指定下级人民检察院立案侦查管辖不明或者需要改变管辖的案件"，第 248 条中规定："人民检察院受理同级公安机关移送审查起诉的案件，认为属于同级其他人民法院管辖的第一审案件时，应当写出审查报告，连同案卷材料移送有管辖权的人民检察院或者报送共同的上级人民检察院指定管辖，同时通知移送审查起诉的公安机关。”(3)最高人民法院《关于执行〈中华人民共和国刑事诉讼法〉若干问题的解释》第22条规定:“上级法院在必要的时候,可以将下级人民法院管辖的案件指定其他下级人民法院管辖。”

2 根据人民网报道,最高人民法院刑事审判第二庭庭长裴显鼎(时任)2011年7月19日在北京表示,最高人民法院和最高人民检察院正酝酿出台文件,进一步规范指定管辖工作,促使各地法院都能够对影响大的职务犯罪案件扩大异地管辖适用范围,推动异地审理向制度化方向发展。参见http://www.people.com.cn/h/2011/0719/c25408-3159720561.html,2012年1月5日访问。

3 据有关资料介绍,高官腐败案件异地审判是从辽宁“慕马案”(沈阳市原市长慕绥新、原副市长马向东的腐败案件)推开的。此前的高官腐败案件,大都是在犯罪地审判(或犯罪人居住地)。譬如,江西省原省长倪献策徇私舞弊案,在南昌市中级人民法院审理;海南省人大常委会原副主任辛业江受贿案,在海口市中级人民法院审理;北京市人大常委会原副主任铁英受贿案,在北京市第一中级人民法院审理;青海省原副省长韩福才受贿案,在西宁市中级人民法院审理;贵州省政协原副主席常征受贿案,在贵阳市中级人民法院审理;浙江省委原常委、宁波市原市委书记许运鸿受贿案,在杭州市中级人民法院审理;广西区政府原副主席徐炳松受贿案,在南宁市中级人民法院审理;广东省人大常委会原副主任欧阳德受贿案,在广州市中级人民法院审理;湖北省原副省长孟庆平受贿案,在武汉市中级人民法院审理。中纪委在查办“慕马案”时,发现马向东的老婆利用关系网干扰办案,就开始实行异地办案、异地审判。2001年,“慕马案”共有122名涉案人员被“双规”,62人移送司法机关。根据最高人民法院指定,江苏省南京市、宿迁市和辽宁省抚顺市、大连市、锦州市、营口市、丹东市等7个中级人民法院同时进行了审理。自此以后,据称90%以上的高官腐败案件开始实行异地审判。譬如,贵州省原省委书记刘方仁受贿案,由北京市第二中级人民法院审理;湖北省原省长张国光受贿案,由天津市第二中级人民法院审理;黑龙江省原政协主席韩桂芝受贿案、山西省原省委副书记侯伍杰受贿案、四川省原副省长李达昌滥用职权案,由北京市第一中级人民法院审理。以上资料参见宋伟:《高官异地审判制度初露端倪》,载《政府法制》2007年第3期。

4 如2010年年底舆论关注的河北大学醉酒驾驶肇事一案,因嫌疑人李启铭的父亲李刚系事发地点所在的公安分局副局长,此案一审采取市内异地审理方式,由保定市望都县人民法院审理。

5 2009年12月,最高人民法院和最高人民检察院联合发文,对省部级干部的跨省异地管辖作了原则规定,同时规定厅局级干部的腐败案件可以省市内异地管辖。但缺乏具体的操作规范。

6 有关报道指出,“根据公开信息,被指定管辖的省份地市,当地检法两家通常被业内认为办案能力较强,经验较为丰富,‘能打硬仗’。”参见李俊杰等:《官员“异地审理”制度化趋势》,载《瞭望》2011年第30期。

7 如有资料介绍最高人民检察院将中共安徽省委原副书记王昭耀腐败案件交山东省人民检察院侦办,主要原因是山东在查办高官腐败方面积累了相当多的实战经验,有一支能打硬仗的反贪队伍。自1995年查办泰安市原市委书记胡建学受贿案以来,无论是办案数量和质量,山东省都是全国第一,是最高人民检察院的"放心单位"。特别是山东省人民检察院反贪局,在全国反贪系统以敢啃硬骨头而著称。参见宋伟:《高官异地审判制度初露端倪》,载《政府法制》2007年第3期。

8 笔者调研了解到,各地区对办理指定管辖的职务犯罪案件都有相当的积极性,因为一是办理重要案件有名即有业绩;二是赃款收缴有利;三是因为既查办了大要案件,又没有动本地干部,当地党委政府的领导普遍更加支持。本案阻力较小而且在当地不生矛盾。因为办案积极性大,地区院的负责人甚至常到上级院和相关单位如纪委"做工作",争取指定管辖。

9 据统计,2009年公安部经济犯罪侦查局共办理指定地方公安机关案件管辖29件,其中以部名义指定的23件,以局名义指定的6件。以上资料参见赵斌、曹云清:《经侦程序中的指定管辖研究》,载《江西公安专科学校学报》2010年第4期。

10 周常志:《刑事案件指定管辖制度的完善》,载《人民检察》2008年第3期。

11 如周常志分析指定管辖中的问题时指出:"由于有关指定管辖的法律规定不明确和不尽合理,而公检法机关协商指定管辖的意见也并非总能达成一致,因此,实践中公检法机关互不承认相对方指定管辖的效力,甚至拒绝受理相对方指定管辖的案件等情形大量存在。相比较而言,涉及高级官员的职务犯罪案件,因为关系重大和有高层协调,在指定管辖中会消除一些摩擦,但在其他职务犯罪案件指定管辖中,摩擦就难以避免。"参见周常志:《刑事案件指定管辖制度的完善》,载《人民检察》2008年第3期。

12 我国反腐败实行"党委领导,纪委协调,各部门各司其职"的体制,中央纪律检查委员会常常成为高级干部职务犯罪案件的管辖协调机构。

13 如安徽省阜阳市中级人民法院原院长刘家义受贿案。安徽省人民检察院指定淮南市人民检察院对刘家义起诉,起诉书送达淮南市中级人民法院,但安徽省高级人民法院指定滁州市中级人民法院管辖。安徽省高级人民法院改变原来的指定管辖,据称主要原因一是淮南市中级人民法院向省高级人民法院提出,不愿意审理此案,因为审理这样的案子花费很大;二是淮南市中级人民法院刚审理了滁州市人大常委会副主任陈兆丰受贿一案,陈兆丰也是副厅级官员,也是省高级人民法院指定管辖。省高级人民法院也认为,淮南市中级人民法院连续审理两个副厅级官员受贿案件不妥,应该交给滁州市中级人民法院来审理。参见宋伟:《高官异地审判制度初露端倪》,载《政府法制》2007年第3期。

14 不是犯罪地、住所地,也不是嫌疑人、被告人单位所在地。

15 2000年3月8日,吕西娟因房产官司找西安市中级人民法院院长朱庆林(时任)上访时,"二人发生争执",西安市中级人民法院以吕西娟"严重妨碍法院民事诉讼活动",将其拘留15天。数日后"事态升级",吕西娟涉嫌"故意杀害"院长朱庆林被捕,"长期与院长不和"的西安市中级人民法院法官杨清秀(时任)则涉嫌"挑唆吕西娟谋杀"院长也被捕,并由西安市中级人民法院审理。院长朱庆林(时任)虽主动回避,但二被告人多次申请西安市中级人民法院整体回避,请求异地审理。回避申请数次被驳回后,西安市中级人民法院分别判杨清秀、吕西娟有期徒刑15年、13年。2001年,二被告人上诉至陕西省高级人民法院,高级人民法院认为"我国刑事诉讼法律所规定的回避是指个人回避,并没有规定审判组织或审判机关回避",维持原判。

16 郭光东:《"任何人不得做自己案件的法官"——"法官谋杀院长案"四人谈》,载《南方周末》2003年9月18日,法治版。

17 此案情况已在媒体粗略披露。参见《律师上书议整体回避制　防法院既当裁判又做球员》,载《燕赵都市报》2011年9月29日。但笔者手中材料较为详细,因承办该案的律师事务所将此案材料及相关的立法建议和理由直接寄交予笔者和其他一些学者,希望获得专家支持。从律师递交的材料看,辩护方关于回避理由的举证包括检察人员与当事人的谈话录音等证据,能够产生对案件公正性的合理怀疑,应属本地司法机关应当回避的案件。

18 回避案件往往涉及利益问题,而为了某种利益某些公安、司法机关不仅不回避而且可能努力维护其管辖权。如笔者直接接触的一起甲地企业对乙地企业侵犯商业秘密的刑事案件,案件在乙地侦查、起诉,而被害人单位法人代表的亲属是乙地法院分管刑事的副院长、被害单位是当地的重要企业。管辖法院既可能受分管院长特殊关系的影响(分管院长提出回避其实并无意义),又可能受地方保护主义的影响,律师要求异地管辖的诉讼请求被驳回,起诉指控被一审法院全部支持,而且对鉴定结论提供的两可选择均按从重处理来选择。该案二审被部分改判。

19 中国刑事诉讼实行的分工负责、互相配合、互相配合制度及检察机关审判监督等制度,以及在诉讼程序中全部侦查所获证据均可进入法庭,书面证言使用不作任何限制等,使法院的司法审查功能相对较弱。而在职务犯罪案件中,纪委和检察院的功能强势,法院的司法审查功能更弱。在上级交办的职务犯罪案件审理中,司法审查功能则进一步削弱。

20 联合国《公民权利和政治权利国际公约》第14条就法庭设立的资格要求,法庭必须是依法设立的、合格的、独立的、无偏倚的。具体表现为两点要求:第一是法庭的设立必须合法,必须是独立进行审判的,而不是听命于任何个人或组织的;第二是法庭中的审判人员必须是依照法定程序选择的、合格的和无偏倚的。参见杨宇冠:《人权法——〈公民权利和政治权利国际公约〉研究》,中国人民公安大学出版社2003年版,第252页。

21 如德国《基本法》第101条第1项规定了法定法官原则:"不得设立特别法院。不得剥夺任何人接受合法法官审判的权利。"

22 龙宗智:《审判管理:功能、局限及其界限把握》,载《法学研究》2011年第4期。

23 如某院反贪局立案查处了驻区国企会计张某涉嫌贪污公款近千万元的案件,但法院依据《刑事诉讼法》第24条规定,认为本案由犯罪行为发生地深圳市中级人民法院管辖更为适合,后经层报,最高人民检察院、最高人民法院协商确定了指定管辖,案件延迟审理达4个月。此案例参见张兆松、干红光:《检察机关侦查管辖的缺陷与立法完善》,载《中国司法》

2010 年第 9 期。

24 如河南某检察院李濯清著文指出，目前的职务犯罪案件指定管辖出现不少弊端，包括范围掌握不严，导致指定管辖滥用；实践缺乏规范，影响执法规范性。以及在侦查、起诉、审判三阶段缺乏衔接，导致诉讼效率低下等。参见李濯清：《完善职务犯罪指定管辖制度三点建议》，载《检察日报》2009 年 7 月 24 日，第 3 版。检察官吴志良指出：指定管辖在侦、捕、诉、审环节无序运行，案案协调与答复不仅浪费不少司法资源和时间，有时，因为沟通协调不畅，办案单位以没有上级单位的授权不受理案件，造成案件诉讼困难，有的造成案件隐形超期羁押。参见吴志良：《对刑事案件指定管辖制度的思考》，载《中国检察官》2010 年第 4 期，司法实务版。

25 三角结构与线形结构即刑事诉讼两重结构的分析详见龙宗智：《刑事诉讼的两重结构辩析》，载《现代法学》1991 年第 3 期。

26 检察机关虽然是司法机关，但同时又是侦查、控诉机关，因此不具有中立性，其强制侦查审查不是严格意义上的司法审查，而只能看作一种"准司法审查"。

27 在这一点上，我国的转移管辖制度运用与国外有很大的不同。如美国刑事司法制度中的法院管辖权（审理权）也是以地域为导向的，通常是在犯罪地管辖，但是也可以根据法律明文规定的事由异地审判。"这种变化是为了保证在有大规模的审前宣传或者强烈的公众偏见从而很难选择公正的陪审团的情况下，被告人获得公正和公平的审判。改变审判地的动议通常是由被告人提起的。"（参见[美]罗纳尔多 · V. 戴尔卡门：《美国刑事诉讼——法律和实践》（第 6 版），张鸿巍等译，武汉大学出版社 2006 年版，第 16 页）。也就是说，在美国刑事司法制度中，转移管辖制度主要是用于保护当事人利益的而不是着眼于打击犯罪。中外刑事司法制度的背景不同，但加强公民权益保障，努力实现利益机制的平衡，应属中国刑事司法的重要任务。

28 不过，美国法中，不仅检察官与被告人均可以"公正审判"和"便利性"为由申请法院改变审判地点，而且在 11 个州，法院自身亦有权为审判公正而决定改变审判地点。参见[美]伟恩 · R. 拉费弗等：《刑事诉讼法》，卞建林等译，中国政法大学出版社 2003 年版，第 887 ~ 894 页。

29 俄罗斯《联邦刑事诉讼法典》第 150 条第 1 项规定，"审前调查以侦查或调查的形式进行"。

30 另一种意见是检察机关商请法院，在协商一致的情况下分别下达指定管辖决定，这也是目前比较普遍的做法。但遇到协商不一致时就缺乏决定机构，导致相互扯皮甚至久拖不决，而且不符合控辩程序权对等，法院裁决实体与程序事项的原则。因此，笔者倾向于采检察院建议，法院决定的方式。

31 如有论者指出，异地审理，是两害相权取其轻。"推行'异地审理'实质上是在置换'司法公正'，而真正的司法公正，唯有在'异地审理'没有市场、没有土壤之后方可实现。"参见潘福金：《"异地审理"消亡日，司法公正铸成时》，载凤凰网，http://news.ifeng.com/opinion/gundong/detail_2011_08/29/8763088_0.shtml，2012 年 1 月 5 日访问。

庭审实质化的路径和方法*

庭审实质化是"以审判为中心"诉讼制度改革的重要内容,其基本目标是"保证庭审在查明事实、认定证据、保护诉权、公正裁判中发挥决定性作用",[1]"实现诉讼证据质证在法庭、案件事实查明在法庭、诉辩意见发表在法庭、裁判理由形成在法庭"。[2]在我国现今制度框架和实践背景下,如何推进庭审实质化,尚需立足现实参酌相关因素进行深入研析。

一、庭审实质化是刑事审判方式的重大变革

通过庭审实质化实现"以庭审为中心",集中体现了司法规律的要求,也是优化我国刑事诉讼运行机制的重要举措。一方面,"以庭审为中心"是司法权行使的必然要求。司法的根本特性是判断性,司法判断的前提是亲历性,即亲身经历程序,直接审查证据。而只有法庭审判能全面、有效地提供亲历性条件,使法官得到鲜活、丰富的案件信息,从而获得正确作出司法判断的基础和条件。另一方面,"以庭审为中心"是"以审判为中心"的逻辑推演。刑事诉讼应当"以审判为中心",即在事实认定与法律适用上,审判应发挥决定性作用。这是因为审判具有中立性与独立性,采取兼听和辩论的方法,采用公开的方式、严格的程序与合理的技术,具备正确判定事实和适用法律的最佳条件,而审判的这些特性及方法主要是通过庭审来体现的。反之,如以庭下阅卷的方式实施审判,不仅不可避免地导致"案卷笔录中心主义"、"侦审联结"与"侦查中心主义",而且其运作方式实与侦查终结、审查起诉等活动并无本质区别,难以支撑审判的优越地位和决定性作用。[3]

---

* 原载《法学研究》2015年第5期、《中国检察官》2016年第1期。

推动庭审实质化是一项十分艰难的任务。1996年修改《刑事诉讼法》的任务之一就是克服“庭前实体审,庭审走过场”的弊端,实现庭审实质化。因此,立法限制审前案卷移送(仅移送主要证据复印件或者照片),实行由控辩双方向法庭举证并展开质证的控辩式审判。但是,审判方式虽变,庭审虚化的问题并未根本解决。法官变审前阅卷为庭后阅卷,仍以阅卷而非庭审作为心证的主要来源。2012年《刑事诉讼法》恢复了检察机关提起公诉时向法院移送全部案卷材料的方式。此种恢复虽然有利于法官全面了解案件情况,提高其庭审掌控能力,却使庭前实体审想象更容易发生。此外,2012年《刑事诉讼法》完善了证人作证制度,意图强化庭审对证人证言的实质审查,但从实践看,证人出庭率并无明显变化,加强证人出庭以推动庭审实质化的立法目的显然未能实现。[4]

以上情况说明,庭审虚化是长期存在而未能有效解决的制度性问题。[5]从实践操作的角度看,这种虚化主要表现在两个方面:一是庭审调查未贯彻直接审理原则,证据审查趋于形式化。在我国的刑事审判中,证人证言通常是定案所依据的主要证据种类,但庭审调查时证人一般不出庭,而以侦查阶段的书面证言代替原始人证;由于书面证言的形成原因并不清楚,而且不能对陈述者进行质证,此类证言实属典型的传闻证据,原则上不应具备证据能力,只能在符合特定条件的情况下例外使用。[6]但是,我国刑事诉讼长期以来基于对侦查公正性的高度信任,而赋予传闻证据以证据能力,形成了以例外为常态的怪异现象。[7]而且,对被告人的口供,主要使用庭前供述笔录作为定案依据,同时对庭前供述的形成一直缺乏有效的监督审查手段。[8]此外,我国刑事诉讼将勘验、检查、辨认、侦查实验等侦查行为形成的笔录材料,作为当然具有证据能力的信息载体,却忽略了此类证据材料的可错性,以及在有疑问、有争议的情况下,对制作者进行法庭质证的必要性。如此种违反直接审理原则的证据调查方式,最终造成了法庭证据审查的形式化。二是庭审举证、质证趋于简化,造成普遍的庭审不充分。由于对庭审效率的追求,公诉和审判方均力求快速完成法庭审判。因为双方均认为,法院审判主要基于案卷材料而非庭审,只要案卷中证据充分,就不能不确认控罪。由此,简略举证、质证成为普遍的庭审风格。公诉人大量使用批量举证、概括举证方法,较少一证一举,一证一质。法官也总是希望尽快完成审判,然后在庭审后通过阅卷形成判决。由此实际形成“以阅卷为中心”,庭审走形式的审判模式。刑事案件往往庭审时间很短，审后阅卷、制作法律文书时间较长。[9]

庭审虚化的形成原因是多方面的。一是同庭审本身的特性有关。庭审具有集中性，即在一个有限的时空中汇聚全部有意义的案件信息，以形成裁判基础。但庭审时空的有限性，也使部分有意义的案件信息在一次庭审中不能反映出来，从而需要多次开庭，由此降低了审判的效率，这容易使法官对庭审实质化缺乏积极性，尤其是在案件负担重的情况下。庭审的另一特性是角色依赖性，即庭审对抗有赖于双方的“角色表演”。如果一方或双方因能力或责任心不足而不能有效履行其角色，全面有效的审理就难以实现，法官也就不得不从案卷中获得庭审时未能获得的信息。二是同刑事诉讼程序机制的设置有关，其中的关键是案卷制度。我国刑事诉讼中的案卷承载了侦查取证获得的基本信息，[10]而案卷的传递和应用对公诉乃至审判通常发挥着决定性影响，尤其是其中的人证作用重大。但是，证人不出庭，以案卷中的书面证言代替作证，却是长期形成的普遍实践，而相关法律规定则保障和强化了案卷笔录的作用。例如，2012 年《刑事诉讼法》第 190 条规定：对未到庭证人的证言笔录，“应当当庭宣读”，即证人如不应召出庭，可用书面证言代替作证。此外，对于“勘验笔录和其他作为证据的文书”，亦无须制作人出庭作证，而只需“当庭宣读”诉讼案卷中的记载。正是诉讼案卷的形成和流转实现了从侦查到审判的紧密联结，导致法庭审判的直接性、实质性与实效性明显不足。三是同司法的体制、机制和理念有关。在公、检、法三机关分工负责、互相配合、互相制约的司法体制和机制之下，法院对侦查、公诉机关有配合的责任；而且长期形成的“重打击、轻保护”的刑事司法理念，使得对侦查高度信任，对侦查的偏向性与可错性也较能容忍，以致侦查结论及其依据常被审判照单全收，庭审形式化也就不可避免。

庭审实质化是刑事审判方式的重大变革，这一变革与刑事司法的体制、机制、制度、理念的变革紧密相关。为了保证刑事案件办案质量，实现司法公正，应当在对司法体制、机制和制度进行总体性改革的背景下推动庭审实质化，同时抓住一些重点问题，采取务实、有效的应对措施，切实推动这一改革。

二、适度阻断侦审联结，直接有效审查证据

庭审实质化改革需要重点确立“以审判为中心”而非“以侦查中心”，为

此需保证庭审对证据的有效审查。为适应这一要求，首先需要限制案卷对法官心证形成的作用，适度阻断由案卷笔录形成的侦审联结，由法庭直接审查原始人证，辨析书面供述的来源。

（一）强化证人出庭作证

完善证人、鉴定人出庭制度是推动“以审判为中心”的诉讼制度改革的重要内容。庭审实质化首先需要解决证人出庭作证的问题，这是针对我国刑事诉讼的突出弊端所应采取的最重要的应对措施之一。为推动证人出庭作证，需注意以下几点：

1. 完善相关制度，体现传闻证据排除规则的要求

在现代刑事诉讼中，传闻证据排除以及非法证据排除这两项规则是程序正当化的重要标志，亦为最难推动实施的证据规则。2012 年《刑事诉讼法》在建立非法证据排除的法律规则方面进了一步，但就直接、言词原则的贯彻，虽规定了促进证人出庭的相关措施，如证人保护、证人补偿及强制出庭等，但因为建立传闻（书面证言）证据排除规则，证人不出庭依然如故，书面证言仍然是基本的定案依据。

在我国特定的制度背景下，证人不出庭有一个很重要的原因是控方没有促使证人出庭的积极性，而传闻证据排除规则的缺位又为控方怠于敦促证人出庭提供了理由。从控诉的角度看，控方审前搜集的书面证言与起诉指控一致，与其他有罪证据如犯罪嫌疑人、被告人供述相印证，是指控证据体系的重要组成部分。而有争议证言的提供者一旦出庭，就可能经不起质证，露出作证破绽甚至暴露证言的虚假性，由此可能动摇指控体系。因此，即使证人有出庭的条件，也常常不会被允许出庭作证，尤其是在以人证为主导的职务犯罪案件中。[11]然而，无论从诉讼原理还是从司法实践进行分析，证人不出庭，仅依靠有争议的书面证言定案是极不可靠的，其已成为发生冤假错案的重要原因。因此，限制书面证言，敦促证人出庭作证并接受质证，是保证案件质量、防止冤假错案的主要措施之一。[12]

推动证人出庭作证的关键性举措是限制书面证言的效力。为此，应当配合司法改革，修改《刑事诉讼法》。参照 2012 年《刑事诉讼法》第 187 条第 3 款关于鉴定人经法院通知拒不出庭，鉴定意见不得作为定案根据的规定，应明确规定：“经人民法院通知，证人拒不出庭作证的，其书面证言不得作为定案的根据。”在法律修改之前，在司法实践中，包括各地庭审实质化试点过

程中，为促使证人出庭，可以严格解释和把握最高人民法院《关于适用〈中华人民共和国刑事诉讼法〉的解释》（以下简称《刑事诉讼法解释》）第78条第3项的规定，适度贯彻排除传闻证据的要求，即将应出庭而未出庭证人证言真实性的审查确认解释为，只有该书面证言“特别可信”或有“可靠性的情况保障”时，才能确认其真实性，将其作为定案的根据。[13]

2. 适当把握证人出庭条件，防止滥用酌定权

2012年《刑事诉讼法》第187条对证人出庭规定了三项条件，即控方或辩方对证人证言有异议，该证人证言对案件定罪量刑有重大影响，法院认为证人有必要出庭作证。其中，“有异议”和“有重大影响”是实质性要件，“有必要”则是主要基于诉讼经济的考虑而赋予法院的酌定权。然而，实践中法院有时不适当地运用这一酌定权，不传召某些有争议的重要证人出庭。为此，需限制此项酌定权，即在出庭条件把握上，只要符合两项实质性条件，而控辩一方或双方坚决要求证人出庭的，法院应当同意传召该证人出庭作证。[14]

3. 运用强制权保证证人出庭

根据2012年《刑事诉讼法》第188条的规定，经法院通知，证人没有正当理由不出庭作证的，法院可以强制其到庭；证人没有正当理由拒绝出庭或者出庭后拒绝作证的，予以训诫，情节严重的，经院长批准，处以10日以下的拘留。然而，这一规定实施以来，法院强制证人出庭的措施在实践中基本未被采用。一些法官认为，证人出庭作证属于控方或辩方的证据措施，不是法院自身的责任，因此对敦促证人出庭缺乏积极性。然而，证人是向法院作证，故证人应当由法院传召，传召不到时可以强制其到庭，甚至采取强制性处罚措施。因此，为保证庭审实质化，法院应当根据2012年《刑事诉讼法》第188条以及《刑事诉讼法解释》第208条，依法运用强制证人出庭的方法，而不应当推诿责任，放任证人不出庭。同时，对某些有证人保护必要的案件，法院也应配合公安机关，落实证人保护措施。

（二）促使侦查人员、其他取证相关人员以及目击犯罪的警察出庭作证

根据2012年《刑事诉讼法》第57条第2款的规定，现有证据材料不能证明证据收集的合法性的，经检察机关提请，法院可以通知侦查人员或其他人员出庭说明情况；经法院通知，有关人员应当出庭。根据该法第187条第2款的规定，警察就其执行职务时目击的犯罪情况作为证人出庭作证，适用该

条第 1 款关于普通证人出庭条件的规定。上述作证人员属于特殊类型的证人,其作证义务及作证内容与其职务或侦查取证活动相关。在他们查证犯罪的责任或其他执法责任中,含有证实犯罪的责任以及证明执法行为合法性的责任。因此,为实现对证据的实质性审查,应当促使上述人员增强出庭作证的责任意识,保证他们能够依法出庭作证。

除上述明确的规定外,根据证明法理和庭审实质化的需要,在必要时,侦查人员在另外两种情况下也应出庭作证。一是在发生争议时,就被告人归案的情况出庭作证,证明被告是否主动投案、是否有自首情节等。二是在辩方对侦查活动笔录提出有一定根据的异议时,就勘验、检查、辨认、侦查实验等侦查活动情况作证,以澄清侦查笔录记载中的问题,帮助合议庭正确判断侦查笔录记载的准确性和全面性。从法理上分析,勘验、检查、辨认、侦查实验等侦查活动形成的书面记录,在本质上仍系传闻证据;为有效审查这些证据,必要时法庭仍需对制作者进行质证。不过,这些证据具有较大的可信度,辩方如不能提出有根据的质疑,制作人可以不出庭作证。

(三)适当处理庭前书面证言与法庭证言的关系

证人出庭在陈述事实或经质证后陈述事实时,可能提供与庭前书面证言不同的证言,这在司法实践中经常出现。虽然这种不一致增大了裁判的难度,但也正是证人出庭的意义所在,即通过出庭作证和质证检验书面证言,发现其中矛盾和不实之处。然而,一旦法庭作证与庭前证言发生实质性矛盾,法庭认证时如何对证言进行取舍,则直接关系证人法庭作证的功用,对庭审实质化也将发生影响:如重视法庭证言,则将促进法庭作证;反之,则因出庭作证无效的预期而妨碍证人出庭。因此,在促使和保证证人出庭的制度安排中,需要妥善处理矛盾证言的取舍问题。

《刑事诉讼法解释》第 78 条规定:“证人当庭作出的证言,经控辩双方质证、法庭查证属实的,应当作为定案的根据”(第 1 款);“证人当庭作出的证言与其庭前证言矛盾,证人能够作出合理解释,并有相关证据印证的,应当采信其庭审证言;不能作出合理解释,而其庭前证言有相关证据印证的,可以采信其庭前证言。”(第 2 款)上述第 1 款强调,当庭证言查证属实的,应当作为定案根据;第 2 款以“应当采信”和“可以采信”的区别,进一步体现了当庭证言证明力从优的原则。从这个意义上,该项规定符合证据法理以及“以庭审为中心”的诉讼原则。但是,该条规定就证言矛盾时的取舍标准,除“合理解释”外，还强调了证据印证。但是，案卷中的证言笔录通常都是有印证的（否则这些证言不会入卷并作为定案根据）；因此，如果单纯适用印证规则，证人出庭作证的意义不大。而且，如果证人出庭证言与庭前证言均有印证，如何取舍更是一大难题。

笔者认为，为体现“以审判为中心”“以庭审为中心”，应当进一步明确法庭证言证明力从优的原则。鉴于庭前证言产生的背景和程序不清，其证明力亦予以适当限制。如果庭前证言和法庭证言相矛盾，应十分谨慎地确定庭前证言的证明效力。即只有在庭前书面证言确实真实可信，且能排除对其可靠性的合理怀疑的情况下，才能采信书面证言而否定庭审证言。[15]这一采证原则应当通过司法解释予以确认。据此，在操作中如遇法庭证言缺乏印证而庭前证言有印证的，也应当审查其翻证的合理性，包括翻证的理由是否合理，翻证陈述的事实是否符合情理。如果其翻证的原因和翻证陈述的事实均具有合理性，即构成对原证言所陈述事实的合理怀疑，那么，即使原证言有证据印证，也因对其真实性存在合理怀疑，而不能认定该事实。而在庭前证言和法庭证言均有印证的情况下，原则上应当采信法庭作证，除非证人对翻证不能做出合理解释，且发现证人作伪证的明显迹象。

（四）完善非法证据排除程序，有效审查证据来源

尽管非法证据的范围界定等实体问题以及审前阶段排除非法证据问题，并不属于审判中心主义的逻辑范畴，但是，法庭审判对非法证据排除的程序设置，如关系到对非法证据的法庭审查是否有效，即属于对证据来源的实质审查，并且影响相关证据的侦审联结，则属于庭审实质化的实践命题。

2012 年《刑事诉讼法》对庭审中非法证据调查的启动，采取了较灵活的态度，并未规定必须在排除非法证据申请提出后即启动。《刑事诉讼法解释》第 100 条第 2 款规定：“对证据收集合法性的调查，根据具体情况，可以在当事人及其辩护人、诉讼代理人提出排除非法证据的申请后进行，也可以在法庭调查结束前一并进行。”该条第 3 款继而规定，当事人及其辩护人、诉讼代理人未在庭前根据法院告知申请排除非法证据，而是当庭提出申请，且不属于庭审期间才发现相关线索或者材料的情况，法院应当在法庭调查结束前一并进行审查，并决定是否进行证据收集合法性的调查。据此，法院可以在法庭调查结束前才进行非法证据排除的审查，并决定启动合法性调查程序。然而，灵活的程序安排却存在一项规范缺失：如果未对已申请排除的

证据进行合法性调查,该证据及相关证据能否举证、质证?由于法律和司法解释没有禁止性规定,所以,实践中先举证后进行合法性调查的情况时有发生。但是,这一做法违背了证据调查应当首先解决证据能力问题,再解决证明力问题的证明活动规律。这是因为不具备证据能力的证据是不允许进入诉讼、影响心证的,否则,庭审的证据能力审查就在一定程度上失去了意义。因此,相关司法解释应当补充规定:对于已经被提出排除申请并可能启动合法性调查的证据,不得在合法性调查之前进行举证、质证。

三、充实庭审调查,改善举证、质证与认证

庭审虚化的另一个重要原因是法庭举证过于简略,对于案件中影响定罪量刑的必要信息,在法庭上披露不够、质辩不足;由此,法官很难在法庭上获得全面、准确的信息,而只能在庭下通过阅卷了解案件相关信息,研析其内容,形成裁判意见。同时,与庭下实体审相配合,法官当庭认证不足,其基本上仅在裁判文书中对证据进行分析认证,这进一步消解了庭审的证据审查功能。因此,通过改善庭审举证、质证、认证方式,充实庭审,使庭审成为法官形成心证和裁判意见的主要渠道,也是庭审实质化改革的重要内容。

(一)改善举证,充实庭审调查

从公诉实践看,普遍存在过度批量举证,而重点举证尤其是一证一举、一证一质严重不足。所谓批量举证是指将与某一犯罪事实相关的证据,按供述、证言、书证、物证、鉴定意见等证据分类,成批地向法庭举示;举证时并不宣读每份证据的具体内容,而只是说明举证要旨即证明目的,概括介绍这批证据的内容;仅对某些重要证据,进行个别举示。

批量举证方式并无法律与司法解释依据,而是在公诉实践中产生并被普遍应用的举证方式。应当说,为了实现诉讼效率,此种举证方式不仅无可厚非,而且常常是必须采用的。例如,2014 年在湖北省咸宁市中级人民法院审判的刘汉等人黑社会性质组织犯罪案件,全案卷宗 1300 余本,如果不采取批量举证,而是一证一举一质,庭审势必旷日持久。但是,批量举证有其适用的证明对象范围,不能随意扩大,即一般用于无争议事实(包括无争议的案件主要事实)以及辅助事实(如关于被告人身份的事实)举证。在案件事实有争议的情况下,对影响定罪量刑的主要证据,应当重点举证并展开质证。其基本要求是,使合议庭成员能够通过听证全面了解与定罪和量刑有

关的证据信息，由此形成裁判的认识基础。为此，需要改善公诉举证方式，加强重点举证乃至一证一举、一证一质，充实和细化庭审证据调查。

检察官举证还应当注意的一个问题是，如何处理案卷材料中不利控诉的证据。实践中，检察官基于控诉职责，通常对这部分证据少予提及或一语带过，以避免妨碍控诉。例如，被告人在案卷中的多次供述，既有认罪供述也有无罪辩解，但检察官举证时，通常以认罪供述是真实供述，无罪辩解系无理狡辩为由，仅举其认罪供述作为指控依据。这种“片面举证”显然不利于合议庭全面了解证据信息。加之，如过被告人没有律师或者辩护律师的能力及责任心不足，这种片面性就将妨碍庭审查明案件事实。因此，笔者认为，为保证庭审能够有效查明案件事实，检察官基于客观义务，在支持公诉时，在重点就控诉证据体系进行举证时，也应当对案卷材料中不利控诉的证据予以举示或说明。据笔者的考察，这种有重点的全面举证方式已在实践中为部分检察官所采用。尤其是在考虑到辩方会利用这些辩护证据的情况下，检察官首先举示并对其证据意义予以说明，既有利于合议庭全面了解案情，又能在诉讼对抗中先发制人，也显示出检察官立场的客观公正。

（二）改善质证控制，保证辩方质证权

从当前庭审实践看，对辩方质证权的保障还存在一些问题。一是成批举证时，被告人的质证权不能得到保障。由于被告人事先不知道检察官举证的方式和内容，一旦检察官成批举证，被告人常常不能有效反应，记不全乃至记不住检察官所举证据及其内容，而只能就记住的某些内容发表意见。有的被告人则直接提出请律师代其质证。二是在辩护人发表质证意见时，合议庭有时不适当地限制质证。例如，一般来说，对证据的真实性、合法性以及证据能力问题进行质证，合议庭通常能够允许辩方较为充分地质证，但是，对于证明力问题，辩护人稍作展开，合议庭就可能以这属于法庭辩论阶段的问题为由而予以制止，要求其在辩论阶段再发表意见。但是，在辩论阶段，控辩双方通常是就案件适用法律和案件事实是否清楚的总体情况发表意见，不再就个别证据进行质证性辩论。因此，最终可能的结局就是对某些证据的证明力质证不足。

鉴于上述问题，笔者建议采取以下保证质证权的措施：

1. 在检察官批量举证的情况下，应当支持辩方加强庭前准备，以保证庭审中辩方有效地发表质证意见。一是对于较为重大复杂以及多罪名、多被告人的案件,应当通过庭前会议明确检察官举证的方式和内容,或将检察官的举证提纲事先交给辩护律师,以使其做好质证准备;[16]二是允许辩护律师在庭审前向被告人核实证据,包括核实人证,[17]以使辩方能够做出必要的庭审准备。通过上述具体措施,在保障庭审效率的同时,保证法庭质证的针对性和全面性。

2. 适当区分庭审中的"小辩论"和"大辩论",落实质证权。庭审调查中的质证包括对质证意见的回应,系质证辩论,俗称"小辩论";庭审调查结束后在法庭辩论阶段,对案件的事实认定和法律适用,控辩双方发表意见并展开辩论,俗称"大辩论"。凡是针对单个证据或证据群组进行的质证性辩论,无论是争辩其客观性、合法性,还是争辩相关性即证明力,均应在庭审调查阶段展开。只有在调查阶段因主观或客观原因未能对某项证据充分发表意见,而该证据对定罪量刑又十分重要的,才能在辩论阶段作为例外情况对其补充发表质证性意见。法庭辩论阶段对证据问题的分析应当着眼于证据体系,着眼于指控的事实或量刑的情节能否得到认定。因此,法庭掌控庭审质证时,不应不适当地抑制辩方质证时发表关于证据证明力的意见。[18]

(三)加强当庭认证

提高当庭裁判率是庭审实质化改革的目标之一,而当庭认证是当庭裁判的重要组成部分。即使非当庭裁判,也应当进行必要的当庭认证,以明确证据可采性,避免将不适格的证据用于审判,同时适当引导控辩双方举证、质证,以利于全面查清案件事实。

目前法庭认证的普遍情况是,对无争议证据予以当庭认证,对双方有争议的证据通常不作当庭认证。即使对于证据的可采性与真实性,只要双方存在争议,法庭就趋于不明确表示支持或反对,除非情况十分明显,以及如不当庭认证,举证、质证就难以推进。对于证据的相关性即证明力,法庭一般不作当庭认证,也仅在情况较为明显的情况下才当庭表态。比如,常见的辩护人将反映被告人过去表现较好的材料、关于被告人表现的单位证明、过去的获奖奖状等作为应对被告人从轻处罚的证据材料向法庭举证,有的法官会认定其与本案事实没有相关性。此种认证方式之流行是基于审判人员的如下考虑:对有争议的证据不在庭审时表态,可以避免先期"站边",从而维护公正形象;而且,庭审时留有余地,庭后研析案卷材料,最后以判决认定,可以避免庭审时表态因考虑不周而陷入被动;对证据的证明力进行当庭认证,往往意味着对案件事实作某种程度的预决,对此应慎之又慎。

上述认证方式是审判人员实践理性的体现,本无可厚非,但如要推进"以庭审为中心"的审判方式改革,就有必要作适当调整,以加强当庭认证,使法官心证的形成与事实的认定,以"看得见的方式"呈现;并由加强当庭认证促进当庭裁判,推动庭审实质化。为此,应当进一步明确当庭认证的原则、标准和具体要求,将当庭认证的情况作为检验庭审实质化程度的一项指标。

首先,要适当扩大当庭认证范围。证据材料的可采性问题是证据举证、质证的前置性问题,原则上应该当庭认证,除非尚需进一步调查核实。[19]对证据的真实性,具备认证条件的应作当庭认证。如果不足以确认,也应当说明真伪不明的理由,并提出进一步证明真实性的要求。对证据的证明力,在当庭宣判的案件中必须当庭认证;在不当庭宣判的案件中,也应根据举证、质证情况,在庭审中进行适当的、有分寸的证据评判。[20]

其次,要妥当安排认证的节点。合议庭认证可在审判的不同节点进行。一是一质一认,这主要是针对证据可采性,一般应在控辩双方质证后即予认证(包括确认已有证据不足以证明其可采性,需提出证据的一方进一步证明)。二是阶段性认证,即庭审时通常就不同的证据类型及不同的犯罪事实分阶段举证、质证,合议庭可以根据举证、质证的阶段性安排,进行阶段性的证据评议和认证。三是庭审调查结束前,合议庭对证据进行综合评议和认证,可重点评议某些有争议的证据。四是在判决中对证据进行认证,这是最后的直接支持判决的认证活动。庭审实质化总的要求是将基本采用裁判认证的认证方式,改变为裁判认证与当庭认证相结合。

最后,由于认证对裁判影响较大,部分认证可能具有对案件预决性,因此,重要的、有争议的证据认证应当是合议庭认证而非主审法官个人认证。为此,应建立庭审中对重要的、有争议的证据在认证前进行合议的制度。

四、完善庭审调查规则,改革裁判方式

庭审实质化需要与庭审效能相关的各要素配合,因此,除前述问题外,还有一系列制度与技术问题需要做出适应性调整。

(一)调整审判节奏,加强释明权运用

庭审证据审查的实质化,包括证据调查的充实和细化,不可避免地会影

响庭审节奏:改变过去那种在短时间内迅速完成庭审的简式庭审方式,而是适当放缓庭审节奏,甚至会由一次开庭变为多次开庭,由此实现"四个在法庭"。

庭审节奏的调整及开庭次数的增加,与法官在证据调查中的能动作用有关。虽然法官作为中立、独立的裁判方,总体上应当恪守被动性原则,但为查清案件事实、正确适用法律,有必要引导控辩双方进行证据调查。在发现证明某一事实或诉讼主张的证据不充分时,应当及时提示承担证明责任的一方补充必要证据,并说明不能有效补充证据的后果。同时,在必要时,法官还应对与证据调查、事实认定有关的法律规范进行释明,对指控的罪名所需具备的法律要件进行释明。为此,需要加强法官在庭审中的释明权。

释明权本属民事诉讼中的一项制度,其功能是通过法官对证据事实和法律适用问题的解析,引导当事人举证、辩论和调整诉讼主张,以防止审理不尽,防止当事人一方因诉讼能力不足或认识偏差,未能充分利用可利用的诉讼资源和手段而败诉,同时防止法官搞突袭性裁判。在刑事诉讼中,合议庭有时也对控方或辩方进行法律释明,但未形成较为成熟的理论和制度,而且,其行使往往是在庭下,采取单方联系的方式,不公开进行。如在合议庭初步合议后,要求公诉方补充某些证据等。

笔者建议,在庭审实质化的改革中,随着法庭认证制度的调整,可以考虑建立刑事审判中的释明制度。刑事审判中的释明可以划分三种基本类型:一是对证据事实尤其是证据的确实性和充分性进行释明;二是对证据调查中的法律和司法解释规范进行释明;三是对案件的实体和程序问题的法律适用进行释明。其中,第一种释明在操作中与认证紧密关联,常常表现为对认证的说明,以及根据证据标准或证据规则对承担证明责任的一方提出其诉讼主张项下的证明要求,包括指出其举证尚未满足证明责任要求,并预示可能的后果。这种释明可能导致引起控方或辩方的证据补充调查以及再次开庭。[21]采取公开、公平的方式,在程序的制约下对案件相关问题进行法庭释明,较之幕后的案件协调,显然更加有利于实现司法的实体公正和程序正义,而且,对于推动细致的、实质性的庭审具有重要作用。笔者建议,法院系统可以通过试点,对刑事释明的范围、标准、方法、责任等问题进行规范,以体现我国控辩式庭审的特色和实践需要,以及庭审实质化的要求。

(二)完善法庭证据调查规则,保证集中、有效审理

推进庭审实质化的重要举措是庭审规则尤其是庭审证据调查规则的完善。通过增强庭审调查的技术性,使庭审调查走向规范、精密,从而提高庭审的有效性。

我国刑事庭审方式经1996年修改《刑事诉讼法》,由法官包揽庭审调查的职权主义审判方式,转变为由控辩双方向法庭举证并相互质证的控辩式审判方式。这种审判方式已经基本上离开了大陆法系的审判传统,与英美法系的对抗制审判也有重要区别。[22]在这种具有一定独特性的审判方式下,如何规制证据调查是需要研究的问题。尤其是为适应加强直接审理的要求,实施原始人证调查,即调查被告人、证人、被害人、鉴定人、有专门知识的人等出庭作证人员,相关的法庭规则还需要进一步完善。

《刑事诉讼法解释》第213条对人证调查确立了四项规则:(1)发问的内容应当与本案事实有关;(2)不得以诱导方式发问;(3)不得威胁证人;(4)不得损害证人的人格尊严。并且,这些规则统一适用于对被告人、证人、被害人、附带民事诉讼当事人、鉴定人、有专门知识的人的讯问、询问。上述规则中的第(1)项、第(3)项、第(4)项在实践中较易操作、争议不大,但第(2)项是一项有争议且难以把握的规则。

诱导式问题是指"暗含询问者想要的答案的问题"。[23]诱导式发问因其诱导性可能妨碍证据调查的客观性,而被证据调查规则所限制。但在控辩举证的审判模式中,诱导式发问又是有价值的。一是因为控辩双方发问时都希望回答人作对己方有利的回答,所以,限制条件下的诱导发问能适应控辩式庭审的需要;二是诱导式发问具有效率性,其既可以保持问题的集中,避免证人的回答不着边际,又可以很快将证人拉入相关问题语境,使其直接对案件的有关问题进行陈述。[24]因此,合理的证据调查规则并不一律禁止诱导式发问,而只是禁止可能妨碍司法公正的此类问题。从控辩举证的庭审制度的一般规定看,禁止诱导式发问主要针对可能发生诱导效果的己方证人,而且主要针对就案件实体问题的发问。对于不致发生诱导效果的证人或者不影响主要事实认定的发问,一般不禁止诱导式问题。此外,有时通过发问能唤起对方记忆,因此,在限制条件下也允许采用诱导式发问。[25]

但是,上述关于诱导式发问的一般规则是否适用于我国的刑事审判,需要进一步研究。上述规则的部分内容是基于对抗制审判结构,即将人证区

分为控方人证和辩方人证,并在此基础上确立交叉询问规则:控辩各方对本方证人的询问即为主询问,对对方的询问为反询问。通常在主询问中禁止进行诱导式发问,在反询问中则允许。因为反询问是对不利证人的询问,不会造成诱导。我国刑事审判虽实行控辩式举证,但并非严格意义上的对抗制庭审。就人证调查而言,虽然法律和司法解释规定了控辩双方的询问顺序,但对其性质界定也有不同意见。有的认为,由于人证由诉讼一方请求,由提出一方首先询问,再由另一方继后询问,已经具备了交叉询问的格局,故可以视为广义的交叉询问。但另一种意见认为,这种控辩双方先后发问的方式不是严格意义上的交叉询问,而只能称为与交叉询问有某种形式相似性但并不遵守交叉询问规则的所谓“轮替诘问”。[26]笔者认为,我国的人证调查是一种轮替式调查,且因其就人证的来源作了基本区分以及采用了轮替式发问方式,故可以归属于广义的交叉询问。[27]不过,因其不是严格意义上的交叉询问,故应当基于对我国刑事庭审人证调查特殊性的认识,建立符合这种特殊性的证据调查规范。

日本的刑事诉讼虽然在人证调查中区分主询问与反询问,并且原则上禁止主询问中的诱导式发问,但并不将这种禁止固定化,而是实行更灵活的询问规则,包括允许在主询问中,当证人对主询问人表示敌意或反感时,对该证人进行诱导式发问。[28]这一点很值得我国借鉴。我国刑事审判中的人证,未如对抗制审判那样进行较为严格的归属区分,其中有一部分人证很难称作控方证人或辩方证人,只能说是法庭证人。[29]但是,证人由哪一方请求出庭,以及陈述的内容对哪一方有利或不利,在一般情况下还是比较清楚的。因此,在这种较为明确的情况下,规制诱导式发问具备现实基础和合理性。而且,人证是否有利于控诉或辩护,通过案卷也可基本判明。加之法庭对人证的调查并非对抗制审判的一问一答,通常是首先让证人对相关问题进行陈述,然后再有针对性地发问,因此,从其自然陈述中也可以大致判定其陈述的控辩属性。在这种情况下,应当禁止有利一方提出诱导式问题,但不禁止或不严格禁止反对方发问时一定程度的诱导性。此外,对于非实质性问题,亦不禁止诱导式发问;对鉴定人、有专门知识的人出庭作证,禁止诱导式发问的规则也应当保持一定的灵活性;对于可能有助于提示证人记忆的问题,在法庭同意的情况下,可以提出。因此,最高人民法院可以考虑在庭审实质化的改革中,对禁止诱导式发问规则予以细化,禁止对发问人一方提请出庭并且作了有利发问人一方陈述的证人，提出诱导式问题；但是，这一禁止不适用于出庭作证的鉴定人和有专门知识的人，等等。[30]

规制诱导式发问的另一个问题是对诱导式问题的界定，以及对其他不适当发问的规制。在多年的庭审实践中，由于对诱导式发问没有明确的界定，控辩一方有时将非诱导性问题也视为诱导式发问，从而援引证据调查规则予以反对。法官亦因训练不足，对诉讼异议的裁判标准不清楚，从而可能造成裁决失当。例如，律师询问被告人："当时你已经睡着了，怎么能听得见他们的谈话。"在前提性问题（被告人当时已入睡）未被确认的情况下，此种发问属于"假定事实未经证实"，此系误导询问而非诱导询问（如果是询问本方证人，则可能具有某种诱导性，但仍不属于诱导询问）。此外，内容不清晰、容易导致混乱的问题，要求证人发表意见或议论，以及对证人未曾直接经历的事实发问等，也属于非正当发问方式，应当予以限制。为保证证据调查的公正性与有效性，相关司法解释还可进一步修改完善，在适当限制诱导式发问的同时，禁止以假定未经证实的事实以及其他可能妨碍司法公正的方式发问。

此外，对交叉询问的轮替及相关问题，对被告人口供法庭调查的特殊性，对物证、书证、电子数据、视听资料等证据材料的法庭调查，亦需进一步规制，从而建立符合审判规律、适合我国刑事庭审制度环境的法庭证据调查规则体系，以保证庭审的公正性与实效性。

（三）改革裁判方式，加强当庭裁判和庭审分析

庭审实质化的重要表征是当庭合议、当庭宣判。因为当庭合议、当庭宣判，再配以限制庭前阅卷，可以基本保证法官的心证形成于法庭，裁判理由产生于法庭。为此，应当明确适用当庭宣判的案件范围：被告人认罪且采用简易程序审理的案件，以普通程序审理但控辩双方争议不大、定罪量刑的事实和法律适用比较清楚的案件。[31]对于争议较大、犯罪性质严重以及刑期较重的普通程序案件，原则上不适用当庭宣判，以示在裁判上更慎重，防止考虑不周，损害司法公正和裁判权威。另外，需要审判委员会决定的案件不能当庭宣判。因此，一些特殊类型的案件，如危害国家安全、恐怖主义、黑社会性质犯罪案件，原则上不适用当庭宣判，而职务犯罪案件仅在无争议或基本无争议的情况下才适用当庭宣判。[32]

无论是否当庭宣判，刑事裁判文书的制作都需进行适当调整。即从过

去那种基本着眼于案卷分析的裁判分析和说理方式，转变为“以庭审为中心”或庭审与案卷并重、[33]注重分析庭审举证质证情况的裁判论证方式。为此，裁判文书不仅要阐述和分析证言、文书、物品等实在证据，还应阐述和分析当事人和证人对证据调查的反应，包括当事人和证人的可供进行真实性判断的非言词性法庭表现和表情，即所谓情态证据，以加强心证形成过程的分析。此外，合议庭的审结报告以及法官向审判委员会汇报案件，也应加强对庭审情况的分析。

五、充实二审庭审，推进庭审实质化

庭审中心主义是一审的审判原则，其并不适用于救济审的审理。但是，充实庭审、实现庭审实质化的要求，仍然适用于我国的刑事二审审判。因为目前的二审，主要是指上诉审，仍然存在一定程度的庭审虚化。这主要表现在两个方面：一方面，上诉审出庭检察官的定位不明确，其支持一审公诉和裁判的意识不强，在上诉审法庭不能有效发挥控诉职能，导致二审审理的控辩对抗不能有效展开，妨碍了庭审的实质化。另一方面，二审法官对二审开庭重视不够，认为一审侦查案卷、审判案宗、审结报告和判决已经全部移送二审，二审审理主要是研析案卷和一审裁判文书与报告。有的法官甚至认为，因受案卷持续移送制度的影响，二审开庭是“没有意义、形同虚设的司法流程”。[34]因此，长期以来，二审审理将法律规定的例外不开庭操作为例外开庭，这一做法遭到了广泛的批评。2012 年《刑事诉讼法》对二审开庭条件的规定更为明确，二审开庭总体看有明显增加，但即使如此，二审法官也常常认为这不过是法律形式，二审的实质审理仍主要在庭下。[35]

(一)上诉审出庭检察官促进庭审实质化的作用

上诉审检察官的控诉职能发挥不足，使上诉审的开庭审理常常呈现出不平衡：由于上诉审主要围绕上诉请求进行，上诉方首先陈述上诉理由并就上诉理由进行举证；如有辩护律师出庭，通常情况下其说理与举证较充分。对此，检察官本应积极回应，在认为一审公诉和裁判正确的情况下，支持一审公诉和裁判，反驳不正确的上诉请求，同时有针对性地组织证据进行事实论证(对一审已调查的证据只需概述证据要旨)；但在实践操作中，检察官却经常显得消极被动，回应上诉的法理论证不足，证据的组织与论证常常也较为欠缺，甚至有时以“证据确实、充分”一语带过，导致其发表的意见缺乏足够的说服力。[36]这种状况一方面影响公开审判的效果——旁听人员容易倾向于认为上诉有理,对一审判决产生质疑;另一方面使合议庭在庭审中得到的证据信息不全面、不充分,只能退而在案卷材料和一审裁判文书中寻找裁判依据。

二审检察官在上诉审开庭时能动性不足首先与自身定位有关。二审检察官的定位始终是一个有争议的问题。[37]检察机关倾向于认为,检察官出席上诉审法庭,主要职责是实施法律监督而非继续履行控诉职能。[38]在此种较为普遍的出庭意识的指导下,控诉职能发挥不足,支持一审公诉和判决不够有力,就成了有一定普遍性的现象。此外,这也与二审检察官出庭支持诉讼的对象不够明确有关。由于一审判决已经作出,无论是被告人的上诉,还是二审法庭的审理,都是针对一审判决的事实认定和法律适用。在这种情况下,有的二审出庭检察官认为,一审公诉已经被判决所确认或部分确认,起诉书的法律效力已经终结,继续支持公诉难以成立。同时,一审的判决结果已由判决书作了事实认定和法律适用的说理论证,故无须二审检察官多言。而且,一旦检察机关的意见与一审判决的内容不一致,也会影响对一审判决的支持。

鉴于上述情况,有必要充实上诉审的审理。一方面,改善法庭庭审效果,使旁听人员能够对案件的事实证据及法律适用有全面的了解,避免上诉审审理的片面性。另一方面,通过庭审使上诉审合议庭把握双方争议的焦点及各自的理由和根据,从而通过庭审基本形成对案件事实的心证以及裁判意见。尤其是在一些一审审判有疏漏或有问题,需要二审加强实体审理的案件中(如二审提出新证据、传一审应出庭未出庭的证人出庭等),更需要加强检察官的控诉功能。

为充实上诉审,必须要让检察官认识到,二审出庭检察官虽然不再被称为公诉人,但其肩负的基本诉讼功能仍然是代表国家控诉犯罪。不过,应当注意的是:一是这种控诉是在一审判决后,通过审查一审公诉和判决,在事实认定和法律适用上确立自身相对独立的立场,对一审公诉和判决的正确内容予以支持。二是这种控诉不是单纯的控诉犯罪,而是在检察官客观义务的约束下,客观公正地对待上诉人及其上诉理由。对上诉人的合理上诉,不仅不应当反对还应当支持,此即履行检察官的定罪救济责任。[39]三是二审出庭检察官也应当履行对审判的法律监督职责,但不能实施当庭监督,因此监督职能不能成为主要职能。在法律未作特殊规定时,二审程序适用一审程序相关规定,包括关于检察机关实施审判监督的规定。而根据 2012 年《刑事诉讼法》第 203 条的规定及立法意旨,对审判提出法律监督意见应当在闭庭之后,以检察机关的名义向法院提出,而不能当庭提出。因此,这种监督只是一种诉讼“监视”,即发现应监督事项,闭庭后向检察长或检察委员会报告,再以检察院的名义向法院提出监督意见。[40]

总之,只有明确了检察官在上诉审中的职能定位以及诉讼职能与监督职能的划分,才能有效维系上诉审的诉讼性质及合理的诉讼构造,才能树立审判权威、推进庭审实质化。

(二)二审法官推动庭审实质化的措施

案卷笔录生成、移送和利用制度不仅对一审,而且对二审的庭审实质化,都不可避免地产生了某种消极作用。正如有学者所称:“二审法官所看到的就不只是这种形式化的一审流程记录,还包括了对一审事实裁判具有实质影响的侦查案卷笔录材料。由此,侦查案卷笔录就不仅对一审法院的裁判具有决定性的影响,而且还与一审法院的审判笔录一起,对二审法院的事实认定继续发挥作用。”[41]对此,二审法官与一审法官一样,均应认识这种通过案卷笔录而实现的侦审联结,对有效发挥法院审判活动维护司法公正的功能,具有不利影响;因此,应当通过二审开庭及其实质审理查清争议事实,避免或减少案卷主义的局限性甚至误导。由此,强化二审法官对二审庭审实质化意义的认识,增强其自觉性和积极性,对于推进二审庭审实质化是最为重要的。

从措施上看,二审庭审实质化问题应注意从合议庭的角度,重视和充实二审证据调查。法院审判活动,尤其是事实审,无疑应当以一审为中心,因为一审有最好的事实审审理条件。[42]但我国目前实行二审终审制,未设置三审程序,[43]因此二审的救济功能得到突显。另外,由于我国部分一审法官素质不足,加之法院不独立,受地方政府和同级公安、检察机关以及其他机关的影响较大,一审的总体状况并不令人乐观,这就给二审审理提出了更高的要求。笔者认为,对于一审审理可能不充分和可能有错误的案件,二审法庭应当加强二审庭审;有必要和有条件的,甚至应实行全面复审。[44]为了核实和查清案件事实,应支持调取乃至依职权调取新的证据,促使一审时应出庭而未出庭的证人出庭;[45]必要时,还应重开非法证据排除的庭审调查,以有效发挥二审的救济作用。

同时,二审法官还应当注意,二审庭审实质化有赖于二审合议庭发挥更为能动的作用。因为即使强化了上诉审检察官的诉讼功能,但毕竟不再承担一审时那种全面、积极支持公诉的职能,其法庭诉讼功能仍然有限,而且检察官不一定支持一审判决中的全部内容,尤其是与起诉书内容不同的部分。因此,为了查清事实,明确对一审支持与否的理由和根据,二审合议庭较之一审在庭审控制、调查引导以及核实证据事实等方面,可能需要更加积极主动,以促进二审审理的精细化和庭审实质化。比如,对上诉人提出的部分上诉理由,在检察官未反驳或反驳不足的情况下,进行一定程度的职权调查;就案件事实及上诉理由进一步讯问上诉人;将一审裁判所依据的某些证据提出,请检察官和上诉方发表质证意见;对出庭证人依职权进行询问等。

六、提供支持条件,完善配套措施

庭审实质化是一项需要各种要素配合的系统工程。在诉讼程序上,需要庭前准备程序予以配合;在诉讼要素上,需要强化辩护功能予以支持;在司法能力上,需要案件的繁简分流予以保障;在审决机制上,需要落实司法责任制,以提供程序运行的基本条件。具体措施如下:

1. 适应庭审实质化要求,改善庭审准备。为了能对影响定罪量刑和程序公正的争议问题进行集中、有效且较有效率的法庭审理,需要加强诉讼各方的审前准备。同时,也要避免合议庭庭前预断,出现“庭前实体审,庭审走过场”的现象。就控方批量举证方式以提高效率时,应当提供条件使辩方能够做好庭审准备的问题,前文已经论及,这里还有两个问题需要分析:

(1)防止合议庭预断。集中和有效率的审理需要法庭做必要的准备,但同时应防止庭前实体审产生先入为主的预先判断。为此,有两种庭审准备方式可以选择。第一种方式是区分准备法官和庭审法官,准备法官阅卷并安排庭审,包括主持庭前会议,但其不担任合议庭成员,以保证合议庭成员通过庭审形成心证和裁决意见。第二种方式是指定案件承办法官为准备法官,并由其阅卷,合议庭其他成员不阅卷,完全通过庭审获取案件信息。在成都市中级人民法院的庭审实质化试点工作中,两种方式都试行过,但主要采取第二种方式。笔者也比较赞成采用第二种方式:一是区分准备法官和庭审法官并无法律和司法解释上的支持,程序根据不足。二是在目前案多人少的情况下，再设置准备法官，将使审理力量不足的问题更加严重。三是由承办法官做庭审准备，可加强准备程序与庭审程序的衔接，提高效率，另设准备法官则不具此利。[46]四是即使庭前不阅卷，庭后也可阅卷，在案卷制度不变的情况下，设立准备法官以排除预断的做法，对于实现庭审实质化的意义有限。

(2)庭前会议如何适应庭审实质化改革。根据各地开展庭前会议的经验，尤其是成都市中级人民法院的试点经验，为适应庭审实质化的要求，有三点值得注意：一是为了加强庭审准备，保证庭审的集中和有效，对于案情较复杂和有争议的案件，均应召开庭前会议，以做好庭审准备，解决程序问题，明确争议焦点。二是对于争点的整理，限于明确控辩双方争议的主要问题及基本观点，明确控方举证方式和基本内容，以便法官进行诉讼指挥以及辩方进行质证准备。庭前会议也可征求辩方对控方主要事实、主要证据的意见，但不能在庭前会议中进行举证和质证，否则会妨碍审判公开和庭审实质化。三是鉴于法律并未赋予主持庭前会议的法官或合议庭以诉讼决定权，而且有的庭前会议被告人没有参加，故可设置庭前会议情况由主持庭前会议的案件承办法官向法庭报告的程序。如果审判长也参加了庭前会议，则由审判长向其他诉讼参与人告知庭前会议情况。如此一来，就以审判公开的方式，使法庭知晓庭前会议的内容，并对庭前会议中需要决定的程序和证据事项，以合议庭决定的方式予以处理，从而使庭前会议的意见获得程序效力。[47]

2. 加强法律援助，保障被告人辩护权。庭审实质化的前提是控辩双方的诉讼对抗以及在庭审中有效展开，因此，庭审实质化需要有效辩护予以支持。如果没有辩护律师参与，被告人由于诉讼条件及能力上的限制，难以抗衡检察官，庭审往往成为检察官的单方面立证过程。为此，一方面，法庭要保障辩护律师的辩护权。在我国目前的诉讼构架中，尽力发挥辩护律师的作用，会使诉讼结构趋向平衡。鉴于现实情况，尤其需要保证辩护人申请证人出庭的权利、调取新证据(包括未入卷证据)的权利，以及在必要时申请重新鉴定的权利。另一方面，应当进一步强化法律援助。我国目前有辩护律师参与的刑事案件比例不高，[48]为推动庭审实质化，保证被告人的合法权利，除法律规定必须提供法律援助的案件外，应当根据条件努力扩大法律援助的范围；力求除轻微刑事案件外，逐步将法律援助推广到所有被告人没有能力自行聘请律师的案件。当然,如何促使法律援助律师有效履行职责,实现刑事辩护的实质化,也是需要进一步处理的问题。

3. 加强繁简分流,以无争议案件的简略审理,保证部分案件的庭审实质化。在提高庭审的程序公正性的同时,法庭审理的实质性展开会不可避免的导致庭审效率的下降。因此,为推动有争议案件的庭审实质化,需要进一步加强案件的繁简分流,将多数的无争议或者争议较小的案件交付简易程序审理。2012 年《刑事诉讼法》扩大了适用简易程序的案件范围,体现了繁简分流、提高诉讼效率的精神。而目前作为司法改革措施之一,正在一些法院试点的刑事速裁程序,对控辩协商一致的轻罪案件进一步推动程序简化。这对于兼顾司法公正与诉讼效率,保证司法资源主要集中于有争议案件的审理,也有积极的意义。

4. 推动审判权运行机制改革,实现"审理者裁判,裁判者负责",为庭审实质化设置运行条件。庭审实质化的前提是审理和裁判的统一,即由合议庭或主审法官负责案件审理,在审理基础上作出裁判,并对裁判的公正性负责。因此,改革审判权运行机制,实行司法责任制,是庭审实质化改革必不可少的前提条件和配套措施。

注释

1 参见中共中央《关于全面推进依法治国若干重大问题的决定》。

2 法院系统简称"四个在法庭"。

3 龙宗智:《建立以一审庭审为中心的事实认定机制》,载《中国法学》2010 年第 2 期。

4 2012 年《刑事诉讼法》实施后,关于证人出庭,有的资料称出庭率不足 5%,有些地方低于 1%,但都不是基于准确的统计数据。部分官网上的调研资料则反映,不少基层法院刑事案件的证人出庭率低于 1%,中级人民法院的证人出庭率也很低。参见吴惠玲:《刑诉法修改后证人保护存在的问题及建议》,载 http://fjfy. chinacourt. org/article/detail/2012/10/id/1190871. shtml;张敏:《当前刑事诉讼中证人不出庭问题分析》,载 http://www. cdzfw. gov. cn/art/2014/7/11/art_12674_1510217. html;田源、杨继伟:《新刑诉法实施后证人出庭率低的原因分析》,载 http://www. chinacourt. org/article/detail/2014/04/id/1285118. shtml;姜淑艳:《刑诉法修改后证人出庭的相关问题》,载 http://court. gmw. cn/html/article/201303/06/121737. shtml。以上资料均于 2015 年 5 月 24 日访问。

5 何家弘曾将我国刑事庭审虚化现象概括为举证的虚化、质证的虚化、认证的虚化、裁判的虚化四个方面。参见何家弘:《刑事庭审虚化的实证研究》,载《法学家》2011 年第 6 期。

6 传闻证据是指“审判外所为之陈述或所发生之叙述性动作,而提出于法庭用来证明该叙述事项之真实性之证据”。参见王兆鹏等:《传闻法则理论与实践》,台北,元照出版有限公司 2003 年版,第 47 页。

7 龙宗智:《中国作证制度之三大怪现状评析》,载《中国律师》2001 年第 1 期。

8 因长期未建立非法证据尤其是非法口供的排除规则,故不对口供来源作实质审查。目前虽已初步建立非法证据排除规则,但受各方面因素制约,其实效性还十分不足。

9 相关例证,参见左为民等:《中国刑事诉讼运行机制实证研究(五)》,法律出版社 2012 年版,第 208 页。

10 《公安机关办理刑事案件程序规定》第 277 条第 1 款规定:“侦查终结后,应当将全部案卷材料按照要求装订立卷。”由此而形成正式的诉讼卷宗,并成为侦查终结、移送起诉、审查起诉以及法庭审判的基本依据。

11 例如,成都市中级人民法院等庭审实质化试点法院,也绝不以有争议的职务犯罪案件作为强化证人出庭、实现庭审实质化的试点案件。

12 在证人出庭的情况下,可通过四项措施确认证人证言的真实性:(1)具有科以伪证效果之保证或宣誓;(2)可由认定事实者直接观察其言谈举止;(3)可要求到庭证人就其认知事实之背景作更为详细之说明(以判断证言可靠性);(4)因该证言而受不利认定之对方当事人对其进行交叉诘问。参见王兆鹏等:《传闻法则理论与实践》,台北,元照出版有限公司 2003 年版,第 46 页。

13 “特别可信”即有“可靠性的情况保障”,如庭前在中立的法官面前作证、在公证人员处作证、书面证言有全程录音录像资料佐证等。这一要求就是对传闻证据例外使用的一般法理要求。

14 有学者指出:“为了体现程序公正、赢得审判公信,取得更好效果,笔者认为,如果控辩双方对证人证言有异议,且该证人证言对案件定罪量刑有重大影响,当事人强烈要求证人出庭的,原则上应当通知该证人出庭作证。”参见胡云腾、喻海松:《刑事一审普通程序修改解读》,载《法律适用》2012 年第 9 期。

15 确定是否真实可信并且排除合理怀疑,应当看其取证时是否有前述“可靠性的情况保障”,同时使用证据印证审查、证人及证言产生背景审查以及以经验法则对证言内容进行合情理性审查等方法。

16 2014 年湖北省咸宁市中级人民法院审理刘汉等人黑社会性质组织犯罪案件,检察官将全部举证提纲庭前交给辩护律师,律师在庭前向被告人核实证据,而后检察官在法庭上大量使用成批举证的举证方式,既减少了庭审举证时间,又保证了辩方的质证权。这是值得推广的做法。

17 就律师能否向当事人核实人证,有的机关以防止翻供为由,反对律师向当事人核实人证。

然而，此种意见与2012年《刑事诉讼法》的规定及立法精神相悖，也不符合刑事诉讼的现实状况。因为，基于质证权，被告人有权当庭听取和查看每一份人证并发表意见；如果庭前被告不知情，全部人证信息就只能通过庭审了解，庭审势必十分冗长，庭审效率无法保障。参见龙宗智：《辩护律师有权向当事人核实人证》，载《法学》2015年第5期。

18 在2015年8月的全国律师工作会议上，中央政法委书记孟建柱讲话提到的“新三难”，即在法庭上律师“发问难、质证难、辩论难”的问题（参见罗珂：《律师事业正当时》，载《人民法院报》2015年8月24日，第4版），正与部分法官不适当地抑制辩护律师对证据证明力的质证有关。

19 在我国的刑事证据法理论中，应注意区分作为诉讼证据的可采性与作为定案依据的可采性。前者是指证据材料因其具备合法性、相关性及证据方法的基本可信度（指某种证据材料的证明作用机理达到证据法的客观性标准。反之，如测谎仪鉴别、警犬鉴别结论等尚不具备证据方法的基本可信度，因此不具备证据能力），而能够作为诉讼证据材料；后者则需在前者的基础上具备客观真实性，从而成为法院裁判事实的依据。本文所指证据可采性认证是指前者而非后者。

20 要注意证据评判的适当性与分寸感，否则会导致不成熟的法庭预判，封堵控辩双方的辩论空间。例如，可以确认控辩双方有争议的某一重要证据与本案有相关性，但其能否证明或能否结合案内其他证据证明案件待证事实，则希望控辩双方或一方进行必要的论证。

21 《刑事诉讼法解释》第220条第1款规定：“法庭对证据有疑问的，可以告知公诉人、当事人及其法定代理人、辩护人、诉讼代理人补充证据或者作出说明；必要时，可以宣布休庭，对证据进行调查核实。”第2款规定：“对公诉人、当事人及其法定代理人、辩护人、诉讼代理人补充的和法庭庭外调查核实取得的证据，应当经过当庭质证才能作为定案的根据。但是，经庭外征求意见，控辩双方没有异议的除外。”该条规定已经体现了法庭的证据释明权，只是在实践操作中，法庭常在庭下以协商方式要求控方补充证据或作出说明。而且，对释明权的规定过于简单，不便于操作，也不太适应庭审实质化的要求，需要完善。

22 龙宗智：《论我国刑事庭审方式》，载《中国法学》1998年第4期。

23 [美]约翰·W. 斯特龙主编：《麦考密克论证据》，汤维建等译，中国政法大学出版社2004年版，第15页。

24 例如，“请证人描述一下当时的情况”，这是所谓开放性问题，证人描述可能不得要领。而如果律师直接询问：“你当时看到了被告人，对吗？”或者“你看到他时，他手上拿着一把刀，是不是？”那么，这属于诱导式问题，但此种发问能使证人的回答具有相关性和实质性。

25 [美]约翰·W. 斯特龙主编：《麦考密克论证据》，汤维建等译，中国政法大学出版社2004年版，第13页以下。

26 轮替诘问的特征，参见林钰雄：《轮替诘问制度法庭活动》，载林钰雄主编：《严格证明与刑事证据》，台北，学林文化事业有限公司2002年版，第250页。

27 龙宗智：《论我国刑事审判中的交叉询问制度》，载《中国法学》2000年第4期。

28 英美的法庭也根据证人是否持有敌意，来确定是否允许诱导式发问。不过，日本的刑事审判更加注意这一点，其不拘泥于主询问和交叉询问，对禁止诱导式发问规则的把握更为灵活。

29 所谓证人的“合而不分”——部分证人缺乏明确的控辩属性——以及“和而不争”——询问的对抗性不强，反对询问的特征不明显。参见龙宗智：《论我国刑事审判中的交叉询问制度》，载《中国法学》2000 年第 4 期。

30 另一种做法是暂不改变司法解释的规定，但在庭审实践中要求法庭区分作证的控辩属性，根据发问的背景和问题本身的性质，对诱导式发问采取较为严格或较为宽松的限制。待进一步积累经验，增强共识后，再进行制度性调整。

31 在成都市中级人民法院的庭审实质化试点中，基层法院开庭审理的案件均采取当庭宣判方式，适用的案件范围与上述界定大体一致。

32 职务犯罪案件的查处受反腐败协调机制的制约，很难真正做到“以审判为中心”。除非事先已经与相关方面协调好（但这种做法又有使开庭“走过场”之嫌），否则，开庭即判的方式基本不适用于此类案件。

33 目前的改革虽然限制了案卷的作用，但并未在根本上改变案卷形成、流转与使用制度，因此案卷对法官心证仍有重要影响。在此种情况下，在案件分析上提出庭审与案卷并重的要求，可能更具现实性和可行性。

34 江伟：《刑事二审上诉案件审理程序的困境与出路——对二审上诉案件开庭审理的反思》，载项明主编：《刑事二审程序难题与应对》，法律出版社 2008 年版，第 200 页。

35 任高潮等：《刑事二审开庭审理方式的现实困境与制度规范——以某中级法院二审开庭审理为样本的实证分析》，载《全国法院第 25 届学术讨论会获奖论文集：公正司法与行政法实施问题研究》。

36 赵永红、黄晓平：《检察官出席二审法庭程序研究》，载项明主编：《刑事二审程序难题与应对》，法律出版社 2008 年版，第 193 页。

37 在理论上有如下多种定位：法律监督者、公诉人、公诉兼法律监督的双重角色以及因案件性质不同而负担不同职能（上诉案件中检察官承担公诉和监督双重职能，抗诉案件中出庭检察官的角色为法律监督者）。参见陈卫东、李玉华：《刑事二审程序中检察机关的职能与地位》，载《法学杂志》2007 年第 1 期。

38 参见天津市人民检察院第一分院课题组：《刑事二审出庭若干问题探讨》，上海市人民检察院第一分院法律政策研究室：《刑事第二审程序审理方式之完善——兼谈检察机关在刑事第二审中的职能作用》，均载项明主编：《刑事二审程序难题与应对》，法律出版社 2008 年版，第 161、176 页。

39 龙宗智：《检察官客观义务论》，法律出版社 2014 年版，第 121 页。

40 龙宗智：《检察官该不该在庭上监督》，载《法学》1997 年第 7 期。

41 陈瑞华：《侦查案卷裁判主义——对中国刑事第二审程序的重新考察》，载《政法论坛》2005

年第5期。

42 关于一审的审理条件较好以及事实审以一审为中心的理由，参见龙宗智：《建立以一审庭审为中心的事实认定机制》，载《中国法学》2010年第2期。

43 三审通常是法律审，但在实践操作中法律问题与事实问题是紧密关联的，部分与法律适用紧密联系的事实问题，实际上可以通过法律审予以救济。

44 根据2012年《刑事诉讼法》第222条的规定，二审实行全面审理原则，不受抗诉或者上诉范围限制。但在实际操作中，二审重点围绕抗诉、上诉理由进行，无争议的问题原则上不再复审。《刑事诉讼法解释》第323条也因此规定："开庭审理上诉、抗诉案件，可以重点围绕对第一审判决、裁定有争议的问题或者有疑问的部分进行。""法庭调查应当重点围绕对第一审判决提出异议的事实、证据以及提交的新的证据等进行；对没有异议的事实、证据和情节，可以直接确认。"

45 一审有些应出庭的证人未出庭，这可能是因为一审的侦查和公诉机关不愿意他们出庭，所以，只有通过相对客观中立的二审法院乃至检察机关来作弥补。

46 例如，非法证据排除原则上在庭前会议上提出，但庭前会议没有裁决功能，只能"了解情况，听取意见"，因此，这一问题还需在庭审中审理并作出决定。如果准备法官和庭审法官分开，庭前会议所展示的情况和意见就要在庭审中再展示一遍，若此则庭前会议的作用就在相当程度上丧失了。

47 这是成都市中级人民法院试行的方法。初步的实践证明，此种方法对于衔接庭前会议和庭审，解决庭前会议效力不足的问题，是一种有益的程序探索。

48 据相关媒体报道及研究成果，我国各地刑事案件的律师辩护率大致在20%左右。参见左卫民等：《中国刑事诉讼运行机制实证研究（五）》，法律出版社2012年版，第6页以下。

图书在版编目(CIP)数据

刑事程序论 / 龙宗智著. -- 北京 : 法律出版社,
2021
ISBN 978 - 7 - 5197 - 5173 - 9

Ⅰ. ①刑… Ⅱ. ①龙… Ⅲ. ①刑事诉讼-诉讼程序-
研究-中国 Ⅳ. ①D925.218.04

中国版本图书馆 CIP 数据核字(2020)第 235246 号

刑事程序论
XINGSHI CHENGXULUN

龙宗智 著

责任编辑 丁小宣 宋丽娜
装帧设计 凌点工作室

出版 法律出版社
总发行 中国法律图书有限公司
经销 新华书店
印刷 永清县金鑫印刷有限公司
责任校对 陈 慧
责任印制 胡晓雅

编辑统筹 法律教育出版分社
开本 710 毫米×1000 毫米 1/16
印张 30
字数 500 千
版本 2021 年 1 月第 1 版
印次 2021 年 1 月第 1 次印刷

法律出版社/北京市丰台区莲花池西里 7 号(100073)
网址/www. lawpress. com. cn
投稿邮箱/info@ lawpress. com. cn
举报维权邮箱/jbwq@ lawpress. com. cn
销售热线/400 - 660 - 8393
咨询电话/010 - 63939796

中国法律图书有限公司/北京市丰台区莲花池西里 7 号(100073)
全国各地中法图分、子公司销售电话:
统一销售客服/400 - 660 - 8393/6393
第一法律书店/010 - 83938432/8433 西安分公司/029 - 85330678 重庆分公司/023 - 67453036
上海分公司/021 - 62071639/1636 深圳分公司/0755 - 83072995

书号:ISBN 978 - 7 - 5197 - 5173 - 9 **定价**:92.00 元